Schaaf, Digital- und Mikrocomputer-Technik

Lernbücher der Technik

herausgegeben von Dipl.-Gewerbelehrer Manfred Mettke,
Oberstudiendirektor an der Schule für Elektrotechnik in Essen

Bisher liegen vor:

Bauer/Wagener, Bauelemente und Grundschaltungen der Elektronik
Bände 1 und 2

Bauckholt, Grundlagen und Bauelemente der Elektrotechnik

Felderhoff, Elektrische Meßtechnik, 4. Auflage

Felderhoff, Elektrische und elektronische Meßtechnik

Felderhoff, Leistungselektronik

Fischer, Werkstoffe in der Elektrotechnik

Freyer, Meßtechnik in der Nachrichtenelektronik

Freyer, Nachrichten-Übertragungstechnik

Lämmerhirdt, Elektrische Maschinen und Antriebe

Richard, Mikroprozessortechnik

Schaaf, Digital- und Mikrocomputer-Technik

Weinert/Baumgart, Fachzeichnen für Starkstromanlagen und Elektronik

Weinert/Baumgart, Technisches Zeichnen im Berufsfeld Elektrotechnik

Weinert, Schaltungszeichnen in der elektrischen Energietechnik*

Weinert/Baumgart, Aufgaben zum Schaltungszeichnen in der elektrischen Energietechnik*

* Reihe Fachwissen der Technik

HANSER

Carl Hanser Verlag München Wien

Digital- und Mikrocomputer-Technik

von Bernd-Dieter Schaaf

Aufbau und Wirkungsweise – Schaltungen –
Assembler-Programmierung

4., durchgesehene Auflage
mit 576 Bildern
sowie zahlreichen Beispielen, Übungen und Testaufgaben

HANSER

Carl Hanser Verlag München Wien

CIP-Titelaufnahme der Deutschen Bibliothek

Schaaf, Bernd-Dieter:
Digital- und Mikrocomputer-Technik : Aufbau und Wirkungsweise — Schaltungen — Assembler-Programmierung ; mit zahlreichen Beispielen, Übungen und Testaufgaben / von Bernd-Dieter Schaaf. — 4., durchges. Aufl. — München ; Wien : Hanser, 1991

(Lernbücher der Technik)
ISBN 3-446-16325-5

Fotosatz: Rudolf Schaber, Wels, Österreich
Druck und Bindung: Wagner, Nördlingen
Printed in Germany

Vorwort des Herausgebers

Was können Sie mit diesem Buch lernen?

Wenn Sie dieses Buch durcharbeiten, dann lernen Sie die Digitaltechnik und die darauf aufbauende Mikrocomputer-Technik einschließlich der Assemblerprogrammierung kennen. Der Umfang und die Tiefe dessen, was wir Ihnen anbieten, orientiert sich einerseits an der „Rahmenvereinbarung über Fachschulen" der Kultusministerkonferenz sowie den entsprechenden Lehrplänen der Fachschulen für Technik in den Bundesländern, und andererseits an den Anforderungen der beruflichen Praxis in den verschiedensten Bereichen.

Beim Lernen mit diesem Buch vermittelt der Autor Ihnen:

1. Umfassende Kenntnisse und Fähigkeiten in der Digitaltechnik über
   - Grundbausteine:
     ihre mögliche Realisierung;
     ihr logisches und elektrisches Verhalten;
   - Funktionsbausteine und Baugruppen:
     ihre mögliche Realisierung;
     ihr logisches Verhalten.
2. Grundlegende Kenntnisse und Fähigkeiten, soweit für die Praxis relevant, über
   - Technologien
   - Bausteinfamilien
   - Datenblattangaben
   - gebräuchliche Arten der Funktionsbeschreibung
3. Umfassende Kenntnisse und Fähigkeiten in der Mikrocomputer-Technik über
   - Aufbau und Funktion der zentralen Baugruppen
   - die Arbeitsweise des Mikroprozessors
   - Interfacetechnik
4. Grundlegende Kenntnisse und Fähigkeiten über die Assemblerprogrammierung
   - Befehlsaufbau
   - Befehlsbearbeitung
   - Adressierung
   - Programmerstellung

Was können Sie nach Durcharbeiten des Buches?

1. Für Probleme aus der Steuerungstechnik:
   - Lösungskonzepte erstellen
   - Baugruppen und Bausteine auswählen
   - komplette Schaltungen konstruieren
2. Für Probleme aus der Mikrocomputer-Technik:
   - Baugruppen und Bausteine auswählen
   - Schaltungen für Mikrocomputer und Interface konstruieren

3. Assemblerprogramme erstellen:
   - vorwiegend zur Lösung von Problemen aus dem Bereich der Steuerungstechnik
4. Nach kurzer Firmenschulung für bestimmte Geräte:
   - Service, Inbetriebnahme und Wartung durchführen

Wer kann mit diesem Buch lernen?

Alle, die
- bereit sind, logisch und technisch denken zu lernen,
- Einsicht in die Grundlagen der Physik und Mathematik genommen haben,
- grundlegende Kenntnisse der Elektrotechnik erwerben konnten.

Das können sein:
- zukünftige Elektrotechniker
- zukünftige Elektroingenieure
- zukünftige Elektrotechnische Assistenten
- zukünftige Meister in der Elektroindustrie und im Elektrohandwerk
- interessierte zukünftige Facharbeiter
- Umschüler und Rehabilitanden
- Teilnehmer an Weiterbildungskursen von Organisationen, Verbänden und Vereinen

Wie können Sie mit diesem Buch lernen?

Ganz gleich, ob Sie mit diesem Buch in der Schule, in der Klasse oder zu Hause im „Stillen Kämmerlein" lernen, es wird Ihnen endlich Spaß machen.

Warum?

Ganz einfach, weil Ihnen hierzu, unseres Wissens, zum ersten Male in der technischen Literatur ein Buch vorgelegt wird, das bei der Gestaltung die Gesetze des menschlichen Lernens zur Grundlage machte. Deshalb werden Sie in jedem Kapitel zuerst mit dem bekanntgemacht, was Sie am Ende können sollen: mit den Lernzielen.

– Ein Lernbuch also! –

Danach beginnen Sie, sich mit dem Lerninhalt, dem Lehrstoff, auseinanderzusetzen. Schrittweise dargestellt, ausführlich beschrieben in der linken Spalte des Buches und umgesetzt in die technisch-wissenschaftliche Darstellung auf der rechten Seite des Buches. Die eindeutige Zuordnung des behandelten Stoffes in beiden Spalten macht das Lernen viel leichter, umblättern ist nicht mehr nötig. Zur Vertiefung stellt Ihnen der Autor Beispiele vor.

– Ein unterrichtsbegleitendes Lehrbuch. –

Jetzt können und sollten Sie sofort die Übungsaufgaben durcharbeiten, um das Gelernte so abzusichern, festzumachen. Den wesentlichen Lösungsgang und das Ergebnis der Übungen hat der Autor am Ende des Buches für Sie aufgeschrieben.

– Also auch ein Arbeitsbuch mit Lösungen. –

Sie wollen sicher sein, daß Sie richtig und vollständig gelernt haben. Deshalb bietet Ihnen der Autor nun einen lernzielorientierten Test an, zur Lernerfolgskontrolle. Ob Sie richtig geantwortet haben, sagt Ihnen die Testauflösung am Ende des Buches.

– Ein lernzielorientierter Test mit Lösungen. –

Trotz intensiven Lernens über Beispiele und Übungen und der Bestätigung des Gelernten im Test als erste Wiederholung verliert sich ein Teil des Wissens und Könnens wieder, wenn Sie nicht bereit sind, am Anfang oft und dann in immer längeren Zeiträumen zu wiederholen!

Das will Ihnen der Autor erleichtern.

Er hat die jeweils rechten Spalten des Buches auch noch so geschrieben, daß hier die wichtigsten Lerninhalte als Satz, stichwortartig, als Formel oder als Skizze zusammengefaßt sind. Sie brauchen deshalb beim Wiederholen und auch Nachschlagen meistens nur die rechten Buchspalten zu lesen.

– Schließlich noch Repetitorium! –

Diese Arbeit ist notwendigerweise mit dem Aufsuchen der entsprechenden Kapitel oder gar dem Suchen von bestimmten Begriffen verbunden. Dafür verwenden Sie bitte das Inhaltsverzeichnis am Anfang und das Sachwortverzeichnis am Ende des Buches.

– Selbstverständlich mit Inhalts- und Sachwortverzeichnis. –

Sicherlich werden Sie durch die intensive Arbeit mit dem Buch „Ihre Bemerkungen zur Sache" unterbringen wollen, um es so zum individuellen Arbeitsmittel zu machen, das Sie auch später gern benutzen. Deshalb haben wir für Ihre Notizen auf den Seiten Platz gelassen.

– Am Ende ist „Ihr" Buch entstanden. –

Möglich wurde dieses Lernbuch für Sie durch die Bereitschaft des Autors und die intensive Unterstützung durch den Verlag und seine Mitarbeiter. Beiden sollten wir herzlich danken.

Nun darf ich Ihnen viel Freude und Erfolg beim Lernen wünschen!

Manfred Mettke

Inhalt

Verzeichnis der Datenblätter

1. Grundschaltungen der Digitalelektronik

Lernziele:

Nach Durchführung dieses Kapitels können Sie ...

1. die Bereiche H-Pegel, L-Pegel und verbotener Bereiche definieren;
2. eine UND(AND)-Schaltung aus Dioden und Widerständen beschreiben;
3. das elektrische Verhalten der UND(AND)-Schaltung angeben und die Arbeitstabelle aufstellen;
4. aus der Arbeitstabelle das Impulsdiagramm ableiten;
5. die schaltalgebraische Gleichung einer UND(AND)-Schaltung angeben und das Logiksymbol nach DIN zeichnen;
6. eine ODER(OR)-Schaltung aus Dioden und Widerständen beschreiben;
7. das elektrische Verhalten der ODER(OR)-Schaltung angeben und die Arbeitstabelle aufstellen;
8. aus der Arbeitstabelle das Impulsdiagramm ableiten;
9. die schaltalgebraische Gleichung einer ODER(OR)-Schaltung angeben und das Logiksymbol nach DIN zeichnen;
10. eine NICHT-Schaltung aus einem Transistor und Widerständen beschreiben;
11. das elektrische Verhalten der NICHT-Schaltung angeben und die Arbeitstabelle aufstellen;
12. aus der Arbeitstabelle das Impulsdiagramm ableiten;
13. die schaltalgebraische Gleichung einer NICHT-Schaltung angeben und das Logiksymbol nach DIN zeichnen;
14. ein gegebenes Problem der Digitaltechnik durch UND(AND)-, ODER(OR)- und NICHT-Schaltungen realisieren.

1.1. Einführung

Alle logischen Funktionen, die eine „Elektronische Datenverarbeitungsanlage", kurz EDVA genannt, durchführen kann, können mit nur drei Grundschaltungen ausgeführt werden. Das sind die UND(AND)-Schaltung, die ODER(OR)-Schaltung und die NICHT-Schaltung.

Die 3 Grundschaltungen in einer EDVA sind die:

- UND(AND)-Schaltung
- ODER(OR)-Schaltung
- NICHT-Schaltung.

Verknüpfungen mit Grundschaltungen:

Es ist beispielsweise Pflicht, beim Fahren eines Kraftfahrzeugs den Sicherheitsgurt anzulegen. Dazu ist erwogen worden, eine Schaltung einzubauen, die dafür sorgt, daß das Kfz nur gestartet werden kann, wenn die Sicherheitsgurte angelegt werden *und* der Zündschlüssel betätigt wird. Diese UND-Verknüpfung könnte beispielsweise durch eine UND-Schaltung realisiert werden.

Eine Alarmanlage für ein Geschäft oder ein Haus wäre ein typisches Beispiel für eine ODER-Schaltung. Es wird immer dann Alarm gegeben, wenn die Tür *oder* ein Fenster aufgebrochen wird.

Bei der NICHT-Schaltung werden Signale umgekehrt (negiert).

Zeigt z.B. die Fußgängerampel „grün", dann zeigt die Ampel für die Autofahrer „rot" und umgekehrt.

Die nachfolgenden digitalen Grundschaltungen sind mit diskreten Bauelementen aufgebaut.

An diesen in einfachster Form aufgebauten Schaltungen läßt sich die typische Funktion am besten erklären und erkennen.

Die gewonnenen Erkenntnisse können direkt auf die Ein- und Ausgangsschaltungen integrierter Bausteine übertragen werden, die im Prinzip in gleicher Form aufgebaut sind.

1.2. Signalbereiche

Digitalschaltungen arbeiten in der Regel mit zwei Signalzuständen oder Signalbereichen. Sie werden deshalb auch als binäre (zweiwertige) Schaltungen bezeichnet.

Die Signalbereiche werden mit High und Low gekennzeichnet (H und L).

Im H-Bereich liegen die Spannungen, die näher bei plus Unendlich liegen. Ein Signal aus diesem Bereich wird H-Signal genannt.

Im L-Bereich liegen die Spannungen, die näher bei minus Unendlich liegen. Ein Signal aus diesem Bereich wird L-Signal genannt.

Wenn man so H-Bereich und L-Bereich festlegt, dann ist ein dazwischen liegendes Signal nicht mehr definiert; es liegt im *Übergangsgebiet,* das auch *unbestimmter* oder *verbotener Bereich* genannt wird.

Die Ausgangssignale von Digitalbausteinen haben keinen festen Spannungswert. Sie liegen innerhalb gewisser Spannungsbereiche, da die Ausgangsspannungen von der Belastung, also von der Anzahl der angeschlossenen Bausteine, abhängt.

Die Grenzen der Spannungsbereiche oder Signalbereiche werden in den Datenblättern der Hersteller angegeben.

In der Booleschen Algebra, im Bereich der Informatik, und bei der Darstellung von Zahlen durch binäre Signale werden auch die Bezeichnungen 0 und 1 verwendet.

In der Regel liegt die obere Grenze des H-Bereiches bei der verwendeten Betriebsspannung; die untere Grenze des L-Bereiches bei OV.

Binäre Signale:

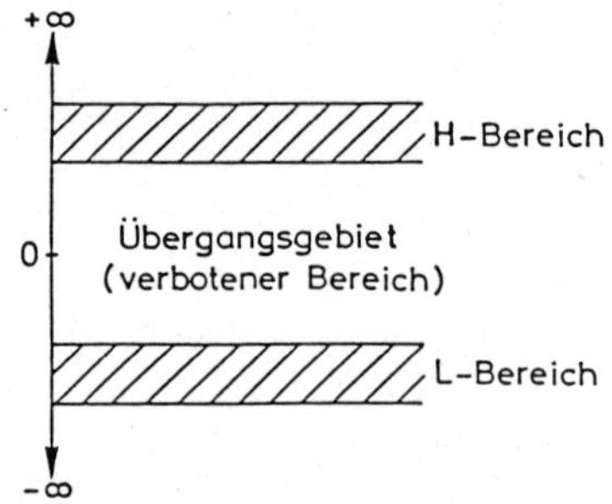

Zahlen, binär dargestellt:

0 ≙ L-Signal

1 ≙ H-Signal

1.2.1. Änderung der Ausgangsspannung einer Transistorstufe bei Belastung

Transistor gesperrt:

Bei Belastung gegen U_B fließt kein Strom über R_C.

Dadurch entsteht kein Spannungsabfall über R_C.

Die Ausgangsspannung ändert sich nicht.

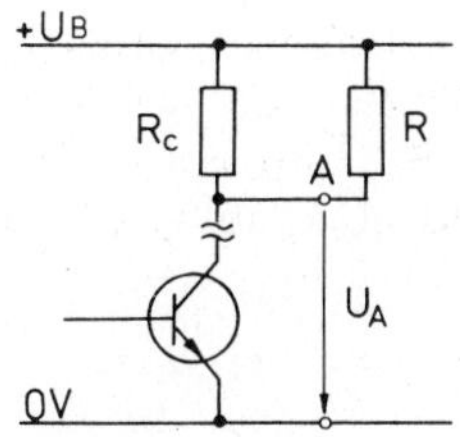

$$U_A = U_B$$

Bei Belastung gegen 0 V fließt ein Strom über R_C.

Die Ausgangsspannung ergibt sich aus dem Spannungsteiler R_C/R_0.

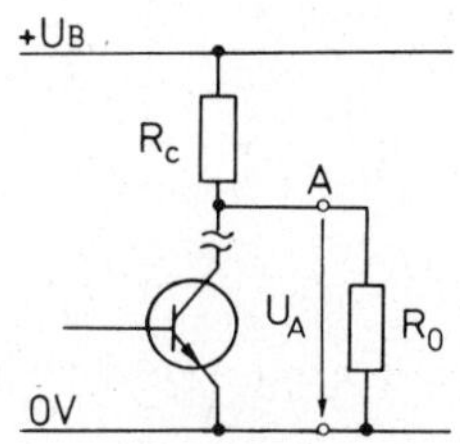

$$U_A = \frac{U_B \cdot R_0}{R_C + R_0}$$

Transistor übersteuert:

Bei Belastung gegen U_B fließt ein zusätzlicher Laststrom durch den Transistor.

Der Basisstrom des Transistors muß so groß sein, daß der Transistor bei der gewählten maximalen Last noch übersteuert ist.

Da der Transistor ohne Last und auch bei Vollast übersteuert ist, ändert sich die Ausgangsspannung bei Belastung nicht.

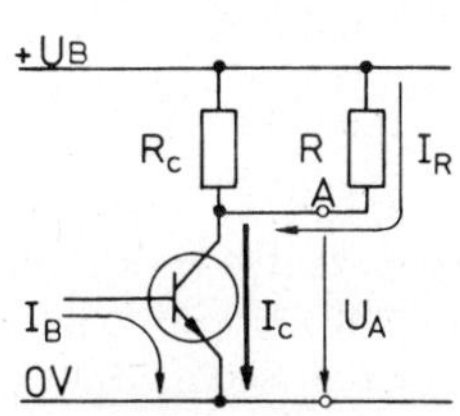

$$U_A = U_{CEsat} \approx 0\,V$$

Bei Belastung gegen 0 V ist der Innenwiderstand des Transistors sehr klein gegenüber dem Lastwiderstand. Deshalb wird nur ein vernachlässigbar kleiner Strom über den Lastwiderstand fließen. Außerdem würde dieser Strom die Ausgangsspannung herabsetzen. Deshalb ist auch bei dieser Belastung die Ausgangsspannung gleich U_{CEsat}.

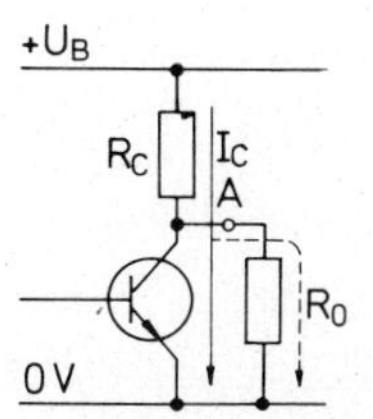

$$U_A = U_{CEsat} \approx 0\,V$$

1.3. UND(AND)-Schaltung

An den Eingängen A und B liegen die Eingangsspannungen U_A und U_B, die 0 V oder $+U_B$ annehmen können, und am Ausgang liegt die Spannung U_Q, die in jedem Schaltzustand gemessen werden soll.

Mögliche Schaltung, diskret aufgebaut:

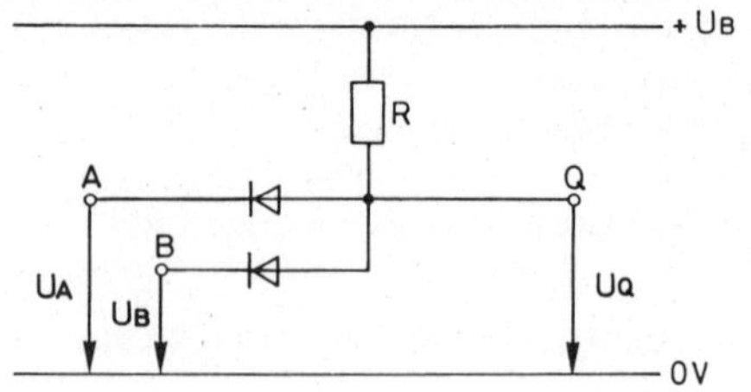

Funktion:

1. Liegt 0 V an den Eingängen A und B, so sind beide Dioden leitend, und es fließen die eingezeichneten Ströme. Das Ausgangspotential an Q ist um die Schleusenspannung der Dioden positiver. Die Schleusenspannung beträgt bei Germanium-Dioden ~ 0,3 V und bei Silizium-Dioden ~ 0,7 V. Gegen die Betriebsspannung $+U_B$ von beispielsweise 12 V sind diese Spannungen so klein, daß wir sagen, die Spannung am Ausgang Q beträgt Null Volt (~ 0 V).

1.

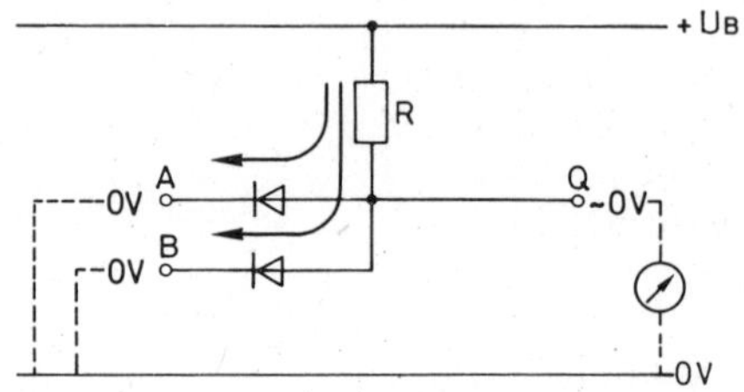

2. Wird an A nun 0 V und an B $+U_B$ gelegt, so ist nur die obere Diode leitend und legt ~ 0 V an den Ausgang Q. Die untere Diode ist durch ~ 0 V an ihrer Anode gesperrt.

2.

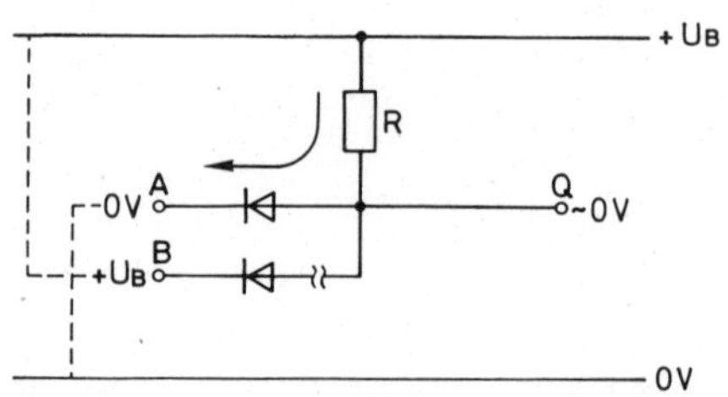

3. Liegt $+U_B$ am Eingang A und 0 V am Eingang B, so ist nur die untere Diode leitend und legt ~ 0 V an den Ausgang Q.

   Jetzt wird die obere Diode durch ~ 0 V an ihrer Anode gesperrt.

3.

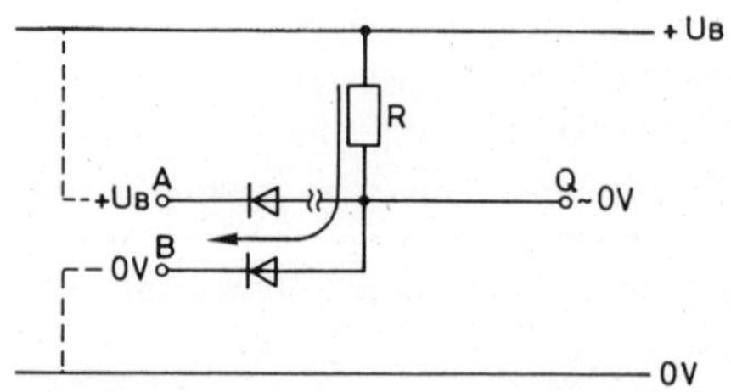

4. Liegt $+U_B$ an beiden Eingängen, so sperren beide Dioden, und damit liegt die Betriebsspannung $+U_B$ über R am Ausgang Q.

4.

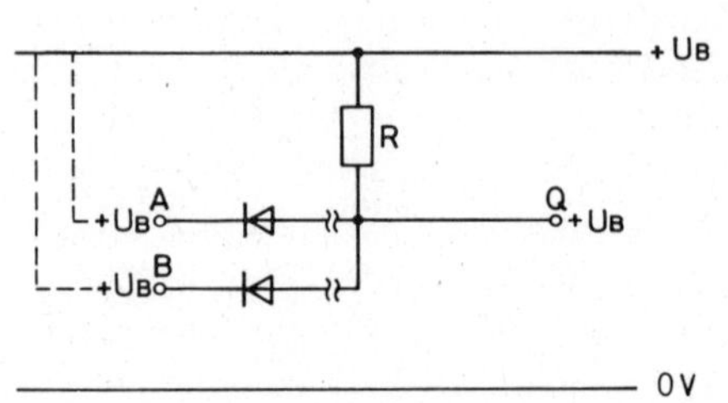

Arbeitstabelle:

Die vier besprochenen Signalzustände an den Eingängen sollen nun in einer Arbeitstabelle zusammengefaßt werden. In der Arbeitstabelle entsprechen die Zeilen der Reihenfolge der besprochenen Signalwechsel an den Eingängen. Die angelegten Eingangsspannungen werden unter A und B und die gemessene Ausgangsspannung unter Q aufgetragen.

Die Arbeitstabelle macht deutlich, daß am Ausgang nur dann $+U_B$ liegt, wenn A *und* B $+U_B$ führen.

Arbeitstabelle:

Zeile	Eingänge A	Eingänge B	Ausgang Q
1	0 V	0 V	~0 V
2	0 V	$+U_B$	~0 V
3	$+U_B$	0 V	~0 V
4	$+U_B$	$+U_B$	$+U_B$

Eine andere Möglichkeit, eine Arbeitstabelle aufzustellen, ist die, für die bemessenen Spannungen gleich die H-Bereiche und L-Bereiche einzusetzen.

Arbeitstabelle:

Zeile	Eingänge A	Eingänge B	Ausgang Q
1.	L	L	L
2	L	H	L
3	H	L	L
4	H	H	H

Impulsdiagramm:

Möchte man wissen, wie sich zeitlich ändernde Eingangssignale auf den Ausgang auswirken, so stellt man sie grafisch über der Zeit dar, es entsteht damit ein Impulsdiagramm. Die Signalzustände in den Zeilen 1 ... 4 der Arbeitstabelle entsprechen den Signalzuständen 1 ... 4, die im Impulsdiagramm eingezeichnet sind.

Das Impulsdiagramm macht ebenfalls deutlich, daß nur dann H-Signal am Ausgang liegt, wenn A *und* B H-Signal führen.

Impulsdiagramm:

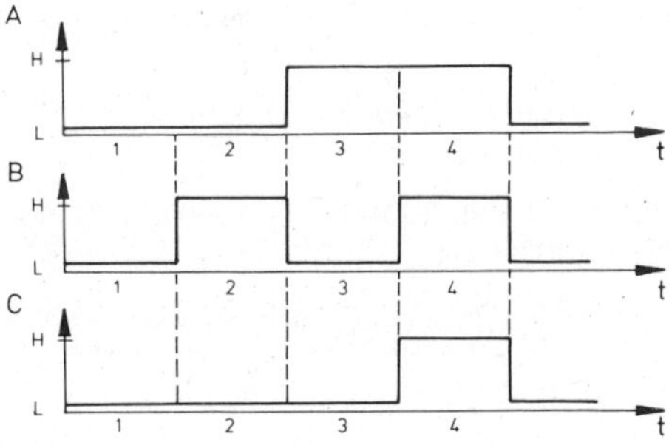

Schaltalgebraische Gleichung:

Die schaltalgebraische Gleichung lautet dann $A \wedge B = Q$. Gelesen wird sie A und B gleich Q.

Das Verknüpfungssymbol kann weggelassen werden, wenn keine Verwechslungen auftreten, und es entsteht der einfachere Ausdruck $AB = Q$.

Schaltalgebraische Gleichung:

Geschrieben: $A \wedge B = Q$

Gelesen: A und B gleich Q

Logiksymbol:

Um nicht immer aufzeichnen zu müssen, wie die UND-Schaltung realisiert wird, wurden Logiksymbole nach DIN festgelegt. Sie wurden, einer IEC-Empfehlung folgend, nach international einheitlichen Richtlinien neu gestaltet. In den ersten beiden Kapiteln werden alte und neue Logiksymbole gegenübergestellt. Im folgenden sollen dann die neuen Logiksymbole benutzt werden.

Logiksymbol:

alt:

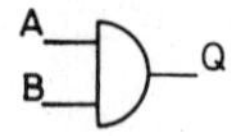

neu:

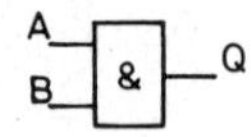

Beispiel

Auf einem Baustein, der logische Verknüpfungen durchführt, wurde versehentlich die Bezeichnung verwischt. Nur die Schaltzeichnung ist aufgedruckt.

Bestimmen Sie, welche Verknüpfung die Schaltung realisiert! Beweisen Sie Ihre Lösung durch eine Arbeitstabelle.

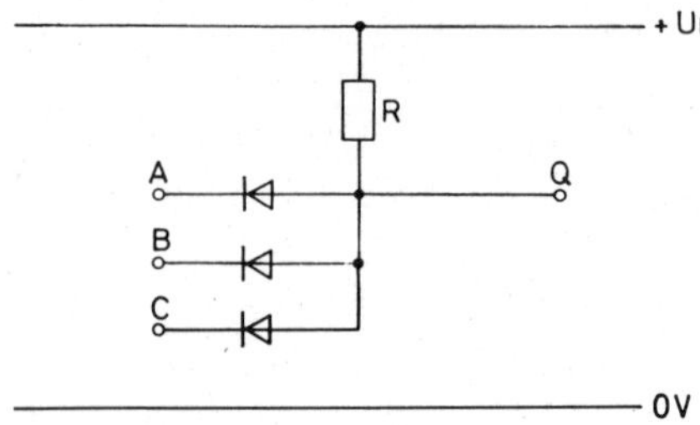

Lösung:

3 Eingänge ergeben $2^3 = 8$ mögliche Eingangskombinationen, die man in eine Arbeitstabelle eintragen kann. Am Ausgang Q der Schaltung erscheint nur dann H-Signal, wenn A *und* B *und* C H-Signal führen. Für alle anderen Eingangskombinationen ergibt sich L-Signal am Ausgang.

Es liegt also eine UND(AND)-Schaltung mit drei Eingängen vor.

Arbeitstabelle:

Zeile	Eingänge A	B	C	Ausgang Q
1	L	L	L	L
2	L	L	H	L
3	L	H	L	L
4	L	H	H	L
5	H	L	L	L
6	H	L	H	L
7	H	H	L	L
8	H	H	H	H

Beispiel

Ein Schalter S, der eine Informationsleitung unterbricht, kann auch durch eine UND-(AND)-Schaltung realisiert werden.

Solange L-Signal an S liegt, kann keine Information von A nach Q gegeben werden. Die Informationsweitergabe von A nach Q kann erst erfolgen, wenn S H-Signal führt.

Lösung:

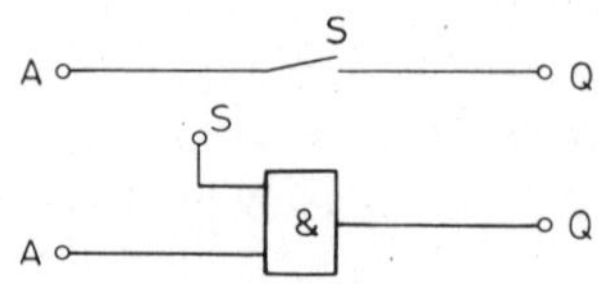

Übung 1.1

Zwei Datensichtstationen sind zu den im Impulsdiagramm angegebenen Zeiten an eine EDVA angeschlossen.

Geben Sie im Impulsdiagramm an, zu welchen Zeiten die EDVA von beiden Datensichtstationen gemeinsam beansprucht wird!

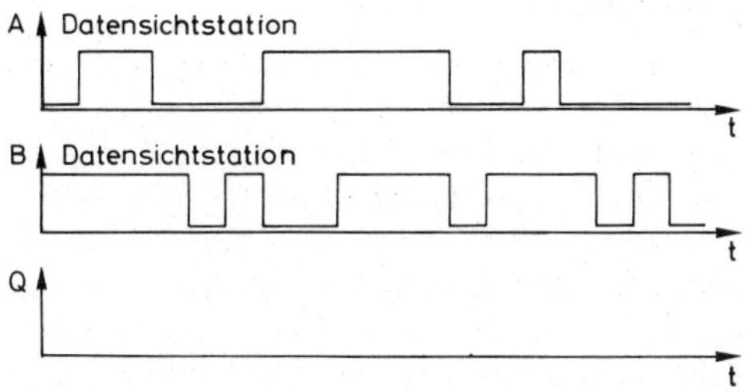

Übung 1.2

Ein Register im Arbeitsspeicher hat 4 Speicherplätze für je ein Bit. (Ein Bit ist eine Binärstelle.)

Entwickeln Sie eine Schaltung, die feststellt, wann in allen Speicherplätzen H-Signal gespeichert ist.

a) Zur Verfügung stehen UND(AND)-Schaltungen mit beliebig vielen Eingängen.
b) Zur Verfügung stehen UND(AND)-Schaltungen mit je zwei Eingängen.

Register:

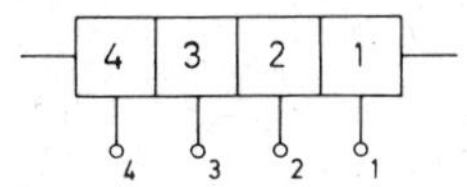

Lösung:

1.4. ODER(OR)-Schaltung

Die zweite Grundschaltung stellt die ODER-(engl. OR)-Schaltung dar.

Wie die UND(AND)-Schaltung soll nun auch die ODER(OR)-Schaltung durch Dioden und einen Widerstand aufgebaut werden.

An den Eingängen A und B liegen die Eingangsspannungen U_A und U_B, die 0 V oder $+U_B$ annehmen können, und am Ausgang liegt die Spannung U_Q, die in jedem Schaltzustand gemessen werden soll.

Arbeitstabelle:

Die vier besprochenen Signalzustände an den Eingängen sollen nun in einer Arbeitstabelle zusammengefaßt werden.

Mögliche Schaltung, diskret aufgebaut

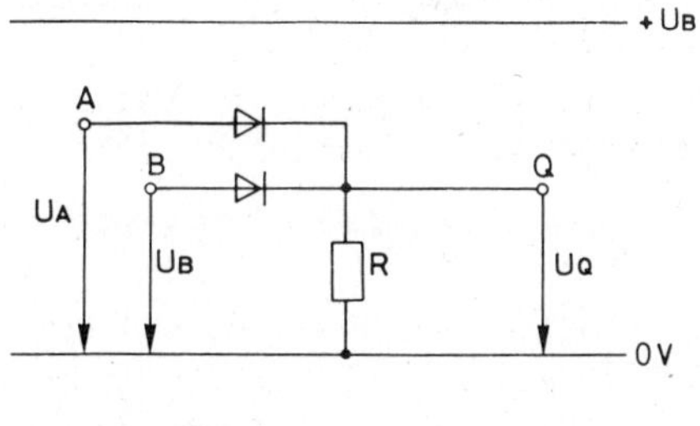

Arbeitstabelle:

Zeile	Eingänge A	Eingänge B	Ausgang Q
1	L	L	L
2	L	H	H
3	H	L	H
4	H	H	H

Impulsdiagramm:

Es soll nun der Inhalt der Arbeitstabelle als Impulsdiagramm gezeichnet werden.

Die Ziffern 1 ... 4 im Impulsdiagramm geben den jeweiligen Signalzustand an, der in der Arbeitstabelle durch die Zeilen 1 ... 4 angegeben wird. Das Impulsdiagramm macht nochmals deutlich, daß Q immer H führt, wenn A *oder* B *oder* beide Eingänge H führen.

Impulsdiagramm:

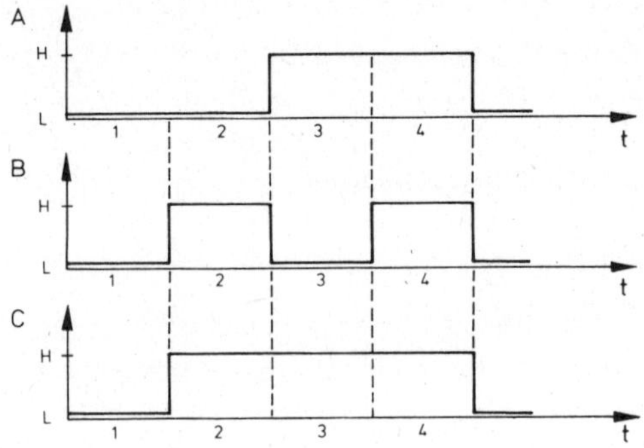

Schaltalgebraische Gleichung:

Die schaltalgebraische Gleichung lautet dann $A \vee B = Q$. Gelesen wird sie A oder B gleich Q.

Schaltalgebraische Gleichung:

Geschrieben: $A \vee B = Q$

Gelesen: A oder B gleich Q

Logiksymbol:

Das neue Logiksymbol enthält das Symbol $\geqq 1$ um anzudeuten, daß H-Signal an einem Eingang (= 1) oder an mehr als einem Eingang (> 1) H-Signal am Ausgang ergibt.

Logiksymbol:

alt:

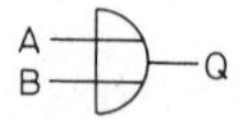

neu:

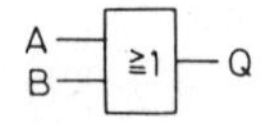

Beispiel

Die Signalwechsel am Eingang einer ODER-(OR)-Schaltung mit zwei Eingängen sind im Impulsdiagramm dargestellt.

Zeichnen Sie das Signalverhalten am Ausgang Q.

Lösung:

Eine ODER(OR)-Schaltung zeigt dann H-Signal am Ausgang, wenn ein Eingang *oder* mehrere Eingänge H-Signal führen. Das Impulsdiagramm für den Ausgang Q kann so gezeichnet werden. Eine andere Möglichkeit der Lösung ist die, die am seltensten vorkommenden Signalzustände zu betrachten. Die ODER(OR)-Schaltung zeigt nämlich nur dann L-Signal am Ausgang, wenn *alle* Eingänge L-Signal führen. Zeichnet man diese Zeiträume (1, 2, 3) ein, so ergeben alle anderen Eingangszustände H-Signal.

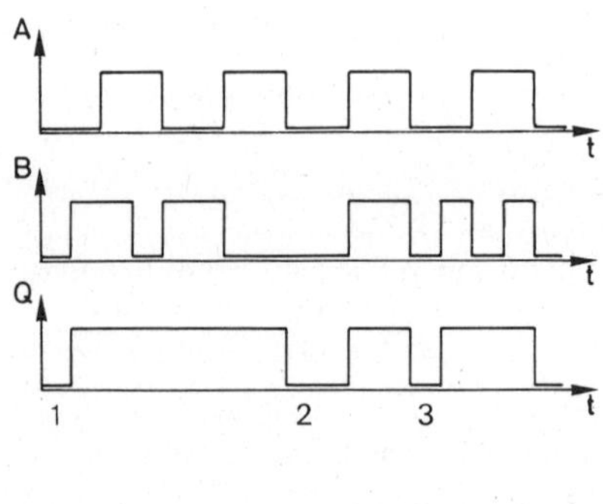

Übung 1.3

Eine logische Verknüpfung wurde aus 2 ODER(OR)-Schaltungen aufgebaut.

Wieviel logische Eingangskombinationen sind möglich und wie stellt sich dazu der Ausgang Q ein?

Stellen Sie zur Lösung eine Arbeitstabelle auf.

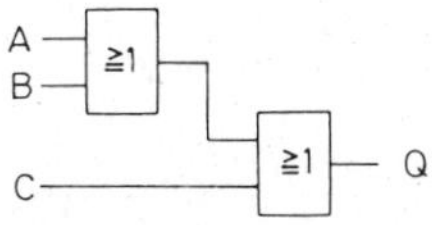

Lösung:

1.5. NICHT-Schaltung

Die NICHT-Schaltung (engl. NOT oder Inverter) realisiert die dritte wichtige Verknüpfung; sie wird auch Negator oder Inverter genannt.

Eine NICHT-Schaltung kann mit einer Transistorstufe in Emitterschaltung realisiert werden. Dabei wird beispielsweise die Basis eines npn-Transistors vom Eingang A über den Basisvorwiderstand R_B angesteuert.

Mögliche Schaltung, diskret aufgebaut:

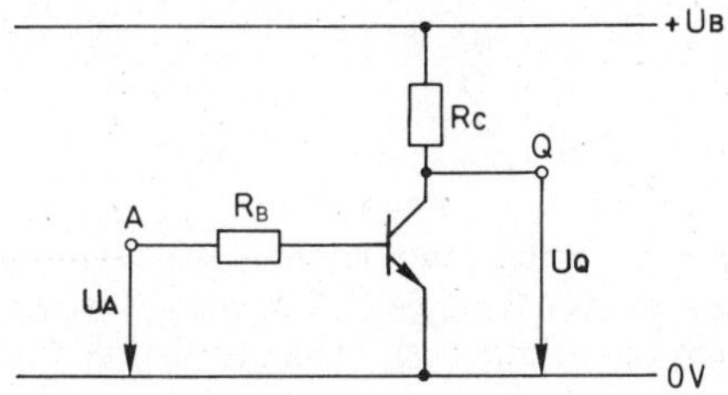

Funktion:

1. Liegt 0 V am Eingang A, so sperrt der Transistor und über R_C liegt die Betriebsspannung U_B am Ausgang Q.

   Das Eingangssignal steht also negiert am Ausgang an.

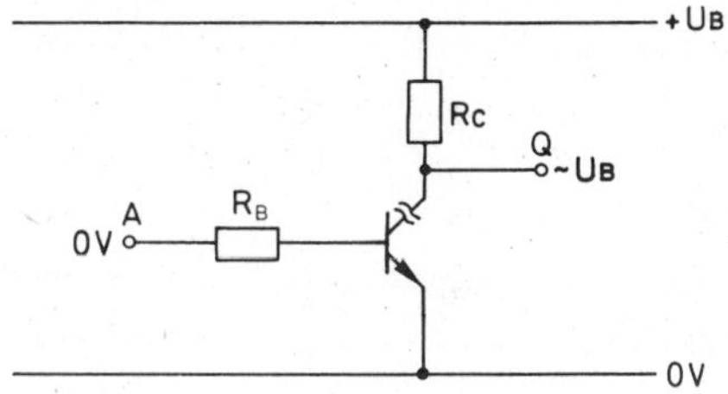

2. Liegt U_B am Eingang A, so schaltet der Transistor durch und es fließt der eingezeichnete Kollektorstrom I_C. Im durchgeschalteten Zustand liegt am Ausgang Q ungefähr U_{CEsat} 0,2 V, also ~ 0 V.

   Das Eingangssignal steht also wiederum negiert am Ausgang an.

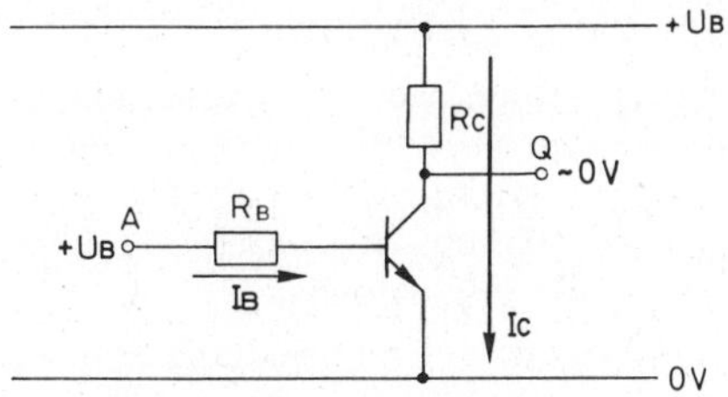

Arbeitstabelle:

Liegt L-Signal am Eingang, so wird daraus ein H-Signal am Ausgang und umgekehrt.

Arbeitstabelle:

Zeile	Eingang A	Ausgang Q
1	L	H
2	H	L

Impulsdiagramm:

Zu wechselnden Eingangssignalen zeigt das Impulsdiagramm die entsprechenden Ausgangssignale über der Zeit.

Impulsdiagramm:

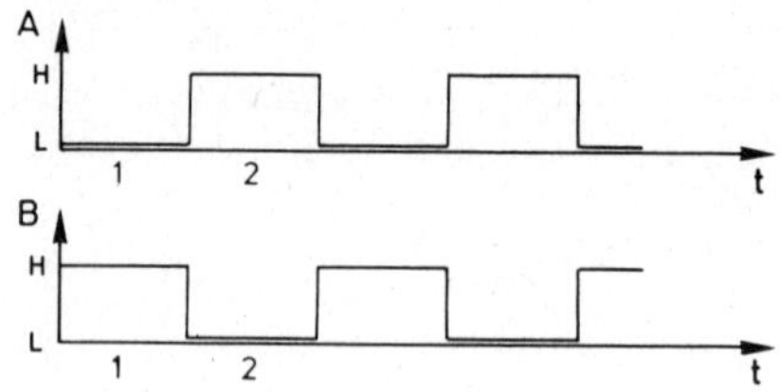

Schaltalgebraische Gleichung:

Um die NICHT-Schaltung besonders einfach zu beschreiben, benutzt man die schaltalgebraische Gleichung. Der zu negierende Teil wird dazu einfach mit einem Querstrich versehen.

Dabei ist es gleichgültig, ob man sich die Eingangsgröße oder die Ausgangsgröße negiert vorstellt, weil auf jeden Fall eine Größe immer die Negation der anderen darstellt.

Schaltalgebraische Gleichung:

Geschrieben: $A = \overline{Q}$

Gelesen: A gleich Q nicht

Geschrieben: $\overline{A} = Q$

Gelesen: A nicht gleich Q

Logiksymbol:

Im Logiksymbol benutzt man zur Kennzeichnung der Negation einen kleinen Kreis an einer der beiden Seiten des Logiksymbols.

Logiksymbol:

alt: neu:

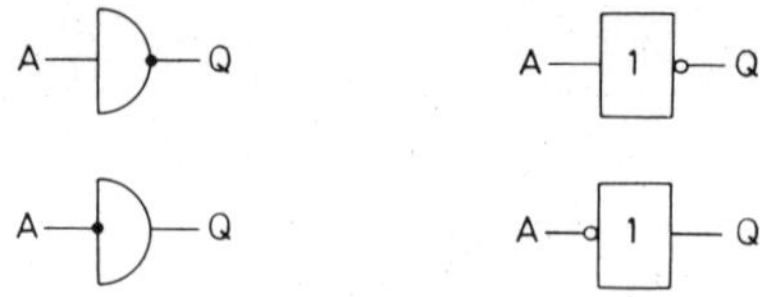

Übung 1.4

Von zwei binären Zahlen Z_1 und Z_2 soll die Größere erkannt werden. Der Ausgang A_1 soll H-Signal führen, wenn Z_1 größer als Z_2 ist. Ausgang A_2 soll H führen, wenn Z_2 größer als Z_1 ist (siehe Arbeitstabelle). Eine Schaltung mit diesen Eigenschaften nennt man „Größer-als"-Meldelogik.

Entwerfen Sie eine solche Schaltung, die bei Addierwerken benötigt wird.

Z_1	Z_2	A_1	A_2
L	L	L	L
L	H	L	H
H	L	H	L
H	H	L	L

Lösung:

Beispiel

Einen Umschaltekontakt kann man durch zwei UND- und eine ODER-Schaltung realisieren.

Dazu verwendet man einen Schaltereingang S, der nur bei einem der beiden UND-Schaltungen negiert sein muß.

In der Praxis nennt man diese Schaltung häufig „Informationsweiche“. Sie wird beispielsweise bei Schieberegistern und Zählern eingesetzt.

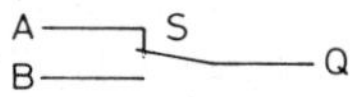

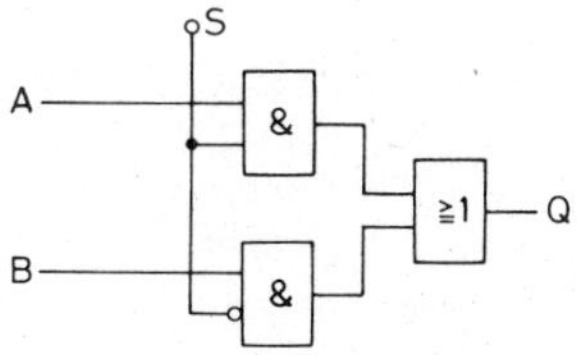

Übung 1.5

Zur Überkreuzsteuerung von Informationsleitungen kann nebenstehender zweipoliger Umschalter benutzt werden.

Im gezeichneten Zustand ist ein Informationsfluß von A nach Q_1 und von B nach Q_2 möglich.

Wird durch die Steuereinwirkung von S umgeschaltet, so ist ein Informationsfluß von A nach Q_2 und von B nach Q_1 möglich.

Entwerfen Sie die Schaltung nur mit Hilfe von Grundschaltungen.

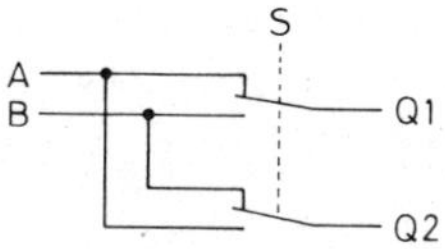

Lösung:

Lernzielorientierter Test

(Richtige Antworten sind anzukreuzen.)

1. Bei nebenstehender Schaltung handelt es sich um eine:

   UND(AND)-Schaltung ○
   ODER(OR)-Schaltung ○
   NICHT-Schaltung ○

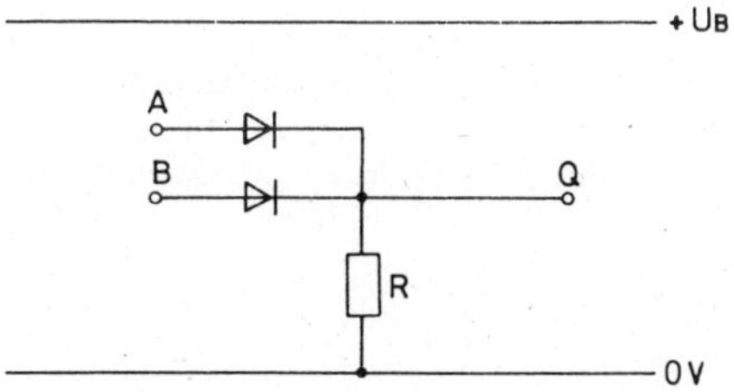

2. Am Eingang einer Diodenschaltung liegen $+U_B$ und 0 V an.

   Fließt Strom über eine Diode? Wenn ja über welche?

   Es fließt kein Strom ○
   Über Diode A ○
   Über Diode B ○
   Über Diode A und B ○

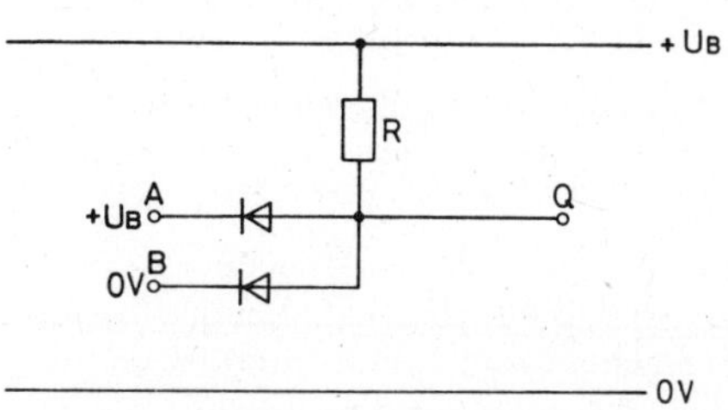

3. Welche Ausgangsspannung stellt sich am Ausgang Q in der Aufgabe 2 ein?

   genau $+U_B$ ○ genau 0 V ○
   ungefähr $+U_B$ ○ ungefähr 0 V ○

4. Welche der nebenstehenden Logiksymbole stellen ODER-Schaltungen dar?

   Schaltung 1 ○
   Schaltung 2 ○
   Schaltung 3 ○
   Schaltung 4 ○

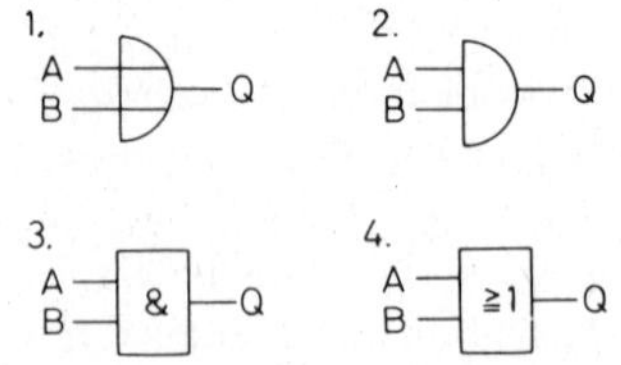

5. Zu welcher Schaltung gehört das nebenstehende Impulsdiagramm?

   Zu einer:

   UND-Schaltung ○
   ODER-Schaltung ○
   NICHT-Schaltung ○

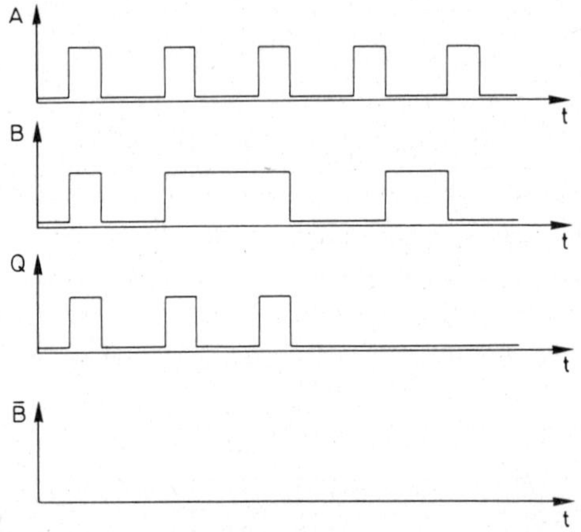

6. Zeichnen Sie in den noch freien Teil des Impulsdiagramms die Negation des Eingangssignals B, also $\overline{B}$ ein.

7. Der Drucker einer Datenerfassungsanlage benutzt den Code CCITT Nr. 5. Das 6. und 7. Bit benutzt er dabei zur Ebenenumschaltung, um Groß- und Kleinbuchstaben sowie Ziffern und Sonderzeichen zu drukken. Sind beide Bit L, so wird der Abdruck und der Vorschub unterbunden und die Kombination als Steuerzeichen benutzt. Die genaue Zuordnung zeigt die nebenstehende Tabelle.

   Entwerfen Sie eine Schaltung, die die vier angegebenen Funktionen erkennt.

Bit		Funktionen
6	7	
L	H	Großbuchstaben
H	H	Kleinbuchstaben
H	L	Ziffern- und Sonderzeichen
L	L	Steuerzeichen

8. Eine EDVA soll über drei Signalgeber A, B und C sicher ausgeschaltet werden können.

   Allerdings soll ein Fehler in einem Signalgeber zu keiner unnötigen Abschaltung führen.

   Entwerfen Sie die entsprechende Schaltung, so daß nur das Signal zum Abschalten gegeben wird, wenn mindestens zwei Signalgeber aktiv werden.

2. Kombinationen der Grundschaltungen

Lernziele:

Nach Durcharbeitung dieses Kapitels können Sie …

1. Aufbau und Wirkungsweise einer NAND-Schaltung angeben;
2. die logischen Grundfunktionen mit NAND-Schaltungen realisieren;
3. die Arbeitstabelle für eine NAND-Schaltung aufstellen sowie das Impulsdiagramm zeichnen;
4. das Schaltzeichen für eine NAND-Schaltung angeben;
5. Aufbau und Wirkungsweise einer NOR-Schaltung angeben;
6. die Arbeitstabelle für eine NOR-Schaltung aufstellen sowie das Impulsdiagramm zeichnen;
7. das Schaltzeichen für eine NOR-Schaltung angeben;
8. Aufbau und Wirkungsweise einer XOR(ExOR)-Schaltung angeben;
9. die Arbeitstabelle für eine XOR-Schaltung aufstellen und das Impulsdiagramm zeichnen;
10. das Schaltzeichen für eine XOR-Schaltung angeben;
11. zu einer gegebenen schaltalgebraischen Gleichung die Schaltung entwerfen und für eine Schaltung die äquivalente schaltalgebraische Gleichung aufstellen.

2.1. NAND-Schaltung

Negiert man den Ausgang einer AND-Schaltung, so entsteht eine NAND-Schaltung. Die Bezeichnung NAND ist entstanden durch die Bezeichnung der Einzelglieder (NOT + AND = NAND). Die AND-Schaltung der Eingänge A und B ergibt $A \wedge B$. Durch die nachfolgende Negation ergibt sich die schaltalgebraische Gleichung $\overline{A \wedge B}$. Gelesen wird sie (A und B) nicht.

Logiksymbol:

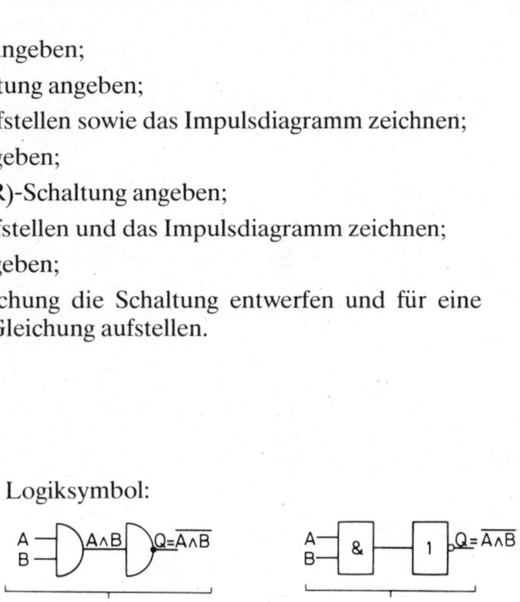

Schaltalgebraische Gleichung:

Geschrieben: $Q = \overline{A \wedge B}$

Gelesen: Q gleich (A und B) nicht

Nur wenn *alle* Eingänge H-Signal führen, führt der Ausgang L-Signal.

Oder:

Mindestens *ein* L-Signal am Eingang ergibt H-Signal am Ausgang.

Arbeitstabelle:

Zeile	Eingänge		Ausgänge	
	A	B	$A \wedge B$	$Q = \overline{A \wedge B}$
1	L	L	L	H
2	L	H	L	H
3	H	L	L	H
4	H	H	H	L

Wie wir eingangs feststellen konnten, liegt der große Vorteil der NAND-Schaltungen darin, daß durch sie alle Grundschaltungen nachgebildet werden können.

Durch NAND-Schaltungen können die 3 Grundschaltungen nachgebildet werden.

Diese Nachbildungen der Grundschaltungen sollen nun erarbeitet werden.

Zunächst sollen die Eingänge einer NAND-Schaltung miteinander verbunden werden.

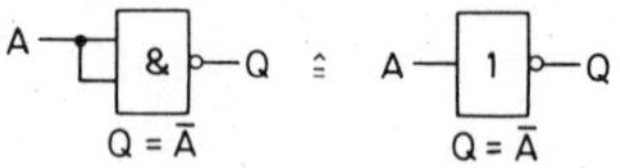

Damit können beide Eingänge nur noch gleiches Eingangssignal führen. Die beiden parallel geschalteten Eingänge entsprechen einem gemeinsamen Eingang.

So läßt sich die NAND-Schaltung als NICHT-Schaltung verwenden.

Beispiel

Es soll der Beweis erbracht werden, daß durch NAND-Schaltungen die Funktion einer OR-Schaltung nachgebildet werden kann.

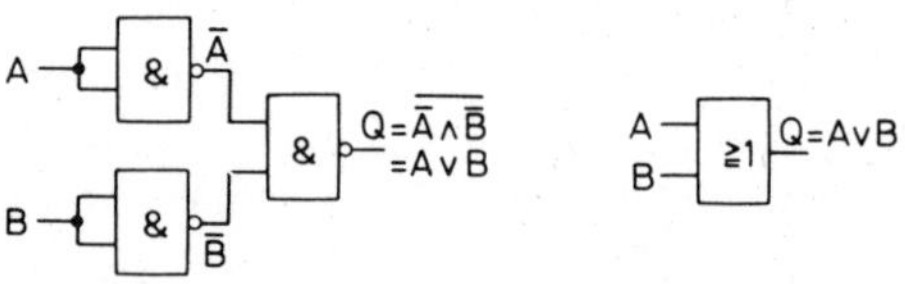

Bei gleichen Eingangssignalen ergeben beide Schaltungen gleiche Ausgangssignale in der Arbeitstabelle. Damit liegt in beiden Fällen jeweils eine OR-Schaltung vor.

Zeile	Eingänge A	B	Ā	B̄	Ausgang $Q = \overline{\bar{A} \wedge \bar{B}}$
1	L	L	H	H	L
2	L	H	H	L	H
3	H	L	L	H	H
4	H	H	L	L	H

Zeile	Eingänge A	B	Ausgang $Q = A \vee B$
1	L	L	L
2	L	H	H
3	H	L	H
4	H	H	H

Beispiel

Zu der nebenstehenden Schaltung soll die schaltalgebraische Gleichung aufgestellt werden.

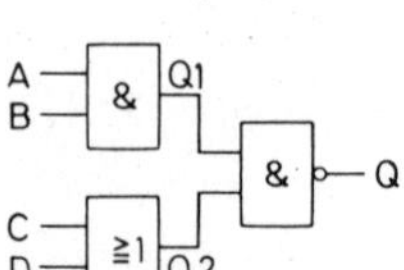

Eine mögliche Lösung ist, zuerst die schaltalgebraischen Gleichungen für die *einzelnen* Schaltungen aufzustellen.

Am Ausgang der AND-Schaltung ergibt sich der Ausgang $Q_1 = A \wedge B$ und für den Ausgang der OR-Schaltung $Q_2 = C \vee D$. Die Ausgänge Q_1 und Q_2 bilden die Eingänge für das nachfolgende NAND. Damit ergibt sich am Ausgang der gesamten Schaltung $Q = \overline{Q_1 \wedge Q_2}$ bzw. $Q = \overline{(A \wedge B) \wedge (C \vee D)}$.

$$Q_1 = A \wedge B$$
$$Q_2 = C \vee D$$
$$Q = \overline{Q_1 \wedge Q_2}$$
$$Q = \overline{(A \wedge B) \wedge (C \vee D)}$$

Beispiel

Es besteht die Aufgabe, für die gegebene Schaltung eine Arbeitstabelle aufzustellen.

Bei 3 Eingangsvariablen ergeben sich $2^3 = 8$ Eingangskombinationen.

Eine mögliche Lösung ist die, zuerst die Ausgänge $Q_1 = A \vee B$ und $Q_2 = \overline{C}$ zu bestimmen. Ausgang Q_1 und Q_2 werden NAND-verknüpft und ergeben $Q = \overline{(A \vee B) \wedge \overline{C}}$.

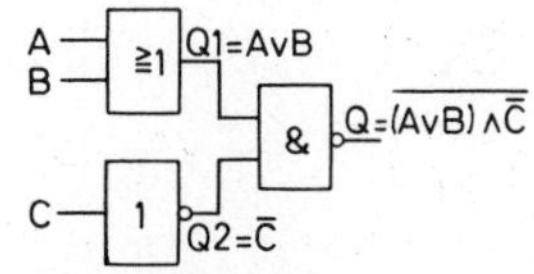

Arbeitstabelle:

A	B	C	$Q_1 = A \vee B$	$Q_2 = \overline{C}$	$Q = \overline{Q_1 \wedge Q_2}$
L	L	L	L	H	H
L	L	H	L	L	H
L	H	L	H	H	L
L	H	H	H	L	H
H	L	L	H	H	L
H	L	H	H	L	H
H	H	L	H	H	L
H	H	H	H	L	H

2.2. NOR-Schaltung

Negiert man den Ausgang einer OR-Schaltung, so entsteht eine NOR-Schaltung. Die Bezeichnung NOR ist entstanden durch die Bezeichnung der Einzelglieder (NOT + OR = NOR).

Logiksymbol:

alt: neu:

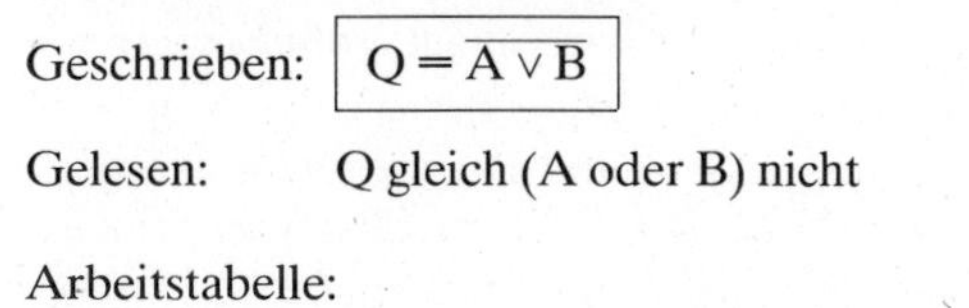

Schaltalgebraische Gleichung:

Geschrieben: $Q = \overline{A \vee B}$

Gelesen: Q gleich (A oder B) nicht

Die gemeinsame Arbeitstabelle zeigt am Ausgang der OR-Schaltung $A \vee B$ und nach der Negation $\overline{A \vee B}$.

Nur wenn *alle* Eingänge L-Signal führen, führt der Ausgang der NOR-Schaltung H-Signal.

Oder:

Mindestens ein H-Signal am Eingang ergibt L-Signal am Ausgang der NOR-Schaltung.

Arbeitstabelle:

Zeile	Eingänge		Ausgänge	
	A	B	$A \vee B$	$Q = \overline{A \vee B}$
1	L	L	L	H
2	L	H	H	L
3	H	L	H	L
4	H	H	H	L

Wie für NAND-Schaltungen gilt auch für NOR-Schaltungen, daß durch sie alle Grundschaltungen nachgebildet werden können.

Durch NOR-Schaltungen können die 3 Grundschaltungen nachgebildet werden.

Diese Nachbildungen der Grundschaltungen sollen nun erarbeitet werden.

Eine NICHT-Schaltung entsteht, wie schon bei der NAND-Schaltung beschrieben, durch das Parallelschalten der Eingänge. Damit können beide Eingänge nur noch gleiches Signal führen.

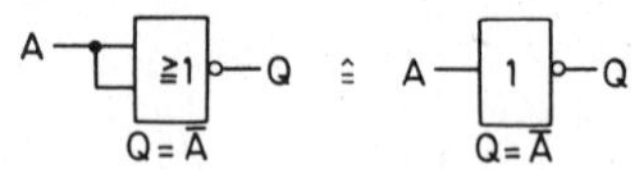

Übung 2.1

Zwei Eingänge A und B sollen durch eine UND-Funktion verknüpft werden. Zeichnen Sie die Verknüpfungsschaltung, die nur aus NOR-Bausteinen aufgebaut werden soll.

Beweisen Sie durch eine Arbeitstabelle die Richtigkeit der Schaltung.

Lösung:

Beispiel

Bei einer Binärschaltung mit drei Eingängen ist der zeitliche Verlauf der Eingangssignale bekannt.

Das Ausgangssignal ist im Impulsdiagramm darzustellen.

Die Eingänge A und B ergeben am Ausgang des NAND $\overline{A \wedge B}$. Zum Zeichnen erinnert man sich daran, daß nur dann L am Ausgang entsteht, wenn alle Eingänge H führen.

$\overline{A \wedge B}$ und der Eingang C ergeben am Ausgang der NOR-Schaltung $\overline{(\overline{A \wedge B}) \vee C}$. Am Ausgang liegt nur H, wenn alle Eingänge L führen.

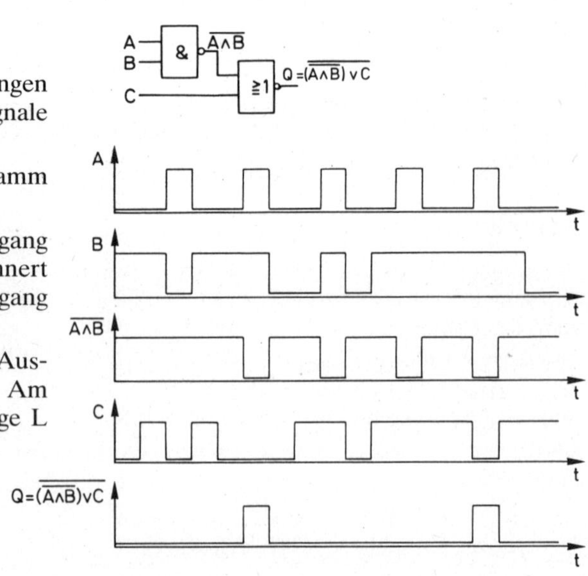

Übung 2.2

Eine Aufgabe der Digitaltechnik kann durch die angegebene schaltalgebraische Gleichung beschrieben werden.

Nun hat der ausführende Techniker aber nur NAND-Schaltungen vorrätig.

Entwerfen Sie eine äquivalente Schaltung mit möglichst wenig NAND-Schaltungen.

Schaltalgebraische Gleichung:

$Q = (A \wedge B) \vee (C \wedge D)$

Lösung:

2.3. XOR-Schaltung

Der Name XOR wird X OR gelesen. Es ist die vereinfachte Schreibweise von Ex-OR. Ex-OR ist die Abkürzung von Exklusiv-ODER.

Diese Schaltung liefert nur dann ein Ausgangssignal, wenn ausschließlich die ODER-Bedingung am Eingang erfüllt ist; wenn also nur der eine oder der andere Eingang H-Signal hat.

Im Gegensatz zum ODER-Baustein erscheint kein H-Signal am Ausgang, wenn beide Eingänge H-Signal haben.

Logiksymbol:

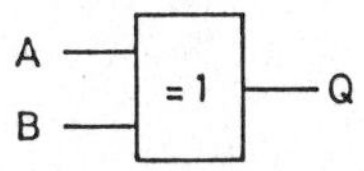

Schaltalgebraische Gleichung:

$Q = (A \wedge \overline{B}) \vee (\overline{A} \wedge B)$

Übung 2.3

Entwerfen Sie eine Schaltung aus Grundbausteinen, welche die Bedingung der schaltalgebraischen Gleichung erfüllt.

$Q = (A \wedge \overline{B}) \vee (\overline{A} \wedge B)$

Mit der XOR-Schaltung lassen sich zwei Informationen auf Gleichheit oder Ungleichheit prüfen.

Gleichheit = Äquivalenz

Ungleichheit = Antivalenz

Beispiel

Zwei Informationen zu je zwei Bit sollen auf Ungleichheit geprüft werden. Die Schaltung ist zu konstruieren.

Überprüfen Sie die Schaltung durch Anlegen verschiedener Signale an A und B.

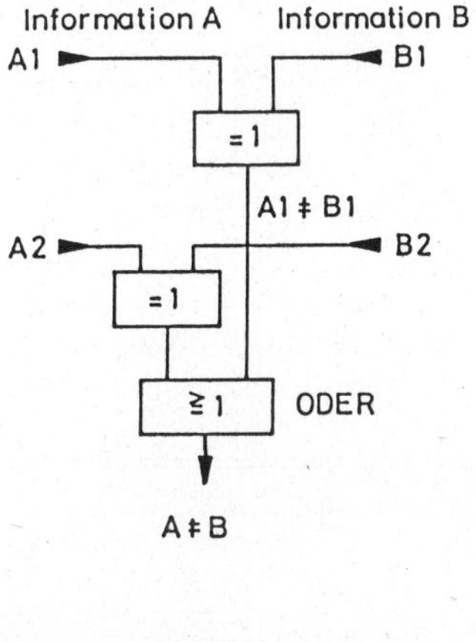

Übung 2.4

Ergänzen Sie die Schaltung des vorhergehenden Beispiels so, daß sie meldet „A = B“.

Übung 2.5

Ergänzen Sie die Schaltung des vorhergehenden Beispiels so, daß sie je 3 Bit auf Ungleichheit prüft.

Übung 2.6

a) Entwerfen Sie eine Schaltung, hauptsächlich aus Exklusiv-ODER-Bausteinen aufgebaut, welche prüft, ob eine 4-Bit-Information eine gerade Anzahl von H-Signalen hat.

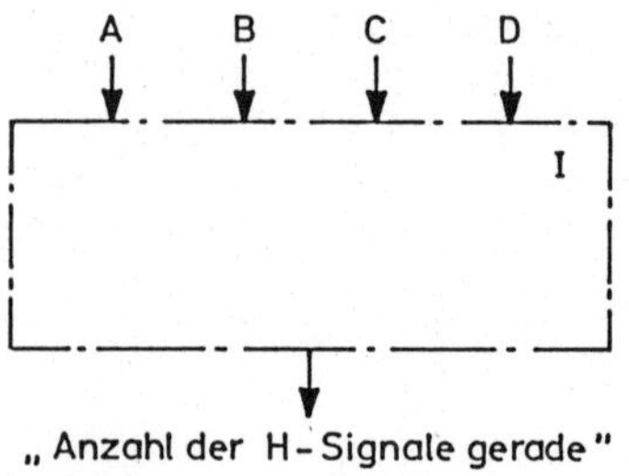

b) Prüfen Sie, ob sich diese Schaltung auch zur Fehlererkennung bei Datenübertragungen einsetzen läßt?

Entwerfen Sie die Innenschaltung II und III.

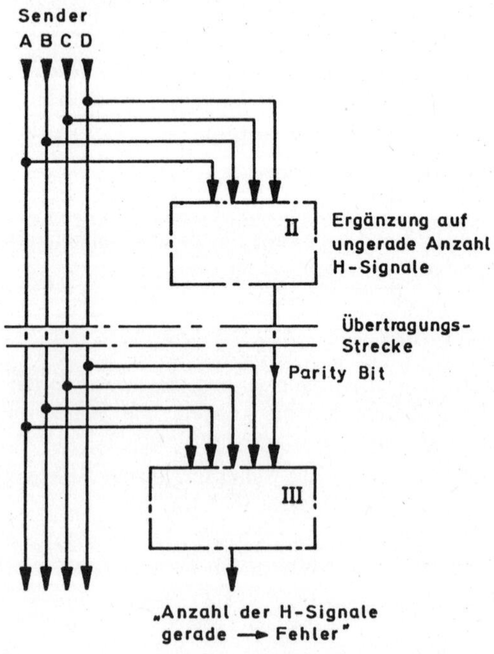

Lernzielorientierter Test

(Richtige Antworten sind anzukreuzen.)

1. Welche Verknüpfung wird durch nebenstehende Arbeitstabelle realisiert?

   AND ○
   OR ○
   NAND ○
   NOR ○

Arbeitstabelle:

Zeile	Eingänge A	Eingänge B	Ausgang Q
1	L	L	H
2	L	H	H
3	H	L	H
4	H	H	L

2. Eine Binärschaltung soll am Ausgang Q ergeben:

   $Q = \overline{\overline{A \wedge B} \wedge \overline{B \wedge C}}$

   Welche der vier Schaltungen erfüllt diese Bedingung?

   Schaltung 1 ○
   Schaltung 2 ○
   Schaltung 3 ○
   Schaltung 4 ○

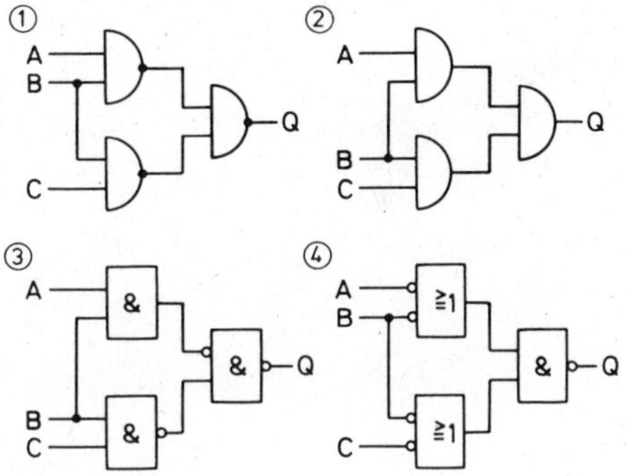

3. Bestimmen Sie die schaltalgebraische Gleichung, die die nebenstehende Schaltung beschreibt.

   $Q_1 = \overline{(\overline{A \vee B})(C \vee D)}$ ○
   $Q_2 = \overline{(\overline{A \wedge B}) \vee (C \wedge D)}$ ○
   $Q_3 = \overline{AB \vee CD}$ ○
   $Q_4 = \overline{AB} \vee CD$ ○

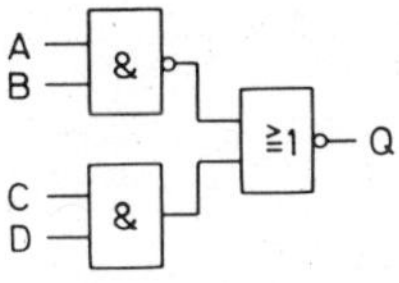

4. Ergänzen Sie das Impulsdiagramm für die Verknüpfung $\overline{A \wedge B}$ sowie für $\overline{A \vee B}$.

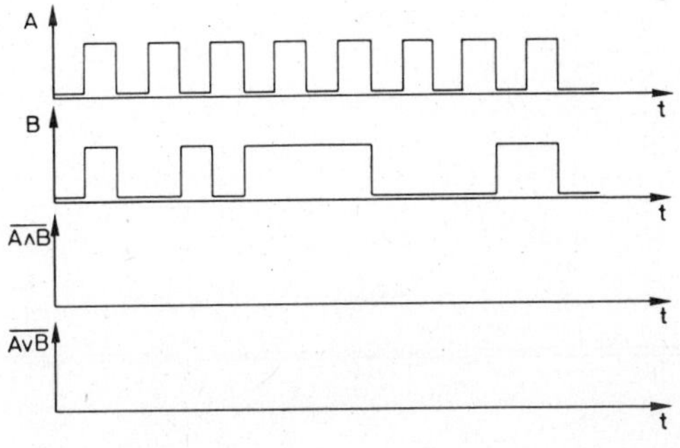

5. Von einer Schaltung mit vier Eingängen wird gefordert, daß der Ausgang sich wie folgt verhält:

   $Q = (\overline{A \wedge B}) \wedge (\overline{C \vee D})$

   Entwerfen Sie die Schaltung.

Lösung:

Eingänge Ausgang

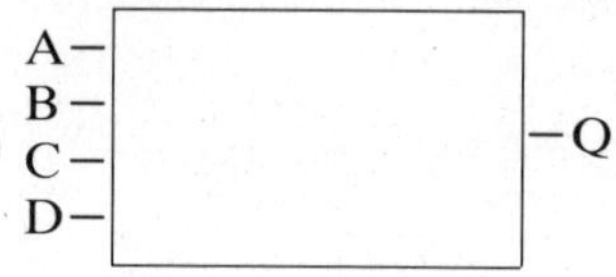

6. Entwerfen Sie eine Schaltung für einen „Größer-Kleiner-Gleich"-Vergleich.

   Die Schaltung soll entsprechend der Arbeitstabelle zwei Eingänge X und Y und drei Ausgänge X > Y, X = Y, Y und X < Y haben.

Arbeitstabelle:

Eingänge		Ausgänge		
X	Y	X > Y	X = Y	X < Y
L	L	L	H	L
L	H	L	L	H
H	L	H	L	L
H	H	L	H	L

Lösung:

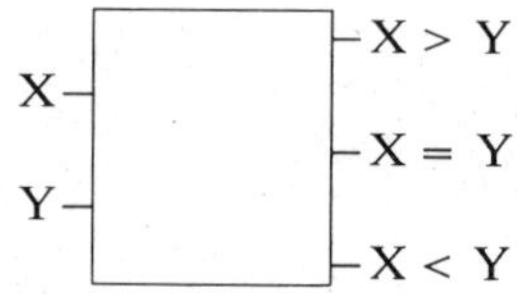

3. Logikfamilien, Grundbausteine, Anwendungen

Lernziele:

Nach Durcharbeiten dieses Kapitels können Sie ...

1. Grundlegende Unterschiede in Aufbau und Eigenschaften von MOS- und TTL-Bausteinen angeben;
2. die Funktion eines C-MOS-Inverters erklären;
3. die verschiedenen TTL-Familien aufzählen und die grundlegenden Unterschiede nennen;
4. die Typenbezeichnungen von TTL-Bausteinen entschlüsseln;
5. Signalpegel für TTL-Bausteine angeben;
6. Ströme an Ein- und Ausgängen von TTL-Bausteinen mit Flußrichtung angeben;
7. Datenblattangaben von TTL-Bausteinen interpretieren;
8. den Ausdruck Fan Out erklären;
9. Besonderheiten und Anwendungsfälle von „Open-Collector"-Ausgängen erklären;
10. Besonderheiten und Anwendungsfälle von Tri-State-Ausgängen erläutern;
11. Bus-Systeme erklären;
12. Bus-Systeme für Mikrocomputer unter Verwendung handelsüblicher Bus-Treiber (Buffer und Transceiver) konstruieren.

3.0. Allgemeines

Bei der Entwicklung von Logikbausteinen sollten verschiedene Ziele erreicht werden:

1. Geringe Herstellkosten
2. Hoher Integrationsgrad
3. Große Störsicherheit
4. Hohe Verarbeitungsgeschwindigkeit

Da sich diese Zielvorstellungen nicht alle gleichzeitig realisieren lassen, wurden, je nach Schwerpunkt, Bausteine in verschiedenen Technologien und Schaltungen entwickelt.

So entstanden verschiedene Bausteinfamilien.

Bausteine einer Familie lassen sich problemlos zusammenschalten, da Versorgungsspannung, Signalpegel und Strombelastungen zueinander passen.

Sollen Bausteine verschiedener Familien zusammengeschaltet werden, sind Pegelumsetzer-Bausteine erforderlich.

Neuere Schaltungen, vor allem hochintegrierte, arbeiten auch bei unterschiedlichen Technologien mit der gleichen Betriebsspannung 5 V und haben an den Ein- und Ausgängen einheitliche TTL-Signalpegel.

3.1. Technologien

Nach der Technologie lassen sich die Logikbausteine unterteilen in solche, die mit bipolaren Transistoren arbeiten und in solche, die mit unipolaren Transistoren arbeiten.

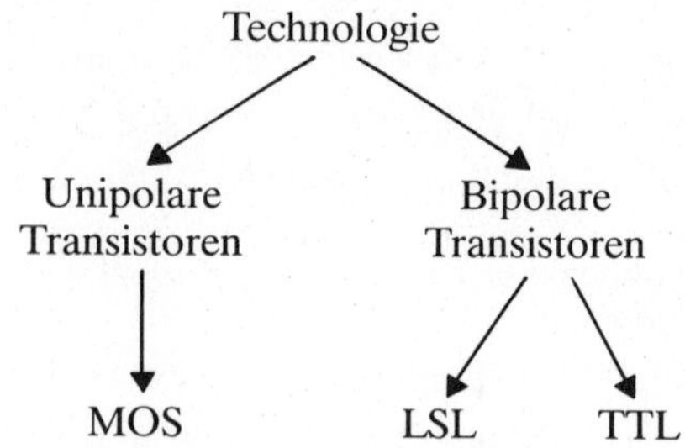

3.1.1. MOS-Bausteine

Unipolare Transistoren sind Metall-Oxyd-Feldeffekttransistoren, kurz MOS-FETs oder MOS-Bausteine genannt.

Bei diesen Transistoren wird der Hauptstromkreis über eine Spannung am Steueranschluß leitend gemacht. Er benötigt keinen Basisstrom.

Schaltzeichen von MOS-FETs:

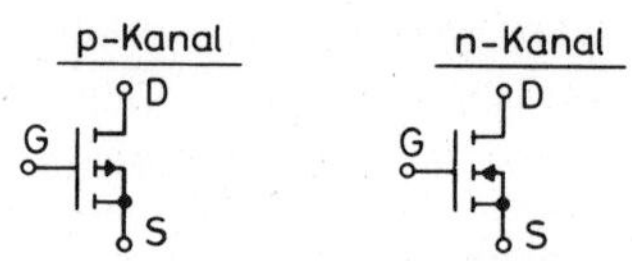

P-Kanal-MOS-FETs arbeiten mit negativer Betriebsspannung. Eine negative Spannung am Steuereingang macht den Transistor leitend.

p-Kanal MOS-FET

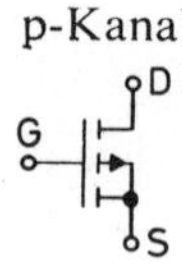

$U_{GS} = 0\,V$ Transistor sperrt
$U_{GS} = -U_B$ Transistor leitet

N-Kanal-MOS-FETs arbeiten mit positiver Betriebsspannung. Eine positive Spannung am Steuereingang macht den Transistor leitend.

n-Kanal MOS-FET

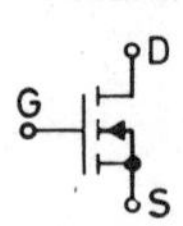

$U_{GS} = 0\,V$ Transistor sperrt
$U_{GS} = +U_B$ Transistor leitet

Im Gegensatz zu P-Kanal-MOS-FETs sind Schaltungen in N-Kanal-Technik höher integrierbar, haben eine höhere Arbeitsgeschwindigkeit und sind wegen der positiven Betriebsspannung TTL-kompatibel.

Der Vorteil der MOS-Technik liegt im einfachen technischen Aufbau, in der geringen Leistungsaufnahme und der hohen Packungsdichte.

Sie haben jedoch eine längere Signallaufzeit als TTL-Bausteine.

Alle hochintegrierten Bausteine wie Mikroprozessoren und Speicher werden in N-MOS-Technik hergestellt. Sie haben die gleiche Betriebsspannung und die gleichen Signalpegel an den Ein- und Ausgängen wie TTL-Bausteine.

Lediglich die Strombelastbarkeit ist geringer. Die Ein- und Ausgänge dieser Bausteine können also mit TTL-Bausteinen beschaltet werden.

NAND-Gatter in N-MOS-Technik:

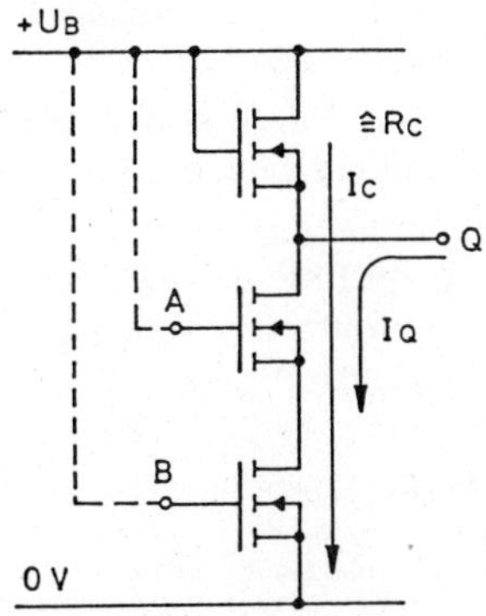

Ein besonders einfacher Aufbau von Logikbausteinen ergibt sich, wenn N-MOS- und P-MOS-Transistoren komplementär geschaltet werden. Diese Technik wird C-MOS-Technik genannt.

NICHT-Stufe in C-MOS-Technik:
(Complementary-MOS-Logic)

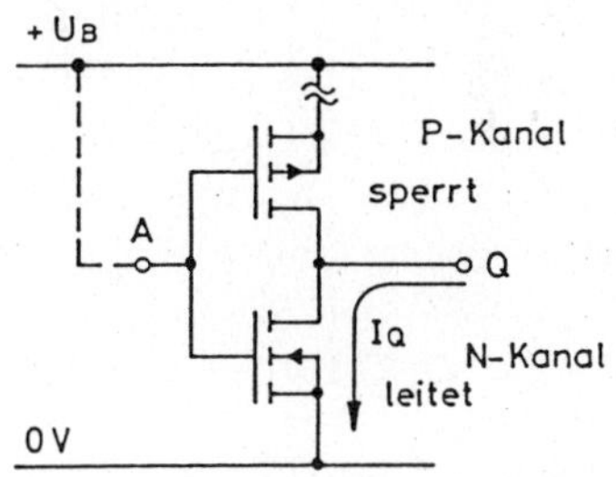

3.1.2. LSL-Bausteine

(Langsame, störsichere Logik)

Logikbausteine für den allgemeinen Steuerungsbau, die häufig direkt neben Schützen eingebaut werden, müssen besonders störsicher sein.

Diese Störsicherheit wird durch eine hohe Betriebsspannung erreicht. Damit sind große Störspannungsabstände gegeben. Zusätzlich werden die Schaltzeiten durch Kondensatoren verlangsamt. Dadurch lassen sich Störimpulse herausfiltern. Ansonsten ist die Innenschaltung ähnlich der von TTL-Bausteinen.

Solche langsamen, störsicheren Logikfamilien werden von verschiedenen Firmen speziell für den Steuerungsbau angeboten.

3.1.3. TTL-Bausteine, Allgemeines

Die TTL-Bausteine wurden aus den diskret aufgebauten Logikfamilien weiterentwickelt.

Durch die Integration der Bauelemente konnte die Schaltung aufwendiger als mit diskreten Bauelementen aufgebaut werden. Damit fiel auch die bis dahin übliche negative Hilfsspannung weg.

Im Laufe der Jahre wurden immer komplexere Baugruppen entwickelt. Nur die relativ hohe Verlustleistung setzt Grenzen für die Integration.

TTL-Bausteine haben kurze Schaltzeiten und eine hohe Ausgangsbelastbarkeit.

Um die Schaltzeiten weiter zu verringern, wurde parallel zu den Basis-Kollektor-Strecken der Transistoren eine Schottky-Diode geschaltet, welche die Ladungen der Transistoren beim Umschalten schneller abfließen läßt.

So entstand als schnellere Variante der TTL-Logik die Schottky-TTL-Familie. Sie ist mit der TTL-Familie voll kompatibel, benötigt jedoch nur ein Viertel der Schaltzeit.

Um die Leistungsaufnahme besonders bei batteriebetriebenen Geräten zu verringern, wurde die Schottky-TTL-Technik zur Low-Power-Schottky-TTL-Familie fortentwickelt. Die Verlustleistung je Gatter wurde auf ein Fünftel der Verlustleistung der Standard-TTL-Bausteine reduziert.

Auch diese Familie ist voll TTL-kompatibel.

3.1.3.1. TTL-Familien

Derzeit gibt es einschließlich der Standard-Ausführung insgesamt 8 Serien oder Familien:

a) Standard-TTL (Std-TTL):
Typische Durchlauf-Verzögerung: 10 ns
Leistungsaufnahme: 10 mW/Gatter

b) Advanced-Low-Power-Schottky-TTL (ALS-TTL):
Durchlauf-Verzögerung: 4 ns
Leistungsaufnahme: 1 mW/Gatter

c) Advanced-Schottky-TTL (AS-TTL):
Durchlauf-Verzögerung: 1,5 ns
Leistungsaufnahme: 22 mW/Gatter

d) Fast-Schottky-TTL (F-TTL):
Durchlauf-Verzögerung: 2 ns
Leistungsaufnahme: 4 mW/Gatter

e) High-Power-TTL (H-TTL):
Durchlauf-Verzögerung: 6 ns
Leistungsaufnahme: 22,5 mW/Gatter

f) Low-Power-TTL (L-TTL):
Durchlauf-Verzögerung: 33 ns
Leistungsaufnahme: 1 mW/Gatter

g) Low-Power-Schottky-TTL (LS-TTL):
Durchlauf-Verzögerung: 9 ns
Leistungsaufnahme: 2 mW/Gatter

h) Schottky-TTL (S-TTL):
Durchlauf-Verzögerung: 5 ns
Leistungsaufnahme: 20 mW/Gatter

Ordnet man die Familien bezüglich ihrer Schaltzeiten an, kann man folgende Reihenfolge aufstellen:

1	AS	1,5 ns
2	F	2 ns
3	S	3 ns
4	ALS	4 ns
5	H	6 ns
6	LS	9 ns
7	Std	10 ns
8	L	33 ns

Ausgangsbelastung:
$C_L = 15\ pF$
$R_L = 280\ \Omega$

Bei der Anordnung der Familien bezüglich ihrer Leistungsaufnahme ergibt sich folgende Reihenfolge:

1	H	22,5 mW/Gatter
2	AS	22 mW/Gatter
3	S	20 mW/Gatter
4	Std	10 mW/Gatter
5	F	4 mW/Gatter
6	LS	2 mW/Gatter
7	L	1 mW/Gatter
8	ALS	1 mW/Gatter

gilt für unbelastete Ausgänge bei 1 kHz und einem Tastverhältnis von 50%

Ausgangsbelastbarkeit (Fan Out)
Die Ausgangsbelastbarkeit gibt an, wie viele Baustein-Eingänge an einen Ausgang angeschlossen werden können.

Z.B. ist jeder Standard-Ausgang imstande, 10 Standard-Eingänge zu steuern. Ein Low-Power-Baustein kann dagegen nur einen einzigen Schottky-Eingang treiben. Nachstehende Tabelle gibt eine Übersicht für die übrigen Familien:

TTL-Treiber	TTL-Last							
	Std	ALS	AS	F	H	L	LS	S
Std	10	20	8	20	8	40	40	8
ALS	10	20	10	20	4	40	20	10
AS	10	50	10	50	10	100	50	10
F	12	25	10	25	10	48	25	10
H	12	25	10	25	10	50	25	10
L	2	10	1	10	1	20	10	1
LS	5	20	8	50	4	40	20	10
S	12	50	10	50	10	100	50	10

Bezeichnung der TTL-Bausteine:
TTL-Bausteine werden mit einer zusammenhängenden Gruppe von 4, 5 oder 6 Ziffern gekennzeichnet.

Die einzelnen Firmen identifizieren ihre Produkte durch zusätzliche Buchstaben, die der Seriennummer vorangestellt werden.

Alle Hersteller kennzeichnen die einzelnen Familien der TTL-Serie einheitlich wie folgt:

Standard-TTL	74XX
Advanced-Low-Power-Schottky-TTL	74ALSXX
Advanced-Schottky-TTL	74ASXX
Fast-Schottky-TTL	74FXX
High-Power-TTL	74HXX
Low-Power-TTL	74LXX
Low-Power-Schottky-TTL	74LSXX
Schottky-TTL	74SXX

Anschlußbezeichnungen an den Bausteinen:
Einige Anschlußbezeichnungen der TTL-Bausteine werden durchgehend bei allen Bausteintypen verwendet.

$\perp$ = Masse oder OV (amerikanisch GND)
U_S = positive Betriebsspannung (amerikanisch VCC)
NC = dieser Pin ist nicht intern verbunden (Not Connected) und kann daher als Lötpunkt verwendet werden
C = Übertrag (Carry)
CI = Übertrags-Eingang (Carry Input)
CO = Übertrags-Ausgang (Carry Output)
Clear = Löschen
Clock = Takt
E = Freigabe (Enable)
J; K; D = Dateneingänge für speichernde Elemente
Load = Lade-Eingang

P = Parallele Daten
Preset = Voreinstell-Eingang
Q = Ausgang
Reset = Rücksetzen
Shift = Schiebe-Eingang
Strobe = Abtast-Eingang
A = Adressenleitungen
D = Datenleitungen

3.2. TTL-Bausteine

Datenblattangaben eines Standard-TTL-Bausteines Typ 7400:

Vier NAND-Glieder mit je zwei Eingängen

Statische Kenndaten im Temperaturbereich 1 und 5		Prüfbedingungen	Prüfschaltung	untere Grenze B	typ	obere Grenze A	Einheit
Speisespannung	U_S			4,75	5,0	5,25	V
H-Eingangsspannung	U_{IH}	U_S=4,75 V	1	2,0			V
L-Eingangsspannung	U_{IL}	U_S=4,75 V	2			0,8	V
Eingangsklemmspannung	$-U_I$	U_S=4,75 V, $-I_I$=12 mA				1,5	V
H-Ausgangsspannung	U_{QH}	U_S=4,75 V, U_{IL}=0,8 V, $-I_{QH}$=400 µA	2	2,4	3,4		V
L-Ausgangsspannung	U_{QL}	U_S=4,75 V, U_{IH}=2 V, I_{QL}=16mA	1		0,2	0,4	V
Statische Störsicherheit	U_{ss}			0,4	1		V
H-Eingangsstrom	I_{IH}	U_{IH}=2,4 V, U_S=5,25 V	3			40	µA
pro Eing.	I_I	U_I=5,5 V, U_S=5,25 V	3			1	mA
L-Eingangsstrom pro Eing.	$-I_{IL}$	U_S=5,25 V, U_{IL}=0,4 V	4			1,6	mA
Kurzschlußausgangsstrom pro Ausgang	$-I_Q$	U_S=5,25 V	5	18		55	mA
H-Speisestrom	I_{SH}	U_S=5,25 V, U_I=0 V	6		4	8	mA
L-Speisestrom	I_{SL}	U_S=5,25 V, U_I=5 V	6		12	22	mA

Schaltzeiten bei U_S=5 V, T_U=25 °C

Signal-Laufzeit	t_{PHL}	C_L=15 pF, R_L=400 Ω	22		7	15	ns
	t_{PLH}				11	22	ns

Logische Daten

Ausgangslastfaktor pro Ausgang	F_Q		10
Eingangslastfaktor pro Eingang	F_I		1
Logische Funktion		$Q=\overline{A \wedge B}$	

Schaltschema
(ein Glied)

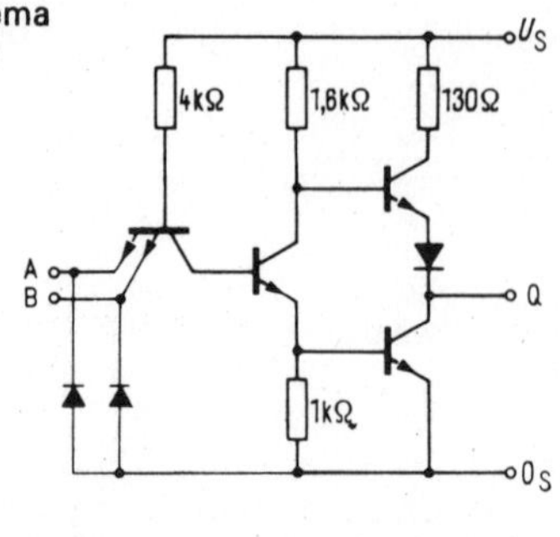

Anschlußanordnung
Ansicht von oben

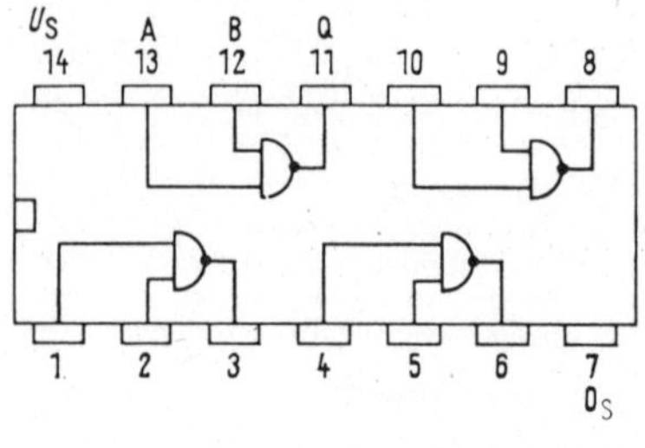

An Hand des Datenblattes sollen die Eigenschaften von TTL-Bausteinen besprochen werden.

3.2.1. Funktion

Die Innenschaltungen der TTL-Bausteine sind, je nach logischer Funktion, alle unterschiedlich.

Diese Funktion ergibt sich aus dem Logiksymbol und den übrigen Beschreibungen.

Für den Einsatz der Bausteine ist die Kenntnis der Innenschaltung in Bauelementen nicht erforderlich. Sie wird daher in den meisten Datenblättern auch nicht angegeben. Bei komplexeren Funktionen ist dies ohnehin unmöglich.

Zum Verstehen der weiteren Datenblattangaben und des Verhaltens der Bausteine ist lediglich die Kenntnis der Ein- und Ausgangsschaltung von Vorteil.

Alle TTL-Bausteine, mit Ausnahme derjenigen mit Open-Kollektor-Ausgang, haben die gleiche Ein- und Ausgangsschaltung.

3.2.1.1. Eingangsschaltung

Die Eingangsdioden des UND-Gatters aus Kapitel 1 sind bei TTL-Bausteinen durch einen Transistor mit Mehrfachemitter ersetzt.

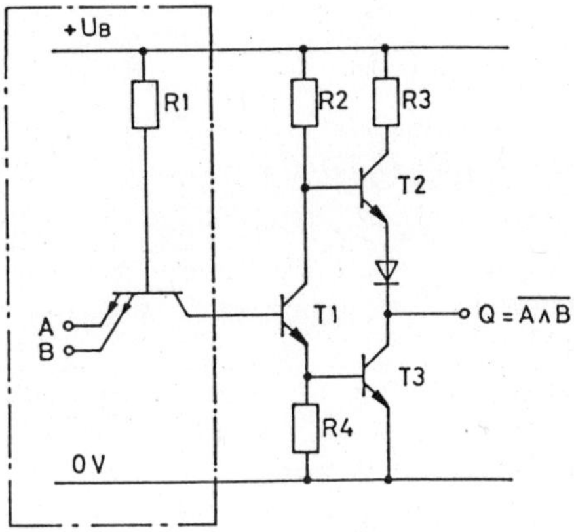

Der technologische Aufbau des Mehrfachemitter-Transistors ist jedoch gleich dem des Diodengatters.

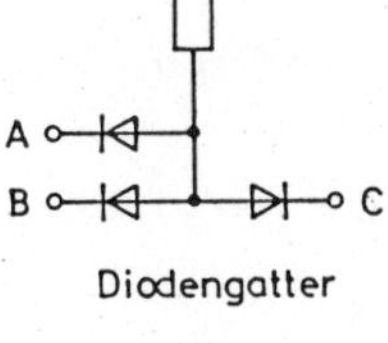

Diodengatter

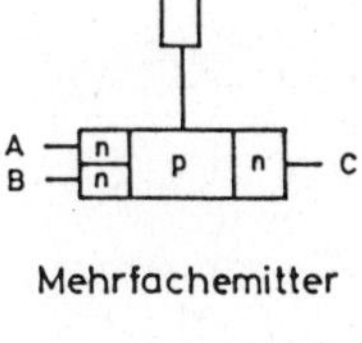

Mehrfachemitter

Das Diodengatter hat die in Kapitel 1 beschriebene UND-Funktion.

Liegt ein Eingang am L-Signal, liegt der Punkt C an ca. 0 V, und der angeschlossene Transistor bekommt keinen Basisstrom.

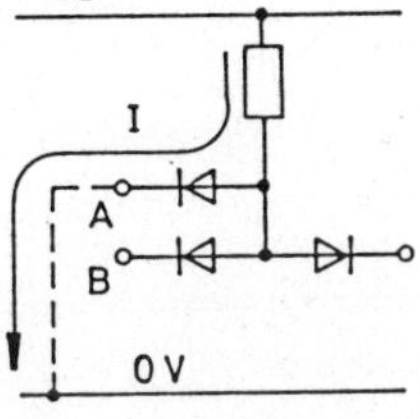

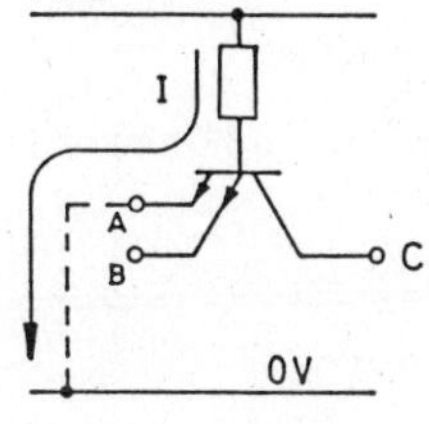

Sind die Eingänge offen (nicht angeschlossen), oder liegen sie alle an H-Signal, sind die Eingangsdioden in Sperrichtung gepolt, und der an C angeschlossene Transistor bekommt Basisstrom.

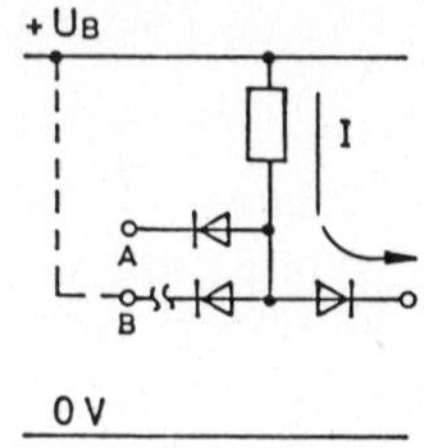

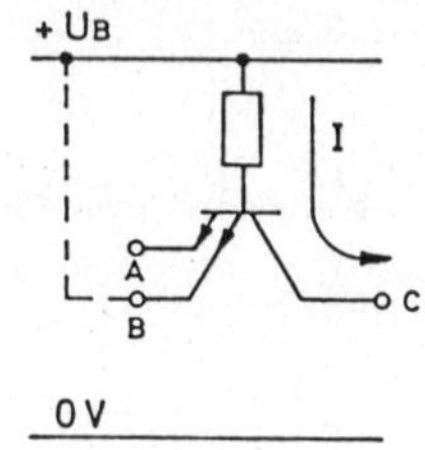

Die an den Eingängen angeschlossenen Dioden sind eine reine Schutzbeschaltung. Sie haben mit der Logikfunktion nichts zu tun. Sie sollten lediglich negative Spannungsspitzen am Eingang auf die Diodenschwellspannung begrenzen.

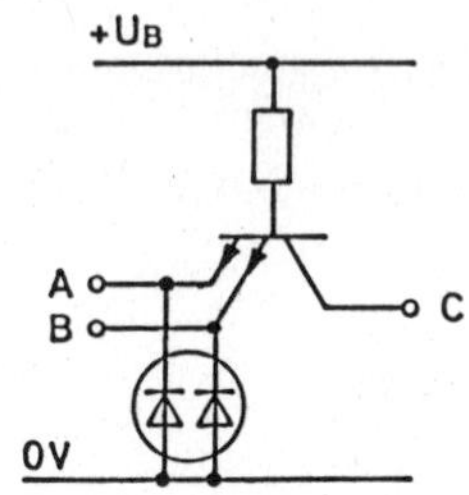

3.2.1.2. Ausgangsschaltung

Alle TTL-Bausteine haben eine Gegentakt-Ausgangsstufe (englisch: Totem pole-Ausgang).

Einer der beiden Ausgangstransistoren ist immer leitend, während der andere sperren muß.

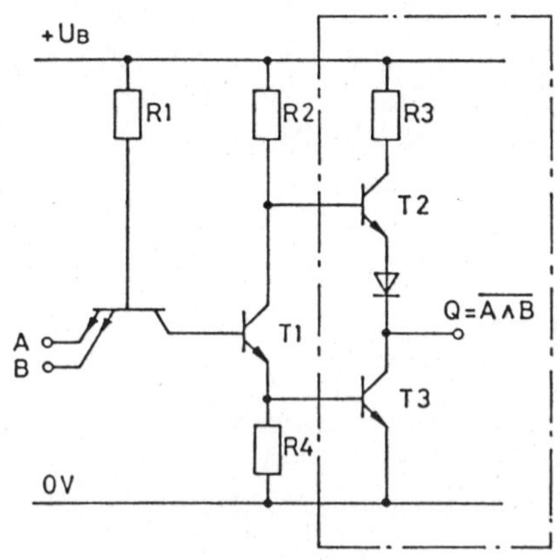

Dazu müssen die beiden Transistoren immer mit entgegengesetzten Signalen angesteuert werden.

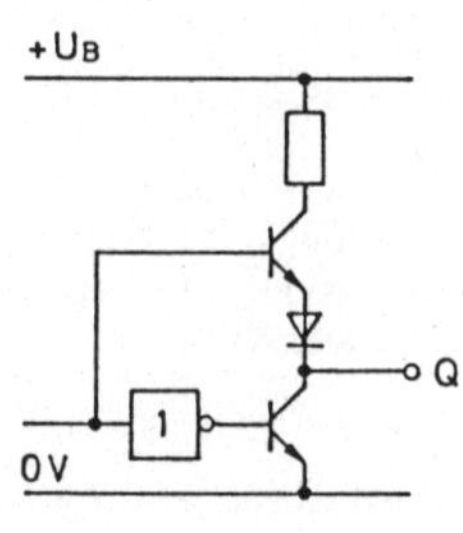

Um bei unterschiedlicher Belastung durch den sich ändernden Laststrom möglichst wenig Spannungsschwankungen am Ausgang zu bekommen, ist es günstig, sowohl nach +UB als auch nach 0 V niederohmig durchzuschalten. Dies ist bei der Gegentakt-Ausgangsstufe der Fall.

Es schaltet jeweils ein Transistor nach +UB oder nach 0 V sehr niederohmig durch.

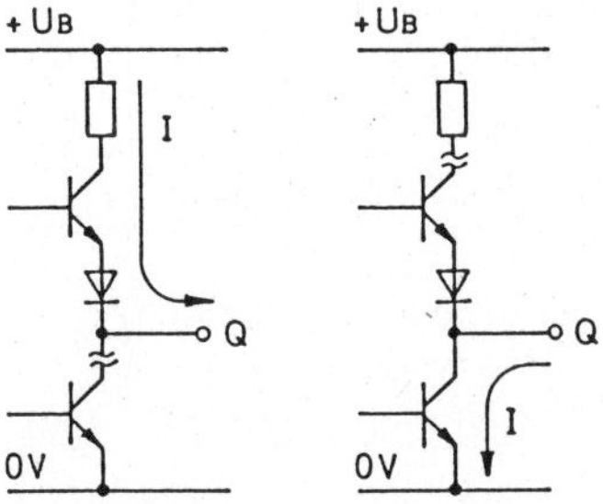

Leider sind beim Umschalten kurzzeitig beide Transistoren leitend. Der dabei fließende hohe Kurzschlußstrom würde die Transistoren zerstören.

Deshalb wurde gegen +UB ein relativ niederohmiger Kollektorwiderstand integriert, der den Strom beim Umschalten auf einen zulässigen Wert begrenzt.

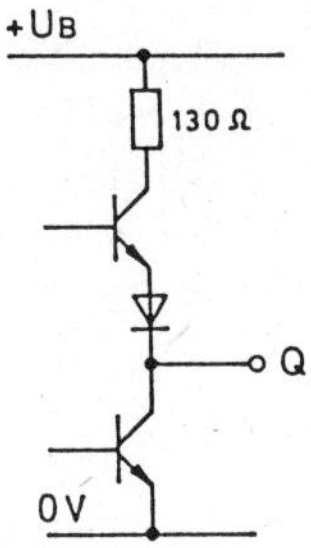

3.2.2. Spannungen

Die Betriebsspannung +UB der Bausteine, im Datenblatt mit U_S (Speisespannung) bezeichnet, beträgt 5 V. Die untere Grenze, bei der die Bausteine noch funktionieren, beträgt 4,75 V, die obere Grenze 5,25 V.

Die Bausteine sind sehr empfindlich gegen Überspannungen.

Ein- und Ausgangsspannungen:

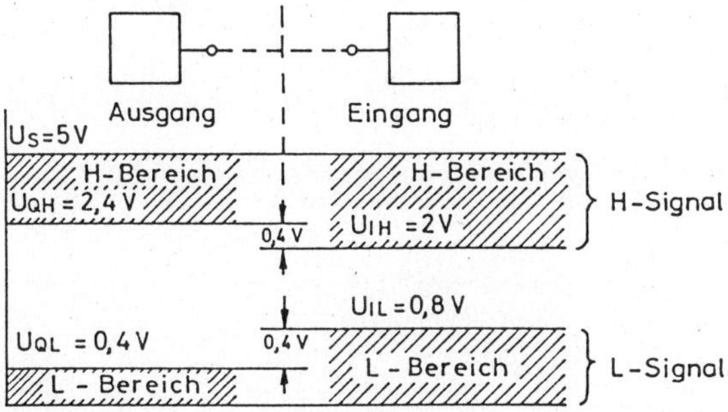

Die Ausgangssignale gehen im L-Bereich bis 0,4 V. Ein Eingang erkennt jedoch Signale bis 0,8 V als L-Signale. Es ist also eine Sicherheit für Spannungsabfälle oder Störspannungen zwischen Ausgang und Eingang von 0,4 V vorhanden.

Das Ausgangssignal kann im H-Bereich bei Belastung von 5 V bis 2,4 V absinken. Ein Eingang verarbeitet Spannungen über 2 V als H-Signal.

Auch hier beträgt der Sicherheitsabstand 0,4 V.

3.2.3. Ströme

Bei H-Signal kann nur ein Strom aus dem Ausgang heraus- und in den Eingang hineinfließen.

Da am Eingang für einen hineinfließenden Strom nur Dioden in Sperrichtung liegen, beträgt der Eingangsstrom I_{IH} 40 μA Sperrstrom.

H-Signal:

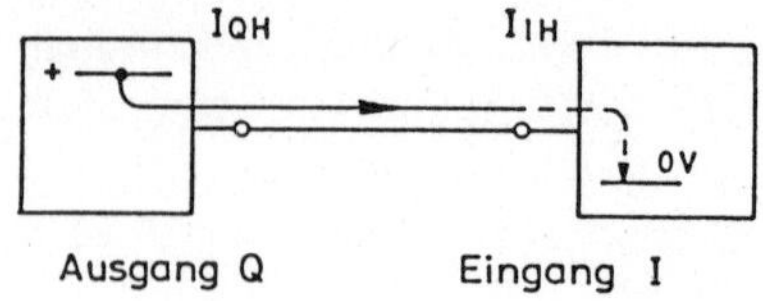

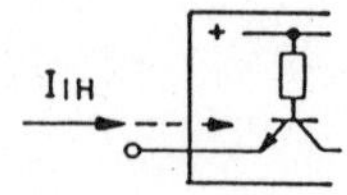

Bei L-Signal am Ausgang fließt ein Strom aus dem Eingang des angeschlossenen Bausteines heraus und in den Ausgang des ansteuernden Bausteines hinein.

L-Signal:

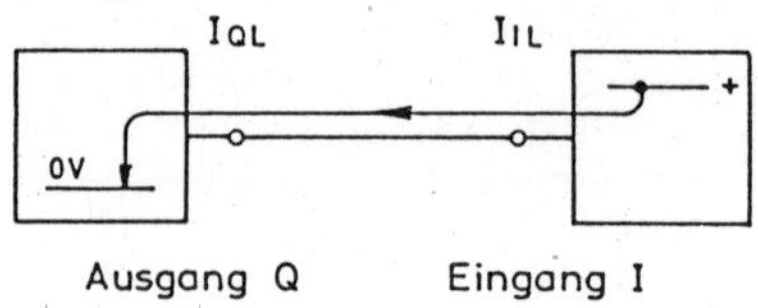

Deshalb wird der Eingangsstrom I_{IL} auch mit −1,6 mA angegeben.

Da bei H-Signal nur Diodensperrstrom fließt, ist der ungünstigere Betriebsfall derjenige bei L-Signal.

Um zu berechnen, wie viele Eingänge an einen Ausgang angeschlossen werden können, muß der maximale Strom am Ausgang durch den Strom am Eingang eines Bausteines geteilt werden.

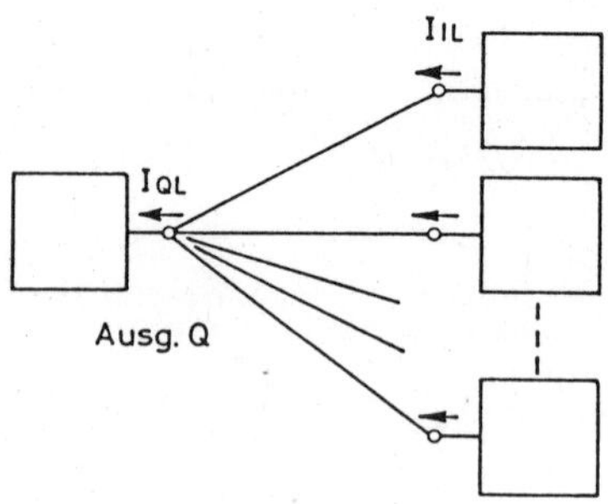

Um auf glatte, einprägsame Werte zu kommen, hat man, ähnlich wie bei den Spannungen, die Ströme normiert.

$$n = \frac{I_{QL}}{I_{IL}}$$

Bei den Spannungen werden nicht die echten Werte angegeben, sondern Signale.

Spannungen:
0 V bis 0,8 V = L-Signal
2 V bis 5 V = H-Signal

Die Ströme werden durch Lasteinheiten oder Lastfaktoren F ausgedrückt. Dabei wird der Eingangsstrom I_{IL} als Lasteinheit 1 definiert.

Ströme:
F_Q = Ausgangslastfaktor
F_I = Eingangslastfaktor

Da bei den Bausteinen die Lasteinheiten angegeben werden, schreiben die Hersteller nicht gleichzeitig die Eingangs- und Ausgangsströme in die Datenblätter. Denn daraus ließen sich ebenfalls die Lastfaktoren errechnen, und es könnten Unstimmigkeiten auftreten.

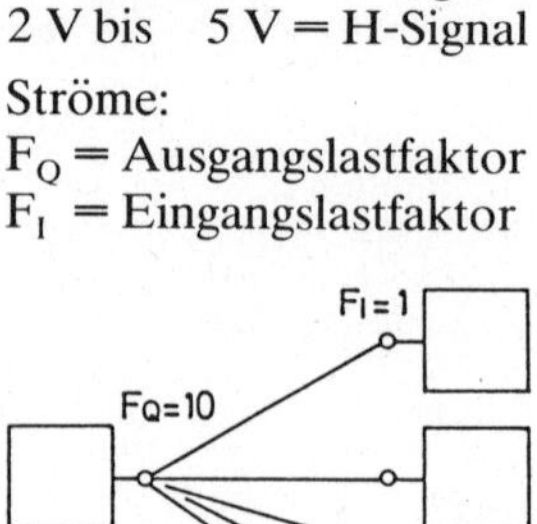

Deshalb ist im Datenblatt nur I_{IL} und I_{IH} angegeben, jedoch nicht I_{QL} und I_{QH}.

$$n = \frac{F_Q}{F_L}$$

Übung 3.1

$I_{IL} = 1{,}6$ mA
$F_Q = 10$
$F_I = 1$

Berechnen Sie den Strom I_{QL}.

Rechnung:

Im Datenblatt sind weiter die Speiseströme, die dem Netz entnommen werden, so wie der Kurzschlußausgangsstrom I_Q angegeben.

Das bedeutet für den Anwender, daß die Ausgänge nach 0 V kurzschlußfest sind.

Er kann also jederzeit bei einer Schaltung, während sie in Betrieb ist, ein L-Signal an einem Anschluß erzeugen, indem er die Betriebsspannung 0 V daran anschließt.

I_{SH} = H-Speisestrom
I_{SL} = L-Speisestrom

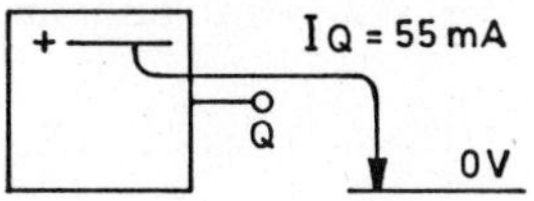

3.2.4. Schaltzeiten

Bei den Schaltzeiten wird zwischen der Anstiegs- und Abfallzeit der Signalflanken und der Verzögerungs- oder Signallaufzeit beim Umschalten eines Bausteines unterschieden.

Flankensteilheit:

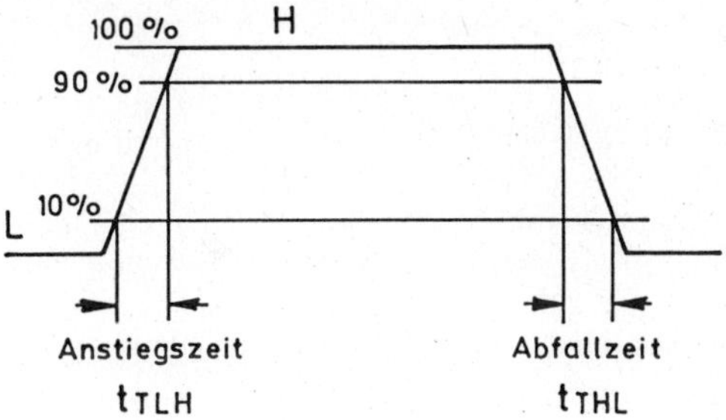

Verzögerungszeit:

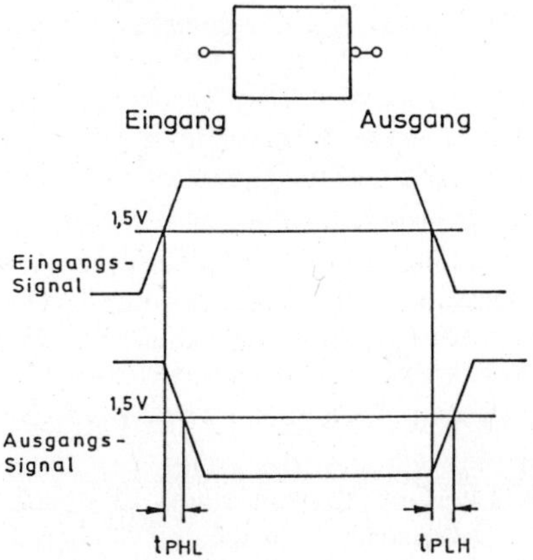

3.2.5. Offener Kollektor

Sollen mehrere TTL-Gatter ihre Ausgangssignale auf eine „Sammelleitung" geben, so können die Ausgänge nicht einfach parallel geschaltet werden.

Da die speisenden Gatter unterschiedliche Signale haben können, fließen Ausgleichsströme zwischen den Bausteinen. Dadurch stimmen die für das System angegebenen Lasteinheiten nicht mehr. Die Bausteine können überlastet werden.

Deshalb untersagen die Hersteller solche Parallelschaltungen.

Die Bausteine dürfen nur über ODER-Gatter parallel geschaltet werden. Das hat den Nachteil, daß einmal die Anzahl der Eingänge begrenzt ist und von vornherein festgelegt werden muß, und zum anderen läßt sich das Gatter gar nicht einbauen, wenn die Sammelleitung in der Verdrahtung außerhalb der Baugruppe liegt.

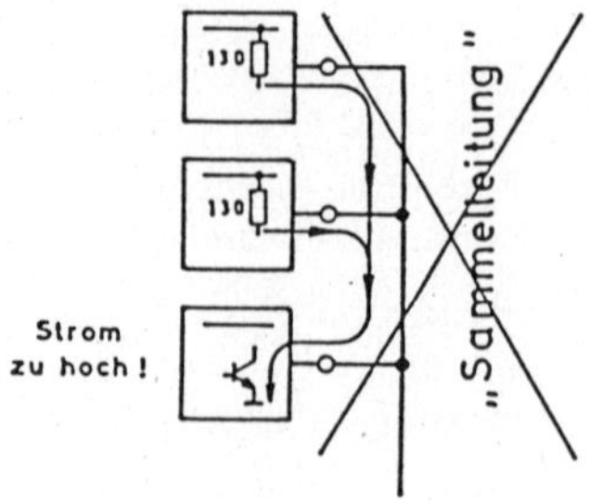

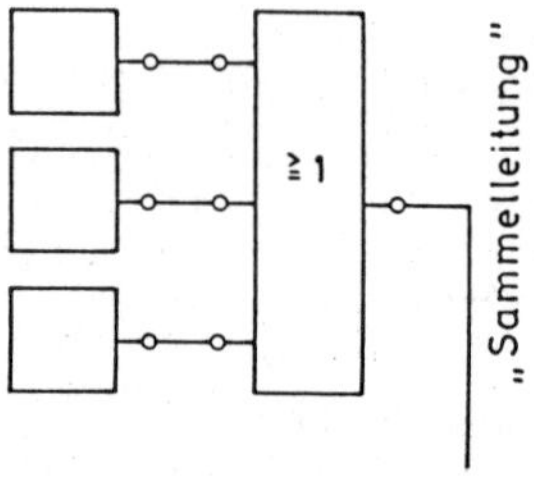

Für die Entwicklung einer Schaltung ist es am einfachsten, beliebig viele Bausteinausgänge direkt an eine gemeinsame Leitung anschließen zu können. Um das zu ermöglichen, haben die Hersteller Bausteine mit offenem Kollektor gebaut. Diese Bausteine können direkt parallel geschaltet werden.

NAND-Gatter mit offenem Kollektor: (Open Collector)

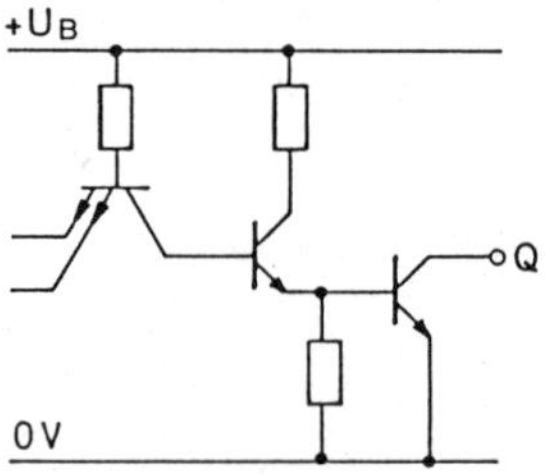

Der gemeinsame Kollektorwiderstand liegt außerhalb des Bausteines. Der offene Kollektor geht aus dem Logiksymbol nicht hervor.

Da die Parallelschaltung der Bausteine das ODER-Gatter ersetzt, wird sie auch „Verdrahtungs-ODER" oder englisch Wired-Or genannt.

Rein logisch gesehen wird über die Parallelschaltung eine UND-Verknüpfung realisiert. Die Sammelleitung hat nur dann H-Signal, wenn alle ansteuernden Bausteine H-Signal

Bausteine mit offenem Kollektor:

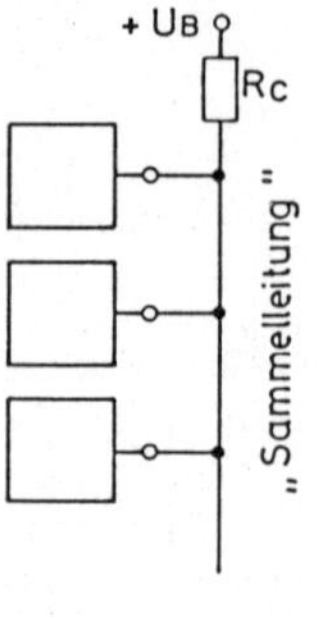

haben. Aus diesem Grunde wird die Schaltung auch „Phantom-UND“ oder Wired-And genannt.

Im folgenden Datenblatt des TTL-Bausteines 7401, welcher vier NAND-Bausteine mit offenem Kollektor enthält, ist auch die Formel für die Berechnung des gemeinsamen Kollektorwiderstandes angegeben.

Datenblatt eines TTL-Bausteines 7401:

Vier NAND-Glieder mit je zwei Eingängen und offenem Kollektor

Die Glieder FLH 201 und FLH 205 sind für Phantom-UND-Verknüpfungen vorgesehen (wired-AND).

Statische Kenndaten im Temperaturbereich 1 und 5		Prüfbedingungen		Prüf-schal-tung	untere Grenze B	typ	obere Grenze A	Einheit
Speisespannung	U_S				4,75	5,0	5,25	V
H-Eingangsspannung	U_{IH}	U_S=4,75 V		1	2,0			V
L-Eingangsspannung	U_{IL}	U_S=4,75 V		14			0,8	V
L-Ausgangsspannung	U_{QL}	U_S=4,75 V U_{IH}=2 V, I_{QL}=16 mA		1			0,4	V
Statistische Störsicherheit	U_{ss}				0,4	1,0		V
H-Eingangsstrom	I_{IH}	U_{IH}=2,4 V	U_S	3			40	µA
pro Eingang	I_I	U_I=5,5 V	=5,25 V	3			1	mA
L-Eingangsstrom, pro Eingang	$-I_{IL}$	U_S=5,25 V U_{IL}=0,4 V		4			1,6	mA
H-Ausgangsstrom, pro Ausgang	I_{QH}	U_S=4,75 V U_{QH}=5,5 V, U_{IL}=0,8 V		14			250	µA
H-Speisestrom	I_{SH}	U_S=5,25 V U_I=0 V		6		4	8	mA
L-Speisestrom	I_{SL}	U_S=5,25 V U_I=5,0 V		6		12	22	mA
Schaltzeiten bei U_S=5 V, T_U=25 °C								
Signal-Laufzeit	t_{PHL}	R_A=400Ω	C_1=15 pF	22		8	15	ns
Signal-Laufzeit	t_{PLH}	R_A=4 kΩ				35	45	ns
Logische Daten								
Ausgangslastfaktor pro Ausgang	F_Q						10	
Eingangslastfaktor pro Eingang	F_I						1	
Logische Funktion		$Q=\overline{A \wedge B}$						

Berechnung des Kollektorarbeitswiderstandes R_A

Die Berechnung erfolgt nach folgenden Formeln

H-Zustand

$$R_{A\max} = \frac{U_S - 2{,}4\ \text{V}}{n\ 250\ \mu\text{A} + N\ 40\ \mu\text{A}}\ (\text{M}\,\Omega)$$

L-Zustand

$$R_{A\min} = \frac{U_S - 0{,}4\ \text{V}}{16\ \text{mA} - N\ 1{,}6\ \text{mA}}\ (\text{k}\,\Omega)$$

Wobei: U_S = Speisespannung
n = Anzahl der FLH 201 in UND-Verbindung
N = Anzahl der angeschlossenen Eingänge
} (Werte, siehe Tabelle)

Bei U_S=5 V und entsprechender Variation der Werte für n und N ergeben sich nachfolgend aufgeführte Maximal- und Minimalwerte für R_A. Der tatsächlich in der Schaltung verwendete Widerstandswert muß zwischen diesen beiden Widerständen liegen.

N	n							n
	1	2	3	4	5	6	7	1 bis 7
	Maximalwerte R_A in Ω							Minimalwerte R_A in Ω
1	8965	4814	3291	2500	2015	1688	1452	319
2	7878	4482	3132	2407	1954	1645	1420	359
3	7027	4193	2988	2321	1897	1604	1390	410
4	6341	3939	2857	2241	1843	1566	1361	479
5	5777	3714	2736	2166	1793	1529	1333	575
6	5306	3513	2626	2096	1744	1494	1306	718
7	4905	3333	2524	2031	1699	1460	1280	958
8	4561	3170	2419	1969	1656			1437
9	4262	3023						2875
10	4000	nicht zulässig						4000

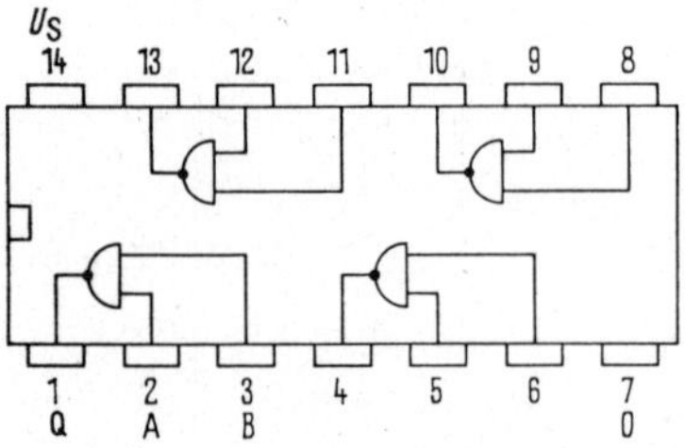

Anschlußanordnung
Ansicht von oben

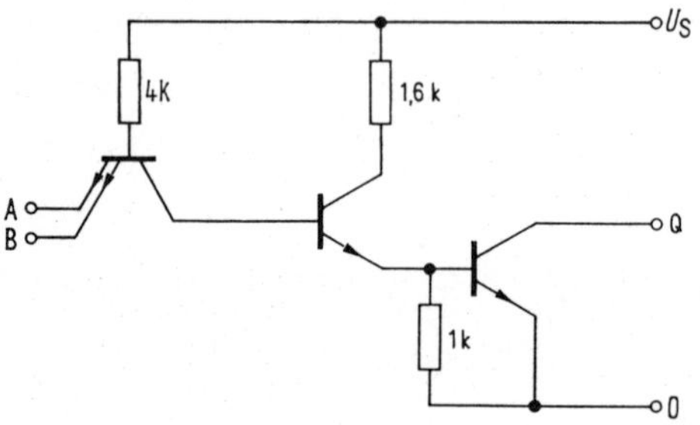

Schaltschema
(ein Glied)

Übung 3.2

Auf eine Sammelleitung speisen vier NAND-Gatter 7401 ein. An die Sammelleitung sind sechs Bausteine angeschlossen.

Berechnen Sie den Kollektorwiderstand.

Rechnung:

Ein weiterer Vorteil der Open-Collector-Ausgänge besteht darin, daß die am Kollektor angeschlossene Last an eine höhere Betriebsspannung gelegt werden kann.

Ausgangslast für höhere Betriebsspannung:

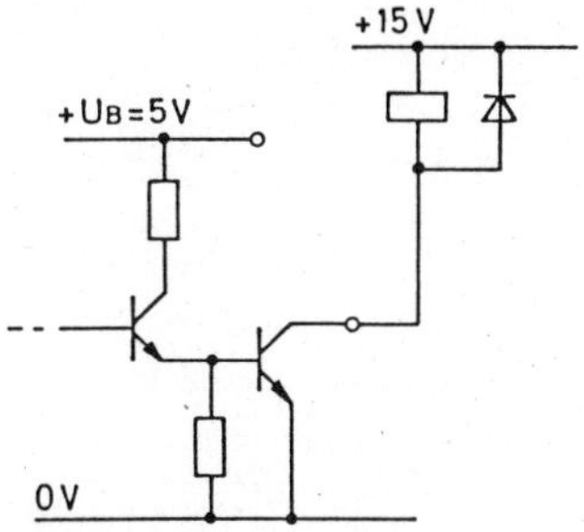

3.2.5.1. Bus-Leitungen

In der Datenverarbeitung werden die beschriebenen Sammelleitungen Bus-Leitungen oder kurz BUS genannt.

Bus-Leitungen sind ganz allgemein Sammelleitungen, auf die mehrere Bausteine einspeisen, und von denen wieder mehrere Bausteine eingespeist werden. Die Ein- und Ausgänge der Bausteine werden direkt mit dem Bus verbunden.

In der Datenverarbeitung werden Bausteine mit offenem Kollektor zur Ansteuerung von Bus-Leitungen verwandt.

Über zusätzliche Steuerleitungen muß die sendende und die empfangende Baugruppe freigegeben werden.

Dabei wird jedoch nur eine Steuerleitung zur Freigabe von z.B. acht Datenbus-Leitungen einer Baugruppe benötigt.

Open-Collector-Bausteine für Bus-Leitungen:

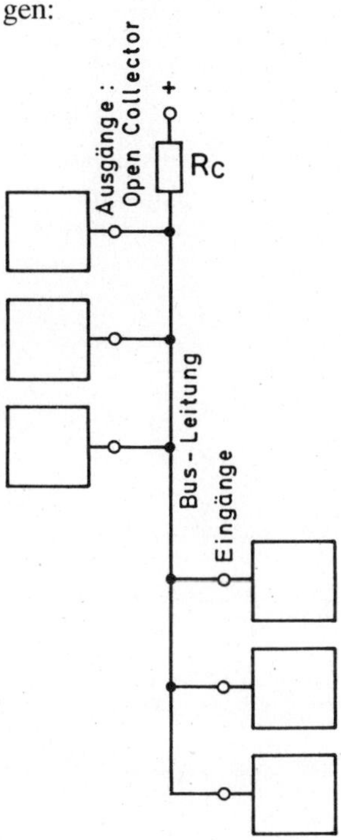

3.2.6. Tri-State-Ausgänge

Sollen die Ausgänge mehrerer Bausteine ihre Signale parallel auf eine Bus-Leitung geben, dann eignen sich dazu einmal die beschriebenen Bausteine mit offenem Kollektor. Diese Bausteine haben jedoch den Nachteil, daß sie einen angepaßten Kollektorwiderstand in der Verdrahtung benötigen. Da bei Bus-Leitungen immer nur ein Baustein sein Signal auf den Bus geben darf, muß er über eine entsprechende Gatterschaltung freigegeben werden. Dies bedeutet einen zusätzlichen Schaltungsaufwand.

Aus diesen Gründen wurden, speziell für den Anschluß an Bus-Leitungen, Bausteine mit einem besonderen Ausgangsverhalten und einem darauf einwirkenden Freigabe-Eingang entwickelt.

Im Prinzip muß der Baustein über den Freigabeeingang mit der Bus-Leitung verbunden oder vom Bus abgetrennt werden.

Schaltungsprinzip:

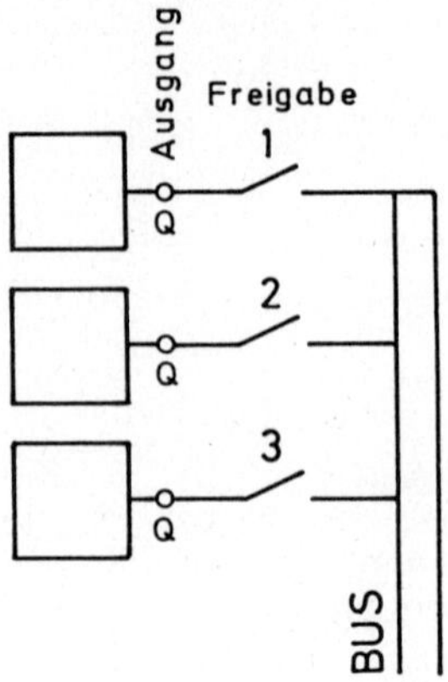

Bei der normalen Gegentakt-Ausgangsschaltung legt entweder der obere Transistor Betriebsspannung oder der untere Transistor 0 V auf den Ausgang.

Der andere Transistor sperrt.

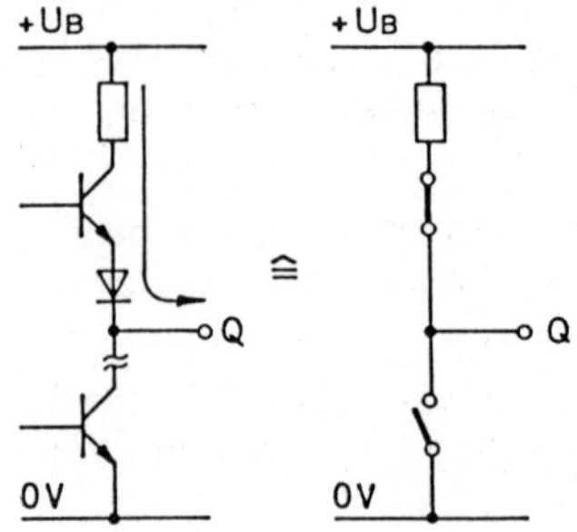

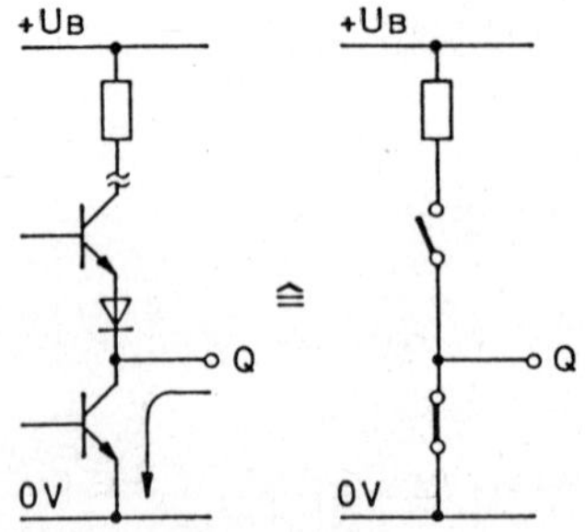

Soll der Ausgang auf eine Bus-Leitung gelegt werden, muß er jedoch ganz abgetrennt werden können.

Das läßt sich erreichen, indem man beide Transistoren sperrt. Im gesperrten Zustand sind beide Transistoren sehr hochohmig.

Tri-State-Ausgänge:
(Drei-Zustands-Ausgänge)

L-Signal
H-Signal
Hochohmig

Deshalb wird dieser Ausgangszustand des Bausteines als hochohmiger Zustand bezeichnet.

Schaltung in hochohmigem Zustand:

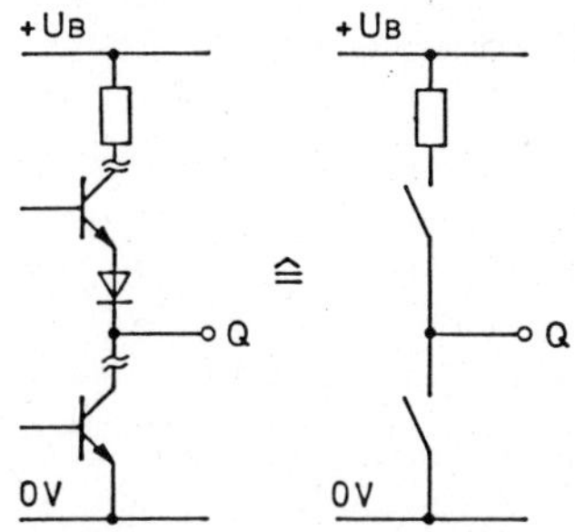

Die Schaltung mit Tri-State-Ausgang hat somit drei Zustände:

niederohmig nach 0 V $=$ L-Signal
niederohmig nach $+U_B$ $=$ H-Signal
hochohmig nach 0 V
und nach $+U_B$ $=$ Hochohmig Z

Die Schaltung wird über einen Freigabeeingang in den hochohmigen Zustand gebracht.

Chip-Selekt-Eingang:
(Baustein-Auswahl-Eingang
oder
Freigabe-Eingang)

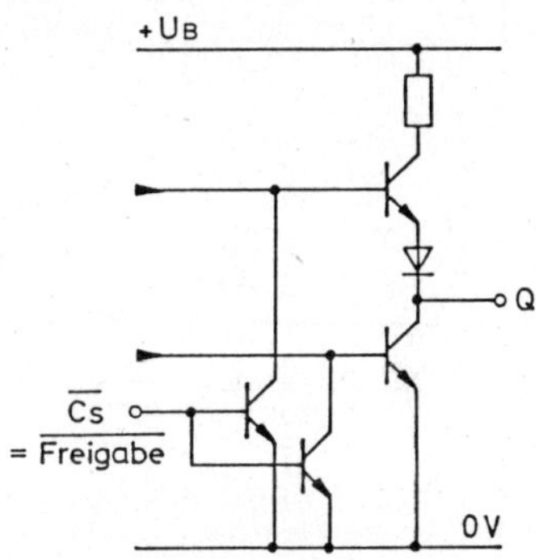

Ausgang freigegeben:
H-Signal oder L-Signal

Ausgang nicht freigegeben:
Hochohmig

Für den Freigabe-Anschluß wird auch häufig der Buchstabe E (engl. Enable) verwendet.

CE = Chip Enable
OE = Output Enable

Für Bausteine mit Tri-State-Ausgängen gibt es keine besonderen Symbole.

Es wird lediglich der Freigabe-Eingang seitlich an das Logiksymbol gezeichnet.

Logiksymbole für Bausteine mit Tri-State-Ausgang:

Umkehrstufe:

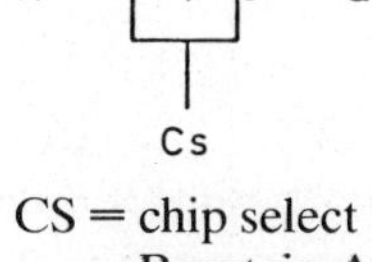

CS = chip select
= Baustein-Auswahl

H-Signal an CS gibt den Ausgang frei

L-Signal an CS macht den Ausgang hochohmig.

Treiber oder Verstärker:

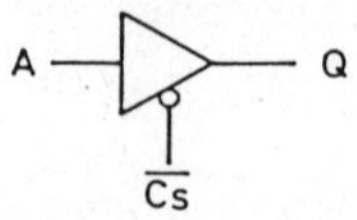

L-Signal an $\overline{CS}$ gibt den Ausgang frei

H-Signal an $\overline{CS}$ macht den Ausgang hochohmig.

Beispiel

Vier Bausteine sollen ihre Ausgangssignale (Daten) auf eine BUS-Leitung geben (Sender).

Über vier Steuersignale werden die Bausteine angewählt und freigegeben.

Die Daten sind für zwei Bausteine bestimmt, die ebenfalls am Bus angeschlossen sind (Empfänger).

Über zwei weitere Steuerleitungen wird angegeben, welcher der Bausteine empfangen soll.

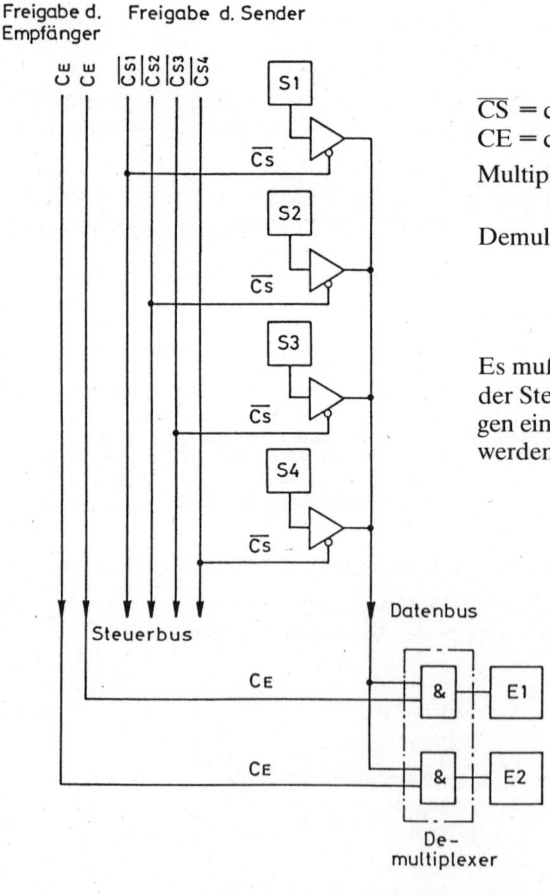

$\overline{CS}$ = chip select; Baustein-Auswahl mit L-Signal

CE = chip enable; Baustein-Freigabe mit H-Signal

Multiplexbetrieb = Übertragung mehrerer Signale über eine Leitung

Demultiplexer = Aufteilen der über eine Sammelleitung (BUS) ankommenden Signale auf die einzelnen Empfänger.

Es muß noch einmal gesagt werden, daß mit Hilfe der Steuerleitungen z. B. acht Datenbusleitungen eines Senders oder Empfängers freigegeben werden.

3.2.7. Bidirektionaler Bus

Bei den bisher beschriebenen Busleitungen wurden immer nur Informationen in eine Richtung über den Bus geschickt.

Eine Anzahl Bausteine oder Baugruppen gaben die Informationen nacheinander auf den Bus, und andere Bausteine oder Baugruppen haben die Informationen empfangen.

Soll die zu übertragende Information aus mehreren Bits bestehen, hat der Bus natürlich auch mehrere parallele Leitungen.

Zu den Busleitungen, welche die Informationen oder Daten übertragen, müssen noch Steuerleitungen kommen, welche die sendenden Baugruppen auswählen und die empfangenden Baugruppen freigeben.

Meist werden auch diese Steuerleitungen mit dem Begriff Steuerbus zusammengefaßt.

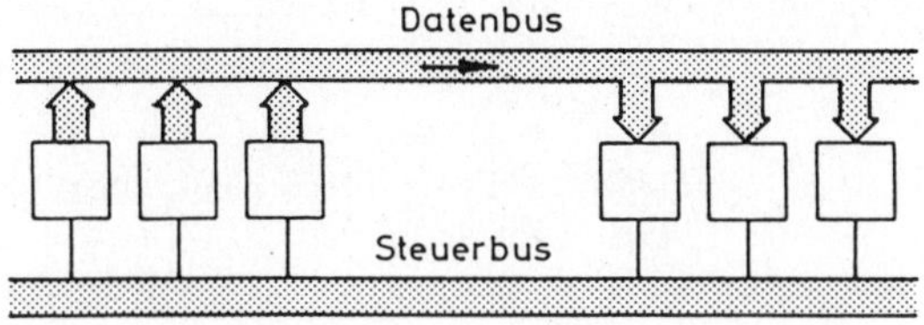

Ein Datenbus, auf dem nur in einer Richtung Daten übertragen werden, wird Einrichtungs-Bus oder unidirektionaler Bus genannt. (Die Datenflußrichtung ist nicht gleich der Stromflußrichtung in den Leitungen.)

Häufig ist es erforderlich, daß Baugruppen sowohl Daten ausgeben als auch empfangen müssen.

Das läßt sich gut am Beispiel der Verbindung eines Mikroprozessors mit seinem Speicher aufzeigen.

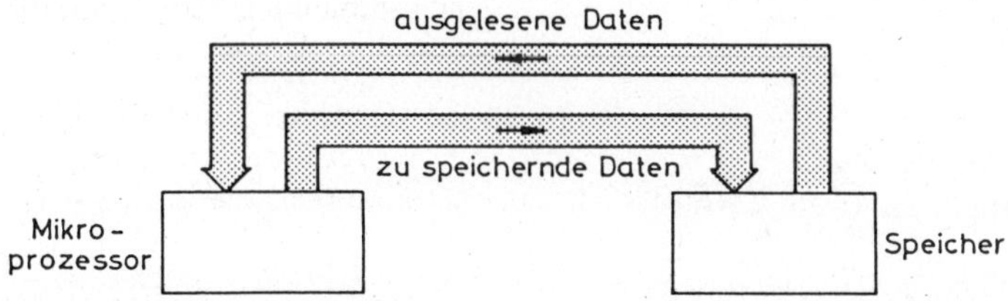

Um Übertragungsleitungen zu sparen und die Anschlüsse an den Bausteinen zu reduzieren, werden die Daten in beide Richtungen über einen Datenbus übertragen.

Ein solcher Datenbus wird Zweirichtungs-Bus oder bidirektionaler Bus genannt.

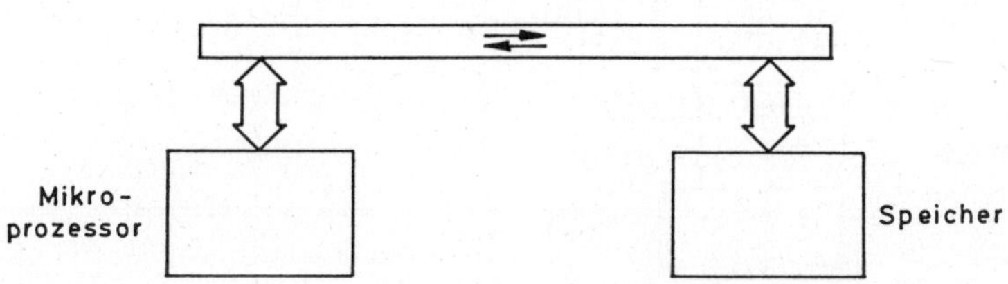

Jetzt müssen über die Steuerleitungen nicht nur die richtigen Verbindungen durchgeschaltet werden, es muß den Baugruppen auch noch mitgeteilt werden, ob sie senden oder empfangen sollen.

Dazu eignet sich z.B. nebenstehende Schaltung.

L-Signal an $\overline{\text{DIEN}}$ schaltet die Richtung DI-DB durch.

H-Signal an $\overline{\text{DIEN}}$ schaltet die Richtung DB-DO durch.

L-Signal an $\overline{\text{CS}}$ gibt den Datenfluß frei.

H-Signal an $\overline{\text{CS}}$ sperrt den Datenfluß.

Die Ausgänge werden hochohmig.

Zweiweg-Bus-Treiber:
(Bidirektionaler Bus-Treiber)

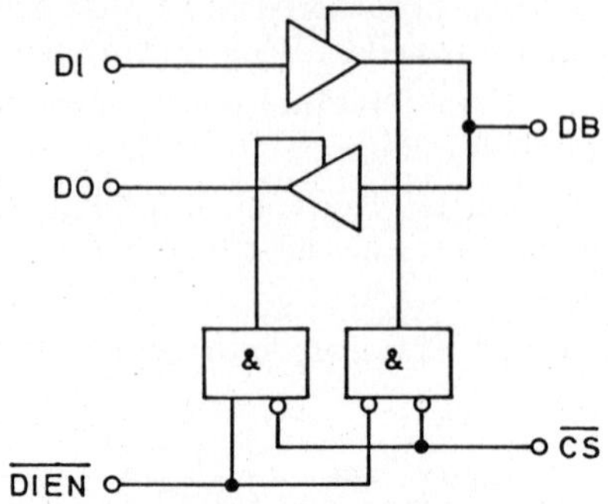

DI = Daten IN (Eingabe)
DO = Daten OUT (Ausgabe)
DB = Datenbus
$\overline{\text{DIEN}}$ = Daten IN ENABLE (Daten-Eingabe-Freigabe)
$\overline{\text{CS}}$ = CHIP SELECT (Baustein-Auswahl)

Solche Schaltungen können als getrennte Bausteine vor die Sender/Empfänger-Baugruppen geschaltet werden, oder sie sind direkt in die Baugruppen wie Mikroprozessor oder Speicher integriert.

In den Katalogen amerikanischer Firmen werden diese Zweiweg-Bus-Treiber Transceiver genannt.

Übung 3.3

Welcher Baustein sendet, welcher empfängt?

Tragen Sie die Lösung in die Tabelle ein.

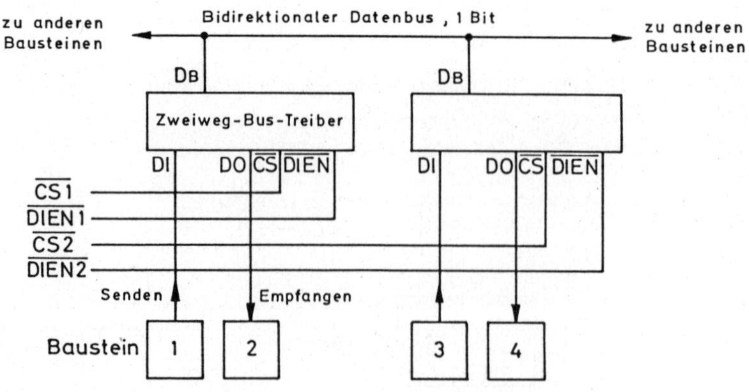

$\overline{CS}$ 1	$\overline{DIEN}$ 1	$\overline{CS}$ 2	$\overline{DIEN}$ 2	
L	L	L	H	
H	H	H	L	
L	L	H	H	
H	H	L	H	
?	?	?	?	3 sendet, 2 empfängt

Nachfolgend die Datenblätter eines Zweiweg-Bus-Treibers aus dem Mikroprozessor-System SAB 8080.

Auf die Anwendungsmöglichkeiten können Sie nach Durcharbeiten des späteren Kapitels „Mikroprozessor" noch einmal zurückkommen.

Dieser Baustein wurde ausgewählt, weil die Unterlagen in deutscher Sprache vorliegen.

Die gleiche Funktion haben „Octal Bus Transceivers" wie z.B. die Bausteine 74LS245, 74LS620 oder 74LS640.

4-Bit-paralleler Zweiweg-Bus-Treiber-Baustein SAB 8216 SAB 8226

Daten-Bus-Puffer/-Treiber
Niedriger L-Eingangsstrom: 0,25 mA (max.)
Leistungsstarke Ausgangstreiber für den Systemdatenbus
H-Ausgangsspannung 3,65 V zur direkten Verbindung mit dem SAB 8080
Tri-state-Ausgänge
Nur eine Versorgungsspannung (5 V)

Der SAB 8216/8226 ist ein 4-Bit-Zweiweg-Bus-Treiber/-Empfänger.

Alle Eingänge sind mit **low power** (L-Pegel) TTL-kompatibel. Die DO-Ausgänge liefern die Spannung $V_{OH}=3{,}65$ V zum Treiben von MOS, während sie zum Treiben von kapazitiv hochbelasteten und mit Leitungswiderständen abgeschlossenen Bus-Strukturen den Strom $I_{OL}=50$ mA liefern können.

Für verschiedene Pufferanwendungen in Mikrocomputer-Systemen stehen eine nicht-invertierende (SAB 8216) und eine invertierende (SAB 8226) Version zur Verfügung.

Anschlußbelegung

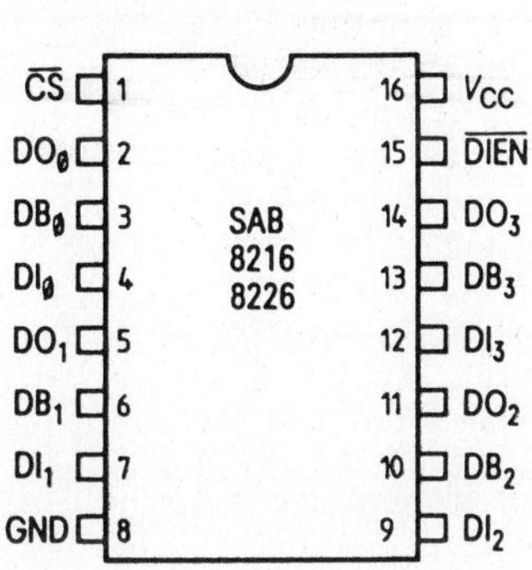

Anschlußbezeichnungen

$DB_\varnothing$–DB_3	Zweiweg-Daten-Bus
$DI_\varnothing$–DI_3	Daten-Eingänge
$DO_\varnothing$–DO_3	Daten-Ausgänge
$\overline{DIEN}$	Dateneingabe freigeben Richtungssteuerung
$\overline{CS}$	Baustein-Auswahl
V_{CC}	Versorgungsspannung (+5 V)
GND	Masse (OV)

Logikschaltbild (SAB 8216)

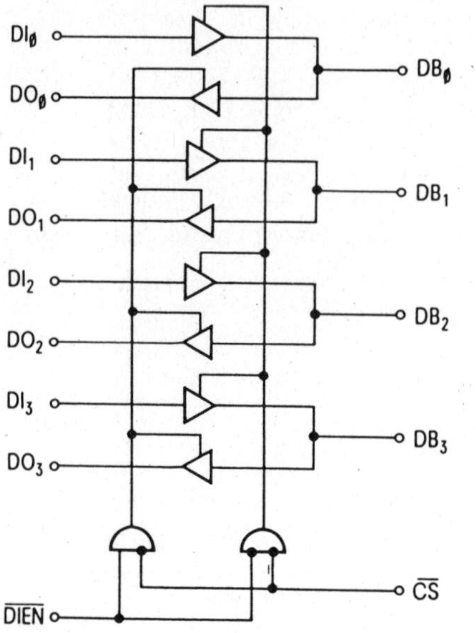

Logikschaltbild (SAB 8226)

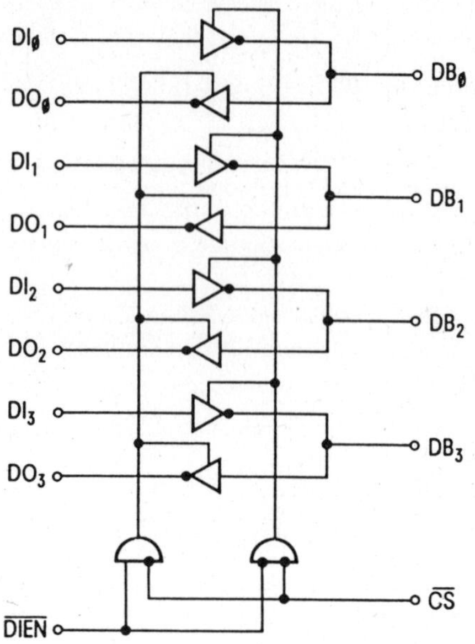

Funktions-Beschreibung

Der Mikroprozessor SAB 8080 ist ein MOS-Baustein und kann eine einzige TTL-Last ansteuern. Das gleiche gilt auch für MOS-Speicherbausteine. Ihre Treiberleistung reicht für kleine Systeme mit wenigen Bausteinen aus. Jedoch ist es sehr oft erforderlich, Mikroprozessoren und Speicher zu puffern, wenn weitere Bausteine hinzugefügt werden.

Der SAB 8216/8226 stellt einen 4-Bit-Zweiweg-Bus-Treiber dar, der insbesondere zur Pufferung von Mikrocomputer-Teilsystemen entwickelt worden ist.

Zweiweg-Treiber

Jede gepufferte Leitung des 4-Bit-Treibers besteht aus zwei getrennten Puffern mit 3 Zuständen, wodurch der direkte Bus-Anschluß ermöglicht und Bidirektionalität erreicht werden. Auf der einen Seite des Treibers ist der Ausgang des einen Puffers mit dem Eingang eines anderen zusammengeschaltet (DB). Auf dieser Seite werden Teilsysteme wie Speicher, E/A usw. angeschlossen, da diese Schnittstelle direkt TTL-kompatibel ausgelegt ist und einen hohen Strom treiben kann (50 mA). An der anderen Seite des Treibers sind die Eingänge und Ausgänge getrennt, um möglichst flexibel zu bleiben. Sie können auch zusammengeschaltet werden, so daß der Treiber zur Pufferung eines tatsächlichen Zweiweg-Busses, wie der Daten-Bus des SAB 8080, verwendet werden kann. Die DO-Ausgänge an dieser Seite des Treibers, liefern eine besonders hohe Spannung (3,65 V), so daß ein direktes Zusammenschalten mit dem SAB 8080 möglich ist, wobei ein ausreichender Störabstand gesichert ist (350 mV im ungünstigsten Fall).

Steuersignale $\overline{\text{DIEN}}$, $\overline{\text{CS}}$

Der $\overline{\text{CS}}$-Eingang wird zur Baustein-Auswahl eingesetzt. Bei H-Pegel an diesem Eingang, befinden sich alle Ausgangstreiber im hochohmigen Zustand. Wenn an $\overline{\text{CS}}$ L-Pegel anliegt, ist der Baustein freigegeben und die Richtung des Datenflusses wird durch den $\overline{\text{DIEN}}$-Eingang bestimmt.

Der $\overline{\text{DIEN}}$-Eingang steuert die Richtung des Datenflusses (siehe Wahrheitstabelle). Diese Richtungssteuerung wird dadurch erreicht, daß einer der Puffer eines Pufferpaares in den hochohmigen Zustand gebracht wird, während der andere seine Daten übertragen kann. Eine einfache Schaltung mit zwei Gattern ermöglicht diese Funktion.

Wahrheitstabelle

<table>
<tr><th>$\overline{\text{DIEN}}$</th><th>$\overline{\text{CS}}$</th><th></th></tr>
<tr><td>Ø</td><td>Ø</td><td>DI→DB</td></tr>
<tr><td>1</td><td>Ø</td><td>DB→DO</td></tr>
<tr><td>Ø</td><td>1</td><td rowspan="2">hochohmig</td></tr>
<tr><td>1</td><td>1</td></tr>
</table>

In der Testaufgabe „Mikrocomputer mit Bustreibern" am Ende dieses Kapitels ist der beschriebene Baustein einzusetzen.

3.3. Allgemeine Funktionsprinzipien digitaler Systeme

Asynchron — Synchron:

Die Funktionsprinzipien lassen sich aus der Entwicklung der Digitaltechnik erklären und sind mit dieser eng verbunden.

Die Digitaltechnik entstand aus der Schütz- und Relaistechnik. Die Funktionen dieser Geräte wurden durch Elektronikbausteine wie UND, ODER, UMKEHR und Flipflop, in Deutschland zu Anfang Bistabile Kippstufe genannt, nachgeahmt.

In den mit diesen Bausteinen projektierten Schaltungen wurden die Eingangssignale so miteinander logisch verknüpft, daß bestimmte Eingangssignal-Kombinationen bestimmte Ausgangssignale erzeugten.

Änderte sich ein ausschlaggebendes Eingangssignal, dann änderte sich auch das dazugehörende Ausgangssignal.

Die Änderung der Schaltzustände erfolgte also zu einem beliebigen Zeitpunkt.

Solche Schaltungssysteme bezeichnet man als zustandsgesteuert und asynchron.

Um immer komplexere Aufgaben lösen zu können, wurden Baugruppen wie Zähler, Register und Rechenwerke entwickelt.

Parallel dazu verlief die technologische Entwicklung. Die diskret aufgebauten Bausteine wurden auf einem Chip integriert, und der Integrationsgrad stieg ständig.

Um die Verlustleistung niedrig zu halten und die Schaltgeschwindigkeit zu erhöhen, arbeiten die integrierten Schaltungen mit niedrigen Betriebsspannungen und kleinen Schaltleistungen.

Ein Schaltungssystem benötigt nach einer Zustandsänderung eine bestimmte Zeit, bis sich der neue Schaltzustand eingeschwungen hat.

Ändern sich bei einem solchen System mehrere Eingangssignale fast gleichzeitig, treten bei den dadurch hervorgerufenen Zustandsänderungen in der Schaltung Signalüberschneidungen und unkontrollierbare kapazitive Beeinflussungen auf.

Diese führen zu Störungen, das heißt zu falschen Ausgangssignalen.

Deshalb ist es besser, den Zeitpunkt der Signaländerung durch einen zentralen Taktgenerator, der seine Impulse auf alle Baugruppen gibt, genau festzulegen.

Die Signaländerungen innerhalb der Schaltung erfolgen dann also nicht mehr zu beliebigen Zeitpunkten, sondern werden über den Taktgenerator genau vorgegeben.

Solche Systeme werden synchrone Schaltungssysteme genannt.

Verdrahtungsprogrammiert — Speicherprogrammiert:

Mit den immer komplexer werdenden Problemstellungen stiegen die Projektierungskosten der digitalen Schaltungssysteme lawinenartig an.

Zum anderen war der Fertigungs-, Prüf- und Inbetriebnahmeaufwand der immer neuen Schaltungen ungeheuer groß. Ganz zu schweigen von den Spezialisten, die für die Fehlersuche bei Störungen benötigt wurden.

Das führte zu einer Entwicklung, die einen grundlegenden Wandel im Funktionsprinzip digitaler Schaltungen brachte.

Die sich ständig ändernden Aufgaben wurden nicht mehr über immer neue Schaltungen gelöst, sondern über ein Programm, welches in die gleichbleibende Schaltung eingegeben wurde.

Die gleichbleibenden Schaltungen (Hardware) können preiswert in großen Stückzahlen hergestellt werden. Lediglich die Programme (Software) sind jeweils neu zu schreiben.

Diese Baugruppen sind unter der Bezeichnung „Freiprogrammierbare Steuerungen" oder „Speicherprogrammierbare Steuerungen" im Handel. Die Möglichkeit der Problemlösung durch Programme wurde in der Rechnertechnik allerdings schon seit Jahrzehnten angewandt.

Mikrocomputer:

Die Entwicklung freiprogrammierbarer Schaltungssysteme ging parallel mit der technologischen Entwicklung hochintegrierter Schaltungen.

Eine komplette Recheneinheit, der Mikroprozessor, wurde auf einem Chip integriert.

Die Verbreitung der Mikrocomputer im kommerziellen Bereich, in der Prozeßsteuerung und im Unterhaltungsbereich ist bekannt.

Bus-Systeme:

Bei den hochintegrierten Bausteinen müssen Ein- und Ausgangssignale auf die begrenzte Anzahl der Anschlüsse beschränkt werden.

Ebenso erstrebenswert war es, die Verbindungsleitungen zwischen den Baugruppen auf eine geringe Anzahl zu begrenzen.

Nur zentrale, für alle Baugruppen benötigte Signale, gehen über Verbindungsleitungen.

An diese werden alle Baugruppen parallel angeschlossen.

Solche Verbindungsleitungen nennt man Adreß- und Datenbusse. Die Steuerleitungen, welche den über die Adreßleitungen angesprochenen Baugruppen sagen, was sie mit den Daten machen sollen, werden ebenfalls auf ein Minimum begrenzt.

Obgleich sich die Signale auf den Steuerleitungen nicht, wie bei Daten- oder Adreßbus, alle zum gleichen Zeitpunkt ändern, werden sie in Blockschaltbildern ebenfalls zu einem Steuerbus zusammengefaßt.

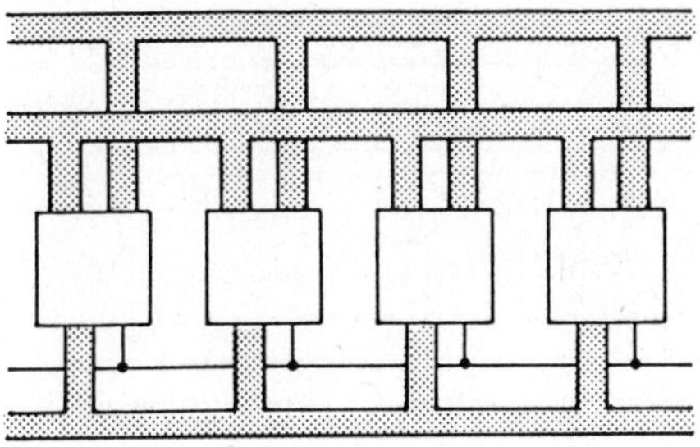

Lernzielorientierter Test

1. In welcher Technologie werden hochintegrierte Bausteine hergestellt und warum?
2. Erklären Sie den Begriff C-MOS-Technik.
3. Nennen Sie drei TTL-Familien. Geben Sie zu jeder Familie die Schaltzeit, die Leistungsaufnahme pro Gatter und die Anzahl LS-Lasten an, die daran anzuschließen sind.
4. Welche höchste Spannung wird vom Eingang eines TTL-Bausteines noch als L-Signal erkannt?
5. Welcher max. Strom kann am Eingang eines Standard-TTL-Bausteines bei L-Signal fließen?
6. Welcher max. Strom kann am Ausgang eines Standard-TTL-Bausteines bei L-Signal fließen?
7. Wie groß ist das Fan-Out eines LS-TTL-Bausteines?
8. Nennen Sie die beiden typischen Anwendungsgebiete von Open-Collector-Bausteinen.
9. Erklären Sie grundsätzlich, was man unter Bus-Leitungen versteht.
10. Welche Ausgangszustände haben Tri-State-Treiber?
11. Mikrocomputer mit Bustreibern:
    An einen Datenbus sollen ein Schreib/Lese-Speicher, eine Ausgabeeinheit (Out-Port), eine Eingabeeinheit (In-Port) angeschlossen werden.
    Die Einspeisung von Daten- und Steuerbus erfolgt von einem Mikroprozessor (CPU).

Um die Ausgänge des Prozessors nicht zu überlasten, werden die Speicher- und Ein-/Ausgabe-Einheiten über Bus-Treiber SAB8216 (Bus-Transceiver with 3-state-Outputs) angeschlossen.

Ergänzen Sie die Zeichnung unter Berücksichtigung der nachfolgenden Lösungshinweise.

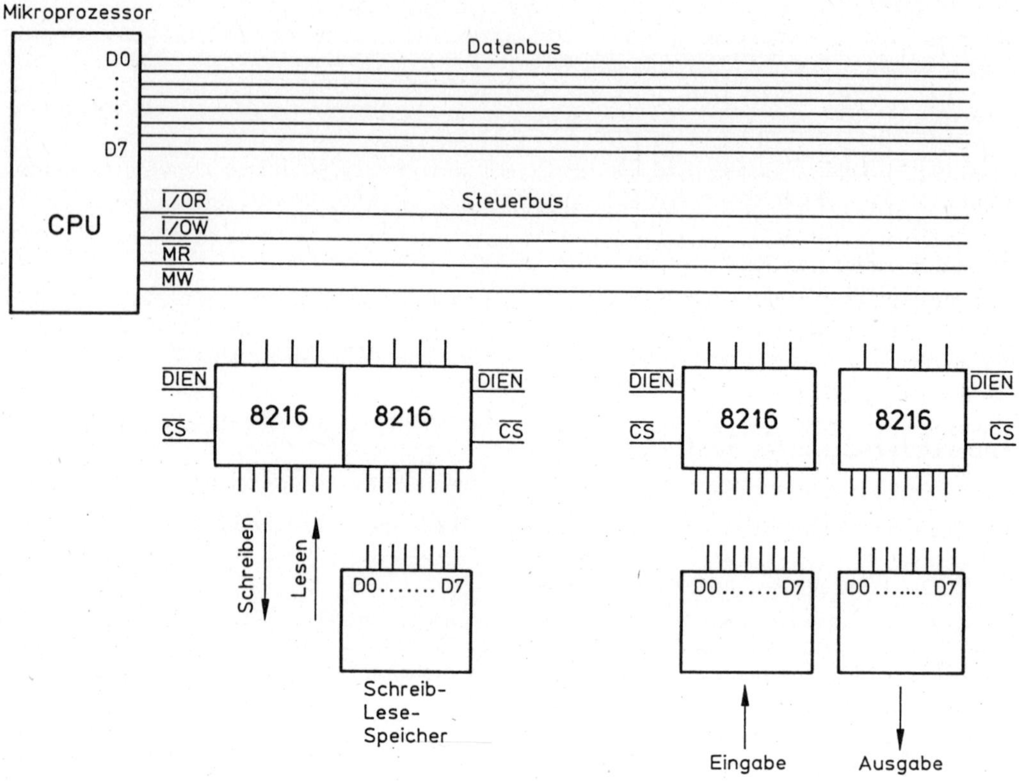

Erklärung der Steuersignale:

$\overline{\text{I/OR}}$ = $\overline{\text{IN/OUT Read}}$ = $\overline{\text{Ein/Ausgabe lesen}}$:
Auf diese Leitung legt der Prozessor ein L-Signal, wenn er aus einer Ein- oder Ausgabeeinheit lesen will.

$\overline{\text{I/OW}}$ = $\overline{\text{IN/OUT Write}}$ = $\overline{\text{Ein/Ausgabe schreiben}}$:
Auf diese Leitung legt der Prozessor ein L-Signal, wenn er etwas in eine Ein- oder Ausgabeeinheit schreiben will.

$\overline{\text{MR}}$ = $\overline{\text{Memory Read}}$ = $\overline{\text{Speicher lesen}}$:
Auf diese Leitung legt der Prozessor ein L-Signal, wenn er etwas aus dem Speicher lesen will.

$\overline{\text{MW}}$ = $\overline{\text{Memory Write}}$ = $\overline{\text{Speicher schreiben}}$:
Auf diese Leitung legt der Prozessor ein L-Signal, wenn er etwas in den Speicher schreiben will.

Hinweise zur Lösung:

Da der Baustein 8216 nur einen Richtungseingang $\overline{\text{DIEN}}$ hat, kann er nicht mit den beiden Steuersignalen $\overline{\text{Read}}$ oder $\overline{\text{Write}}$, durch die die Übertragungsrichtung festgestellt wird, beschaltet werden.

Die Steuersignale $\overline{\text{Read}}$ oder $\overline{\text{Write}}$ müssen aus den vier beschriebenen Steuersignalen gewonnen werden.

Beschalten Sie den Eingang $\overline{\text{DIEN}}$, entsprechend der gewünschten Übertragungsrichtung, entweder mit dem Signal $\overline{\text{Read}}$ oder mit $\overline{\text{Write}}$.

Liegt das verwendete Steuersignal nicht an, ist automatisch die andere Übertragungsrichtung eingeschaltet.

Über den Anschluß $\overline{\text{CS}}$ können Sie die Bus-Treiber für den Speicher freigeben, falls dieser angewählt wird ($\overline{\text{MR}}$ oder $\overline{\text{MW}}$).

Die Bus-Treiber für die Ein- und Ausgabeeinheit können Sie freigeben, wenn diese Einheiten angewählt werden ($\overline{\text{IO/R}}$ oder $\overline{\text{IO/W}}$).

Sind die Baugruppen nicht angewählt, werden die Anschlüsse hochohmig. Damit ist der Baustein vom Datenbus abgetrennt.

Für die Freigabe über $\overline{\text{CS}}$ sind zusätzliche Gatter erforderlich, die in der Schaltungsskizze nicht eingezeichnet sind.

Mit dem Lösen dieser Aufgabe sind Sie schon in der Lage, einen großen Teil eines Mikrocomputers selbst zu konstruieren.

4. Schaltalgebra und Schaltungsentwurf

Lernziele:

Nach Durcharbeiten dieses Kapitels können Sie …

1. unter Zuhilfenahme der Booleschen Algebra Vereinfachungen durchführen;
2. einer schaltalgebraischen Gleichung die entsprechende Schaltung zuordnen und umgekehrt;
3. die ODER-Normalform aus einer gegebenen Wahrheitstabelle niederschreiben;
4. mit Hilfe der Wahrheitstabelle eine Schaltung entwerfen.

4.1. Regeln der Schaltalgebra

4.1.1. Postulate

Die Schaltalgebra arbeitet mit Grundgesetzen, die Postulate genannt werden.

Die Postulate sind Regeln für die Verknüpfung mit Konstanten.

Alle anderen Rechenregeln der Schaltalgebra kann man auf Postulate zurückführen und durch sie beweisen.

NICHT-Verknüpfung

$\overline{1} = 0$

$\overline{0} = 1$

UND-Verknüpfung

$0 \wedge 0 = 0$

$1 \wedge 0 = 0$

$0 \wedge 1 = 0$

$1 \wedge 1 = 1$

ODER-Verknüpfung

$0 \vee 0 = 0$

$1 \vee 0 = 1$

$0 \vee 1 = 1$

$1 \vee 1 = 1$

4.1.2. Theoreme

Theoreme sind Rechenregeln für *eine* Variable und *eine* Konstante, die es ermöglichen, schaltalgebraische Ausdrücke zu vereinfachen.

Den Vorgang des Vereinfachens nennt man Reduzieren, Optimieren oder Minimisieren.

Theoreme:

$A \wedge A = A$

$A \wedge \overline{A} = 0$

$A \wedge 1 = A$

$A \wedge 0 = 0$

$A \vee A = A$

$A \vee \overline{A} = 1$

$A \vee 1 = 1$

$A \vee 0 = A$

$A = \overline{\overline{A}}$

4.2. Rechenregeln für mehrere Variablen

4.2.1. Kommutativgesetz

Das Kommutativgesetz oder Vertauschungsgesetz sagt aus, daß die einzelnen Eingangsvariablen (A, B, C ...) sowohl bei der UND(∧)-Verknüpfung als auch bei der ODER(∨)-Verknüpfung vertauscht werden können.

Kommutativgesetz I (UND-Verknüpfung)

Kommutativgesetz I

$$A \wedge B \wedge C = A \wedge C \wedge B = C \wedge A \wedge B$$

Kommutativgesetz II (ODER-Verknüpfung)

Kommutativgesetz II

$$A \vee B \vee C = A \vee C \vee B = C \vee A \vee B$$

4.2.2. Assoziativgesetz

Beim Assoziativgesetz oder Verbindungsgesetz dürfen die Variablen einer UND- bzw. ODER-Funktion verbunden bzw. zusammengefaßt werden.

Assoziativgesetz I:

$$A \wedge B \wedge C = A \wedge (B \wedge C) = (A \wedge B) \wedge C$$

Assoziativgesetz II (ODER-Verknüpfung)

Assoziativgesetz II:

$$A \vee B \vee C = A \vee (B \vee C) = (A \vee B) \vee C$$

4.2.3. De Morgansche Gesetze

Die von *De Morgan* (1806—1871), einem englischen Mathematiker, gefundenen und nach ihm benannten Gesetze beschäftigen sich mit der Negation von Verknüpfungen.

Beim I. De Morganschen Gesetz wird aus einer negierten UND-Funktion eine ODER-Funktion mit negierten Eingangsvariablen.

Der Beweis ergibt sich durch das Aufstellen der entsprechenden Wahrheitstabellen.

De Morgansches Gesetz I:

$$\overline{A \wedge B} = \overline{A} \vee \overline{B}$$

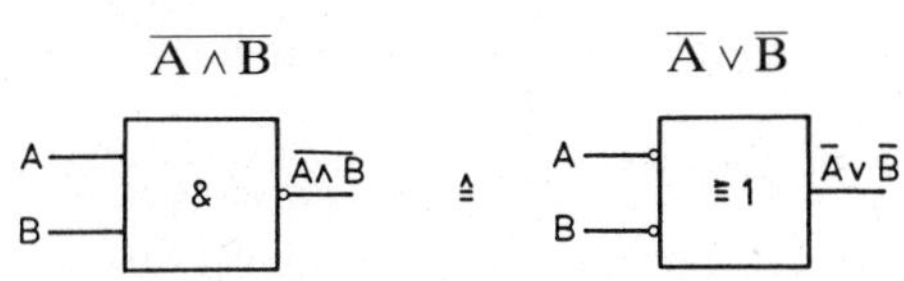

Wahrheitstabellen:

A	B	$\overline{A \wedge B}$
0	0	1
1	0	1
0	1	1
1	1	0

A	B	$\overline{A}$	$\overline{B}$	$\overline{A} \vee \overline{B}$
0	0	1	1	1
1	0	0	1	1
0	1	1	0	1
1	1	0	0	0

Beim II. De Morganschen Gesetz wird aus einer negierten ODER-Verknüpfung eine UND-Verknüpfung mt negierten Eingangsvariablen.

De Morgansches Gesetz II:

$$\overline{A \vee B} = \overline{A} \wedge \overline{B}$$

Um den möglichen Beweis einfach durchzuführen, wurden die entsprechenden Wahrheitstabellen unter die Verknüpfungssymbole geschrieben.

$\overline{A \vee B}$ $\quad\quad\quad$ $\overline{A} \wedge \overline{B}$

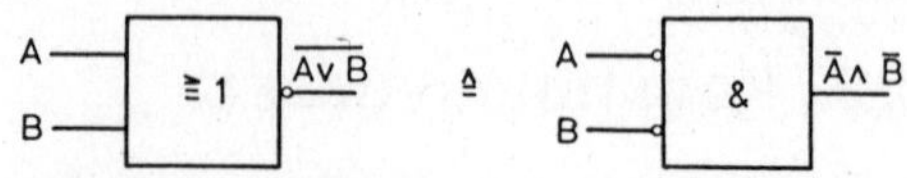

Wahrheitstabellen:

A	B	$\overline{A \vee B}$
0	0	1
1	0	0
0	1	0
1	1	0

A	B	$\overline{A}$	$\overline{B}$	$\overline{A} \wedge \overline{B}$
0	0	1	1	1
1	0	0	1	0
0	1	1	0	0
1	1	0	0	0

Übung 4.1

In der nebenstehenden Schaltung ist eine Äquivalenzverknüpfung durch UND-ODER/NICHT-Schaltungen realisiert worden. Entwerfen Sie eine gleichwertige Schaltung, die nur aus NAND-Schaltungen besteht.

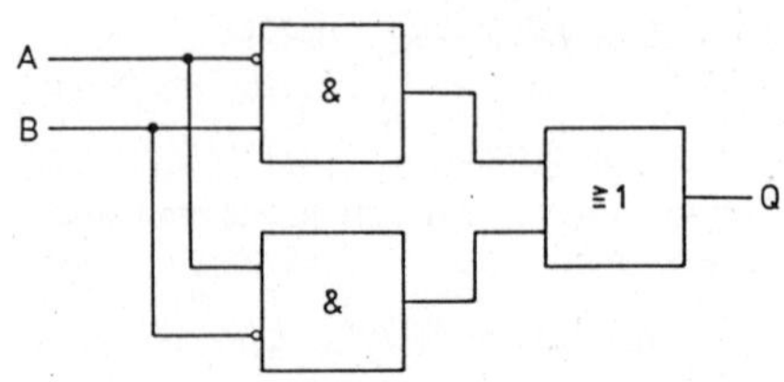

Beispiel

Gegeben ist die nebenstehende Schaltung.

Gesucht ist die einfachste Schaltung.

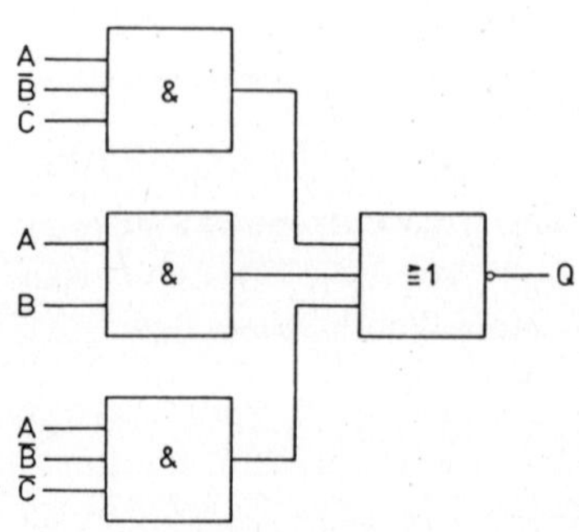

Lösung:

Die Funktion der Schaltung kann durch eine schaltalgebraische Gleichung beschrieben werden:

$$Q = \overline{(A \wedge \overline{B} \wedge C) \vee (A \wedge B) \vee (A \wedge \overline{B} \wedge \overline{C})}$$

Zuerst wird nach De Morgan umgeformt:

$$= (\overline{A} \vee B \vee \overline{C}) \wedge (\overline{A} \vee \overline{B}) \wedge (\overline{A} \vee B \vee C)$$

Dann wird der mittlere Ausdruck mit C und $\overline{C}$ erweitert zu:
$(\overline{A} \vee \overline{B} \vee C) \wedge (\overline{A} \vee \overline{B} \vee \overline{C})$

$$= (\overline{A} \vee B \vee \overline{C}) \wedge (\overline{A} \vee \overline{B} \vee \overline{C}) \wedge (\overline{A} \vee \overline{B} \vee C) \wedge (\overline{A} \vee B \vee C)$$

Nach dem Distributivgesetz ergibt sich:

$$= (\overline{A} \vee \overline{C}) \wedge (B \vee \overline{B}) \wedge (\overline{A} \vee C) \wedge (\overline{B} \vee B)$$

$B \vee \overline{B} = 1$. Daraus ergibt sich:

$$= [(\overline{A} \vee \overline{C}) \wedge 1] \wedge [(\overline{A} \vee C) \wedge 1]$$

Außerdem ist $X \wedge 1 = X$

$$= (\overline{A} \vee \overline{C}) \wedge (\overline{A} \vee C)$$

Nach dem Distributivgesetz kann A ausgeklammert werden:

$$= \overline{A} \vee (\overline{C} \wedge C)$$

Weiterhin ist $\overline{C} \wedge C = 0$

$$= \overline{A} \vee 0$$

$\overline{A} \vee 0$ ist aber gleich $\overline{A}$:

$$\underline{\underline{Q = \overline{A}}}$$

Damit ergibt sich die einfachste Schaltung zu:

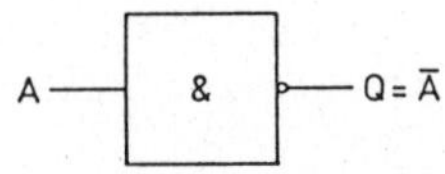

Rechengesetze:

$x \vee y = y \vee x$ $x \wedge y = y \wedge x$	Kommutativgesetz
$x \vee y \vee z = (x \vee y) \vee z = x \vee (y \vee z)$ $x \wedge y \wedge z = (x \wedge y) \wedge z = x \wedge (y \wedge z)$	Assoziativgesetz
$x \wedge (y \vee z) = (x \wedge y) \vee (x \wedge z)$	1. Distributivgesetz
$x \vee (y \wedge z) = (x \vee y) \wedge (x \vee z)$	2. Distributivgesetz
$(x \wedge y) \vee (z \wedge w) = (x \vee z) \wedge (x \vee w) \wedge (y \vee z) \wedge (y \vee w)$	
$\overline{x \vee y} = \overline{x} \wedge \overline{y}$ $\overline{x \wedge y} = \overline{x} \vee \overline{y}$	De Morgan'sche Gesetze

Kürzungsregeln:

$x \vee (x \wedge y) = x$

$x \wedge (x \vee y) = x$

$x \wedge (\overline{x} \vee y) = x \wedge y$

$x \vee (\overline{x} \wedge y) = x \vee y$

$(x \wedge y) \vee (x \wedge \overline{y}) = x$

$(x \vee y) \wedge (x \vee \overline{y}) = x$

Übung 4.2

Gegeben sei die nebenstehende Schaltung.

Stellen Sie die schaltalgebraische Gleichung auf, und entwerfen Sie die einfachste äquivalente Schaltung.

Lösung:

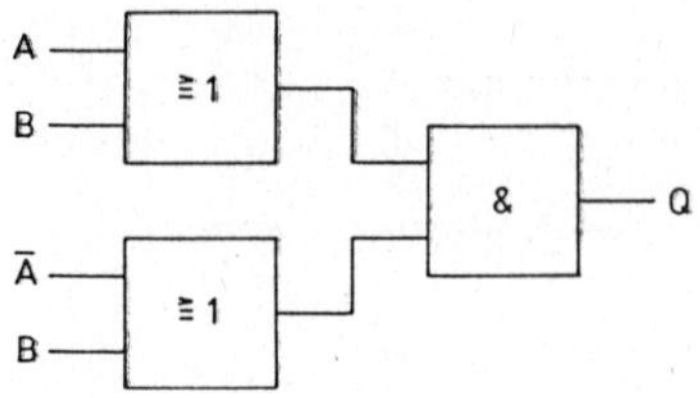

Übung 4.3

Stellen Sie die schaltalgebraische Gleichung auf, vereinfachen Sie diese und zeichnen Sie die sich daraus ergebende einfachste Schaltung.

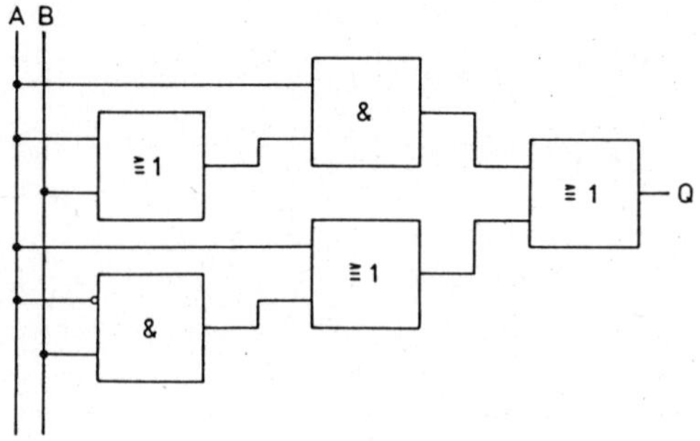

Lösung:

Übung 4.4

Optimieren Sie die Schaltung und zeichnen Sie die einfachste äquivalente Schaltung:

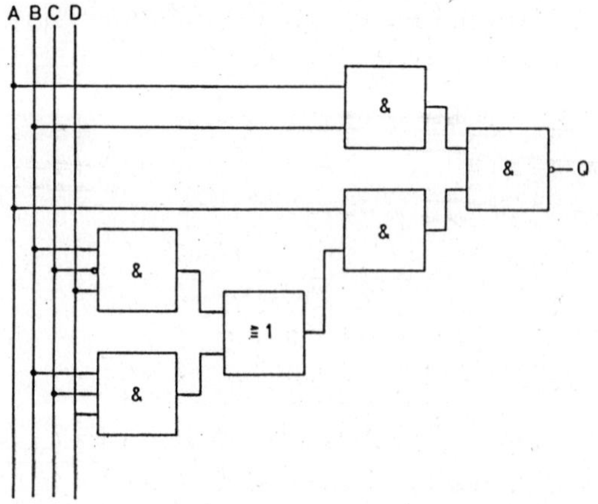

Lösung:

4.3. Entwurf von Schaltungen

Ist eine Aufgabenstellung in Form einer Beschreibung gegeben, und soll die zugehörige Schaltung entworfen werden, kann in folgenden Schritten vorgegangen werden:

1. Aus der Beschreibung sind die Ein- und Ausgangssignale (Ein- und Ausgangsvariablen) zu definieren:
   z.B. Endschalter EIN EE
   Bandlauf EIN BE
   Motor EIN ME
2. Für die definierten Ein- und Ausgangssignale ist die Wahrheitstabelle aufzustellen:
   z.B. Eingänge Ausgang

EE	BE	ME
0	0	0
0	1	1
1	0	0
1	1	0

3. Aus der Wahrheitstabelle ist die schaltalgebraische Gleichung aufzustellen.
   Die Gleichung läßt sich in der UND- sowie der ODER-Normalform aufstellen. (Beide werden anschließend ausführlich besprochen!)
4. Die aufgestellten Gleichungen mit Hilfe der Schaltalgebra vereinfachen.
5. Aus den vereinfachten Gleichungen die Schaltung entwerfen.

4.3.1. ODER-Normalform

Angenommen, ein Problem würde die drei Variablen A, B und C zulassen.

Am Ausgang Q soll sich nur 1 ergeben, wenn B und *einer* der beiden oder *beide* anderen Eingänge 1 Signal führen.

Alle anderen Eingangskombinationen ergeben 0 am Ausgang.

Eine gekürzte Wahrheitstabelle ist dargestellt.

Gekürzte Wahrheitstabelle:

Zeile	A	B	C	Q	Minterm
1	1	1	0	1	$A \wedge B \wedge \bar{C}$
2	0	1	1	1	$\bar{A} \wedge B \wedge C$
3	1	1	1	1	$A \wedge B \wedge C$

Damit ergibt sich die ODER-Normalform:

$$Q = (A \wedge B \wedge \overline{C}) \vee (\overline{A} \wedge B \wedge C) \vee (A \wedge B \wedge C)$$

4.3.2. UND-Normalform

Ergibt sich in der Wahrheitstabelle am Ausgang nur selten 0 Signal, so benutzt man die Konjunktive- bzw. UND-Normalform.

Gekürzte Wahrheitstabelle:

Zeile	A	B	C	Q	Maxterm
1	1	1	0	0	$\bar{A} \vee \bar{B} \vee C$
2	0	1	1	0	$A \vee \bar{B} \vee \bar{C}$
3	1	0	1	0	$\bar{A} \vee B \vee \bar{C}$

Damit ergibt sich die UND-Normalform:

$$Q = (\overline{A} \vee \overline{B} \vee C) \wedge (A \vee \overline{B} \vee \overline{C}) \wedge (\overline{A} \vee B \vee \overline{C})$$

Beispiel

Ein Relais kann durch drei Kontakte eingeschaltet werden.

Das Relais wird eingeschaltet, wenn der 1. und 3. Kontakt betätigt wird, gleichgültig ob der 2. Kontakt betätigt wird oder nicht.

Weiterhin wird das Relais eingeschaltet, wenn der 2. Kontakt betätigt wird, egal ob der 3. Kontakt zusätzlich betätigt wird oder nicht.

Für dieses Problem soll eine möglichst einfache Schaltung entworfen werden.

Lösung:

Die Variablen sollen wie folgt definiert werden:

1. Ein- und Ausgangssignale definieren:
   1. Kontakt = A
   2. Kontakt = B
   3. Kontakt = C
   Relais = R

Nun wird aus der Problemstellung die Wahrheitstabelle aufgestellt.

Es genügen die Eingangs-Kombinationen, die ein 1-Signal am Ausgang ergeben.

2. Wahrheitstabelle:

A	B	C	R
1	1	1	1
1	0	1	1
0	1	1	1
0	1	0	1

Aus den 4 Zeilen der Wahrheitstabelle lassen sich die 4 Ausdrücke für die ODER-Normalform ablesen.

3. ODER-Normalform

$$R = (A \wedge B \wedge C) \vee (A \wedge \overline{B} \wedge C) \vee (\overline{A} \wedge B \wedge C) \vee (\overline{A} \wedge B \wedge \overline{C})$$

Da B in den ersten beiden Ausdrücken vorkommt, kann vereinfacht werden.

4. Vereinfachen (Optimieren)

$$R = [(A \wedge C) \wedge (B \vee \overline{B})] \vee [(\overline{A} \wedge B) \wedge (C \vee \overline{C})]$$

$(A \wedge C) \wedge 1 = A \wedge C$

$$R = [(A \wedge C) \wedge 1] \vee [(\overline{A} \wedge B) \wedge 1]$$

Damit ergibt sich R zu:

$$\underline{\underline{R = (A \wedge C) \vee (\overline{A} \wedge B)}}$$

Aus der vereinfachten schaltalgebraischen Gleichung ergibt sich die einfachste Schaltung zu:

5. Mögliche Schaltung:

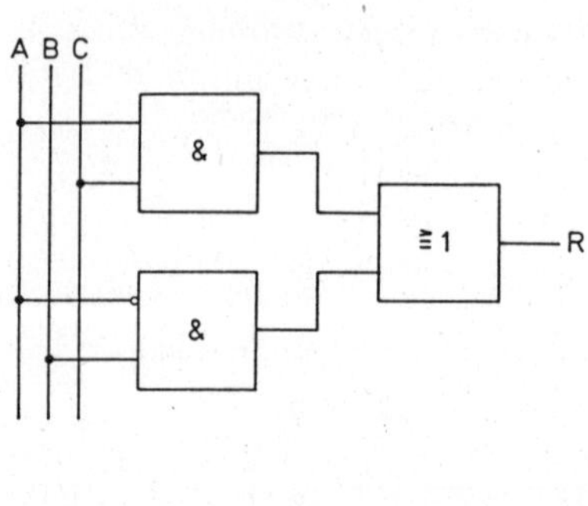

Übung 4.5

Eine Steuerschaltung soll bei folgenden Eingangsbedingungen ihrer drei Schalter A, B und C am Ausgang Q 1 Signal ergeben:

Alle Schalter ausgeschaltet oder nur Schalter B und C betätigt oder
A eingeschaltet und B und C gemeinsam ein- oder ausgeschaltet sind.

Stellen Sie zu dem beschriebenen Problem die Wahrheitstabelle auf.

Bilden Sie die ODER-Normalform.

Bestimmen Sie den kürzest möglichen Ausdruck.

Entwerfen Sie eine möglichst einfache Schaltung.

Lösung:

1. Ein- und Ausgangssignale definieren:

2. Wahrheitstabelle:

3. ODER-Normalform:

4. Vereinfachen (Optimieren):

5. Mögliche Schaltung:

Lernzielorientierter Test

(Richtige Antworten sind anzukreuzen.)

1. Bestimmen Sie die Gleichungen, die nach den Gesetzen der Booleschen Algebra richtig umgestellt wurden.

   $A \wedge B \wedge C = A \wedge C \wedge B$ ○
   $(A \wedge B) \wedge C = A \wedge (B \wedge C)$ ○
   $(A \vee B) \wedge C = A \vee (B \wedge C)$ ○
   $A \vee (B \wedge C) = (A \vee B) \wedge (A \vee C)$ ○

2. Welche schaltalgebraische Gleichung entspricht der Schaltskizze aus Schaltern?

   $(B \vee C) \wedge D$ ○
   $[(A \wedge B) \vee C] \wedge D$ ○
   $(A \wedge C) \wedge D$ ○
   $(A \vee C) \wedge D$ ○

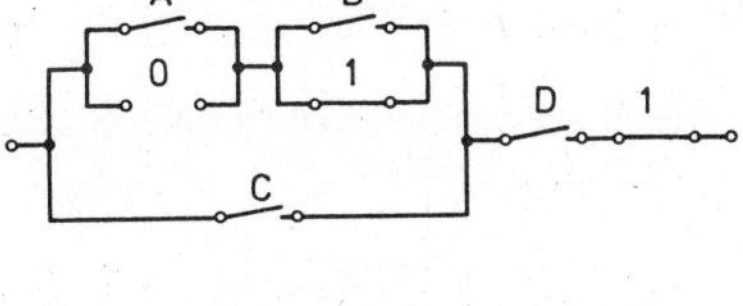

3. Bei welchen Gleichungen handelt es sich um Äquivalenzumformungen?

   $(A \vee B) \wedge (\overline{A} \vee C) = (A \wedge C) \vee (\overline{A} \wedge B)$ ○
   $A \wedge (A \vee B) = B$ ○
   $A \vee (A \wedge B) = A$ ○
   $\overline{A \wedge B} = \overline{A} \wedge \overline{B}$ ○

4. Vereinfachen Sie die folgende schaltalgebraische Gleichung:

   $Q = \overline{(\overline{A} \vee B) \wedge \overline{B}} \wedge (A \vee C)$

5. Eine Regelstrecke soll von 3 Meßpunkten eingeschaltet werden können. Sie wird eingeschaltet, wenn kein Meßpunkt Signal hat oder nur Meßpunkt 3 Signal liefert. Die Regelstrecke soll außerdem eingeschaltet werden, wenn der 1. Meßpunkt kein Signal und der 2. Meßpunkt Signal liefert, gleichgültig, ob der 3. Meßpunkt ein Signal liefert oder nicht.

   Entwerfen Sie die einfachste Schaltung in folgenden Schritten:

   1. Definieren der Ein- und Ausgangssignale
   2. Aufstellen der Wahrheitstabelle
   3. Erstellen der ODER-Normalform
   4. Vereinfachung der ODER-Normalform mittels der Schaltalgebra
   5. Aus der vereinfachten Gleichung die Schaltung entwerfen.

6. Zu einem 8-4-2-1-Code soll eine Pseudotetradenerkennung entworfen werden. Jede Tetrade umfaßt die 4 Eingangsvariablen A, B, C und D.

   Die 10 Dezimalziffern benötigen die ersten 10 Tetraden.

   Falls eine der nicht belegten Tetraden, also eine Pseudotetrade, auftritt, soll dies durch eine 1 am Ausgang der Verknüpfungsschaltung signalisiert werden.

   Entwerfen Sie eine möglichst einfache Schaltung zur Pseudotetradenerkennung.

8-4-2-1 Code Dezimalziffer	Codewort (Tetrade)				Pseudotetraden-erkennung
	D	C	B	A	
0	0	0	0	0	0
1	0	0	0	1	0
2	0	0	1	0	0
3	0	0	1	1	0
4	0	1	0	0	0
5	0	1	0	1	0
6	0	1	1	0	0
7	0	1	1	1	0
8	1	0	0	0	0
9	1	0	0	1	0
	1	0	1	0	1
	1	0	1	1	1
	1	1	0	0	1
	1	1	0	1	1
	1	1	1	0	1
	1	1	1	1	1

5. Impulserzeugung und Impulsformung

Lernziele:

Nach Durcharbeiten dieses Kapitels können Sie ...

1. Logiksymbole für Zeitbausteine zeichnen und deren Verhalten mit Hilfe von Signaldiagrammen erklären;
2. das Verhalten monostabiler Kippstufen erklären und integrierte monostabile Kippstufen beschalten und zur Problemlösung einsetzen;
3. Taktgeneratoren aus diskreten Bauelementen und aus verschiedenen integrierten Bausteinen aufbauen;
4. einen quarzgesteuerten Taktgenerator bauen;
5. das Verhalten von Schmitt-Triggern an Hand von Signaldiagrammen erklären und Anwendungsfälle nennen.

5.1. Zeitbausteine

Bei Bausteinen in Logikschaltungen lassen sich folgende Zeitverhalten unterscheiden:

Einschaltverzögerung
Ausschaltverzögerung
Ausgangsimpuls

5.1.1. Schaltung mit Einschaltverzögerung

Ein Signalübergang von L auf H am Eingang bewirkt nach einer Zeitverzögerung einen gleichen Signalwechsel am Ausgang.

Logiksymbol:

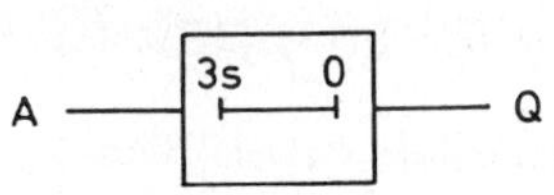

Funktion:

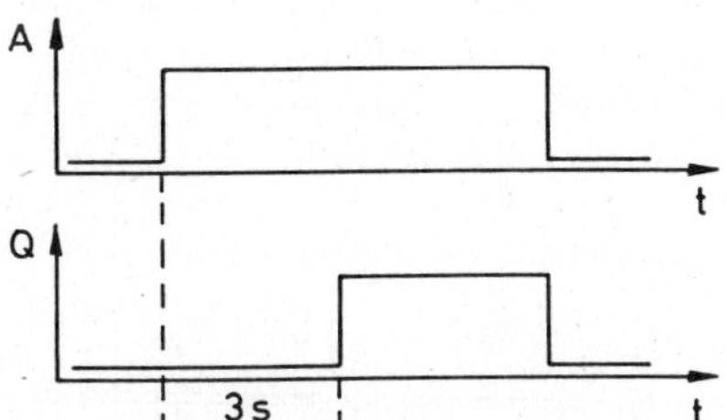

5.1.2. Schaltung mit Ausschaltverzögerung

Ein Signalübergang von H auf L am Eingang bewirkt nach einer Zeitverzögerung einen gleichen Signalwechsel am Ausgang.

Logiksymbol:

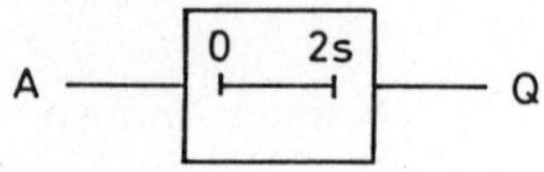

Funktion:

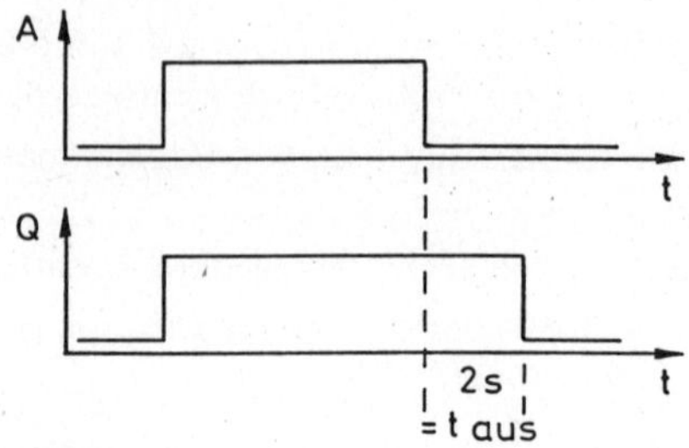

5.1.3. Schaltung mit Ausgangsimpuls

Ein Signalübergang am Eingang bewirkt einen Impuls bestimmter Länge am Ausgang.

Logiksymbol:

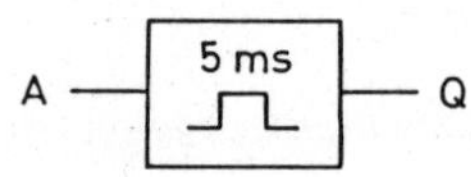

Funktion:

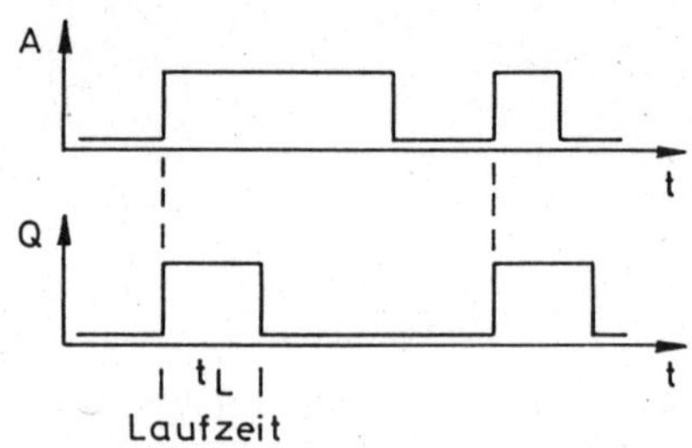

5.1.4. Monostabile Kippstufe

Die monostabile Kippstufe ist ein Baustein, welcher aufgrund einer Signaländerung am Eingang einen Impuls bestimmter Länge am Ausgang erzeugt.

Dieser Baustein läßt sich als Zeitbaustein zur Erzeugung von Ausgangsimpulsen verwenden. Die Dauer des Ausgangsimpulses t_A wird durch eine außenliegende RC-Schaltung bestimmt.

Logiksymbol:

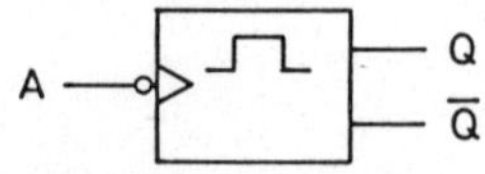

Funktion:

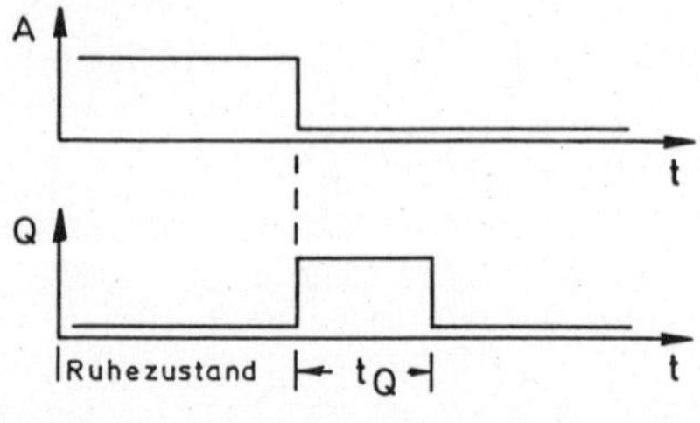

5.1.4.1. Monostabile Kippstufe aus diskreten Bauelementen

Mögliche Innenschaltung

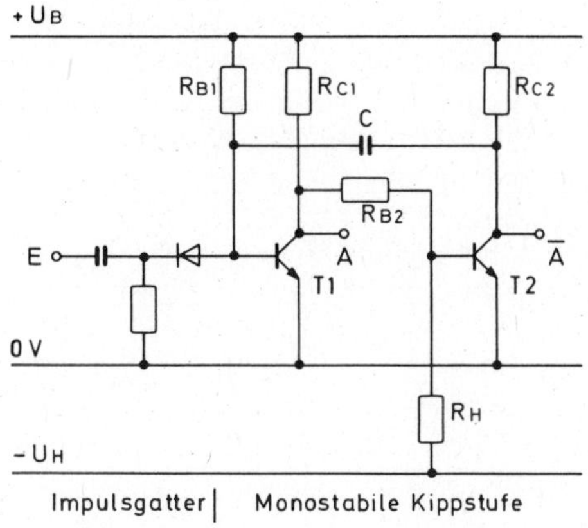

Funktion der gezeigten Schaltung:

Im Ruhezustand bekommt Transistor T_1 Basisstrom über Widerstand R_{B1}.

T_1 ist leitend. Der Ausgang A hat L-Signal.

Die Basis von Transistor T_2 ist über den Spannungsteiler R_{B2}, R_H negativ vorgespannt; T_2 sperrt. Der Ausgang $\overline{A}$ hat H-Signal.

Der Kondensator C lädt sich über R_{C2} und die Basis-Emitter-Strecke von T_1 auf.

Die Ladung ist so gerichtet, daß die rechte Seite des Kondensators die positive, die linke die negative Seite ist.

Ströme und Spannungen im Ruhezustand:

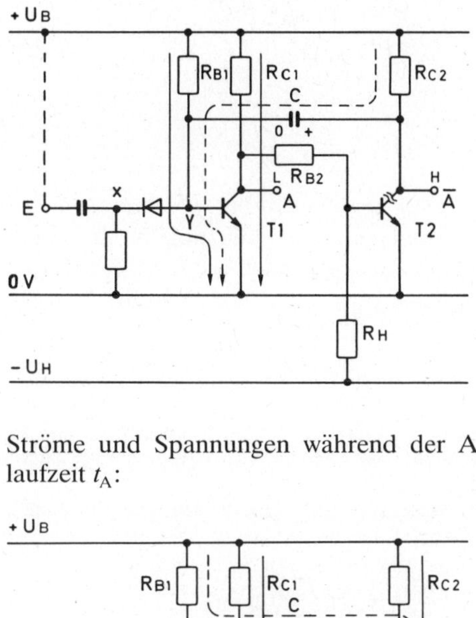

Eine negative Flanke an E erzeugt über das Impulsgatter eine negative Spannungsspitze an der Basis von T_1 und zieht dadurch den Basisstrom ab. T_1 sperrt. Am Ausgang A erscheint H-Signal. Dadurch bekommt T_2 Basisstrom und wird leitend. Der Ausgang $\overline{A}$ hat dann L-Signal und legt damit die rechte Seite des Kondensators C an 0 V.

Dadurch springt die linke Seite des Kondensators ins Negative und hält den Transistor T_1 gesperrt, auch wenn die auslösende negative Spannungsspitze abgeklungen ist.

Nun lädt sich der Kondensator um. Der Umladestrom fließt von $+U_B$ über R_{B1} und C über die Kollektor-Emitter-Strecke von T_2 nach 0 V.

Ströme und Spannungen während der Ablaufzeit t_A:

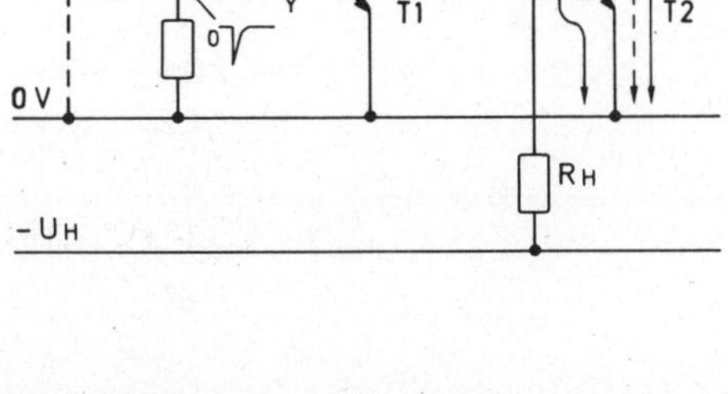

Die linke Seite des Kondensators, die beim Leitendwerden von T_2 ins Negative gesprungen ist, wird immer positiver.

Der Umladevorgang des Kondensators, bei dem die linke Seite auf $+U_B$ kommen will, wird abgebrochen, wenn der Transistor T_1 bei ca. 0 V wieder leitend wird.

Dann geht die Schaltung wieder in den Ruhezustand über.

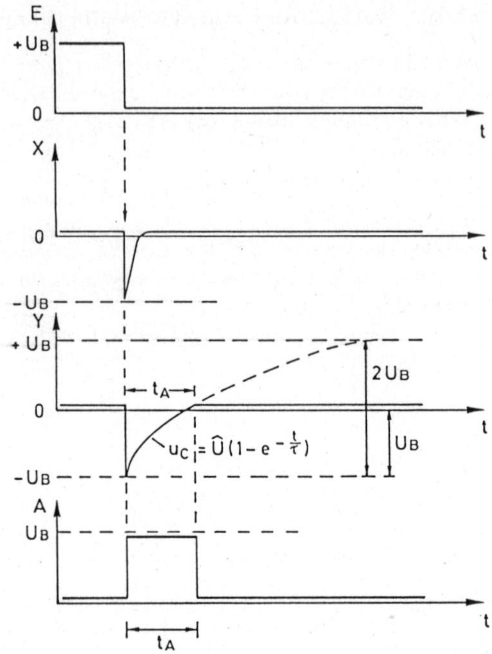

Nebenstehend ist die Ableitung für die in Datenbüchern angegebene Zeit t_A dargestellt.

$$u_C = \hat{u}\left(1 - e^{-\frac{t_A}{\tau}}\right)$$

Gesucht: t_A

Gegeben: u_C zur Zeit $t_A = U_B$
$\hat{u} = 2\,U_B$
$\tau = R_{B1} \cdot C$

$$U_B = 2\,U_B\left(1 - e^{-\frac{t_A}{\tau}}\right)$$

$$0{,}5 = 1 - e^{-\frac{t_A}{\tau}}$$

$$t_A = 0{,}69\,\tau$$

$$t_A \approx 0{,}7\,\tau$$

$$\boxed{t_A \approx 0{,}7\,R_{B1} \cdot C}$$

5.1.4.2. Integrierte Monostabile Kippstufe

Der TTL-Baustein 74121 hat zwei Eingänge, A1 und A2, die die Kippstufe bei negativen Flanken triggern, wenn der Eingang 13 auf H-Signal liegt.

B ist ein Schmitt-Trigger-Eingang für langsame Anstiegsflanken.

Einmal angesteuert, ist der Ausgangsimpuls nur eine Funktion der zeitbestimmenden externen Bauelemente R_T und C_T.

Integrierte Monostabile Kippstufe SN 74121

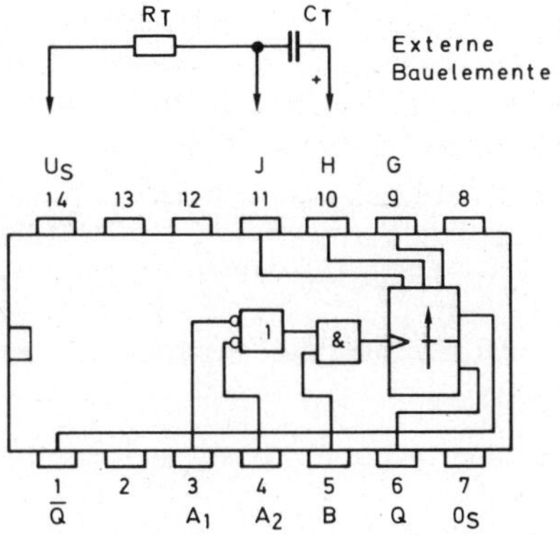

⎿ Auslösende Flanke an A_1 oder A_2

$Q; \overline{Q}$ = Ausgänge

$t_A = 0{,}7 \cdot R_T \cdot C_T$

$R_{T\,min} = 1{,}4\ k\Omega$

$C_{T\,max} = 1000\ \mu F$

$t_{A\,max} = 40\ s$

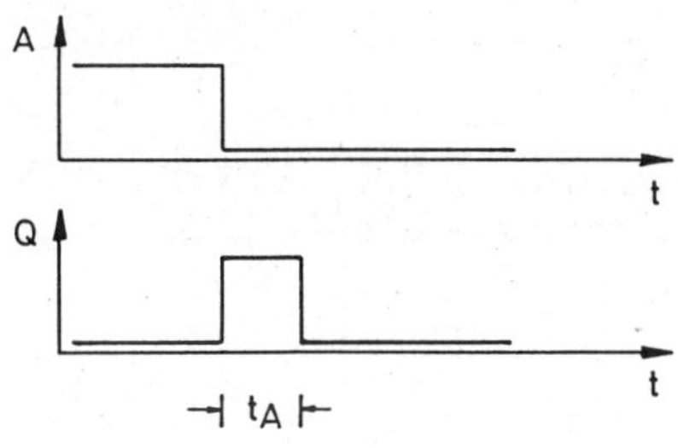

Beispiel

Für eine Monostabile Kippstufe SN 74121 sollen die externen Bauelemente R_T und C_T bestimmt werden, wenn der Ausgangsimpuls an Q ca. 1 sec. lang sein soll.

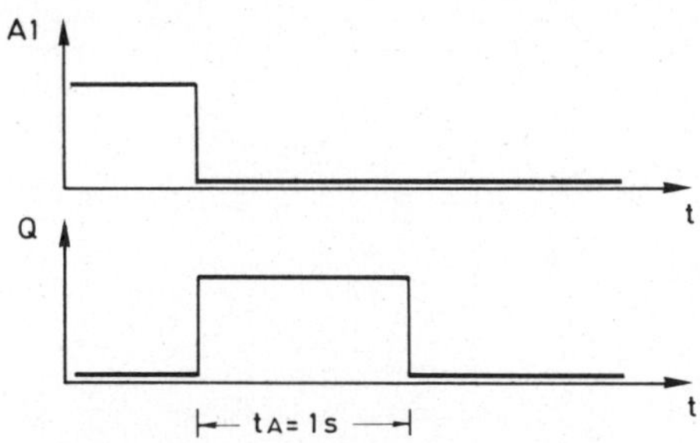

Betriebsdaten: (Aus Bausteinkatalog)

	untere Grenze	obere Grenze
Widerstand R_T zwischen den Anschlüssen 11 und 14	1,4 kOhm	—
Kapazität C_T zwischen den Anschlüssen 10 und 11	0	1000 µF

Es wird ein lagermäßig vorhandener Kondensator von 1 µF gewählt.

$C_T = 1\ \mu F$

$t_A = 0{,}7 \cdot R_T \cdot C_T$

$$R_T = \frac{t_A}{0{,}7 \cdot C_T} = \frac{1}{0{,}7 \cdot 1 \cdot 10^{-6}} = 1{,}43 \cdot 10^6\ \Omega$$

$R_T = 1{,}43\ M\Omega$

Der errechnete Widerstand ist zu hochohmig (kann in den geforderten Toleranzen nicht hergestellt werden).

Deshalb wird ein größerer Kondensator gewählt.

$C_T = 50\ \mu F$

$$R_T = \frac{t_A}{0{,}7 \cdot C_T} = \frac{1}{0{,}7 \cdot 50 \cdot 10^{-6}}$$

$R_T = 28{,}6\ k\Omega$

Es wird der nächst größere Normwert (Reihe E 12) von 32 kOhm gewählt.

Übung 5.1

Entwerfen Sie eine Schaltung aus einer Monostabilen Kippstufe und Grundbausteinen, welche eine Einschaltverzögerung bewirkt.

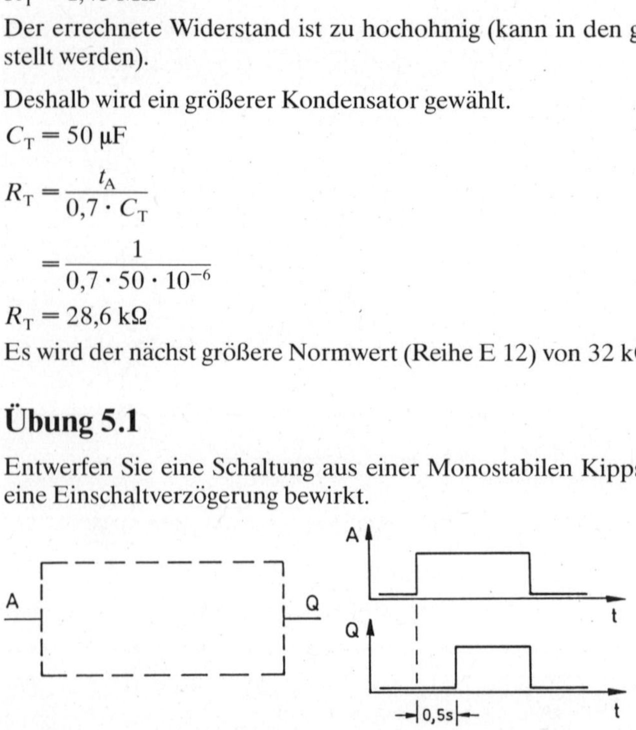

Berechnen Sie C und R für die angegebene Zeit von 0,5 s.

5.2. Taktgenerator

Taktgeneratoren werden einmal zur Ansteuerung von Zählern oder zur Ausgabe von Blinksignalen benötigt.

Zum anderen erzeugen Taktgeneratoren bei synchronen Schaltungssystemen die Systemtakte, welche alle Schaltvorgänge steuern und veranlassen.

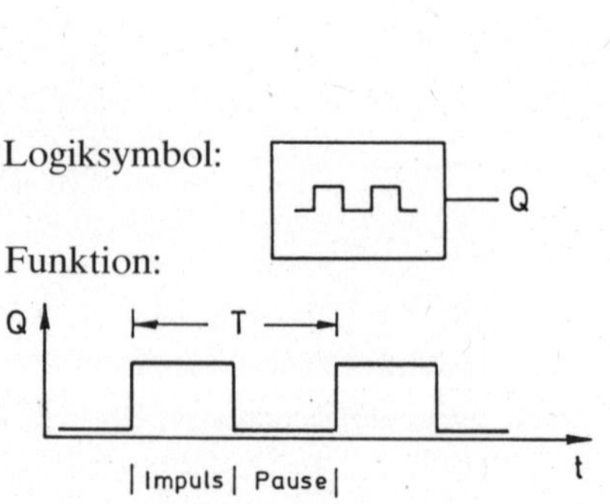

5.2.1. Astabile Kippstufe mit diskreten Bauelementen

Die Astabile Kippstufe ist ein Taktgenerator oder Impulsgenerator.

Sie schwingt ständig und liefert am Ausgang Rechteckimpulse.

Die Frequenz und häufig auch das Impuls-Pausen-Verhältnis lassen sich durch Außenbeschaltung einstellen.

Mögliche Innenschaltung:
(Aufgebaut mit diskreten Bauelementen)

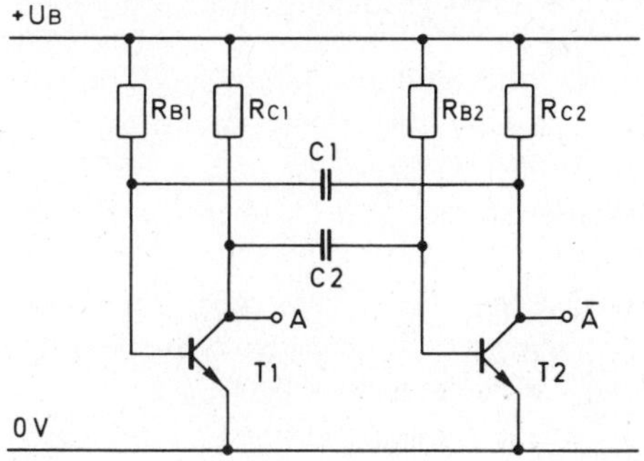

Funktion der gezeigten Schaltung:

Im angenommenen Zustand 1 ist die linke Seite des Kondensators C_1 negativ und sperrt den Transistor T_1.

Diese Seite des Kondensators hat einen negativen Spannungssprung gemacht. Der Kondensator lädt sich über R_{B1} und die Kollektor-Emitter-Strecke von T_2 um. Dadurch wird die linke Seite von C_1 immer positiver, bis der Transistor T_1 bei einer Basisspannung von ca. 0 V leitend wird.

Ströme und Spannungen im Zustand 1:

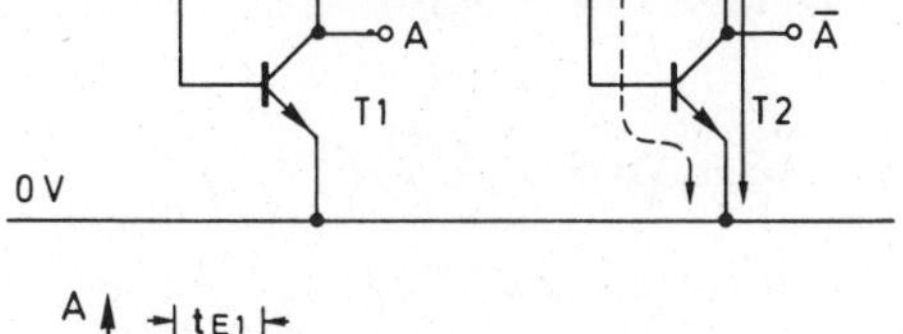

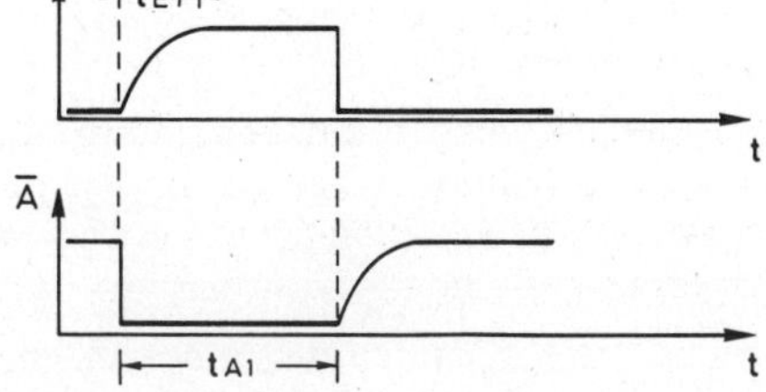

(Der Vorgang ist der gleiche wie während der Ablaufzeit t_A der Monostabilen Kippstufe.)

t_{A1} = Ablaufzeit 1, bestimmt durch R_{B1} und C_1

$$t_{A1} = 0{,}7 \cdot R_{B1} \cdot C_1$$

Während der Umladezeit von C_1 lädt sich C_2 auf.

t_{E1} = Ladezeit oder Erholzeit 1, bestimmt durch R_{C1} und C_2

$$t_{E1} = 5\,R_{C1} \cdot C_2$$

(Die Ladezeit wird mit 5 τ angenommen.)
Funktionsbedingung: $t_{E1} < t_{A1}$

Wird der Transistor T_1 leitend, kippt die Schaltung in den Zustand 2.

Über T_1 wird die linke Seite von C_2 an 0 V gelegt, dadurch springt die rechte Seite ins Negative und sperrt T_2.

Anschließend lädt sich C_2 über R_{B2} und T_1 um.

Die rechte Seite von C_2 wird immer positiver, bis der Transistor T_2 bei einer Basisspannung von ca. 0 V wieder leitend wird.

Während der Umladezeit von C_2 lädt sich C_1 auf.

Ströme und Spannungen im Zustand 2:

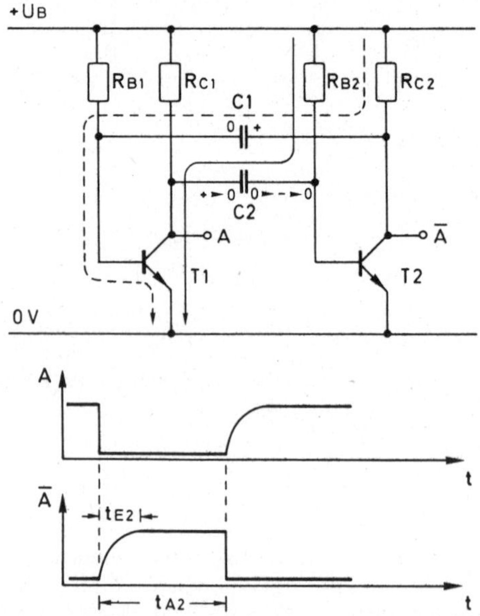

t_{A2} = Ablaufzeit 2, bestimmt durch R_{B2} und C_2

$$t_{A2} = 0{,}7 \cdot R_{B2} \cdot C_2$$

t_{E2} = Ladezeit oder Erholzeit bestimmt durch R_{C2} und C_1

$$t_{E2} = 5 \cdot R_{C2} \cdot C_1$$

(Die Ladezeit wird mit 5 τ angenommen.)
Funktionsbedingung: $t_{E2} < t_{A2}$

Eine Astabile Kippstufe läßt sich aus zwei Monostabilen Kippstufen zusammensetzen.

5.2.2. Taktgenerator mit integrierten Bausteinen

Auch bei Taktgeneratoren mit integrierten Bausteinen muß die Taktfrequenz und das Impuls-Pausen-Verhältnis durch externe RC-Glieder bestimmt werden.

Generatoren, aufgebaut aus zwei Monostabilen Kippstufen, schwingen von selbst.

Bei Generatoren, die aus Umkehrstufen oder NAND- bzw. NOR-Bausteinen aufgebaut sind, muß die Schaltung durch die Rückkopplung über Kondensatoren, wie bei diskret aufgebauten Astabilen Kippstufen, ins Schwingen gebracht werden.

5.2.2.1. Taktgenerator mit Monostabilen Kippstufen

Die negative Flanke am Ausgang von Stufe 1 triggert die Stufe 2.

Nach der Ablaufzeit erzeugt Stufe 2 eine negative Flanke, die auf den Eingang von Stufe 1 zurückgekoppelt wird.

Die Ablaufzeiten der beiden Stufen bestimmen die Frequenz, sowie das Impuls-Pausen-Verhältnis des Taktsignales.

Prinzip-Schaltung:

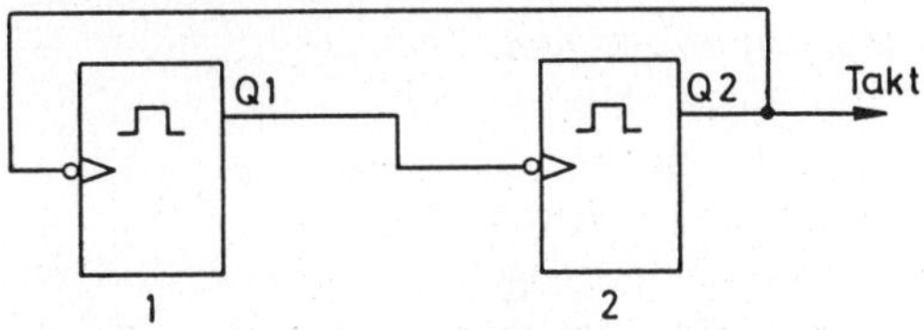

Übung 5.2

Zeichnen Sie das Signaldiagramm für Q1 und Q2.

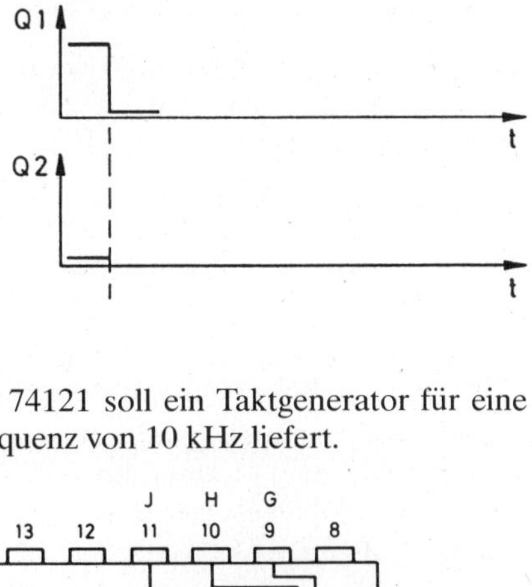

Übung 5.3

Aus 2 integrierten Monostabilen Kippstufen SN 74121 soll ein Taktgenerator für eine Datenübertragung gebaut werden, der eine Ausgangsfrequenz von 10 kHz liefert.

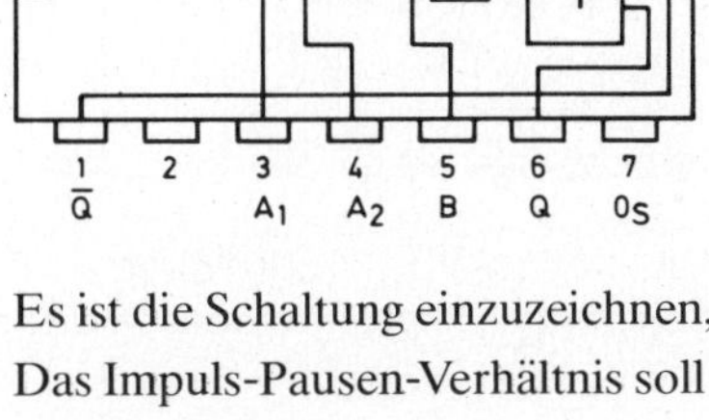

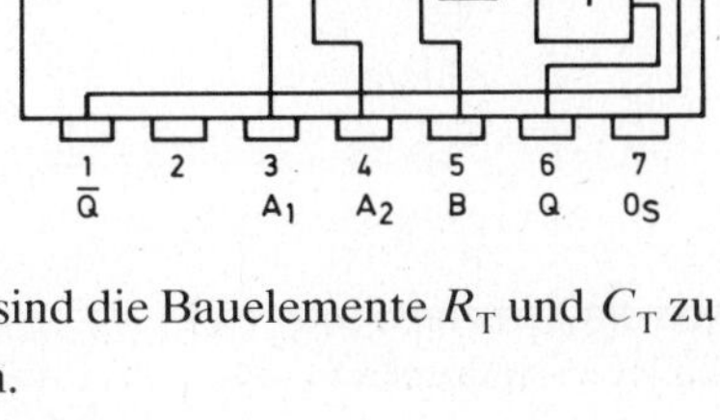

Es ist die Schaltung einzuzeichnen, und es sind die Bauelemente R_T und C_T zu bestimmen.

Das Impuls-Pausen-Verhältnis soll 1 : 1 sein.

5.2.2.2. Taktgeneratoren mit Umkehrstufen

Werden Umkehrstufen oder NAND- bzw. NOR-Stufen über Kondensatoren miteinander gekoppelt, bilden Sie eine selbstschwingende Schaltung.

Schaltung mit R und C:

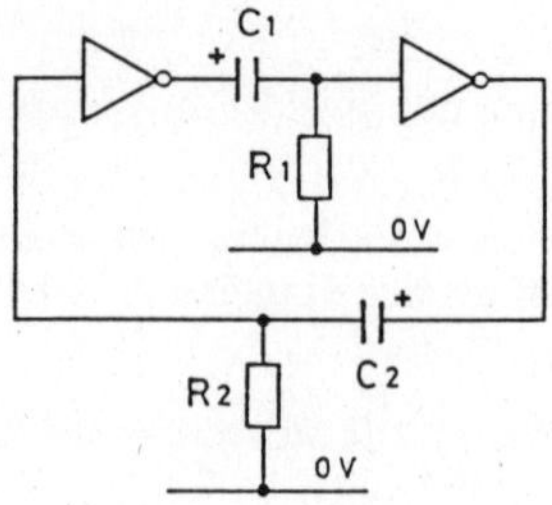

Zur Erklärung der Funktion werden die Stromwege für das Laden und Entladen der Kondensatoren gezeichnet.

$C_1 \approx C_2 \approx 1$ nF bis 10 μF
$R_1 \approx R_2 \approx 1$ kOhm bis 2,5 kOhm

$$f \approx \frac{1}{2\,(R \cdot C)}$$

Es wird ein momentaner Zustand der Schaltung angenommen.

Funktion:
während t_1: ($\approx R_1 \cdot C_1$)

Ist der Kondensator noch nicht aufgeladen, fließt der eingezeichnete Ladestrom, und Stufe 2 hat am Eingang H-Signal.

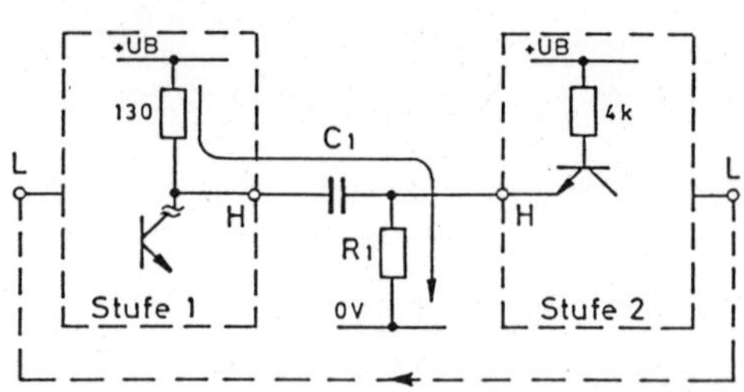

Ist der Kondensator nach t_1 aufgeladen, fließt kein Ladestrom mehr, und er kann durch einen geöffneten Kontakt ersetzt werden.

Jetzt hat Stufe 2 über R_1 L-Signal am Eingang.

nach t_1:

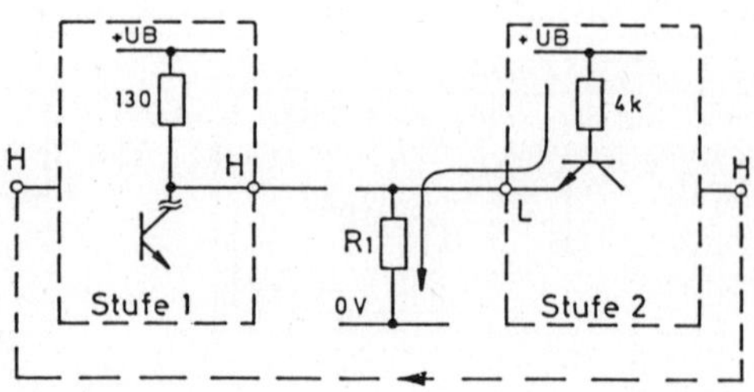

Die Rückführung der Stufe 2 auf Stufe 1 erfolgt über die gleiche RC-Schaltung.

während t_2: ($\approx R_2 \cdot C_2$)

Solange sich Kondensator C_2 auflädt, hat der Eingang von Stufe 1 H-Signal und der Ausgang L-Signal. C_1 kann sich entladen.

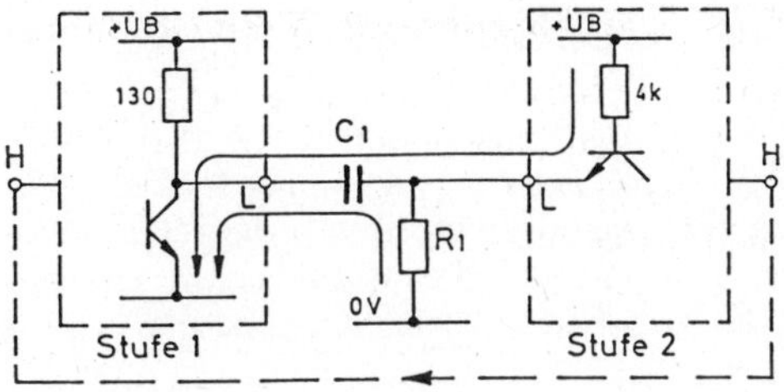

Hat sich C_2 aufgeladen, bekommt der Eingang der Stufe 1 über R_2 L-Signal, und der Ausgang der Stufe 1 macht H-Signal.

Damit ist wieder der Ausgangszustand erreicht.

Ähnlich wie mit Kondensatoren läßt sich die Schaltung auch mit einem Schwing-Quarz aufbauen.

Das Ausgangssignal der Schwingschaltung wird auf einen Binäruntersetzer geführt, um symmetrische Impulse mit guten Flanken zu bekommen.
(Binäruntersetzer siehe Speicherbausteine.)

Schaltung mit Quarz:

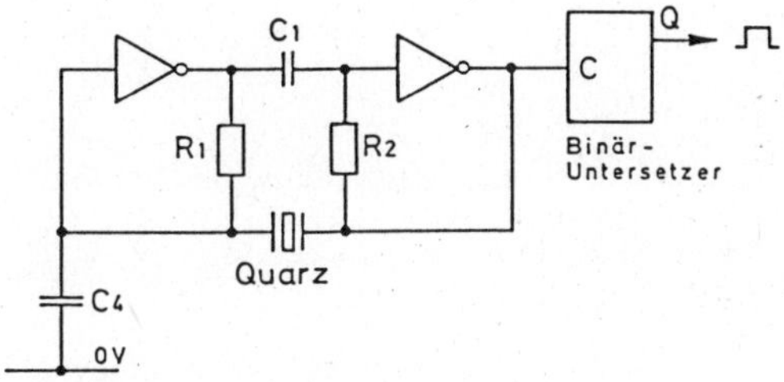

Dimensionierungs-Beispiel:
Umkehrstufen = 7404
$R_1 = R_2 = 330$ Ohm
$C_1 = 1$ nF
$C_4 = 27$ pF
Quarz = 5 MHz

Übung 5.4

Konstruieren Sie einen Taktgenerator, der mit 100 kHz schwingt. Verwenden Sie dazu den NAND-Baustein 7400. Zeichnen Sie die Anschlußbezeichnungen ein und berechnen Sie Widerstände und Kondensatoren.

5.3. Der Schmitt-Trigger

Der Schmitt-Trigger wird eingesetzt, um analoge Signale oder Schwingungen in Rechteckimpulse umzuformen, welche von den angeschlossenen Digitalbausteinen als Logiksignale verarbeitet werden können.

Logiksymbol:

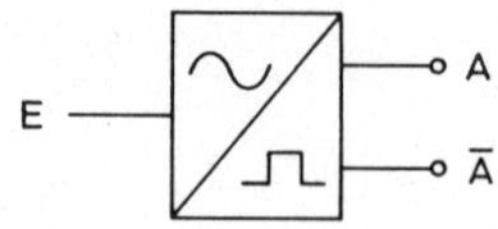

Ist die Eingangsspannung unterhalb der Schaltschwelle, hat der Ausgang L-Signal.

Ist die Eingangsspannung oberhalb der Schaltschwelle, hat der Ausgang H-Signal.

Dieses Verhalten gilt nur für einen idealen Schmitt-Trigger, der jedoch praktisch nicht zu verwirklichen ist.

Funktion:
Schmitt-Trigger ohne Schalthysterese

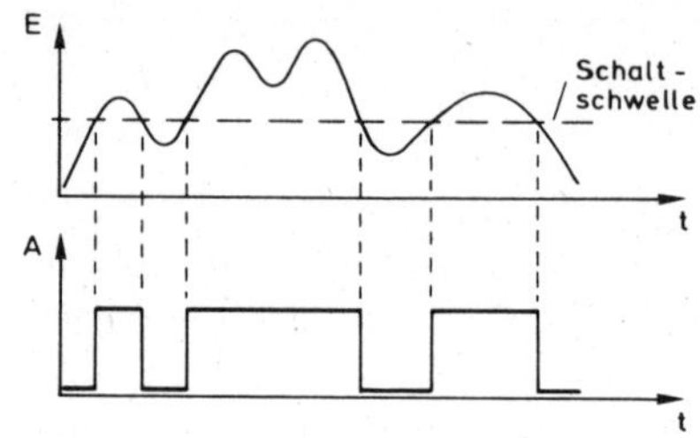

Ein realer Schmitt-Trigger hat eine bestimmte Schalthysterese. Das bedeutet, daß seine Einschaltschwelle etwas höher liegt als seine Ausschaltschwelle.

Diese Schalthysterese wirkt sich in den meisten Anwendungsfällen günstig aus und ist daher erwünscht.

Schmitt-Trigger mit Schalthysterese

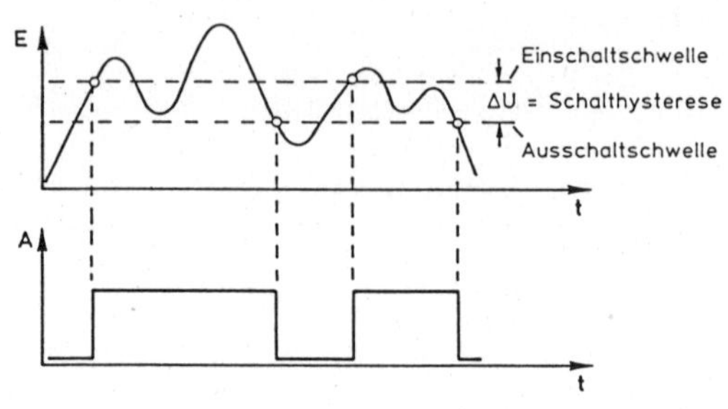

Durch das im Logiksymbol eingezeichnete S wird die Funktion als Schmitt-Trigger gekennzeichnet.

Integrierter TTL-Baustein SN 74132 mit vier NAND-Schmitt-Triggern mit je 2 Eingängen:

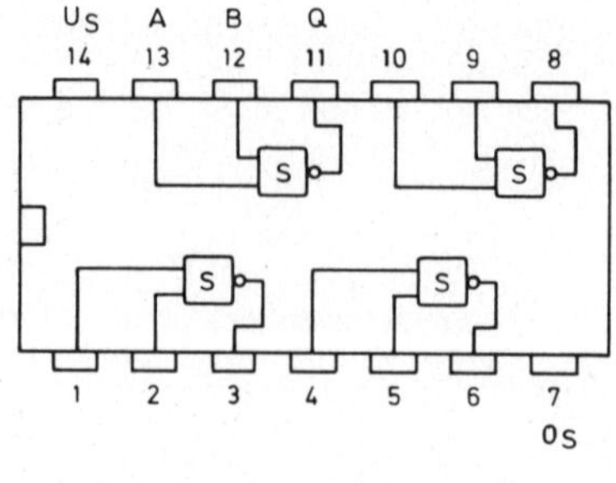

Beispiel

Ein Näherungsinitiator liefert bei Annäherung an eine Metallfahne folgendes Ausgangssignal:

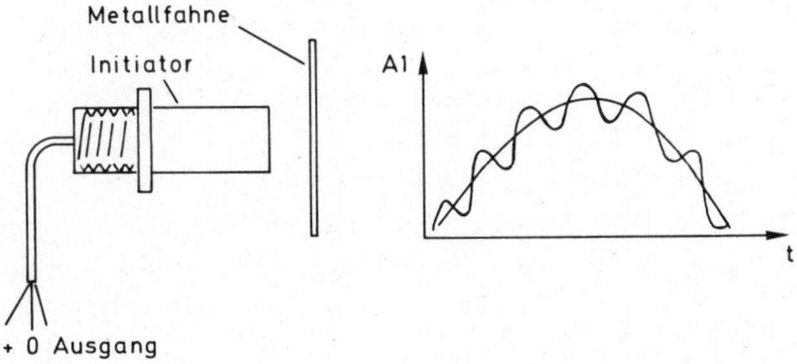

Dieses Ausgangssignal soll in ein Rechtecksignal umgeformt werden.

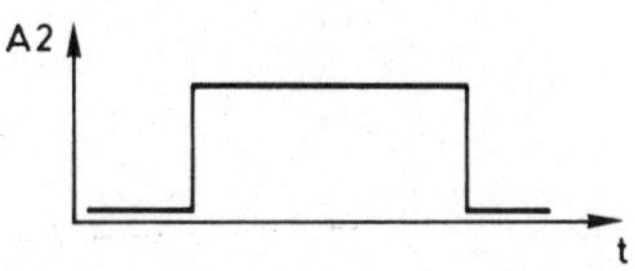

Schaltung:

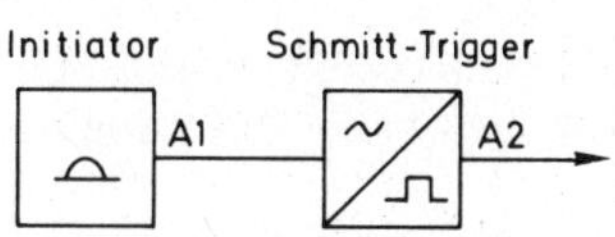

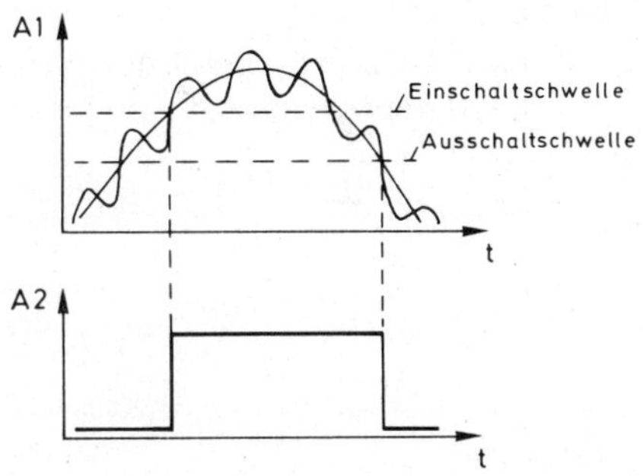

Die Schalthysterese muß größer sein als die Amplitude der überlagerten Schwingung. Ist das nicht der Fall, ist das Signal A_1 über einen kleinen Kondensator zu glätten.

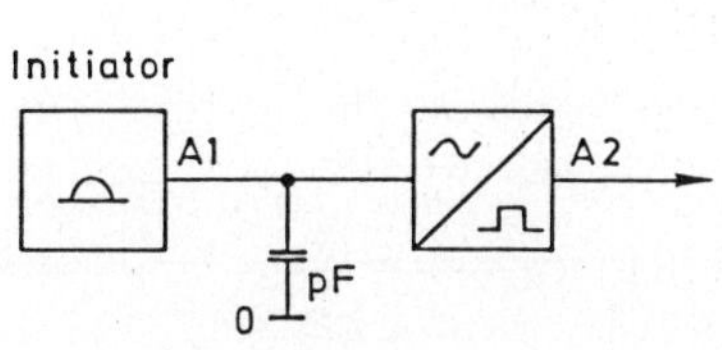

Beispiel

Es ist ein Zeitglied mit einer einstellbaren Verzögerung zu entwerfen.

Schaltung:

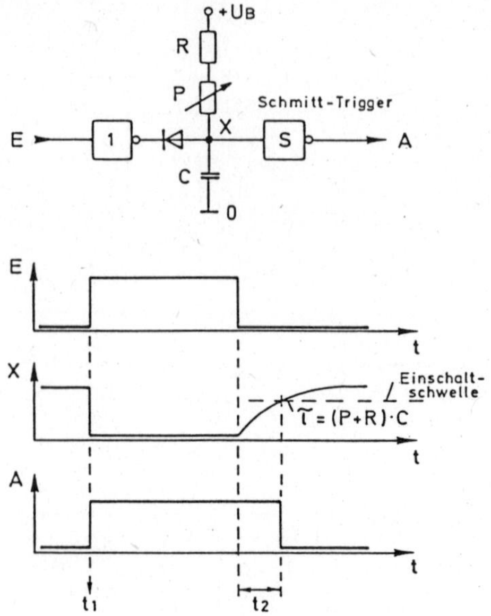

Zu t_1: Der Kondensator wird ohne nennenswerte Verzögerung über den Transistor im NAND-Gatter entladen.

Zu t_2: Der Kondensator lädt sich nach einer e-Funktion über das Potentiometer P und den Schutzwiderstand R auf. Erst bei Erreichen der Einschaltschwelle schaltet der Schmitt-Trigger schlagartig um.

Dadurch entsteht die Verzögerungszeit t_2.

Übung 5.5

Die Eingangsimpulse einer Digitaluhr sollen von der Netzfrequenz abgeleitet werden.

Die nachfolgende Schaltung ist entsprechend zu ergänzen.

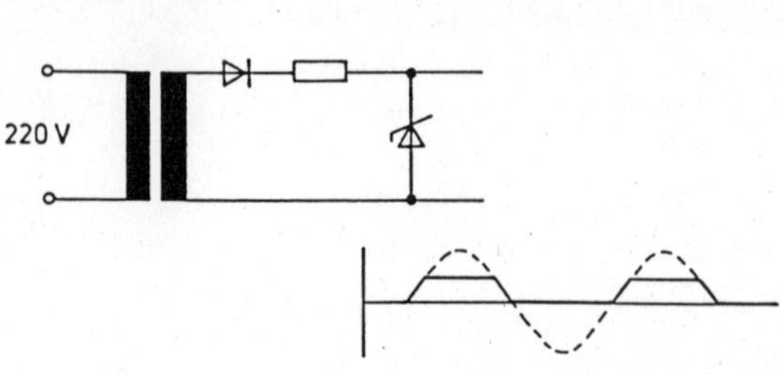

Lernzielorientierter Test

(Richtige Antworten sind anzukreuzen.)

1. Die Schwingfrequenz der astabilen Kippstufe beträgt:

   12,7 Hz ○
   26,5 Hz ○
   17,65 kHz ○
   25,5 kHz ○

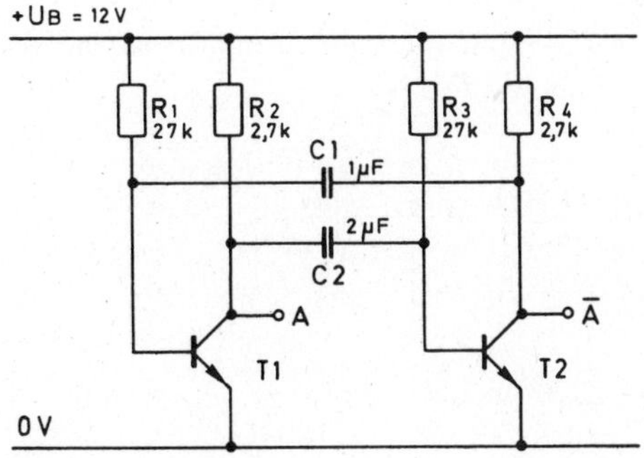

2. Die Schaltung ist eine

   Astabile Kippstufe ○
   Monostabile Kippstufe ○
   Impulsgenerator ○

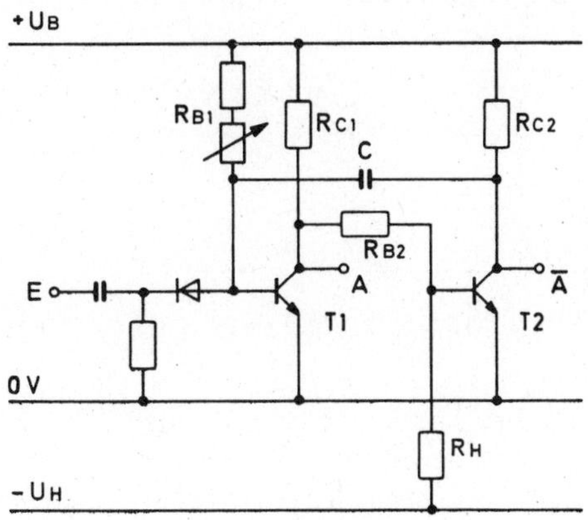

3. Die Schaltung dient zur

   Impulserzeugung ○
   Ausschaltverzögerung ○
   Einschaltverzögerung ○

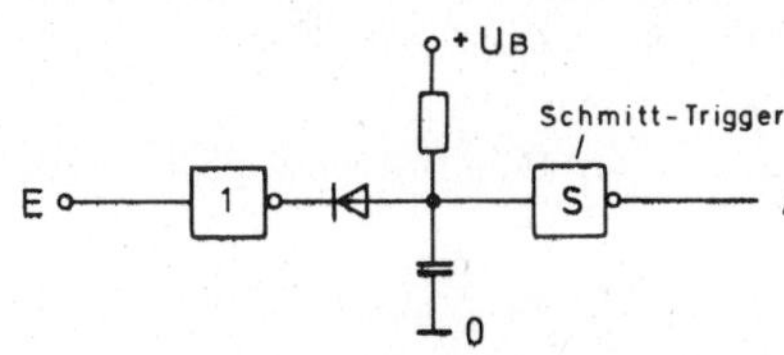

4. Welches Impulsdiagramm gehört zu nebenstehender Schaltung?

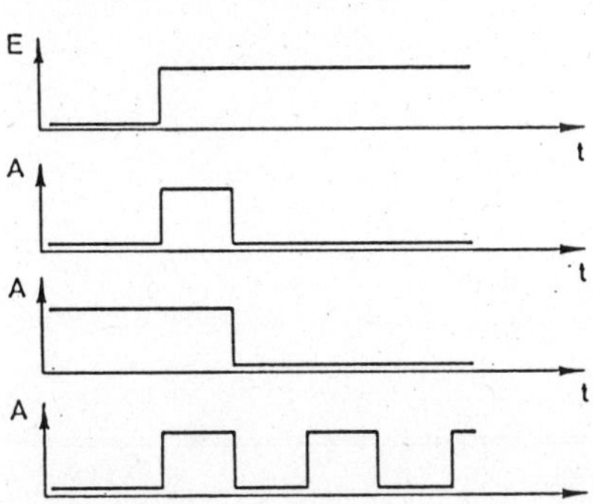

○
○
○

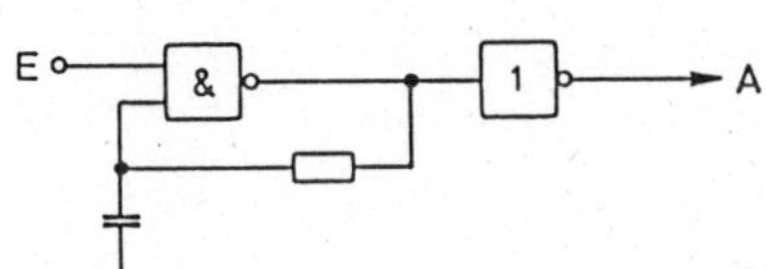

(Die nächsten Aufgaben sind frei zu lösen.)

5. Zeichnen Sie das Logiksymbol für einen Baustein mit einer Abfallverzögerung von 1,5 s.
6. Konstruieren Sie einen Taktgenerator mit Hilfe des TTL-Bausteins 7400 (4 2er NAND) Dabei sollen die Verzögerungen mit integrierenden RC-Gliedern, ähnlich Testaufgabe 3, aufgebaut werden.

6. Speicher-Bausteine

Lernziele:

Nach Durcharbeiten dieses Kapitels können Sie ...

1. das Verhalten von Speicherbausteinen im Gegensatz zu anderen Logikverknüpfungen angeben;
2. Anwendungsfälle und -gebiete für Speicherbausteine nennen;
3. die Innenschaltung eines RS-Flipflops
   eines D-Flipflops
   eines JK-Master-Slave-Flipflops
   aufgebaut aus NAND- oder NOR-Bausteinen zeichnen;
4. das Logiksymbol für die verschiedenen Flipflop-Typen zeichnen;
5. die Funktion der verschiedenen Flipflop-Typen in Worten, durch Wahrheitstabellen sowie durch Signaldiagramme erläutern;
6. die Funktion des JK-Master-Slave-Flipflops als Binäruntersetzer angeben und erklären;
7. Schaltungsaufgaben aus der Steuerungstechnik und der Datenverarbeitung mit Hilfe von Flipflops lösen;
8. parallele Ein-Ausgabe-Ports für Mikrocomputer konstruieren.

6.0. Einführung

Speicherbausteine lassen sich aus den Grundbausteinen UND, ODER und NICHT aufbauen.

Sie können ein kurzzeitig anstehendes Signal so lange abspeichern, bis sie durch ein anderes Signal wieder gelöscht werden.

Für das Speichern und Löschen gibt es eine Reihe verschiedener Ausdrücke, die nachstehend aufgezählt werden.

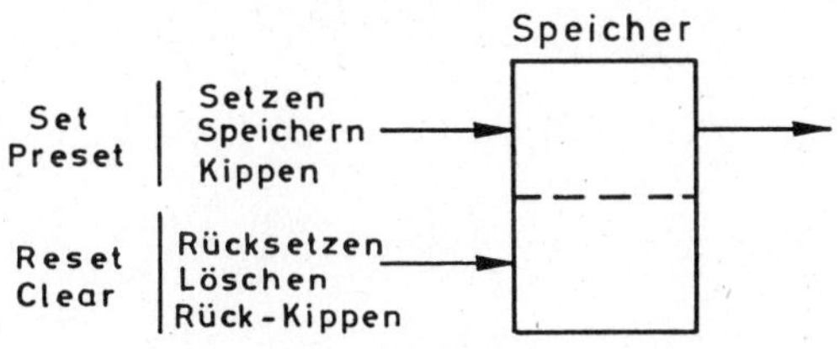

Speicherbausteine werden Flipflop, Latch, oder Bistabile Kippstufe genannt.

Speicherbausteine werden immer dann eingesetzt, wenn kurzzeitig anstehende Signale über längere Zeit benötigt werden.

Nachfolgend einige Beispiele:

Steuerungstechnik:
Abspeichern des Sollwertes, der über Taster, Lochstreifen oder Lochkarte eingegeben und anschließend während des ganzen Bearbeitungsvorganges benötigt wird;
Abspeichern des Istwertes, der über mechanische Endschalter, Lichtschranken oder Näherungsinitiatoren kurzzeitig abgelesen wird.

Datenverarbeitung:
Abspeichern der Daten an den Schnittstellen zwischen Mikrocomputer und peripherem Gerät (Ein-Ausgabe-Ports);
Abspeichern der zu berechnenden Daten und der Ergebnisse des Rechenwerkes in der Zentraleinheit;
kurzzeitiges Zwischenspeichern der Daten.

Die nachfolgend behandelten Speicherbausteine stellen eine Auswahl der gängigen Typen dar. Dabei werden alle grundlegenden Gesichtspunkte behandelt, so daß es möglich ist, mit diesen Grundlagen auch andere Bausteine nach Katalogangaben zu verstehen und sie einzusetzen.

6.1. Das RS-Flipflop

Das RS-Flipflop ist ein Speicherbaustein in der einfachsten Ausführung. Es besitzt einen Eingang zum Setzen und einen zum Rücksetzen.

Es läßt sich mit NOR- oder NAND-Gattern aufbauen.

Innenschaltung in Logiksymbolen:
Aufgebaut aus NOR-Gattern

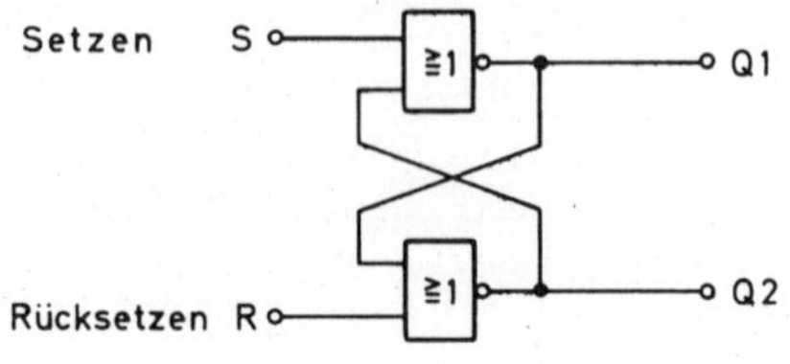

Aufgebaut aus NAND-Gattern

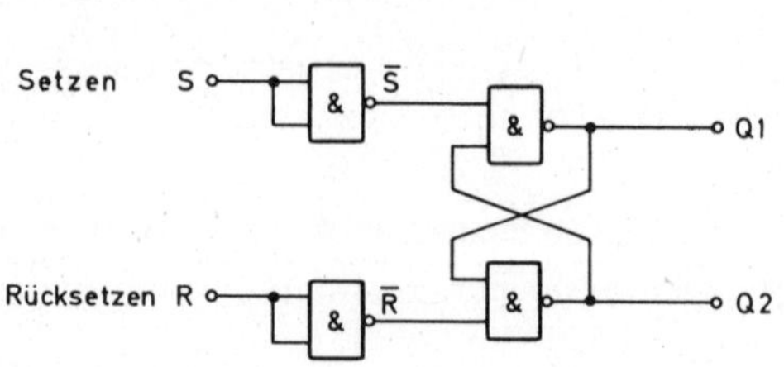

Da zum Aufbau von Flipflops mindestens zwei Umkehrstufen erforderlich sind, besitzt jedes Flipflop zwei Ausgänge mit entgegengesetzten Signalen.

Die gezeichneten Flipflops werden mit H-Signal gesetzt und rückgesetzt.

Da der Aufbau symmetrisch ist, kann auch gesagt werden, das Flipflop wird mit H-Signalen hin- und hergekippt.

Ein H-Signal an S und L-Signal an R bringt ein H-Signal an Q2 und L-Signal an Q1.

Geht das Setz-Signal an S weg, wechselt also das Signal an S von H auf L, dann hält das Flipflop seine Stellung, es speichert also das H-Signal an S ab.

Das Flipflop hält seine Stellung so lange, bis es durch ein H-Signal an R wieder in seine Ausgangslage zurückgesetzt wird und damit das gespeicherte H-Signal an S wieder gelöscht wird.

Auch in dieser Stellung hält es sich selbst.

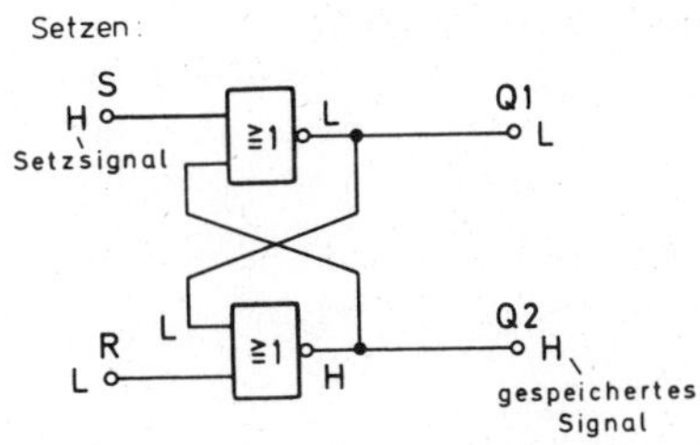

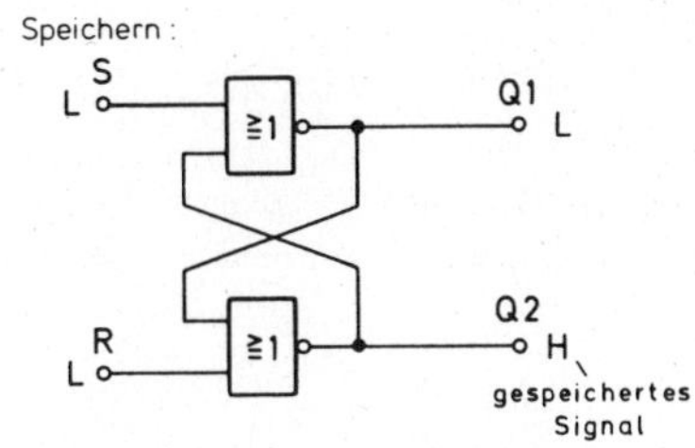

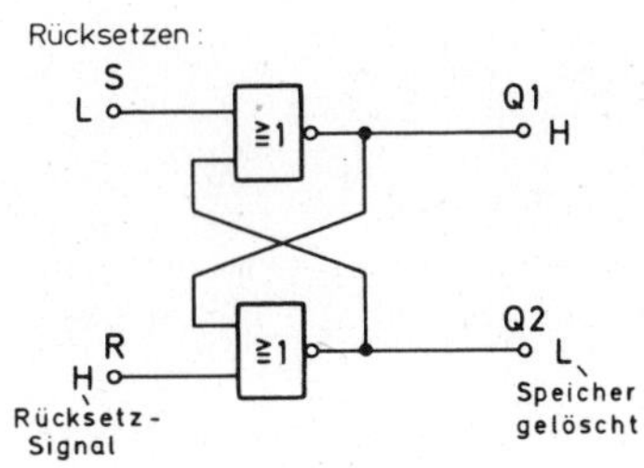

Für die Speicherbausteine gibt es ein Logiksymbol als Kurzzeichen. Dieses Logiksymbol besteht aus einem Rechteck, an das die verschiedenen Ein- und Ausgänge angetragen werden.

Beim Logiksymbol gilt folgende Vereinbarung:

Ein Setz-Signal am oberen Teil des Rechtecks bringt ein Ausgangs-Signal am oberen Ausgang.

Ein Rücksetz-Signal am unteren Teil des Rechtecks bringt ein Ausgangs-Signal am unteren Ausgang.

Logiksymbol für RS-Flipflop:

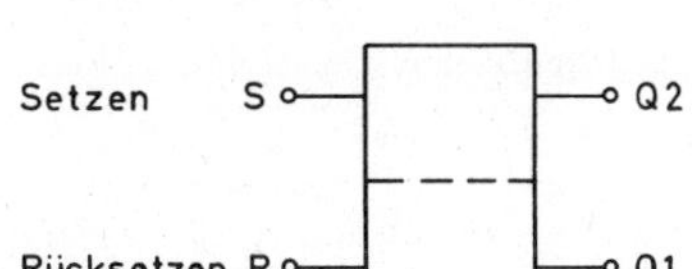

Beim Aufstellen der Arbeitstabelle kann das Ausgangssignal für den Speicherzustand nur angegeben werden, wenn das vorher anstehende Signal bekannt ist. Im Speicherzustand hält das Flipflop immer den vorhergehenden Zustand.

Arbeitstabelle:

Zeile	R	S	Q1	Q2
1	L	H	L	H
2	L	L	Speicherzustand	
3	H	L	H	L
4	L	L	Speicherzustand	
5	H	H	L	L[1)]

1) Bei der Rückkehr in den Speicherzustand nimmt das Flipflop eine nicht vorherbestimmbare Lage ein.

Signaldiagramm:

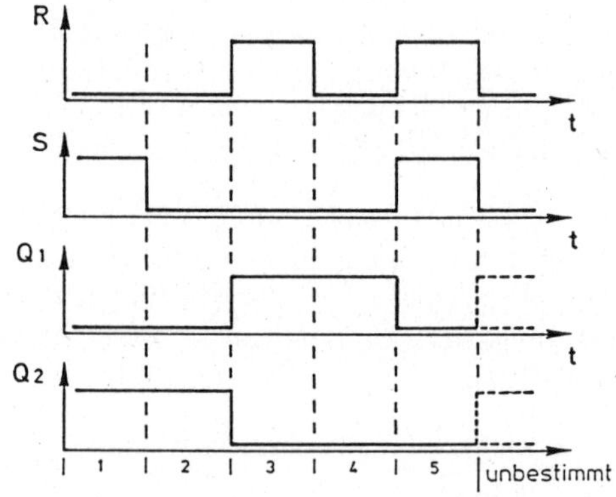

Beispiel

Für den Schlitten einer Schleifmaschine soll eine Pendelschaltung entworfen werden.

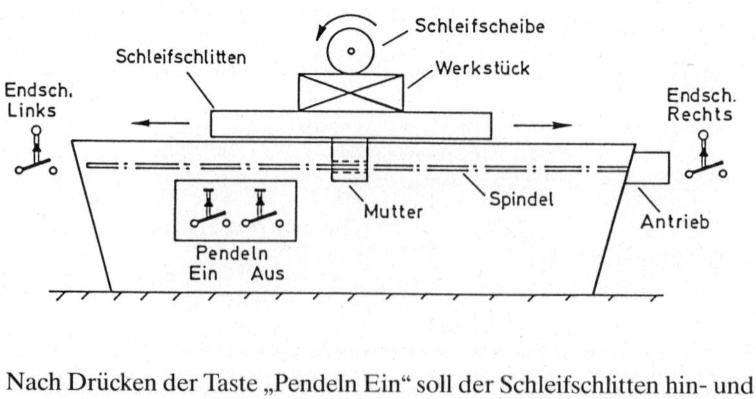

Nach Drücken der Taste „Pendeln Ein" soll der Schleifschlitten hin- und herpendeln.
Nach Drücken der Taste „Pendeln Aus" soll der Schleifschlitten stehen bleiben.

Mögliche Schaltung:

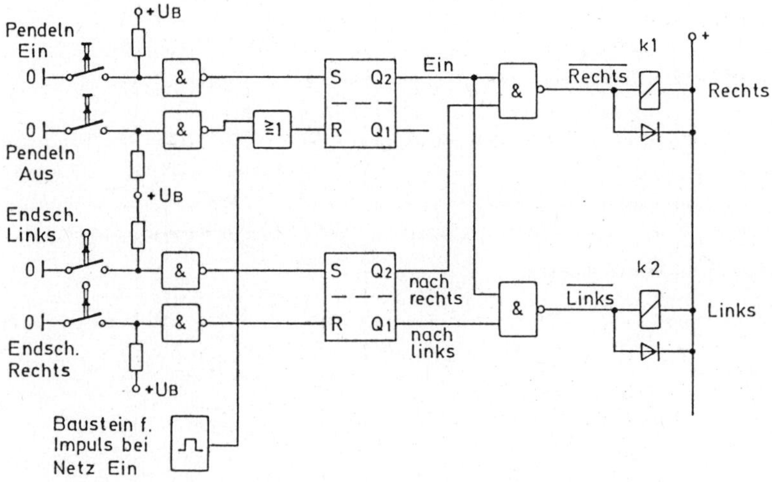

Übung 6.1

Zu nachstehendem Flipflop ist die Arbeitstabelle zu erstellen.

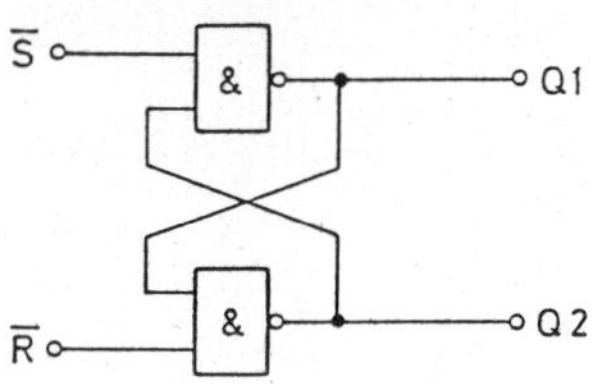

Lösung:

zeitliche Reihenfolge ↓

$\bar{S}$	$\bar{R}$	Q1	Q2
H	L		
H	H		
L	H		
H	H		
L	L		
H	H		

Übung 6.2

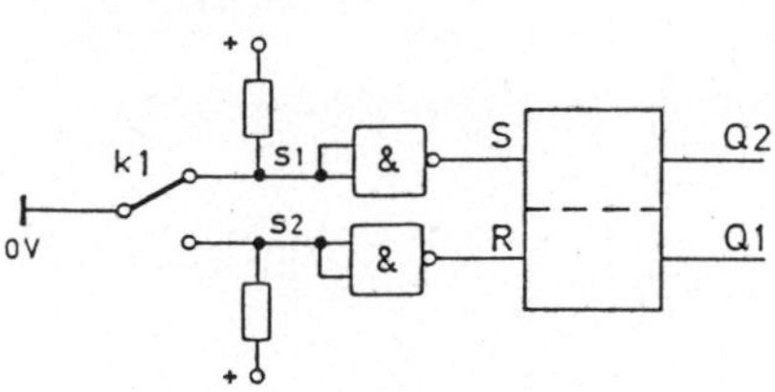

Durch das Prellen des Kontaktes k_1, welches beim Schalten eines jeden Kontaktes entsteht, haben die Signale S1 und S2 folgenden Verlauf:

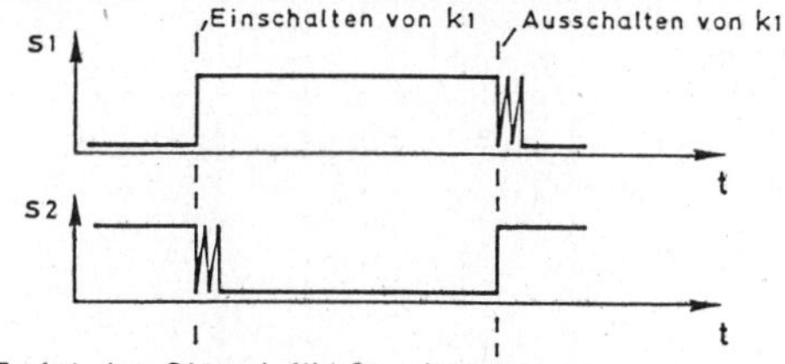

Es ist das Signal für Q1 einzutragen

Wozu läßt sich das RS-Flipflop verwenden?

Übung 6.3

Eine Presse soll mit Digitalbausteinen gesteuert werden.

In der Grundeinstellung steht der Preßstempel oben.

Nach Drücken der Taste „Pressen“ soll folgendes Programm ablaufen:

Der Preßstempel soll absenken bis zum Endschalter Unten.

Danach soll er anheben bis zum Endschalter Oben und stehen bleiben.

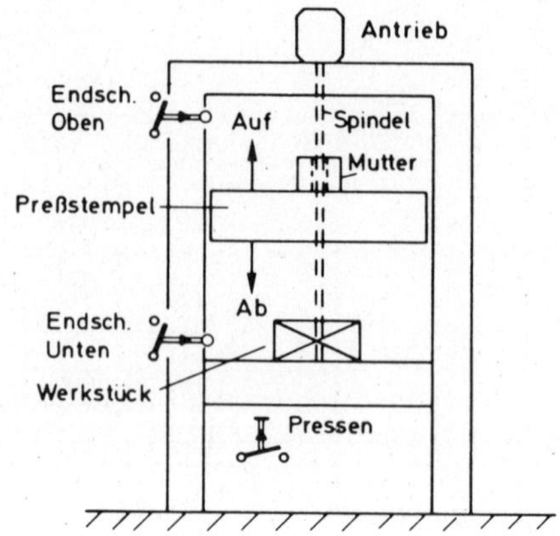

6.2. Das D-Flipflop

Aufgabe:

Die Informationen, welche auf einem Lochstreifen stehen, sollen abgespeichert werden.

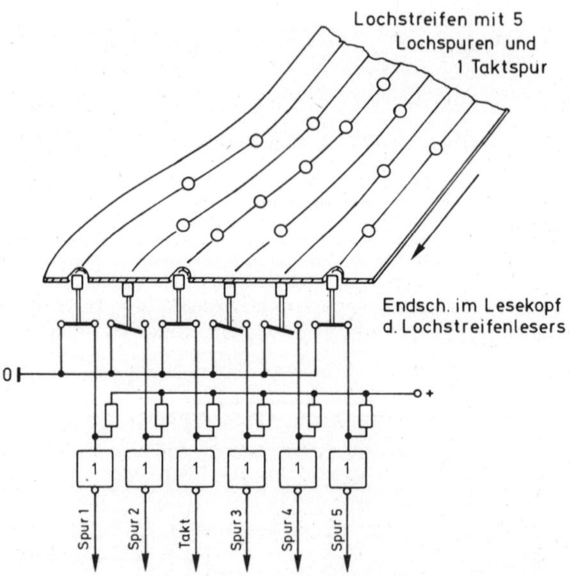

Jedesmal, wenn der Kontakt der Taktspur schließt, sollen die übrigen Informationen in der Zeile des Lochstreifens abgespeichert werden.

Dabei bedeutet ein Loch im Lochstreifen ein H-Signal und kein Loch ein L-Signal.

In der gezeichneten Stellung steht folgende Information an: H L L L H

Die zugehörige Speicherschaltung kann wie folgt aufgebaut werden:

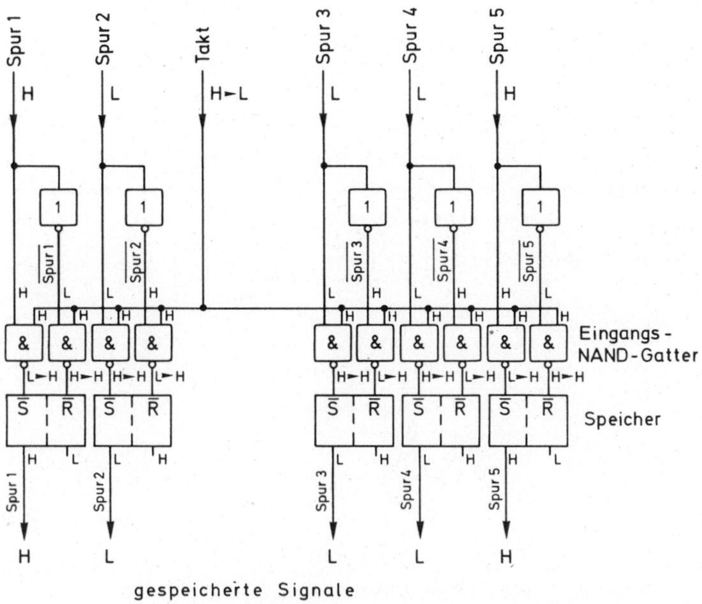

Das Taktsignal öffnet die Eingangs-NAND-Gatter. Dadurch gelangen die Signale der Spuren an die $\overline{S}$- und $\overline{R}$-Eingänge der Flipflops.

Die Flipflops speichern das H- oder L-Signal der Spuren *ab,* welches am Ausgang Q1 erscheint.

Geht das Taktsignal weg, hat also die Taktleitung L-Signal, werden die Eingangs-NAND-Gatter gesperrt, und alle $\overline{S}$- und $\overline{R}$-Eingänge der Flipflops haben H-Signal.

Bei diesen Eingangssignalen speichern die Flipflops den vorherigen Zustand.

Die Signale der Spuren des Lochstreifens können jetzt weggehen, also alle L werden, denn sie sind im Speicher festgehalten.

Da R-S-Flipflops häufig in Verbindung mit Eingangs-NAND-Gattern als Torschaltung benötigt werden, sind die Schaltungen in *einem* Baustein zusammengefaßt worden, der den Namen D-Flipflop trägt.

Signalgesteuertes Flipflop:

Innenschaltung in Logiksymbolen:
Aufgebaut aus NAND-Gattern.

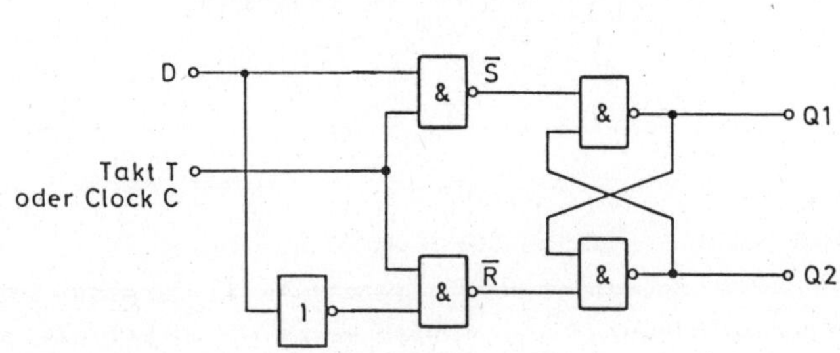

Logiksymbol:

Logiksymbol:

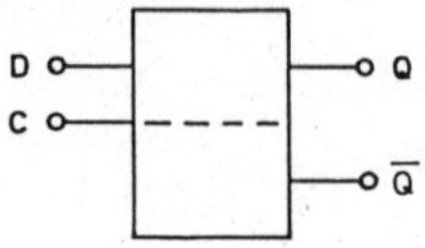

Durch ein Zeichen am Takteingang kann näher erläutert werden, bei welchem Signal oder Signalübergang am Takteingang das Flipflop die am Eingang D anstehenden Informationen übernimmt.

Das zu speichernde Signal erscheint am Ausgang bei:

einem Signalübergang von L auf H am Takteingang

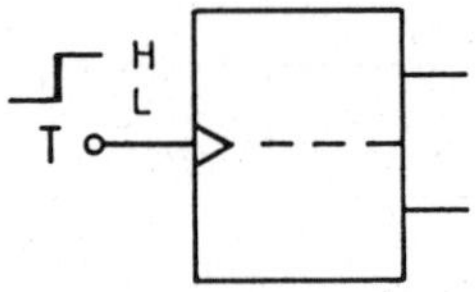

einem Signalübergang von H auf L am Takteingang.

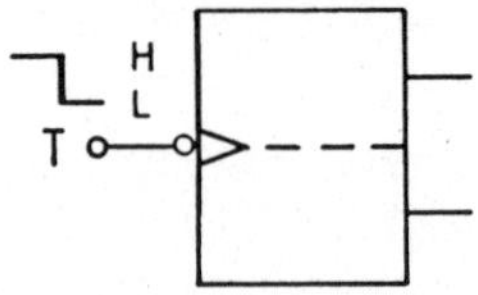

Arbeitstabelle:

Um eine kleine und übersichtliche Wahrheitstabelle zu erhalten, wird das Taktsignal nicht in die Wahrheitstabelle aufgenommen.

Da die Ausgangssignale während des Taktimpulses meist nicht interessieren, werden nur die Signale vor dem Takt und nach dem Takt angegeben.

Erläuterungen zur Arbeitstabelle:

Takt:

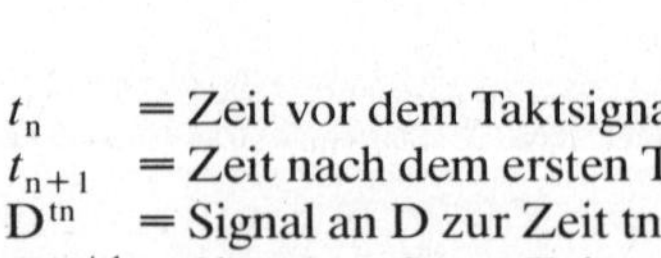

t_n = Zeit vor dem Taktsignal
t_{n+1} = Zeit nach dem ersten Taktsignal
D^{tn} = Signal an D zur Zeit tn
Q^{tn+1} = Signal an Q zur Zeit t_{n+1}

Diese Zeitangabe wird in einer Kurzform geschrieben:

Kurzform: Q^{n+1}; D^n

Arbeitstabelle:

D^n	Q^{n+1}
L	L
H	H

Übung 6.4

Das Signaldiagramm zu folgendem D-Flipflop ist zu ergänzen.

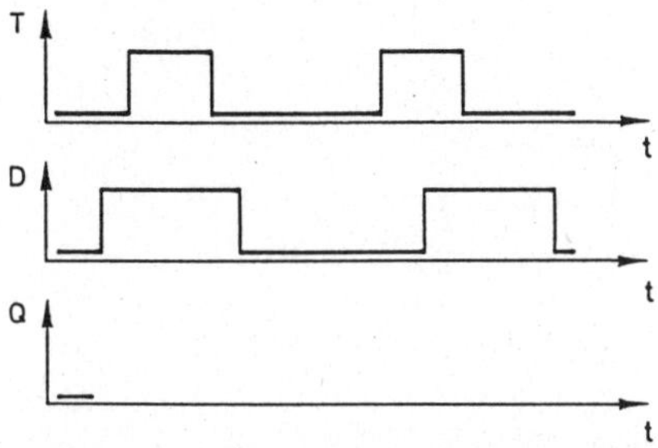

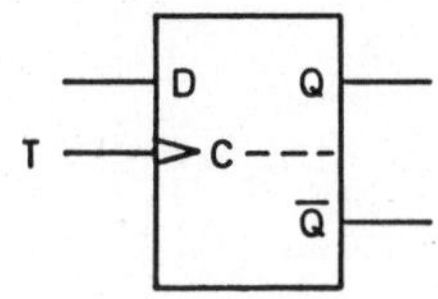

6.3. Das JK-Master-Slave-Flipflop

Problem:

Für eine Programmsteuerung wird ein elektronisches Schrittschaltwerk mit 3 Schritten benötigt.

Folgender Lösungsvorschlag wird zur Diskussion gestellt:

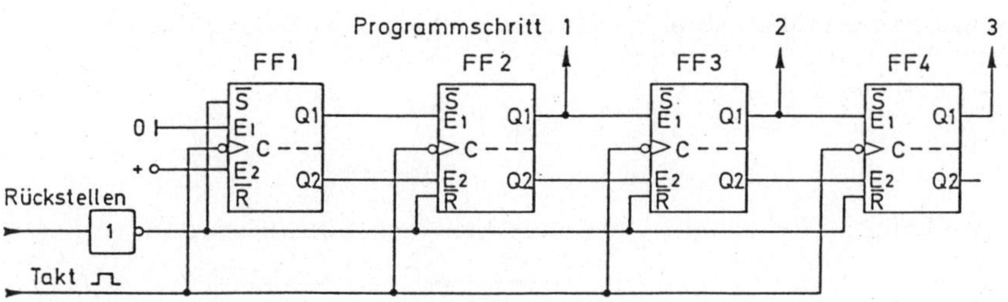

Mit einem H-Signal werden die getakteten RS-Flipflops mit zusätzlichem Setz- und Rücksetzeingang rückgestellt. Damit haben alle Programmschritte L-Signal; nur FF_1 hat am oberen Ausgang H-Signal.

Nun werden über einen Taktgenerator Impulse auf die Taktleitung gegeben.

Nach dem ersten Impuls soll das H-Signal von FF_1 am Ausgang von FF_2 erscheinen und den Programmschritt 1 einschalten. FF_1 soll zurückkippen.

Nach dem zweiten Impuls soll das H-Signal von FF_2, dessen Ausgänge auf die Vorbereitungseingänge von FF_3 gehen, nach FF_3 weitergegeben werden und dadurch Programmschritt 2 eingeschaltet werden. FF_2 soll zurückkippen.

Auf diese Weise ließe sich das Schrittschaltwerk beliebig erweitern.

Die Schaltung wird aus nachfolgend gezeichneten Bausteinen aufgebaut.

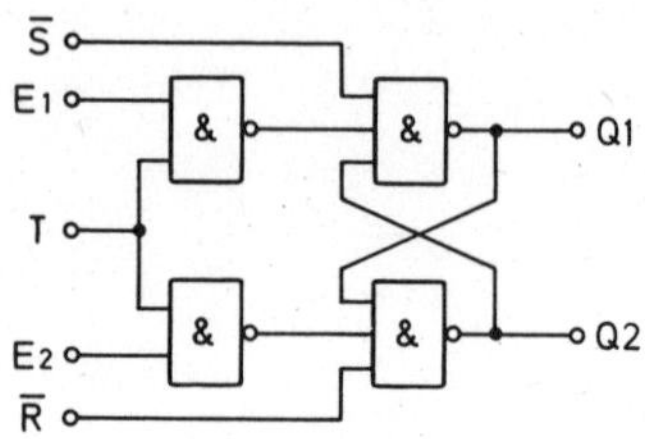

Funktioniert die Schaltung?

Nein! Warum nicht?

Wenn der Takt auf H-Signal geht, übernimmt FF_1 die an den Vorbereitungseingängen anstehende Information.

Diese Information erscheint am Ausgang von FF_1 und damit an den Vorbereitungseingängen von FF_2. Auch FF_2 übernimmt dadurch die neue Information. Das geht so weiter, bis alle FF umgekippt sind. Bei dem ersten anstehenden Takt kippen also schon alle Flipflops. Dieser Fehler würde nicht mehr auftreten, wenn für jeden Programmschritt 2 Flipflops verwendet würden, und der Takt die Flipflops wechselseitig auf und zu machen würde.

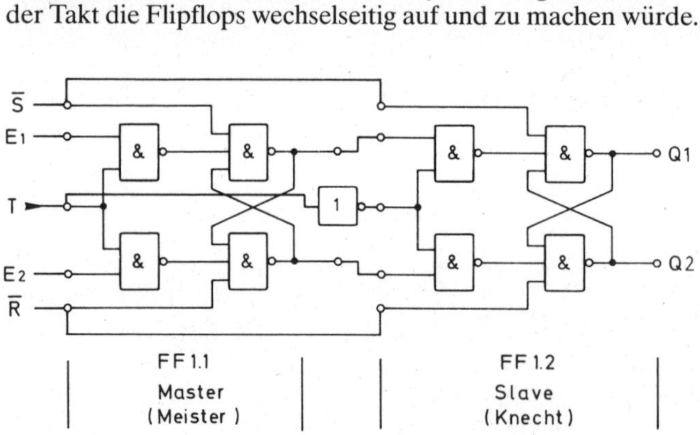

Diese Zweispeicher-Flipflops oder Flipflops mit Zwischenspeicher nennt man Master-Slave-Flipflop.

Ein H-Signal am Takteingang öffnet FF 1.1 und sperrt FF 1.2.

FF 1.1 übernimmt die an den Vorbereitungseingängen anstehende Information.

Geht das Taktsignal wieder auf L zurück, wird der Eingang von FF 1.2 geöffnet und der Eingang von FF 1.1 gesperrt.

Nun übernimmt FF 1.2 die Information, und sie erscheint am Ausgang FF 1.2.

Funktion:

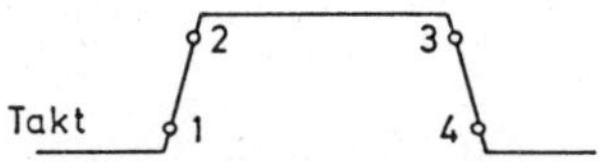

1: Slave vom Master trennen.
2: Signale an den Vorbereitungseingängen in den Master übernehmen.
3: Eingänge des Masters sperren.
4. Information des Masters in den Slave übernehmen.

Die an den Vorbereitungseingängen anstehenden Signale erscheinen jetzt am Ausgang.

JK-Master-Slave-Flipflop:

Wenn Flipflops für Zählaufgaben oder zur Frequenzteilung eingesetzt werden sollen, dann müssen sie so geschaltet werden, daß sie bei jedem Impuls in die entgegengesetzte Lage kippen.

Dadurch erfolgt eine Impulsuntersetzung im Verhältnis 2:1. Deshalb wird der Baustein auch Binäruntersetzer genannt.

Funktion als Frequenzteiler:

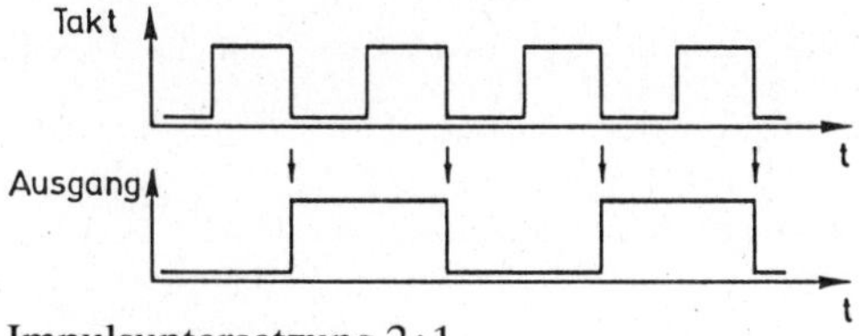

Impulsuntersetzung 2:1.
(Binäruntersetzer)

Dieses Verhalten wird erreicht, wenn die Ausgänge des Bausteins gekreuzt auf die Gatter für die Vorbereitungseingänge zurückgeführt werden.

Innenschaltung in Logiksymbolen:

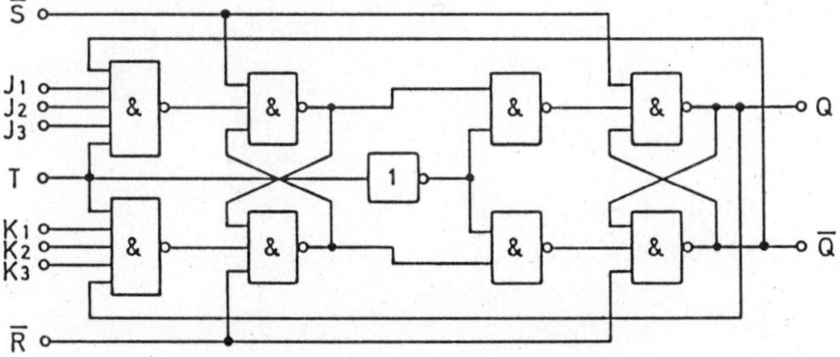

Logiksymbol:

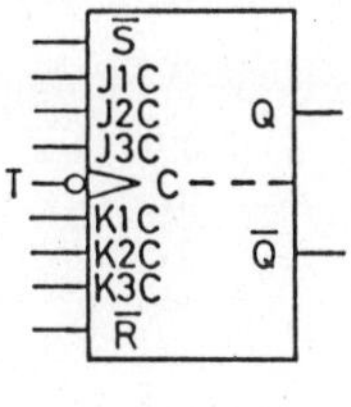

Da der Baustein immer entgegengesetzte Signale am Ausgang hat, werden diese mit Q und $\overline{Q}$ bezeichnet.

Werden die Eingänge J und K nicht benutzt oder mit H-Signal beschaltet, wirken nur die Rückführungen und das Flipflop arbeitet als Binäruntersetzer.

Außerdem können die Eingänge J und K als Vorbereitungseingänge benutzt werden. Der Baustein übernimmt dann bei jedem Takt die anliegenden Signale.

Werden die Eingänge J und K an L gelegt, ist der Baustein gesperrt, er verändert bei eingehenden Taktsignalen seine Lage nicht.

Arbeitstabelle:

J^n	K^n	Q^{n+1}	
H	H	$\bar{Q}_n$	Funktion als Binäruntersetzer.
H L	L H	H L	Funktion als getaktetes RS-Flipflop mit Vorbereitungs- und Takteingang.
L	L	Q_n	Der Eingang ist gesperrt. Das FF kippt nicht.

J $= J_1 \wedge J_2 \wedge J_3$
K $= K_1 \wedge K_2 \wedge K_3$
n = Zeitpunkt vor dem Takt
n+1 = Zeitpunkt nach dem Takt

L-Signal an $\overline{R}$ bringt L-Signal an Q.

L-Signal an $\overline{S}$ bringt H-Signal an Q.

$\overline{R}$ und $\overline{S}$ arbeiten unabhängig vom Takt.

Wie die Wahrheitstabelle zeigt, ist das JK-Master-Slave-Flipflop der universellste Speicherbaustein.

6.4. Datenblätter, Beispiele, Übungen

Zwei D-Flipflop 7474; flankengesteuert

Das Flipflop besitzt taktunabhängige Stell- und Rückstelleingänge. Die Weiterleitung einer Information am D-Eingang zum Q-Ausgang erfolgt während der positiven Taktflanke, sobald der Schwellwert des Eingangstransistors erreicht ist. Anschließend ist der D-Eingang wieder gesperrt.

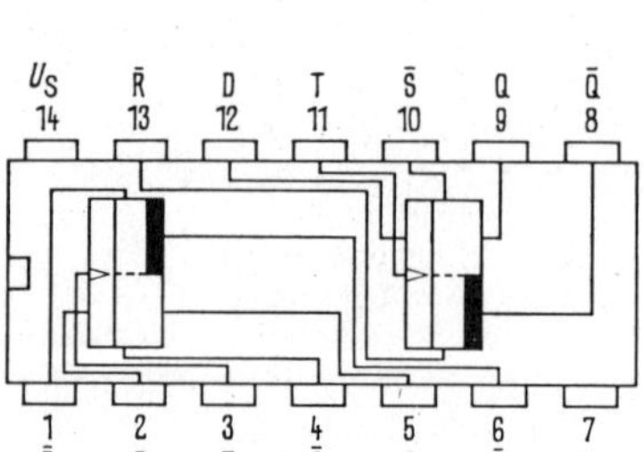

Anschlußanordnung
Ansicht von oben

D = Informationseingang
Q, $\overline{Q}$ = Ausgänge
$\overline{R}$ = Rückstelleingang
$\overline{S}$ = Stelleingang
T = Takteingang

Logisches Verhalten (jedes Flipflop)

t_n	t_{n+1}	
D	Q	$\overline{Q}$
L	L	H
H	H	L

t_n = Zeitpunkt vor dem Taktimpuls
t_{n+1} = Zeitpunkt nach dem Taktimpuls

L-Potential an $\overline{R}$ bringt Q auf L-Signal
L-Potential an $\overline{S}$ bringt Q auf H-Signal
$\overline{R}$ und $\overline{S}$ arbeiten unabhängig von T

JK-Master-Slave-Flipflop 7472

Anschlußanordnung Ansicht von oben

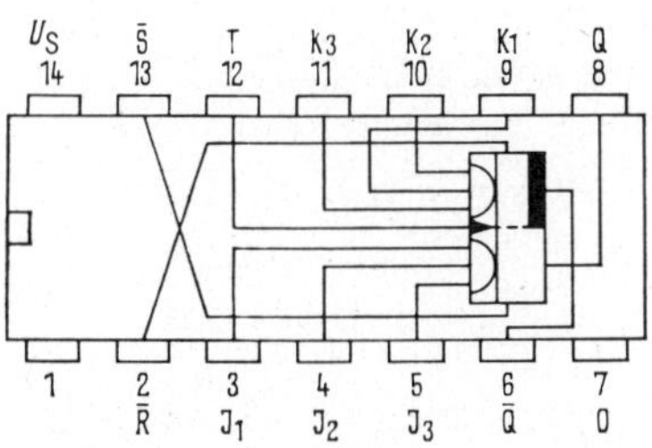

Taktimpuls

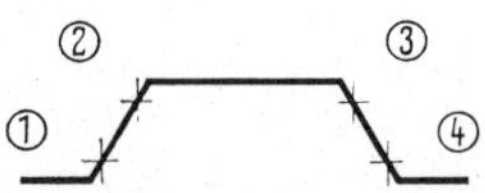

(1) Slave v. Master trennen
(2) Signal v. J und K in Master eingeben
(3) J- und K-Eingänge sperren
(4) Information von Master nach Slave übertragen

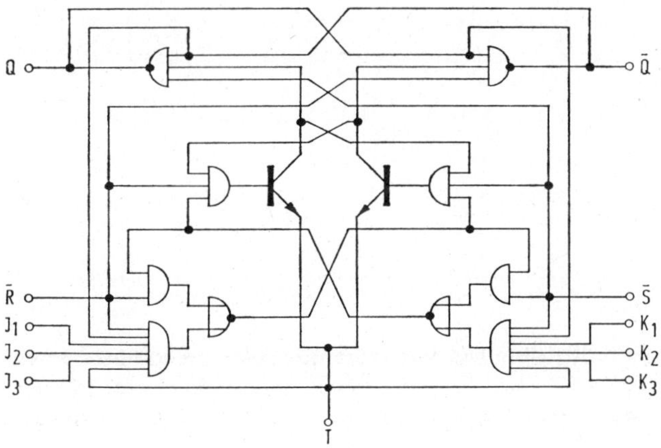

Q, $\overline{Q}$ = Ausgänge
$\overline{R}$ = Rückstelleingang
$\overline{S}$ = Stelleingang
T = Takteingang

Logisches Verhalten

t_n		t_{n+1}
J	K	Q
L	L	Q_n
L	H	L
H	L	H
H	H	$\overline{Q}_n$

$J = J_1 \wedge J_2 \wedge J_3$
$K = K_1 \wedge K_2 \wedge K_3$
t_n = Zeitpunkt vor dem Taktimpuls
t_{n+1} = Zeitpunkt nach dem Taktimpuls

L-Potential an $\overline{R}$ bringt Q auf L-Signal
L-Potential an $\overline{S}$ bringt Q auf H-Signal
$\overline{R}$ und $\overline{S}$ arbeiten unabhängig von T

Beispiel

Zum Antrieb von Werkzeugmaschinen werden häufig Schrittmotoren eingesetzt.

Wird auf die Schrittmotorsteuerung ein Impuls gegeben, dann dreht sich der Motor um einen bestimmten Winkel.

Es gibt z.B. Motoren, die pro Umdrehung 200 Winkelschritte machen. Bei diesen Motoren müssen pro Umdrehung 200 Impulse auf die Schrittmotorsteuerung gegeben werden.

Die Drehzahl des Motors ist abhängig von der Frequenz der Eingangsimpulse.

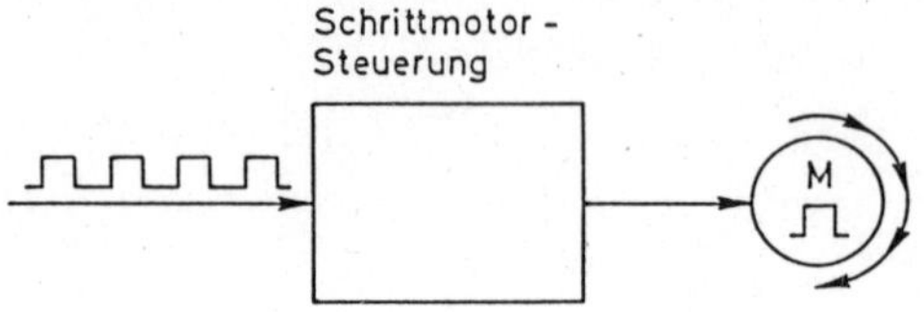

Problemstellung:

Der Tisch einer Fräsmaschine wird über je einen Schrittmotor in X- und Y-Richtung angetrieben.

Ansicht von oben auf den Werktisch:

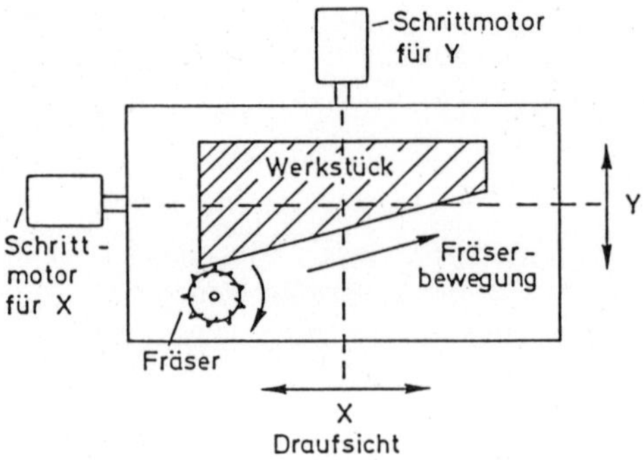

Um die Seite des Werkstückes diagonal zu fräsen, muß der Schrittmotor der X-Achse 2 Schritte machen, während der Schrittmotor der Y-Achse 1 Schritt macht.

Das Verhältnis X zu Y ist also 2:1.

Die Impulse, welche die Motoren antreiben, müssen sich in der Frequenz im Verhältnis 2:1 unterscheiden.

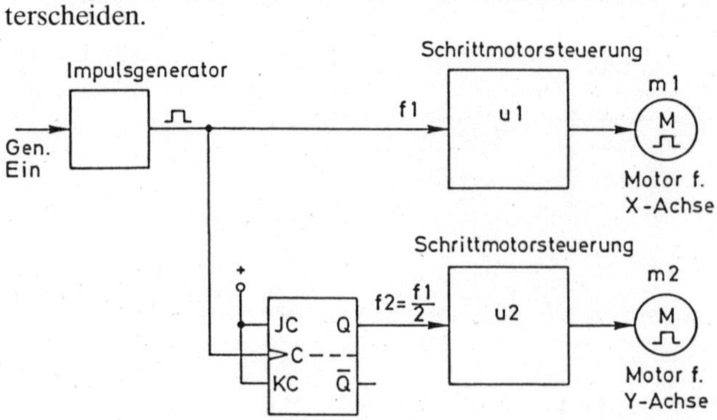

Übung 6.5

Das vorhergehende Beispiel ist wie folgt zu erweitern:
Für die Bewegungen in X- und Y-Richtung und damit für den Fräswinkel sollen die Verhältnisse

$\frac{X}{Y} = \frac{1}{1}$ $\frac{X}{Y} = \frac{2}{1}$ $\frac{X}{Y} = \frac{4}{1}$ *Lösung:*

mittels eines Wahlschalters gewählt werden können.

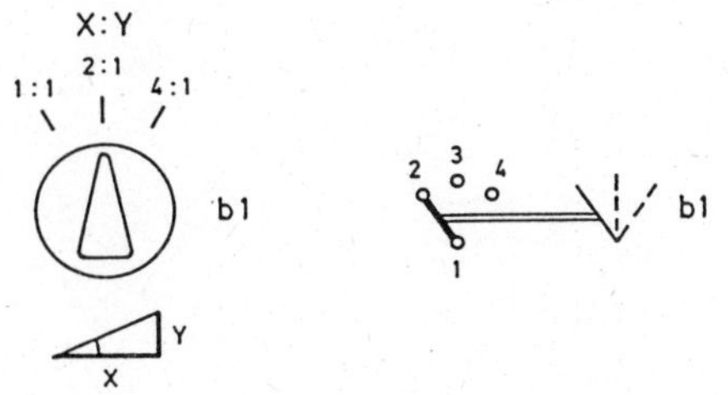

Die zugehörige Schaltung ist zu entwerfen.

Übung 6.6

Ein Aufzug fährt mit Hilfe eines Kopierwerkes, welches mit dem Antriebsmotor gekoppelt ist, die Haltestellen grob an. Das genaue Anfahren der Haltestellen wird über Endschalter an den einzelnen Haltestellen gesteuert.

Lösung:

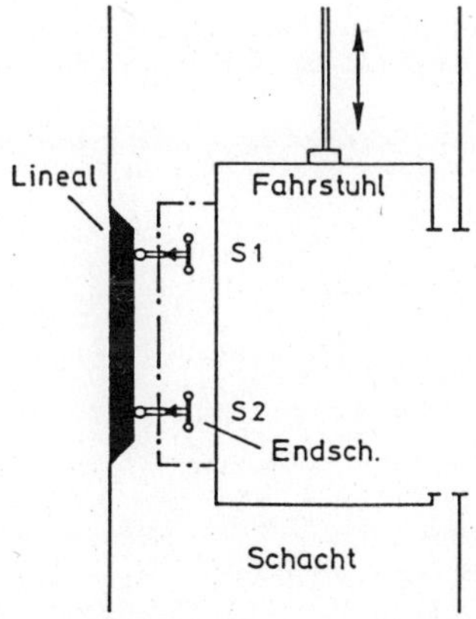

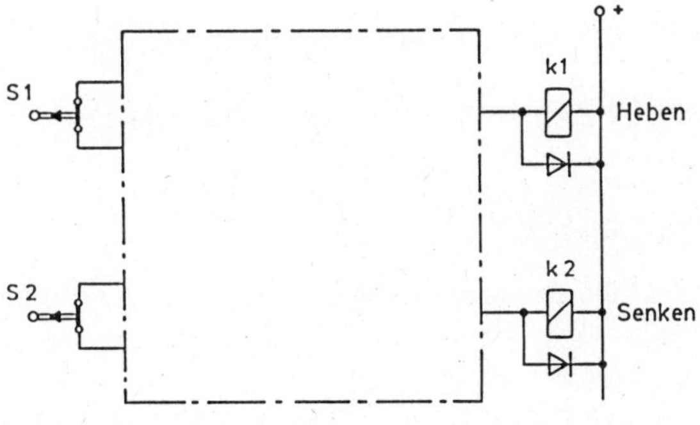

Die Schaltung zum „Einpendeln“ an der Haltestelle ist zu entwerfen.

6.4.1. Konstruktion von Ein- und Ausgabeports

Ports sind Schnittstellen, an denen ein Mikrocomputer seine Daten nach „draußen“ gibt, oder über die er seine Daten von externen Geräten erhält.

Die einfachsten Übergabestellen lassen sich mit Hilfe von D-Flipflops aufbauen.

Da die meisten Mikroprozessoren mit einem Datenwort von 8 Bit arbeiten, bietet sich der TTL-Baustein 74374 mit seinen 8 D-Flipflops für solche Anwendungen an.

Der Baustein enthält 8 flankengetriggerte D-Flipflops. Eine positive Flanke an CLK erzeugt nach der Umkehrstufe eine negative Flanke am Takteingang der D-Flipflops. Dadurch wird das Abspeichern der an D anstehenden Daten bewirkt.

Ein H-Signal an $\overline{OC}$ (Output Control) macht die Ausgänge hochohmig (Zustand Z).

8 D-Flipflop 74374

logic diagram (positive logic)

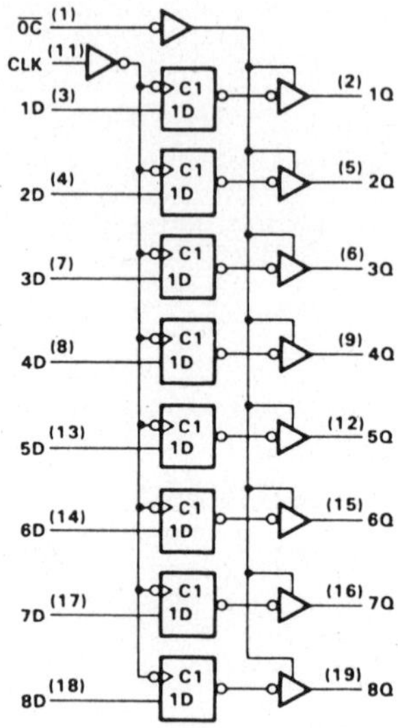

'LS374, 'S374
FUNCTION TABLE

OUTPUT CONTROL	CLOCK	D	OUTPUT
L	↑	H	H
L	↑	L	L
L	L	X	Q_0
H	X	X	Z

Beispiel

Ein Mikrocomputer sendet seine Daten oder empfängt sie über einen 8-Bit-Datenbus.

Über einen 16-Bit-Adreßbus gibt der Prozessor an, wer seine Daten empfangen soll, oder von wem er Daten haben möchte.

Weiter wählt er über eine Steuerleitung die Ports an.

Steuerleitung $\overline{I/OW}$: Bei L-Signal auf dieser Leitung will der Prozessor etwas in die Ein/Ausgabeports schreiben.

Steuerleitung $\overline{I/OR}$: Bei L-Signal auf dieser Leitung will der Prozessor etwas aus den Ein/Ausgabeports lesen.

Blockschaltbild:

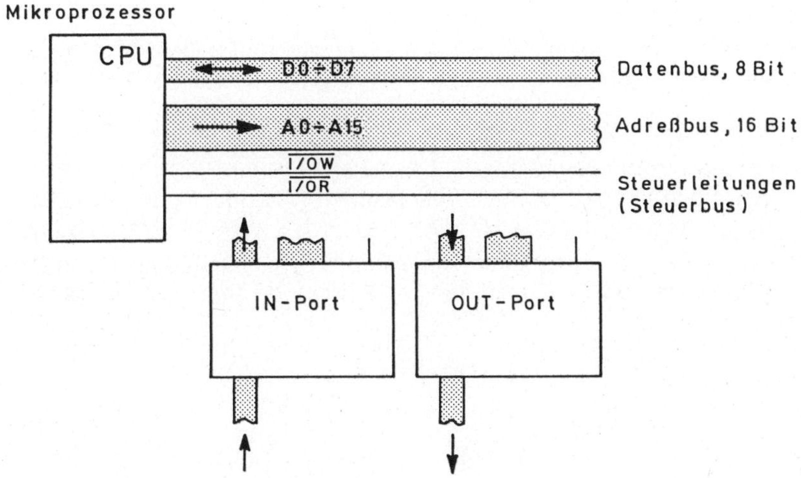

Aufgabe: Die Schaltung des OUT-Ports ist zu konstruieren.
Welche Steuerleitung wird benötigt?
In den OUT-Port werden nur Daten vom Prozessor eingeschrieben.
Also muß die Leitung $\overline{I/OW}$ verknüpft werden.
Welche Adresse soll der OUT-Port haben?
Die Adresse kann der Konstrukteur selbst festlegen.
Wir wollen eine einfache Adresse wählen.
Der OUT-Port soll mit der hexadezimalen Adresse FFFF angesprochen werden.
Bei dieser Adresse haben alle Adreßleitungen H-Signal.

In welcher Reihenfolge kommen die Signale vom Prozessor?
Signaldiagramm:

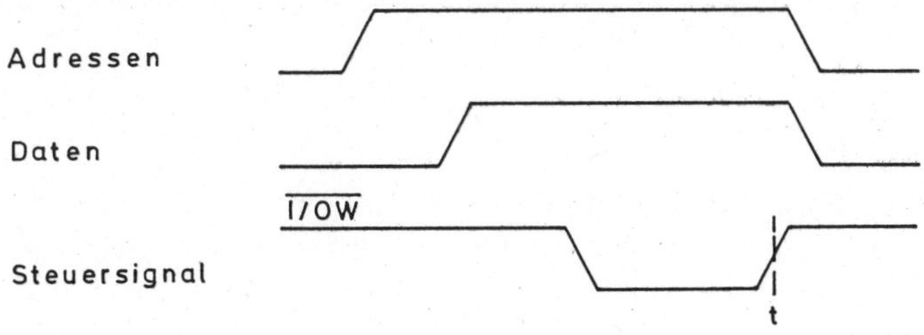

Welche Eingänge hat der Baustein 74374?
8 Dateneingänge (1D bis 8D):
Diese 8 Eingänge lassen sich direkt mit den 8 Datenbus-Leitungen verbinden.

Takteingang CLK:

Bei einer positiven Flanke an CLK speichert der Baustein die an den Dateneingängen liegenden Daten. Diese positive Flanke liefert das Steuersignal zum Zeitpunkt t.

Die Daten dürfen nur vom OUT-Port gespeichert werden, wenn dieser auch über die Adreßleitungen vom Prozessor angewählt wird.

Output Controll $\overline{OC}$:

Ein H-Signal an diesem Eingang macht die Ausgänge hochohmig. Im Normalfall kann der OUT-Port seine Daten immer ausgeben; er braucht also nicht hochohmig geschaltet werden. Man kann ihn fest auf 0 V legen.

Falls das am OUT-Port angeschlossene Gerät mit mehreren Ports in Verbindung steht und deshalb Portausgänge hochohmig schalten muß, kann die $\overline{OC}$-Leitung zur freien Verfügung nach außen gelegt werden.

Schaltung:

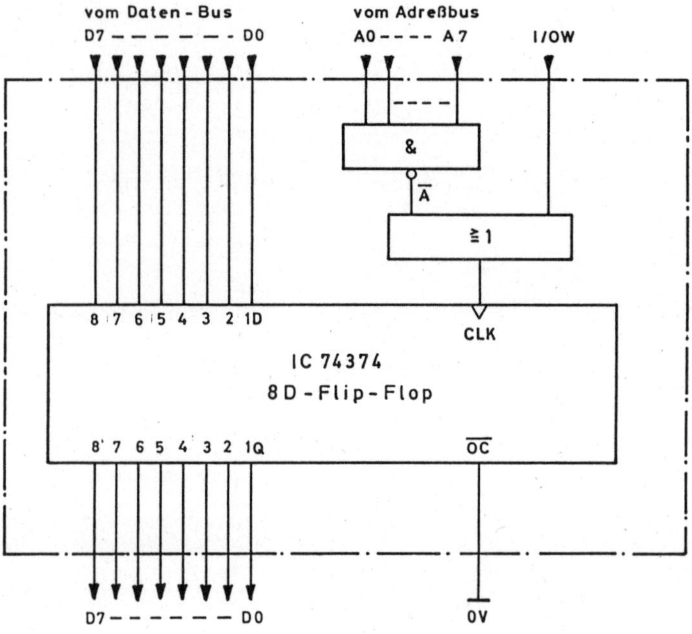

Lernzielorientierter Test

(Richtige Antworten sind anzukreuzen.)

1. Die Wahrheitstabelle gehört zum

   RS-Flipflop ○
   JK-Master-Slave-Flipflop ○
   D-Flipflop ○

Eingänge		Ausgang
E_1^n	E_2^n	Q^{n+1}
H	H	$\bar{Q}^n$
L	H	L
H	L	H
L	L	Q^n

2. Zu welchem Flipflop gehört das Signaldiagramm?

   ....

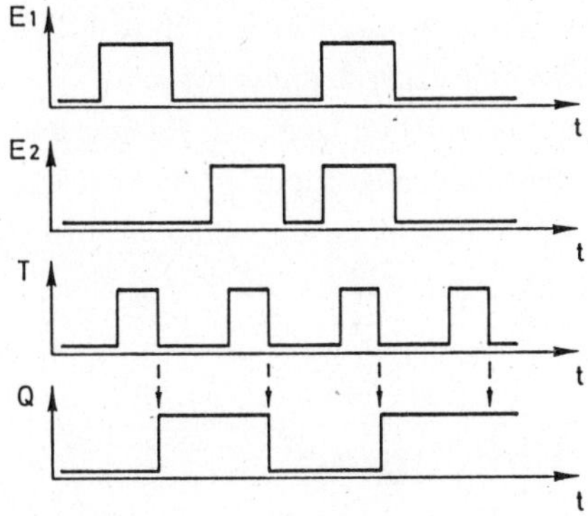

3. Die Ausgänge des Flipflop sind entsprechend der Wahrheitstabelle zu beschriften.

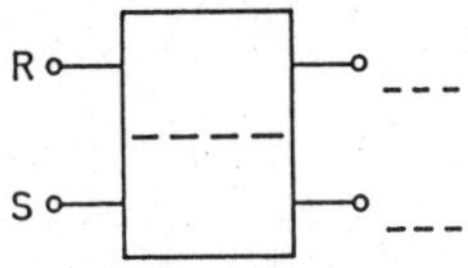

R	S	Q1	Q2
H	L	L	H
L	H	H	L

4. Konstruieren Sie die Schaltung für einen Eingabe-Port. Der Port soll ebenfalls die Hex-Adresse FFFF haben. Diese kann gewählt werden, da die OUT- und IN-Ports durch die Steuersignale unterschieden werden.

   Die Ausgangssignale des IN-Ports sollen immer hochohmig sein, wenn er nicht vom Prozessor angewählt wird.

   Es empfiehlt sich folgende zeitliche Zuordnung:

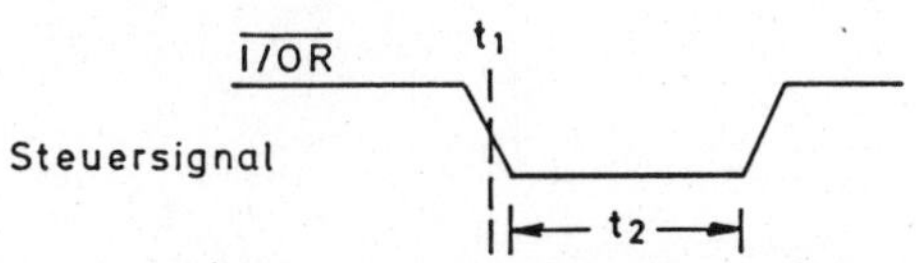

t1: Abspeichern der von außen ankommenden Signale im Port durch die negative Flanke.

t2: Zuschalten der gespeicherten Signale auf den Bus. Außerhalb der Zeit t2 müssen die Port-Ausgänge hochohmig sein.

7. Zähler

Lernziele:

Nach Durcharbeiten dieses Kapitels können Sie ...

1. Zähler für die Lösung von Aufgaben auf dem Gebiet der digitalen Regel- und Steuerungstechnik sowie dem Gebiet der EDV einsetzen;
2. die Ein- und Ausgangssignale von Zählern beschreiben;
3. Zähler nach verschiedenen Merkmalen unterscheiden und die einzelnen Merkmale erläutern;
4. Asynchronzähler im Dualcode für eine und zwei Zählrichtungen entwickeln;
5. die Funktion von Zählern durch Wahrheitstabelle und Signaldiagramm beschreiben;
6. unbekannte Zählschaltungen lesen;
7. Synchronzähler im Dualcode für eine und zwei Zählrichtungen entwickeln;
8. mehrere Zählbaugruppen zu einem Gesamtzähler zusammenschalten;
9. mit Zählbaugruppen aus Datenbüchern arbeiten.

7.0. Einführung

Zähler sind Baugruppen, die eintreffende Impulse zählen.

Die Impulse werden von elektronischen Taktgeneratoren oder mechanischen Einheiten, mit Hilfe von Abtasteinrichtungen erzeugt.

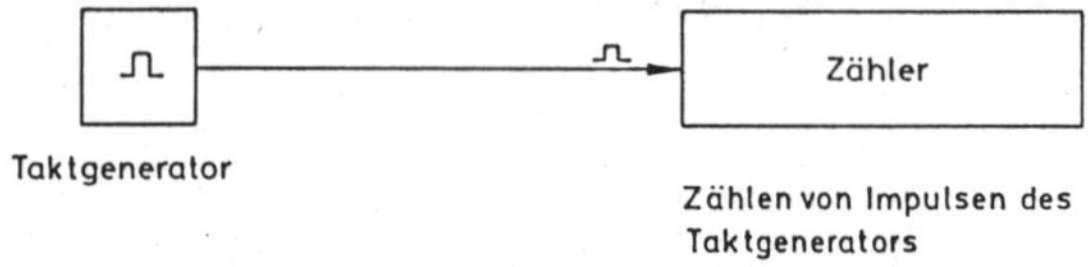

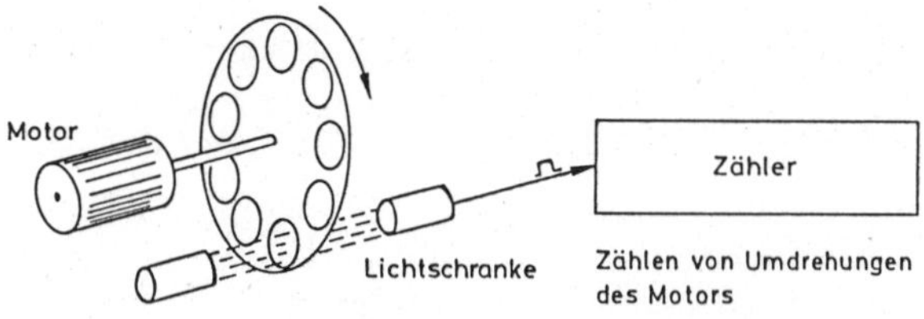

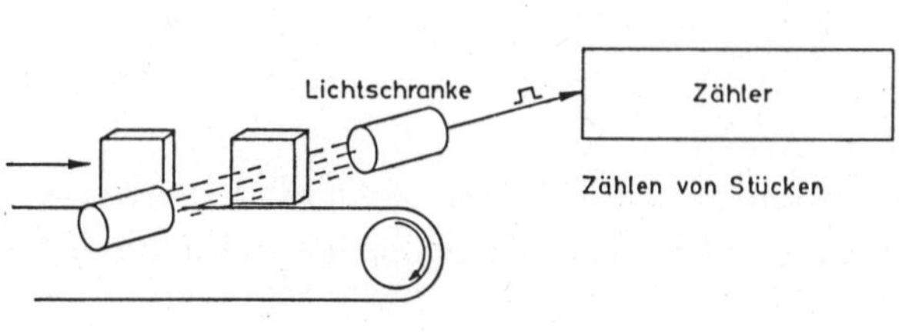

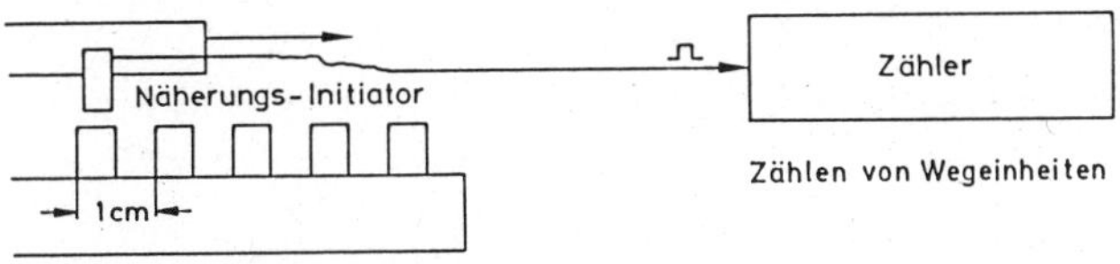

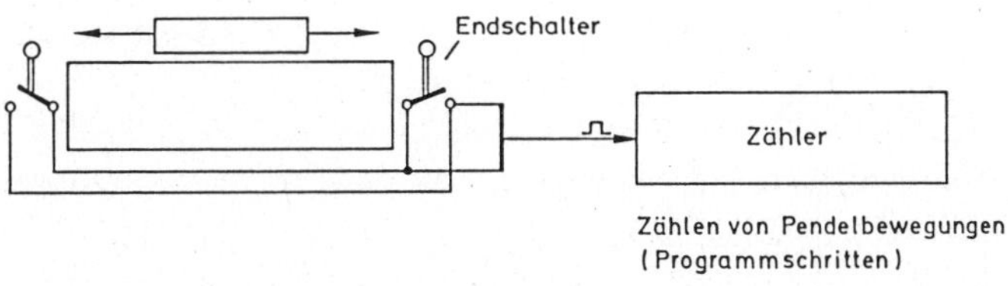

Werden die Impulse addiert, zählt der Zähler vorwärts. Werden die Impulse subtrahiert, zählt der Zähler rückwärts.

Der Zähler hat Ausgänge, um den jeweiligen Zählerstand oder einen bestimmten Zählerstand ablesen zu können.

Die Ausgangssignale des Zählers und damit der Zählerstand können zur Anzeige benutzt oder elektronisch weiterverarbeitet werden.

Anzeige des Zählerstandes:

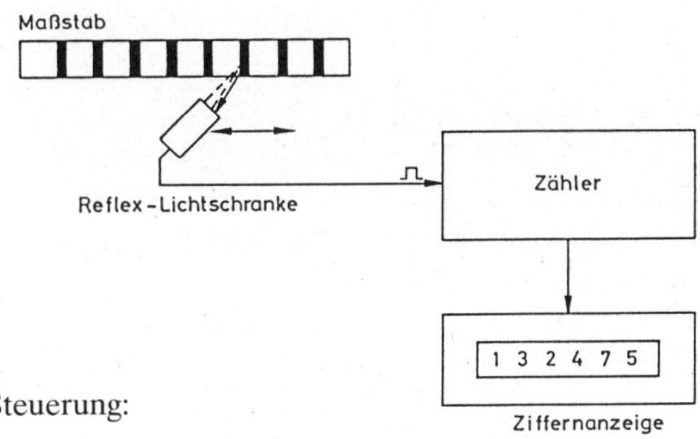

Einsatz eines Zählers in einer numerischen Steuerung:

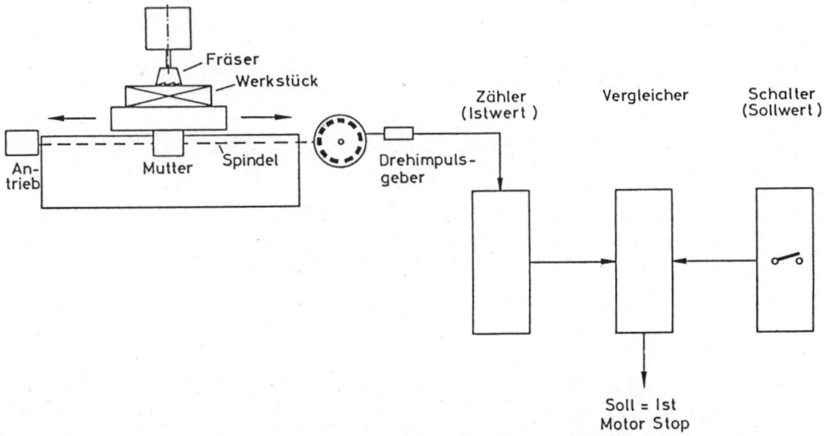

Da hierbei Wegeeinheiten gezählt werden, wird diese Art der Steuerung Inkrementalsteuerung genannt.

Häufig ist es auch erforderlich, einen Zähler auf eine bestimmte Zahl zu setzen.

Bei Verwendung eines Rückwärtszählers kann dieser dann von der Zahl aus nach 0 zählen und ein Abschaltsignal geben.

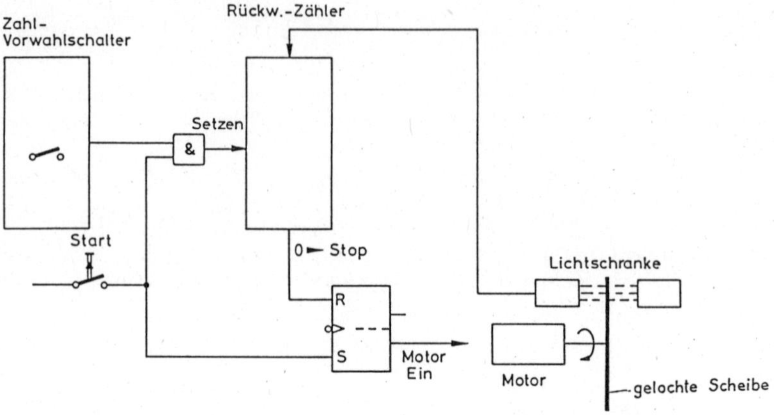

Die Beispiele zeigen, welche Ein- und Ausgänge ein Zähler für verschiedene Aufgaben haben muß.

1. Zähleingänge
2. Setzeingänge
3. Zählausgänge
4. Übertragsausgang

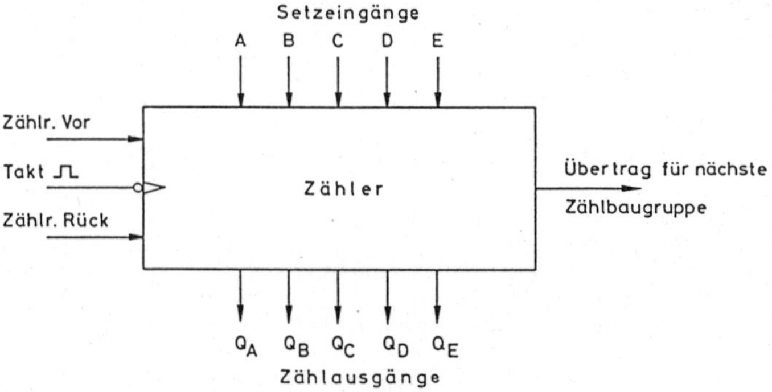

Zähler lassen sich nach folgenden Merkmalen unterscheiden:

1. Nach der Zählweise in Synchron- und Asynchronzähler.

   Bei Synchronzählern geht der Takt parallel auf alle Zählbausteine. Die vorbereiteten Bausteine kippen alle gleichzeitig in die Lage, die der nächsten Zahl entspricht. Bei Asynchronzählern geht der Takt nur auf den ersten Zählbaustein. Der Ausgang des ersten Bausteines geht auf den Takteingang des nächsten Bausteines. Beim Übergang von einer Zahl zur nächsten kippen die entsprechenden Bausteine nacheinander.

2. Nach der Zählrichtung in Vorwärts-, Rückwärts- und Vor/Rück-Zähler.
3. Nach dem Zählcode in Dualzähler und BCD-Zähler.
   Die BCD-Zähler können, bei entsprechender Innenschaltung, im 8, 4, 2, 1-Code, im Aiken-Code oder im 3-Exzeß-Code zählen.

Nachfolgend sollen verschiedene Zähler vorgestellt und erklärt werden.

7.1. Asynchrone Zähler

7.1.1. Asynchrone Vorwärtszähler im Dualcode

Dieser Zähler ist aus Binäruntersetzern aufgebaut, welche hintereinander geschaltet sind.

Als Binäruntersetzer können JK-Master-Slave-Flipflops verwendet werden.

JK-Master-Slave-Flipflop als Binäruntersetzer:

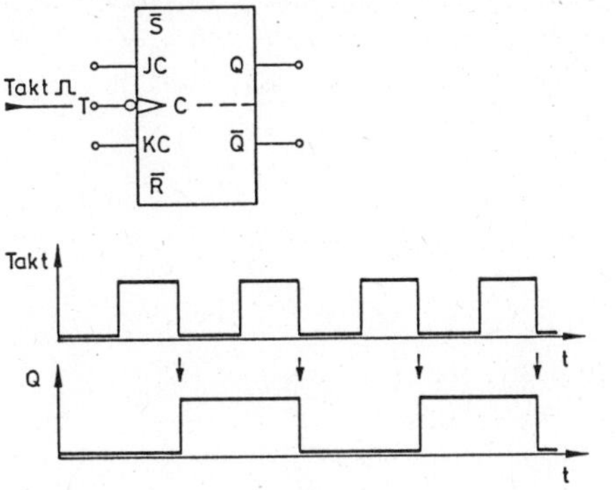

Bei jeder negativen Flanke am Takteingang kippt das Flipflop in die entgegengesetzte Lage.

Werden mehrere Binäruntersetzer hintereinandergeschaltet, ergibt sich folgendes Impulsdiagramm:

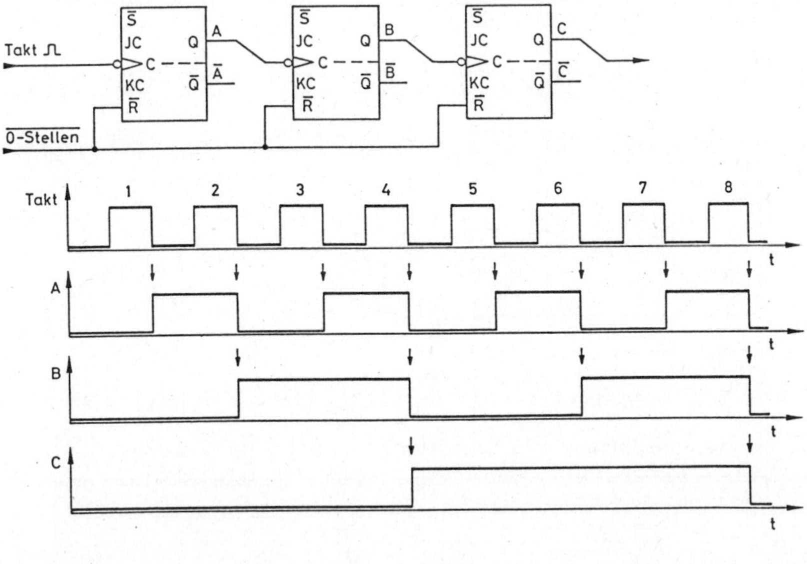

Die Funktion läßt sich auch in Form einer Arbeitstabelle darstellen.

nach Takt	A	B	C
0	L	L	L
1	H	L	L
2	L	H	L
3	H	H	L
4	L	L	H
5	H	L	H
6	L	H	H
7	H	H	H
8	L	L	L

Wird den Ausgängen eine duale Wertigkeit zugeordnet, ergibt sich die Arbeitstabelle für den Dualcode.

nach Takt	A = 1	B = 2	C = 4	Ziffer
0	L	L	L	0
1	H	L	L	1
2	L	H	L	2
3	H	H	L	3
4	L	L	H	4
5	H	L	H	5
6	L	H	H	6
7	H	H	H	7
8	L	L	L	0

Nach jedem Takt erhöht sich die Dualzahl an den Ausgängen um eins.

Damit stellt die Schaltung einen Zähler dar, der im Dualcode vorwärts zählt. Da die Flipflops nacheinander kippen, ein Flipflop gibt das Taktsignal für das nächste, arbeitet der Zähler asynchron.

Nach der höchsten erreichbaren Dualzahl fängt der Zähler automatisch wieder bei Null an.

Asynchroner Vorwärtszähler im Dualcode:

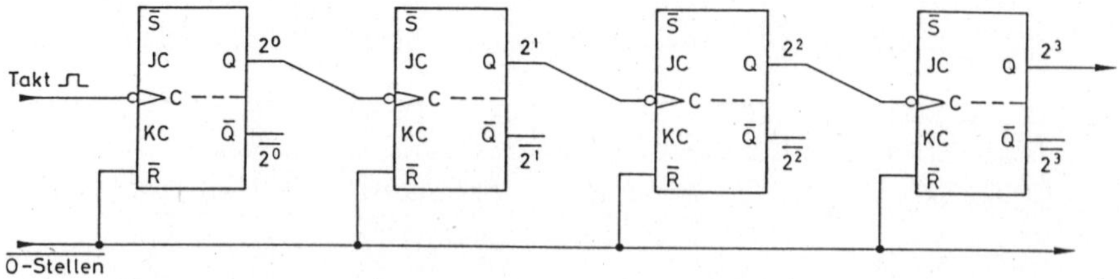

7.1.2. Asynchrone Rückwärtszähler im Dualcode

Entwickeln eines Rückwärtszählers:

Wird den invertierten Ausgängen $\overline{A}$, $\overline{B}$, $\overline{C}$ die Wertigkeit 1, 2, 4 zugeordnet, so ergibt sich nebenstehende Arbeitstabelle:

nach Takt	A = 1	B = 2	C = 4	Ziffer
0	H	H	H	7
1	L	H	H	6
2	H	L	H	5
3	L	L	H	4
4	H	H	L	3
5	L	H	L	2
6	H	L	L	1
7	L	L	L	0
8	H	H	H	7

Nach jedem Takt vermindert sich die Dualzahl an den Ausgängen um eins.

Die invertierten Ausgänge zählen also rückwärts.

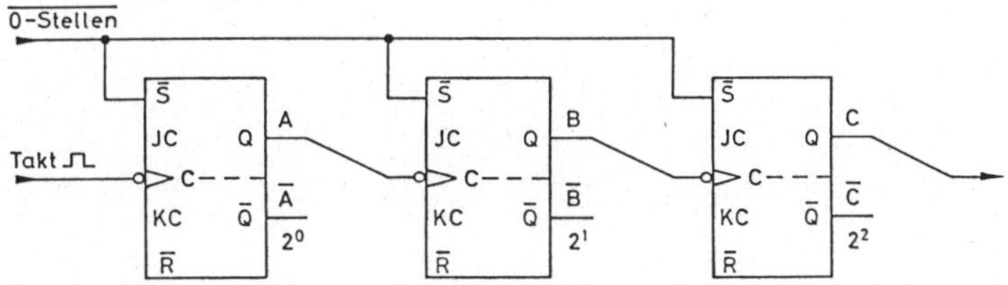

Da die Flipflops symmetrisch sind, läßt sich die Schaltung auch anders zeichnen.

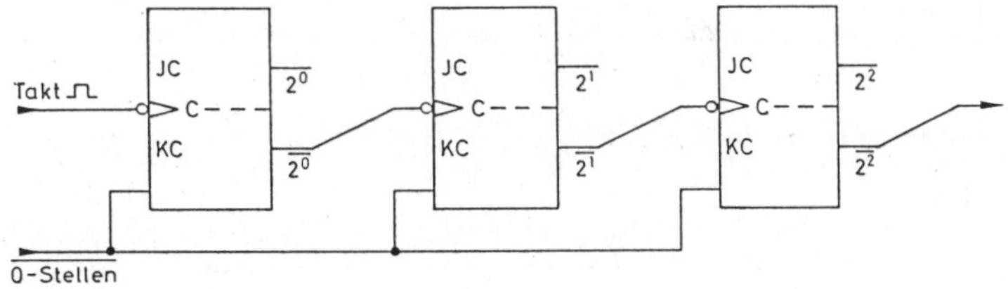

Asynchroner Rückwärtszähler im Dualcode:

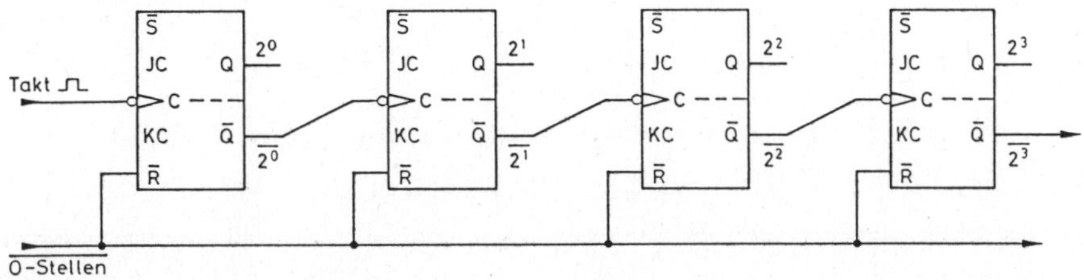

7.1.3. Asynchrone Vor-/Rück-Zähler im Dualcode

Entwicklung eines Vor-/Rückzählers:

Bei einem Vergleich des Vorwärtszählers mit dem Rückwärtszähler ergibt sich, daß sich beide nur in der Verbindung der Flipflops untereinander unterscheiden.

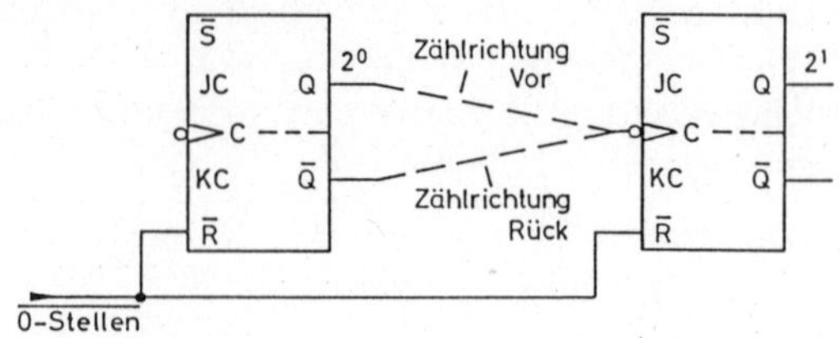

Wird diese Verbindung umschaltbar ausgeführt, so kann die Zählrichtung vorgewählt werden.

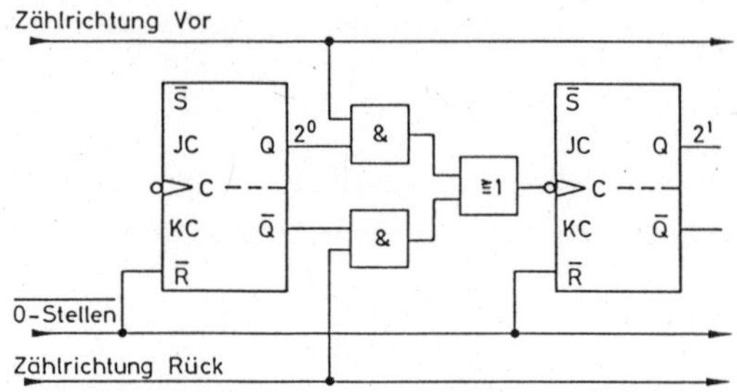

7.1.4. Asynchrone Zähler in verschiedenen Codes

Der am meisten verbreitete dekadische Code ist der 8, 4, 2, 1-Code. Er ist dual aufgebaut von der Ziffer 0 bis zur Ziffer 9. Die restlichen 6 Möglichkeiten werden nicht benutzt. Dieser Code ist auch bekannt unter dem übergeordneten Begriff BCD-Code (Binär-Codiert-Dezimal).

Arbeitstabelle für den 8, 4, 2, 1-Code:

Ziffer	$8=2^3$	$4=2^2$	$2=2^1$	$1=2^0$
0	L	L	L	L
1	L	L	L	H
2	L	L	H	L
3	L	L	H	H
4	L	H	L	L
5	L	H	L	H
6	L	H	H	L
7	L	H	H	H
8	H	L	L	L
9	H	L	L	H
0	L	L	L	L

Asynchroner Vorwärtszähler im 8, 4, 2, 1-Code:

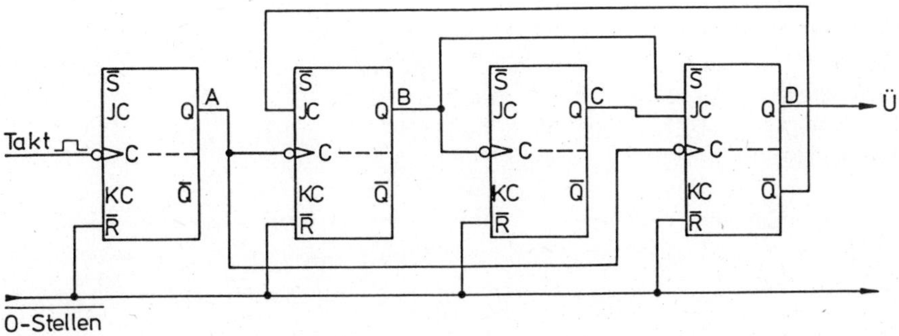

Asynchroner Rückwärtszähler im 8, 4, 2, 1-Code:

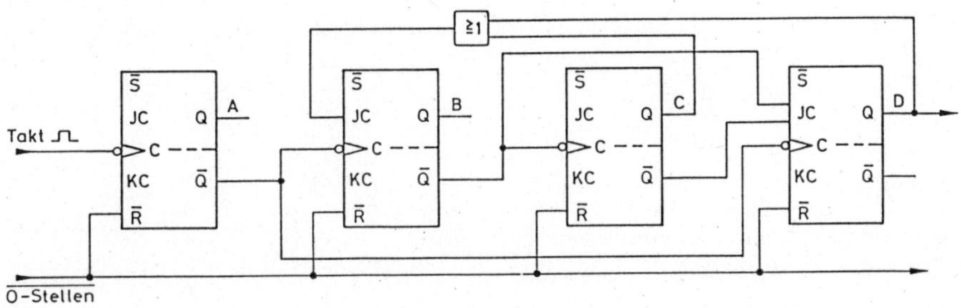

Außer dem 8, 4, 2, 1-Code gibt es noch andere BCD-Codes wie den Aiken-Code oder den 3-Exzeß-Code, auch Stibitz-Code genannt.

Diese Codes haben den Vorteil, symmetrisch zur Mittellinie aufgebaut zu sein. Bei symmetrisch aufgebauten Codes kann durch Invertieren aller Signale das Komplement gebildet werden.

Ziffer im Dualcode	A	B	C	D	Ziffer im Aiken-Code	Ziffer im 3-Exzeß-Code
0	L	L	L	L	0	die ersten u.
1	H	L	L	L	1	letzten 3
2	L	H	L	L	2	Kombinationen
3	H	H	L	L	3	0
4	L	L	H	L	4	1
5	H	L	H	L	die mittleren	2
6	L	H	H	L	6 Kombi-	3
7	H	H	H	L		4
8	L	L	L	H	nationen	5
9	H	L	L	H	sind	6
10	L	H	L	H	ausgelassen	7
11	H	H	L	H	5	8
12	L	L	H	H	6	9
13	H	L	H	H	7	sind
14	L	H	H	H	8	ausgelassen
15	H	H	H	H	9	

(Anmerkungen in der Tabelle: 3 invertiert = 6; 2 invertiert = 7; Symmetrielinie zwischen 7 und 8)

Die ausgelassenen 6 Kombinationen werden Pseudotetraden genannt.

Außer den Zählern in den vorgenannten Codes werden auch solche benötigt, die nach einer bestimmten Anzahl von Ausgangskombinationen wieder nach 0 zurückspringen.

Sie können z. B. zur Frequenzteilung verwendet werden.

Diese Zähler werden „Modul-n-Zähler“ genannt, weil sie n verschiedene Ausgangskombinationen liefern.

Ein Dualzähler, der nach der Ziffer 5 wieder auf 0 springt, macht 6 verschiedene Ausgangskombinationen (Ziffer 0, 1, 2, 3, 4, 5) und heißt Modul-6-Zähler.

Modul-6-Zähler:

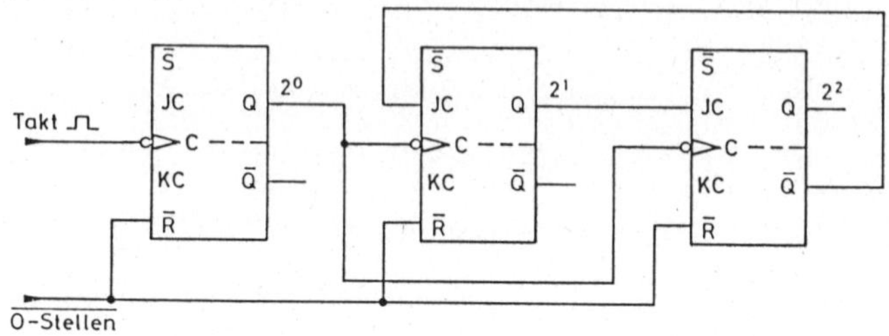

Beispiel

Für nebenstehende Schaltung ist das Impulsdiagramm zu zeichnen.

Die nicht angeschlossenen J- und K-Eingänge verhalten sich so, als ob H-Signal anliegen würde.

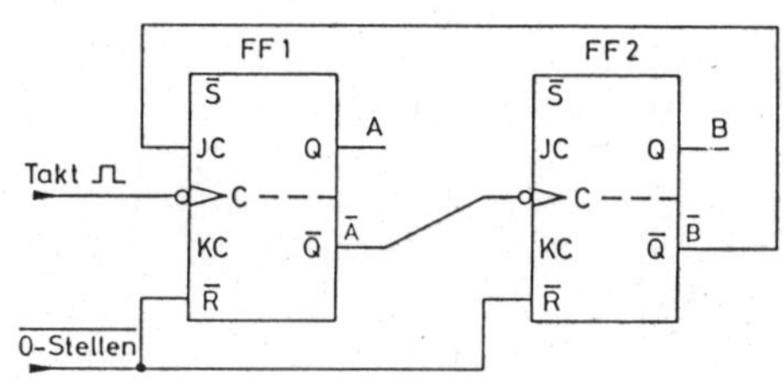

Impulsdiagramm:

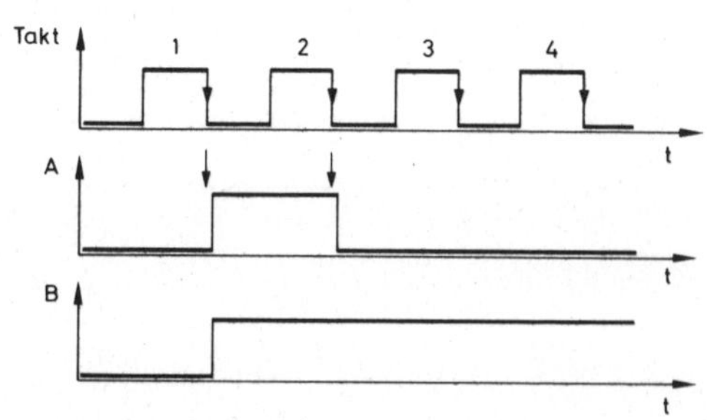

Takt 1: FF_1 hat an J H-Signal von $\overline{B}$ und an K H-Signal. Es ist so vorbereitet, daß es in die entgegengesetzte Lage kippt.
Beim Umschalten springt der Ausgang $\overline{A}$ von H- auf L-Signal und liefert dadurch eine negative Flanke für FF_2, welches aufgrund dieser Flanke ebenfalls kippt.

Takt 2: FF_1 hat an J L-Signal von $\overline{B}$ und an K H-Signal. Es ist so vorbereitet, daß der Ausgang $\overline{A}$ H-Signal bekommt. Das Umkippen des ersten Flipflops beeinflußt jedoch das zweite nicht, da es eine positive Flanke am Takteingang bekommt.

Takt 3 + 4: Die Ausgangssignale ändern sich nicht mehr.

Beispiel

An einer Verpackungsmaschine soll über einen Wahlschalter eingestellt werden, ob 1, 2, 3 oder 4 Einheiten in einem Karton verpackt werden sollen.

Die Einheiten werden über eine Lichtschranke erfaßt. Ist die eingestellte Anzahl erreicht, bekommt die Maschine das Signal „Stop; Karton schließen".

Ist der Befehl ausgeführt, kommt von einem Endschalter an der Maschine die Rückmeldung „Karton geschlossen". Diese Rückmeldung ist ein kurzer Impuls.

Aufgrund dieser Rückmeldung beginnt ein neuer Zyklus, da das Stop-Signal aus der Steuerung verschwindet.

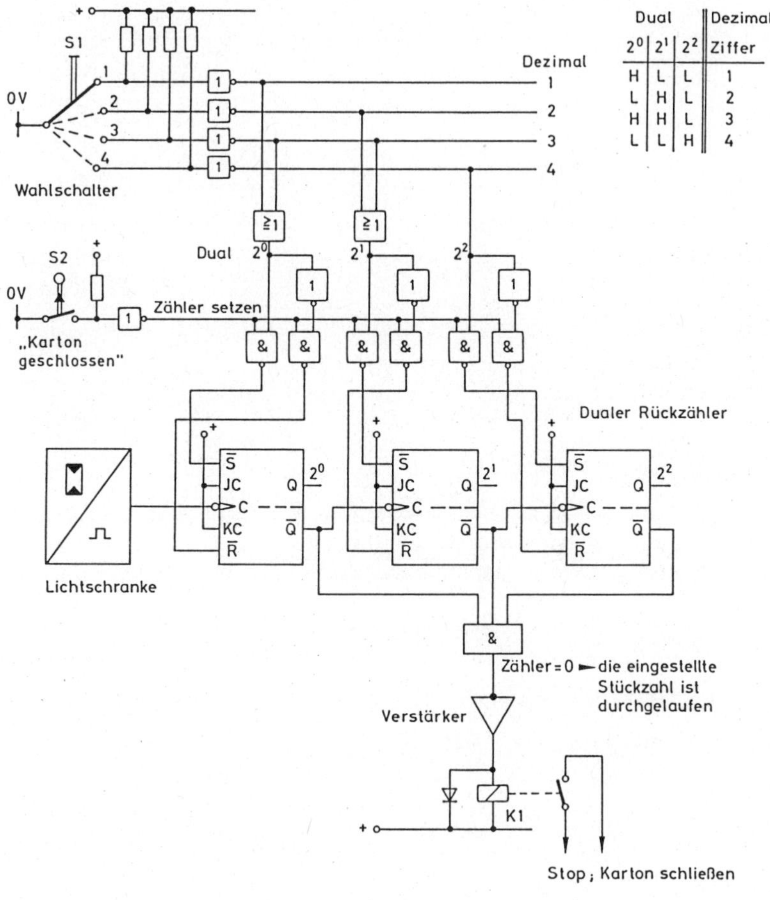

Dual 2^0	Dual 2^1	Dual 2^2	Dezimal Ziffer
H	L	L	1
L	H	L	2
H	H	L	3
L	L	H	4

Übung 7.1

Es ist die Arbeitstabelle für folgende Zählschaltung zu erstellen.
In welchem Code zählt die Schaltung?

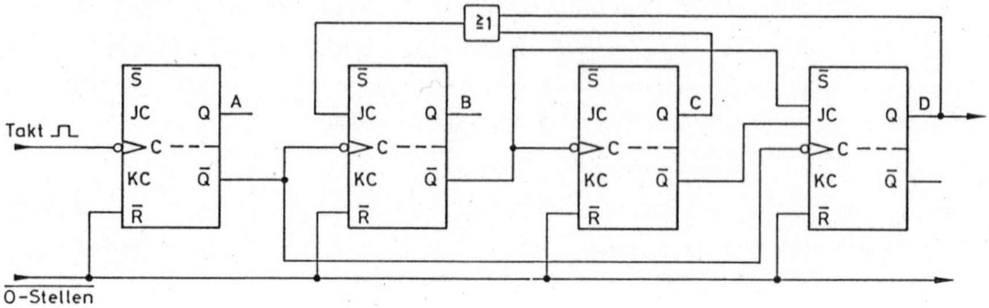

Lösung:

Übung 7.2

Es ist ein Modul-3-Zähler zu entwerfen, welcher als Frequenzteiler eingesetzt werden soll. Als Bausteine sind JK-Master-Slave-Flipflops zu verwenden. (Ein Modul-3-Zähler liefert 3 verschiedene Ausgangs-Signalkombinationen, die sich immer wiederholen.)

7.2. Synchrone Zähler

7.2.1. Synchroner Vorwärtszähler im Dualcode

Beim Synchronzähler geht der Takt parallel auf alle Flipflops, so daß diese gleichzeitig kippen.

Als Zählbausteine können JK-Master-Slave-Flipflops verwendet werden. Beim Synchronzähler arbeiten die Flipflops nicht als Binäruntersetzer. Die Vorbereitungseingänge müssen so beschaltet werden, daß das Flipflop in die gewünschte Lage kippt. Beim JK-Master-Slave werden die J- und K-Eingänge zur Vorbereitung verwandt.

Um nicht sämtliche Flipflops im Takt hin und her kippen zu lassen, müssen die einzelnen Bausteine so verschaltet werden, daß sie in einem bestimmten Zählcode schalten.

Entwicklung eines synchronen Vorwärtszählers im Dualcode:

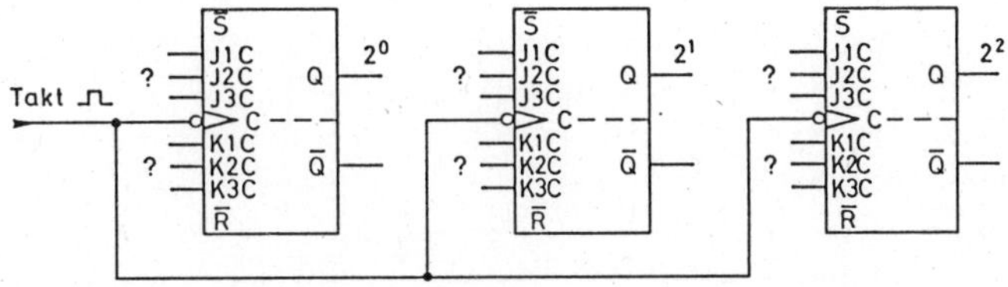

An Hand der Arbeitstabelle soll die Beschaltung der J- und K-Eingänge eines dualen Vorwärtszählers entworfen werden.

Arbeitstabelle:

nach Takt	2^0	2^1	2^2	Ziffer
0	L	L	L	0
1	H	L	L	1
2	L	H	L	2
3	H	H	L	3
4	L	L	H	4
5	H	L	H	5
6	L	H	H	6
7	H	H	H	7
8	L	L	L	0

Wie aus der Arbeitstabelle zu ersehen, kippt das Flipflop mit der Wertigkeit 2° am Ausgang Q bei jedem Takt in die entgegengesetzte Lage. Das erste Flipflop arbeitet also als Binäruntersetzer. Seine Vorbereitungseingänge bleiben frei oder werden an H-Signal gelegt.

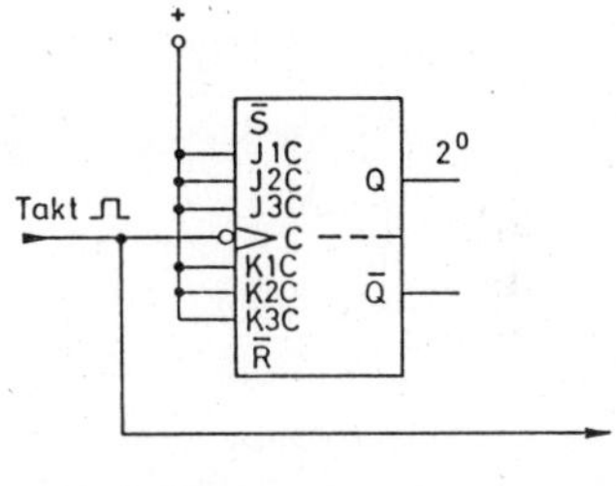

Das Flipflop mit der Wertigkeit 2^1 am Ausgang Q kippt immer dann in die entgegengesetzte Lage, wenn das erste Flipflop H-Signal am Ausgang hat.

Mit dem H-Signal des ersten Flipflops kann also das zweite vorbereitet werden.

Das Flipflop mit der Wertigkeit 2^2 am Ausgang Q kippt immer dann in die entgegengesetzte Lage, wenn die ersten beiden Flipflops H-Signal am Ausgang haben.

Mit dem H-Signal der ersten beiden Flipflops kann also das dritte Flipflop vorbereitet werden. Die J- und K-Eingänge der Flipflops sind UND-verknüpft.

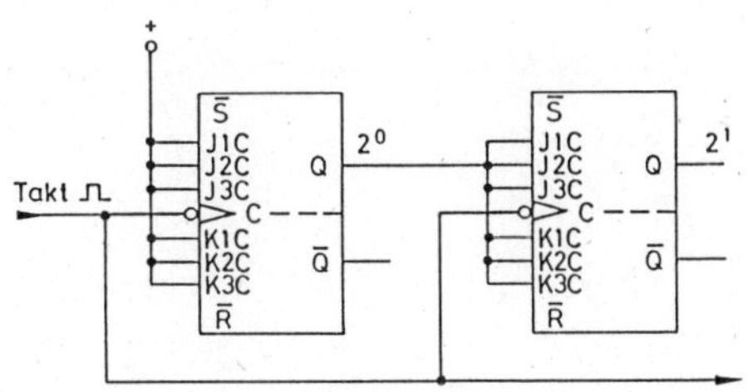

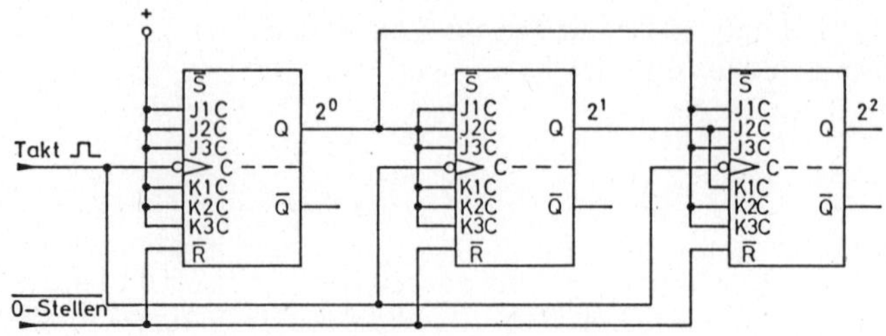

Beim Zusammenschalten eines beliebig langen Dualzählers ergibt sich, daß jeder Q-Ausgang auf die J-K-Eingänge aller nachfolgenden Flipflops geht.

In der gleichen Weise wie der Dualzähler lassen sich auch Zähler für andere Codes entwickeln. An Hand der Arbeitstabelle ist zu überlegen, wie die einzelnen Bausteine kippen müssen, und welche Ausgangssignale der anderen Bausteine zur Vorbereitung verwendet werden können.

Synchroner Vorwärtszähler im Dualcode:

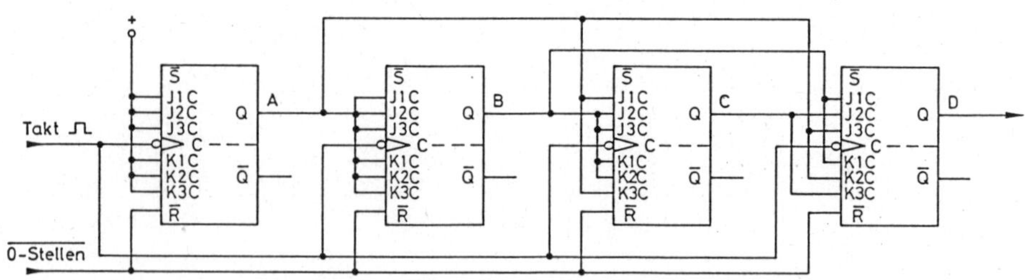

7.2.2. Synchroner Rückwärtszähler im Dualcode

Entwicklung eines synchronen Rückwärtszählers im Dualcode:

Wird den invertierten Ausgängen Q die Wertigkeit 1, 2, 4 zugeordnet, so zeigt die Arbeitstabelle, daß die Schaltung rückwärts zählt.

nach Takt	2^0	2^1	2^2	Ziffer
0	L	L	L	0
1	H	H	H	7
2	L	H	H	6
3	H	L	H	5
4	L	L	H	4
5	H	H	L	3
6	L	H	L	2
7	H	L	L	1
8	L	L	L	0

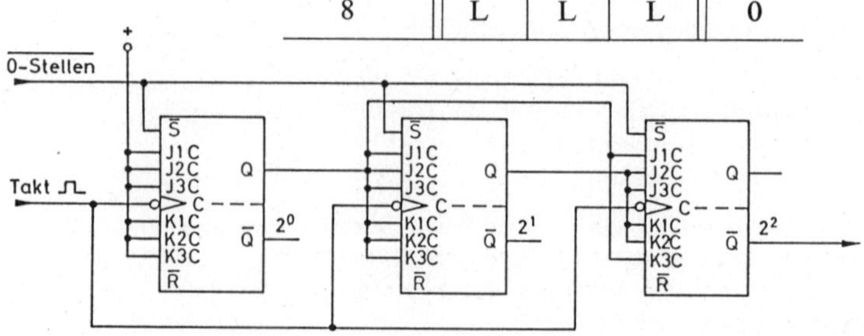

Da die Flipflops symmetrisch aufgebaut sind, läßt sich die Schaltung auch wie nebenstehend zeichnen.

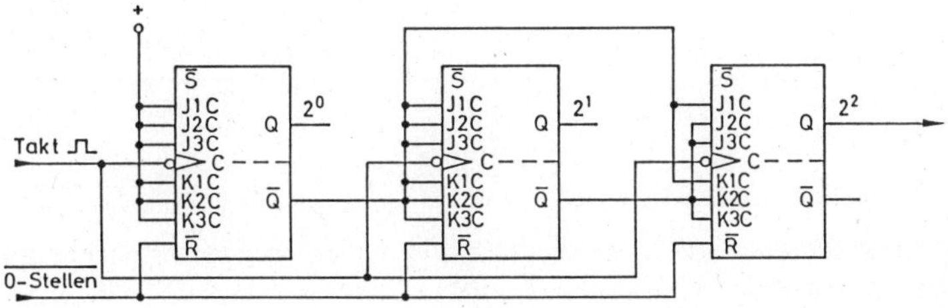

Synchroner Rückwärtszähler im Dualcode:

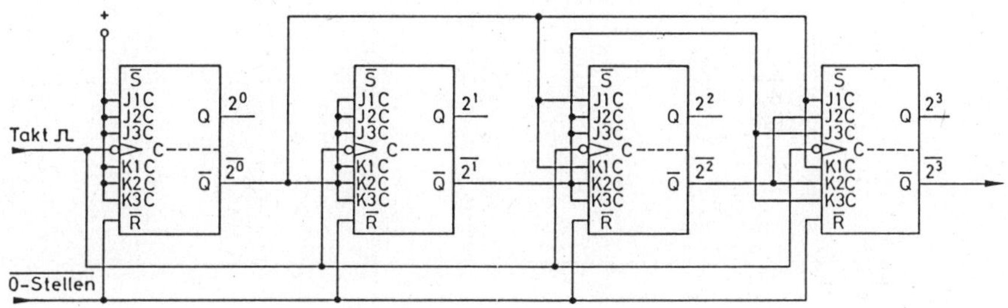

7.2.3. Synchroner Vor-/Rück-Zähler im Dualcode

Entwicklung eines synchronen Vor-/Rück-Zählers im Dualcode:

Werden Vor- und Rückwärtszähler miteinander verglichen, zeigt sich, daß der Unterschied nur darin besteht, daß beim Vorwärtszählen die Ausgänge Q auf die nächsten Stufen geführt werden, während es beim Rückwärtszähler die Ausgänge $\overline{Q}$ sind.

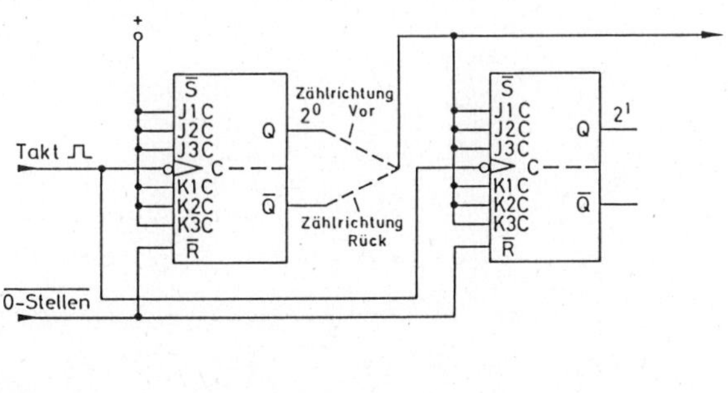

Werden die Ausgänge durch Gatter umschaltbar gemacht, kann die Zählrichtung gewählt werden.

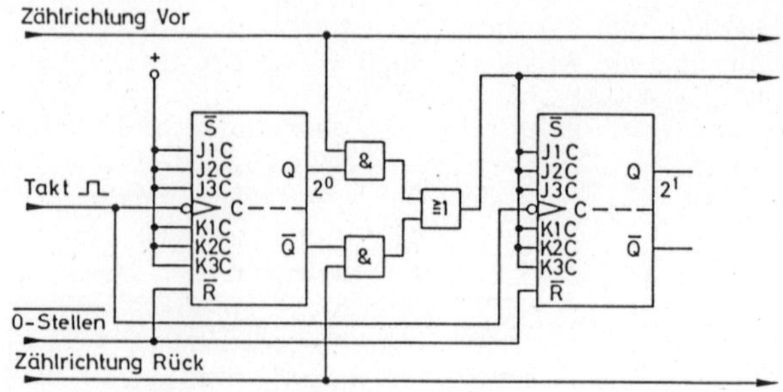

Beim Synchronzähler kann die Zählrichtung beliebig oft umgeschaltet werden, es treten dabei keine Zählimpulse auf. Es darf dabei jedoch kein Taktsignal anstehen.

Synchroner Vor-/Rück-Zähler im Dualcode:

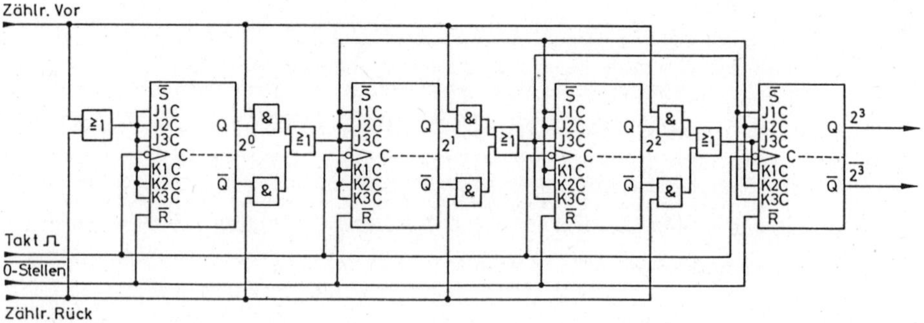

Übung 7.3

Für nachfolgende Zählschaltung ist das Impulsdiagramm zu zeichnen.

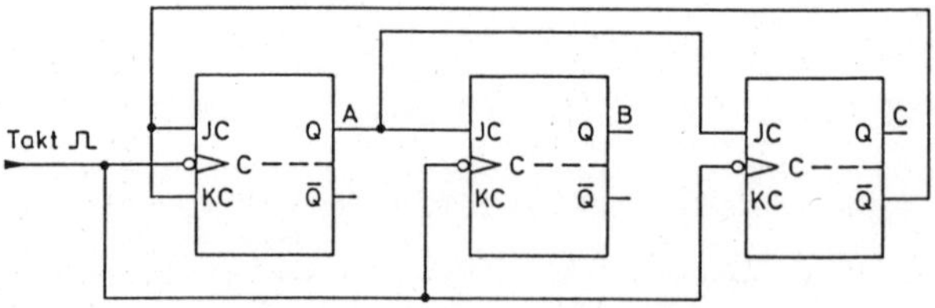

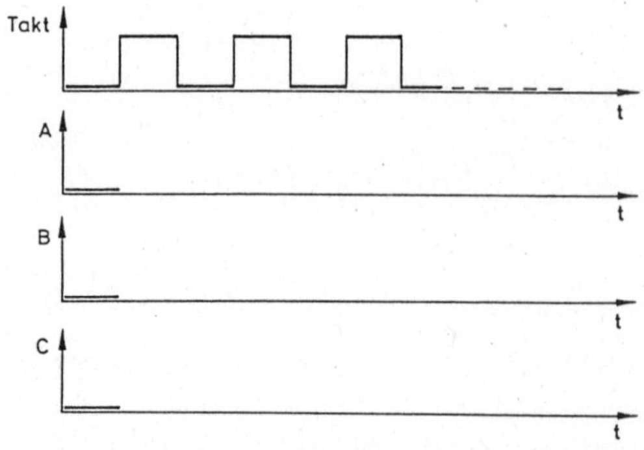

Übung 7.4

Es ist ein synchroner Rückwärts-Zähler im 8, 4, 2, 1-Code aus 4 JK-Master-Slave-Flipflops zu entwerfen, der auf eine durch einen Dekadenschalter vorgewählte Zahl gesetzt werden kann. Anschließend soll der Zähler mit Taktimpulsen gegen Null gezählt werden.

Bei Null soll ein Ausgangssignal erzeugt werden.

Für welche Anwendungsfälle ist die Schaltung zu verwenden?

Lösung:

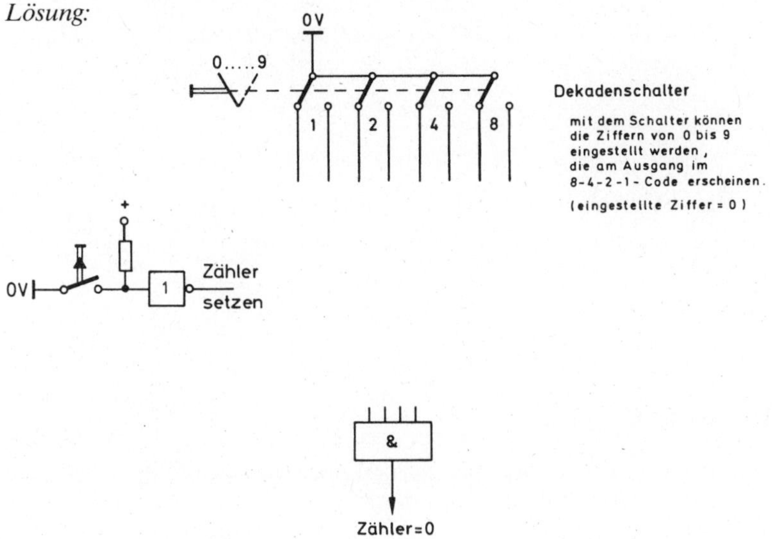

7.3. Zusammenschalten mehrerer Zähldekaden

Sollen mehrere Zählgruppen oder Zähldekaden zu einem Gesamtzähler zusammengeschaltet werden, so muß jede Baugruppe oder Dekade einen Takteingang haben, sowie einen Übertragsausgang, welcher die Taktsignale für die nächste Baugruppe liefert oder den Takteingang der nächsten Baugruppe freigibt.

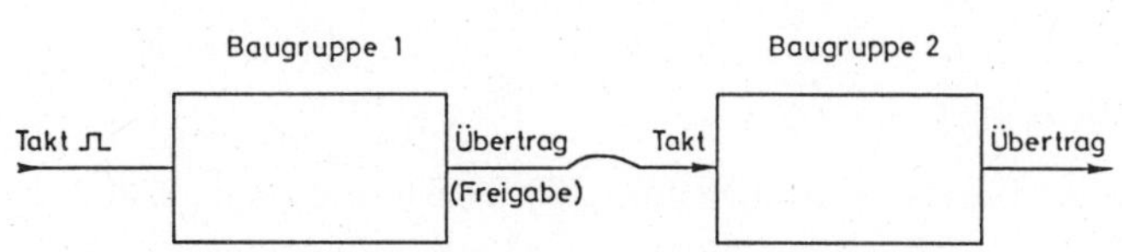

Der Übertrag der einen Baugruppe ist mit dem Takteingang der nächsten Baugruppe zu verbinden.

Auch hier gibt es die Möglichkeit des asynchronen und des synchronen Übertrages.

7.3.1. Asynchroner Übertrag

Das asynchrone Übertragssignal wird meist vom Ausgangssignal des letzten Flipflops einer Baugruppe abgenommen und auf den Takteingang der nächsten Baugruppe geführt.

Asynchroner Übertrag:

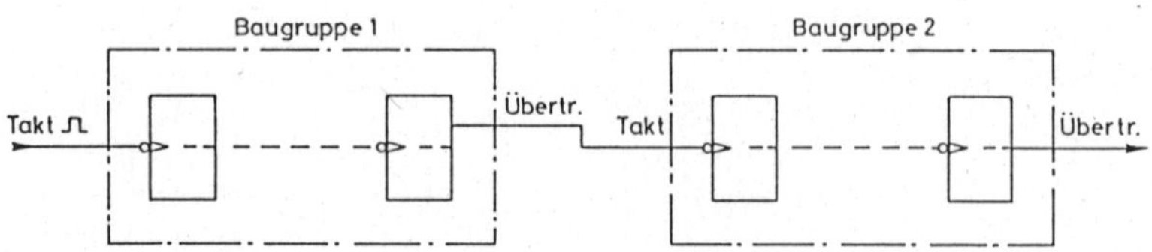

Dadurch addieren sich die Signal-Durchlaufzeiten der einzelnen Baugruppen.

Je länger der Zähler wird, desto größer wird die Durchlaufzeit für jeden Zählimpuls. Die sich daraus ergebende Grenzfrequenz wird immer niedriger.

7.3.2. Synchroner Übertrag

Hierbei wird bei jeder Baugruppe die Zahl herausdekodiert, nach der die nächste Baugruppe ein Taktsignal erhalten sol:. Diese Zahl gibt die nächste Baugruppe frei.

Der Takt geht parallel auf alle Baugruppen.

Synchroner Übertrag:

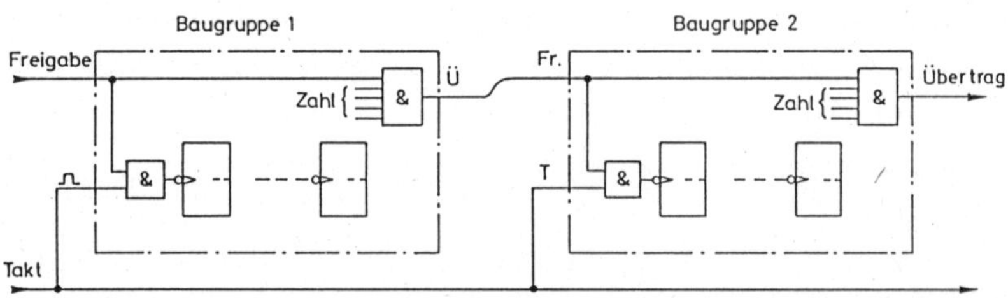

Beispiel

Eine Baugruppe enthält einen Vor-/Rück-Zähler im 8, 4, 2, 1-Code.

Es ist die Übertragsschaltung für die einzelnen Dekaden zu entwerfen.

Wann muß die nachfolgende Dekade freigegeben werden?

Bei Zählrichtung Vor, wenn alle vorhergehenden Dekaden auf 9 stehen
oder
bei Zählrichtung Rück, wenn alle vorhergehenden Dekaden auf 0 stehen.

Synchrone Übertragsschaltung für 8, 4, 2, 1-Code:

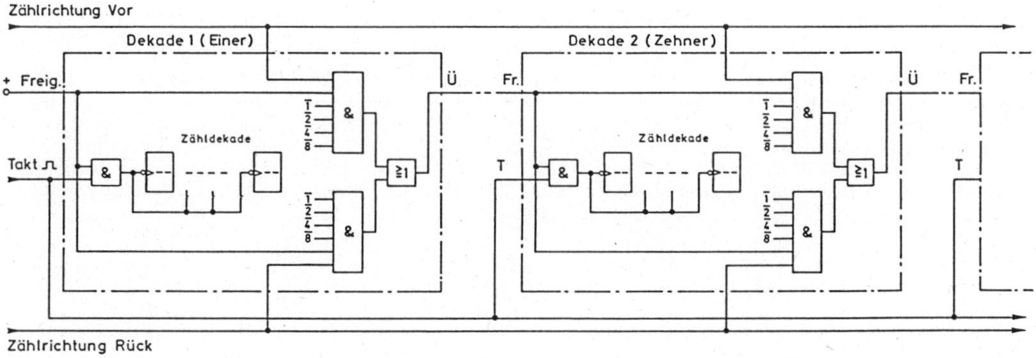

Beispiel

Aus der integrierten Zähldekade SN 74190 ist ein 2-dekadiger Zähler aufzubauen. (Datenblatt siehe nächste Seite.)

Erläuterungen zum Datenblatt:

Es handelt sich um einen Umkehrzähler oder Vor-/Rück-Zähler.

Der Zähler ist dezimal oder dekadisch aufgebaut. Bei nicht angegebenem Code zählt er immer im 8, 4, 2, 1-Code.

„Mehrere Zähler können parallel oder seriell betrieben werden",
besagt, daß der Übertrag, je nach Anschluß, parallel oder seriell gebildet werden kann.

Die Zähldekade selbst arbeitet synchron, wie aus der parallelen Taktleitung deutlich zu sehen ist.

Synchroner Übertrag:

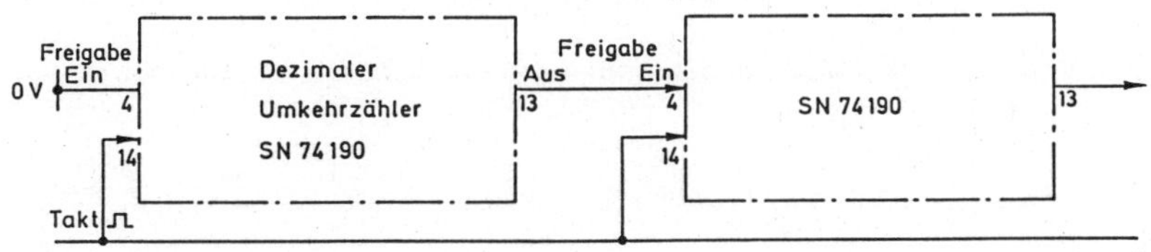

Asynchroner Übertrag:

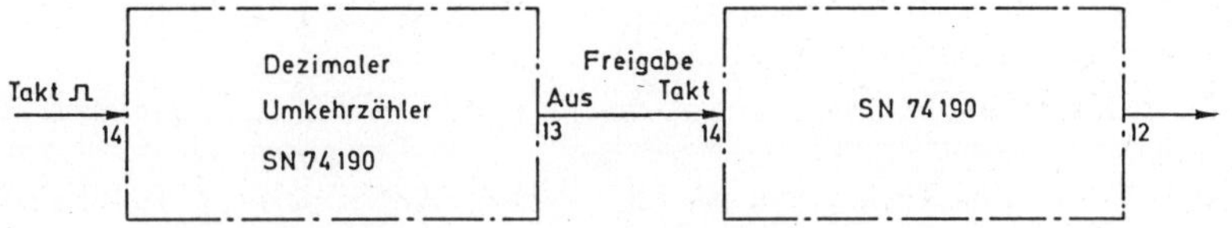

7.4. Datenblätter

Dezimaler Umkehrzähler 74190

Der Baustein 74190 ist ein BCD-Vorwärts-Rückwärts-Zähler. L an Freigabe Ein ermöglicht das Zählen, bei H wird der Zähler blockiert. Die Betriebsart — vorwärts oder rückwärts — wird durch den logischen Pegel an BA festgelegt: bei L vorwärts, bei H rückwärts. Der Zähler ist unabhängig vom Takt programmierbar. Liegt am Stelleingang $\overline{S}$ L-Signal, dann erscheinen die an den Informationseingängen angebotenen Informationen an den entsprechenden Ausgängen. Der Zähler kann als beliebig einstellbarer Teiler arbeiten. Mehrere Zähler können parallel oder seriell betrieben werden. Dabei liefert der Zähler nach dem 9. Impuls am Ausgang Ü einen H-Impuls und an Freigabe Aus einen L-Impuls.

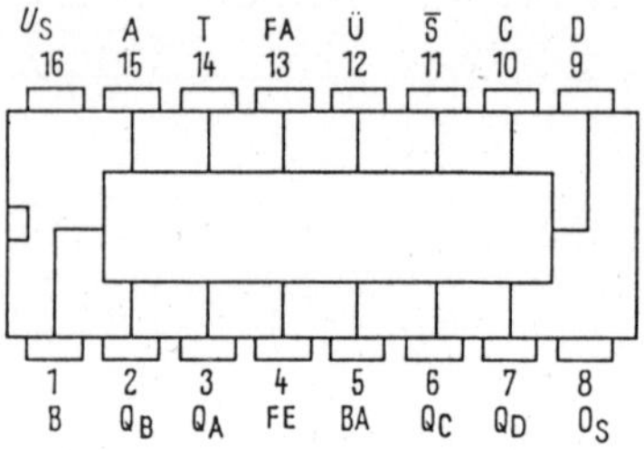

Anschlußanordnung
Ansicht von oben

Blockschaltbild

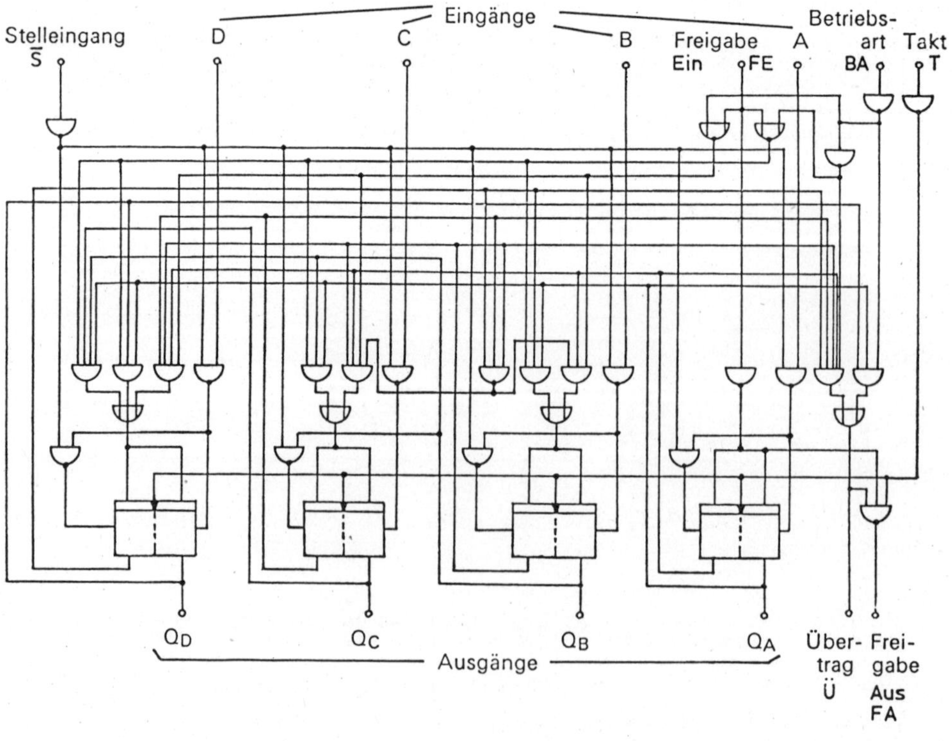

Impulsdiagramm der Stell-, Zähl-, und Sperr-Bedingungen:
Folgendes Beispiel wird nachstehend aufgezeigt:
Stellen der Datenausgänge aufgrund der Dateneingänge auf eine dezimale Sieben
Aufwärtszählen
Sperren
Abwärtszählen

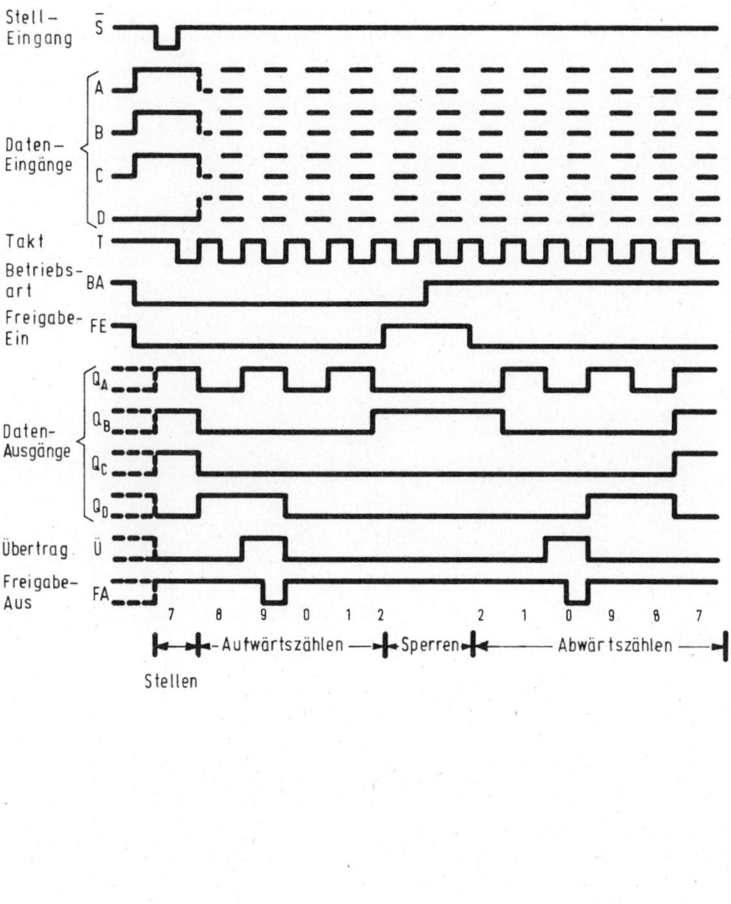

Übung 7.5

a) Aus dem integrierten Binärzähler SN 74191 ist ein 8-Bit-Zähler mit synchronem Übertrag aufzubauen.

b) In welchem Code arbeitet der Zähler?

c) Die Setzeingänge vom Bausteineingang bis zu den Zählflipflops sind farbig im Datenblatt zu kennzeichnen.

d) Ebenso ist die Übertragsschaltung mit einer weiteren Farbe zu markieren.

e) Bei welchen Bedingungen erfolgt der Übertrag?

Binärer 4-Bit-Umkehrzähler 74191

Der Baustein 74191 ist ein binärer Umkehrzähler. L an Freigabe Ein ermöglicht das Zählen, bei H wird der Zähler blockiert. Die Betriebsart — vorwärts oder rückwärts — wird durch den logischen Pegel an BA festgelegt: bei L vorwärts, bei H rückwärts. Der Zähler ist unabhängig vom Takt programmierbar. Liegt am Stelleingang $\overline{S}$ L-Signal, dann erscheinen die an den Informationseingängen angebotenen Informationen an den entsprechenden Ausgängen. Der Zähler kann als beliebig einstellbarer Teiler arbeiten. Mehrere Zähler können parallel oder seriell betrieben werden. Dabei liefert der Zähler nach dem 15. Impuls am Ausgang Ü einen H-Impuls und an Freigabe Aus einen L-Impuls.

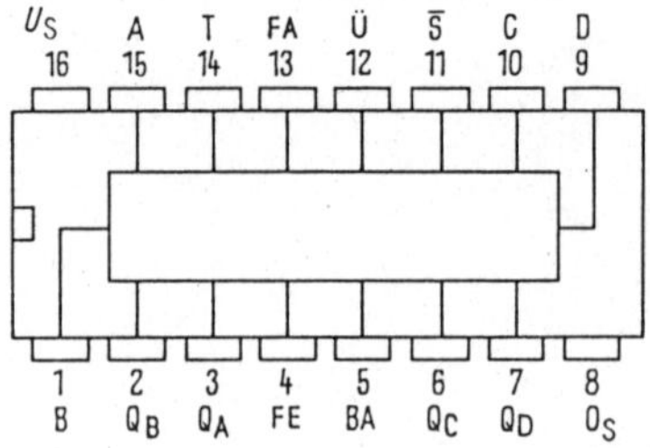

Anschlußanordnung
Ansicht von oben

Blockschaltbild

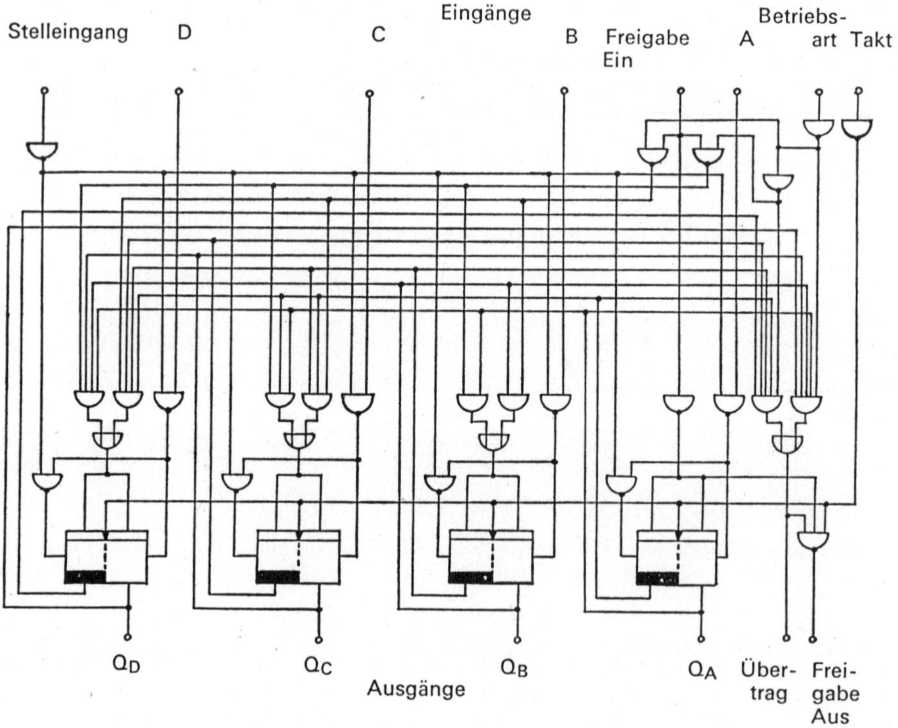

Impulsdiagramm der Stell-, Zähl-, und Sperr-Bedingungen:

Folgendes Beispiel wird nachstehend aufgezeigt:

Stellen der Datenausgänge aufgrund der Dateneingänge auf eine binäre Dreizehn;
Aufwärtszählen
Sperren
Abwärtszählen

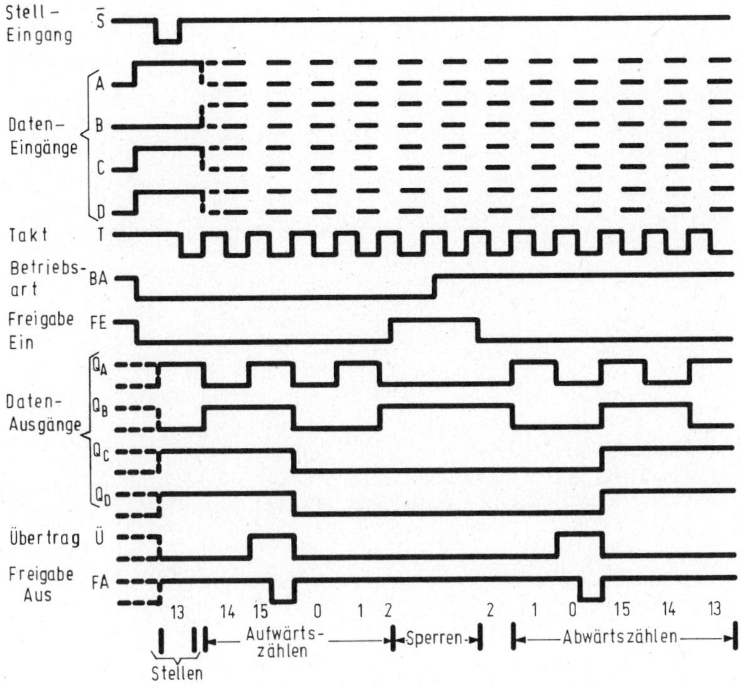

Lernzielorientierter Test

In der Lernzielkontrolle werden Zusatzfragen zu den Übungen der einzelnen Abschnitte gestellt. Richtige Aussagen sind anzukreuzen.

1. Bei Verwendung der Ausgänge $\overline{Q}$ zählt die Schaltung

   Schaltung siehe Übung 7.1, Seite 102

   vorwärts im Dualcode O
   rückwärts im 8, 4, 2, 1-Code O
   rückwärts im Dualcode O
   in keinem verwendbaren Code O

2. Die Schaltung arbeitet

   Schaltung siehe Lösung zu Übung 7.2, Seite aus Lösungsteil

   synchron O
   asynchron O
   keines von beiden O

   Der Zähler läßt sich
   auf 0 stellen O
   auf 3 stellen O
   gar nicht in eine bestimmte Ausgangslage stellen O
   bei Anschluß der Eingänge $\overline{R}$ an L-Signal auf 0 stellen O

3. Die Schaltung läßt sich verwenden als

   Schaltung siehe Übung 7.3, Seite 106

   Modul 2 Zähler O
   Modul 3 Zähler O

   Die Schaltung arbeitet
   synchron O
   asynchron O
   keines von beiden O

4. Aus der integrierten Zähldekade SN 74190 ist ein 2-dekadiger Zähler mit synchronen Überträgen aufzubauen, der über Dekadenschalter auf eine einstellbare Zahl gesetzt werden kann. Es werden Dekadenschalter eingesetzt, die im 8, 4, 2, 1-Code arbeiten.

   Bei Drücken einer Taste „Zähler setzen“ soll der Zähler auf die eingestellte Zahl gesetzt werden.

8. Schieberegister

Lernziele:

Nach Durcharbeiten dieses Kapitels können Sie ...

1. Funktion und Wirkungsweise von Schieberegistern erklären;
2. Einsatzgebiete und Anwendungsfälle für Schieberegister aufzählen;
3. die Schaltung eines Schieberegisters für eine Schieberichtung zeichnen;
4. die Schaltung eines Schieberegisters für zwei Schieberichtungen zeichnen;
5. die Schaltung unter Verwendung von Schieberegistern für serielle Dateneingabe und parallele Datenausgabe entwerfen;
6. die Schaltung unter Verwendung von Schieberegistern für parallele Dateneingabe und serielle Datenausgabe entwerfen;
7. Anwendungsfälle für Schieberegister als Verschiebespeicher nennen und Schaltungen dafür skizzieren.

8.0. Einführung

Register sind Zwischenspeicher für bestimmte, begrenzte Datenmengen.

Sie werden eingesetzt zur Datenpufferung bei wechselnder Verarbeitungsgeschwindigkeit oder zur Datenbereitstellung beim Übergang von Daten von einer Funktionsbaugruppe zu einer anderen. Weiter dienen sie in Rechenwerken zur Aufnahme von Operanden und Ergebnissen.

Sie sind aus den beschriebenen Speicherbausteinen aufgebaut und werden erst aufgrund ihrer Funktion und ihrer Anwendung Register genannt.

Schieberegister:

Können die im Register stehenden Daten durch Taktimpulse um eine oder mehrere Stellen verschoben werden, spricht man von Schieberegistern.

Pro Taktimpuls werden die im Register stehenden Daten um eine Stelle verschoben.

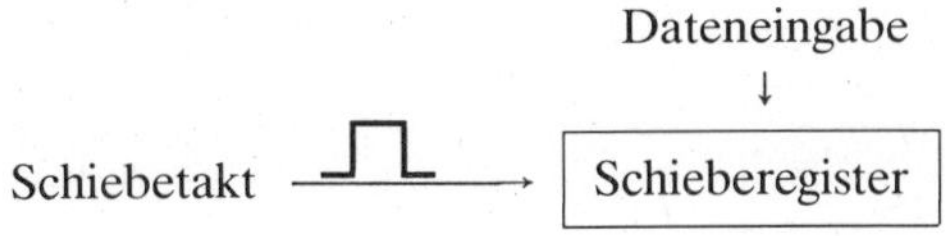

Diese Datenverschiebung findet z.B. im Akkumulator eines Rechenwerkes statt.

Akkumulator

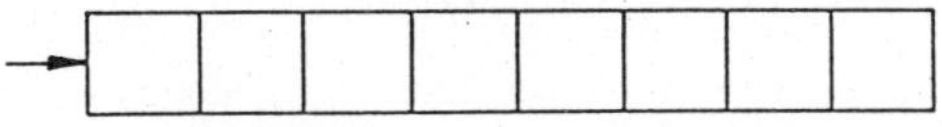

„Schiebe Akku-Inhalt nach rechts"

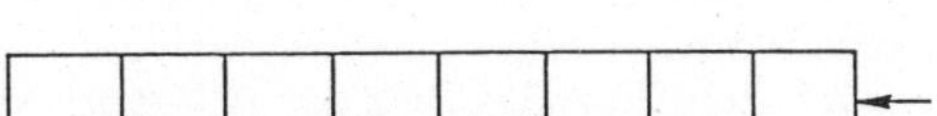

„Schiebe Akku-Inhalt nach links"

Ein weiteres Anwendungsgebiet ist die Parallel-Serien-Umwandlung bei seriellen Schnittstellen.

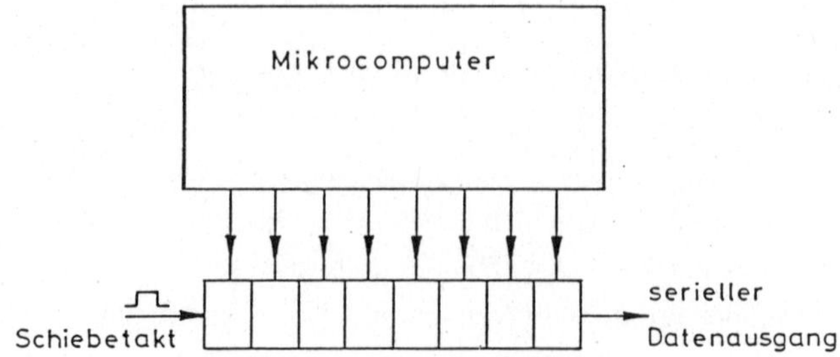

In diesem Kapitel sollen die Schaltungen von Schieberegistern sowie verschiedene Anwendungsmöglichkeiten behandelt werden.

8.1. Schieberegister für eine Schieberichtung

Jeder Takt soll die im Register stehende Information um eine Stelle weiter schieben.

Deshalb muß der Takt parallel auf alle Flipflops des Registers gehen.

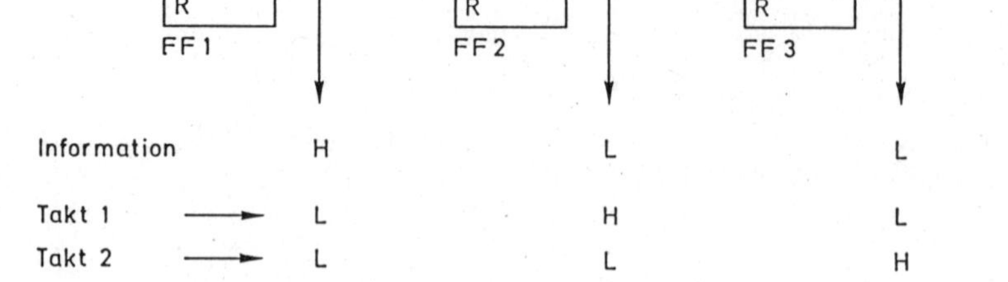

Eine Stelle weiterschieben bedeutet, daß *nach* dem Takt das FF2 das Ausgangssignal hat, welches das FF1 *vor* dem Takt hatte. FF3 übernimmt das Ausgangssignal von FF2 usw.

Um diese Funktion zu erreichen, muß das Ausgangssignal jedes Flipflops auf die Vorbereitungseingänge des nächsten Flipflops gehen.

Die Bausteine müssen bei jedem Takt das Signal zum Ausgang übernehmen, welches an ihren Vorbereitungseingängen ansteht.

Dieses Verhalten haben alle flankengesteuerten Flipflops wie z.B. das JK-Master-Slave-Flipflop.

JK-Master-Slave-Flipflop:

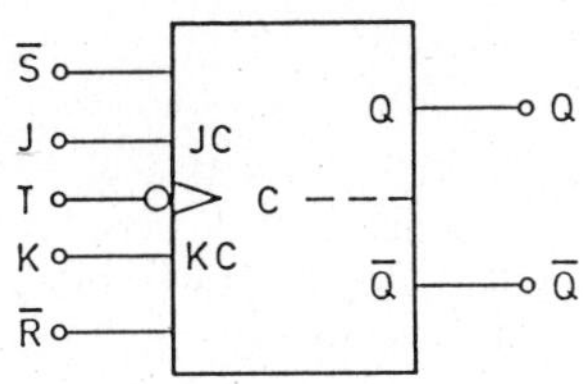

Arbeitstabelle

J^n	K^n	Q^{n+1}	$\bar{Q}^{n+1}$
H	L	H	L
L	H	L	H

Nur dieser Teil der Arbeitstabelle wird bei der Funktion als Schieberegister benötigt.

Aus den Überlegungen ergibt sich folgende Schaltung:

Schieberegister für eine Schieberichtung:

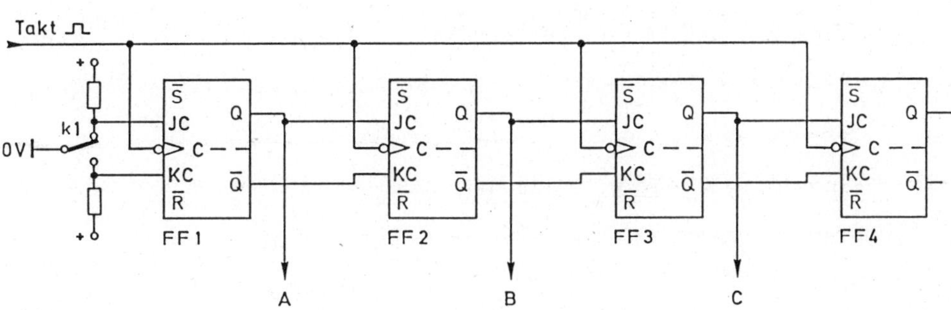

Mit dem Kontakt K1 können die Signale vorgewählt werden, die das erste Flipflop des Schieberegisters übernehmen soll.

8.2. Schieberegister für 2 Schieberichtungen

Bei einem Schieberegister mit 2 Schieberichtungen können die Informationen nach rechts oder nach links verschoben werden.

Das läßt sich schaltungstechnisch erreichen, wenn die Vorbereitungseingänge der Flipflops umschaltbar gemacht werden, so daß an den Vorbereitungseingängen entweder die Signale des vorhergehenden oder des nachfolgenden Flipflops anliegen.

Liegen die Signale des vorhergehenden Flipflops an, wird die gesamte Information im Register mit dem Takt nach rechts verschoben. Liegen die Signale des nachfolgenden Flipflops an, wird die gesamte Information nach links verschoben.

Umschaltung für Schieberegister:

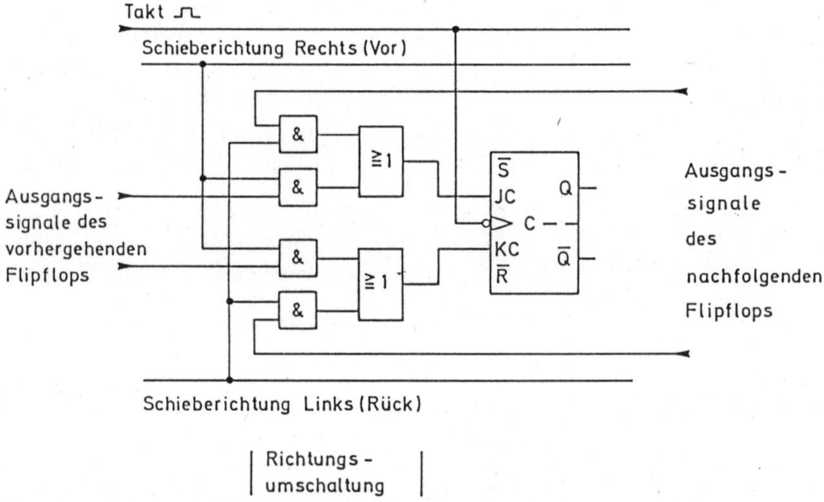

Schieberegister für 2 Schieberichtungen:

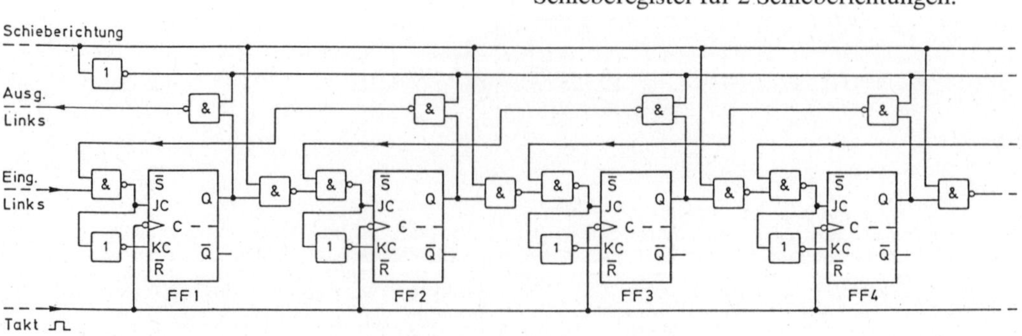

8.3. Anwendung von Schieberegistern

Die Anwendung von Schieberegistern soll an verschiedenen Beispielen aufgezeigt werden.

8.3.1. Schieberegister als Serien/Parallel-Wandler

Schieberegister werden immer dann als Serien/Parallel-Wandler benötigt, wenn die einzelnen Stellen einer Information nacheinander (seriell) ankommen, die Information jedoch zur Weiterverarbeitung als Ganzes (parallel) zur Verfügung stehen muß.

Diese Aufgabenstellung trifft bei allen seriell arbeitenden Eingabegeräten wie Tastatur, Lochstreifenleser und Lochkartenleser zu.

Beispiel

Serielles Lesen einer Lochkarte

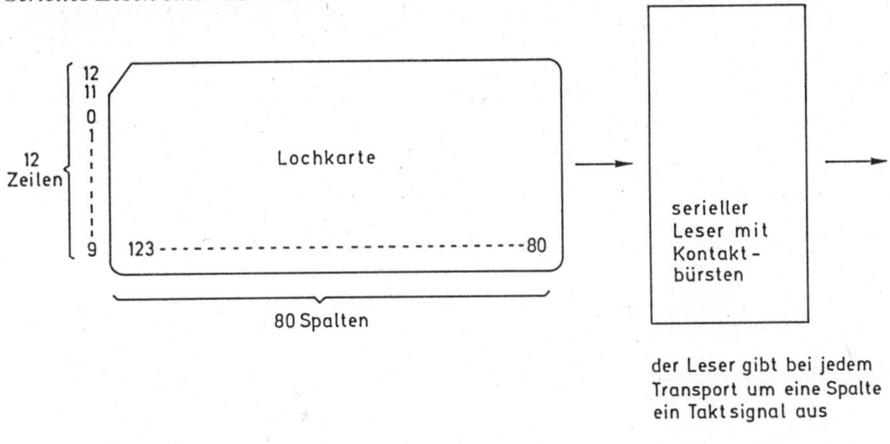

Die gesamte Information, die auf der Karte steht, soll abgespeichert werden.

Die 12 Zeilen der Karte werden über 12 Kontaktbürsten abgetastet. Die Abtastung erfolgt Spalte für Spalte, während die Karte durch den Leser läuft.

Aufbau der Schaltung:

An jeden Kontakt des Lesers wird ein Schieberegister mit 80 Flipflops angeschlossen.

Der gesamte Lesespeicher umfaßt also 12 Schieberegister zu je 80 Flipflops. Damit enthält der Speicher 960 Flipflops; für jedes mögliche Loch in der Karte oder jede mögliche Ja/Nein-Aussage ein Flipflop, welches diese Aussage abspeichert.

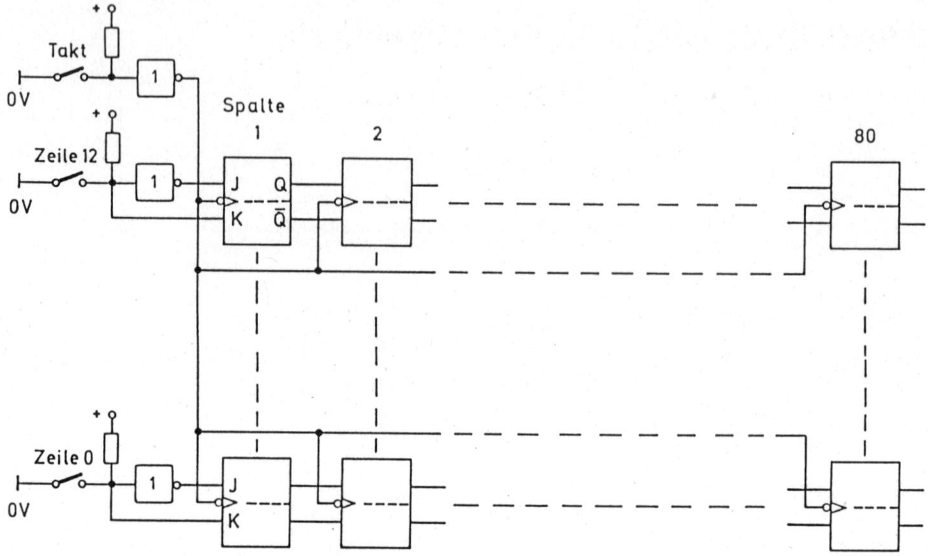

8.3.2. Schieberegister als Parallel/Serien-Wandler

Mit einem als Parallel/Serien-Wandler geschalteten Register lassen sich parallel eingegebene Informationen mit Hilfe eines Taktsignales seriell ausgeben.

Diese Funktion wird z.B. bei Ausgabegeräten wie Lochkartenstanzern, Lochstreifenstanzern, Drückern oder Bildschirmgeräten benötigt, welche die im Ausgabespeicher der Datenverarbeitungsanlage parallel anstehenden Daten seriell ausgeben sollen.

Schaltung für parallele Dateneingabe und serielle Ausgabe:

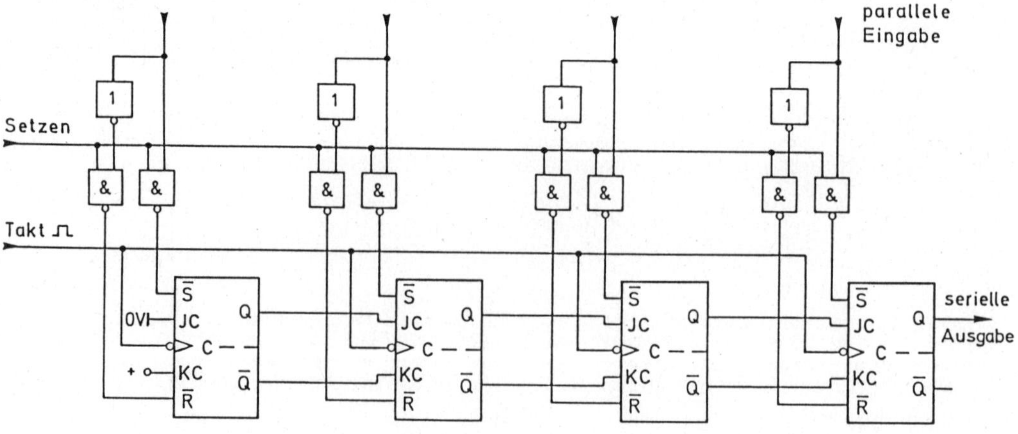

8.3.3. Schieberegister für serielle Schnittstellen

Schnittstelle wird ganz allgemein die Übergabestelle zwischen Computer und Peripherie genannt.

An der Schnittstelle übergibt der Computer seine Daten an ein peripheres Gerät wie z.B. ein Bildschirmgerät.

Oder er empfängt die von einem peripheren Gerät wie z.B. einer Tastatur kommenden Daten.

Die Schnittstellen-Baugruppen nennt man Ports.

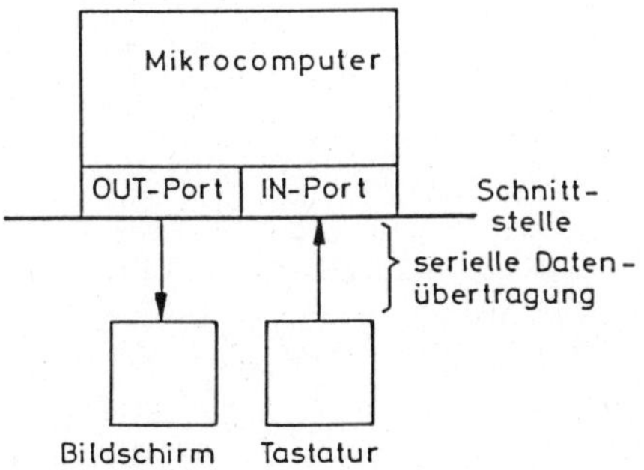

Bei langsam arbeitenden peripheren Geräten werden die Daten seriell übertragen, um mit wenig Leitungen auszukommen.

Der Mikroprozessor im Mikrocomputer verarbeitet z.B. 8 Bit parallel. Er gibt also die Daten parallel auf den Ausgabeport und er holt sich 8 Bit parallel vom Eingabeport.

Ausgabe-Port:

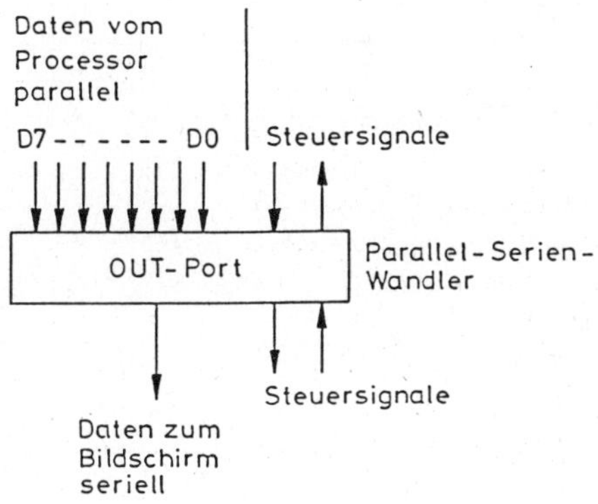

Im folgenden soll eine mögliche Innenschaltung für die seriellen Ports konstruiert werden, aufbauend auf das Schieberegister als Parallel-Serien- und Serien-Parallel-Wandler.

Die Anwahl der Ports über die Adreßleitungen des Prozessors soll bei der Schaltung noch nicht berücksichtigt werden, ebenso wenig alle Schaltungsteile, die zur Ansteuerung der Wandlerschaltung über den Mikroprozessor benötigt werden.

Die zu konstruierenden Wandlerschaltungen sind also nicht der komplette serielle IN- oder OUT-Port, sondern nur ein zentraler Teil davon.

Eingabe-Port:

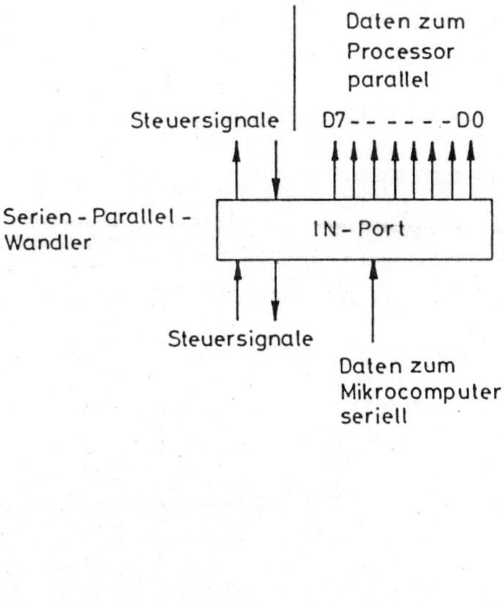

8.3.3.1. Serielle Datenübertragung

Bei der seriellen Datenübertragung werden die Daten nacheinander über eine Datenleitung übertragen.

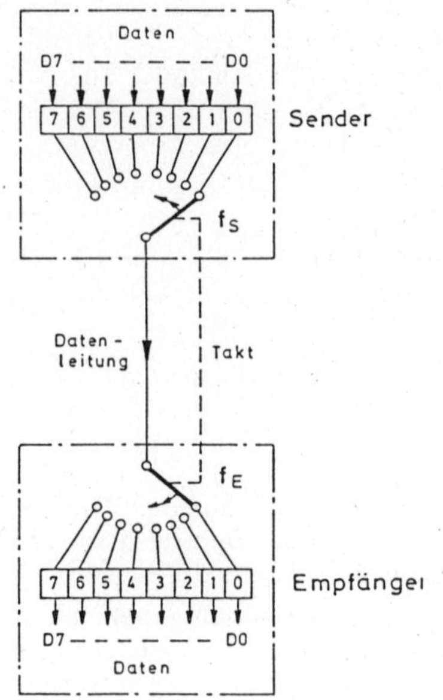

Die Weiterschalt-Frequenz von Sender und Empfänger muß gleich sein.

$$f_E = f_S$$

Der Anlauf-Zeitpunkt von Sender-Umschalter und Empfänger-Umschalter muß gleich sein.

$$t_{\text{Start Sender}} = t_{\text{Start Empfänger}}$$

Diese Synchronisation zwischen Sender und Empfänger ist zu gewährleisten.

Sie kann einmal erreicht werden, indem Sender und Empfänger mit einer zusätzlichen Taktleitung verbunden werden.

Diese Art der Synchronisation wird externe Synchronisation genannt.

Eine andere Möglichkeit besteht darin, Sender und Empfänger mit Hilfe der Zeichen auf der Datenleitung zu synchronisieren.

Durch zusätzliche Steuerzeichen auf der Datenleitung wird dem Empfänger der Start-Zeitpunkt für die Datenübertragung mitgeteilt.

Die Weiterschalt-Frequenz von Sender und Empfänger muß dann auf den gleichen Wert eingestellt werden.

Diese Betriebsart heißt interne Synchronisation.

In der Datenverarbeitung wird die Übertragungsfrequenz Übertragungsrate oder Baudrate genannt.

Übertragungsfrequenz = Übertragungsrate
= Baudrate Bd

1 Baud = 1 Digitalzeichen pro Sekunde

$$1\,\text{Bd} = 1\,\frac{\text{Bit}}{\text{s}}$$

Einschließlich der Steuerbits ergibt sich folgende serielle Datenfolge (Daten angenommen):

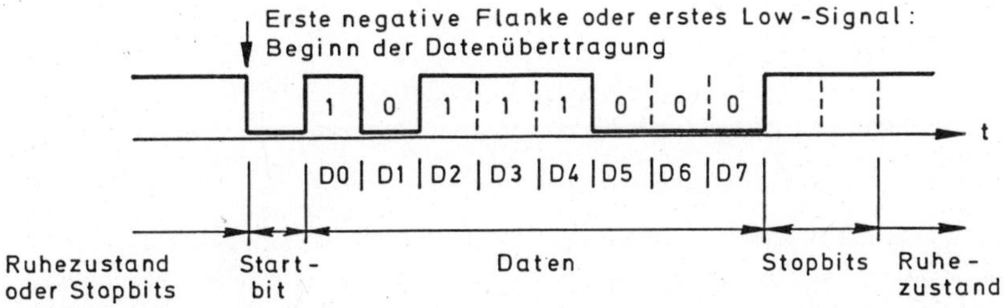

Das Startbit kennzeichnet den Anfang der Datenübertragung. Am Ende müssen ein oder zwei Stopbits angefügt werden, um einen erkennbaren Abschluß zum nächsten Startbit zu erhalten.

Die Daten können mit Hilfe eines Taktgenerators auf der Senderseite aus einem Schieberegister herausgeschoben werden. Dabei müssen die Steuerzeichen zusätzlich erzeugt werden.

Auf der Empfängerseite werden dann die Daten mit Hilfe eines Taktgenerators, der mit der gleichen Frequenz läuft wie der Generator auf der Senderseite, in ein Schieberegister hineingeschoben.

Die Steuerzeichen müssen dabei wieder ausgeblendet werden.

Mögliche Zuordnung zwischen Taktgenerator und Daten:

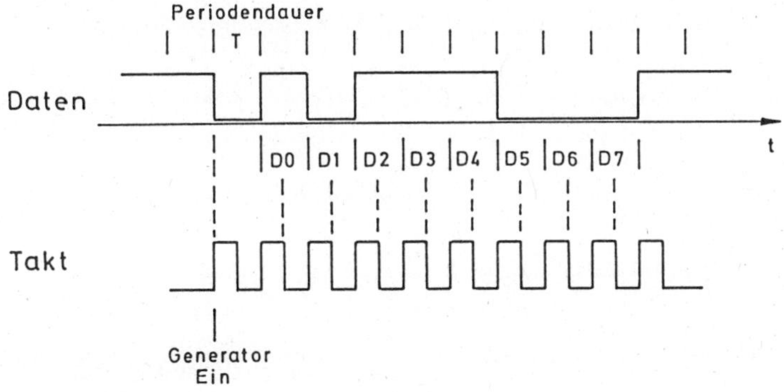

Sender:
(Der Sender entspricht dem Ausgabeport)

Auf der Senderseite kann mit der positiven Flanke des Sender-Taktes jeweils ein Datenbit aus dem Schieberegister auf die serielle Datenleitung geschoben werden.

Empfänger:
(Der Empfänger entspricht dem Eingabeport)

Auf der Empfängerseite kann der Empfänger-Generator mit der ersten negativen Flanke eingeschaltet werden, die auf der Datenleitung erscheint.

Ab der zweiten negativen Flanke des Taktsignales können dann Daten in das Schieberegister eingeschoben werden. Sind 8 Datenbits eingeschoben, wird der Generator wieder ausgeschaltet.

Da das Einlesen der Daten mit der negativen Flanke des Taktsignales immer auf der Mitte der Periodendauer erfolgt, tritt auch bei kleinen Frequenzunterschieden zwischen Sender- und Empfängergenerator kein Fehler auf.

8.3.3.2. Schaltung für seriellen Eingabeport

Die Schaltung soll folgende Ein- und Ausgangssignale haben:

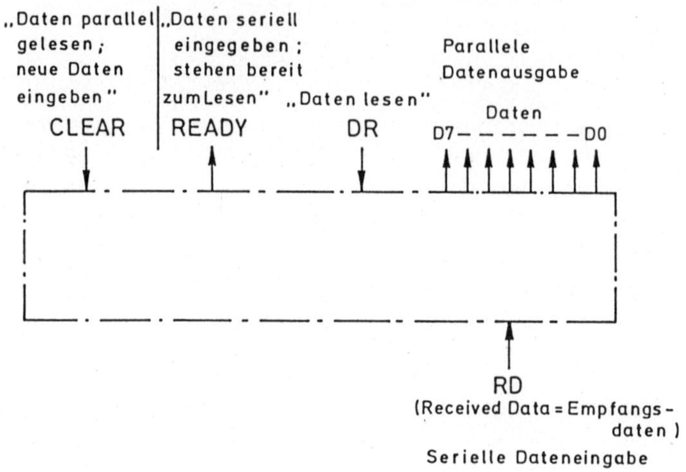

Die Serien/Parallel-Umformung geschieht über ein 8-Bit-Schieberegister mit Parallelausgabe (TTL-Baustein 74164).

Die Anzahl der Takte für Start- und Datenbits wird über einen Vorwärts-Zähler erfaßt (TTL-Baustein 7493).

Die Steuersignale werden über Gatter verknüpft und in Flipflops abgespeichert.

8-Bit-Schieberegister mit Parallelausgabe 74164

Der Baustein 74164 nimmt über die Serien-Eingänge A und B Daten auf und schiebt sie während der positiven Taktflanke durch das Register. Die Information liegt parallel an den Ausgängen Q_A bis Q_H an.

Das Schieberegister eignet sich zum Speichern und Registrieren von Daten, Parallel-Serien-Umsetzung bis zu einer Taktfrequenz von 36 MHz.

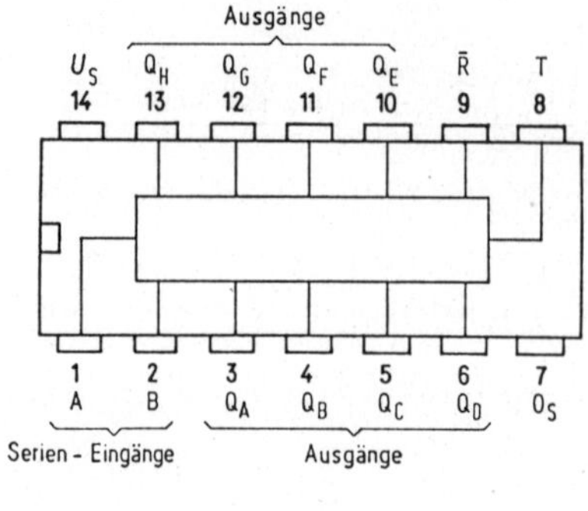

Anschlußordnungen
Ansicht von oben

Logisches Verhalten

Serien-Eingänge bei t_n		Ausgang bei t_{n+1}
A	B	Q_A
H	H	H
L	H	L
H	L	L
L	L	L

t_n = Zeitpunkt vor dem Taktimpuls
t_{n+1} = Zeitpunkt nach dem Taktimpuls

Blockschaltbild

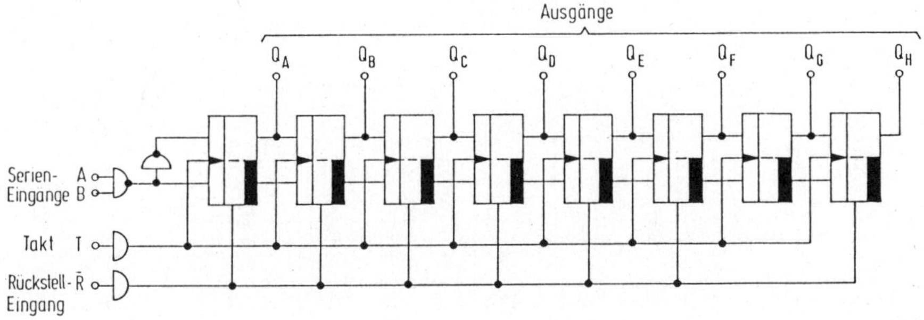

Impulsdiagramm Rückstell-, Sperr- und Schiebe-Bedingungen

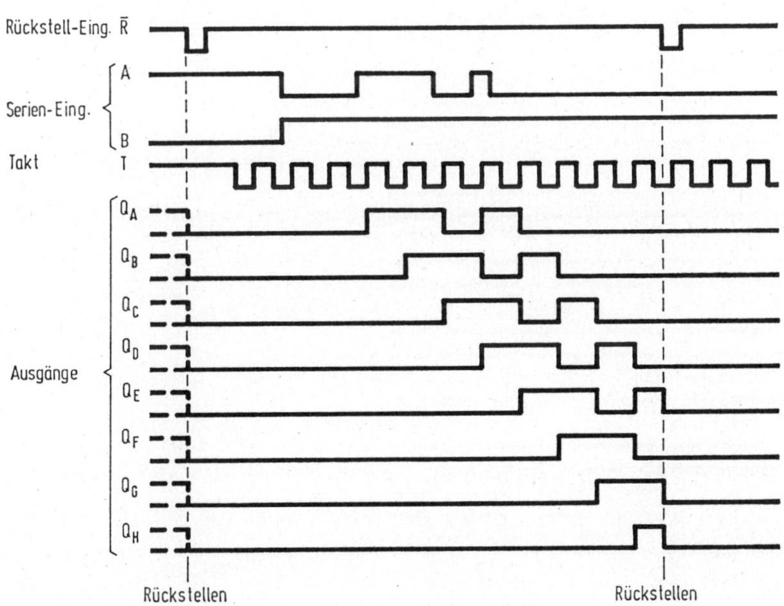

8-Bit-Schieberegister mit Paralleleingabe 74165

Der Baustein 74165 ist ein 8-Bit-Schieberegister, das abhängig vom Stell-Eingang $\overline{S}$ Daten parallel (bei L-Signal, taktunabhängig) über die Daten-Eingänge A bis H oder seriell (bei H-Signal, taktabhängig) über den Serien-Eingang J aufnimmt und am Ausgang Q_H seriell abgibt. H-Signal am Freigabe-Eingang FE sperrt den Takt T.

Die Funktion des Schieberegisters wird im Impulsdiagramm aufgezeigt.

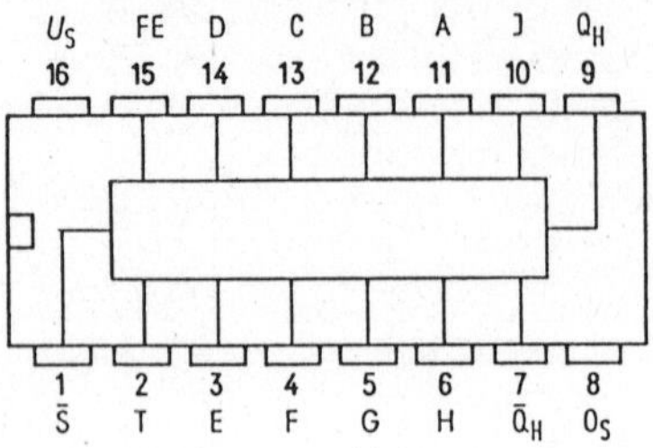

Anschlußanordnung
Ansicht von oben

Blockschaltbild

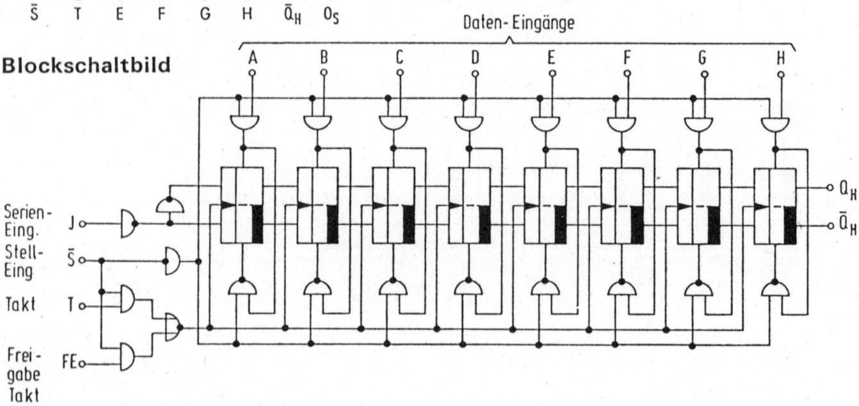

Impulsdiagramm

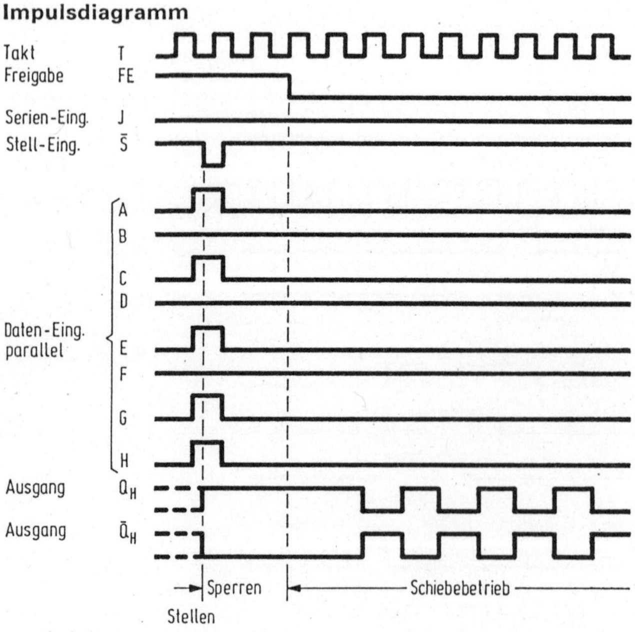

Decade, Divide-by-twelve, and Binary Counter 7493

COUNT SEQUENCE (See Note C)

COUNT	OUTPUT Q_D	Q_C	Q_B	Q_A
0	L	L	L	L
1	L	L	L	H
2	L	L	H	L
3	L	L	H	H
4	L	H	L	L
5	L	H	L	H
6	L	H	H	L
7	L	H	H	H
8	H	L	L	L
9	H	L	L	H
10	H	L	H	L
11	H	L	H	H
12	H	H	L	L
13	H	H	L	H
14	H	H	H	L
15	H	H	H	H

NOTES: A. Output Q_A is connected to input B for BCD count.
B. Output Q_D is connected to input A for bi-quinary count.
C. Output Q_A is connected to input B.
D. H = high level, L = low level, X = irrelevant

RESET/COUNT FUNCTION TABLE

RESET INPUTS $R_{0(1)}$	$R_{0(2)}$	OUTPUT Q_D	Q_C	Q_B	Q_A
H	H	L	L	L	L
L	X	COUNT			
X	L	COUNT			

functional block diagrams

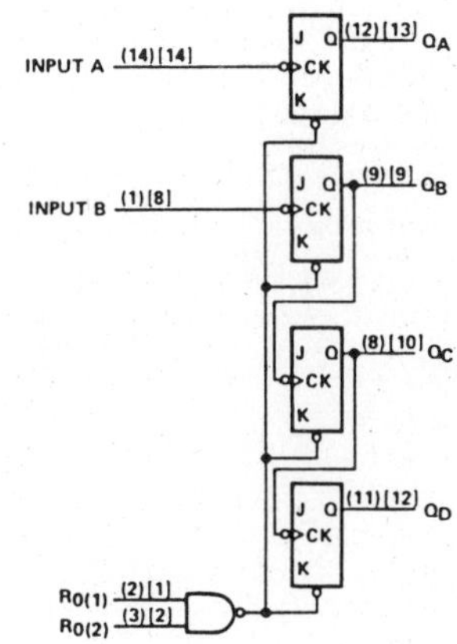

Mögliche Schaltung „Serieller Eingabeport":

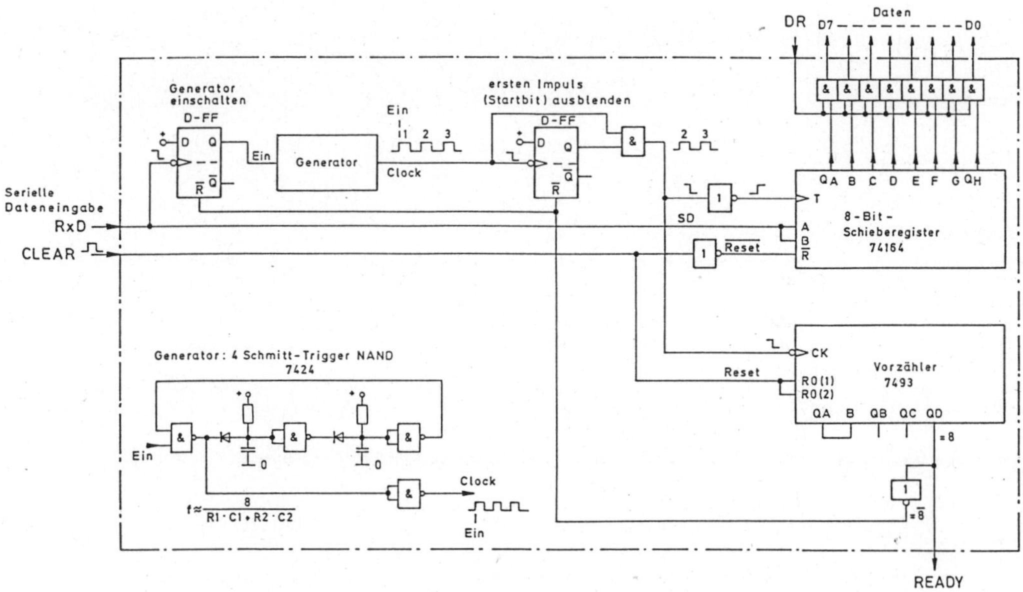

Ansteuerung des seriellen Eingabeports durch den Prozessor:

1. Abfrage durch den Prozessor, ob READY-Signal vorliegt.
2. Parallele Daten mit Signal DR lesen.
3. Port wieder in den aufnahmebereiten Zustand versetzen über einen Impuls CLEAR vom Prozessor.

   Dann können die nächsten seriellen Daten kommen.

8.3.3.3. Schaltung für seriellen Ausgabeport

Die Schaltung soll folgende Ein- und Ausgangssignale haben:

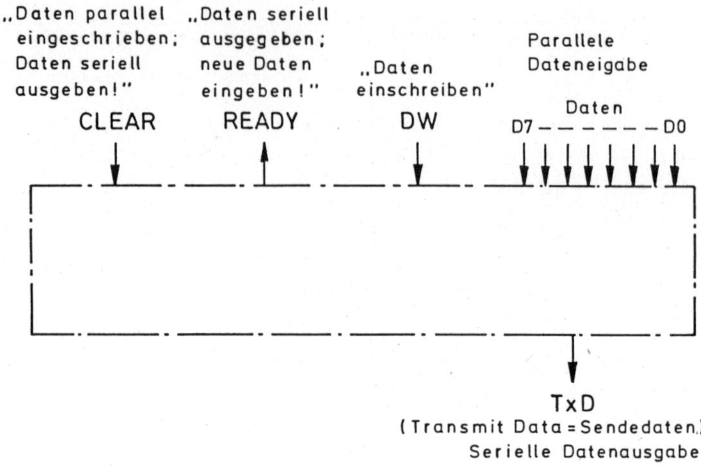

Mögliche Schaltung „Serieller Ausgabeport“:

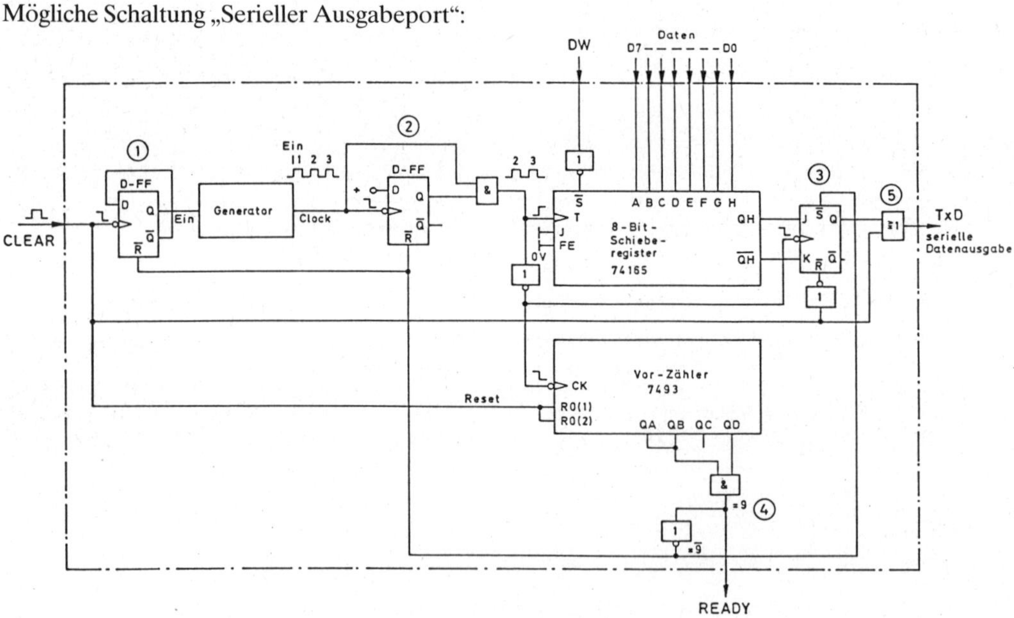

Ansteuerung des seriellen Ausgabeports durch den Prozessor:

1. Abfrage durch den Prozessor, ob die Daten seriell gesendet wurden und damit das Signal READY ansteht.
2. Daten parallel mit Signal DW in den Port schreiben.
3. Die Daten seriell abschicken durch einen Impuls vom Prozessor auf den CLEAR-Eingang.

Übung 8.1

Fragen zur Schaltung „Serieller Ausgabeport"

1. Welche Aufgabe hat das Flipflop ①?
2. Wozu dient das Flipflop ②?
3. Warum wurde das JK-Flipflop ③ eingefügt?
   Erklären Sie seine Aufgabe.
4. Warum zählt der Vor-Zähler ④ bis 9?
   Geben Sie die Erklärung an Hand des Signaldiagrammes „Serielle Daten mit Takt", S. 137.
5. Erklären Sie die Wirkung des ODER-Gatters ⑤.

8.3.4. Schieberegister als Verschiebespeicher

In der Lagertechnik besteht häufig die Aufgabe Paletten, Pakete oder andere Teile auf Transportbändern zu bestimmten Zielen zu befördern.

Beispiel

Postpaket-Sortieranlage

Bei der Post sollen die Pakete nach den Bestimmungsorten sortiert werden.

Eine Bedienungsperson liest den Bestimmungsort auf dem Paket ab und gibt ihn über Tasten in ein Schieberegister ein.

Dann legt sie das Paket auf ein Förderband.

Während das Paket auf dem Band weiterläuft, muß auch die Adresse des Bestimmungsortes im Schieberegister mitwandern.

Ist die Adresse erreicht, wird eine Weiche betätigt und das Paket wird ausgeschleust.

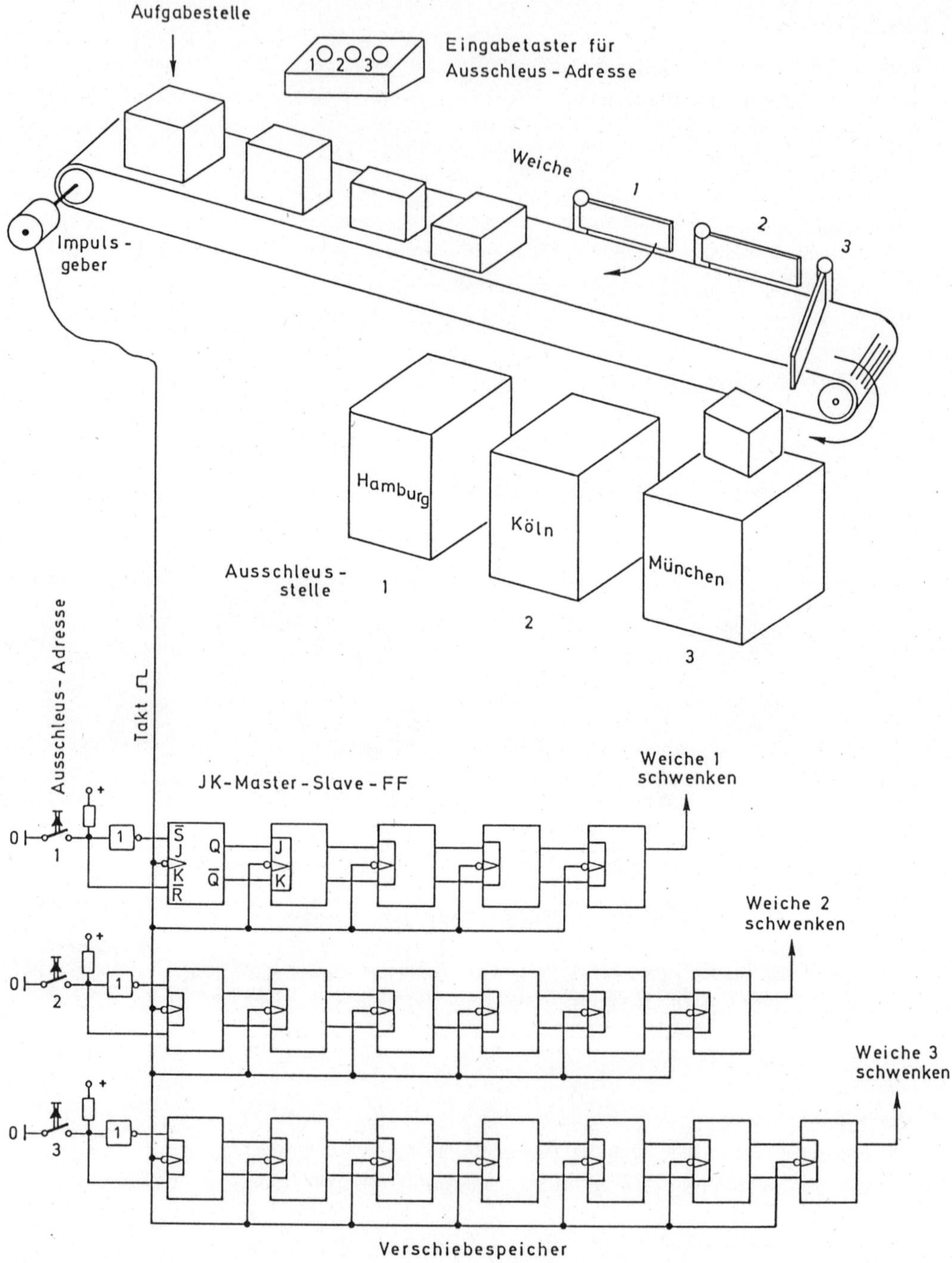

Bei einer größeren Anzahl Adressen ist es günstiger, diese in dual codierter Form einzugeben. Dadurch ergeben sich weniger Schieberegister.

Übung 8.2

Von einem Flughafen starten Maschinen für 15 verschiedene Flugrouten.

Das Gepäck der Passagiere wird in Empfang genommen und auf ein Förderband gestellt. Die Stewardeß tastet die jeweilige Flugroute auf einem Eingabepult ein. Das Gepäckstück wird daraufhin vom Zentralband zu einem von 15 Stichbändern transportiert, an deren Enden das Gepäck für die jeweilige Flugroute abgenommen und zum Flugzeug transportiert wird.

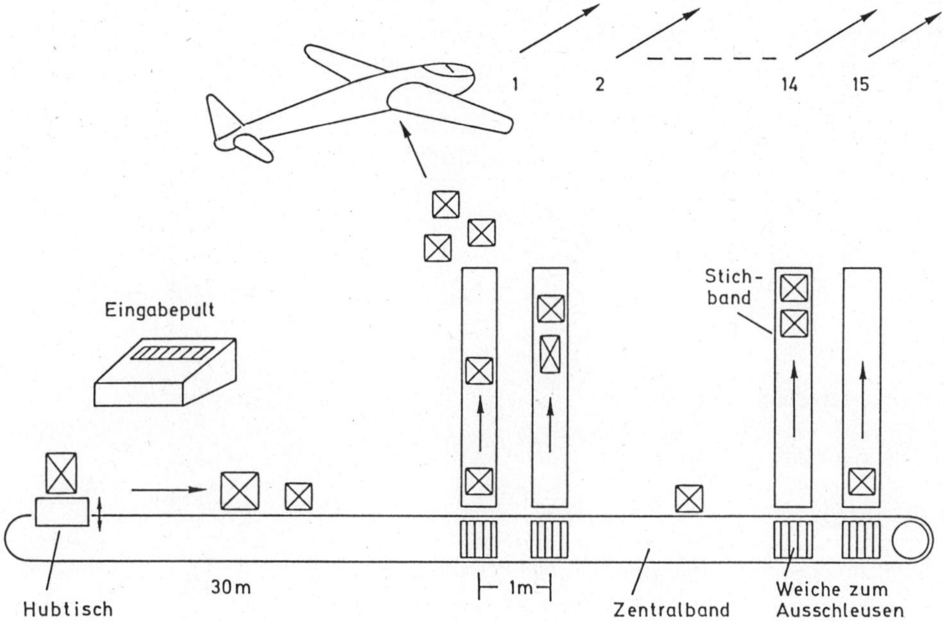

Der Mindestabstand der Gepäckstücke beträgt 1 m. Das Zentralband ist 45 m lang. Es können darauf maximal 45 Gepäckstücke liegen.

Ein am Antriebsmotor angebauter Impulsgeber liefert jedesmal einen Impuls, wenn sich das Band einen Meter weiterbewegt hat.

Die Schaltung für die Anlage ist zu entwerfen.

Blockschaltbild:

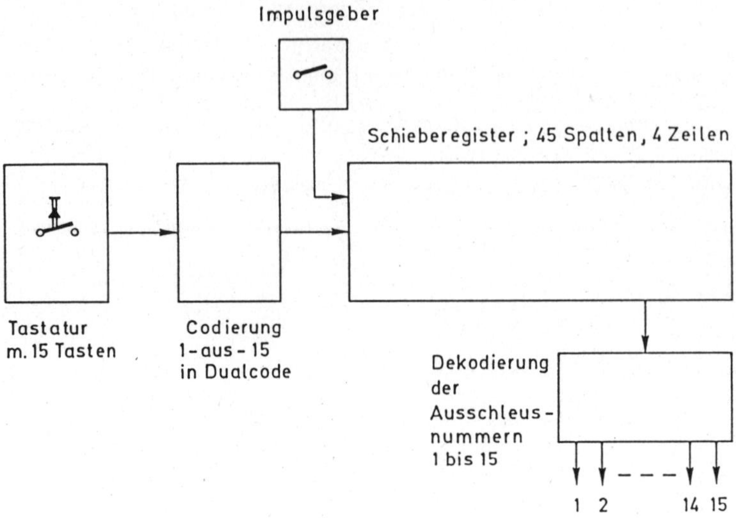

Lernzielorientierter Test

Eine 8stellige Information soll über eine größere Entfernung übertragen werden. Dazu steht ein Kabel mit 4 Adern zur Verfügung. (2 Adern für die Versorgungsspannung. 1 Datenleitung, 1 Taktleitung.)

Die Schaltung für die Sender- und Empfängerseite ist zu zeichnen.

Verwenden Sie dazu die Schieberegisterbausteine 74164 und 74165.

9. Codewandler

Lernziele:

Nach Durcharbeiten dieses Kapitels können Sie ...

1. Codier- und Dekodierschaltungen entwerfen zur Umwandlung von Zahlen im Dezimalcode, BCD-Code und Dualcode;
2. bestimmte Adressen, die auf einem Adreßbus anstehen, herausdekodieren;
3. Adreßdekoder für Ein- und Ausgabebaugruppen eines Mikrocomputers konstruieren;
4. den Lochkartencode lesen;
5. Zeichen im Fernschreibecode dekodieren;
6. Zeichen im ASCII-Code lesen;
7. den Tasten einer Tastatur den ASCII-Code zuordnen;
8. ASCII-Zeichen dekodieren.

9.0. Einführung

Unter Code ist die Zuordnung eines Zeichenvorrates zu einem anderen Zeichenvorrat, sowie die Darstellung von Ziffern und Zeichen zu verstehen.

Der Mensch ist gewohnt, Zahlen im Dezimalcode darzustellen. Mit den Dezimalzahlen verbinden sich bestimmte Mengen- und Größenvorstellungen.

Für die elektronische Verarbeitung von Daten ist der Dezimalcode jedoch nicht besonders gut geeignet, da er *zehn* verschiedene Zeichen hat, während die elektrischen und elektronischen Bauelemente, die zur Datenverarbeitung eingesetzt werden, in der Regel nur *zwei* verschiedene Zustände haben, mit denen man nur zwei Zeichen darstellen kann.

Daher bietet sich für die Datenverarbeitung von Zahlen der Dualcode an, der nur *zwei* Zeichen zur Darstellung benötigt. Zahlen im Dualcode sind jedoch für den Menschen nur schwierig lesbar, sie sind für ihn ungewohnt, und es verbindet sich mit ihnen keine Mengen- und Größenvorstellung.

Aus diesem Grunde müssen alle vom Menschen zu lesenden Zahlen bei der Ein- und Ausgabe im Dezimalcode dargestellt werden. Während die interne Datenverarbeitung meist in dem für die elektrischen Bauelemente günstigeren Dualcode erfolgt.

Verarbeitung von Zahlen:

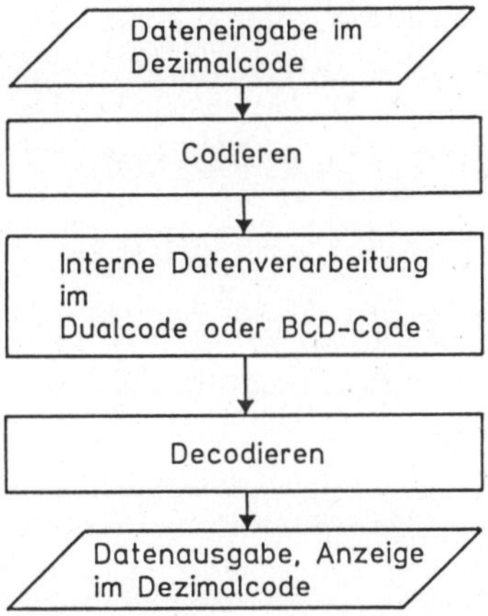

Das bedingt ein Codieren der Dezimalzahlen in den Dualcode bei der Eingabe und ein Decodieren der Dualzahlen in den Dezimalcode bei der Ausgabe oder der Anzeige der Daten.

Einen Kompromiß stellen die BCD-Codes (Binär Codiert Dezimal) dar, die dekadisch aufgebaut sind, jedoch innerhalb der Dekaden (Zehnergruppen) dual arbeiten. Ein Beispiel dafür ist der 8, 4, 2, 1-Code. Diese Codes können dekadenweise codiert bzw. dekodiert werden.

Die interne Datenverarbeitung ist etwas aufwendiger als beim Dualcode, der Codier- und Decodieraufwand ist jedoch wesentlich geringer.

Der Entwurf von Codier- und Decodierschaltungen soll an Hand verschiedener Beispiele gezeigt werden. Ebenso die Konstruktion von Codewandlern, die zur internen Datenumformung benötigt werden.

Beispiele für Codewandler:

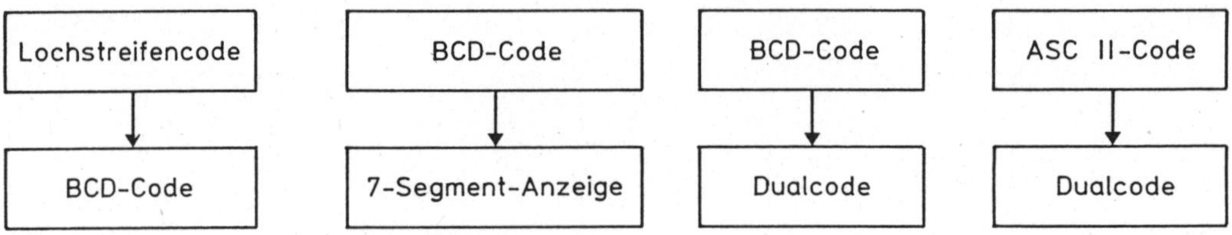

9.1. Codieren von Zahlen

Beim Codieren werden Dezimalzahlen in einen anderen Code umgeformt.

Der Schaltungsentwurf wird einfach, wenn die Umformung in zwei Schritte aufgeteilt wird.

Schritt 1: Umwandeln des Dezimalcodes in einen 1-aus-n-Code.

(*Eine* von n-Leitungen hat H-Signal.)

Schritt 2: Aus dem 1-aus-n-Code den gewünschten Code herleiten.

Der Entwurf von Codierschaltungen soll an zwei Beispielen gezeigt werden.

Schaltungsentwurf:

Schritt 1: Dezimalcodes → 1-aus-n-Code

Schritt 2: 1-aus-n-Code → gewünschter Code

Beispiel

Umformen des Dezimalcodes in den 8, 4, 2, 1-Code.

Der Dezimalcode ist dekadisch aufgebaut.

Der 8, 4, 2, 1-Code ist ein BCD-Code und ebenfalls dekadisch aufgebaut.

Bei diesem Beispiel genügt es, eine Codierschaltung für eine Dekade zu entwerfen, die dann für jede weitere Dekade verwendet werden kann.

Entwurf eines Codierers, Dezimalcode in 8, 4, 2, 1-Code.

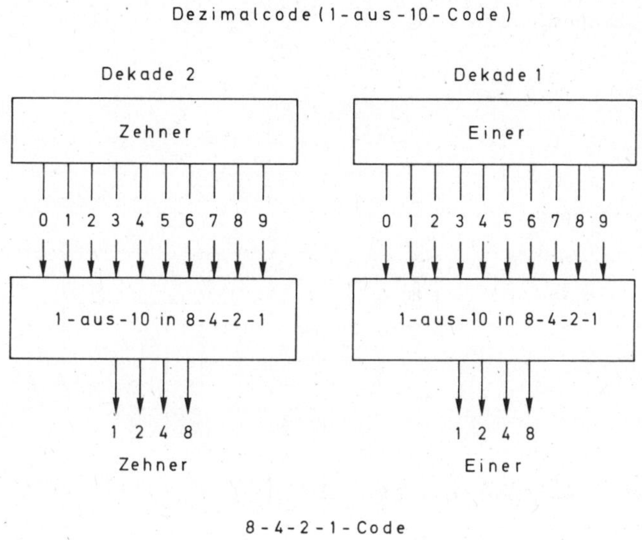

Da jede Dekade des Dezimalcodes bereits im 1-aus-10-Code codiert ist, fällt bei diesem Beispiel die Umwandlung in einen 1-aus-n-Code weg.

(1-aus-10-Code besagt, daß einer der 10 Ausgänge einer Dekade immer H-Signal hat.)

Die Arbeitstabelle für den Codierer lautet:

Arbeitstabelle:

Ziffer Z	A1	A2	A4	A8
0	L	L	L	L
1	H	L	L	L
2	L	H	L	L
3	H	H	L	L
4	L	L	H	L
5	H	L	H	L
6	L	H	H	L
7	H	H	H	L
8	L	L	L	H
9	H	L	L	H

Die zugehörigen schaltalgebraischen Gleichungen lauten:

Gleichungen:

A1 = Z1 ∨ Z3 ∨ Z5 ∨ Z7 ∨ Z9
A2 = Z2 ∨ Z3 ∨ Z6 ∨ Z7
A4 = Z4 ∨ Z5 ∨ Z6 ∨ Z7
A8 = Z8 ∨ Z9

Daraus ergibt sich folgende Codierschaltung:

Codierschaltung:

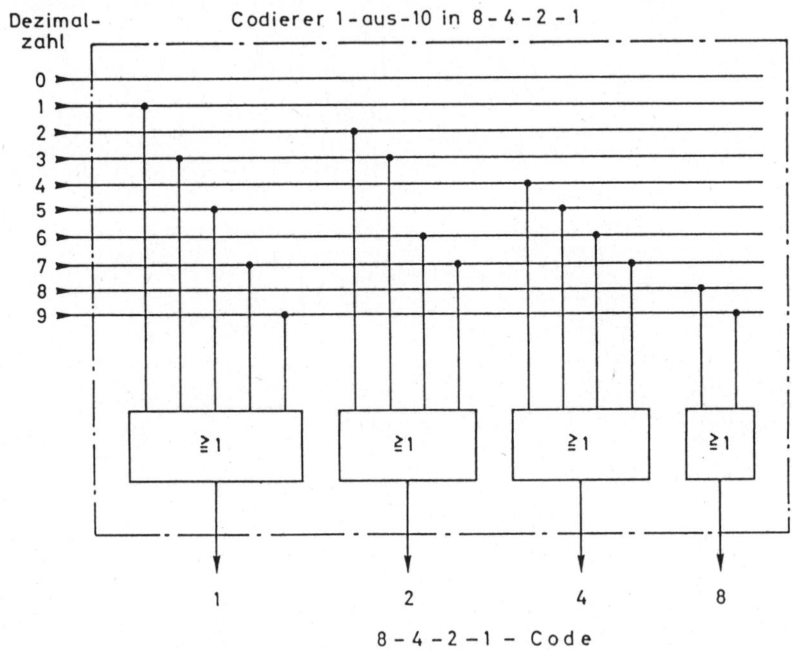

Beispiel

Die Dezimalzahlen 0 bis 15 sollen in den Dualcode umgeformt werden.

Bei der Lösung dieser Aufgabe kann in den angegebenen 2 Schritten vorgegangen werden.

Schritt 1: Umformen der Dezimalzahlen 0 bis 15 in einen 1-aus-15-Code.

Schritt 2: Umformen des 1-aus-15-Codes in den Dualcode.

Entwurf eines Codierers, Dezimalcode in Dualcode.

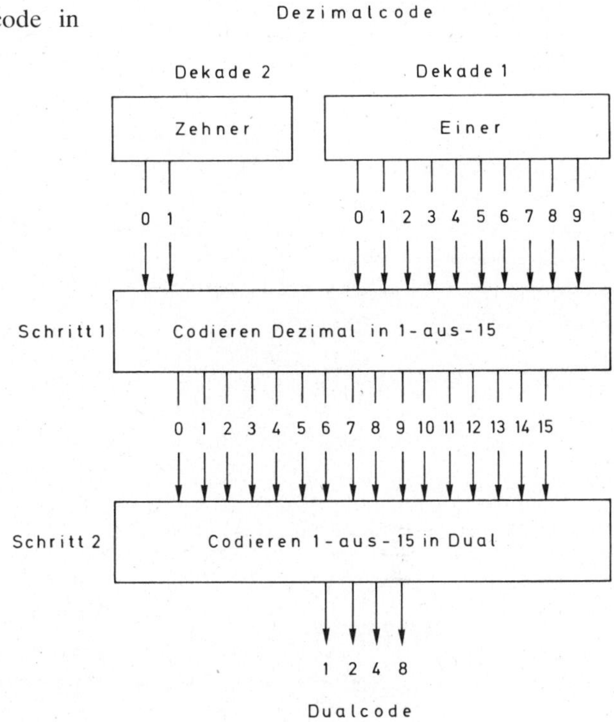

Die Arbeitstabelle für den Codierer, welcher die Dezimalzahlen in den 1-aus-15-Code umformt, lautet:

Arbeitstabelle:

Zehner Z	Einer E	0	1	2	3	4	5	6	7	8	9	10	11	12	13	14	15
0	0	H	L	L	L	L	L	L	L	L	L	L	L	L	L	L	L
0	1		H														
0	2			H													
0	3				H												
0	4					H											
0	5						H										
0	6							H									
0	7								H								
0	8									H							
0	9										H						
1	0											H					
1	1												H				
1	2													H			
1	3														H		
1	4															H	
1	5	L	L	L	L	L	L	L	L	L	L	L	L	L	L	L	H

Die nicht ausgefüllten Felder führen L-Signal.

Die schaltalgebraischen Gleichungen lauten:

Gleichungen:

$0 = Z0 \wedge E0$
$1 = Z0 \wedge E1$
$2 = Z0 \wedge E2$
|
|
|
$9 = Z0 \wedge E9$
$10 = Z1 \wedge E0$
$11 = Z1 \wedge E1$
|
|
|
$14 = Z1 \wedge E4$
$15 = Z1 \wedge E5$

Aus den Gleichungen ergibt sich folgende Schaltung:

Codierer: Dezimal- in 1-aus-15-Code.

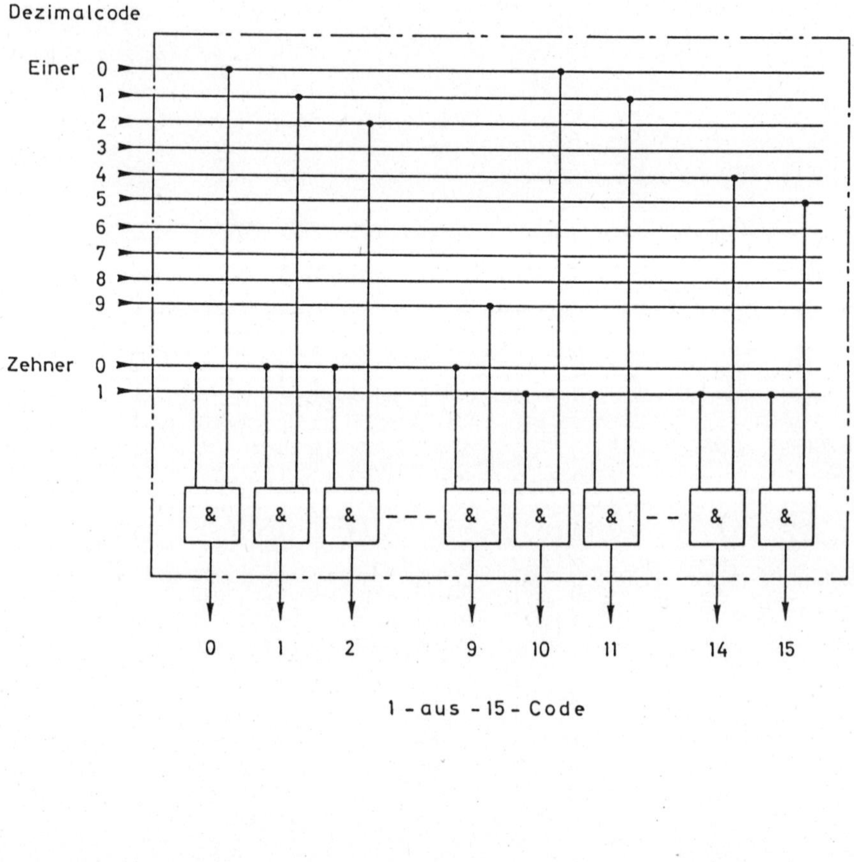

Die Arbeitstabelle für den Codierer, welcher den 1-aus-15-Code in den Dualcode umformt, lautet:

Arbeitstabelle:

1-aus-15-Code	Dual-Code A1	A2	A4	A8
0	L	L	L	L
1	H	L	L	L
2	L	H	L	L
3	H	H	L	L
4	L	L	H	L
5	H	L	H	L
6	L	H	H	L
7	H	H	H	L
8	L	L	L	H
9	H	L	L	H
10	L	H	L	H
11	H	H	L	H
12	L	L	H	H
13	H	L	H	H
14	L	H	H	H
15	H	H	H	H

Die schaltalgebraischen Gleichungen lauten:

Gleichungen:

$A1 = 1 \vee 3 \vee 5 \vee 7 \vee 9 \vee 11 \vee 13 \vee 15$
$A2 = 2 \vee 3 \vee 6 \vee 7 \vee 10 \vee 11 \vee 14 \vee 15$
$A4 = 4 \vee 5 \vee 6 \vee 7 \vee 12 \vee 13 \vee 14 \vee 15$
$A8 = 8 \vee 9 \vee 10 \vee 11 \vee 12 \vee 13 \vee 14 \vee 15$

Aus den Gleichungen ergibt sich folgende Schaltung:

Codierer: 1-aus-15 in Dualcode.

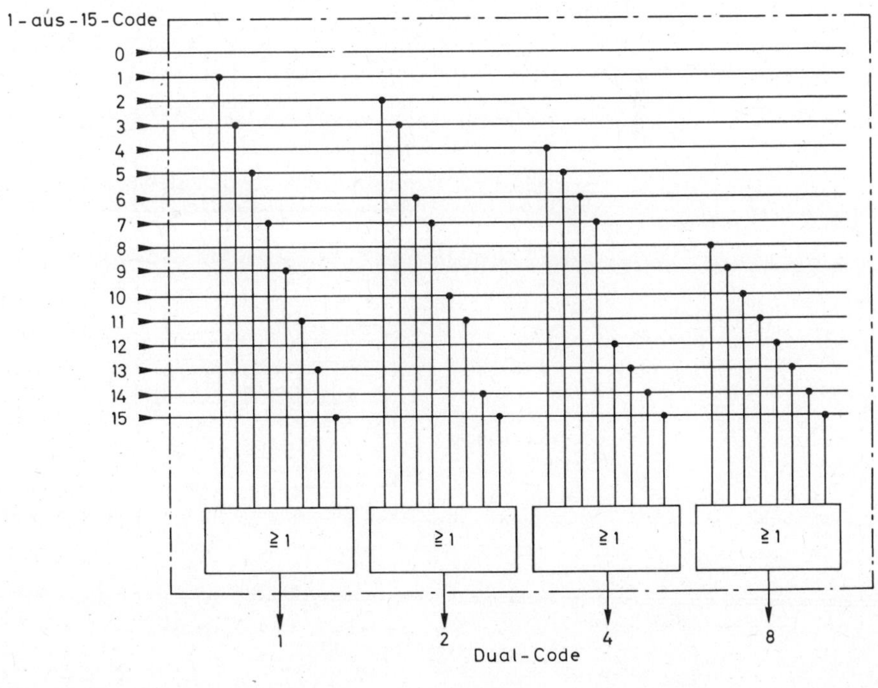

9.2. Decodieren von Zahlen

Beim Decodieren werden Zahlen aus einem beliebigen Code in Dezimalzahlen umgeformt.

Das Decodieren ist die Umkehr des Codierens. Beim Schaltungsentwurf wird deshalb am besten in umgekehrter Reihenfolge vorgegangen:

Schritt 1: Aus dem beliebigen Code einen 1-aus-n-Code herstellen.

Schritt 2: Den 1-aus-n-Code in den Dezimalcode umformen.

Schaltungsentwurf:

Schritt 1: beliebiger Code → 1-aus-n-Code

Schritt 2: 1-aus-n-Code → Dezimalcode

Beispiel

Die Ziffern 0 bis 15 des Dualcodes sollen in den Dezimalcode umgeformt werden, um sie mit Ziffernanzeigeröhren (Nixiröhren) anzuzeigen.

Entwurf eines Decodierers, Dualcode in Dezimalcode.

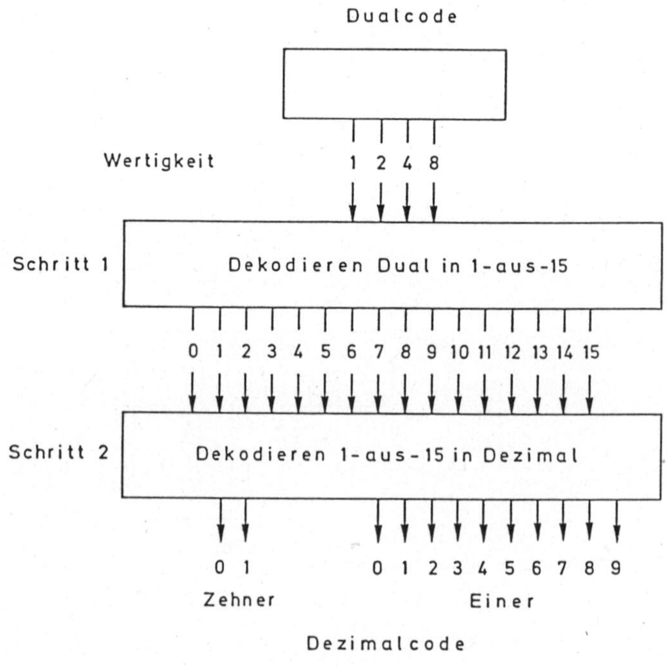

Die Arbeitstabelle für den Decodierer, welcher die Dualzahlen in den 1-aus-15-Code umformt, lautet:

Arbeitstabelle:

E1	E2	E4	E8	0	1	2	3	4	5	6	7	8	9	10	11	12	13	14	15
L	L	L	L	H	L	L	L	L	L	L	L	L	L	L	L	L	L	L	L
H	L	L	L		H														
L	H	L	L			H													
H	H	L	L				H												
L	L	H	L					H											
H	L	H	L						H										
L	H	H	L							H									
H	H	H	L								H								
L	L	L	H									H							
H	L	L	H										H						
L	H	L	H											H					
H	H	L	H												H				
L	L	H	H													H			
H	L	H	H														H		
L	H	H	H															H	
H	H	H	H	L	L	L	L	L	L	L	L	L	L	L	L	L	L	L	H

Die nicht ausgefüllten Felder führen L-Signal.

Die zugehörigen schaltalgebraischen Gleichungen lauten:

Gleichungen:

$$0 = \overline{E1} \wedge \overline{E2} \wedge \overline{E4} \wedge \overline{E8}$$
$$1 = E1 \wedge \overline{E2} \wedge \overline{E4} \wedge \overline{E8}$$

|
|
|

$$14 = \overline{E1} \wedge E2 \wedge E4 \wedge E8$$
$$15 = E1 \wedge E2 \wedge E4 \wedge E8$$

Aus den Gleichungen ergibt sich folgende Decodierschaltung:

Decodierer: Dualcode in 1-aus-15-Code.

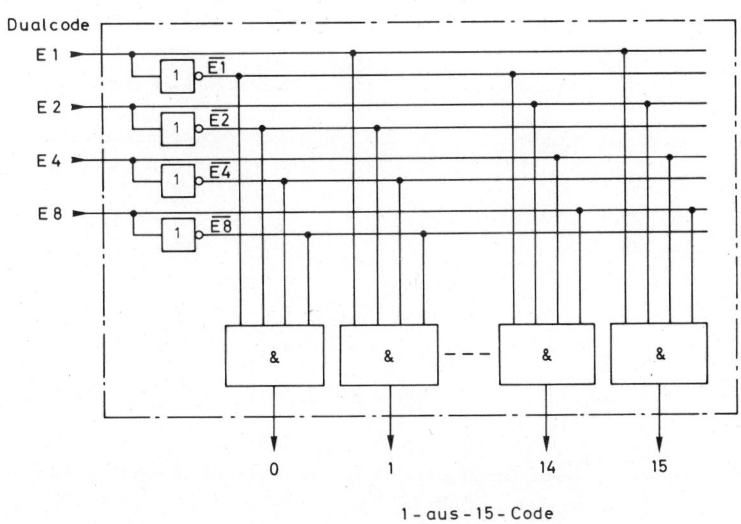

Die Arbeitstabelle für den Decodierer, welcher den 1-aus-15-Code in den Dezimalcode umformt, lautet:

Arbeitstabelle:

1-aus-15-Code	Dezimalzahl Zehner	Einer
0	0	0
1	0	1
2	0	2
3	0	3
4	0	4
5	0	5
6	0	6
7	0	7
8	0	8
9	0	9
10	1	0
11	1	1
12	1	2
13	1	3
14	1	4
15	1	5

Aus der Arbeitstabelle lassen sich folgende schaltalgebraische Gleichungen ableiten:

Gleichungen:

$Z0 = 0 \vee 1 \vee 2 \vee 3 \vee 4 \vee 5 \vee 6 \vee 7 \vee 8 \vee 9$
$Z1 = 10 \vee 11 \vee 12 \vee 13 \vee 14 \vee 15$

$E0 = 0 \vee 10$
$E1 = 1 \vee 11$
$E2 = 2 \vee 12$
$E3 = 3 \vee 13$
$E4 = 4 \vee 14$
$E5 = 5 \vee 15$
$E6 = 6$
$E7 = 7$
$E8 = 8$
$E9 = 9$

Mit Hilfe der Gleichungen läßt sich die Decodierschaltung entwerfen:

Decodierer: 1-aus-15-Code in Dezimalcode.

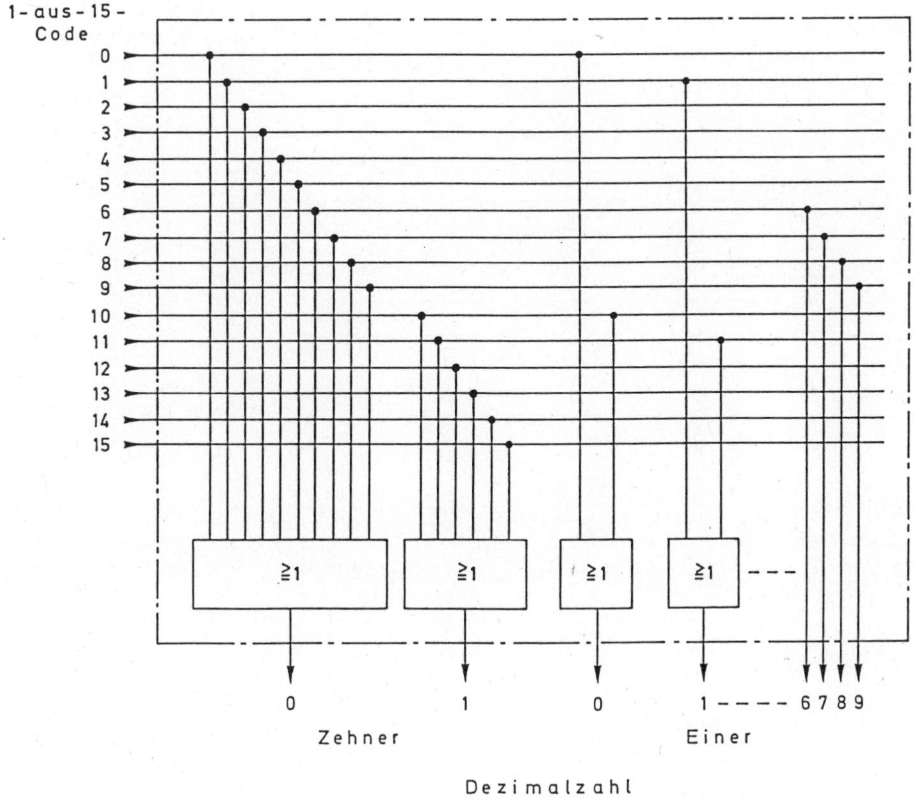

9.2.1. Adreß-Decoder

Beispiel

Ein Adreßbus umfaßt 5 Leitungen (A0 bis A4). Mit Hilfe des Adreßbusses sollen die Adressen im Arbeitsspeicher angesprochen werden, um daraus Informationen zu lesen oder unter der jeweils angewählten Adresse abzuspeichern.

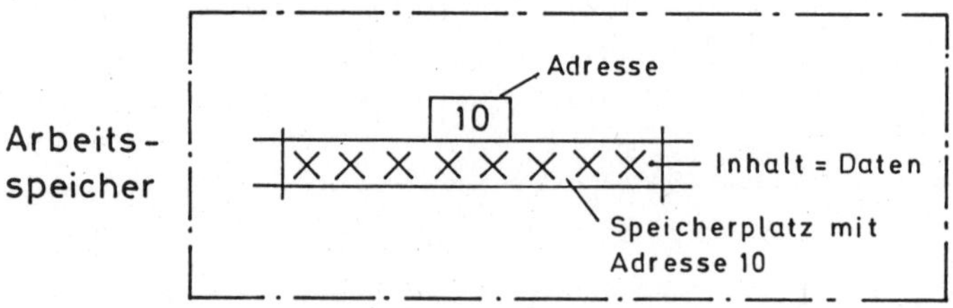

a) Wieviel Adressen können angesprochen werden?
Lösung: $2^5 = 32$
32 Adressen können angewählt werden.

b) Jede Adresse enthält eine 8-Bit-Information.
Wieviel Bit Speicherinhalt hat der Speicher?
Lösung: $32 \times 8 = 256$
Der Speicherinhalt beträgt 256 Bit.

c) Die Anwahl der 32 Adressen erfolgt über Zeilen- und Spaltenleitungen.
Von den 5 Leitungen des Adreßbusses gehen drei auf die Zeilenleitungen und zwei auf die Spaltenleitungen des Speichers.
Wieviel Zeilenleitungen können mit den drei Adern angesprochen werden?
Lösung: $3^2 = 8$
8 Zeilenleitungen können angewählt werden.
Wieviel Spaltenleitungen lassen sich mit den zwei Adreßleitungen beschalten?
Lösung: $2^2 = 4$
4 Spaltenleitungen lassen sich aus zwei Adreßleitungen herausdecodieren.

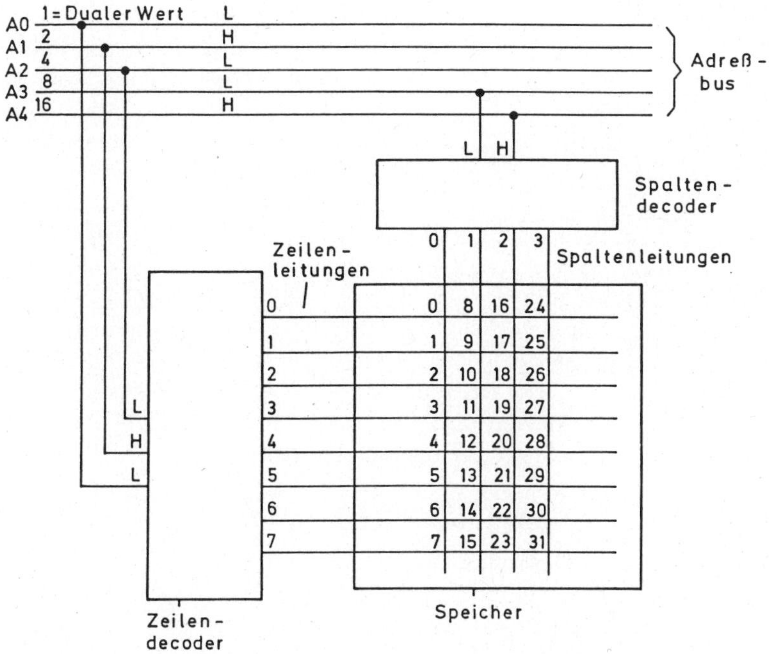

d) Welche Adresse (als Dezimalzahl) im Speicher wird bei den eingezeichneten Signalen auf dem Adreßbus angewählt?

Lösung:	1	2	4	8	16	= dualer Wert
	L	H	L	L	H	= Signale
	0+	2+	0+	0+	16	= 18 = Dezimalzahl

Adresse 18 wird angewählt.

e) Welche Zeilen- und Spaltenleitungen haben H-Signal?

Lösung: Zeilen:	1	2	4	= dualer Wert
	L	H	L	= Signale
	0+	2+	0	= 2 = Dezimalzahl

Da der Zeilendecoder die duale Wertigkeit in den Dezimalcode umformt, hat Zeilenleitung zwei H-Signal.

Spalten:	1	2	= dualer Wert
	L	H	= Signale
	0+	2	= 2 = Dezimalzahl

Die Spaltenleitung zwei hat H-Signal.

f) Bei welcher Speicheradresse kreuzen sich die Zeilen- und Spaltenleitungen mit H-Signal?
Lösung: bei Adresse 18.

g) Wie läßt sich über Zeilen- und Spaltenleitung die endgültige Adresse anwählen?

Lösung: Die endgültigen Adressen liegen an den Kreuzungspunkten der Zeilen- und Spaltenleitungen. Über eine UND-Bedingung an jedem Kreuzungspunkt können die Adressen angewählt werden.

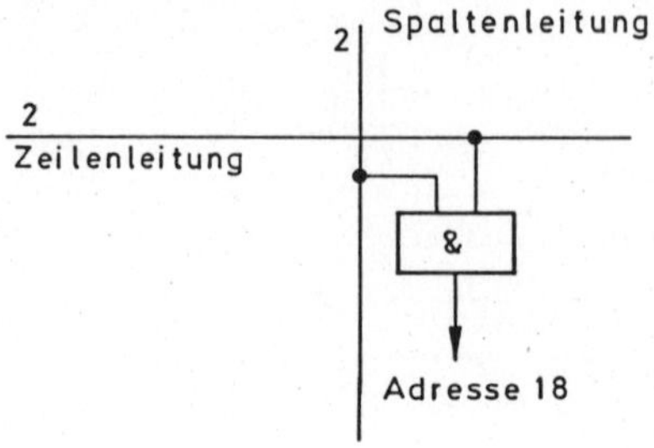

h) Entwerfen Sie die Schaltung für den Spaltendecoder in Logiksymbolen.

Lösung:

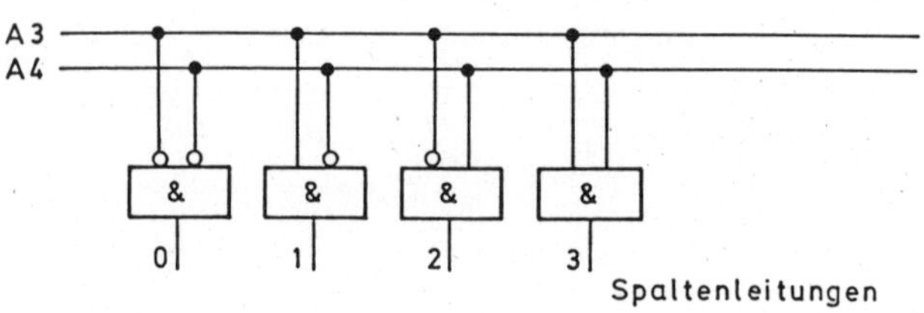

i) Entwerfen Sie die Schaltung für den Zeilendecoder in Logiksymbolen.

Lösung: (Schaltung selbst einzeichnen)

A0 ______________________

A1 ______________________

A2 ______________________

Bei der Adressenanwahl im Speicher wird die Decodierung der Signale, die auf dem Adreßbus im Dualcode anstehen, in der Regel auf zwei Decoder aufgeteilt; einer für die Zeilen- und einer für die Spaltenleitungen.

Die beschriebene Adreß-Decodierung ist schon in den integrierten Speicherbausteinen enthalten.

Ein Speicherbaustein mit einer Speicherkapazität von 2 KByte enthält 2048 Adressen. Jede Adresse beinhaltet 1 Byte oder 8 Bit.

Um 2048 Speicherstellen zu adressieren, benötigt man elf Adreßleitungen ($2^{11} = 2048$).

Der 2K-Speicherbaustein hat also elf Adreßanschlüsse (A0 bis A10). Die Decodierung der elf Adreßleitungen auf die 2048 Adressen ist im Speicherbaustein enthalten.

Übung 9.1

Ein Adreßbus umfaßt sieben Adreßleitungen (dualcodiert). Damit sollen Speicherbausteine mit je 32 Adressen angewählt werden.

Die Speicherbausteine beinhalten die Spalten- und Zeilendecoder. Sie werden also im Dualcode angewählt.

a) Wieviel Adreßanschlüsse hat ein Speicherbaustein?
Wieviel Speicherbausteine können angeschlossen werden?
Wieviel Adressen lassen sich damit anwählen?

b) Jeder Speicherbaustein hat einen CS = Chip-Select-Eingang. Damit kann der gesamte Baustein ein- oder abgeschaltet werden.

CS = H-Signal: Der Baustein wird zugeschaltet.
CS = L-Signal: Der Baustein wird abgeschaltet (über interne UND-Gatter).

Mit Hilfe des CS-Eingangs kann über den Adreßbus einer der Speicherbausteine angewählt werden.

Entwerfen Sie die Schaltung einschließlich der Decodierung für die CS-Eingänge.

Prinzipskizze:

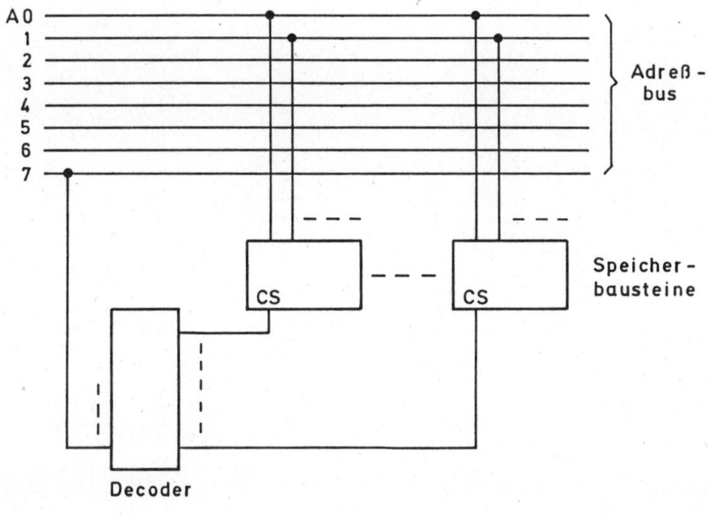

Übung 9.2

Eine Ausgabe-Baugruppe (Out-Port) soll die Adresse FE haben.

Die Ausgabe-Baugruppe soll freigegeben werden, falls diese Adresse auf dem Adreßbus mit den Leitungen A0 bis A7 ansteht.

Als zusätzliche Bedingung muß jedoch auch das Signal I/OW (In-Out-Write = Ein-Ausgabe-Schreiben) auf einer Steuerbus-Leitung auf Low gehen.

Bei richtiger Adresse und anstehendem Steuersignal soll die Schaltung das Ausgangssignal „Freigabe“ liefern.

9.3. Codewandeln

Einige Codes eignen sich besonders gut für bestimmte Anwendungszwecke, oder sie haben sich zur Lösung bestimmter Aufgaben durchgesetzt und sind deshalb stark verbreitet, so daß es für sie fertige Baugruppen wie Codewandler, Anzeigeeinrichtungen und Eingabeeinrichtungen gibt.

Es empfiehlt sich daher für den Anwender, solche gängigen Codes zu verwenden.

Sind für einen speziellen Anwendungsfall keine fertigen Codewandler erhältlich, dann muß die Schaltung nach den unter den Kapiteln Codieren und Decodieren gegebenen Empfehlungen selbst entworfen und aus Einzelbausteinen zusammengestellt werden.

Es kann wieder in zwei Schritten vorgegangen werden.

Schritt 1: Umwandeln des gegebenen Codes in einen 1-aus-n-Code.

Schritt 2: Den 1-aus-n-Code in den gewünschten Code umwandeln.

Übung 9.3

Der Inhalt eines zweidekadigen Zählers soll über Sieben-Segment-Anzeigen angezeigt werden.

BCD-Zähler

↓

BCD-Dekoder-Treiber

↓

Sieben-Segment-Anzeige

Verwenden Sie dazu die im Kapitel „Zähler" gegebenen Datenblätter.

Nachfolgend finden Sie Datenblätter eines Dekoder-Bausteines.

Zeichnen Sie die Bausteine als Blockschaltbild. Bezeichnen Sie die Bausteine mit dem Typ, den Anschlußbezeichnungen sowie den Anschlußnummern.

BCD-7-Segment-Dekoder und Treiber mit offenem Kollektorausgang mit 30 V/20 mA

Der Baustein 7446 nimmt binär-codierte 4-Bit-Worte auf, dekodiert sie abhängig von den Bedingungseingängen (A, B, C, D, BI, RBI, LT) und steuert über die Ausgänge a, b, c, d, e, f, g die Segmente einer 7-Segment-Anzeigeröhre an.

Durch den Übertragungseingang zur Nullausblendung RBI wird bei L-Signal die Null-Anzeige unterdrückt. Bei mehrstelligen Zahlen wird durch den Übertragungsausgang zur Nullausblendung RBQ (mit Eingang BI intern verbunden) eine automatische Null-Austastung über mehrere Dekaden ermöglicht. Durch Eingang Ausblendung BI erfolgt generelle Dunkeltastung, durch Eingang Lampen-Test LT erfolgt eine Kontrolle der Anzeigeröhre (Helltastung aller Segmente).

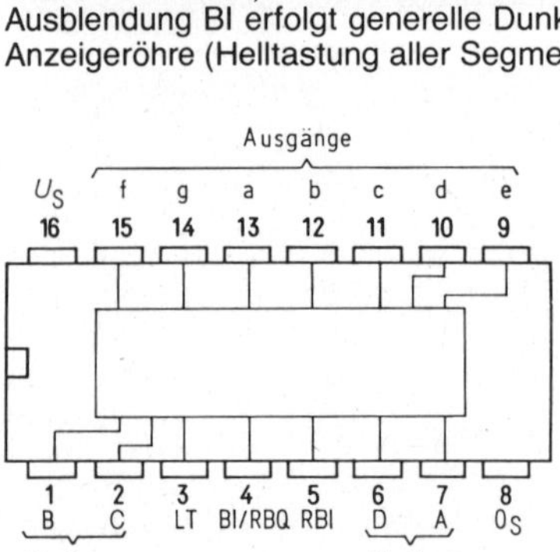

Anschlußanordnung
Ansicht von oben

Blockschaltbild

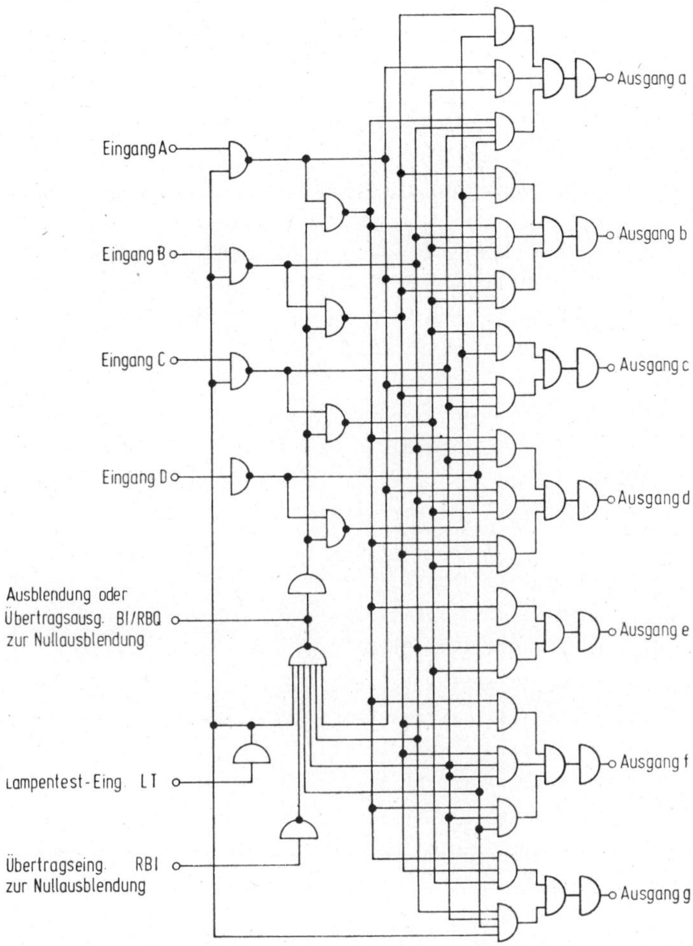

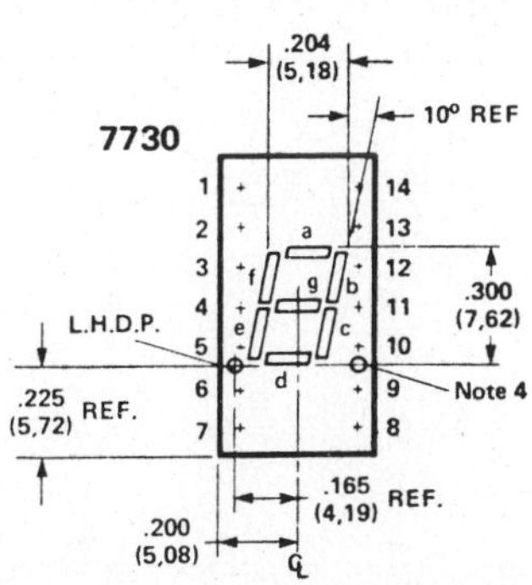

PIN	
1	CATHODE - a
2	CATHODE - f
3	ANODE [3]
4	NO PIN
5	NO PIN
6	CATHODE - dp
7	CATHODE - e
8	CATHODE - d
9	NO CONN.
10	CATHODE - c
11	CATHODE - g
12	NO PIN
13	CATHODE - b
14	ANODE [3]

9.4. Gebräuchliche Codes in der Datenverarbeitung

9.4.1. Lochkartencode

In Datenverarbeitungsanlagen werden nicht nur Zahlen, sondern auch Texte verarbeitet.

Ein klassischer, alphanumerischer Code ist der Lochkartencode.

Ursprünglich wurde die Lochkarte nur zur Speicherung und Verarbeitung von Ziffern konzipiert.

Durch drei zusätzliche Zonenlochungen schuf man nachträglich die Möglichkeit, auch Buchstaben und Sonderzeichen auf der Karte unterzubringen.

Lochkarte mit Lochkartencode:

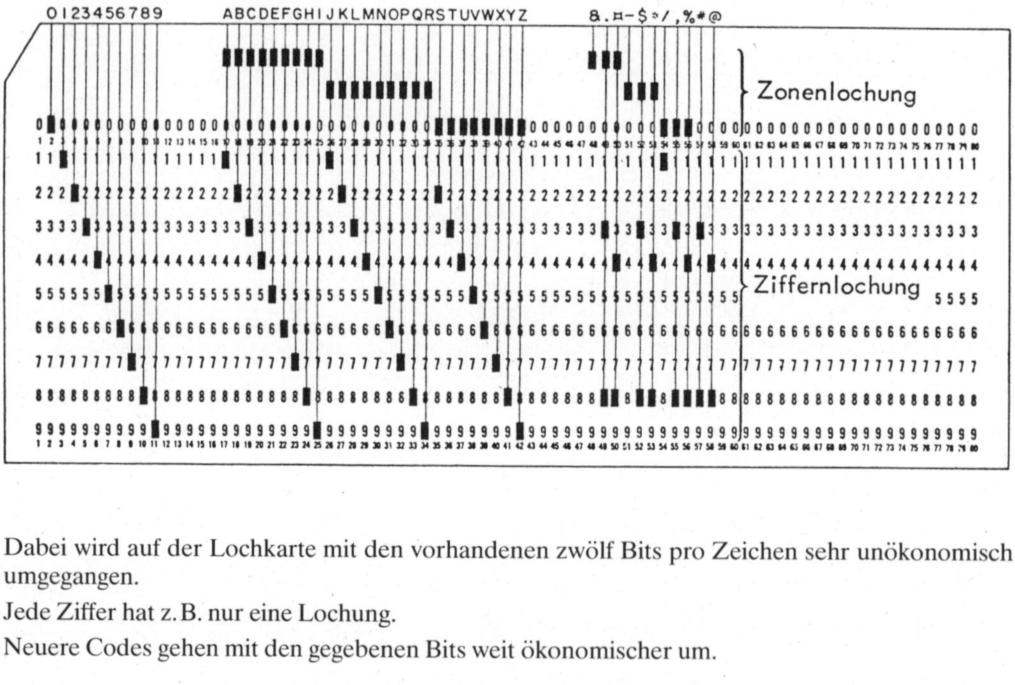

Dabei wird auf der Lochkarte mit den vorhandenen zwölf Bits pro Zeichen sehr unökonomisch umgegangen.

Jede Ziffer hat z. B. nur eine Lochung.

Neuere Codes gehen mit den gegebenen Bits weit ökonomischer um.

Für die deutsche Sprache werden die folgenden Zeichen benötigt:

10 Codewörter für die Dezimalziffern 0 bis 9
26 Codewörter für die Großbuchstaben A bis Z
26 Codewörter für die Kleinbuchstaben a bis z
10 Codewörter für die Satzzeichen
6 Codewörter für Maschinenkommandos, um den Text ausdrucken zu können.

Zur binären Codierung dieser 78 Zeichen sind mindestens sieben Bit erforderlich.

Mit einem 7-Bit-Code lassen sich maximal 128 Bitmuster und damit 128 Zeichen darstellen.

9.4.2. Fernschreibcode ASCII

Dieser amerikanische Fernschreibcode (american standard code for information interchange) hat große Bedeutung gewonnen, da bei den aus den USA stammenden Computern Fernschreibmaschinen als Ein- und Ausgabegeräte verwendet wurden.

Heute geben die meisten Eingabetastaturen ihre Zeichen im ASCII-Code aus.

Der ASCII-Code benutzt 7 Bit zur Codierung von 128 Zeichen. Jedes Codezeichen kann durch ein Prüfbit auf eine gerade Anzahl H-Signale ergänzt werden (parity check even).

ASCII-Code-Tabelle, internationale Referenzversion

				Bit								
				b_7	0	0	0	0	1	1	1	1
				b_6	0	0	1	1	0	0	1	1
				b_5	0	1	0	1	0	1	0	1
b_4	b_3	b_2	b_1	Zeile \ Spalte	0	1	2	3	4	5	6	7
0	0	0	0	0	NUL	TC_7(DLE)	SP	0	@	P	`	p
0	0	0	1	1	TC_1(SOH)	DC_1	!	1	A	Q	a	q
0	0	1	0	2	TC_2(STX)	DC_2	"	2	B	R	b	r
0	0	1	1	3	TC_3(ETX)	DC_3	#	3	C	S	c	s
0	1	0	0	4	TC_4(EOT)	DC_4	$	4	D	T	d	t
0	1	0	1	5	TC_5(ENQ)	TC_8(NAK)	%	5	E	U	e	u
0	1	1	0	6	TC_6(ACK)	TC_9(SYN)	&	6	F	V	f	v
0	1	1	1	7	BEL	TC_{10}(ETB)	'	7	G	W	g	w
1	0	0	0	8	FE_0(BS)	CAN	(	8	H	X	h	x
1	0	0	1	9	FE_1(HT)	EM	)	9	I	Y	i	y
1	0	1	0	A	FE_2(LF)	SS	*	:	J	Z	j	z
1	0	1	1	B	FE_3(VT)	ESC	+	;	K	[	k	{
1	1	0	0	C	FE_4(FF)	IS_4(FS)	,	<	L	\	l	|
1	1	0	1	D	FE_5(CR)	IS_3(GS)	–	=	M	]	m	}
1	1	1	0	E	SO	IS_2(RS)	.	>	N	∧	n	‾
1	1	1	1	F	SI	IS_1(US)	/	?	O	_	o	DEL

Bedeutung der Steuerzeichen:

Befehl	Bedeutung Amerikanisch/Englisch	Deutsch
NL	null (idle)	Null
SOM	start of message	Beginn der Nachricht
STX	start of text	Beginn des Textes
ETX	end of text	Ende des Textes
EOT	end of transmission	Ende der Übertragung
ENQ	enquiry	Anfrage (Wer da?)
ACK	acknowledge	Bestätigung
BEL	bell	Klingel
BS	back space	Rückschritt
HT	horizontal tabulation	horizontale Tabellierung

▷

Befehl	Bedeutung Amerikanisch/Englisch	Deutsch
LF	line feed	Zeilenvorschub
VT	vertical tabulation	vertikale Tabellierung
FF	form feed	
CR	carriage return	Wagenrücklauf
SO	shift out	Ausrücken
SI	shift in	Einrücken
DLE	data link escape	
DC 1	device control 1 (e.g. reader on)	Geräte-Steuersignal 1 (z.B. Leser ein)
DC 2	device control 2 (e.g. tape on)	Geräte-Steuersignal 2 (z.B. Band ein)
DC 3	device control 3 (e.g. reader off)	Geräte-Steuersignal 3 (z.B. Leser aus)
DC 4	device control 4 (e.g. tape off)	Geräte-Steuersignal 4 (z.B. Band aus)
NAK	negative acknowledge	Fehlermeldung
SYN	synchronous idle	
ETB	end of transmission block	Ende eines Übertragungsblocks
CAN	cancel	Widerruf
EM	end of medium	
SS	start of special sequence	
ESC	escape	
FS	file separator	Block-Trennzeichen
GS	group separator	Gruppen-Trennzeichen
RS	record separator	
US	unit separator	
SP	space	Zwischenraum

Übung 9.4

Fragen zum ASCII-Code.

1. Was macht das Prüfbit?
2. Schreiben Sie das Bitmuster für den Buchstaben B heraus.
3. Schreiben Sie die Bitmuster für die Zahlen 0 bis 9.
4. Welche Spalten beinhalten die eigentlichen Zahlen?
5. Schreiben Sie die Zahl 523 nebeneinander
   a) im vollständigen ASCII-Code
   b) nur den eigentlichen Zifferteil.
6. In welchem Code werden die Zahlen im Zifferteil dargestellt?
7. Die Bits b1 bis b4 haben folgende Signale: X X X 1 0 0 1
   Welche Bedeutungen kann dieses Bitmuster haben?

8. Schreiben Sie für folgende Zeichen den ASCII-Code und dessen hexadezimale Verschlüsselung

Zeichen	ASCII	Hex
A	1 0 0 0 0 0 1	4 1
1		
a		
DEL		
*		
5		

9.4.2.1. ASCII-Tastatur

Ansicht der Tasten mit Beschriftung:

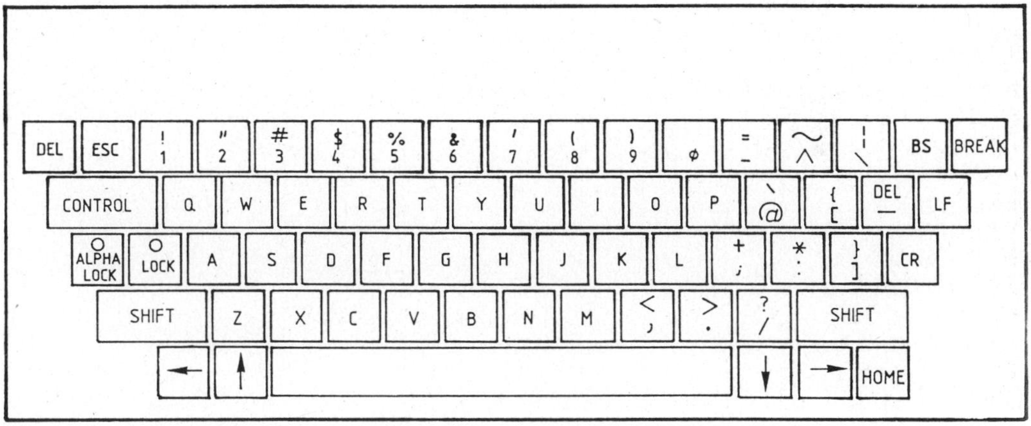

Verschlüsselung der Tasten:
(Der ASCII-Code wird auf den Tasten hexadezimal dargestellt)

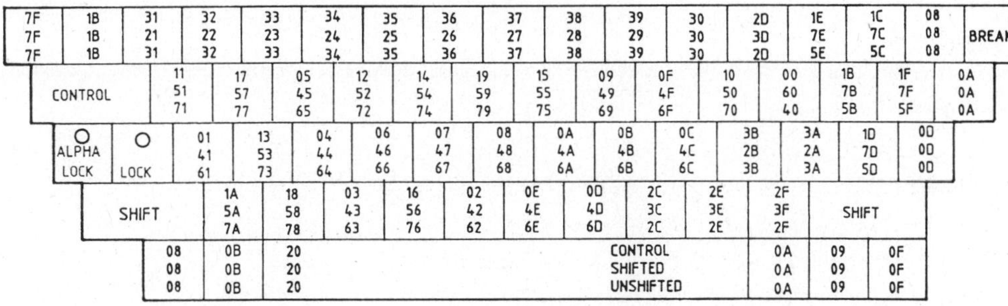

Mit der Tastatur lassen sich alphanumerische Zeichen, Sonderzeichen und Steuerzeichen erzeugen.

Mit dem Drücken einer Taste wird das entsprechende Bitmuster im ASCII-Code erzeugt. Der ASCII-Code ist hexadezimal verschlüsselt auf jeder Taste angegeben.

Wie man sieht, beinhaltet jede Taste drei ASCII-Zeichen. Das obere Zeichen einer Taste erscheint auf den Ausgangsleitungen der Tastatur, wenn die Taste und gleichzeitig die Taste CONTROL gedrückt wird; das mittlere Zeichen, wenn die Taste und gleichzeitig die Taste SHIFT gedrückt wird.

Wird nur die jeweilige Taste allein gedrückt, dann wird das untere Bitmuster ausgegeben:

Beispiel

Taste	Hex-Code	Bitmuster	ASCII-Zeichen
B allein	6 2	1 1 0 0 0 1 0	b
B und SHIFT	4 2	1 0 0 0 0 1 0	B
B und CONTROL	0 2	0 0 0 0 0 1 0	STX

Übung 9.5

1. Ergänzen Sie die Tabelle.

Taste	Hex-Code	Bitmuster	ASCII-Zeichen
L allein			
	6 5		
		0 1 1 0 1 1 0	
			U
			0 (Null)
→ allein			
S und SHIFT			

2. Welche Bits werden mit den Tasten CONTROL und SHIFT umgeschaltet? Welche Bits bleiben unverändert?

Lernzielorientierter Test

1. Taschenrechner

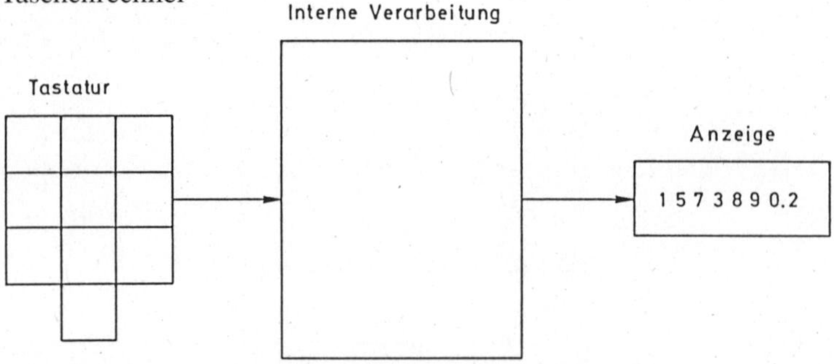

a) Kreuzen Sie an, wo eine Codewandlung stattfindet.
b) Geben Sie die möglichen Codes vor und nach der Umwandlung an.

2. Der Inhalt eines Speichers, in dem Zahlen im 8, 4, 2, 1-Code abgespeichert sind, soll durch 7-Segment-Anzeigen angezeigt werden.

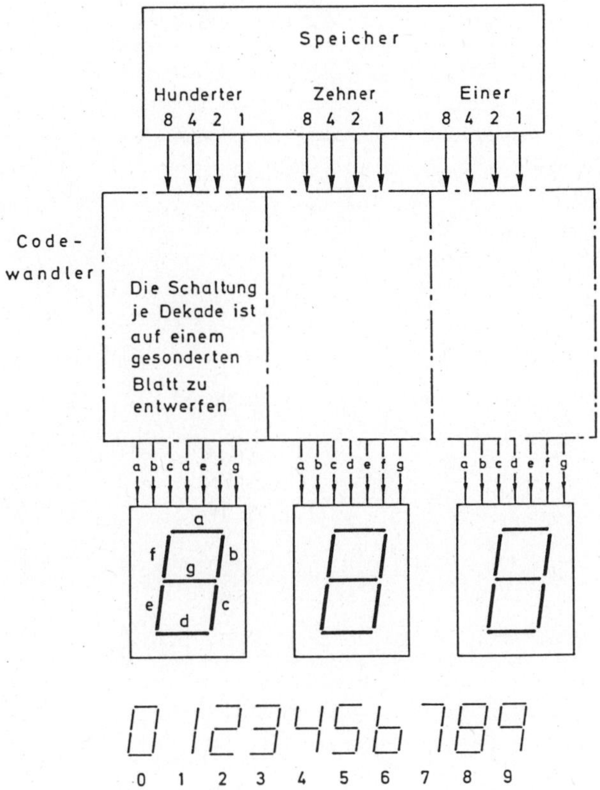

Entwerfen Sie die Schaltung des Codewandlers.

3. Entwerfen Sie die Decoderschaltung für folgende ASCII-Zeichen:

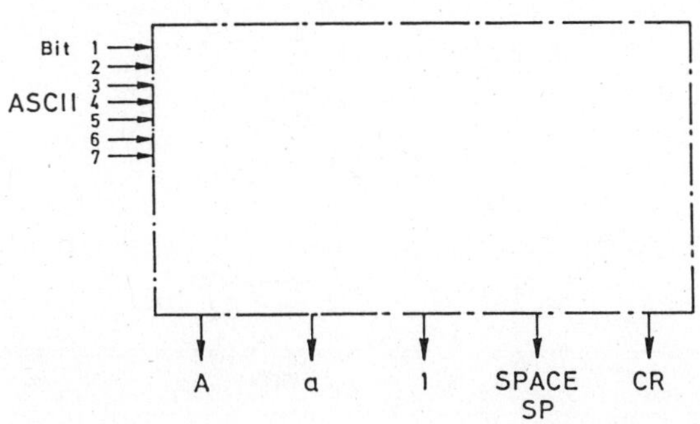

4. Konstruieren Sie eine Schaltung, die erkennt, daß es sich bei dem anstehenden Bitmuster im ASCII-Code um eine Ziffer handelt.

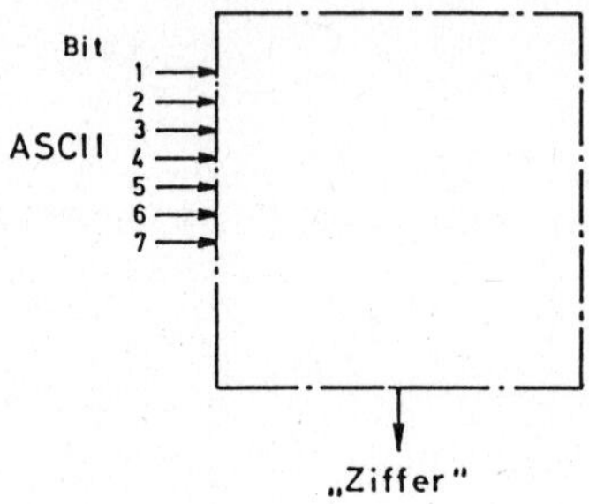

Schaltung:

10. Vergleichs- und Rechenwerke

Lernziele:

Nach Durcharbeiten dieses Kapitels können Sie ...

1. Anwendungsfälle für Vergleicher und Addierbausteine nennen;
2. Vergleicher und Addierbausteine zur Lösung von Aufgaben aus der Digitaltechnik sowie der Datenverarbeitung einsetzen;
3. Dualzahlen addieren und subtrahieren;
4. Rechenwerke für Addition und Subtraktion von Dualzahlen konstruieren;
5. angeben, wie negative Zahlen im Rechner dargestellt werden;
6. Dualzahlen multiplizieren und dividieren;
7. Korrekturen bei der Addition von BCD-Zahlen durchführen.

10.1. Vergleicher

Vergleicher werden in elektronischen Datenverarbeitungsanlagen sowie in der digitalen Steuer- und Regeltechnik eingesetzt. Der einfache Vergleicher prüft zwei Werte im Dualcode oder BCD-Code auf Gleichheit; der Größer-Kleiner-Vergleicher stellt außerdem fest, welcher der beiden Werte größer bzw. kleiner ist.

Anwendung in der EDV:

Eine Programmentscheidung wird mit Hilfe eines Vergleichers getroffen.

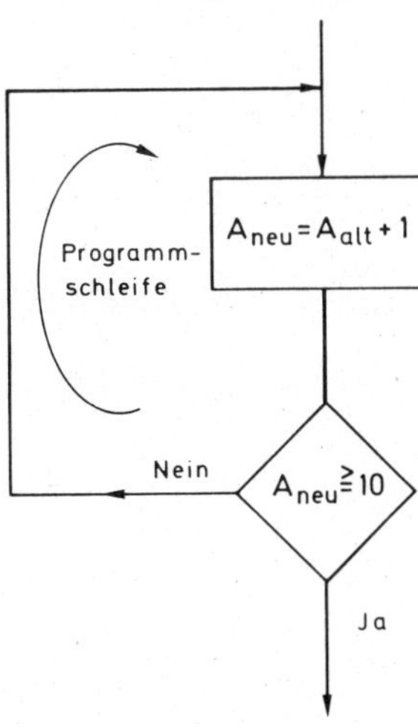

Die Programmschleife wird verlassen, wenn der Wert A gleich 10 oder größer als 10 ist.

Anwendung in der Steuer- und Regelungstechnik:

Ein einfacher Vergleicher ist dann einzusetzen, wenn der Istwert sich, ausgehend von der gleichen Ausgangsstellung, dem Sollwert immer aus der gleichen Richtung mit konstanter Geschwindigkeit nähert.

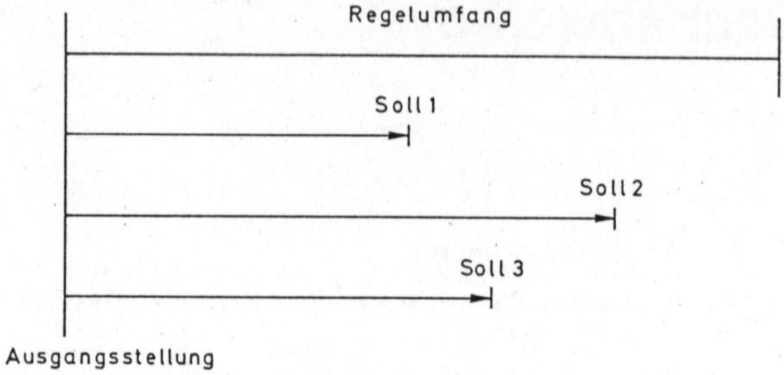

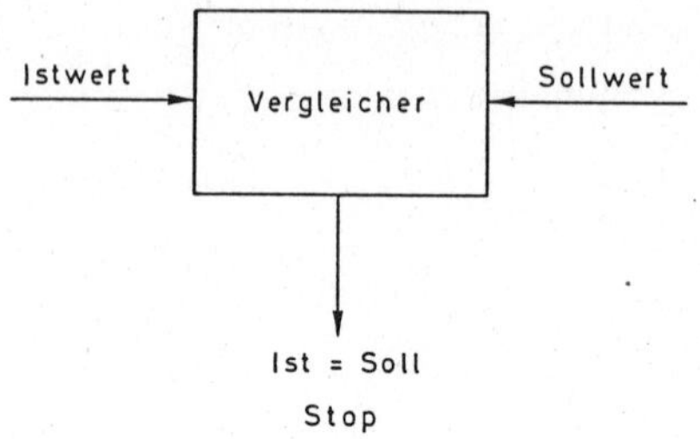

Ein Größer-Kleiner-Vergleicher wird benötigt, wenn mit konstanter Geschwindigkeit von jeder beliebigen Ausgangsstellung zu jedem beliebigen Sollwert gefahren werden soll.

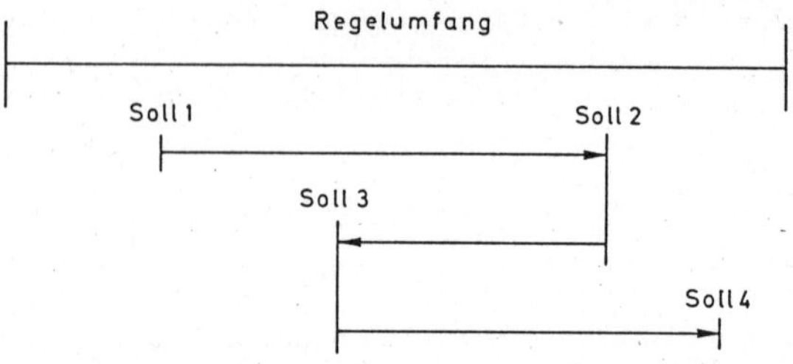

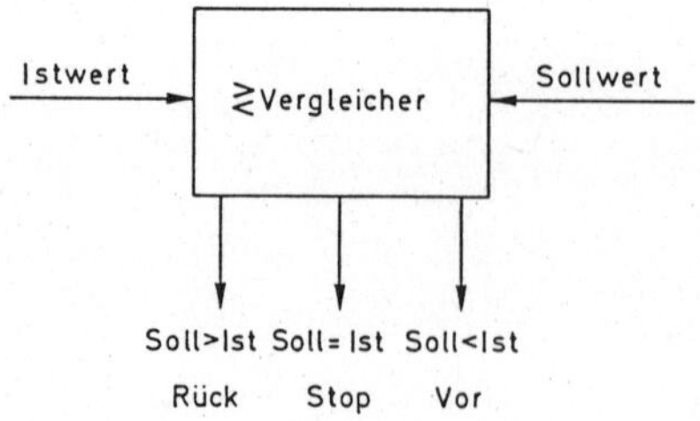

10.1.1. Einfacher Vergleicher

Vergleicher prüfen 2 Werte auf Gleichheit und geben ein Ausgangssignal, wenn die beiden Werte gleich sind.

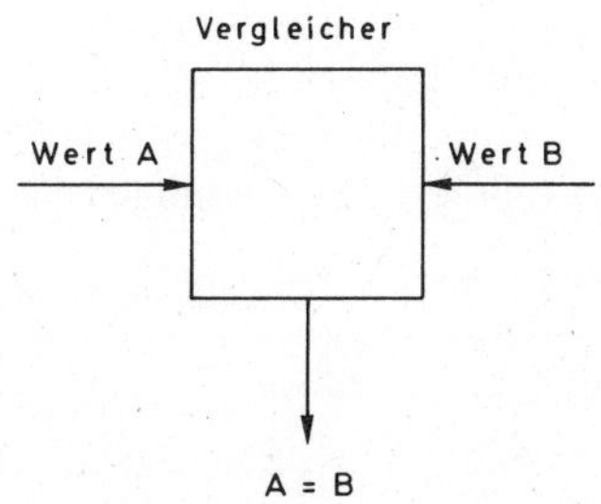

Sollen Werte, die aus mehreren Binärstellen bestehen, miteinander verglichen werden, wird der Vergleich Stelle für Stelle durchgeführt.

Das hat den Vorteil, daß nur ein Vergleicher für eine Stelle entworfen werden muß.

Ist eine Stelle gleich, gibt sie den Vergleich für die nächste Stelle frei.

Vergleicher für mehrere Binärstellen:

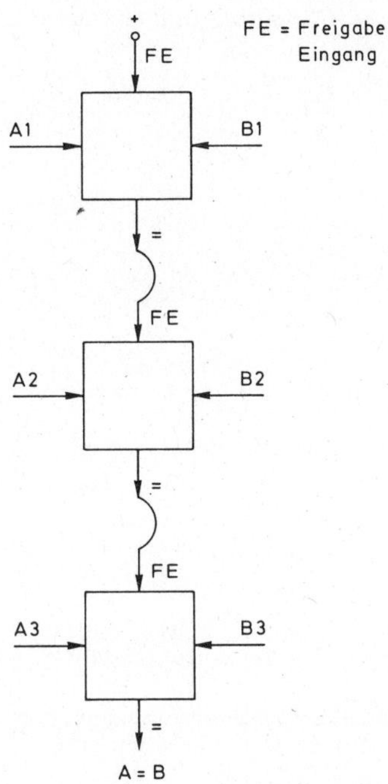

Der Vergleicher für eine Binärstelle hat nebenstehende Ein- und Ausgangssignale.

Vergleicher für eine Binärstelle:

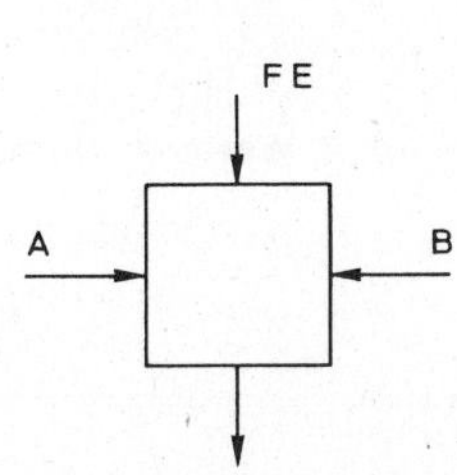

Aus der geforderten Funktion ergibt sich die Arbeitstabelle.

FE = L: Der Baustein ist nicht freigegeben; das Ausgangssignal ist L.

FE = H: Der Baustein ist freigegeben; bei A gleich B liefert der Ausgang H-Signal.

Arbeitstabelle:

FE	A	B	=	
L	L	L	L	nicht freigegeben
L	L	H	L	
L	H	L	L	
L	H	H	L	
H	L	L	H	freigegeben
H	L	H	L	
H	H	L	L	
H	H	H	H	

Aus der Wahrheitstabelle ergibt sich die schaltalgebraische Gleichung und daraus die Innenschaltung des Bausteins.

Gleichung:

$$(=) = (FE \wedge \overline{A} \wedge \overline{B}) \vee (FE \wedge A \wedge B)$$

Schaltung:

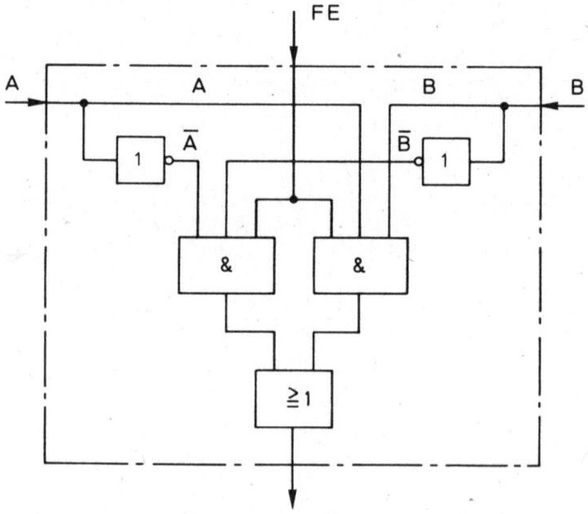

10.1.2. Größer-Kleiner-Vergleicher

Während der einfache Vergleicher nur auf Gleichheit prüft, stellt der Größer-Kleiner-Vergleicher (≷-Vergleicher) zusätzlich fest, welcher der zu vergleichenden Werte größer bzw. kleiner ist.

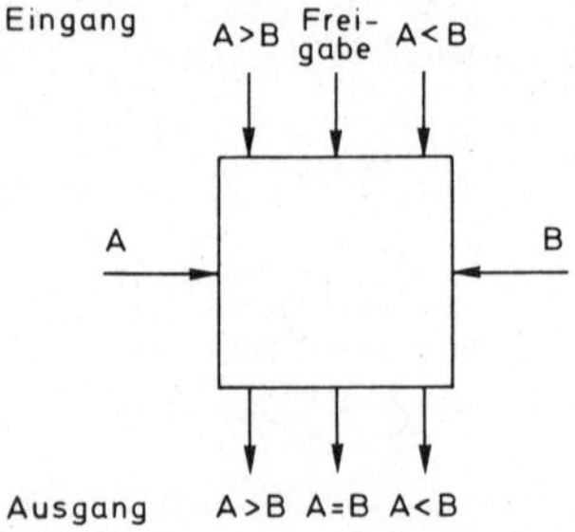

Sollen Werte, die aus mehreren Binärstellen bestehen, miteinander verglichen werden, wird der Vergleich Stelle für Stelle durchgeführt.

Dabei wird der Vergleich bei der Stelle mit der höchsten Wertigkeit begonnen.

Ist diese Stelle gleich, wird die Stelle mit der nächstniedrigen Wertigkeit freigegeben.

Das wird so lange fortgeführt, bis eine Stelle ungleich meldet. Da die Summe der Wertigkeiten aller nachfolgenden Stellen kleiner ist als die Wertigkeit der Stelle, die ungleich meldet, gibt diese Auskunft über die Gesamtzahl.

Die nachfolgenden Wertigkeiten werden deshalb gar nicht mehr miteinander verglichen.

Vergleichsprinzip:

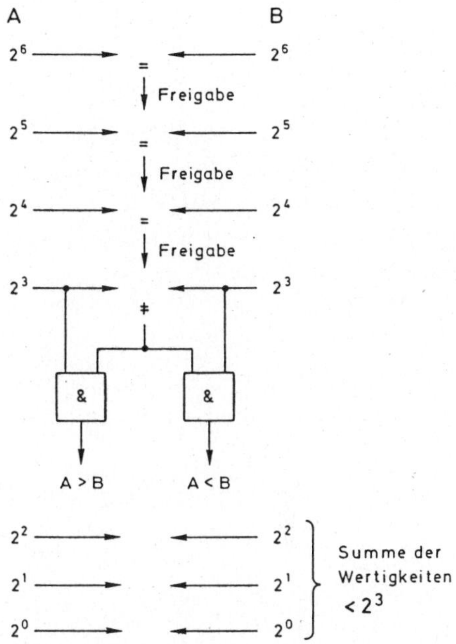

≷-Vergleicher für eine Binärstelle:

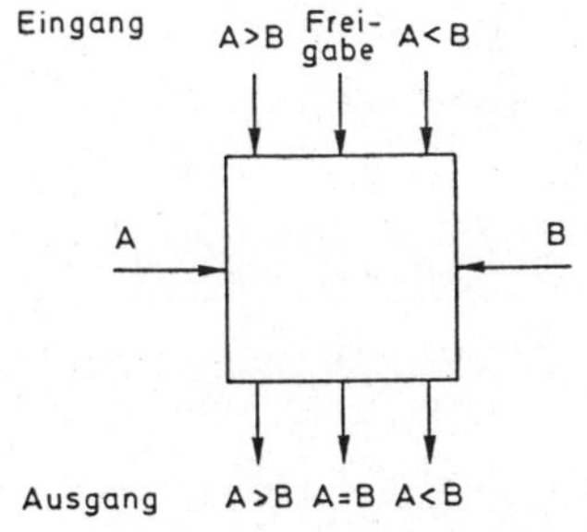

Mögliche Schaltung:

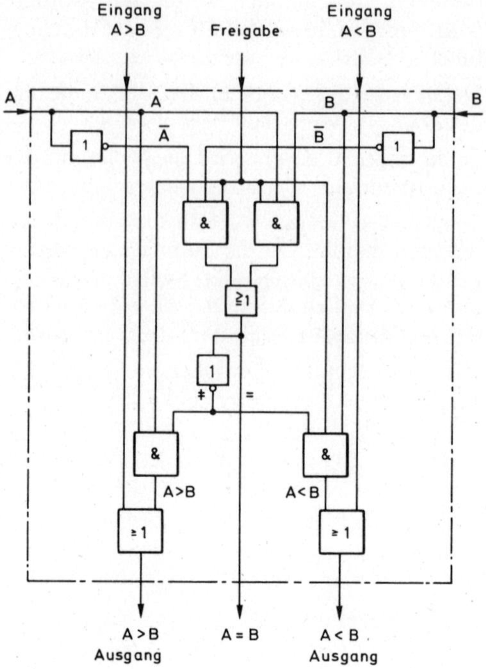

≷-Vergleicher eignen sich zum Vergleich von Zahlen, die in steigender Wertigkeit aufgebaut sind.

Das sind z. B. Zahlen im
- Dualcode
- 8, 4, 2, 1-Code
- Aiken-Code
- 3-Exzeß-Code

≷-Vergleicher für *n* Binärstellen:

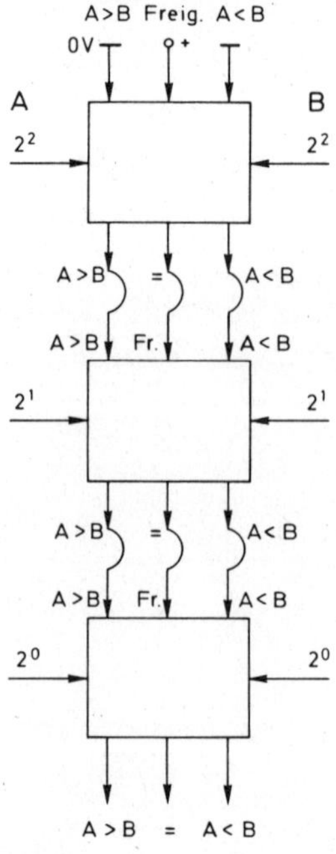

Übung 10.1

Mit den TTL-Bausteinen SN 7485 ist ein ≷-Vergleicher für eine 3dekadige Zahl im 8,4,2,1-Code aufzubauen.

Die Schaltung ist zu zeichnen. Ein- und Ausgangssignale sind zu bezeichnen.

4-Bit-Komparator 7485

Der Baustein 7485 vergleicht zwei binär-codierte 4-Bit-Wörter (Wort A und Wort B) und unterscheidet in drei Aussagen: A > B, A = B, A < B.

Dieser Baustein kann ohne zusätzliche Logik durch die drei Übertragungseingänge zum Vergleich zweier Wörter beliebiger Bitzahl erweitert werden. Dabei erhöht sich für jedes weitere 4-Bit-Wort die Verzögerungszeit um die Durchlaufzeit zweier Gatter. Beispielsweise werden beim Vergleich zweier 8-Bit-Wörter typ. 38 ns erzielt. Typ. Durchlaufverzögerung für 4-Bit-Wörter: 24 ns.

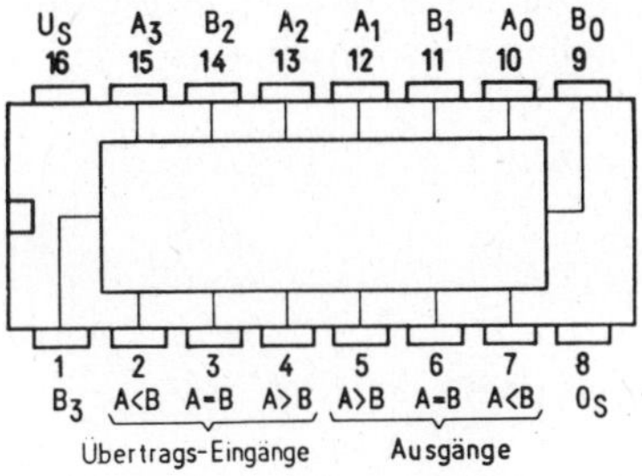

Anschlußanordnung
Ansicht von oben

Logisches Verhalten

Daten-Eingänge				Übertrags-Eingänge			Ausgänge		
A_3, B_3	A_2, B_2	A_1, B_1	A_0, B_0	A>B	A<B	A=B	A>B	A<B	A=B
$A_3 > B_3$	X	X	X	X	X	X	H	L	L
$A_3 < B_3$	X	X	X	X	X	X	L	H	L
$A_3 = B_3$	$A_2 > B_2$	X	X	X	X	X	H	L	L
$A_3 = B_3$	$A_2 < B_2$	X	X	X	X	X	L	H	L
$A_3 = B_3$	$A_2 = B_2$	$A_1 > B_1$	X	X	X	X	H	L	L
$A_3 = B_3$	$A_2 = B_2$	$A_1 < B_1$	X	X	X	X	L	H	L
$A_3 = B_3$	$A_2 = B_2$	$A_1 = B_1$	$A_0 > B_0$	X	X	X	H	L	L
$A_3 = B_3$	$A_2 = B_2$	$A_1 = B_1$	$A_0 < B_0$	X	X	X	L	H	L
$A_3 = B_3$	$A_2 = B_2$	$A_1 = B_1$	$A_0 = B_0$	H	L	L	H	L	L
$A_3 = B_3$	$A_2 = B_2$	$A_1 = B_1$	$A_0 = B_0$	L	H	L	L	H	L
$A_3 = B_3$	$A_2 = B_2$	$A_1 = B_1$	$A_0 = B_0$	L	L	H	L	L	H

X ≙ L- oder H-Signal

Übung 10.2

Es ist eine digitale Regelung für eine Blechschere zu entwerfen.

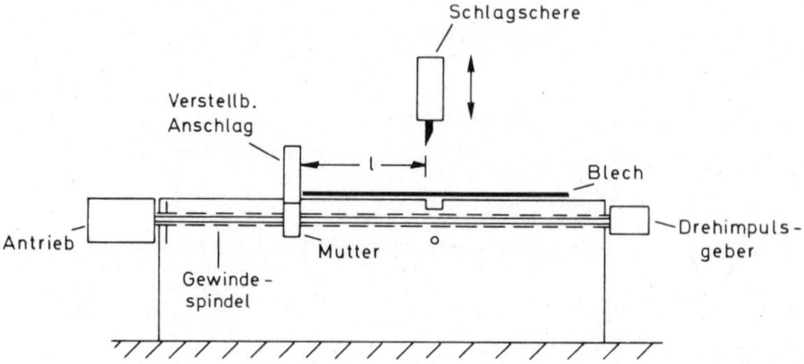

Die Länge l des Bleches soll auf Dekadenschaltern eingestellt werden. Die maximale Länge beträgt 999 mm. Die kleinste einstellbare Einheit beträgt 1 mm.

Der Istwert, die Stellung des Anschlages, wird über den Drehimpulsgeber gemeldet. Die Impulse des Gebers sollen auf einen Vor/Rück-Zähler gehen, der die Stellung des Anschlages elektronisch nachbildet.

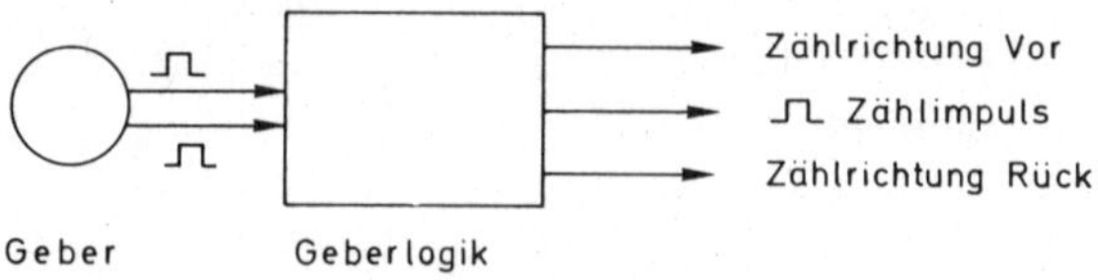

Der Istwert soll über einen Vergleicher mit dem auf den Dekadenschaltern eingestellten Sollwert verglichen werden.

Blockschaltbild der Regelung.

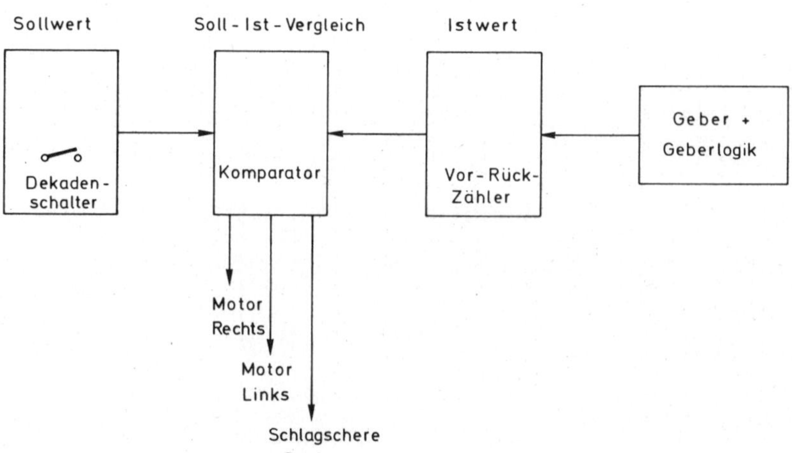

Die Regelung ist mit den im Buch aufgeführten TTL-Bausteinen zu konstruieren.

10.2. Rechenwerke

10.2.1. Addition von Dualzahlen mit Addierwerk

10.2.1.1. Addition von Dualzahlen

Dualzahlen werden nach den gleichen Regeln addiert wie Dezimalzahlen.

Jede Stelle beinhaltet zwei Werte: 0 und 1. Sind die zwei Werte einer Stelle ausgeschöpft, muß ein Übertrag zur nächsthöheren Stelle erfolgen.

Die Addition von Dualzahlen erfolgt nach folgenden Rechenregeln:

A	0	1	0		1
B	+0	+0	+1	1 ←	+1
Σ	=0	=1	=1		=0

Übertrag für nächste Stelle

Zwei 1-Werte ergeben jeweils einen Übertrag für die nächsthöhere Stelle.

Beispiel:

A	1 0 1 1 0	
+B	1 0 1 1	
+C	1 0 1 1 1	
	1 1 1 1 1	
	1 1	Überträge
Σ	1 1 1 0 0	

Übung 10.3

Folgende Dualzahlen sind zu addieren:

1)	2)	3)
11011	10011	1101
+ 1110	+ 1101	110
		1011
		1100

10.2.1.2. Addierbaustein

Der Grundbaustein aller Rechenwerke ist der Addierbaustein, welcher je eine Binärstelle zweier Dualzahlen nach den Rechenregeln der Addition verarbeitet.

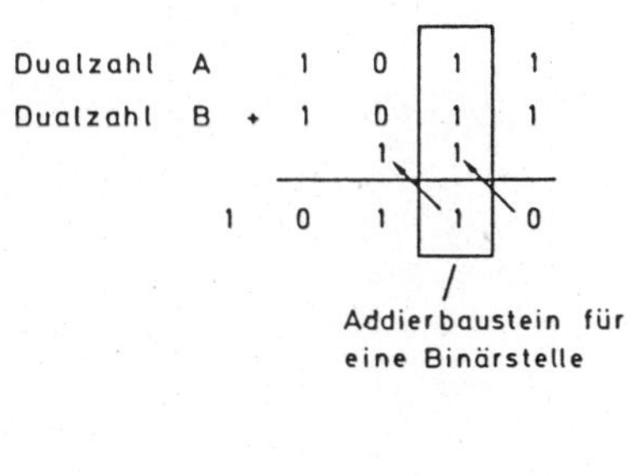

Von diesen Addierbausteinen lassen sich beliebig viele hintereinanderschalten, um damit beliebig große Dualzahlen zu addieren.

Die sich daraus ergebenden Addierwerke sind wiederum die Grundlage für die Rechenwerke der anderen Grundrechenarten.

Aus den Rechenregeln ergeben sich die Ein- und Ausgänge eines Addierbausteines. Zum anderen ergibt sich die Arbeitstabelle, welche den gegebenen Eingangssignalen die den Rechenregeln entsprechenden Ausgangssignalen zuordnen muß.

Addierbaustein für eine Binärstelle:

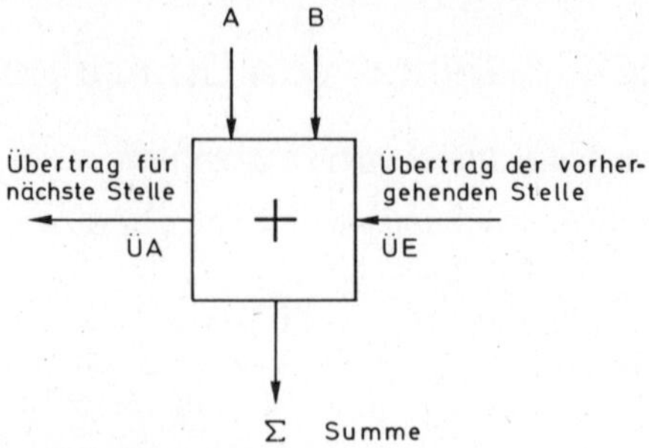

Arbeitstabelle:

A	B	ÜE	Σ	ÜA
L	L	L	L	L
H	L	L	H	L
L	H	L	H	L
H	H	L	L	H
L	L	H	H	L
H	L	H	L	H
L	H	H	L	H
H	H	H	H	H

Aus der Arbeitstabelle läßt sich mit Hilfe der Schaltalgebra oder der graphischen Vereinfachungsmethode nach Karnaugh Veith eine Innenschaltung für den Addierbaustein entwerfen.

Schaltalgebraische Gleichung für den Addierbaustein:

$$\Sigma = (A \wedge \bar{B} \wedge \overline{ÜE}) \vee (\bar{A} \wedge B \wedge \overline{ÜE}) \vee (\bar{A} \wedge \bar{B} \wedge ÜE) \vee (A \wedge B \wedge ÜE)$$

$$ÜA = (A \wedge B \wedge \overline{ÜE}) \vee (A \wedge \bar{B} \wedge ÜE) \vee (\bar{A} \wedge B \wedge ÜE) \vee (A \wedge B \wedge ÜE)$$

Mögliche Schaltung:

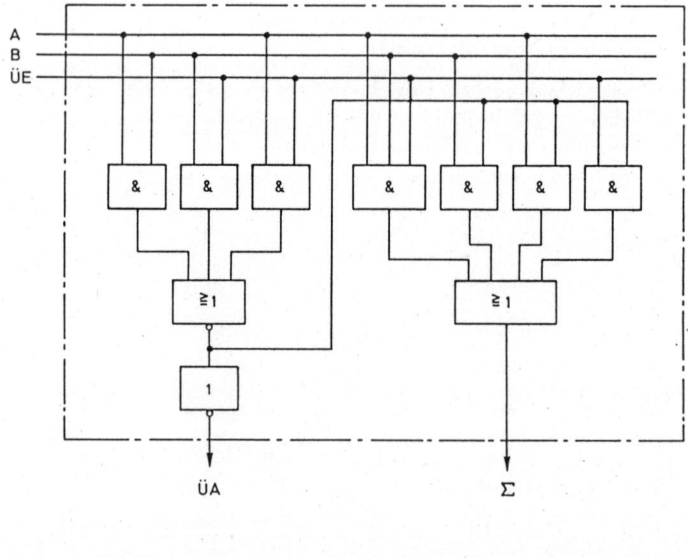

10.2.1.3. Addierwerk für Dualzahlen

Nach den Rechenregeln für eine Binärstelle lassen sich auch Dualzahlen mit beliebig vielen Binärstellen addieren.

Addierwerk für 3 Binärstellen:

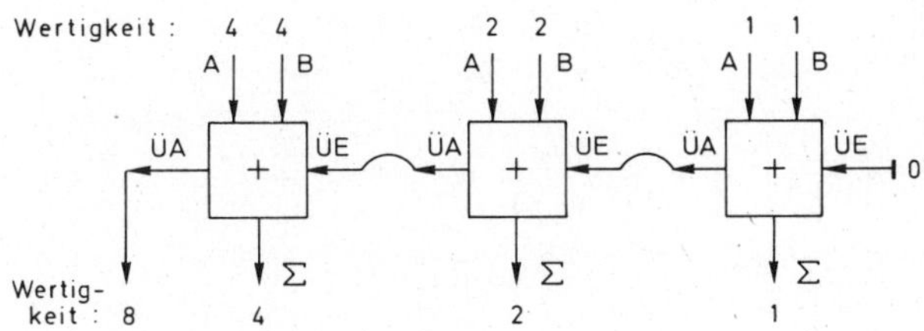

Wertigkeit		32	16	8	4	2	1	
A		0	0	1	1	1	1	= 15
+ B	+	1	0	0	1	1	0	= 38
Übertrag			1	1	1		1	
Σ		1	1	0	1	0	1	= 53

Übung 10.4

Mit dem gezeichneten 4-Bit-Addierer werden die Dualzahlen
A = 1011 = 11 und
B = 0110 = 6
addiert.

Die an den Ein- und Ausgängen zu messenden Signale sind einzutragen.

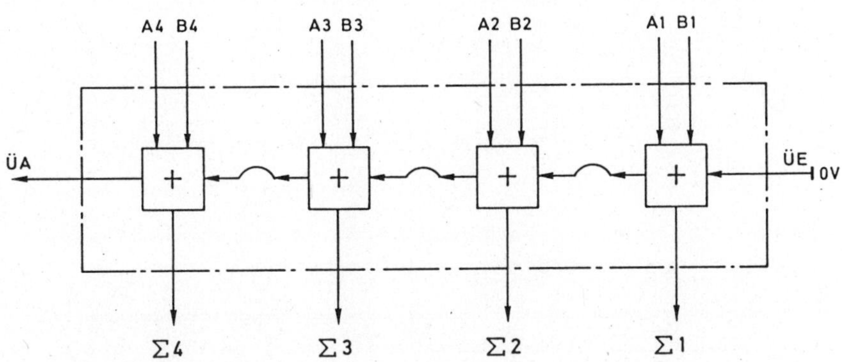

Übung 10.5

Mit dem integrierten Baustein SN 7483 ist ein Addierwerk aufzubauen, welches die in den Speichern für A und B stehenden Werte addiert.

4-Bit-Volladdierer SN 7483

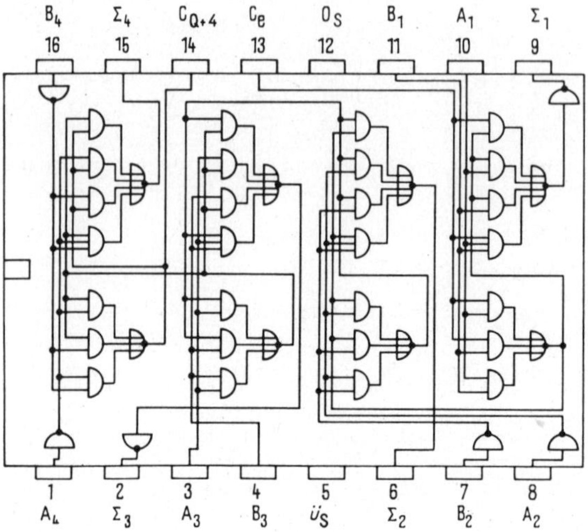

C_e = Übertrags-Eingang
C_{Q+4} = Übertrags-Ausgang

Anschlußanordnung
Ansicht von oben

Addierwerk:

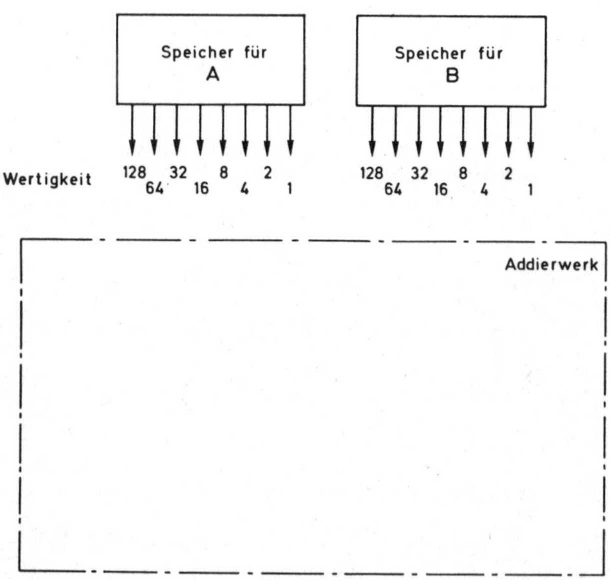

10.2.2. Subtraktion von Dualzahlen mit Subtrahierwerk

10.2.2.1. Direkte Subtraktion

Rechenvorgang an einem Beispiel:

```
        1 1   1
        1 1   1     } Leihen oder borgen von der höherwertigen Stelle (engl. borrow)
 A    1 1 0 0 1 0 1 1
−B    0 0 0 1 0 1 1 0
    ─────────────────
 =    1 0 1 1 0 1 0 1
```

Ist die Zahl A größer B, ist also das Ergebnis positiv, liefert der Rechenvorgang die richtige Lösung.

Ist die Zahl B größer A, wird das Ergebnis negativ.

Das läßt sich beim Rechenvorgang daran erkennen, daß die höchste Stelle von A „borgen“ will.

Das Bitmuster der Lösung stellt dann nicht die Differenz zwischen A und B dar.

Übung 10.6

Folgende Subtraktionen sind durchzuführen:

Kontrollieren Sie, ob das Ergebnis negativ wird.

Überprüfen Sie die Rechnungen durch Umformen der Dualzahlen in Dezimalzahlen.

```
1.  A   1 0 1 1 0 0 1     2.  A   1 0 1 1 0     3.  A   1 0 1 0 1
   −B     1 0 0 1 1 1        −B   1 1 0 0 0        −B     1 1 1 1
   ─────────────────         ─────────────         ─────────────
```

Bei der Konstruktion von Rechnern ist man bestrebt, mit möglichst wenig Baugruppen im Rechenwerk auszukommen.

Deshalb hat man nicht ein spezielles Subtrahierwerk konstruiert, sondern hat eine Methode entwickelt, um mit dem Addierwerk, welches für die Addition benötigt wird, auch Subtraktionen durchzuführen.

10.2.2.2. Subtraktion über Addition

Für diese Art von Subtraktion muß das Komplement von Zahlen gebildet werden. Deshalb soll als erstes die Komplementbildung erklärt werden.

10.2.2.2.1. Komplementbildung

Das Komplement einer Zahl ist der Auffüllbetrag, der benötigt wird, um eine andere Zahl zu erreichen.

Beispiel: Das Komplement von 30 zu 90 ist 60.

Dieses Komplement läßt sich durch Subtrahieren ermitteln. Besonders häufig verwendete Komplemente sind das Neunerkomplement und das Zehnerkomplement.

Neunerkomplement:

Alle Stellen sind bis zur höchsten Zahl, der Neun, aufzufüllen.

Beispiel: A = 456
Komplement zu 999
= 543 = Neunerkomplement von A

Zehnerkomplement:

Alle Stellen sind bis zur nächst höheren Dekade aufzufüllen.

Beispiel: A = 456
Komplement zu 1000
= 544 = Zehnerkomplement von A

Genau wie bei Dezimalzahlen läßt sich auch das Komplement von Dualzahlen bilden.

Dezimalzahlen:		Dualzahlen:
Neunerkomplement	≙	Einerkomplement
Zehnerkomplement	≙	Zweierkomplement

Einerkomplement von Dualzahlen:

Alle Stellen sind bis zur höchsten Zahl, der 1, aufzufüllen.

Beispiel: A = 1001
Komplement zu 1111
= 0110 = Einerkomplement von A

Wie man aus dem Ergebnis sieht, läßt sich das Einerkomplement von Dualzahlen sehr einfach durch Negieren oder Invertieren der Zahl bilden.

Schaltungsmäßig läßt sich das mit Hilfe von Umkehrstufen oder Invertern durchführen.

Das Einerkomplement von A ist gleich $\overline{A}$.

$$K1(A) = \overline{A}$$

Zweierkomplement von Dualzahlen:

Beispiel: A = 1001
Komplement zu 10000
= 0111 = Zweierkomplement von A

Das Zweierkomplement von A ist gleich $\overline{A} + 1$

$$K2(A) = \overline{A} + 1$$

10.2.2.2.2. Subtraktion

Um auch für die Subtraktion ein Addierwerk einsetzen zu können, wird sie in Form einer Addition des Komplements durchgeführt.

Beispiel:

Aufgabe:

A	= 1101	13
−B	= 0110	−6
		7

Lösung:

$$\begin{array}{rl} A = & 1101 \\ +\overline{B} = & 1001 = \text{Einerkomplement von B} \\ & \underline{\quad 1} \\ \text{Übertrag ①} \leftarrow & 0110 \\ + & \underline{0001} \\ \text{Übertrag ①} \leftarrow & \underline{\underline{0111}} = 7 \end{array}$$

Zusammenfassung:

$A - B = A + \overline{B} + 1$ Der Übertrag gehört nicht zum Ergebnis; er wird also im Prinzip von der Lösung abgezogen.

Daß dieser Lösungsweg für alle Zahlen gültig ist, läßt sich an einer allgemeinen Gleichung zeigen.

Allgemein:

$$A - B = A + \underbrace{(X - B)}_{\text{Einerkomplement von B}} + 1 - \underbrace{(X + 1)}_{\text{Übertrag}}$$

So kompliziert dieser Lösungsweg aussieht, so einfach läßt er sich schaltungstechnisch realisieren.

Übung 10.7

Folgende Zahlen sind über eine Addition des Komplements zu subtrahieren:

1. A 10110
   −B 01011
2. A 111001
   −B 100110

10.2.2.3 Subtrahierwerk für Dualzahlen

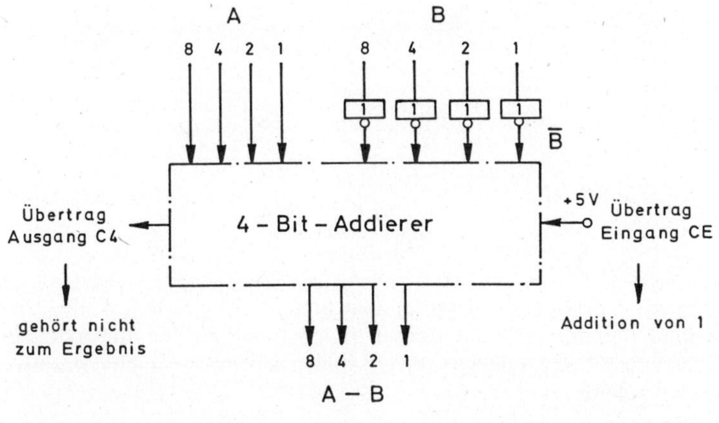

10.2.2.3.1. Negative Zahlen

Wie bei der Subtraktion über Addition beschrieben, wird bei der Aufgabe A − B zum Operanden A der Wert $\overline{B} + 1$ addiert.

Aufgabe		durchgeführte Operation
$A - B$	→	$A + \overline{B} + 1$
$A + (-B)$	→	$A + (\overline{B} + 1)$

$$-B = \overline{B} + 1$$

Ein Vergleich der Aufgabe mit der durchgeführten Operation zeigt, daß der Ausdruck $\overline{B} + 1$ die Bedeutung von −B haben muß.

$\overline{B} + 1$ ist das Zweierkomplement von B.

Bei dieser Art zu rechnen werden negative Zahlen also durch das Zweierkomplement der positiven Zahl dargestellt. Die Subtraktion wird als Addition der negativen Zahl oder als Addition des Zweierkomplements durchgeführt.

Aufgabe:

Gegeben: B = 1101

Gesucht: −B

$$\begin{array}{rr} \overline{B}: & 0010 \\ +1 & +0001 \\ \hline \overline{B}+1\ : & \underline{\underline{0011 = -B}} \end{array}$$

Übung 10.8

1) Gegeben: B = 10110011
   Gesucht: −B
2) Stellen Sie die Dezimalzahl −1 als achtstellige Dualzahl dar.

Darstellung der Dualzahlen im Rechner

Arbeitet ein Rechner z.B. mit achtstelligen Werten (8 Bit), dann lassen sich in den acht Stellen die positiven Dualzahlen

von 00000000 = 0
bis 11111111 = 255

darstellen.

Will der Programmierer in den zur Verfügung stehenden acht Stellen die gleichen Zahlen sowohl positiv als auch negativ darstellen, dann stehen ihm für die positiven Zahlen nur noch sieben Stellen zur Verfügung. Denn eine siebenstellige positive Zahl wird, wenn sie in eine negative Zahl umgewandelt wird, acht Stellen lang.

Dezimalzahl		*Dualzahl*	
	Bit	7 6 5 4 3 2 1 0 = 8 Bit	
+127	=	0 1 1 1 1 1 1 1	
+126	=	0 1 1 1 1 1 1 0	
+125	=	0 1 1 1 1 1 0 1	
|		|	
|		|	
|		|	
+ 3	=	0 0 0 0 0 0 1 1	
+ 2	=	0 0 0 0 0 0 1 0	↑
+ 1	=	0 0 0 0 0 0 0 1	positive Zahlen
0	=	0 0 0 0 0 0 0 0	
− 1	=	1 1 1 1 1 1 1 1	
− 2	=	1 1 1 1 1 1 1 0	↓ negative Zahlen, dargestellt durch den Zweierkomplement der positiven Zahl
− 3	=	1 1 1 1 1 1 0 1	
|		|	
|		|	
|		|	
−125	=	1 0 0 0 0 1 0 0	
−126	=	1 0 0 0 0 0 1 1	
−127	=	1 0 0 0 0 0 0 1	
−128	=	1 0 0 0 0 0 0 0	

Stehen in den acht Bit sowohl positive als auch negative Zahlen, dann läßt sich aus Bit 7 (Bit mit der höchsten Wertigkeit) erkennen, ob die Zahl positiv oder negativ ist.

0							

↓

Zahl positiv

1							

↓

Zahl negativ

10.2.2.3.2. Subtraktion mit negativem Ergebnis

Wie die Allgemeine Gleichung über die Subtraktion durch Addition zeigt, kommt das Rechenwerk bei der Addition des Zweierkomplements nur dann zum richtigen Ergebnis, wenn ein Übertrag entsteht.

Nur dann kann dieser Übertrag vernachlässigt und damit abgezogen werden.

Tritt dieser Übertrag immer auf?

Diese Frage soll durch ein Schaubild geklärt werden.

Wie aus der Länge der Pfeile ersichtlich, entsteht immer ein Übertrag, wenn das Ergebnis positiv wird. Bei negativem Ergebnis ergibt sich kein Übertrag.

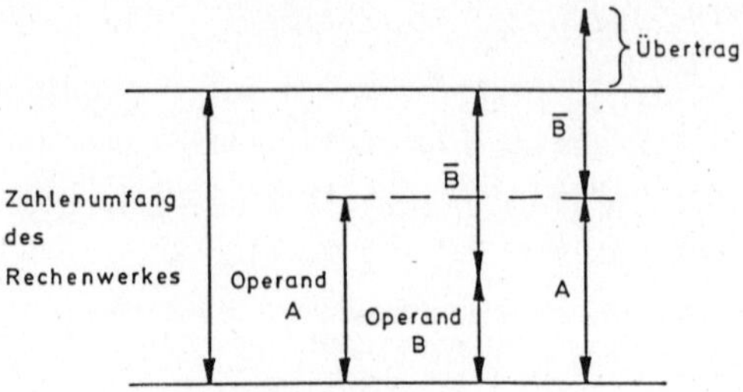

Übertrag, wenn A größer B,
Rechenergebnis positiv
Kein Übertrag, wenn A kleiner B,
Rechenergebnis negativ

Welches Ergebnis liefert denn das Rechenwerk, wenn kein Übertrag entsteht?

Aufgabe:

$$A = 1001 = 9$$
$$\underline{-B = 1011 = 11}$$

Das Rechenwerk liefert das Zweierkomplement der Differenz.

Lösung:

$$A = 1001$$
$$+(\overline{B}+1) = \underline{0101}$$
$$\boxed{0} \leftarrow \underline{\underline{1110}} = -2$$

Übertrag

Dieses Zweierkomplement ist gleich der negativen Zahl der Differenz. Daß es sich bei dem Bit-Muster, welches am Ausgang des Rechenwerkes erscheint, um eine negative Zahl handelt, erkennt man am fehlenden Übertrag. Soll die negative Zahl in eine positive umgewandelt werden, muß von ihr wieder das Zweierkomplement gebildet werden.

$$\boxed{0} \leftarrow \underline{1110} = -2$$
$$\left.\begin{array}{r} 0001 \\ + \quad 1 \end{array}\right\} \text{Zweierkomplement von } -2$$
$$\underline{\underline{0010}} = 2$$

In der beschriebenen Art arbeiten die Rechenwerke von Mikroprozessoren.

Die Steuerbefehle „Addiere“, „Subtrahiere“ oder „Bilde Komplement“ teilt der Programmierer über das Programm dem Prozessor mit.

10.2.2.3.3. Subtrahierwerk für positive und negative Ergebnisse

Das nachfolgend gezeichnete Subtrahierwerk liefert die Differenz der beiden Operanden als positive Zahl, sowie das Vorzeichen der Differenz.

Die 8-Bit-Mikroprozessoren haben kein solch „komfortables" Rechenwerk. Sie liefern die Differenz nur als negative Zahl.

Das gezeichnete Subtrahierwerk eignet sich jedoch gut für digitale Regelungen.

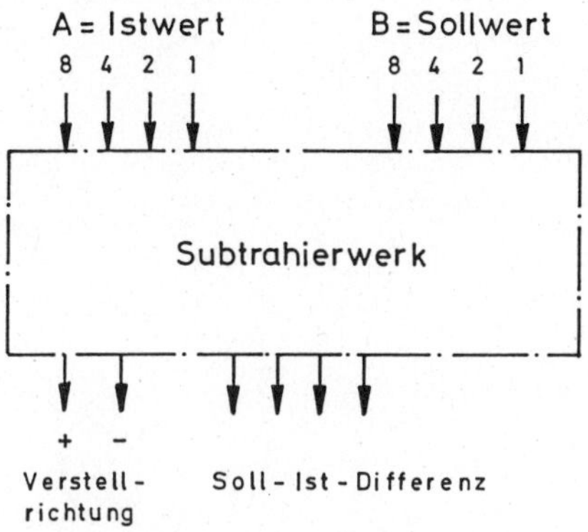

Die Soll-Ist-Differenz kann für eine stufige Geschwindigkeitsabschaltung bei Annäherung an den Sollwert verwandt werden.

Konstruktion des Subtrahierwerkes:

Für positive Ergebnisse

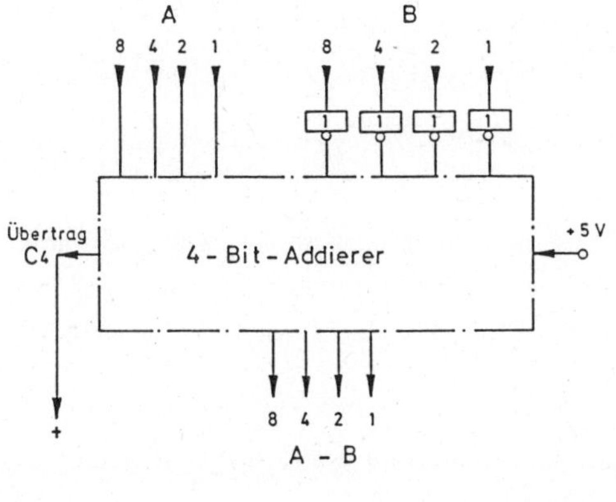

Für negative Ergebnisse

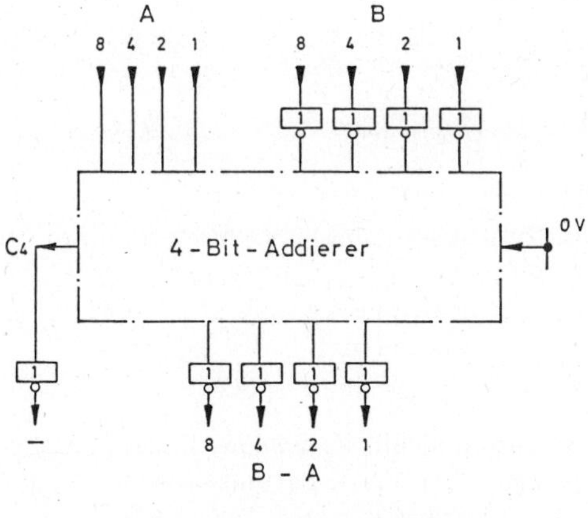

Wie man sieht, unterschneiden sich nur die Ausgangssignale und der Übertragseingang voneinander. Mit Hilfe des Signals am Übertragsausgang lassen sich diese Signale umschalten.

Subtrahierwerk für positive und negative Ergebnisse:

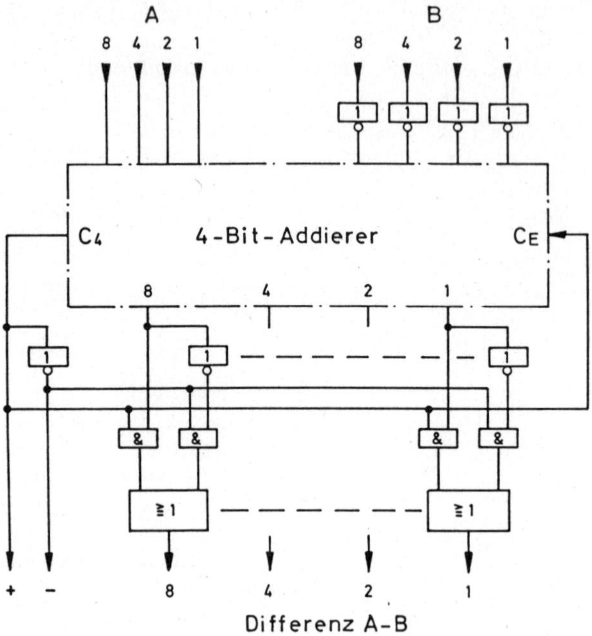

Übung 10.9

1. Tragen Sie in das Subtrahierwerk für positive Ergebnisse die Signale für folgende Operanden ein:

   A = 1010
   B = 1001

2. Tragen Sie in das Subtrahierwerk für negative Ergebnisse die Signale für folgende Operanden ein:

   A = 0111
   B = 0110

3. Tragen Sie die Zahlen aus 1. und 2. nacheinander in das Subtrahierwerk für positive und negative Ergebnisse ein und kontrollieren Sie die Funktion.

10.2.3. Multiplikation von Dualzahlen

Da Dualzahlen nur mit den zwei Zeichen 0 und 1 gebildet werden, findet keine echte Multiplikation wie bei Dezimalzahlen statt.

Multiplikation mit 0:
Das Ergebnis wird 0.

$$\underline{1100 \times 0}$$
$$= 0000$$

Multiplikation mit 1:
Eine Multiplikation mit 1 ergibt als Ergebnis die zu multiplizierende Zahl.

$$\underline{1100 \times 1}$$
$$= 1100$$

Multiplikation zweier 4-Bit-Dualzahlen:
Wie bei Dezimalzahlen wird stellenweise multipliziert. Danach erfolgt eine Stellenverschiebung.

Am Ende werden die stellenverschobenen Ergebnisse der Einzelmultiplikationen zum Gesamtergebnis addiert.

An Stelle der Gesamtaddition könnte auch nach jeder Einzelmultiplikation eine Teiladdition erfolgen.

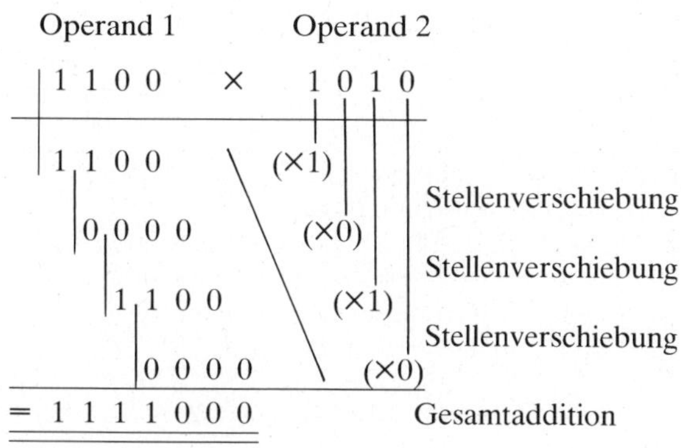

Übung 10.10

Multiplizieren Sie folgende Operanden:

1. 1011 × 1001
2. 1110 × 1110

10.2.3.1 Algorithmus für Multiplikationen

Ein Algorithmus ist eine Abfolge immer gleicher, einfacher Teilschritte, die, ausreichend oft wiederholt, zum Gesamtergebnis führen.

Hat man für eine komplizierte Aufgabe einen solchen Algorithmus entwickelt, dann läßt sich daraus ein Programm zur Lösung der Aufgabe ableiten.

Die Multiplikation besteht, wie sich aus der durchgeführten Rechnung erkennen läßt, aus folgenden Teilschritten, die sich zyklisch wiederholen.

1. Stellenverschiebung der Teilsumme.
2. Prüfen, ob die jeweilige Stelle des Operanden 2, mit der Operand 1 multipliziert werden soll, 0 oder 1 ist.

3. Ist sie 0, wird nichts zur Teilsumme addiert.
   Ist die Stelle 1, wird der Operand 1 zur Teilsumme addiert.

Diese drei Teilschritte wiederholen sich, bis alle Stellen des Operanden 2 bearbeitet wurden.

Die letzte Teilsumme ist das Ergebnis der Multiplikation.

In folgendem Beispiel wird eine solche Multiplikation durchgeführt.

Die Ausführung ist so, daß sich daraus direkt ein Programm für einen Mikroprozessor schreiben läßt. Deshalb werden auch die im Mikroprozessor enthaltenen Registernamen verwandt.

Die üblichen 8-Bit-Register werden zur Vereinfachung lediglich auf 4 Bit verkürzt.

Beispiel

In Register DE steht Operand 1
In Register A steht Operand 2
In CF steht die jeweilige Stelle des Operanden 2, die die Multiplikation vornehmen soll.
In Register HL steht die momentane Teilsumme und am Ende das Ergebnis der Multiplikation.
Zu Beginn der Rechnung ist die Teilsumme in Register HL gleich 0.

D	E		CF		A
0 0 0 0	1 1 0 0	×	☐	←	1 0 1 0

H	L	CF	
0 0 0 0	0 0 0 0		
0 0 0 0	0 0 0 0	CF 1	1. Stellenverschiebung der Teilsumme, 1 Stelle nach links 2. Stellenverschiebung des Operanden 2, 1 Stelle nach links Die erste Stelle von links steht dann in CF 3. Prüfen, ob CF 1 oder 0 Wenn CF = 1, Addition von Operand 1 zur Teilsumme in HL
0 0 0 0	1 1 0 0		
0 0 0 1	1 0 0 0	CF 0	1. Stellenverschiebung HL 2. Stellenverschiebung A 3. CF = 0, keine Addition von Operand 1
0 0 0 1	1 0 0 0		
0 0 1 1	0 0 0 0	CF 1	1. Stellenverschiebung HL 2. Stellenverschiebung A 3. CF = 1, Addition von Operand 1
0 0 1 1	1 1 0 0		
0 1 1 1	1 0 0 0	CF 0	1. 2. 3.
0 1 1 1	1 0 0 0		

Für diese Art der Multiplikation wird im Kapitel 15 „Assembler-Programmierung“ ein Programm erstellt.

Übung 10.11

Führen Sie eine Multiplikation nach dem beschriebenen Verfahren durch.

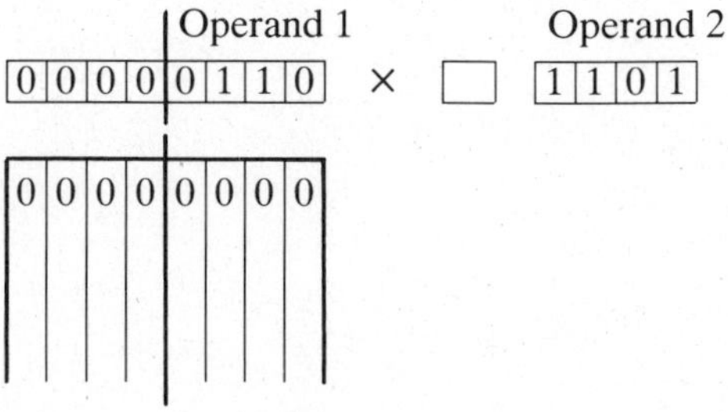

10.2.4. Division von Dualzahlen

Die Division wird nach dem gleichen Schema wie bei Dezimalzahlen durchgeführt.

Beispiel

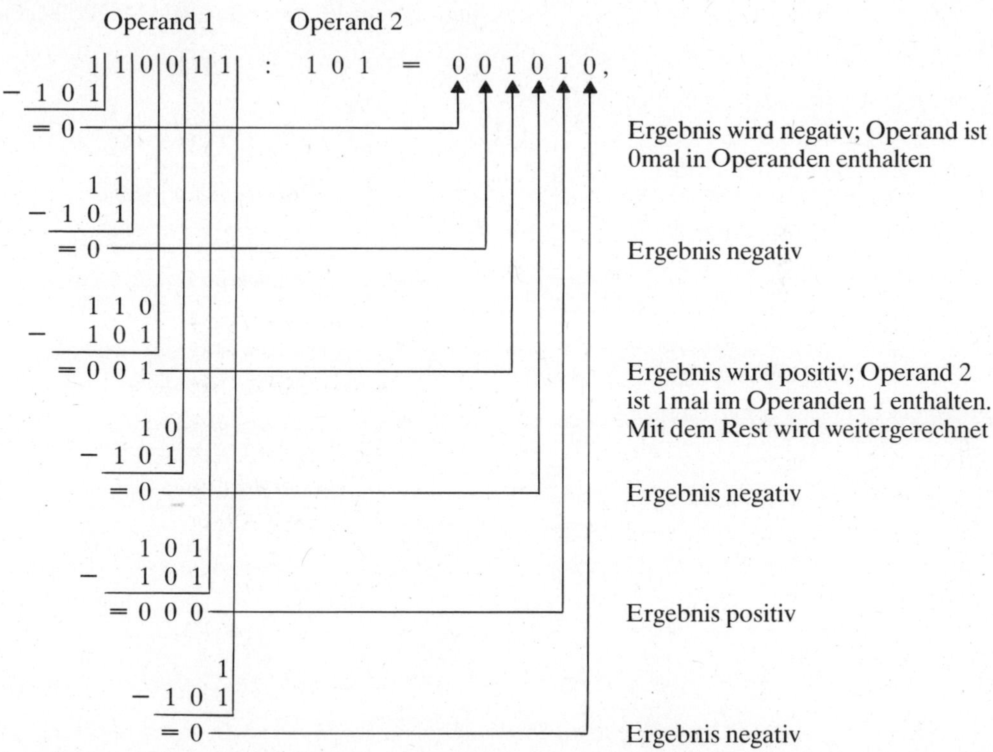

Die Division kann nach dem Komma beliebig lange fortgesetzt werden.

Übung 10.12

Führen Sie folgende Divisionen durch:

1. 10101 : 110 bis zum Komma
2. 1001 : 101 bis drei Stellen nach dem Komma

10.2.5. Addition von Zahlen im BCD-Code

Der übergeordnete Begriff BCD-Code wird hier für den 8, 4, 2, 1-Code verwandt.

Für die Verarbeitung und Berechnung von Zahlen bietet sich der Dualcode an. Für ihn lassen sich, wie gezeigt, relativ einfache Rechenwerke konstruieren. Leider ist der Dualcode für den Menschen kaum lesbar.

Zahlen, die von Menschen in Datenverarbeitungsanlagen eingegeben oder von den Anlagen ausgegeben werden, müssen deshalb im Dezimalcode vorliegen.

Die Ein- und Ausgabedaten sind aus diesem Grunde zu codieren oder zu decodieren.

Je nach dem Umfang der internen Datenverarbeitung bieten sich dafür folgende Möglichkeiten an:

1. Interne Verarbeitung der Zahlen im Dualcode:

Die Codewandler in der Dateneingabe- und Ausgabe-Einheit werden in der Regel hardwaremäßig aufgebaut.

Die Codewandlung in der internen Verarbeitungseinheit wird softwaremäßig durch ein Programm vorgenommen.

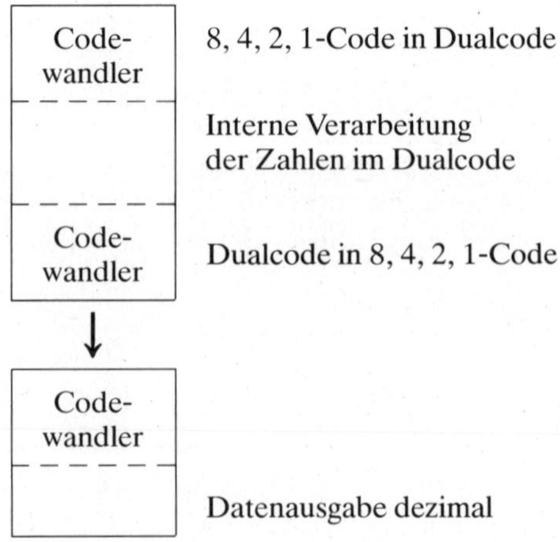

2. Interne Verarbeitung von Zahlen im 8, 4, 2, 1-Code:

Die interne Verarbeitung der Daten wird direkt im 8, 4, 2, 1-Code durchgeführt, wenn der Umfang der Datenverarbeitung gering ist.

Es entfällt die Codewandlung; dafür wird jedoch die interne Verarbeitung aufwendiger.

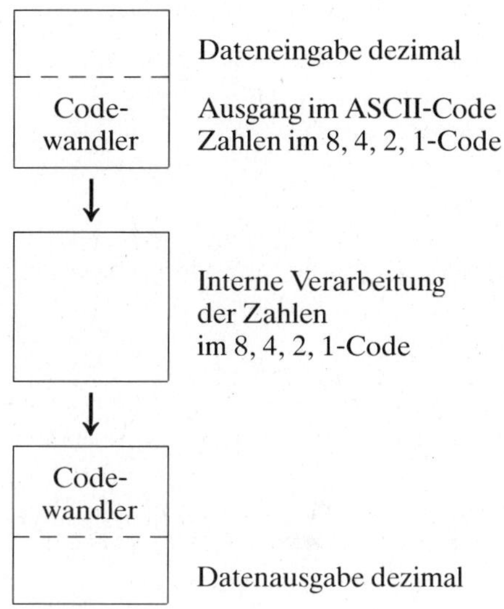

10.2.5.1. Addierwerk für Zahlen im 8, 4, 2, 1-Code

Bei der Addition von 2 Ziffern im 8, 4, 2, 1-Code treten Signalkombinationen auf, die in diesem Code nicht enthalten sind.

Die nicht im 8, 4, 2, 1-Code enthaltenen Kombinationen entsprechen den Dualzahlen von 10 bis 18.

8	1000	Ziffern im
+ 7	+ 0111	8, 4, 2, 1-Code
= 15	= 1111	Signalkombination im 8, 4, 2, 1-Code nicht enthalten.

Im 8, 4, 2, 1-Code nicht enthaltene Kombinationen:

	16	8	4	2	1
10	0	1	0	1	0
11	0	1	0	1	1
12	0	1	1	0	0
13	0	1	1	0	1
14	0	1	1	1	0
15	0	1	1	1	1
16	1	0	0	0	0
17	1	0	0	0	1
18	1	0	0	1	1

Diese nicht zulässigen Signalkombinationen müssen erkannt und in zulässige Kombinationen umgeformt werden.

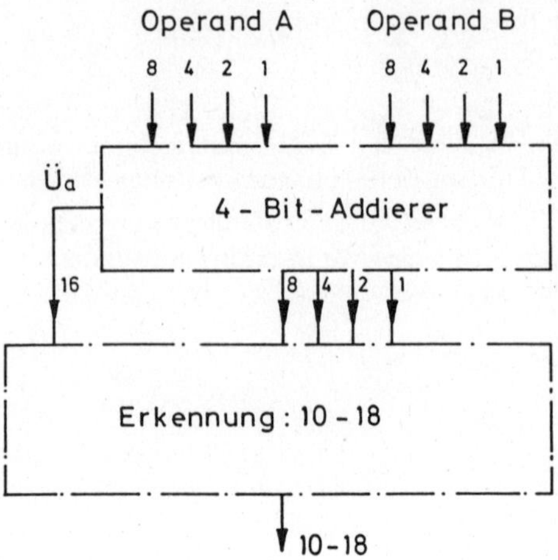

Erkennen der nicht zulässigen Signalkombinationen:

Übung 10.13

Entwerfen Sie eine Schaltung, aufgebaut aus Gattern, welche die Signalkombinationen der Zahlen 10 bis 18 erkennt.

Korrektur der nicht zulässigen Kombinationen:

Die nicht zulässigen Kombinationen müssen in richtige Kombinationen aus dem 8, 4, 2, 1-Code umgeformt werden.

Der 8, 4, 2, 1-Code ist dekadisch aufgebaut.

Aus den Kombinationen 10 bis 18 muß die richtige Zahl und ein Übertrag für die nächsthöhere Stelle erzeugt werden.

Falsche Kombinationen:

	16	8	4	2	1
10	0	1	0	1	0
11	0	1	0	1	1
12	0	1	1	0	0
13	0	1	1	0	1
14	0	1	1	1	0
15	0	1	1	1	1
16	1	0	0	0	0
17	1	0	0	0	1
18	1	0	0	1	0

Richtige Kombinationen:

z. B. Zehner		z. B. Einer			
1		8	4	2	1
1	0	0	0	0	0
1	1	0	0	0	1
1	2	0	0	1	0
1	3	0	0	1	1
1	4	0	1	0	0
1	5	1	0	0	1
1	6	1	0	1	0
1	7	1	0	1	1
1	8	1	0	0	0

Übertrag mit der Wertigkeit 1 für die nächsthöhere Stelle

Die Korrektur kann über Gatterschaltungen vorgenommen werden, sie läßt sich aber auch mit einem Addierbaustein durchführen.

Ein Vergleich der richtigen mit den falschen Signalkombinationen zeigt, daß die richtigen Kombinationen immer um den Wert 6 höher liegen als die falschen.

Der Übertrag wird getrennt behandelt.

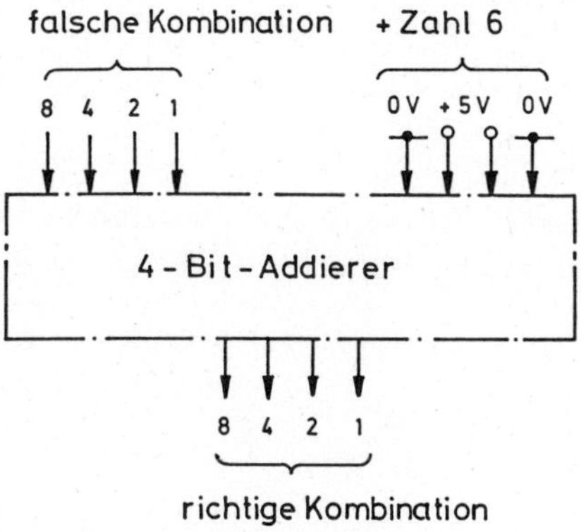

Aus diesen Überlegungen ergibt sich folgendes Addierwerk für eine Dekade im 8, 4, 2, 1-Code:

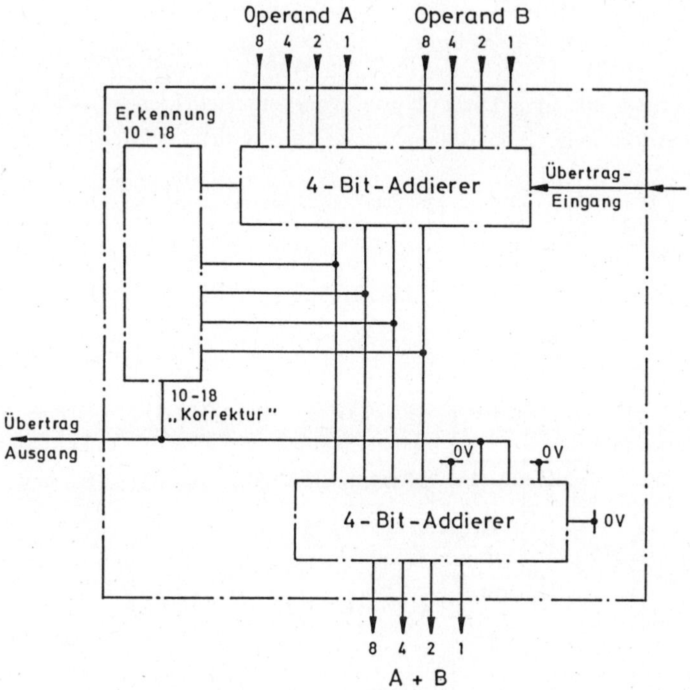

Einige Mikroprozessoren beinhalten in ihrem Rechenwerk diese BCD-Korrektur. Sie kann durch einen Steuerbefehl nach einem Rechenbefehl aktiviert werden, wenn mit Zahlen im BCD-Code gerechnet werden soll.

Eine ähnliche BCD-Korrektur ist bei der Subtraktion von Zahlen im BCD-Code erforderlich.

Lernzielorientierter Test

Mit Lösungshinweis; deshalb keine Lösung im Lösungsteil.

Aufgabe:

Es ist ein Rechenwerk für Addition und Subtraktion zu konstruieren.

Ob addiert oder subtrahiert werden soll, wird dem Rechenwerk über einen Steuereingang mitgeteilt.

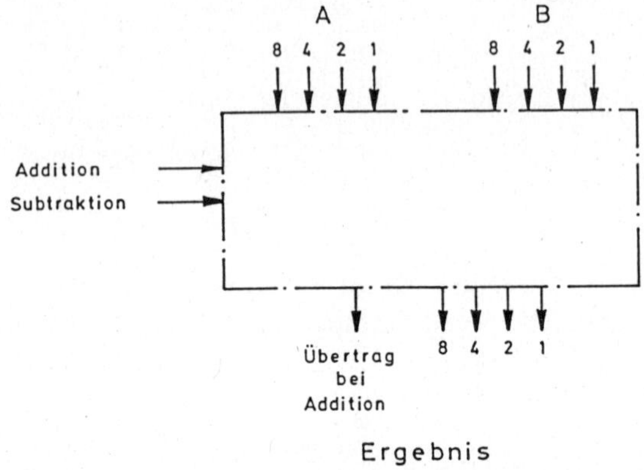

Lösungshinweis:

Vergleichen Sie die Schaltungen für Addition und Subtraktion. Worin unterscheiden sie sich?

Welche Leitungen sind bei der Addition auf den Addierer zu schalten, welche bei der Subtraktion?

Möglichkeit der Umschaltung von Operand B:

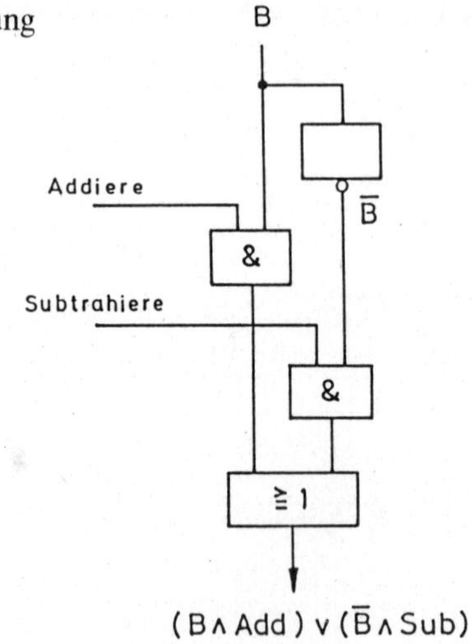

Überprüfen Sie, ob sich diese Umschaltung auch mit einem Ex-OR-Baustein durchführen läßt?

Zeichnen Sie die komplette Schaltung.

Verwenden Sie dazu den 4-Bit-Addierer.

Versehen Sie die TTL-Bausteine mit Anschlußbezeichnungen.

11. Datenspeicher

Lernziele:

Nach Durcharbeiten dieses Kapitels können Sie ...

1. Einteilungskriterien für Speicher nennen;
2. den Unterschied zwischen RAM- und ROM-Speichern erklären und Anwendungsmöglichkeiten nennen;
3. erläutern, wie ein PROM-Speicher programmiert wird;
4. beschreiben, wie EPROMs programmiert und gelöscht werden;
5. die Speicherorganisation von RAM- oder EPROM-Speichern beschreiben;
6. Speicherschaltungen mit handelsüblichen RAM- und EPROM-Bausteinen konstruieren.

Datenspeicher sind Einrichtungen, in denen kurzzeitig anstehende Signale über einen längeren Zeitraum oder auf Dauer festgehalten werden.

Ein Speicher ist eingeteilt in Speicherplätze. Jeder Speicherplatz wird fortlaufend numeriert. Die Nummer des Speicherplatzes ist seine Adresse.

Unter einer Adresse lassen sich, je nach Aufbau, ein oder mehrere Bits speichern. In der Regel sind es acht Bits. Acht Bits nennt man ein Byte.

Die meisten Rechner arbeiten mit Informationen von mindestens einem Byte Länge.

Sind bei einem Speicherbaustein die Informationen, die unter einer Adresse abgespeichert werden können, kürzer als die benötigten acht Bit, dann werden mehrere Speicher mit ihren Adressenleitungen parallel geschaltet, bis sich acht Bit pro Adresse ergeben.

Die kleinste adressierbare Einheit nennt man in der Datenverarbeitung ein Wort.

Speicher werden nach folgenden Kriterien beurteilt:

Kapazität
Zugriffszeit
Preis pro Bit
Abmessungen.

Die Kapazität wird in Kilobit oder Kilobyte angegeben. Eine Kapazität von 10 K, die Bezeichnung Byte wird oft weggelassen, beträgt $2^{10} = 1024$ Byte.

11.1. Einteilung der Speicher

Speicher lassen sich nach den verschiedensten Gesichtspunkten ordnen. Gebräuchliche Merkmale sind:

Art des Zugriffs auf die gewünschte Information,
Verwendungszweck,
Technologie.

Zugriffsart

Nach der Zugriffsart lassen sich Speicher unterscheiden in solche mit wahlfreiem Zugriff und solche mit nicht wahlfreiem Zugriff oder seriellem Zugriff.

Bei Speichern mit wahlfreiem Zugriff hat jeder Speicherplatz eine eigene Adresse, und der Inhalt kann unter dieser Adresse direkt erreicht werden.

Daraus ergibt sich eine kurze Zugriffszeit.

Solche Speicher sind z.B. Halbleiterspeicher.

Bei Speichern mit seriellem Zugriff kann der einzelne Speicherplatz nicht direkt erreicht werden. Der Zugriff ist erst nach einer bestimmten Anzahl von Schritten möglich, die von der Entfernung des gewünschten Speicherplatzes vom Eingang oder Ausgang oder der Schreib-Lesevorrichtung abhängt. Dadurch ist die Zugriffszeit länger. Solche Speicher sind z.B. Magnetband oder Magnetplatte.

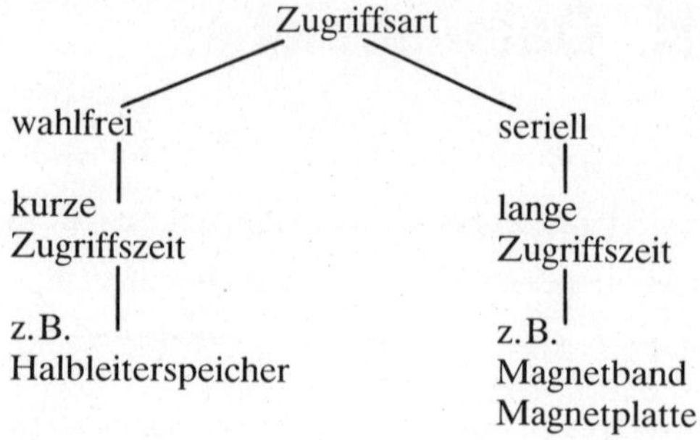

Verwendungszweck

Speicher, die direkt mit der Zentraleinheit im Rechner zusammenarbeiten, nennt man Arbeitsspeicher oder Primärspeicher.

Sie haben eine begrenzte Kapazität und eine kurze Zugriffszeit.

Es sind Halbleiterspeicher.

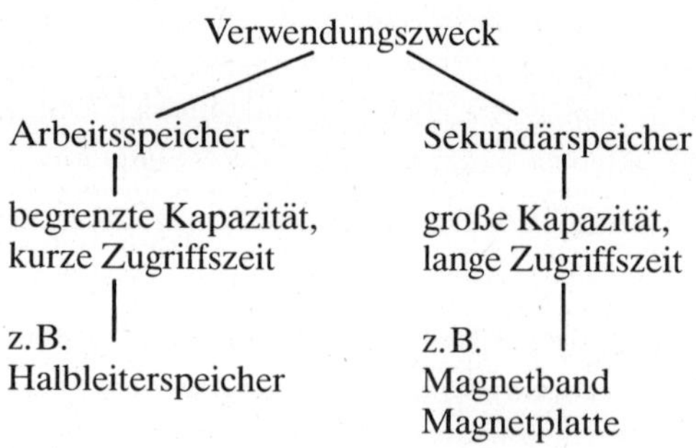

Technologie

Nach der Technologie lassen sich die Speicher hauptsächlich in die Halbleiterspeicher und Magnetspeicher unterteilen.

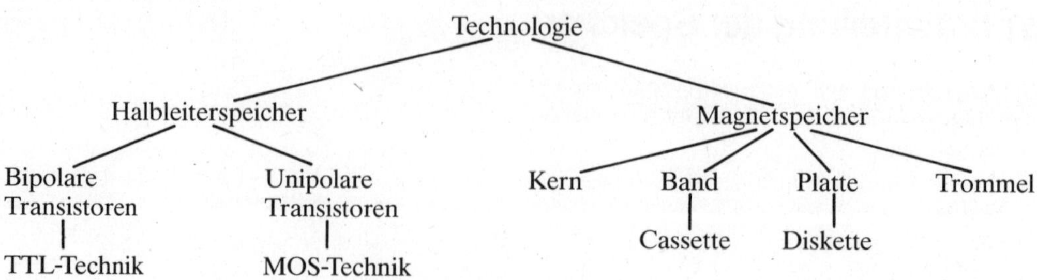

11.2. Halbleiterspeicher

Der Marktanteil der Halbleiterspeicher nimmt rasch zu. Sie werden immer preiswerter und die Packungsdichte immer größer.

Da der Schwerpunkt des Buches bei digitalen Schaltungen für Mikrocomputer liegt, wird im folgenden nur auf die Halbleiterspeicher eingegangen.

11.2.1. Einteilung der Halbleiterspeicher

Halbleiterspeicher lassen sich nach verschiedenen Kriterien unterteilen:

Technologie,
Programmierbarkeit,
Haltezeit,
Haltevermögen bei Netzausfall.

Technologie:

Die Halbleiterspeicher können in TTL-Technik oder MOS-Technik aufgebaut sein.

TTL = Transistor-Transistor-Logik
MOS = Metall-Oxyd-Semiconduktor

Programmierbarkeit:

ROM = Read Only Memory — Nur-Lese-Speicher
In die Speicher kann nichts eingeschrieben werden.

RAM = Random Access Memory — Schreib-Lese-Speicher
In die Speicher kann eingeschrieben und ausgelesen werden.

Haltezeit:

Beliebig, auch bei Netzausfall: ROM
Beliebig, solange wie Spannung vorhanden: statisches RAM
Die Information muß in kurzen Abständen aufgefrischt werden: dynamisches RAM

Haltevermögen bei Netzausfall:

Die Information wird gelöscht: RAM
Die Information bleibt erhalten: ROM

11.2.2. Festwertspeicher

Die Festwertspeicher lassen sich wie folgt unterteilen:

ROM: Nur-Lese-Speicher
Der Speicherinhalt wird bei der Herstellung des Speichers festgelegt.
Solche Speicher beinhalten Tabellen oder Betriebsprogramme.

PROM: Nur-Lese-Speicher
Programmierbares ROM
Der Speicher wird ohne Inhalt hergestellt und anschließend mit der gewünschten Information geladen.
Dieser Programmiervorgang ist nicht mehr rückgängig zu machen.
In solche Speicher werden kleine Betriebsprogramme oder Codewandler eingeschrieben.

EPROM: Durch UV-Licht löschbares PROM
Bei diesem programmierbaren Festwertspeicher kann der komplette Inhalt durch Bestrahlen mit UV-Licht gelöscht werden. In diese Speicher schreibt man solche Programme, die bei Netzausfall erhalten bleiben müssen.

EEPROM: Elektrisch veränderbares EPROM
Der Inhalt des Speichers kann durch Anlegen definierter Spannungen ganz oder teilweise gelöscht werden.

Übung 11.1

1. Nennen Sie 3 Gesichtspunkte, nach denen sich Speicher einteilen lassen.
2. Erklären Sie kurz folgende Begriffe:
   a) Wahlfreier Zugriff
   b) Sekundärspeicher.
3. Erklären Sie den Unterschied zwischen ROM- und RAM-Speicher.
4. Erstellen Sie eine Unterteilung der Festwertspeicher.
5. Nennen Sie je ein Anwendungsbeispiel für einen ROM-Speicher und einen EPROM-Speicher.

11.2.2.1. Programmieren eines PROM

Die Programmierung soll am Beispiel des Fusible-Link-Verfahrens bei einer Diodenmatrix erläutert werden (Fusible-Link = schmelzgesicherte Verbindung).

Die noch unprogrammierte Speicherschaltung enthält an den entsprechenden Stellen feinste Chrom-Nickel-Verbindungen, die beim Programmieren durch definierte Stromimpulse durchgebrannt werden können.

Speicher im Herstellzustand, unprogrammiert:

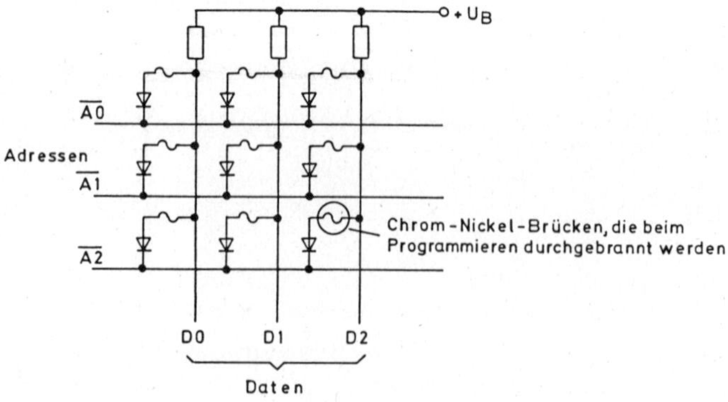

Die Adressenleitungen werden mit 0 Volt angewählt. Die nicht angewählten Adressen haben $+U_B$.

In unprogrammiertem Zustand haben alle Datenleitungen L-Signal (0 Volt + Diodenschwellspannung).

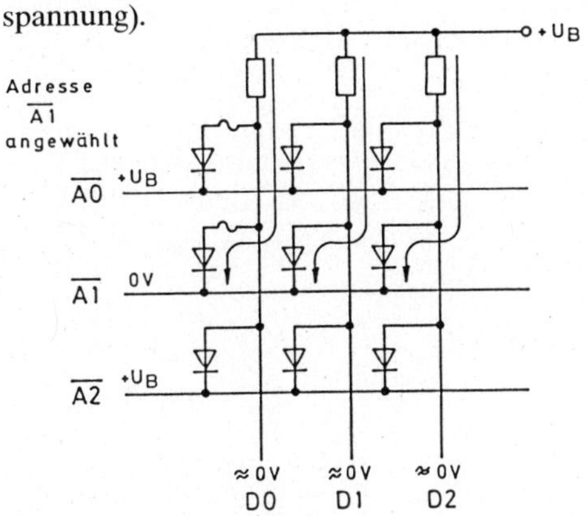

Programmierter Speicher:

Auf Adresse $\overline{A1}$ sind die Daten 0, 1, 0 gespeichert.

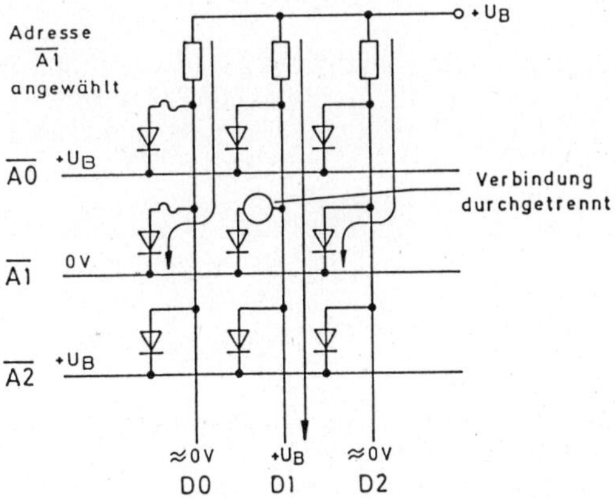

11.2.2.2. Programmieren und Löschen eines EPROM

Ein EPROM ist in MOS-Technik ausgeführt. In unprogrammiertem Zustand ist der Speichertransistor gesperrt. Während des Programmiervorganges werden Ladungen auf das Gate gebracht, und der Transistor wird leitend.

Speicher für 1 Bit.

Gate nicht programmiert:

D_0 hat H-Signal ($+U_B$).

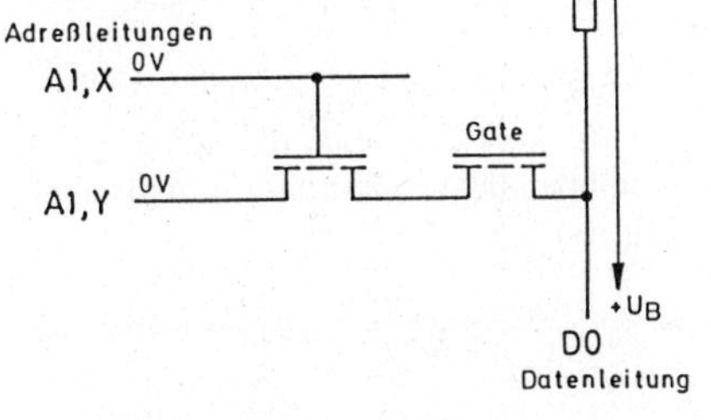

Durch Bestrahlung mit UV-Licht fließen die Ladungen wieder ab, und der Transistor sperrt erneut.

Gate programmiert:

D_0 hat L-Signal (≈ 0 V).

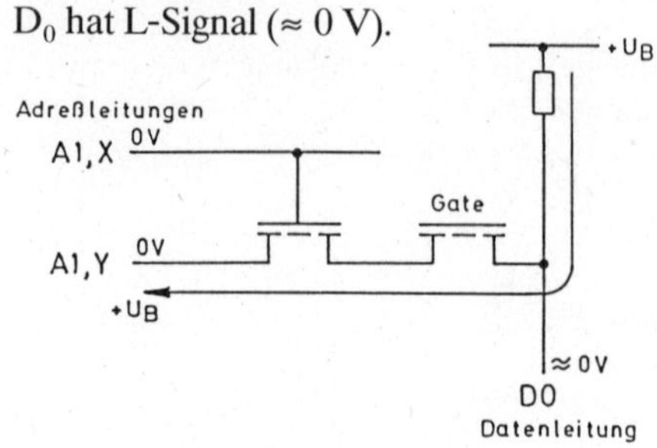

11.2.3. Schreib-Lese-Speicher

Es gibt statische und dynamische RAMs. Dynamische Speicher halten ihren Inhalt nur über kurze Zeit. Damit der Inhalt nicht verloren geht, muß er regelmäßig wieder aufgefrischt werden (Refresh-Zyklus). Die Information ist als Ladung in einer Zelle gespeichert. Da sie nach kurzer Zeit wieder abfließt, muß sie ständig erneuert werden.

Diese Speicher werden in NMOS-Technik ausgeführt. Sie haben eine geringe Verlustleistung. Dadurch wird eine große Packungsdichte ermöglicht.

Statische RAMs sind einfacher in der Handhabung. Sie bestehen im Prinzip aus einer bistabilen Kippstufe pro Bit. Die Information wird solange gespeichert wie die Netzspannung ansteht.

Sie sind in TTL- oder MOS-Technologie aufgebaut.

11.3. Speicherorganisation

Die einzelnen Speicherplätze lassen sich mit Hilfe der Adressen anwählen. In den angewählten Speicherplatz kann etwas eingeschrieben (ausgelesen) werden. Dabei lassen sich mit n Adressenleitungen 2^n Speicherplätze anwählen.

Unter einer Adresse in einem Speicherplatz können ein oder mehrere Bits gespeichert sein. Üblich sind ein, vier oder acht Bit.

11.3.1. Bitorganisierte Speicher

Pro Adresse wird ein Bit gespeichert.

Im folgenden soll der Speicheraufbau eines 16 × 1-Bit-Speichers in kleinen Schritten entwickelt werden.

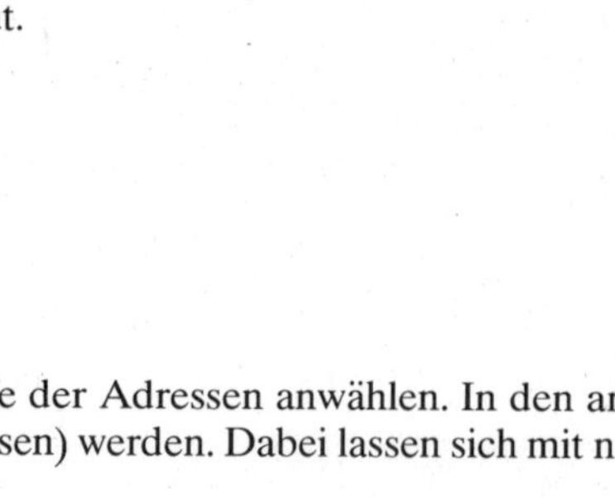

Jedes Speicherbit besteht aus einem Flipflop. Werden die Flipflops nicht nacheinander sondern matrixförmig angeordnet, benötigt man für die Ansteuerung der 16 Bits nur noch acht Leitungen.

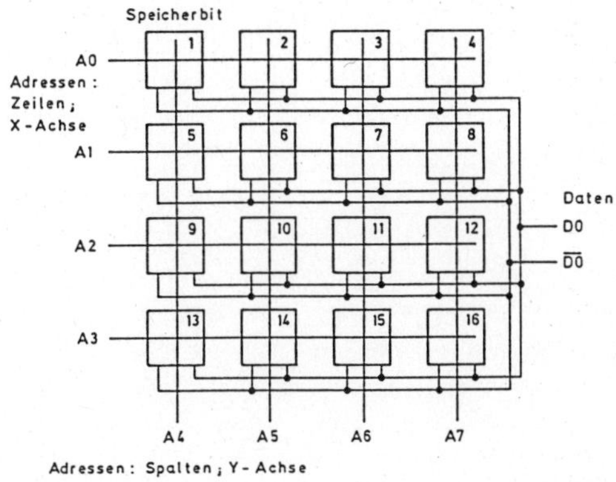

Mit einem H-Signal an A1 und A6 kann z.B. die Speicherstelle sieben angewählt werden.

Werden nun die Adreßleitungen der X- und der Y-Achse dual codiert, benötigt man zur Auswahl nur noch zwei Leitungen pro Achse.

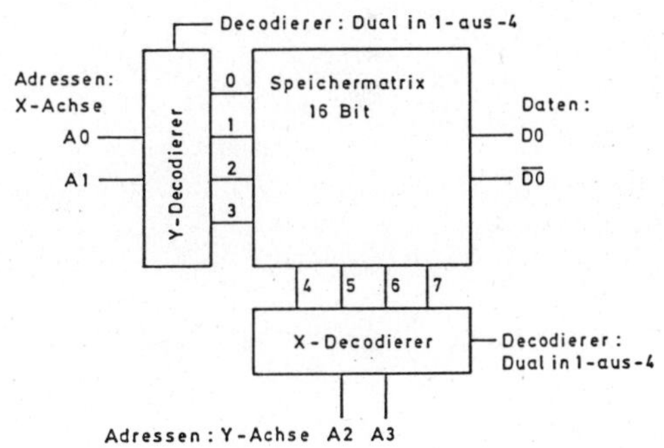

Bisher wurde der Aufbau der Adressierung beschrieben. Aber auch die Datenleitung muß aufbereitet werden. In der Regel wird über die Datenleitung sowohl eingeschrieben als auch gelesen.

Es wird also ein zusätzlicher Steuereingang benötigt, über den dem Speicherbausatz gesagt wird, ob die Schreibverstärker oder Leseverstärker einzuschalten sind.

Dazu kommt noch ein weiterer Steuereingang, über den die Datenleitung freigegeben oder gesperrt werden kann.

Mit Hilfe dieses Steuereinganges läßt sich, falls mehrere Speicherbausteine verwendet werden, ein bestimmter Baustein auswählen. Praktisch stellt dieser Freigabe-Eingang eine zusätzliche Adreßleitung dar.

Mit diesen Steuereingängen wird die Datenleitung verschaltet.

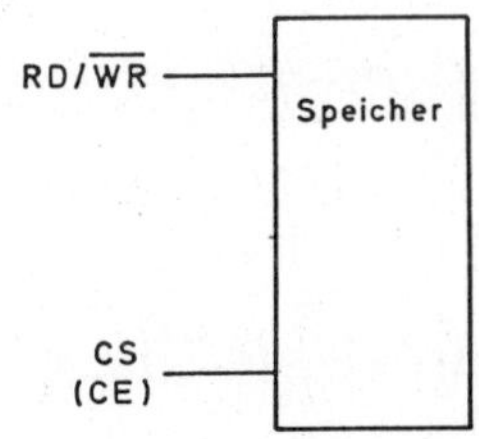

RD/$\overline{WR}$ = Read/$\overline{Write}$ = Lesen/$\overline{Schreiben}$
Lesen bei H-Signal
Schreiben bei L-Signal

CS = Chip Select = Baustein-Auswahl

CE = Chip Enable = Baustein-Freigabe

Mögliche Verschaltung der Datenleitung:

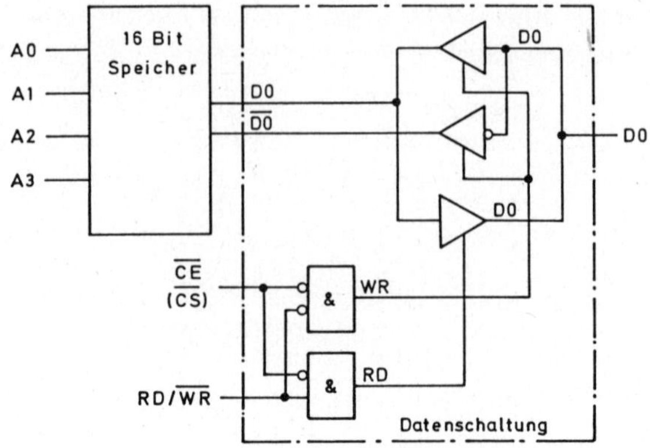

Damit ergibt sich für den 16 × 1-Bit-Speicher folgendes Blockschaltbild:

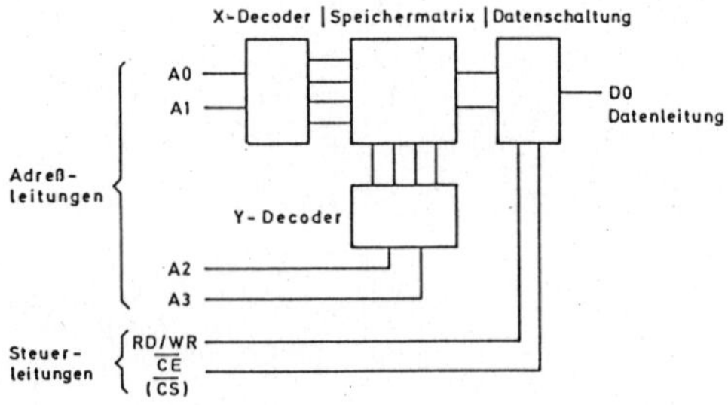

Vereinfachte Darstellung:

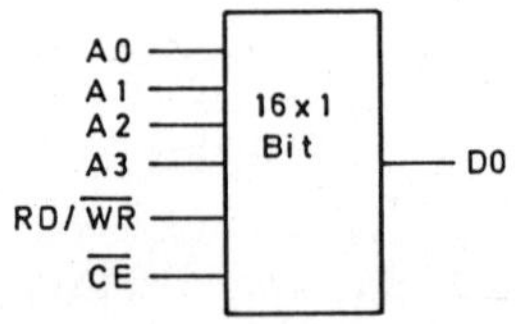

11.3.2. Wortorganisierte Speicher

Bei wortorganisierten Speichern wird pro Adresse ein Wort gespeichert. Meist ist es acht Bit lang.

Für den Aufbau des Speichers gilt prinzipiell das gleiche wie für den bitorganisierten Speicher. Es sind lediglich die Speichermatrizen parallel zu schalten.

Beispiel: 16 × 4-Bit-Speicher.

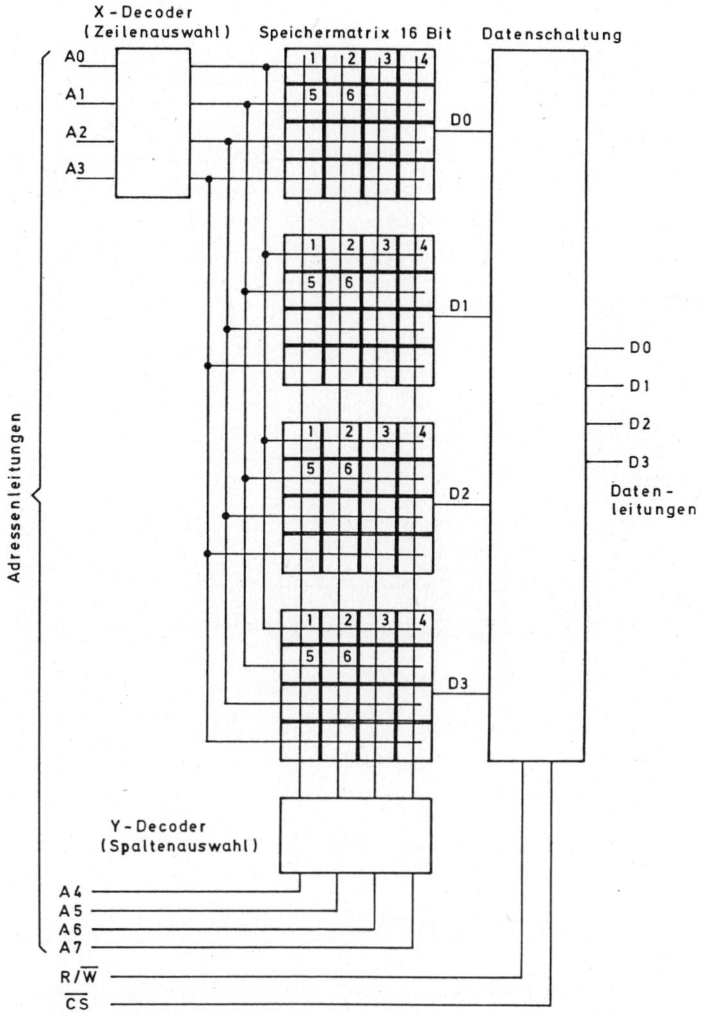

11.3.3. Datenblätter und Versuchsschaltungen

Es folgen Datenblätter handelsüblicher, relativ verbreiteter Speicherbausteine.

1. Datenblätter von RAM-Speichern:

   2 K × 8 Bit
   8 K × 8 Bit

   Mit der anschließenden Versuchsschaltung können Sie in RAM-Speicher einschreiben und daraus Daten auslesen.

2. Datenblätter von EPROM-Speichern:
   2 K × 8 Bit
   8 K × 8 Bit
   Die Datenblätter enthalten eine ausführliche Funktionsbeschreibung.
   Auch dieser Speicher kann mit Hilfe einer Versuchsschaltung besser kennengelernt werden.

In den Datenblättern findet man für die Datenleitungen verschiedene Bezeichnungen.

D für Datenleitung
D_{IN} für Eingangsdatenleitungen
D_{OUT} für Ausgangsdatenleitungen
Q für Ausgangssignale
I für Eingangsdatenleitungen (Input)
O für Ausgangsdatenleitungen (Output)
I/O für Datenleitungen für Eingage und Ausgabe

Datenblätter eines 2 K × 8 Bit-RAM-Speichers, Typ 5516:

2048 WORD X 8 BIT CMOS STATIC RAM

FEATURES

- Standby Current
  0.2μA(Max.) at Ta=25°C } TC5516APL
  1.0μA(Max.) at Ta=60°C }
  30μA(Max.) : TC5516AP
- Low Power Dissipation : 200mW(Typ.)Operating
- Single 5V Power Supply
- Data Retention Supply Voltage : 2.0∿5.5V
- Fully Static Operation
- Fast Access Time : 250ns(Max.)
- Two Chip Enable ($\overline{CE_1}$, $\overline{CE_2}$) for Simple Memory Expansion and Battery Back Up
- All Inputs and Output Directly TTL Compatible
- Three State Outputs
- Standard 24 pin Plastic Package

PIN CONNECTION (TOP VIEW)

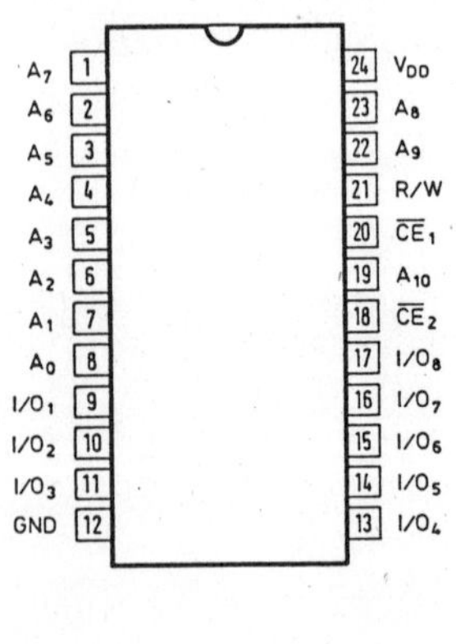

PIN NAMES

A0 ∿ A10	ADDRESS INPUTS
R/W	READ/WRITE CONTROL INPUT
$\overline{CE_1}$, $\overline{CE_2}$	CHIP ENABLE INPUTS
I/O1 ∿ I/O8	DATA INPUT/OUTPUT
VDD	POWER (+5V)
GND	GROUND

BLOCK DIAGRAM

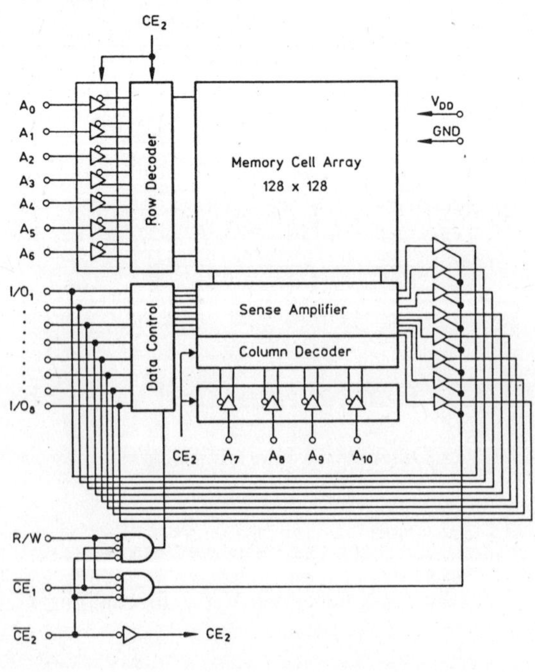

TIMING WAVEFORMS

Read Cycle

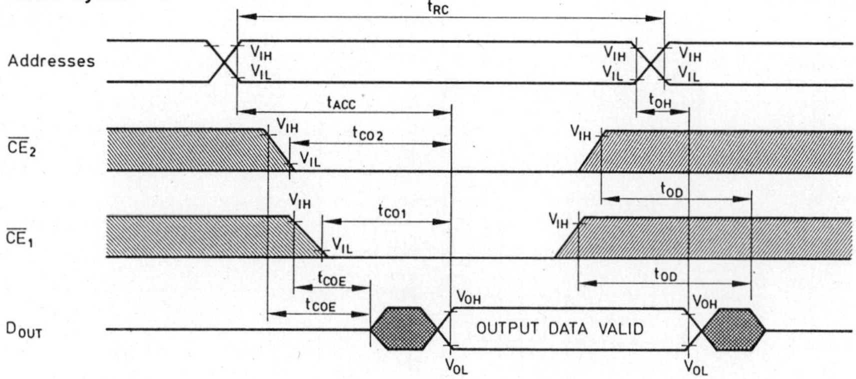

Write Cycle 1

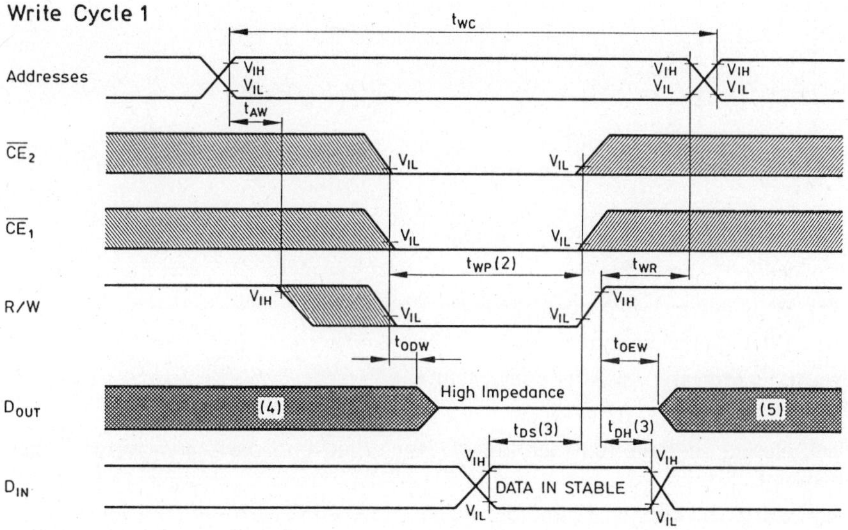

Um den RAM-Speicher kennenzulernen, kann folgende Versuchsschaltung aufgebaut werden:

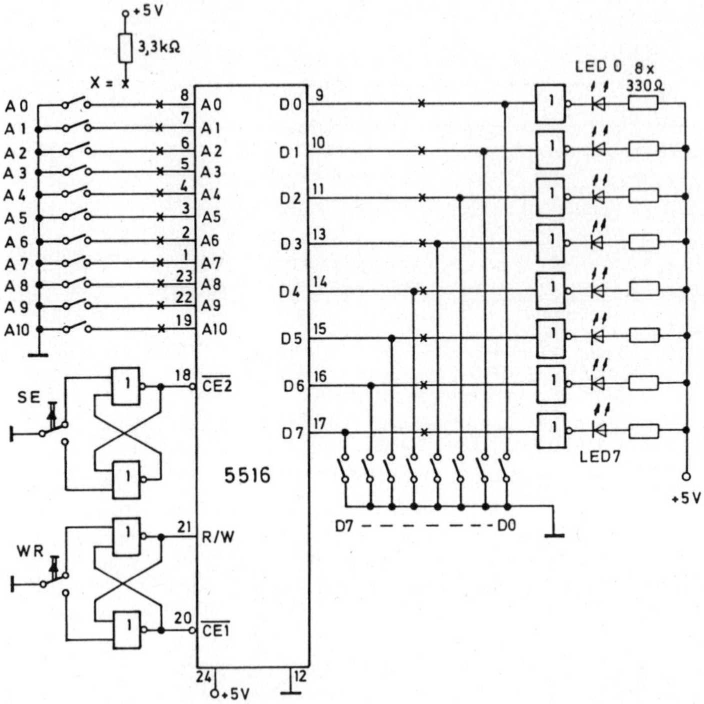

Mit den Schaltern A0—A10 können die Adressen angewählt werden.

Die Taste WR aktiviert den Schreibeingang.

L-Signal an R/W: in den Speicher wird eingeschrieben.

H-Signal an R/W: aus dem Speicher wird ausgelesen.

Die Taste SE bewirkt die Freigabe der Adressenanwahl.

L-Signal an $\overline{CE2}$: die Adressen sind freigegeben.

Werden Daten ausgelesen, sind die Schalter D0—D7 geöffnet, und die Daten werden über Leuchtdioden angezeigt.

Werden Daten eingeschrieben, können sie mit den Schaltern D0—D7 eingestellt werden.

Aus den Signaldiagrammen der Datenblätter kann die Reihenfolge entnommen werden, in der die Schalter für das Einschreiben oder das Auslesen betätigt werden müssen.

Datenblätter eines 8 K × 8 Bit-RAM-Speichers, Typ 6264:

8192 word x 8-bit High Speed Static CMOS RAM

FEATURES

- Fast access Time 100ns/120ns/150ns (max.)
- Low Power Standby Standby: 0.01mW (typ.)
  Low Power Operation Operating: 200mW (typ.)
- Capability of Battery Back-up Operation
- Single +5V Supply
- Completely Static Memory. . . . . No clock or Timing Strobe Required
- Equal Access and Cycle Time
- Common Data Input and Output, Three State Output
- Directly TTL Compatible: All Input and Output
- Standard 28pin Package Configuration

PIN ARRANGEMENT

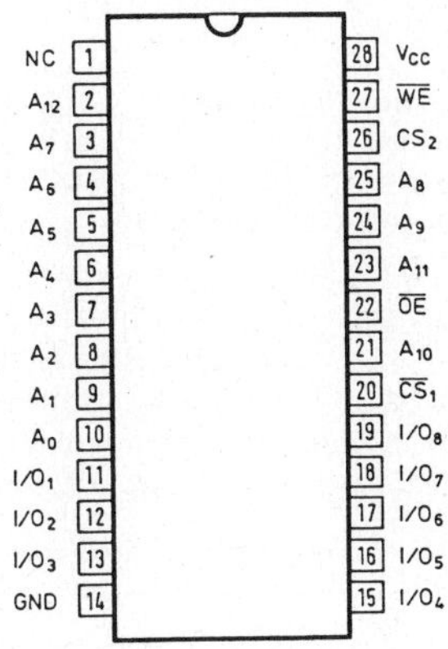

TRUTH TABLE

$\overline{WE}$	$\overline{CS_1}$	CS_2	$\overline{OE}$	Mode	I/O Pin
X	H	X	X	Not Selected	High Z
X	X	L	X	(Power Down)	High Z
H	L	H	H	Output Disabled	High Z
H	L	H	L	Read	Dout
L	L	H	H	Write	Din
L	L	H	L		Din

X: H or L

Read Cycle

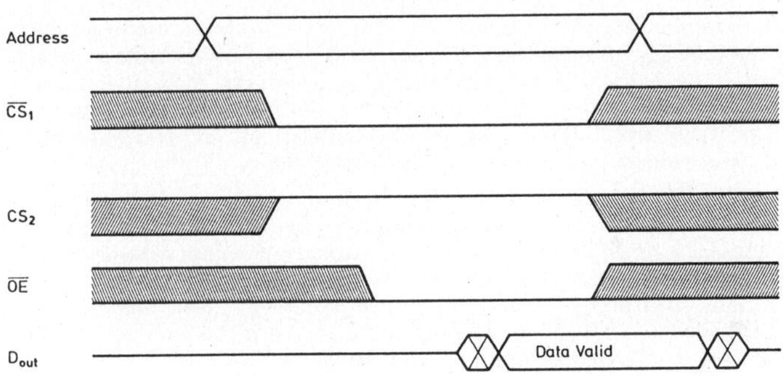

Write Cycle

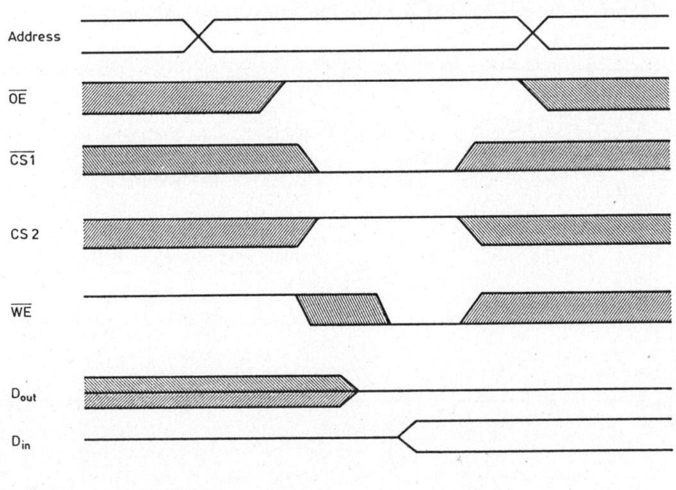

Datenblätter eines 2 K × 8 Bit-EPROM-Speichers, Typ 2716:

UV-löschbarer und elektrisch programmierbarer Festwertspeicher EPROM 16K (2K×8) SAB 2716

Kurze Zugriffszeit: SAB 2716-1 350 ns (max.)
SAB 2716-2 390 ns (max.)
SAB 2716 450 ns (max.)

Geringe Verlustleitung: Im aktiven Zustand 525 mW (max.)
Im Standby-Zustand 132 mW (max.)

Einfache Programmierbedingungen:
- Programmierung einzelner Speicherplätze
- Wird mit einem Impuls von 50 ms programmiert

Ein-/Ausgänge beim Lesen und Programmieren TTL-kompatibel

Statische Schaltung

Nur eine Versorgungsspannung (5 V)

Der SAB 2716 ist ein UV löschbarer und elektrisch programmierbarer Festwertspeicher (EPROM) für 16384 Bit, organisiert als 2048 Worte zu je 8 Bit. Der SAB 2716 wird nur mit einer Spannung (5 V) versorgt, besitzt eine statische Wartebetriebsart (Standby) und ermöglicht ein schnelles Programmieren von einzelnen Adressen.

Der SAB 2716 ist mit seiner einzigen Versorgungsspannung von 5 V und einer Zugriffszeit von 350 ns ideal für den Einsatz mit den neuen +5 V-Mikroprozessoren geeignet, wie dem SAB 8085 und SAB 8086. Der SAB 2716 ist außerdem das erste EPROM mit einer statischen Warte-Betriebsart, welche die Verlustleistung herabsetzt, ohne die Zugriffszeit zu erhöhen. Die maximale Verlustleistung im aktiven Betrieb beträgt 525 mW, während die maximale Verlustleistung im Wartebetrieb nur 132 mW beträgt, was einer Einsparung von 75% entspricht.

Der SAB 2716 hat die einfachste und schnellste Programmierart, welche bisher für EPROMs entwickelt wurde – die Programmierung mit einem einzelnen Impuls mit TTL-Pegel. Die Impulssteuerung von höheren Spannungen ist nicht erforderlich, da alle Programmier-Steuervorgänge durch TTL-Signale ausgelöst werden. Es ist nunmehr möglich, auf der Leiterplatte, im System zu programmieren. Mit der Einzeladressen-Programmierung des SAB 2716 kann jeder Speicherplatz jederzeit programmiert werden, entweder einzeln, sequentiell oder wahlfrei.

Die gesamte Programmierzeit für alle 16384 Bit beträgt nur 100 Sekunden.

Anschlußbelegung

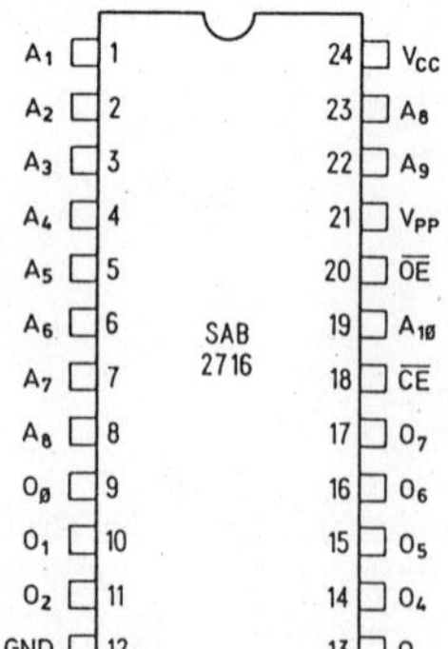

Anschlußbezeichnungen

A_0–A_{10}	Adressen
$\overline{CE}$/PGM	Baustein-Freigabe/Programmierung
$\overline{OE}$	Ausgangs-Freigabe
O_0–O_7	Ausgänge
V_{CC}	Versorgungsspannung (+5 V)
V_{PP}	Versorgungsspannung (+5 V)
GND	Masse (0V)

Wahl der Betriebsart

Betriebsart \ Anschlüsse	$\overline{CE}$/PGM (18)	$\overline{OE}$ (20)	V_{PP} (21)	V_{CC} (24)	Ausgänge (9–11, 13–17)
Lesen	V_{IL}	V_{IL}	+5 V	+5 V	D_{OUT}
Standby (Wartebetrieb)	V_{IH}	bedeutungslos	+5 V	+5 V	hochohmig
Programmieren	V_{IL} auf V_{IH} gepulst	V_{IH}	+25 V	+5 V	D_{IN}
Kontrolle der Programmierung	V_{IL}	V_{IL}	+25 V	+5 V	D_{OUT}
Sperre der Programmierung	V_{IL}	V_{IH}	+25 V	+5 V	hochohmig

Blockschaltbild

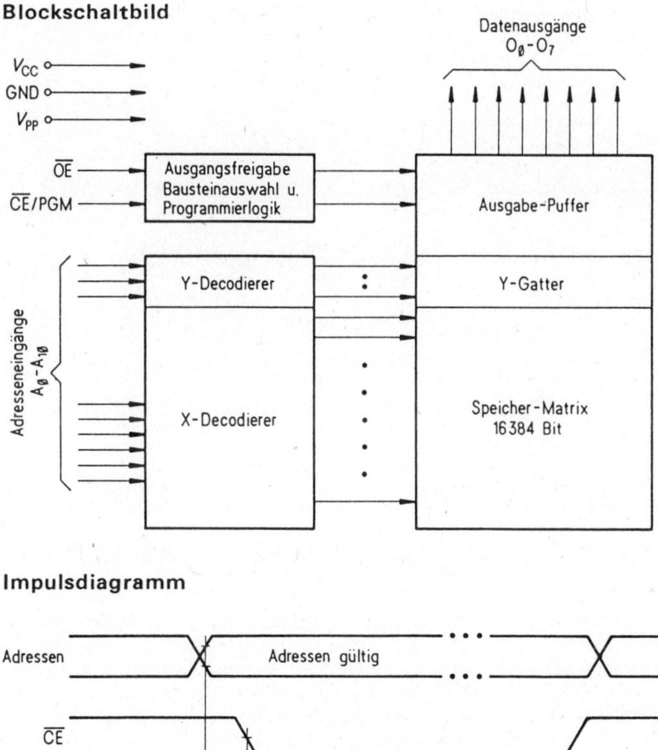

Impulsdiagramm

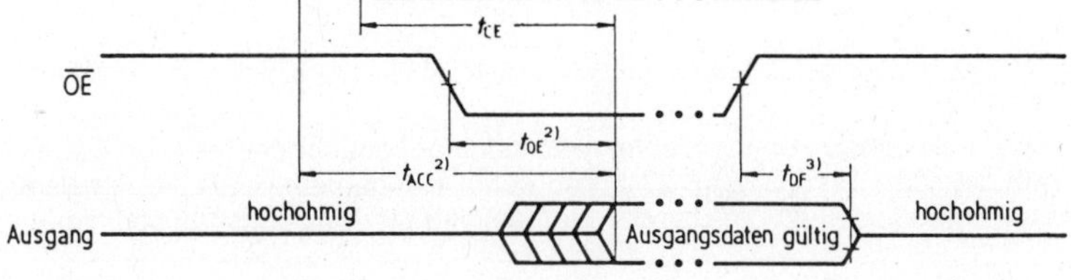

Löscheigenschaften

Der Löschvorgang des SAB 2716 tritt bereits bei Bestrahlung mit Licht von kürzerer Wellenlänge als etwa 4000 Angström (Å) auf. Es ist zu beachten, daß Sonnenlicht und bestimmte Arten von Leuchtstofflampen, Wellenlängen im Bereich von 3000—4000 Å haben. Die Daten weisen darauf hin, daß eine ständige Bestrahlung mit Leuchtstofflampen-Licht (Raumbeleuchtung) den SAB 2716 in etwa 3 Jahren löschen könnte, während dies bei Bestrahlung mit direktem Sonnenlicht nur etwa 1 Woche dauern würde. Wenn der SAB 2716 diesen Lichtverhältnissen über längere Zeit ausgesetzt werden soll, sind undurchsichtige Aufkleber erhältlich, welche auf dem Fenster des SAB 2716 angebracht werden können, um ein unbeabsichtigtes Löschen zu verhindern.
Der Löschvorgang für den SAB 2716 wird mit Bestrahlung von ultraviolettem Licht mit einer Wellenlänge von 2527 Angström (Å) vorgenommen. Die empfohlene Strahlungsdosis (d. h. UV-Intensität × Belichtungszeit) soll mindestens 15 Ws/cm² betragen. Bei Verwendung einer UV-Lampe mit einer Leistung von 12000 µW/cm² beträgt die Löschzeit etwa 15 bis 20 Minuten. Der SAB 2716 soll für das Löschen ca. 2 bis 3 cm von der Lampe entfernt angeordnet werden. Bei manchen Lampen umgibt ein Filter das Entladungsrohr, welches vor dem Löschen zu entfernen ist.

Betrieb des Bausteins

In der Tabelle sind die fünf Betriebsarten des SAB 2716 aufgelistet. Es ist zu beachten, daß alle Eingangssignale für die fünf Betriebsarten TTL-Pegel haben. Die benötigten Versorgungsspannungen sind +5 V für V_{CC} und V_{PP}. Die Versorgungsspannung V_{PP} muß bei den drei Programmier-Betriebsarten 25 V betragen, in den anderen zwei Betriebsarten 5 V.

Auswahl der Betriebsart

Anschlüsse / Betriebsart	$\overline{CE}$/PGM (18)	$\overline{OE}$ (20)	V_{PP} (21)	V_{CC} (24)	Ausgänge (9–11, 13–17)
Lesen	V_{IL}	V_{IL}	+5 V	+5 V	D_{OUT}
Standby (Wartebetrieb)	V_{IH}	bedeutungslos	+5 V	+5 V	hochohmig
Programmieren	V_{IL} auf V_{IH} gepulst	V_{IH}	+25 V	+5 V	D_{IN}
Kontrolle der Programmierung	V_{IL}	V_{IL}	+25 V	+5 V	D_{OUT}
Sperre der Programmierung	V_{IL}	V_{IH}	+25 V	+5 V	hochohmig

Lesebetrieb

Der SAB 2716 hat zwei Steuerfunktionen, von welchen beide „logisch" erfüllt sein müssen, damit an den Ausgängen Daten erscheinen. Die Baustein-Freigabe (CE) steuert die Versorgung und soll für Freigabe des Bausteines verwendet werden. Die Ausgabe-Freigabe ($\overline{OE}$) ist die Ausgangssteuerung und soll zum Durchschalten der Daten zu den Ausgangsanschlüssen verwendet werden, unabhängig von der Baustein-Freigabe. Vorausgesetzt, daß die Adressen stabil sind, ist die Adressen-Zugriffszeit (t_{ACC}) gleich der Verzögerung von $\overline{CE}$ zum Ausgang (t_{CE}). Die Daten stehen an den Ausgängen 120 ns (t_{OE}) nach der fallenden Flanke von $\overline{OE}$ zur Verfügung, vorausgesetzt, daß $\overline{CE}$ L-Pegel geführt hat und die Adressen mindestens für t_{ACC} t_{OE} stabil gewesen sind.

Standby-Betrieb (Wartezustand)

Der SAB 2716 besitzt eine Standby-Betriebsart, welche die Verlustleistung gegenüber dem aktiven Zustand um 75 % verringert (von 525 mW auf 132 mW). Der SAB 2716 wird durch Anlegen eines TTL-H-Signals an den Eingang $\overline{CE}$ in den Standby-Zustand versetzt. Im Standby-Betrieb sind die Ausgänge hochohmig, unabhängig vom Eingang $\overline{OE}$.

Sperren der Ausgänge

Die Ausgänge von zwei oder mehreren SAB 2716 können auf einen gemeinsamen Datenbus ODERiert werden. Dabei soll nur bei einem SAB 2716 der Ausgang angewählt bzw. freigegeben sein. ($\overline{OE}$ = L-Signal), um Datenbus-Schwierigkeiten zwischen den einzelnen SAB 2716 in dieser Schaltung zu verhindern. Die Ausgänge der anderen SAB 2716 sollen durch Anheben des Einganges $\overline{OE}$ auf TTL-H-Pegel gesperrt sein.

Programmierung

Im Ursprungszustand sowie nach jedem Löschvorgang führen alle Bits des SAB 2716 den Zustand „1". Die Daten werden durch selektives Programmieren von „0" in die gewünschten Bit-Plätze eingegeben. Obwohl nur „0" programmiert wird, können im Datenwort sowohl „1" als auch „0" dargestellt werden. Die einzige Möglichkeit, eine „0" in eine „1" umzuwandeln, ist die Löschung durch UV-Licht.
Der SAB 2716 befindet sich in der Programmier-Betriebsart, wenn die Versorgungsspannung V_{PP} 25 V beträgt und $\overline{OE}$ mit V_{IH} verbunden ist. Die zu programmierenden Daten werden 8 Bit parallel, an die Datenausgabe-Anschlüsse angelegt. Die für die Adressen- und Dateneingänge benötigten Pegel sind TTL-Pegel. Wenn die Adresse und die Daten stabil sind, wird ein aktiver TTL-H-Programmierimpuls von 50 ms an den Eingang $\overline{CE}$/PGM gelegt. Für jede zu programmierende Adresse muß ein Programmierimpuls angelegt werden. Man kann jeden Speicherplatz jederzeit programmieren — entweder einzeln, sequentiell oder wahlweise. Der Programmierimpuls hat eine Maximalbreite von 55 ms. Der SAB 2716 darf nicht mit einer Gleichspannung programmiert werden, die an den Eingang $\overline{CE}$/PGM gelegt wird.
Dank den einfachen Programmier-Anforderungen läßt sich ein Programmieren von mehreren SAB 2716 parallel mit denselben Daten leicht vornehmen. Die einander entsprechenden Eingänge der parallelen Bausteine SAB 2716 können miteinander verbunden werden, wenn sie mit den gleichen Daten zu programmieren sind. Ein TTL-H-Impuls an den Eingang $\overline{CE}$/PGM programmiert die parallel geschalteten Eingänge des SAB 2716.

Programmiersperre

Ein Programmieren von mehreren Bausteinen SAB 2716 parallel, jedoch mit unterschiedlichen Daten, läßt sich ebenfalls leicht ausführen. Mit Ausnahme von $\overline{CE}$/PGM können alle entsprechenden Eingänge (einschließlich $\overline{OE}$) der parallel geschalteten Bausteine SAB 2716 miteinander verbunden sein. Ein TTL-Programmierimpuls, der an den Eingang $\overline{CE}$/PGM eines SAB 2716 angelegt wird, wobei V_{PP} 25 V beträgt, programmiert diesen Baustein. Ein L-Pegel am Eingang $\overline{CE}$/PGM sperrt die übrigen Bausteine SAB 2716 und verhindert ihre Programmierung.

Kontrolle des Programmierens

An den programmierten Bits sollte eine Kontrolle vorgenommen werden, um festzustellen, ob sie ordnungsgemäß programmiert sind. Die Kontrolle kann bei V_{PP} = 25 V vorgenommen werden. Mit Ausnahme des Programmierens und der Programmierungskontrolle muß V_{PP} 5 V betragen.

SAB 2716

Typisches System mit 2 K-EPROMs

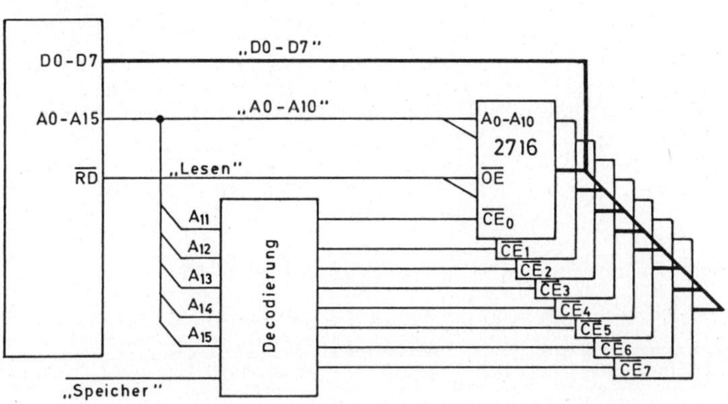

Der EPROM-Speicher kann mit folgender Versuchsschaltung programmiert werden:

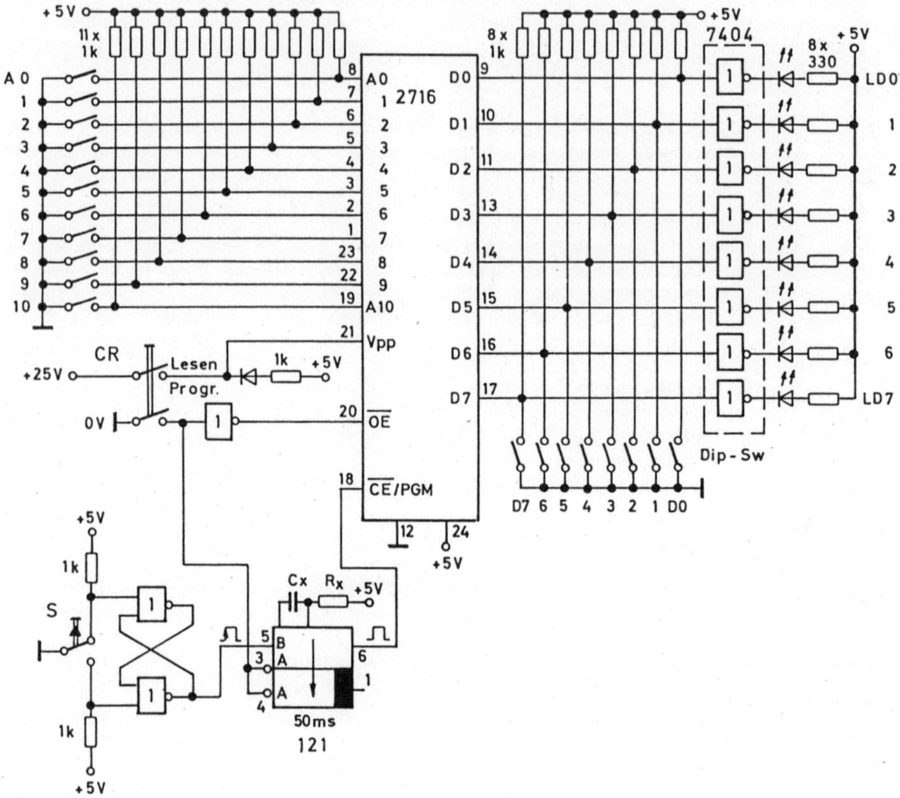

Die Schalter A0—A10 dienen zur Einstellung der Adressen. Die einzuprogrammierenden Daten werden über D0—D7 eingestellt.

Mit dem Schalter CR kann gewählt werden, ob gelesen oder programmiert werden soll.

CR offen: Lesebetrieb
CR geschlossen: Programmierbetrieb

Mit der Taste S wird der Programmierimpuls gegeben (max. 50 ms).

Die genaue Reihenfolge der Kontaktbetätigungen kann den Datenblättern entnommen werden.

Datenblatt eines 8 K × 8 Bit-EPROM-Speichers, Typ 2764:

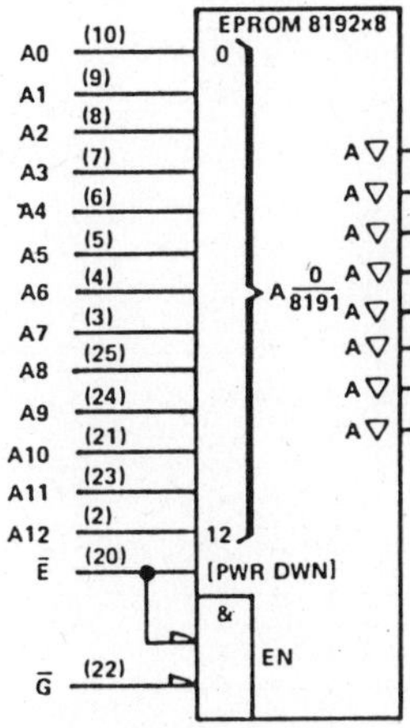

TMS2764 . . . JL PACKAGE
(TOP VIEW)

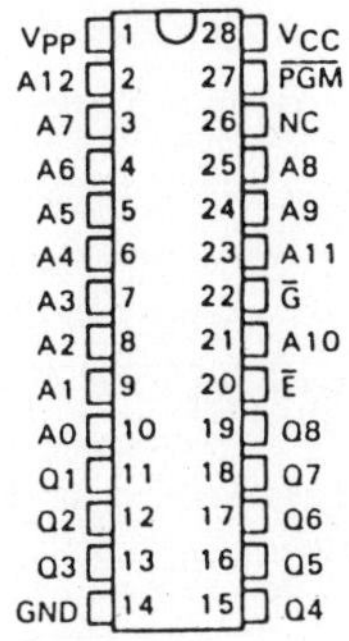

PIN NOMENCLATURE	
A0-A12	Addresses
$\overline{E}$	Chip Enable
$\overline{G}$	Output Enable
GND	Ground
NC	No Connection
$\overline{PGM}$	Program
Q1-Q8	outputs
V_{CC}	+ 5-V Power Supply
V_{PP}	+ 21-V Power Supply

recommended operating conditions

PARAMETER	TMS2764 MIN	NOM	MAX	UNIT
Supply voltage, V_{CC}	4.75	5	5.25	V
Supply voltage, V_{PP}		V_{CC}		V
High-level input voltage, V_{IH}	2		$V_{CC}+1$	V
Low-level input voltage, V_{IL} (see Note 1)	−0.1		0.8	V
Operating free-air temperature, T_A	0		70	°C

electrical characteristics over full ranges of recommended operating conditions

PARAMETER		TEST CONDITIONS	MIN	TYP†	MAX	UNIT
V_{OH}	High-level output voltage	$I_{OH} = -400\ \mu A$	2.4			V
V_{OL}	Low-level output voltage	$I_{OL} = 2.1$ mA			0.45	V
I_I	Input current (load)	$V_I = 0$ V to 5.25 V			± 10	µA
I_O	Output current (leakage)	$V_O = 0.4$ V to 5.25 V			± 10	µA
I_{PP1}	V_{PP} supply current (read)	$V_{PP} = 5.25$ V			5	mA
I_{PP2}	V_{PP} supply current (program)	$\overline{E}$ and $\overline{PGM}$ at V_{IL}			50	mA
I_{CC1}	V_{CC} supply current (standby)	$\overline{E}$ at V_{IH}			35	mA
I_{CC2}	V_{CC} supply current (active)	$\overline{E}$ and $\overline{G}$ at V_{IL}			100	mA

FUNCTION (PINS)	MODE Read	Output Disable	Power Down (Standby)	Fast Programming	Program Verification	Inhibit Programming
$\overline{E}$ (20)	V_{IL}	X	V_{IH}	V_{IL}	V_{IL}	V_{IH}
$\overline{G}$ (22)	V_{IL}	V_{IH}	X	V_{IH}	V_{IL}	X
$\overline{PGM}$ (27)	V_{IH}	V_{IH}	X	V_{IL}	V_{IH}	X
V_{PP} (1)	V_{CC}	V_{CC}	V_{CC}	V_{PP}	V_{PP}	X
V_{CC} (28)	V_{CC}	V_{CC}	V_{CC}	V_{CC}	V_{CC}	V_{CC}
Q1-Q8 (11 to 13, 15 to 19)	Q	HI-Z	HI-Z	D	Q	HI-Z

X = V_{IL} or V_{IH}

11.4. Aufbau von Speichersystemen

Die Arbeitsspeicher in Computern benötigen eine Kapazität und Wortlänge, für die ein einzelner Speicherbaustein nicht ausreicht.

Kapazität ≙ Anzahl der Speicherplätze ≙ Anzahl der Adressen.

Wortlänge ≙ Anzahl der Bits pro Speicherplatz oder pro Adresse.

11.4.1. Erweiterung der Kapazität

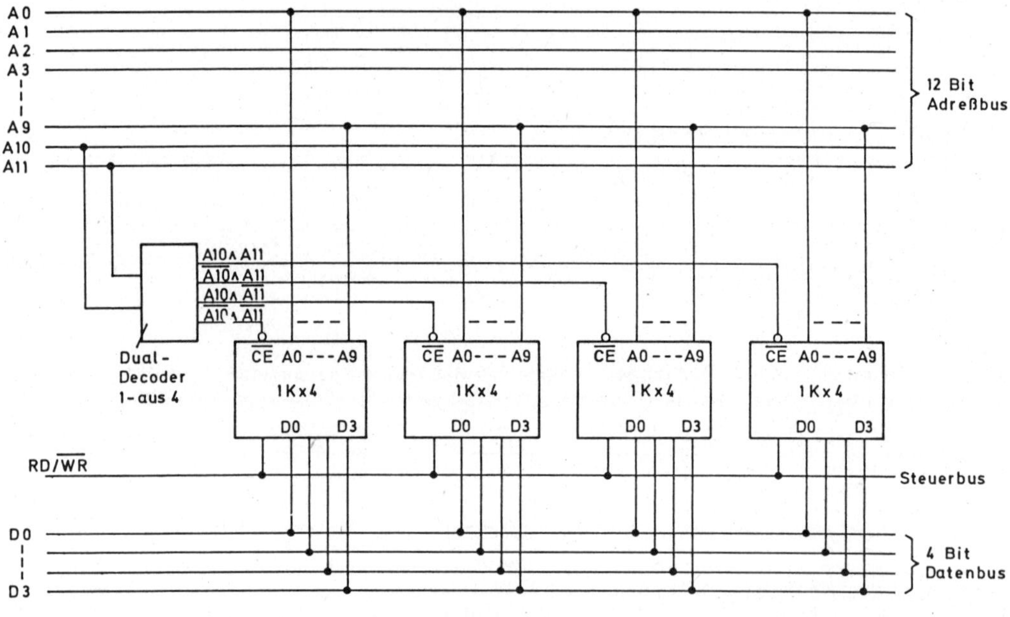

Die Adreßeingänge der Bausteine werden parallel an den Adreßbus geschaltet. Über den $\overline{CE}$-Eingang werden die einzelnen Speicherbausteine freigegeben.

Die Freigabe erfolgt über die weiteren Adreßleitungen des Adreßbusses mit Hilfe eines Decoders.

Zwölf Adreßleitungen ergeben $2^{12} = 8192$ Speicherplätze. Die Daten- und Steuerleitungen werden parallel geschaltet.

11.4.2. Erweiterung der Wortlänge

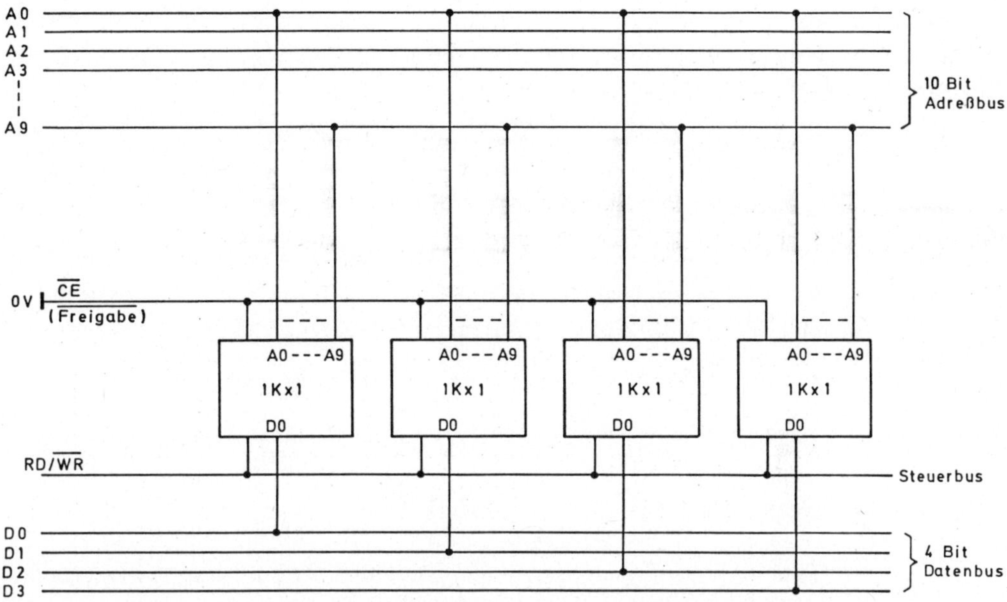

Die Adreßeingänge der Bausteine werden parallel auf den Adreßbus geschaltet. Da immer alle Bausteine mit der gleichen Adresse angewählt werden, wird der CE-Eingang nicht benötigt.

Jeder Speicherbaustein ist mit einem Teil des Datenbusses verbunden.

Die Steuerleitungen werden parallel geschaltet.

11.4.3. Gesamtspeicher

Gesamtspeicher von Computern benötigen Speicherbereiche, in denen das zu bearbeitende Programm und die zu verarbeitenden Daten eingegeben werden. Auch die Ergebnisse müssen abgespeichert werden.

Außerdem benötigt ein Rechner ein Betriebsprogramm, welches ihm unabhängig vom Bearbeitungsprogramm angibt, was er machen soll.

Das Betriebsprogramm steuert die Funktion des Rechners. Es fragt z.B. die Eingabetastatur ab, über die das Bearbeitungsprogramm und die Daten eingegeben werden.

Für diese unterschiedlichen Programme und Daten werden verschiedene Speicherbausteine benötigt.

Betriebsprogramm:

Das Betriebsprogramm wird für einen Rechnertyp einmalig erstellt. Es wird nach seiner Entwicklung nicht mehr verändert.

Als Speicher bietet sich dafür ein ROM, PROM oder EPROM an, je nach Stückzahl und Entwicklungsstand.

Bearbeitungsprogramm:

Wird das zu bearbeitende Programm ständig neu eingelesen, wie z.B. bei Personalcomputern, wird es in einem RAM gespeichert.

Bleibt das zu bearbeitende Programm über einen langen Zeitraum gleich, wie z.B. bei Prozeßsteuerungen, bietet sich dafür ein EPROM oder EEPROM an.

Zu verarbeitende Daten und Ergebnisse:

Wechselnde Daten und Ergebnisse müssen in einem RAM gespeichert werden.

Die Speicher kleiner Computer beinhalten einen EPROM-Bereich und einen RAM-Bereich.

Da es pin-kompatible EPROM- und RAM-Bausteine gibt, lassen sich die Bereiche durch Umstecken der Bausteine auf der Platine sogar verändern.

11.4.3.1. Konstruktion eines 64-KByte-Speichers

Es soll ein 64-KByte-Speicher konstruiert werden. Der Speicher läßt sich günstig mit den 8-KByte-Speicherbausteinen 6264 (RAM) und 2764 (EPROM) aufbauen.

Wenn Sie die Datenblätter der beiden Bausteine miteinander vergleichen, sehen Sie, daß beide Bausteine pin-kompatibel sind.

Der Anschluß 1 des EPROMs wird im Read-Mode, in dem der Baustein benutzt wird, an +5 V gelegt. Beim RAM-Baustein ist der Anschluß nicht verbunden. Also sind alle Bausteine mit ihrem Stift 1 an +5 V zu legen.

An Pin 27 des EPROMs ist beim Programmieren L-Signal, beim Lesen H-Signal anzulegen.

Das Programmieren geschieht jedoch nur in Verbindung mit der Programmierspannung von 21 V am Anschluß 1. Da der Anschluß 1 jedoch nur auf 5 V gelegt wurde, hat das L-Signal an Pin 27 keinen Einfluß.

Beim RAM-Speicher ist an Stift 27 ein H-Signal zum Lesen und L-Signal für das Schreiben anzulegen. Pin 27 kann somit entsprechend dem RAM-Speicher beschaltet werden; der EPROM funktioniert mit den gleichen Signalen.

Stift 26 wird am besten auf +5 V gelegt. Damit wird der RAM-Speicher immer freigegeben. Bei den meisten EPROMs ist der Anschluß nicht verbunden.

Die anderen Anschlüsse $\overline{OE}$, $\overline{CE}$ bzw. $\overline{CS}$, D0 bis D7 und A0 bis A12 liegen an den gleichen Stiften und haben gleiche Signale.

Damit können in die Speicher-Sockel sowohl RAM- als auch EPROM-Bausteine eingesetzt werden.

RAM- und EPROM-Bereiche des Speichers sind also durch die Bausteintypen frei wählbar.

Für den 64-K-Speicher werden acht 8-K-Bausteine benötigt. Jeder Baustein hat die Adreßanschlüsse A0 bis A12. Diese sind für alle Bausteine parallel zu schalten.

Mit den restlichen 3 Adreßleitungen A13 bis A15 wird mit Hilfe eines Dekoders der gewünschte Speicherbaustein aus den 8 vorhandenen ausgewählten und über den $\overline{CS}$-Eingang freigegeben.

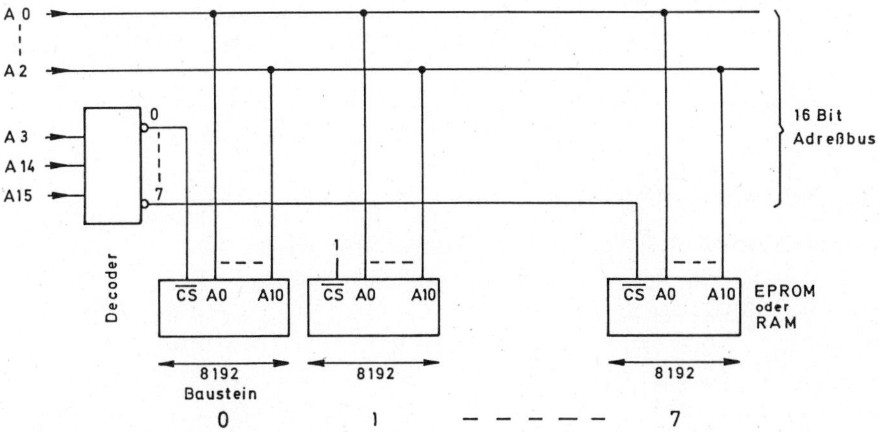

Da immer nur ein Baustein über den Eingang $\overline{CS}$ freigegeben wird, lassen sich die Datenleitungen aller Speicher parallel schalten.

Soll etwas in den Speicher geschrieben werden, muß der Eingang $\overline{WE}$ L-Signal haben. Dieses Signal liefert der Prozessor. Es ist das Steuersignal „Memory Write", kurz $\overline{MEMW}$.

Immer wenn nicht geschrieben werden soll, können die Datenausgänge zum Lesen mit einem L-Signal an OE freigegeben werden.

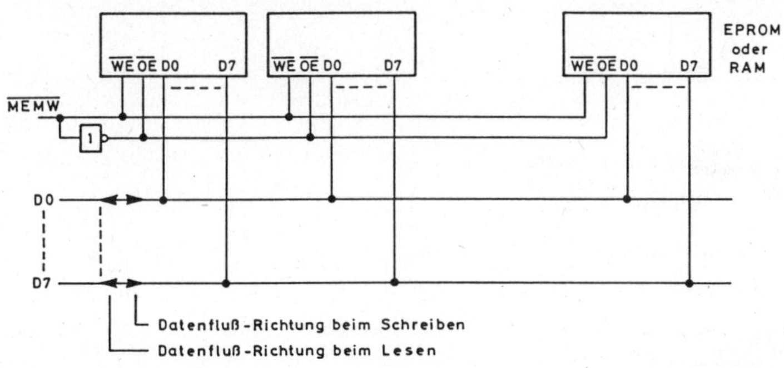

Lernzielorientierter Test

Konstruieren eines 64-KByte-Speichers (Fortsetzung)

a) Zeichnen Sie die Schaltung des 64-KByte-Speichers mit allen Bausteinanschlüssen und Bezeichnungen.

b) Entlasten Sie den Adreß- und Datenbus durch Verstärker am Eingang der Schaltung (siehe nachfolgende Datenblätter: Einrichtungstreiber für die Adreßleitungen, Zweirichtungstreiber für die Datenleitungen)

Verwenden Sie für die Steueranschlüsse die Bus-Steuersignale

$\overline{\text{„Memory Read"}}$ = $\overline{MEMR}$ (Lesen) und

$\overline{\text{„Memory Write"}}$ = $\overline{MEMW}$ (Schreiben).

c) Der Sockel des Speicherbausteines 0 soll mit einem EPROM für das Betriebsprogramm, der Sockel des Speicherbausteines 7 mit einem RAM bestückt werden. Alle anderen Sockel bleiben vorerst frei.

Geben Sie den Adreßbereich für EPROM und RAM an (als Dualzahl und als Hex-Zahl).

Einrichtungs- und Zweirichtungs-Bus-Treiber:

3-State Outputs Drive Bus Lines or Buffer for Memory Address Registers 244

logic diagram (positive logic)

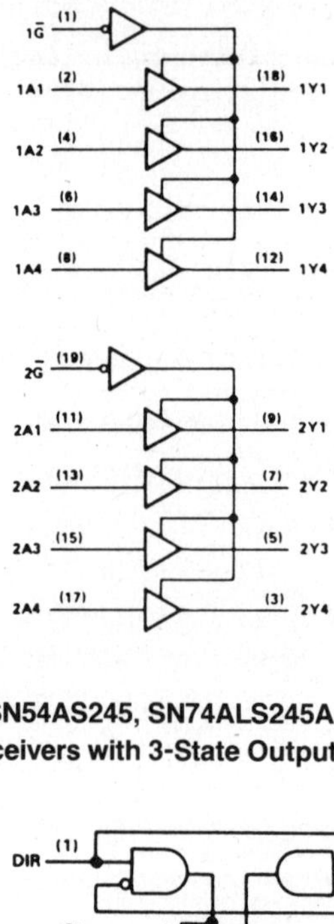

SN54ALS245A, SN54AS245, SN74ALS245A, SN74AS245
Octal Bus Transceivers with 3-State Outputs

logic diagram (positive logic)

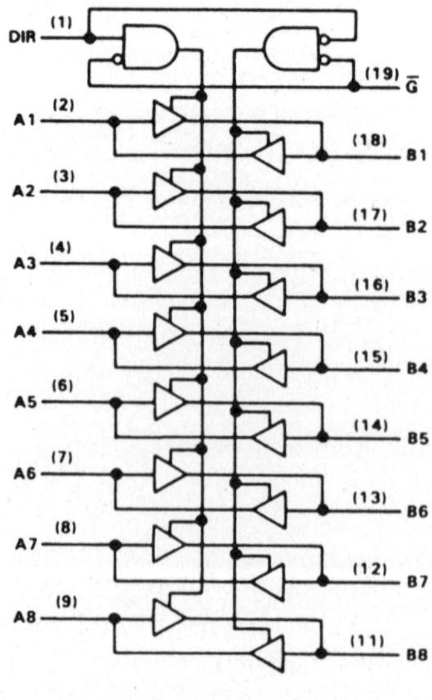

FUNCTION TABLE

ENABLE $\overline{G}$	DIRECTION CONTROL DIR	OPERATION
L	L	B data to A bus
L	H	A data to B bus
H	X	Isolation

H = high level, L = low level, X = irrelevant

12. Der Mikrocomputer

Lernziele:

Nach Durcharbeiten dieses Kapitels können Sie ...

1. die Baugruppen nennen, die für einen Mikrocomputer mindestens benötigt werden, und deren Funktion beschreiben;
2. die Bus-Signale eines Mikrocomputers erklären;
3. die Steuersignale erklären und die prinzipiellen Signaldiagramme für Lese- und Schreibvorgänge zeichnen;
4. die Aufgaben der Baugruppen im Mikroprozessor (CPU) erläutern:
   ALU
   AKKU
   Flag-Register
   Register BC, DE, HL
5. Einzelschrittprotokolle der Bus-Signale anfertigen bei linearer Programmbearbeitung und bei Sprungbefehlen
6. die Aufgabe des Stackpointers erklären
7. die grundsätzliche Arbeitsweise des Mikroprozessors beschreiben;
8. den Aufbau und die Bedeutung von 1, 2 und 3 Byte-Befehlen angeben;
9. grundsätzliche Angaben zu Programmaufbau und Programmspeicherung machen;
10. Möglichkeiten der Programmbearbeitung und der Adressierung erklären;
11. verschiedene Programmiersprachen angeben und deren Merkmale nennen;
12. den Befehlssatz des Mikroprozessors Z80 und SAB 8080 erklären und kurze Programme in Maschinensprache und Assemblersprache schreiben.

12.1. Aufbau eines Mikrocomputers

Der „Kopf" des Mikrocomputers ist der Mikroprozessor. Abgekürzt wird er CPU (Central-Process-Unit) genannt. Ins Deutsche übersetzt heißt das: Zentrale Prozeß-Einheit. Von ihm wird die Datenverarbeitung durchgeführt.

12.1.1. Daten

Die zu verarbeitenden Daten liest er aus dem Speicher oder der Eingabeeinheit. An die Eingabeeinheit sind externe Geräte wie z.B. eine Tastatur oder die Endschalter einer Steuerung angeschlossen.

Die Ergebnisse der Datenverarbeitung schreibt der Prozessor wieder in den Speicher oder gibt sie über eine Ausgabeeinheit an externe Geräte aus. Solche externen Geräte können z.B. Datensichtgeräte, Drucker oder Leistungsschütze einer Steuerung sein.

Der Prozessor liest oder schreibt nicht immer nur 1 Bit, sondern er verarbeitet immer ein ganzes Datenwort oder Byte. Viele der heute eingesetzten Prozessoren sind 8-Bit-Prozessoren; d.h. sie verarbeiten Datenworte von 8 Bit Länge. Deshalb haben diese Prozessoren auch 8 Anschlüsse für die Datenleitungen (D0 bis D7).

Neu entwickelte Personal-Computer arbeiten mit 16-Bit-Prozessoren. Durch das längere Datenwort wird die gesamte Datenverarbeitung schneller.

In diesem Buch werden 8-Bit-Prozessoren eingesetzt, da sich die grundlegenden Kenntnisse daran am besten vermitteln lassen.

Da die CPU über den 8-Bit-Datenbus sowohl Daten sendet als auch empfängt, muß es ein bidirektionaler Bus sein (Zweirichtungs-Bus).

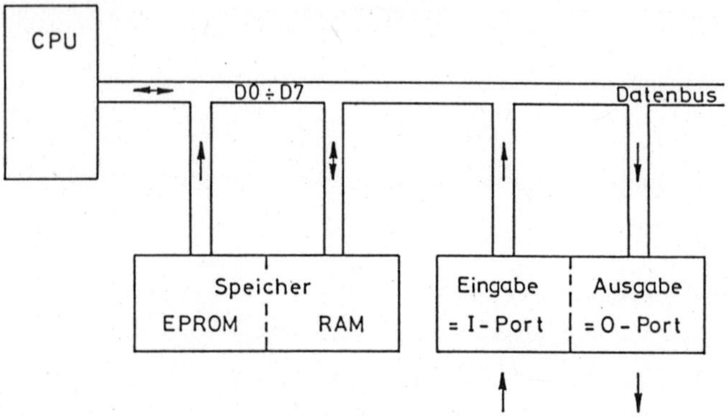

12.1.2. Adressen

Die CPU muß angeben, wer ihr die Daten liefern soll oder wohin sie die Daten schreiben will.

Dazu gibt sie über 16 Adreßleitungen eine Adresse im Dualcode aus.

Mit 16 Adreßleitungen lassen sich 2^{16} verschiedene Dualzahlen erzeugen. In jeder Adresse steht ein 8-Bit-Wort oder ein Byte.

Der Mikroprozessor kann also 64×1024 Byte oder 64 KByte direkt adressieren.

Die Anschlüsse für die Adreßleitungen heißen A0 bis A15. Haben Prozessoren mehr als 16 Adreßleitungen, läßt sich ein entsprechend größerer Speicherbereich direkt adressieren. Die in diesem Buch beschriebenen Prozessoren arbeiten mit 16 Adreßleitungen.

Jede Adresse muß aus den 16 Adreßbits herausdecodiert werden. Dies geschieht hauptsächlich innerhalb der integrierten Speicherbausteine.

Auch die Ein- und Ausgabeeinheiten werden über die Adreßleitungen angewählt.

Während die Speicherbausteine z.B. eine Kapazität von 8 KByte haben, die über 8 K Adressen angesprochen werden, speichern die Ein- oder Ausgabeeinheiten in der Regel nur 1 Byte. Jede Ein- oder Ausgabeeinheit, Port genannt, hat deshalb nur eine Adresse, über die sie angesprochen wird.

Da über die Adreßleitungen sowohl Speicher als auch Ports anzusprechen sind, müssen die 64 K Adressen auf diese Baugruppen aufgeteilt werden.

Damit läßt sich der Speicher nicht mehr auf 64 K ausbauen. Um diesen Vollausbau des Speichers zu ermöglichen, haben die meisten Prozessoren eine zusätzliche Steuerleitung, die angibt, ob die anstehende Adresse für den Speicher oder die Ports bestimmt ist.

Da ein Mikrocomputer niemals 64 K Ports benötigt, werden diese nur über die ersten 8 Adreßleitungen angewählt. Damit können 256 Ports angeschlossen werden.

Da die Adressen immer von der CPU vorgegeben werden, ist der Adreßbus ein Einrichtungs- oder unidirektionaler Bus.

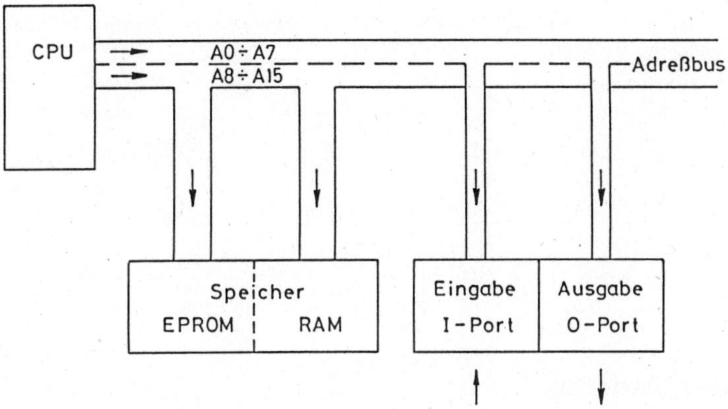

12.1.3. Steuersignale

Der Prozessor liefert die Steuersignale für die angeschlossenen Baugruppen.

Die Baugruppen ihrerseits können durch Steuersignale, die sie an den Prozessor senden, bestimmte Reaktionen anfordern. Die Steuersignale der Mikroprozessoren der verschiedenen Firmen und Modelle sind unterschiedlich. Sie werden im Kapitel „Mikroprozessor" eingehend beschrieben.

Hier sollen auf die sogenannten Standardsteuersignale, die bei allen Mikrocomputern wiederzufinden sind, eingegangen werden.

Ein einfaches Mikrocomputer-System kommt mit diesen Steuersignalen aus.

Liefert der Prozessor diese Steuersignale nicht in der gewünschten Form, können sie durch einen Decoder einfach aus den echten Steuersignalen erzeugt werden.

Damit ist der Konstrukteur auch zum Teil unabhängig vom jeweiligen Prozessortyp.

Standard-Steuersignale:

$\overline{\text{Reset}}$ = Rücksetzen:
Ein L-Signal auf dieser Leitung stellt den Adreßzähler und andere Speicher in der CPU auf 0.

$\overline{\text{MR}}$ = Memory Read (Speicher lesen):
Ein L-Signal auf dieser Leitung gibt an, daß die CPU etwas aus dem Speicher lesen will.

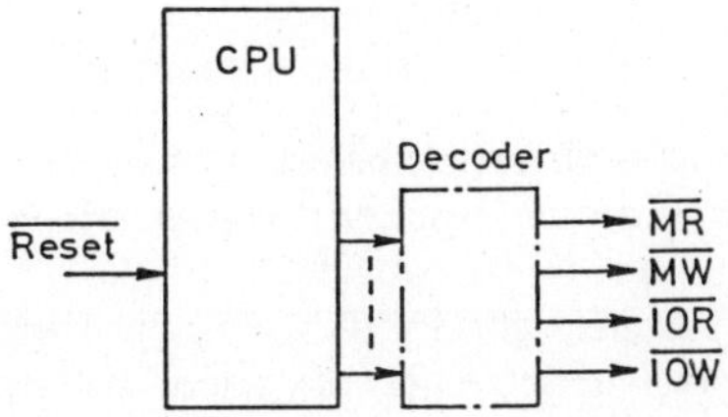

$\overline{MW}$ = Memory Write (Speicher schreiben):
Ein L-Signal auf dieser Leitung gibt an, daß die CPU etwas in den Speicher schreiben will.

$\overline{IOR}$ = IN-Port, OUT-Port Read (Ein-Ausgabe lesen)
Ein L-Signal auf dieser Leitung gibt an, daß die CPU etwas aus den Ports lesen will.

$\overline{IOW}$ = IN-Port, OUT-Port Write (Ein-Ausgabe schreiben)
Ein L-Signal auf dieser Leitung gibt an, daß die CPU etwas in die Ports schreiben will.

Die Steuersignale werden zur Vereinfachung in den Systemdarstellungen zum Steuerbus zusammengefaßt.

12.1.4. Mikrocomputer-Aufbau

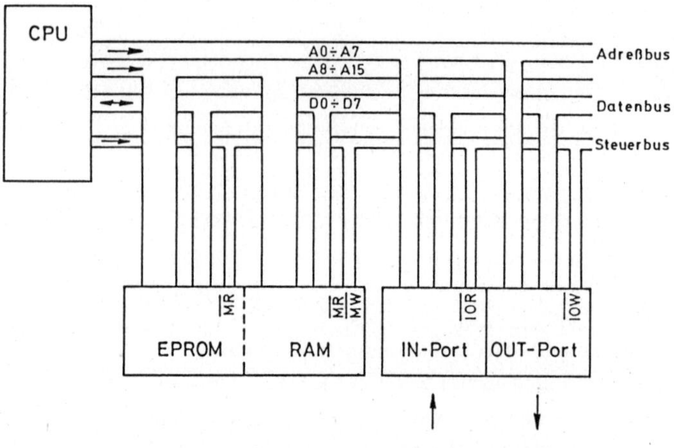

EPROM: Elektrisch programmierbarer Nur-Lese-Speicher.
In ihm wird das Betriebsprogramm gespeichert, welches der Prozessor in immer gleicher Form für seine Arbeit benötigt.

RAM: Schreib-Lese-Speicher
In diesem Speicher werden die veränderlichen Daten, wie z.B. die Eingangssignale vom IN-Port abgelegt.
Weiter schreibt die CPU die Ergebnisse der Datenverarbeitung in diesen Speicher, von denen einige über den OUT-Port ausgegeben werden.

IN-Port: Über den Eingabe-Port fragt die CPU die Daten des angeschlossenen Eingabegerätes ab.
Das Eingabegerät gibt seine Daten auf die Eingänge dieses Ports, in dem sie dann abgespeichert werden.

OUT-Port: Dem Ausgabe-Port übergibt die CPU alle Daten für das Ausgabegerät.
Sie werden in dem Port abgespeichert.

Aus der Funktion der Baugruppen ergeben sich die Steuerleitungen, die für sie benötigt werden. Zum Beispiel kann aus dem EPROM-Speicher nur gelesen werden. Also wird für diese Baugruppe auch nur die Steuerleitung „Memory Read“ benötigt.

Bei gleichen Adressen werden über diese Steuerleitungen die Baugruppen unterschieden.

IN-Port und OUT-Port können z.B. beide die gleiche Adresse 00 haben. Die Adresse 00 ist ebenfalls eine Adresse im EPROM. Über die Adressenleitungen, die parallel auf alle Baugruppen gehen, werden also gleichzeitig drei 8-Bit-Speicher-Stellen mit der Adresse 00 angesprochen.

Über das zugehörige Steuersignal kann die CPU jedoch einen von diesen drei Speichern auswählen.

12.1.5. Bus-Signale

Die Signale auf den Daten-, Adreß- und Steuerbussen müssen in einer bestimmten Reihenfolge von der CPU aufgelegt werden.

Die Adreß- und Steuersignale liefert immer die CPU. Die Signale auf dem Datenbus können von der CPU, vom Speicher oder vom IN-Port kommen.

Schreibt die CPU, dann legt sie die Signale auf den Datenbus.

Liest die CPU, dann stammen die Signale auf dem Datenbus, je nach Steuersignal, welches sie ausgibt, entweder vom Speicher oder vom IN-Port.

Bus-Signale für Schreiben:

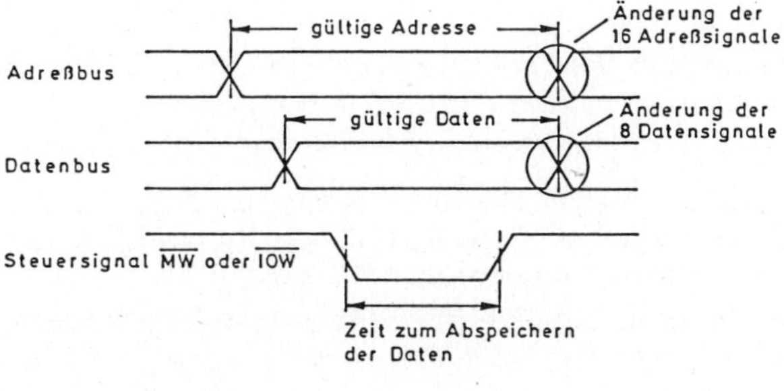

Bus-Signale für Lesen:

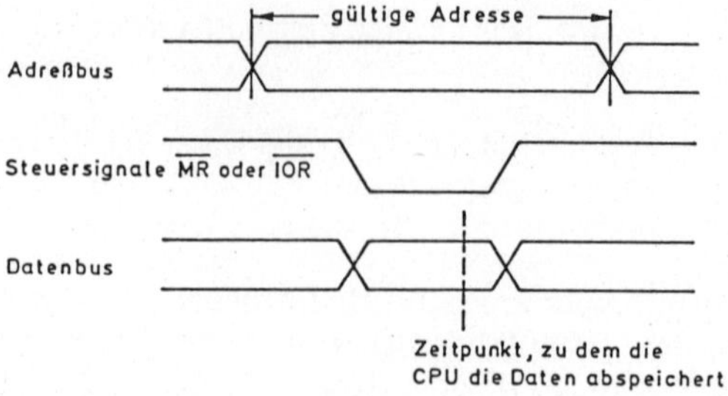

Der Zeitpunkt, zu dem die CPU gültige Daten schreibt oder liest, wird durch den Steuerbus angegeben.

Die Signale auf dem Steuerbus werden deshalb zur endgültigen Freigabe der am Datenbus angeschlossenen Baugruppen verwendet.

12.2. Baugruppen des Mikroprozessors

Der Mikroprozessor führt die Verarbeitung der Daten durch, die er aus dem Speicher oder aus den Eingabe-Ports liest.

Aus welcher Adresse er Daten holen soll, und was er damit zu machen hat, gibt ihm das Programm an.

Das Programm hat der Programmierer geschrieben und in den Speicher eingelesen.

Ein Programm, welches nicht mehr geändert werden soll, wird in einen Nur-Lese-Speicher, z.B. in ein EPROM geschrieben. Es bleibt auch bei Netzausfall erhalten. Veränderliche Programme werden im RAM-Speicher abgelegt.

Das Ergebnis der Datenverarbeitung schreibt der Prozessor in einen RAM-Speicher oder in einen Ausgabe-Port. Die jeweilige Adresse wird ihm wieder vom Programmierer vorgegeben.

Die eigentliche Steuerung des Mikroprozessors erfolgt also über das Programm. Er führt nur die Befehle aus, die ihm das Programm vorgibt.

Umgekehrt kann der Programmierer nur die Befehle vorgeben, die der Prozessor auch aufgrund seiner Innenschaltung verstehen und ausführen kann.

Diese Befehle haben die Hersteller der Mikroprozessoren für jeden Typ in einer Befehlsliste zusammengestellt.

Die Innenschaltung des Mikroprozessors mit ihren verschiedenen Baugruppen richtet sich also danach, welche Operationen der Prozessor ausführen soll.

Die Forderung an das Leistungsvermögen der CPU stellt der Programmierer, der möglichst leistungsfähige Programme erstellen will.

Verschiedene Baugruppen des Prozessors lassen sich somit auch nur aus diesen Anforderungen an bestimmte Programmiermöglichkeiten erklären.

Sie sind damit für einen Techniker, der keine speziellen Programmiererfahrungen hat, schwer zu verstehen.

Im Folgenden werden die Baugruppen des Mikroprozessors SAB 8080 der Fa. Intel, vertrieben durch die Fa. Siemens, vorgestellt.

Dieser Prozessor wurde gewählt, weil er ein sehr übersichtliches Blockschaltbild hat.

Funktions-Blockschaltbild:

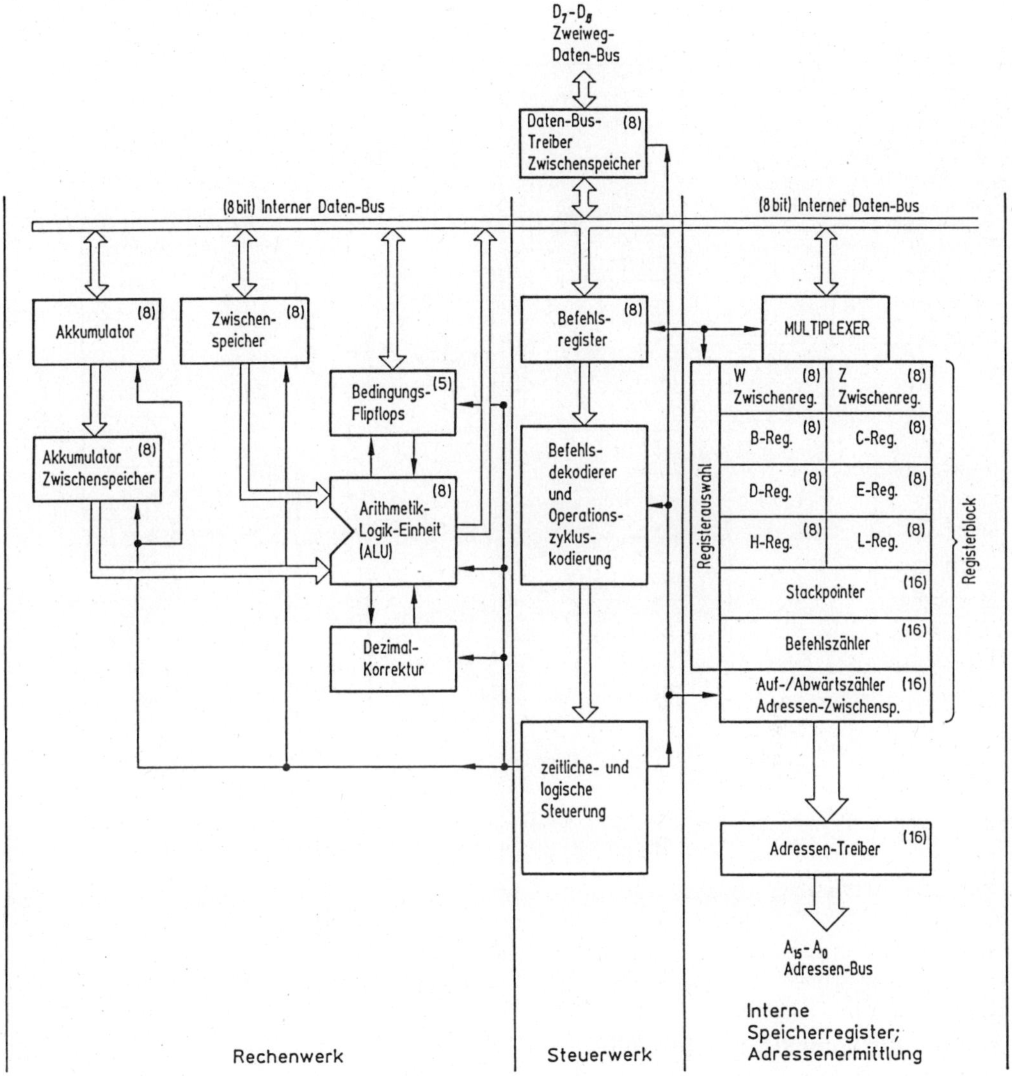

Die Innenschaltung des Prozessors läßt sich grob in vier Bereiche unterteilen:

Rechenwerk
Steuerwerk
Interne Speicherregister
Adressenermittlung

12.2.1. Rechenwerk

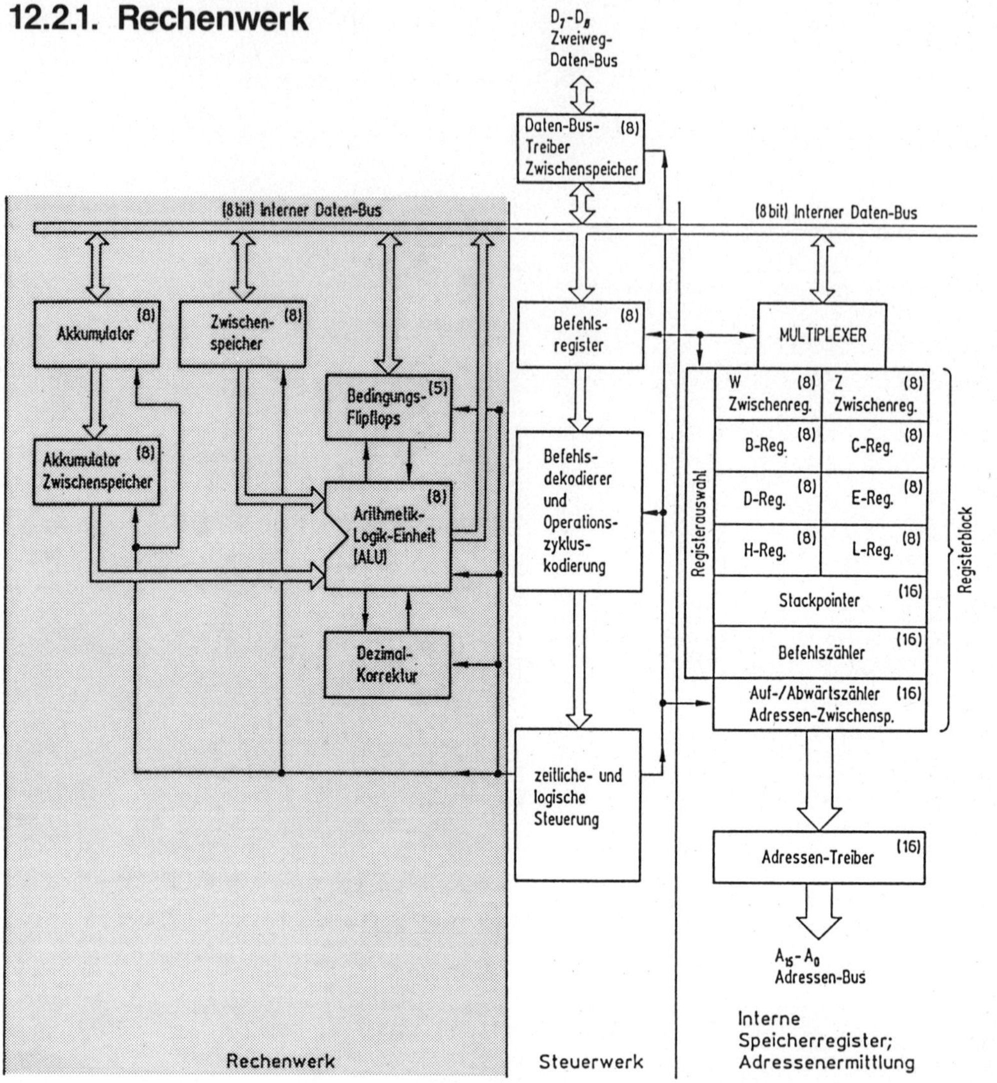

12.2.1.1. Arithmetik-Logik-Einheit

Die Arithmetik-Logik-Einheit (ALU) führt arithmetische, logische und Schiebeoperationen aus.

ALU:
- arithmetische Operationen;
- logische Operationen;
- Schiebeoperationen.

Arithmetische Operationen:
- Addition;
- Subtraktion.

Logische Operationen:
Vergleichen;
Komplement bilden;
logisch UND-verknüpfen;
logisch ODER-verknüpfen;
Exklusiv-ODER-verknüpfen.

Schiebeoperationen:
Daten verschieben rechts;
Daten verschieben links.

Das Resultat der Operation kann auf den internen Datenbus gegeben und über diesen in den Akkumulator übertragen werden.

Die beiden Operanden, die von der ALU verknüpft werden, kommen vom Akkumulator-Zwischenspeicher und vom Zwischenspeicher.

12.2.1.2. Akkumulator

Im Akkumulator (Akku) werden die Ergebnisse gespeichert.

Der Akkumulator kann seine Daten von der ALU bekommen.

Der Mikroprozessor ist ein Einadreß-Rechner. Alle Operationen werden zum Akkuinhalt vorgenommen.

Das Ergebnis im Akku ist also gleichzeitig der eine Operand für die ALU.

Akku:
Ergebnisspeicher

Das Ergebnis ist gleichzeitig Operand 1 für die nächste Operation.

Operationen (Beispiele):

Addiere XXXX zum Akkuinhalt;
Subtrahiere XXXX vom Akkuinhalt;
UND-verknüpfe XXXX mit dem Akkuinhalt.

12.2.1.3. Bedingungsflipflops (Flag-Register)

Bestimmte, markante Zustände des Rechenwerkes werden in Flipflops gespeichert.

Dieser Speicher wird Flag-Register genannt.

Es wird z. B. im Zero-Flag gespeichert, ob das Operationsergebnis gleich Null war.

Der Programmierer kann nun mit einem entsprechenden Befehl dieses Zero-Flag abfragen und in Abhängigkeit davon, ob das Zero-Flag gesetzt ist oder nicht, eine Programmverzweigung durchführen.

Bei diesem Abfragen durch das Programm, ob das Ergebnis bestimmten Bedingungen entspricht, wird nicht die ALU oder der Akku abgefragt, sondern das Flag-Register, in dem diese Zustände gespeichert sind.

Flag-Register
oder: Zustandsregister;
Kennzeichenregister;
Bedingungsflipflops;
Status-Register

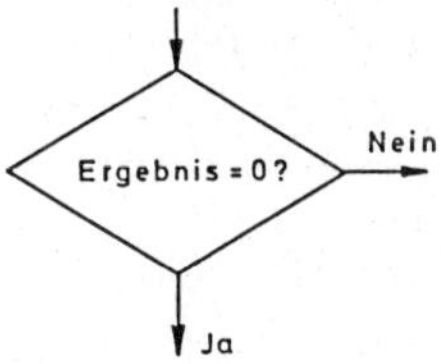

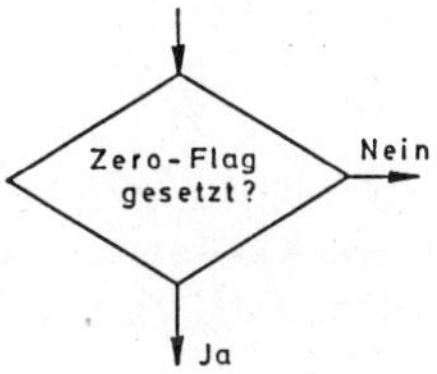

Die Flags oder Zustandsflipflops werden in der Regel bei arithmetischen und logischen Operationen in Abhängigkeit vom Operationsergebnis neu gesetzt.

Anordnung der Flags:

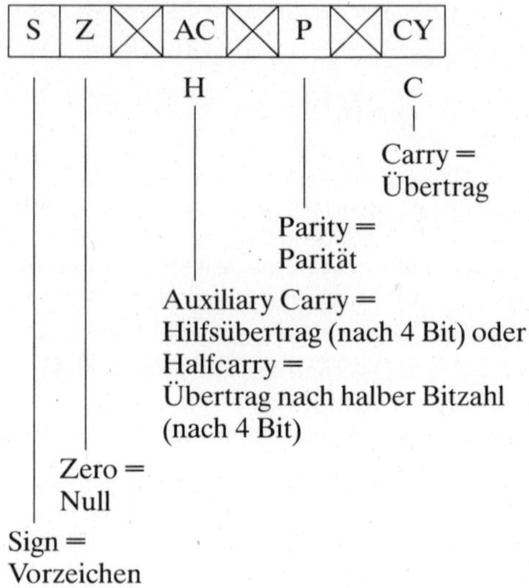

Die Zustandsflipflops haben folgende Bedeutung:

Sign-Flag S

Dieses Flipflop speichert das Vorzeichen ab. Negative Zahlen lassen sich durch das Zweierkomplement darstellen. Ob eine Zahl positiv oder negativ ist, erkennt man an dem Bit mit der höchsten Wertigkeit. Das Zweierkomplement und damit die negative Zahl hat immer eine 1 in diesem Bit. Mit diesem 1-Signal wird das Sign-Flag auf 1 gesetzt. Bei einer 0 an dieser Stelle wird das Sign-Flag auf 0 gesetzt.

Bei der Subtraktion läßt sich am Sign-Flag erkennen, ob das Ergebnis eine negative Zahl ist.

Beispiele:

Zahl A	00100100
Zahl B	−00010100
Ergebnis	00010000

Das Sign-Flag wird 0 gesetzt.

Zahl A	00010101
Zahl B	−00101100
Ergebnis	11101001

Das Sign-Flag wird 1 gesetzt.

Zero-Flag Z

Ist das Ergebnis einer Operation gleich 0, haben also alle 8 Stellen des Akkumulators 0-Signal, so wird das Zero-Flag auf 1 gesetzt.

Ist das Ergebnis ungleich 0, hat also mindestens eine der 8 Stellen des Akkumulators 1-Signal, so wird das Zero-Flag auf 0 gesetzt.

Beispiele:

Ergebnis 00000000

Das Zero-Flag wird auf 1 gesetzt.

Ergebnis 00101000

Das Zero-Flag wird auf 0 gesetzt.

Auxiliary-Carry AC oder Halfcarry H

Dieses Hilfsübertragsflipflop wird benötigt, wenn mit Zahlen im BCD-Code gerechnet wird. Der BCD-Code ist in Tetraden aufgebaut (4 Bit pro Stelle). Um die BCD-Korrektur durchzuführen, muß man wissen, ob nach einer Tetrade, also nach den ersten 4 Bit, ein Übertrag aufgetreten ist. Ist ein Übertrag aufgetreten, wird das Auxiliary-Carry auf 1 gesetzt.

Beispiele:

Zahl A	0100 1101	
Zahl B	+1010 1011	
	1	Übertrag
Ergebnis	1111 1000	

Hilfsübertrag, Auxiliary-Carry gleich 1.

Zahl A	0100 0011	
Zahl B	+0100 0100	
	0	Übertrag
Ergebnis	1000 0111	

Kein Hilfsübertrag, Auxiliary-Carry gleich 0.

Parity-Flag P

Enthält das Ergebnis einer Operation eine gerade Anzahl 1-Signale, so wird dieses Flag auf 1 gesetzt.

Bei einer ungeraden Anzahl 1-Signale wird es auf 0 gesetzt.

Beispiele:

Ergebnis 00110111
Ungerade Anzahl 1-Signale, das Parity-Flag wird auf 0 gesetzt.

Ergebnis 00110110
Gerade Anzahl 1-Signale, das Parity-Flag wird auf 1 gesetzt.

Carry-Flag CY

Das Carry-Flag wird auf 1 gesetzt, wenn bei Rechenoperationen ein Übertrag auftritt. Das ist immer dann der Fall, wenn das Ergebnis länger ist als die 8 Stellen des Rechenwerkes.

Ist kein Übertrags-Signal vorhanden, wird das Carry-Flag auf 0 gesetzt.

Ein Übertrags-Signal im Sinne dieses Wortes entsteht bei der Addition.

Bei der Subtraktion kann ein Übertrag auftreten, wenn der Subtrahend größer ist als der Minuend; also wenn das Ergebnis negativ wird. Der Subtrahend will sich dann von der nächst höheren Stelle eine 1 borgen.

Aus diesem Grunde wird das Übertrags-Signal bei Subtraktionen auch „Borrough“ genannt.

Beispiele:

Addition:

Zahl A	10010111
Zahl B	+01011011
Ergebnis	11110010

Kein Übertrag, Carry-Flag gleich 0.

Zahl A	10010111
Zahl B	+11001100
Ergebnis	101100011

Übertrag, Carry-Flag gleich 1.

Subtraktion:

Zahl A	11000111
Zahl B	−10000001
Ergebnis	01000110

Kein Übertrag (Borrow), Carry-Flag gleich 0.

Zahl A	[1] → 11010110
Zahl B	−11101001
Ergebnis	11101101

Übertrag (Borrow), Carry-Flag gleich 1.

12.2.1.4. Dezimal-Korrektur

Die ALU kann Zahlen im Dualcode addieren oder subtrahieren.

Soll mit Zahlen im BCD-Code (8, 4, 2, 1-Code) gerechnet werden, kann es erforderlich sein, das Ergebnis zu korrigieren (siehe Kapitel Rechenwerke).

Die Korrektur ist z.B. vorzunehmen, wenn bei der Addition das Halfcarry-Flag gesetzt wurde. Der Programmierer muß im Anschluß an die Addition dieses Flag abfragen. Wurde es gesetzt, ist der Programmbefehl „BCD-Korrektur“ auszuführen.

Die Korrektur wird dann aufgrund dieses Befehls mit Hilfe der Baugruppe Dezimal-Korrektur vom Prozessor durchgeführt.

Übung 12.1

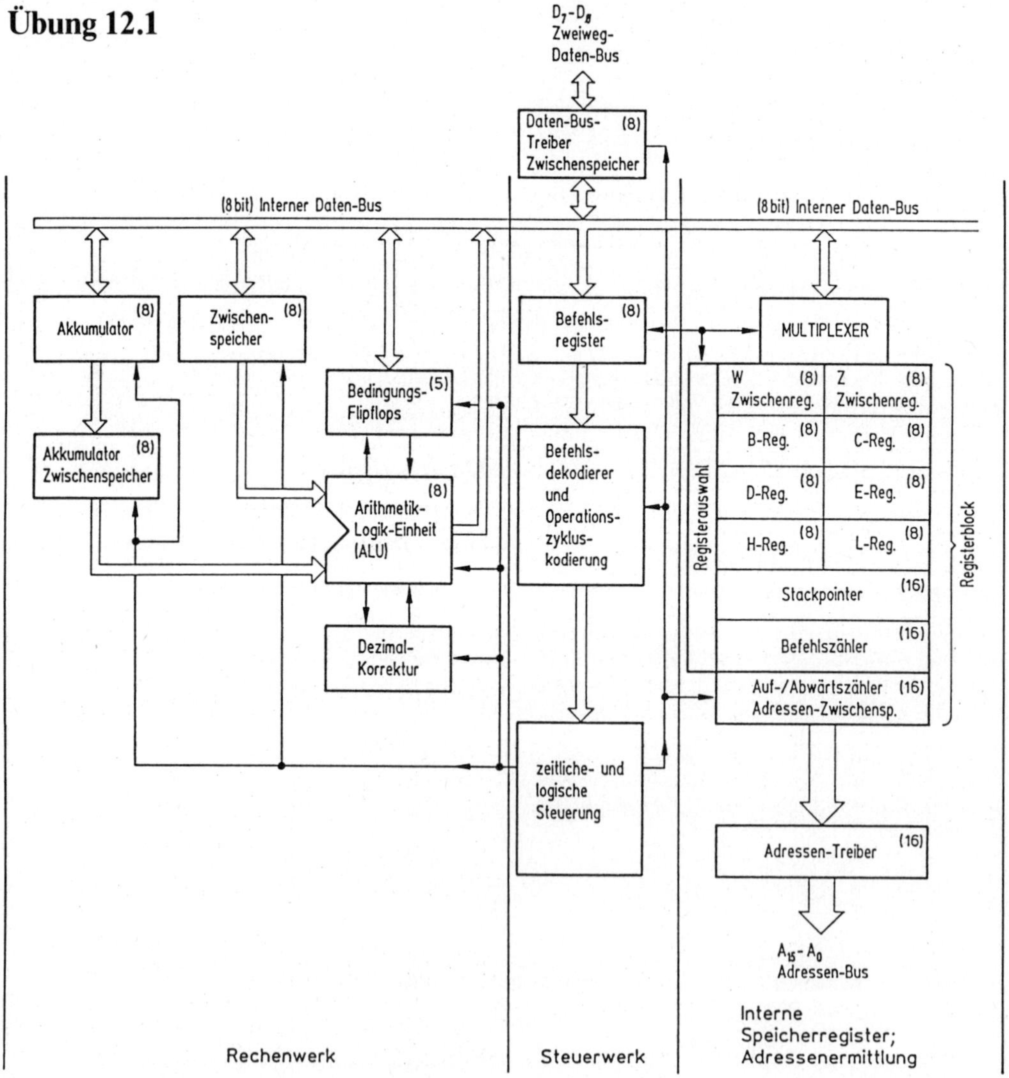

1. Rahmen Sie die Baugruppen ein, die zum Rechenwerk gehören.
2. Kennzeichnen Sie Eingänge und Ausgänge der ALU farbig.
3. Aus welchen Baugruppen kommen die Operanden und welche Baugruppe speichert das Ergebnis ab?
4. Es ist der Befehl „Addiere die Zahl 2001“ auszuführen.
   a) Wozu ist die Zahl 2001 zu addieren?
   b) Woher kommt die Zahl 2001?
   c) Über welchen Weg gelangt sie in die ALU? Zeichnen Sie den Weg farbig aus.
5. Nennen Sie vier besondere Zustände des Rechenwerkes, die im Flag-Register abgespeichert werden.
6. Wieviel Bit haben die zu verarbeitenden Daten und die dazu benötigten Baugruppen?

12.2.2. Steuerwerk

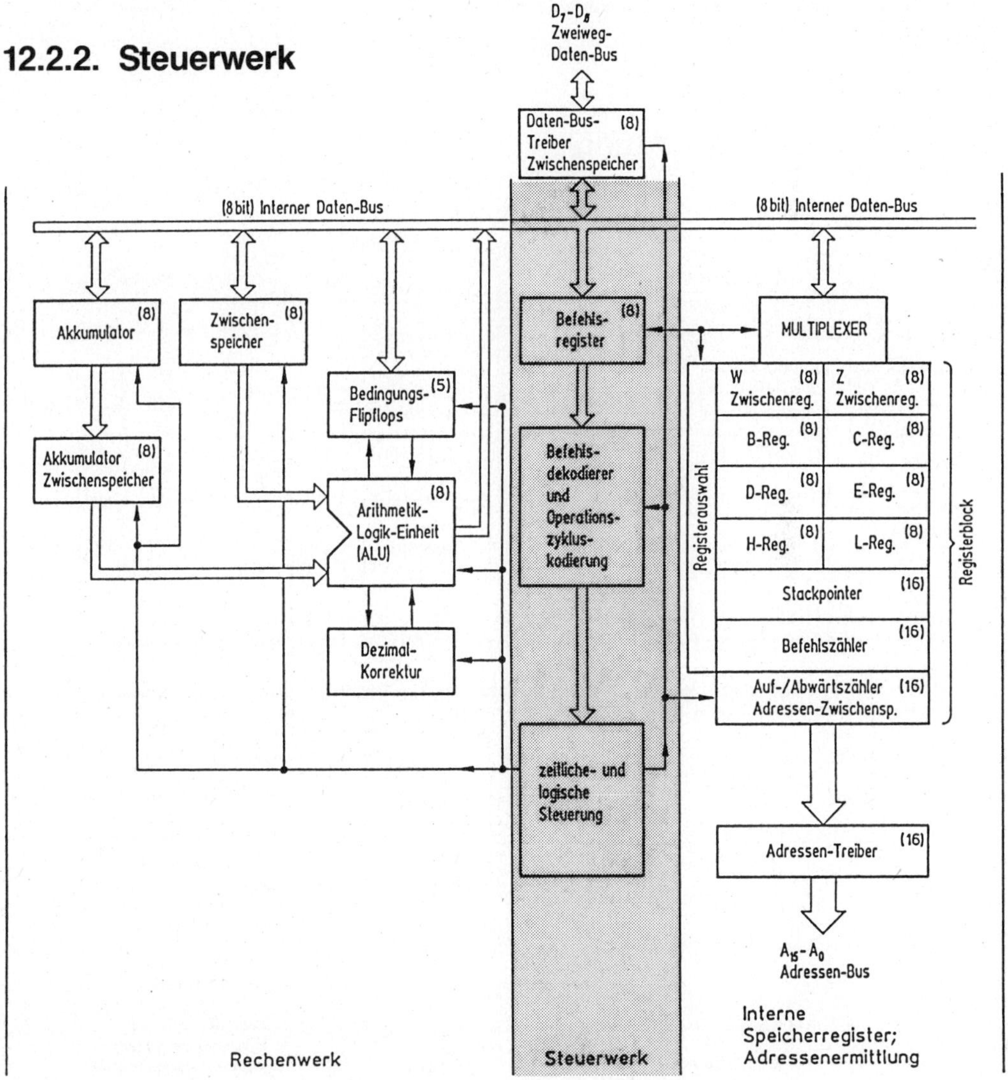

Das Steuerwerk hat die Aufgabe, alle Baugruppen in der richtigen Reihenfolge zuzuschalten oder freizugeben.

Es muß den Operations- oder Befehlsteil der Instruktion, der als erstes aus dem Speicher geholt wird, decodieren und aufgrund der anstehenden Operation die Steuerbefehle in der richtigen Reihenfolge für die Baugruppen im Prozessor und außerhalb des Prozessors geben.

Das Operations- oder Befehlsbyte ist, genau wie das Datenbyte, 8 Bit lang.

Es kommt über den Datenbus aus dem Speicher in den Prozessor.

Mit 8 Bit lassen sich 256 verschiedene Operationscodes erzeugen. Damit können dem Prozessor 256 Operationsbefehle gegeben werden. Meist werden jedoch nicht alle Möglichkeiten ausgenutzt.

Die zeitliche und logische Steuerung im Steuerwerk muß auch auf Signale von außen reagieren, wie z.B. Unterbrechungssignale und Wartesignale.

Der gesamte Ablauf wird durch einen im Mega-Hertz-Bereich laufenden Taktgenerator synchronisiert.

12.2.3. Adressenermittlung

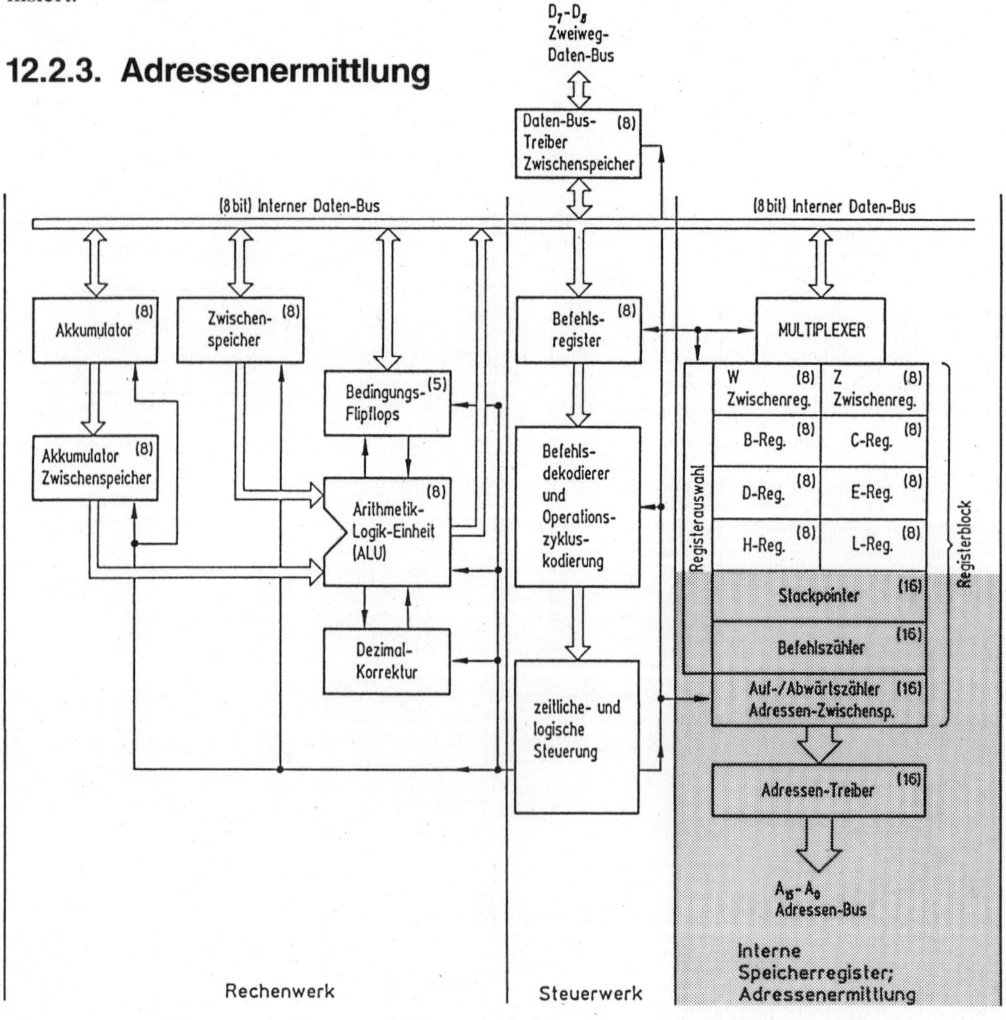

Der Mikroprozessor muß die jeweilige Adresse angeben, deren Inhalt gelesen, oder in die ein neuer Inhalt vom Prozessor eingeschrieben werden soll.

Die Adresse, die der Adressentreiber ausgibt, kann auf verschiedene Weise zustande kommen.

12.2.3.1. Lineare Programmbearbeitung

Das im Speicher abgelegte Programm wird nacheinander bearbeitet. Unter jeder Adresse steht ein Byte. Die Adressen werden von einem Zähler vorgegeben, der seinen Stand nach jeder bearbeiteten Adresse um 1 erhöht.

Das ist der Befehlszähler oder Programm-Counter PC.

Speicher:

Adresse (Hexadezimal)	Inhalt
0000	XXXXXXXX
0001	XXXXXXXX
0002	XXXXXXXX
0003	XXXXXXXX

Arbeitet das Programm mit variablen Werten, enthält das Programm die Adresse, in der der Wert steht.

Beispiel:

Adresse (Hexadezimal)	Inhalt	
0000	„Lade Akku mit Inhalt der Adresse“	
0001	00001000	Adresse als Dualzahl,
0002	00000000	16 Bit lang (0008_H)
0003	XXXXXXXX	

Diese Adresse muß, unabhängig vom jeweiligen Stand des Adressenzählers, ausgegeben werden, wenn die Instruktion ausgeführt wird. Parallel zum Befehlszähler wird also noch ein Adressen-Zwischenspeicher benötigt.

Er wird mit der Operandenadresse geladen, falls ein entsprechender Operationsbefehl vorliegt.

Ausgegebene Adressen (Hexadezimal):

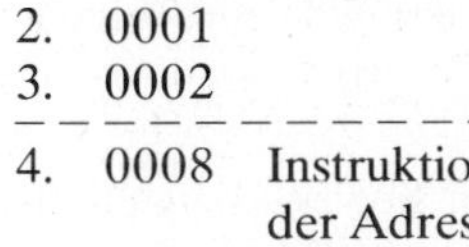

A15 ÷ A0

1. 0000 Programm-Instruktion lesen
2. 0001
3. 0002

---

4. 0008 Instruktion ausführen: Ausgabe der Adresse aus dem Programm

---

5. 0003 nächste Programm-Instruktion lesen

12.2.3.2. Sprungbefehle

Aufgrund eines unbedingten oder bedingten Sprungbefehles soll das Programm an einer anderen Stelle fortgeführt werden.

Der Befehlszähler muß dann auf die Sprungadresse gesetzt werden.

Ab dieser neuen Adresse arbeitet er dann weiter, wie bei der linearen Programmbearbeitung beschrieben.

12.2.3.3. Stackpointer

Der Stackpointer oder Stapelzeiger beinhaltet eine Adresse. Bei bestimmten Befehlen wird die Adresse wie bei einem Zähler erhöht oder erniedrigt.

Die Anfangsadresse kann über das Programm in den Stackpointer geladen werden.

Damit wird dem Stackpointer ein bestimmter Speicherbereich zugeordnet, der Stack oder Stapelspeicher genannt wird.

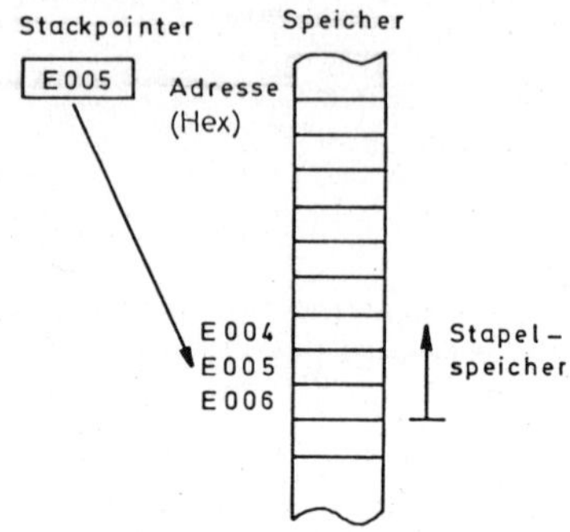

Mit bestimmten Befehlen (PUSH) können Registerinhalte in die im Stapelzeiger angegebene Adresse gebracht werden.

PUSH BC:

„Erniedrige Stackpointer-Inhalt um 1, bringe Inhalt von Register B auf die im Stackpointer angegebene Adresse;
erniedrige Stackpointer-Inhalt noch mal um 1 und bringe Inhalt von Register C auf die im Stackpointer angegebene Adresse."

Mit POP-Befehlen können die alten Registerinhalte wieder von diesen Stapelzeiger-Adressen in die Register zurückgeholt werden.

POP BC:

„Bringe Inhalt der im Stackpointer stehenden Adresse ins Register C; erhöhe Stackpointerinhalt um 1 und bringe Inhalt der im Stackpointer stehenden Adresse ins Register B. Erhöhe Stapelzeigerinhalt nochmals um 1."

Der Vorteil für den Programmierer besteht darin, daß er die Adressen nicht mehr angeben muß; er braucht sich nicht mehr um sie kümmern.

Er muß nur einmal den Speicherbereich, in dem der Stackpointer arbeitet, durch die Adresse, die er in den Stackpointer lädt, festlegen.

Dabei ist zu beachten, daß diese Adresse die Endadresse des Speicherbereiches ist.

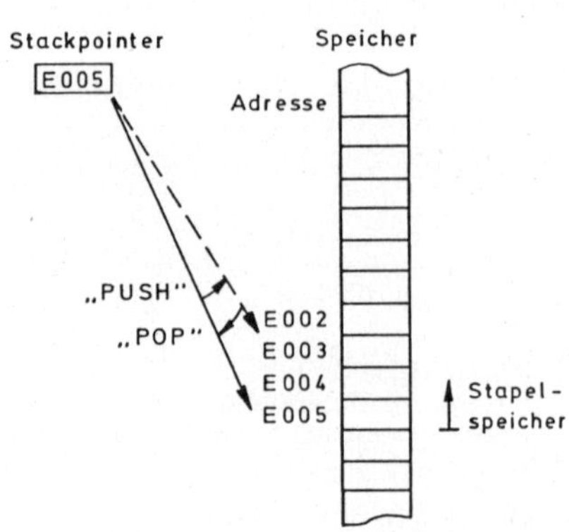

12.2.3.4. Unterprogramme

Programme oder Programmteile, die immer wieder benötigt werden, können als Unterprogramm vom Hauptprogramm beliebig oft aufgerufen werden.

Programm ohne Unterprogramme:

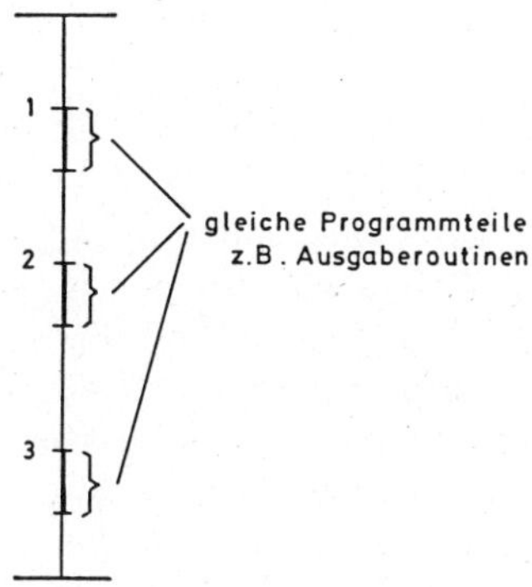

Programm mit Unterprogrammen:

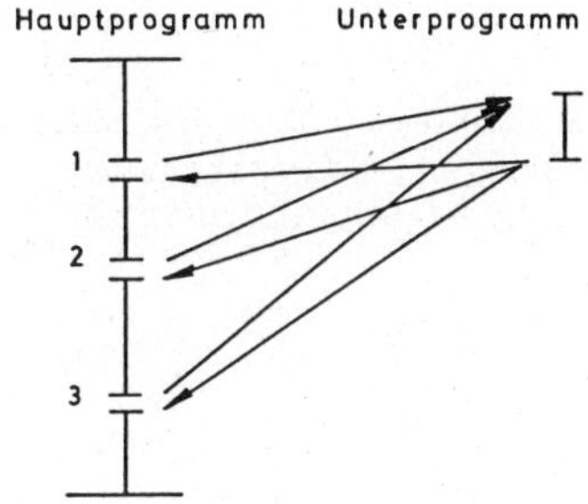

Der Sprung in das Unterprogramm erfolgt mit einem CALL-Befehl. Dabei muß die Anfangsadresse des Unterprogramms angegeben werden.

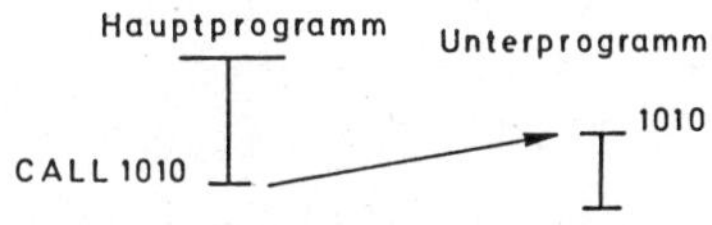

Dieser Sprung ließe sich auch mit einem normalen Sprungbefehl durchführen.

Bei der Rückkehr vom Unterprogramm ins Hauptprogramm gäbe es jedoch Probleme, da sich die Rücksprungadressen ständig ändern.

Deshalb wird bei einem CALL-Befehl die Rücksprungadresse mit Hilfe des Stackpointers im Stapelspeicher gerettet.

CALL:

„Rette den Befehlszählerinhalt in den Stapelspeicher;
erniedrige dabei den Stackpointer um 2 und springe (setze den Befehlszähler) auf die in den folgenden zwei Bytes angegebene Anfangsadresse des Unterprogramms."

Am Ende des Unterprogramms steht keine Rücksprungadresse, sondern der Befehl RETURN.

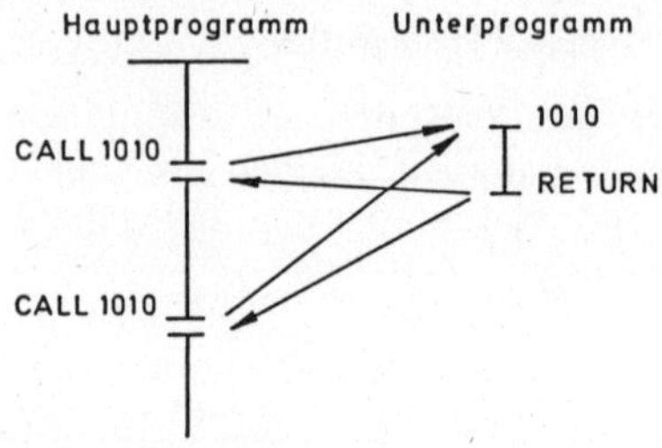

Aufgrund dieses Befehls wird die Rücksprungadresse mit Hilfe des Stackpointers aus dem Stapelspeicher geholt und in den Befehlszähler geladen.

RETURN:
„Hole den Inhalt des Stapelspeichers (alter Befehlszählerstand) in den Befehlszähler zurück;
erhöhe dabei den Stackpointer um 2."

Sprung in ein Unterprogramm:

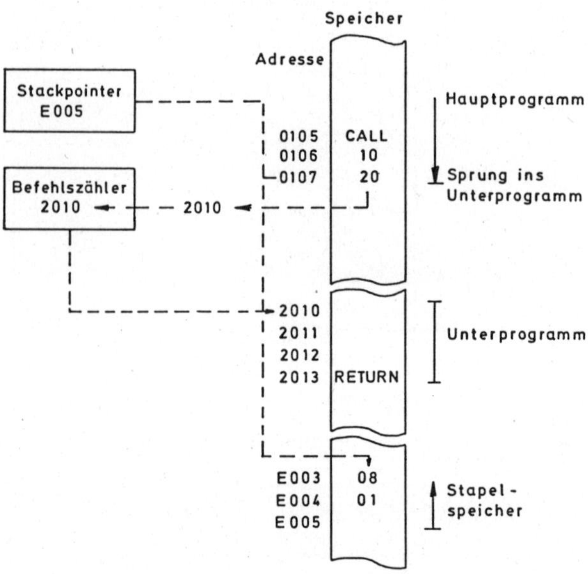

Übung 12.2

1. Markieren Sie farbig folgende Adressen:
   a) Stackpointerinhalt am Anfang des Rücksprungs.
   b) Stackpointer am Ende des Rücksprungs.
   c) Befehlszähler am Anfang des Rücksprungs.
   d) Befehlszähler am Ende des Rücksprungs.
2. Worin unterscheidet sich der CALL-Befehl vom Sprungbefehl?
3. Welche Funktion hat der Stackpointer?

12.2.4. Interne Register

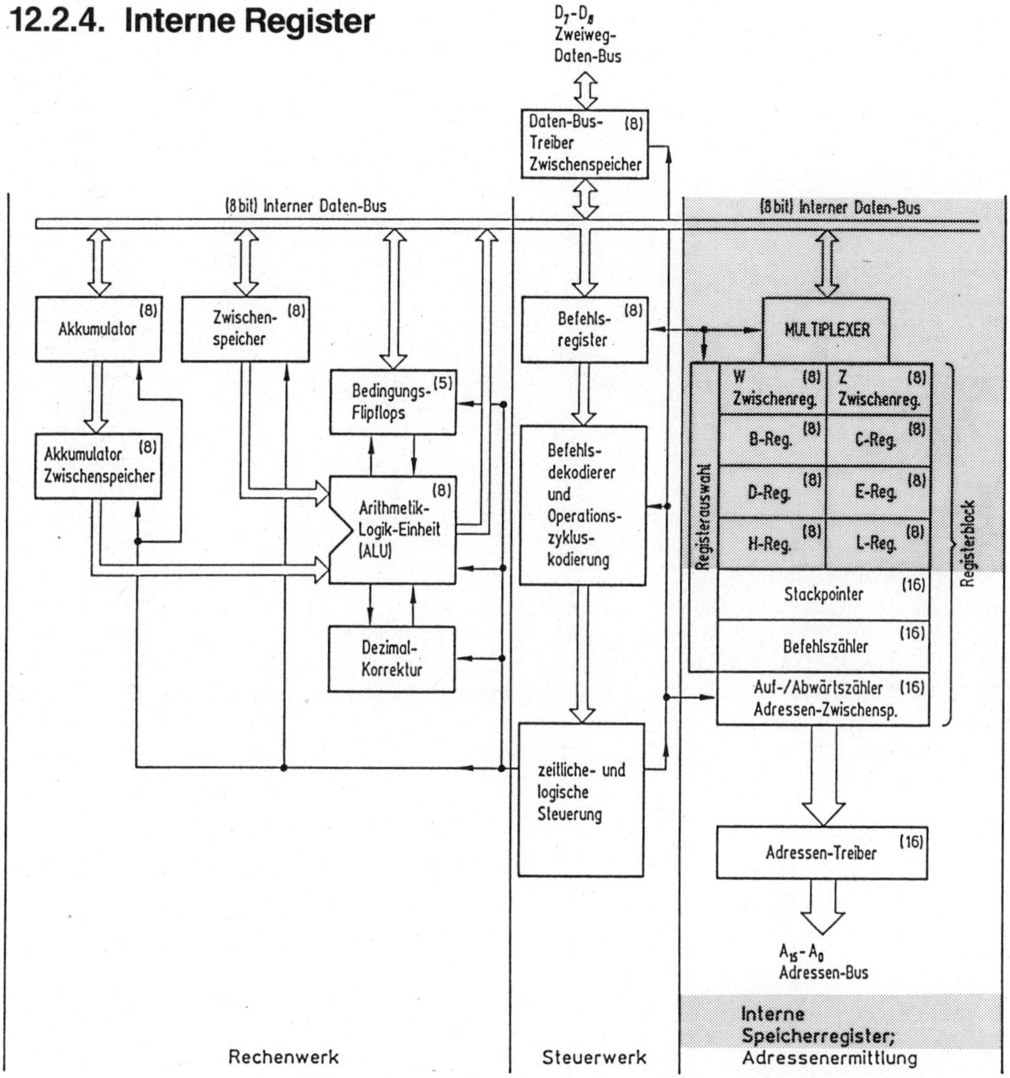

Der Prozessor enthält sechs 8-Bit-Register. Diese können auch als drei Doppelregister zu je 16 Bit benutzt werden. Das ist in der Regel der Fall, wenn sie Adressen, die ja 16 Bit lang sind, aufnehmen sollen.

Die Register können per Programm mit konstanten Werten, mit Adresseninhalten oder mit den Inhalten anderer Register geladen werden.

Beispiele:

„Lade B mit Wert 07 (Hex)"
„Lade E mit Inhalt der Adresse E000 (Hex)"
„Lade C mit Inhalt von E"
„Lade E mit Inhalt der Adresse, die in HL steht"
„Lade BC mit Adresse XXXX (Hex)"

Auch arithmetische logische Operationen lassen sich mit den Registern ausführen.

Beispiele:
„Addiere A mit E"
„UND-Verknüpfe A mit H"

Die Register können als Kurzzeitspeicher betrachtet werden, mit denen der Prozessor arbeiten kann, ohne auf den externen Speicher zurückzugreifen. Deshalb enthalten die Befehle auch keinen Adreßteil, da die Bearbeitung intern im Prozessor erfolgt.

Steuerprogramme stehen häufig in einem Nur-Lesespeicher (EPROM). Bei kleineren Steuerungen ist gar kein Schreib-Lesespeicher (RAM) vorhanden. Die veränderlichen Werte wie Endschalterstellungen oder Ausgangssignale können dann nur in den 6 Registern im Prozessor gespeichert werden.

12.3. Arbeitsweise des Mikroprozessors

Der Mikroprozessor hat einen Reset-Eingang.

Ein Signal an diesem Eingang bewirkt, daß der Befehlszähler oder Programm-Counter auf 0 gestellt wird.

Nach dem 0-Stellen gibt der Prozessor also die Adresse 0 aus und das Steuersignal Memory-Read. Seine Datenleitungen sind auf Empfang geschaltet.

Er fragt bei Adresse 0 im Speicher an, was er machen soll.

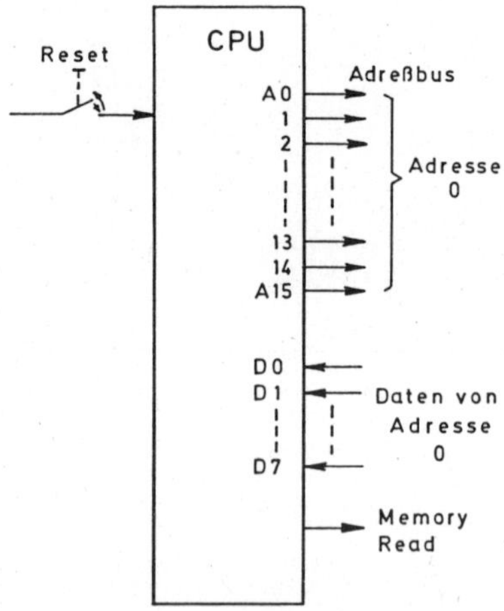

In der Adresse 0 steht ein Byte (8 Bit).

Dieses Byte gelangt vom Speicher über den Datenbus in das Befehlsregister und weiter in den Befehlsdekodierer des Prozessors.

Es enthält den Operationscode. Der Operationscode wird vom Befehlsdekodierer entschlüsselt.

Er gibt dem Prozessor an, was er weiter machen soll.

Da der Prozessor das Byte in Adresse 0 immer als Operationscode interpretiert, muß der Programmierer auch wirklich einen Operationscode aus der Befehlsliste hineinschreiben.

Schreibt er etwas anderes, z.B. einen Zahlenwert in Adresse 0, interpretiert der Prozessor auch dieses Bitmuster als Operationscode und macht irgendeinen Unsinn.

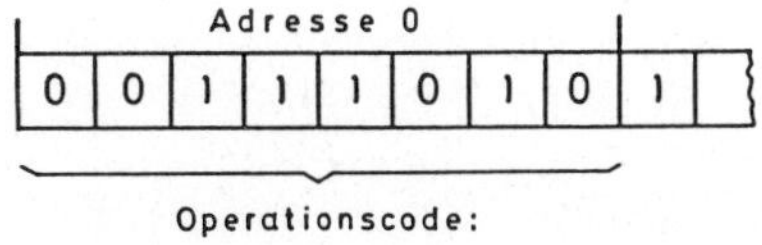

Aus dem Operationscode erfährt der Prozessor zwei Dinge:

1. wieviel Bytes noch zur Instruktion gehören;
2. welche Operation er anschließend ausführen soll.

Operationscode:

1. Wie viele Bytes gehören noch zur Instruktion?
2. Welche Operation soll durchgeführt werden?

Einen kompletten Befehl oder einen Programmschritt nennt man Instruktion.

Operationscode 00111010:

„Lade den Akku mit dem Inhalt der Adresse, die in den nächsten 2 Bytes angegeben wird.“

1. Zur Instruktion gehören noch 2 Bytes, die gelesen werden müssen.
2. Dann muß die gewünschte Operation ausgeführt werden.

Eine Instruktion kann aus 1, 2 oder 3 Bytes bestehen. Das hängt von der programmierten Operation ab. Im Beispiel ist eine 3-Byte-Instruktion gewählt worden.

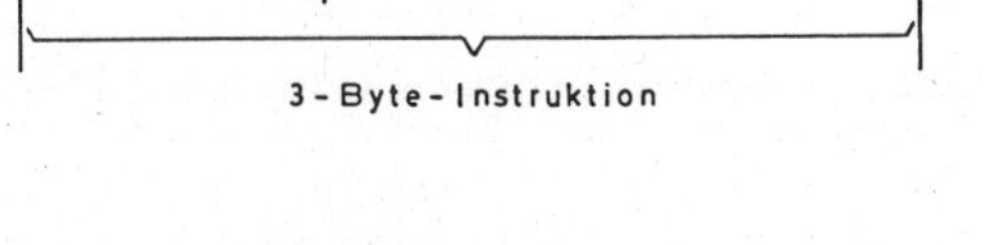

Als weitere Beispiele sollen noch eine 2-Byte- und eine 1-Byte-Instruktion vorgestellt werden.

2-Byte-Instruktion:

„Lade den Akku mit der im nächsten Byte angegebenen Zahl.“

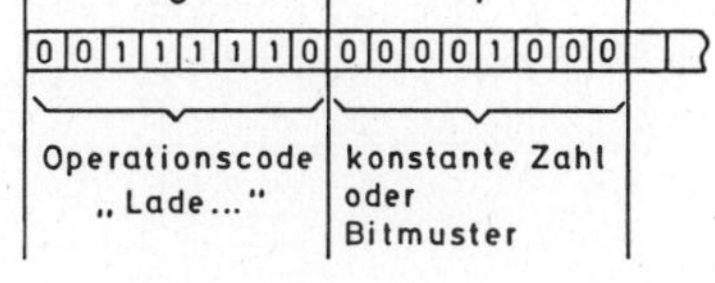

1-Byte-Instruktion:

„Bringe den Inhalt des Registers B in das Register C."

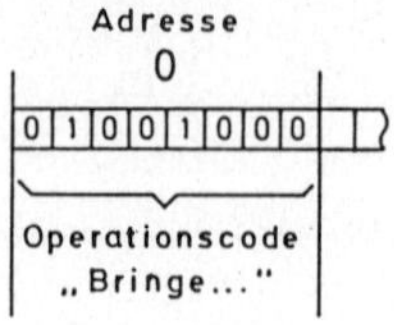

Das erste Byte einer Instruktion ist immer der Operationsteil. Er ist für den Prozessor der Schlüssel für die gesamte Programmbearbeitung.

Er gibt ihm an, wie viele Bytes noch zur Instruktion gehören. Nach dem Lesen und Ausführen der Instruktion springt der Befehlszähler auf die nächste Adresse. Diese nächste Adresse interpretiert der Prozessor als Operationsteil der nächsten Instruktion.

Der Programmierer muß deshalb auch einen Operationsteil hineingeschrieben haben.

Aus dem gelesenen Bitmuster kann der Prozessor nicht erkennen, ob es ein Operationsteil oder eine Zahl oder eine Adresse ist.

Nach dem Reset-Signal erfolgt keinerlei „Synchronisation" mehr zwischen Prozessor und Programm.

Hat der Programmierer einen Fehler gemacht, „stürzt der Prozessor ab" oder „er hängt sich auf!"

Zurück zum Programmanfang bei Adresse 0:

Der Prozessor liest den Operationscode. Das Operationsteil gibt an, wieviel Bytes noch zur Instruktion gehören. Diese werden als nächstes gelesen.

Der Prozessor liest, indem er die Speicheradresse auf den Adreßbus legt und das Steuersignal „Memory Read" ausgibt.

Nachdem er die Instruktion gelesen hat, führt er die im Operationsteil angegebene Operation aus.

Befehlszyklus:

1. Instruktion lesen (Instruktions-Lese-Phase)
2. Operation ausführen (Befehls-Ausführungs-Phase)

Wir wollen die Befehlsausführung an Hand des ersten 3-Byte-Befehls „Lade Akku mit dem Inhalt der Adresse …“ betrachten.

Zum Lesen der Instruktion hat der Prozessor nacheinander die Adressen 0, 1 und 2 ausgegeben und jedesmal das Steuersignal „Memory Read“.

Nun führt er den Befehl aus. Dazu legt er Adresse 32, die Adresse, mit dessen Inhalt der Akku geladen werden soll, auf den Adreßbus. Er will den Inhalt dieser Adresse lesen.

Deshalb gibt er wieder das Steuersignal „Memory Read“ aus.

Der Datenbus ist auf Eingang geschaltet. Der Inhalt der Adresse 32 geht über den internen Datenbus in den Akku.

Beispiel:

Es sind die Signale des Adreß- und Datenbusses sowie die jeweiligen Steuersignale einzutragen, die der Reihe nach bei dem beschriebenen Befehl „Lade Akku mit Inhalt der Adresse …“ an den Anschlüssen des Mikroprozessors anstehen.

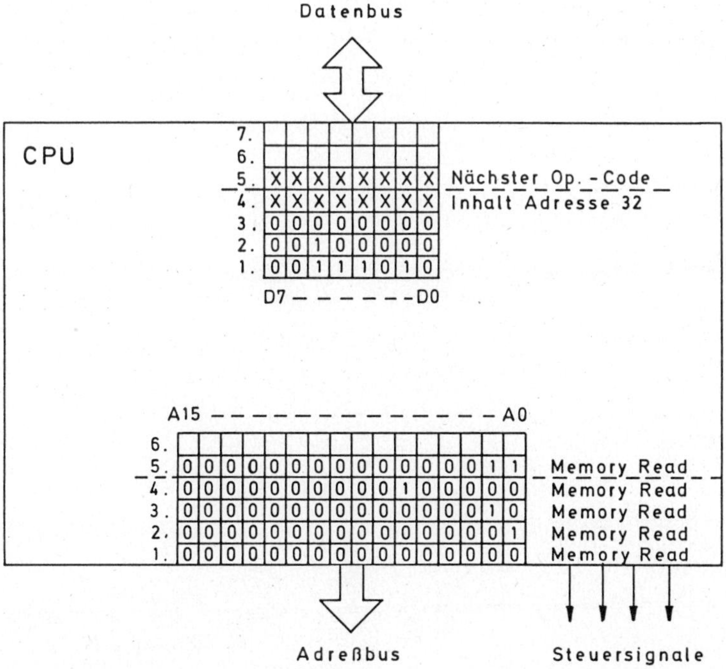

12.4. Das Programm

Grundsätzlich läßt sich unterscheiden zwischen Programm und Daten.

Das Programm ist die logisch geordnete Folge aller Arbeitsanweisungen.

Die Daten sind die zu verarbeitenden Werte.

Programm → Was soll gemacht werden
Daten → Womit

Die Daten können konstante Werte sein oder variable Werte, die immer wieder neu eingegeben oder vom Programm neu berechnet werden.

Daten ↙ Konstante ↘ Variable

Die Konstanten werden im Programm direkt mit ihrem Wert angegeben. Sie sind nicht mehr zu verändern.

Lade Akku mit 25 (↓ Konstante)

Bei den Variablen wird die Speicheradresse angegeben, deren Inhalt verarbeitet werden soll.

Lade Akku mit Speicherplatz 30

30
X X

↓ Variable

12.4.1. Grundlegendes zu Programmaufbau und Bearbeitung

12.4.1.1. Programmaufbau

Das Programm besteht aus einzelnen Programmschritten, auch Arbeitsanweisungen, Befehle oder Instruktionen genannt. (Das sind die am häufigsten verwendeten Bezeichnungen.)

Programm:

Instruktion 1
2
3

Die Instruktion enthält den Operationsteil und den Operanden.

Instruktion ↙ ↘

Operationsteil	Operandenteil

Der Operationsteil gibt an, was gemacht werden soll. Der Operandenteil sagt, womit etwas gemacht werden soll.

Operationsteil ↓	Operandenteil ↓
Was	Womit

Im Operandenteil steht eine Konstante oder die Adresse einer Variablen.

Womit

Konstante oder Adresse

Beispiel

Programm:

Instruktion		
Operation	Operand	Kurzform:
Lade Register B mit	Wert 100	LD B, 100
Lade Akku mit	Inhalt der Adresse 200	LD A, (200)
Addiere zum Akku	Inhalt des Registers B	ADD A, B

12.4.1.2. Speichern des Programms

Das Programm wird, bevor es von der Zentraleinheit abgearbeitet wird, im Arbeitsspeicher gespeichert.

Der Arbeitsspeicher besteht aus einzelnen Speicherplätzen von z.B. 8 Bit Länge.

Jeder Speicherplatz hat eine Adresse. Mit Hilfe der Adresse wird der Speicherplatz aufgerufen. Dann kann der Inhalt ausgelesen werden oder ein neuer Inhalt eingeschrieben werden.

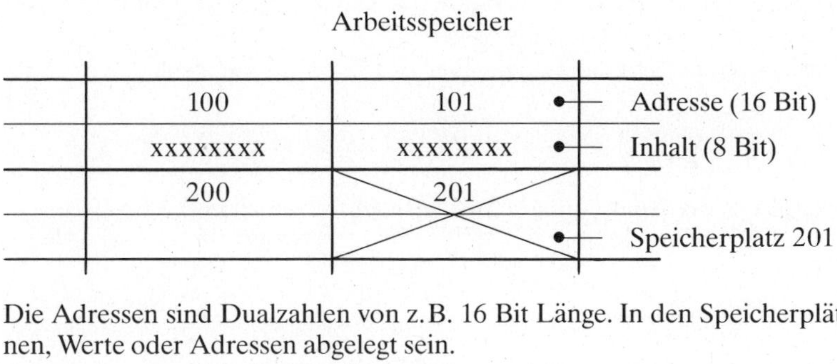

Die Adressen sind Dualzahlen von z.B. 16 Bit Länge. In den Speicherplätzen können Operationen, Werte oder Adressen abgelegt sein.

Operationen werden als Bitmuster dargestellt; Werte als Dualzahlen oder im BCD-Code oder als Bitmuster; Adressen als Dualzahl.

Sind die Adressen 16 Bit lang, werden sie in zwei aufeinanderfolgenden Speicherplätzen gespeichert.

Aus dem Speicherinhalt selbst, der für die Zentraleinheit immer nur ein Bitmuster darstellt, ist nicht zu erkennen, ob es sich um eine Operation, einen Wert oder eine Adresse handelt.

Die Zentraleinheit interpretiert jeweils das Bitmuster des ersten Speicherplatzes einer Instruktion als Operationsbefehl. Der Operationsbefehl sagt der Zentraleinheit, was die folgenden Speicherstellen beinhalten und wie viele Speicherstellen zu der Instruktion gehören.

Die Instruktionen haben also keine feste Länge. Dadurch wird die Speicherkapazität voll ausgenutzt.

Programm im Arbeitsspeicher:

Das in 12.4.1.1. aufgeführte Programm soll im Arbeitsspeicher stehen.

Programm in Kurzform LD B, 100
LD A, (200)
ADD A, B

Das Programm soll bei Adresse 1800 H beginnen.

Adresse	Speicherinhalt			
1800	00000110	=	LD B =	Operation als Bitmuster
1801	01100100	=	100 =	Wert als Dualzahl
1802	00111010	=	LD A =	Operation als Bitmuster
1803	11001000	=	(200) =	Adresse 200 als 16 Bit Dualzahl $2^7 \leftarrow 2^0$
1804	00000000	=		$2^{15} \leftarrow 2^8$
1805	10000000	=	ADD A, B =	Operation als Bitmuster Da sich Register B in der Zentraleinheit befindet, ist keine zusätzliche Adresse erforderlich.

12.4.1.3. Programmbearbeitung

Der Operationsteil der Instruktion sagt der Zentraleinheit, wie das Programm abgearbeitet werden soll.

1. *Lineare Programmbearbeitung*

Falls im Operationsteil keine besonderen Anweisungen stehen, wird das Programm linear, also Speicherstelle für Speicherstelle nacheinander abgearbeitet.

Ein Adressenzähler in der Zentraleinheit zählt nach jeder bearbeiteten Speicherstelle um eine Zahl weiter.

2. *Programmverzweigungen und Schleifen*

Durch den Operationsteil kann die Zentraleinheit veranlaßt werden, zu bestimmten Speicherstellen zu springen.

Die Adressen der Speicherstellen stehen hinter dem Operationsteil.

Springe nach	xxxxxxxx	xxxxxxxx
Operationsteil 8 Bit	Adreßteil 2 × 8 Bit	

Die Sprungbefehle lassen sich in unbedingte und bedingte Sprünge aufteilen.

Sprungbefehle
↙ ↘
unbedingte Sprünge | bedingte Sprünge

Unbedingte Sprünge werden immer ausgeführt. Sie werden bei folgenden Gelegenheiten benutzt:

Sprünge zu bestimmten Programmstellen,
Sprünge zu Unterprogrammen,
Rücksprung vom Unterprogramm ins Hauptprogramm.

Bedingte Sprünge werden nur ausgeführt, wenn die im Operationsteil genannte Bedingung erfüllt ist. Solche Bedingungen können sein:

Rechenergebnis gleich Null;
es ist ein Übertragssignal vorhanden;
das Operationsergebnis ist eine gerade Zahl.

Springe, wenn nicht Null, nach	xxxxxxxx	xxxxxxxx
Operationsteil 8 Bit	Adreßteil 2 × 8 Bit	

Ist die Sprungbedingung nicht erfüllt, wird die nächstfolgende Operation ausgeführt.

Mit Hilfe dieser bedingten Sprungbefehle lassen sich Verzweigungen und Programmschleifen programmieren.

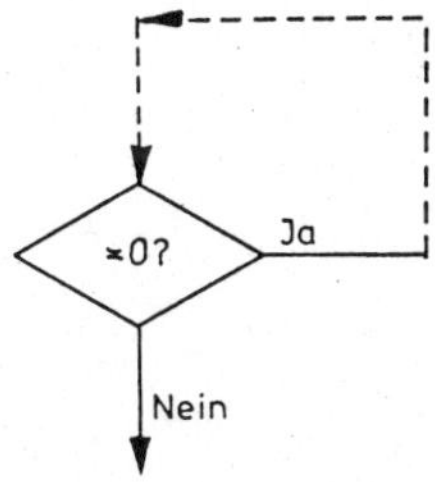

3. *Unterprogramme*

Der Operationsteil kann den Sprung in ein Unterprogramm beinhalten.

Dieses Unterprogramm wird dann bearbeitet, bis im Unterprogramm der Befehl zum Rücksprung ins Hauptprogramm kommt.

Hauptprogramm:

1900	1901	1902
Springe nach	2000	

Unterprogramm:

2000		…		2100	2101	2102
		…		Springe nach	1903	

Hauptprogramm:

1903	

12.4.2. Grundlegendes zur Adressierung der Daten

Jede Instruktion besteht aus Operationsteil und Operand.

Operation	Operand

Der Operand kann ein konstanter Wert sein oder eine Speicheradresse.

Operation	Wert

Operation	Adresse

12.4.2.1. Verarbeitung konstanter Werte

Ein konstanter Wert, der im Programm genannt wird, soll verarbeitet werden.

Beispiel:
„Lade den Akku mit dem konstanten Wert 3."

LD A,	3
↓	↓
Lade Akku mit	Konstante

Allgemein:
„Lade Akku mit konstantem Wert n."

LD A,	n
↓	↓
Lade Akku mit	Konstante

Die Konstante steht in der Speicherstelle hinter dem Operationsbefehl. Die Adresse der Konstanten braucht der Zentraleinheit nicht angegeben werden. Sie erkennt aus dem Operationsbefehl, daß der Wert aus der nächsten Adresse geholt und verarbeitet werden soll.

Diese Form der Adressierung wird unmittelbare Adressierung genannt (engl. immediate).

12.4.2.2. Verarbeiten von variablen Werten

Im Programm wird die Adresse einer Speicherstelle genannt, deren Inhalt verarbeitet werden soll.

Diese Speicherstelle kann mit beliebigen Inhalten gefüllt werden.

Dazu muß das Programm nicht geändert werden.

Die Adresse des zu verarbeitenden Wertes kann auf verschiedene Arten angegeben werden.

Welche Art der Adressierung vorliegt, erkennt die Zentraleinheit aus dem vorangestellten Operationsbefehl.

12.4.2.2.1. Direkte Adressierung

Die Speicheradresse des zu verarbeitenden Wertes steht hinter dem Operationsbefehl.

Beispiel:
„Lade den Akku mit dem Inhalt der Speicheradresse 1000."

LD A,	(1000)
↓	↓
Lade Akku mit	Inhalt der Adresse 1000

Allgemein:
„Lade Akku mit Inhalt der Adresse n."

LD A,	(n)
↓	↓
Lade Akku mit	Inhalt der Adresse n

Ob es sich um einen konstanten Wert oder um den Inhalt einer Adresse handelt, erkennt man an der Klammer um die Zahl.

Ohne Klammer = Konstante
Mit Klammer = Inhalt einer Adresse

12.4.2.2.2. Indirekte Adressierung

Der Operationsbefehl enthält ein Registerpaar, welches sich in der Zentraleinheit befindet. In diesem Registerpaar steht eine Adresse.

Der Inhalt dieser Adresse soll verarbeitet werden.

Beispiel:
„Lade den Akku mit dem Inhalt der Adresse, die im Registerpaar HL gespeichert ist."

LD A,	(HL)
↓	↓
Lade Akku mit	Inhalt der Adresse, die in HL steht.

In Registerpaar HL steht z. B. Adresse 1000. Unter dieser Adresse ist dann der zu verarbeitende Wert gespeichert.

12.4.2.2.3. Indizierte Adressierung

Der Weg zu den zu verarbeitenden Werten ist bei dieser Adressierung noch länger.

Dem Operationsbefehl folgt ein Register, welches sich in der Zentraleinheit befindet.

Der Registerbezeichnung ist eine Distanzadresse angeschlossen.

Die Adresse, unter der sich der zu verarbeitende Wert befindet, ergibt sich aus der Addition des Registerinhaltes mit der Distanzadresse.

Beispiel:
„Lade den Akku mit dem Inhalt der Adresse, die sich aus der Registeradresse plus der Distanzadresse ergibt."

LD A,	(IX	+	1000)
↓	↓		↓
Lade Akku mit	Register		Distanzadresse
	Inhalt der Adresse, die sich aus der Addition Register plus Distanzadresse ergibt.		

In Register IX steht z. B. die Zahl 500. Die Distanzadresse beträgt 1000. Die endgültige Adresse, in der der zu verarbeitende Wert steht, ist also 1500.

Allgemein wird für die Distanzadresse die Bezeichnung n verwandt.

LD A, (IX + n)

12.4.2.2.4. Relative Adressierung

Die dem Operanden nachgestellte Adresse bezieht sich auf den momentanen Stand des Adreßzählers in der Zentraleinheit. Von diesem Stand aus soll der Adreßzähler um eine bestimmte Zahl vor- oder zurückspringen.

Beispiel:
„Springe von hier aus um 100 Adressen vor.“

JR 100
Springe relativ 100 vorwärts

(Jump relativ)

Bei Sprüngen rückwärts wird die Adresse als negative Zahl eingegeben.

Die negative Zahl wird aus dem beschriebenen Zweierkomplement der positiven Zahl gebildet.

12.4.3. Das Schreiben eines Programmes

12.4.3.1. Programmiersprachen

Die Programmiersprachen lassen sich unterteilen in problemorientierte und maschinenorientierte Sprachen.

Programmiersprachen:
Problemorientiert
Maschinenorientiert

Problemorientierte Sprachen sollen es dem Programmierer ermöglichen, das Programm in der Fachsprache des entsprechenden Einsatzgebietes zu formulieren.

Problemorientiert:
= höhere Programmiersprachen
unabhängig vom Computersystem,
anwenderfreundlich

Die Sprachen sind unabhängig vom jeweiligen Computersystem.

Problemorientierte Sprachen (Beispiele):
ALGOL
FORTRAN
PASCAL
BASIC

Die Zentraleinheit des Computers arbeitet jedoch immer mit den beschriebenen binären Instruktionen.

Höhere Programmiersprachen müssen mit Hilfe eines Übersetzerprogrammes in binäre Instruktionen umgeformt werden.

Programm in BASIC:
```
10  PRINT "A × B = C"
20  INPUT "A = "; A
30  INPUT "B = "; B
40  C = A × B
50  PRINT "C = "; C
↓
```
Nummer der Programmzeile

Ein Programm, aufgebaut aus binären Instruktionen, die der Prozessor direkt verarbeiten kann, heißt Maschinenprogramm.

Die Maschinensprache ist für alle Prozessoren unterschiedlich.

Programmteil in Maschinensprache:

0 00111010
1 11001000
2 00000000
↓
Adresse

Wird das problemorientierte Programm als Ganzes übersetzt in Maschinensprache und dann auch in Maschinensprache abgespeichert, nennt man das Übersetzerprogramm Compiler.

Im Gegensatz dazu übersetzt der Interpreter das gespeicherte Programm während jeder Bearbeitung Zeile für Zeile in Maschinensprache.

Durch das zeilenweise Übersetzen während der Bearbeitung kann der Benutzer und Programmierer im Dialog mit dem Computer arbeiten und teilweise durch Probieren das Programm erstellen.

Den Benutzer einer problemorientierten Sprache interessiert die interne Datenverarbeitung im Computer nicht.

Problemorientierte Sprachen zur Lösung von Anwendungsproblemen.

Er kennt daher die Maschinenbefehle, die der Compiler oder Interpreter aus seinen Anweisungen macht, gar nicht.

Die Maschinensprache wird benötigt vom Elektro-Techniker, der Datenverarbeitungsanlagen konstruiert, wartet und repariert.

Maschinensprache für Funktionskontrolle und Fehlersuche in der DV-Anlage.

Durch entsprechende Befehle läßt sich die Funktion bestimmter Baugruppen und die zugehörigen Übertragungsleitungen kontrollieren und Fehler lokalisieren.

Die Maschinensprache mit ihren binären Signalen läßt sich kaum merken. Die Programmierung und die Eingabe von Programmen sind sehr zeitaufwendig.

Deshalb werden Maschinenprogramme zur Vereinfachung in der Regel im Hexadezimalcode eingegeben und auch ausgedruckt.

Dabei werden jeweils vier Binärzeichen zu einem Zeichen im Hex-Code zusammengefaßt.

Programmteil in Maschinensprache, hexadezimal codiert:

Adresse	Programm
0E00	3A
0E01	C8
0E02	00
0E03	80
0E04	D3
0E05	00

Meist wird eine Instruktion, die ja aus ein, zwei oder drei Bytes bestehen kann, in eine Zeile geschrieben.

Adresse	Programm
0E00	3A C8 00
0E03	80
0E04	D3 00

Die Maschinensprache läßt sich wesentlich leichter einprägen, wenn für die einzelnen Befehle sinnvolle Abkürzungen verwandt werden.

Solche Abkürzungen werden mnemotechnische Bezeichnungen oder kurz Mnemonics genannt.

Ein mit solchen Mnemonics geschriebenes Programm heißt Assembler-Programm. Es ist maschinenorientert.

Maschinenorientierte Sprache = Assembler-Sprache

Jede Abkürzung wird entweder von Hand mit Hilfe einer Liste oder mit Hilfe eines einfachen Übersetzerprogramms in das entsprechende Bitmuster der Maschinensprache übersetzt.

Das Übersetzerprogramm wird ebenfalls Assembler genannt.

Assembler	Maschinensprache	Hex-Code
LDA	00111010	3A
IN	11011011	DB
JZ	11001010	CA

LDA = Load Akku = Lade Akku mit ...
IN = Bringe vom Eingabe-Port zum Akku
JZ = Jump Zero = Springe, wenn Zero-Flag gesetzt

Die Assemblersprache als vereinfachte Maschinensprache wird hauptsächlich für elektronische Steuerungs- und Regelungsaufgaben benutzt. Assemblerprogramme sind die kürzesten und schnellsten Programme. Die festverdrahtete elektronische Steuerung wird ersetzt durch eine programmierte Steuerung.

Leider sind die Bitmuster der Maschinensprache für die gleichen Befehle bei den meisten Mikroprozessoren unterschiedlich.

Bei den in diesem Buch erklärten Mikroprozessoren Z 80 der Firma Zilog und SAB 8080 bzw. 8085 der Firma Intel (in Deutschland vertrieben von der Firma Siemens) sind die Bitmuster und damit der Hex-Code der Maschinenbefehle gleich.

8-Bit-Mikroprozessoren:
Z 80 Firma Zilog,
SAB 8080, SAB 8085 Firma Intel
Vertrieb Fa. Siemens

Der SAB 8085 kennt lediglich weniger Befehle als der Z 80.

Ein Programm, welches auf dem Prozessor 8080 läuft, läßt sich also auch auf dem Z 80 fahren.

Die Assemblersprache, d.h. die Abkürzungen für die bei beiden Prozessoren gleichen Maschinenbefehle, sind jedoch völlig unterschiedlich.

Die Assemblersprache des Z 80 ist einfacher und übersichtlicher strukturiert.

12.4.3.2. Befehle des Z 80

Der Z 80 ist ein 8-Bit-Mikroprozessor der Firma Zilog.

Z 80-Befehlssatz:

Die nicht eingerahmten Befehle gelten im Maschinencode sowohl für den Z 80 als auch für den SAB 8085.

Die Bedeutung der Befehle und ihre Ausführung ist bei beiden Prozessoren gleich.

Die eingerahmten Befehle erkennt nur der Z 80.

Trotz gleichem Maschinencode sind die Abkürzungen der Assemblersprache für Z 80 und SAB 8085 auch bei den nicht eingerahmten Befehlen unterschiedlich!

Beschränkt man sich beim Z 80 auf die nicht eingerahmten Befehle, dann laufen die Maschinenprogramme auf beiden Prozessoren!

8-bit-Ladebefehle

	A	B	C	D	E	H	L	(HL)	(BC)	(DE)	(nn)	n
LD A,.	7F	78	79	7A	7B	7C	7D	7E	0A	1A	3AXXXX	3EXX
LD B,.	47	40	41	42	43	44	45	46				06XX
LD C,.	4F	48	49	4A	4B	4C	4D	4E				0EXX
LD D,.	57	50	51	52	53	54	55	56				16XX
LD E,.	5F	58	59	5A	5B	5C	5D	5E				1EXX
LD H,.	67	60	61	62	63	64	65	66				26XX
LD L,.	6F	68	69	6A	6B	6C	6D	6E				2EXX
LD (HL),.	77	70	71	72	73	74	75					36XX
LD (BC),.	02											
LD (DE),.	12											
LD (nn),.	32XXXX											

	A	B	C	D	E	H	L
LD ..,(IX+d)	DD7EXX	DD46XX	DD4EXX	DD56XX	DD5EXX	DD66XX	DD6EXX
LD ..,(IY+d)	FD7EXX	FD46XX	FD4EXX	FD56XX	FD5EXX	FD66XX	FD6EXX
LD (IX+d),.	DD77XX	DD70XX	DD71XX	DD72XX	DD73XX	DD74XX	DD75XX
LD (IY+d),.	FD77XX	FD70XX	FD71XX	FD72XX	FD73XX	FD74XX	FD75XX

LD (IX+d),n DD36XXXX LD (IY+d),n FD36XXXX

		S	Z	H	P/V	N	C
LD A,I	ED57	*	*	0	*	0	-
LD A,R	ED5F	*	*	0	*	0	-
LD I,A	ED47	-	-	-	-	-	-
LD R,A	ED4F	-	-	-	-	-	-

16-bit-Ladebefehle

	BC	DE	HL	SP	IX	IY
LD ...,nn	01XXXX	11XXXX	21XXXX	31XXXX	DD21XXXX	FD21XXXX
LD ...,(nn)	ED4BXXXX	ED5BXXXX	2AXXXX	ED7BXXXX	DD2AXXXX	FD2AXXXX
LD (nn),...	ED43XXXX	ED53XXXX	22XXXX	ED73XXXX	DD22XXXX	FD22XXXX
LD SP			F9		DDF9	FDF9

	BC	DE	HL	AF	IX	IY
PUSH ..	C5	D5	E5	F5	DDE5	FDE5
POP ..	C1	D1	E1	F1	DDE1	FDE1

EX (SP),HL	E3	EX DE,HL	EB	
EX (SP),IX	DDE3	EX AF,AF'	08	
EX (SP),IY	FDE3	EXX	D9	BC-BC' DE-DE' HL-HL'

Blocktransfer- und Suchbefehle

		S	Z	H	P/V	N	C	
LDI	EDA0	-	-	0	*	0	-	LD(DE),(HL);INC HL;INC DE;DEC BC
LDIR	EDB0	-	-	0	0	0	-	wie LDI,wiederholen bis BC=0
LDD	EDA8	-	-	0	*	0	-	LD(DE),(HL);DEC HL;DEC DE;DEC BC
LDDR	EDB8	-	-	0	0	0	-	wie LDD,wiederholen bis BC=0
CPI	EDA1	*	*	*	*	1	-	CP A,(HL);INC HL;DEC BC
CPIR	EDB1	*	*	*	*	1	-	wie CPI,wiederholen bis BC=0 oder Zeichen gefunden
CPD	EDA9	*	*	*	*	1	-	CP A,(HL);DEC HL;DEC BC
CPDR	EDB9	*	*	*	*	1	-	wie CPD,wiederholen bis BC=0 oder Zeichen gefunden

Sprungbefehle

	Z	NZ	C	NC	PE	PO	M	P
JP	CAXXXX	C2XXXX	DAXXXX	D2XXXX	EAXXXX	E2XXXX	FAXXXX	F2XXXX
CALL	CCXXXX	C4XXXX	DCXXXX	D4XXXX	ECXXXX	E4XXXX	FCXXXX	F4XXXX
RET	C8	C0	D8	D0	E8	E0	F8	F0
JR	28XX	20XX	38XX	30XX				

	unbedingt	(HL)	(IX)	(IY)
JP	C3XXXX	E9	DDE9	FDE9
CALL	CDXXXX			
RET	C9			
JR	18XX			

RST	00	08	10	18	20	28	30	38
	C7	CF	D7	DF	E7	EF	F7	FF

DJNZ	10XX	DEC B;JR NZ,d
RETI	ED4D	zurueck vom Interrupt
RETN	ED45	zurueck vom nicht maskierbaren interrupt

CPU-Steuerbefehle

		S	Z	H	P/V	N	C	
NOP	00	-	-	-	-	-	-	Leerbefehl
HALT	76	-	-	-	-	-	-	
CCF	3F	-	-	*	-	0	*	Komplementiere Carry-Flag
SCF	37	-	-	0	-	0	1	Setze Carry-Flag
EI	FB	-	-	-	-	-	-	Interrupts freigeben
DI	F3	-	-	-	-	-	-	Interrupts sperren
IM 0	ED46	-	-	-	-	-	-	Interrupt-Modus 0
IM 1	ED56	-	-	-	-	-	-	Interrupt-Modus 1
IM 2	ED5E	-	-	-	-	-	-	Interrupt-Modus 2

Ein-/Ausgabebefehle

	A	B	C	D	E	H	L	S	Z	H	P/V	N	C
IN .,(C)	ED78	ED40	ED48	ED50	ED58	ED60	ED68	*	*	0	*	0	-
OUT (C),.	ED79	ED41	ED49	ED51	ED59	ED61	ED69	-	-	-	-	-	-

		S	Z	H	P/V	N	C	
IN A,n	DBXX	-	-	-	-	-	-	
OUT n,A	D3XX	-	-	-	-	-	-	
INI	EDA2	?	*	?	?	1	-	IN (HL),(C);INC HL;DEC B
INIR	EDB2	?	1	?	?	1	-	wie INI,wiederholen solange B()0
IND	EDAA	?	*	?	?	1	-	IN (HL),(C);DEC HL;DEC B
INDR	EDBA	?	1	?	?	1	-	wie IND,wiederholen solange B()0
OUTI	EDA3	?	*	?	?	1	-	OUT (C),(HL);INC HL;DEC B
OTIR	EDB3	?	1	?	?	1	-	wie OUTI,wiederholen solange B()0
OUTD	EDAB	?	*	?	?	1	-	OUT (C),(HL);DEC HL;DEC B
OTDR	EDBB	?	1	?	?	1	-	wie OUTD,wiederholen solange B()0

8-bit Arithmetische und Logische Befehle

	B	C	D	E	H	L	(HL)	A	n	(IX+d)	(IY+d)	S	Z	H	P/V	N	C
ADD .	80	81	82	83	84	85	86	87	C6XX	DD86XX	FD86XX	*	*	*	*	0	*
ADC .	88	89	8A	8B	8C	8D	8E	8F	CEXX	DD8EXX	FD8EXX	*	*	*	*	0	*
SUB .	90	91	92	93	94	95	96	97	D6XX	DD96XX	FD96XX	*	*	*	*	1	*
SBC .	98	99	9A	9B	9C	9D	9E	9F	DEXX	DD9EXX	FD9EXX	*	*	*	*	1	*
AND .	A0	A1	A2	A3	A4	A5	A6	A7	E6XX	DDA6XX	FDA6XX	*	*	1	*	0	0
XOR .	A8	A9	AA	AB	AC	AD	AE	AF	EEXX	DDAEXX	FDAEXX	*	*	1	*	0	0
OR .	B0	B1	B2	B3	B4	B5	B6	B7	F6XX	DDB6XX	FDB6XX	*	*	1	*	0	0
CP .	B8	B9	BA	BB	BC	BD	BE	BF	FEXX	DDBEXX	FDBEXX	*	*	*	*	1	*
INC .	04	0C	14	1C	24	2C	34	3C		DD34XX	FD34XX	*	*	*	*	0	-
DEC .	05	0D	15	1D	25	2D	35	3D		DD35XX	FD35XX	*	*	*	*	1	-

		S	Z	H	P/V	N	C	
DAA	27	*	*	*	*	-	*	BCD-Korrektur im Akku
CPL	2F	-	-	1	-	1	-	Komplementiere Akku (1er-Komplement)
NEG	ED44	*	*	*	*	1	*	Komplementiere Akku (2er-Komplement)

16-bit Arithmetische und Logische Befehle

	BC	DE	HL	SP	IX	IY	S	Z	H	P/V	N	C
INC .	03	13	23	33	DD23	FD23	-	-	-	-	-	-
DEC .	0B	1B	2B	3B	DD2B	FD2B	-	-	-	-	-	-
ADD HL,.	09	19	29	39			-	-	*	-	0	*
ADC HL,.	ED4A	ED5A	ED6A	ED7A			*	*	*	*	0	*
SBC HL,.	ED42	ED52	ED62	ED72			*	*	*	*	1	*
ADD IX,.	DD09	DD19		DD39	DD29		-	-	*	-	0	*
ADD IY,.	FD09	FD19		FD39		FD29	-	-	*	-	0	*

Rotations- und Schiebebefehle

	B	C	D	E	H	L	(HL)	A	(IX+d)	(IY+d)
RR	CB18	CB19	CB1A	CB1B	CB1C	CB1D	CB1E	CB1F	DDCBXX1E	FDCBXX1E
RL	CB10	CB11	CB12	CB13	CB14	CB15	CB16	CB17	DDCBXX16	FDCBXX16
RRC	CB08	CB09	CB0A	CB0B	CB0C	CB0D	CB0E	CB0F	DDCBXX0E	FDCBXX0E
RLC	CB00	CB01	CB02	CB03	CB04	CB05	CB06	CB07	DDCBXX06	FDCBXX06
SRA	CB28	CB29	CB2A	CB2B	CB2C	CB2D	CB2E	CB2F	DDCBXX2E	FDCBXX2E
SLA	CB20	CB21	CB22	CB23	CB24	CB25	CB26	CB27	DDCBXX26	FDCBXX26
SRL	CB38	CB39	CB3A	CB3B	CB3C	CB3D	CB3E	CB3F	DDCBXX3E	FDCBXX3E

	S	Z	H	P/V	N	C	
RR/RL	*	*	0	*	0	*	Rotiere Reg rechts/links durch Carry
RRC/RLC	*	*	0	*	0	*	Rotiere Reg rechts/links
SRA/SLA	*	*	0	*	0	*	Shift Reg rechts/links arithmetisch
SRL	*	*	0	*	0	*	Shift Reg rechts/links logisch

		S	Z	H	P/V	N	C	
RRCA	0F	-	-	0	-	0	*	Rotiere Akku rechts
RLCA	07	-	-	0	-	0	*	Rotiere Akku links
RRA	1F	-	-	0	-	0	*	Rotiere Akku rechts durch Carry
RLA	17	-	-	0	-	0	*	Rotiere Akku links durch Carry
RLD(HL)	ED6F	*	*	0	*	0	-	Rotiere Ziffer links zwischen Akku und (HL)
RRD(HL)	ED67	*	*	0	*	0	-	Rotiere Ziffer rechts zwischen Akku und (HL)

Einzelbitbefehle

	B	C	D	E	H	L	(HL)	A	(IX+d)	(IY+d)
BIT 0	CB40	CB41	CB42	CB43	CB44	CB45	CB46	CB47	DDCBXX46	FDCBXX46
BIT 1	CB48	CB49	CB4A	CB4B	CB4C	CB4D	CB4E	CB4F	DDCBXX4E	FDCBXX4E
BIT 2	CB50	CB51	CB52	CB53	CB54	CB55	CB56	CB57	DDCBXX56	FDCBXX56
BIT 3	CB58	CB59	CB5A	CB5B	CB5C	CB5D	CB5E	CB5F	DDCBXX5E	FDCBXX5E
BIT 4	CB60	CB61	CB62	CB63	CB64	CB65	CB66	CB67	DDCBXX66	FDCBXX66
BIT 5	CB68	CB69	CB6A	CB6B	CB6C	CB6D	CB6E	CB6F	DDCBXX6E	FDCBXX6E
BIT 6	CB70	CB71	CB72	CB73	CB74	CB75	CB76	CB77	DDCBXX76	FDCBXX76
BIT 7	CB78	CB79	CB7A	CB7B	CB7C	CB7D	CB7E	CB7F	DDCBXX7E	FDCBXX7E
RES 0	CB80	CB81	CB82	CB83	CB84	CB85	CB86	CB87	DDCBXX86	FDCBXX86
RES 1	CB88	CB89	CB8A	CB8B	CB8C	CB8D	CB8E	CB8F	DDCBXX8E	FDCBXX8E
RES 2	CB90	CB91	CB92	CB93	CB94	CB95	CB96	CB97	DDCBXX96	FDCBXX96
RES 3	CB98	CB99	CB9A	CB9B	CB9C	CB9D	CB9E	CB9F	DDCBXX9E	FDCBXX9E
RES 4	CBA0	CBA1	CBA2	CBA3	CBA4	CBA5	CBA6	CBA7	DDCBXXA6	FDCBXXA6
RES 5	CBA8	CBA9	CBAA	CBAB	CBAC	CBAD	CBAE	CBAF	DDCBXXAE	FDCBXXAE
RES 6	CBB0	CBB1	CBB2	CBB3	CBB4	CBB5	CBB6	CBB7	DDCBXXB6	FDCBXXB6
RES 7	CBB8	CBB9	CBBA	CBBB	CBBC	CBBD	CBBE	CBBF	DDCBXXBE	FDCBXXBE
SET 0	CBC0	CBC1	CBC2	CBC3	CBC4	CBC5	CBC6	CBC7	DDCBXXC6	FDCBXXC6
SET 1	CBC8	CBC9	CBCA	CBCB	CBCC	CBCD	CBCE	CBCF	DDCBXXCE	FDCBXXCE
SET 2	CBD0	CBD1	CBD2	CBD3	CBD4	CBD5	CBD6	CBD7	DDCBXXD6	FDCBXXD6
SET 3	CBD8	CBD9	CBDA	CBDB	CBDC	CBDD	CBDE	CBDF	DDCBXXDE	FDCBXXDE
SET 4	CBE0	CBE1	CBE2	CBE3	CBE4	CBE5	CBE6	CBE7	DDCBXXE6	FDCBXXE6
SET 5	CBE8	CBE9	CBEA	CBEB	CBEC	CBED	CBEE	CBEF	DDCBXXEE	FDCBXXEE
SET 6	CBF0	CBF1	CBF2	CBF3	CBF4	CBF5	CBF6	CBF7	DDCBXXF6	FDCBXXF6
SET 7	CBF8	CBF9	CBFA	CBFB	CBFC	CBFD	CBFE	CBFF	DDCBXXFE	FDCBXXFE

Flagbeeinflussung:

	S	Z	H	P/V	N	C
BIT	?	*	1	?	0	-
SET	-	-	-	-	-	-
RES	-	-	-	-	-	-

Flag-Register

Bit	7	6	5	4	3	2	1	0
	S	Z	X	H	X	P/V	N	C

	gesetzt	nicht gesetzt	wird gesetzt bei
C Carry-Flag	C	NC	Uebertrag von Bit 7
N Add-/Subtract-Flag			Subtraktionen
P/V Parity-/Overflow-Flag	PE	PO	gerader Paritaet
H Half-Carry-Flag			Uebertrag von Bit 3
Z Zero-Flag	Z	NZ	Ergebnis 0
S Sign-Flag	M	P	neg. Ergebnis
X nicht verwendet			

Beeinflussung:
- 1 gesetzt
- 0 zurueckgesetzt
- * abhaengig vom Ergebnis einer Operation
- \- nicht beeinflusst
- ? unbestimmt

Beispiele und Übungen zum Kennenlernen des Z 80-Befehlssatzes

8-Bit-Ladebefehle

Beispiele: 1) Lade A mit der Zahl n (A = Akkumulator)
LD A, n = Assembler
3EXX = Maschinencode hexadezimal

Zahl n im Hexadezimalcode, 2 Stellen = 8 Bit Dual

2) Lade E mit dem Inhalt der Speicherstelle, deren Adresse in HL steht.
(E = Register; HL = Doppelregister H + L)
LD E, (HL) = Assembler
5E = Maschinencode hexadezimal

Die Adressen sind 16 Bit lang. Deshalb müssen sie in dem Registerpaar HL stehen.

3) Lade die Speicherstelle nn mit dem Inhalt des Akkumulators
LD (nn), A = Assembler
32XXXX = Maschinencode hexadezimal

Adresse nn im Hexadezimalcode, 4 Stellen = 16 Bit Dual

Übung 12.3

Schreiben Sie folgenden Befehl in Assembler und im Hexadezimalcode:

1. Lade den Akkumulator mit dem Inhalt der Speicherstelle 2000 (hexadezimal).
2. Lade Register H mit der Zahl 95 (hexadezimal).
3. Lade die Speicherstelle, deren Adresse im Registerpaar HL steht, mit dem Inhalt des Akkumulators.

16-Bit-Ladebefehle

Die mit nn bezeichneten Ziffern sind 16 Bit lang.

Beispiele: 1) Lade BC mit der Zahl nn (BC = Doppelregister B + C)
LD BC, nn = Assembler
01XXXX = Maschinencode hexadezimal

Zahl im Hexadezimalcode, 16 Bit Dual

Die Zahl wird wie folgt in die Register geschrieben:

B C XX XX

niederwertiges Byte nach B
höherwertiges Byte nach C

2) Lade HL mit dem Inhalt von Speicherstelle nn
LD HL, (nn) = Assembler
2AXXXX = Maschinencode hexadezimal

Adresse, 16 Bit lang

In der 16-Bit-Adresse steht jedoch nur ein 8 Bit langer Inhalt. Dieser Inhalt paßt in 1 Register. In das zweite Register wird automatisch der Inhalt der nächstfolgenden Speicherstelle geschrieben.

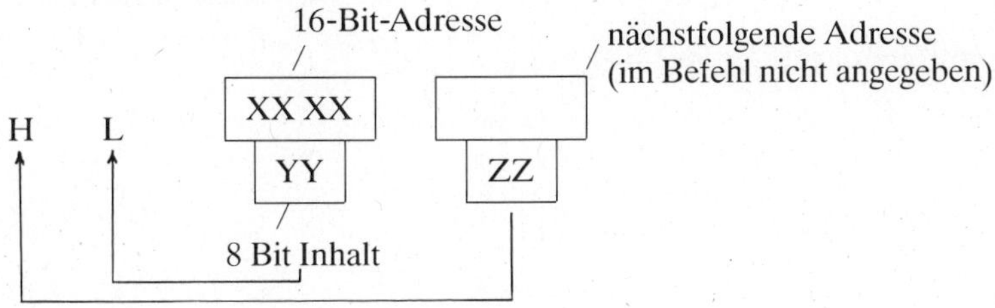

Übung 12.4

Schreiben Sie folgenden Befehl in Assemblercode und Maschinencode. Skizzieren Sie den Transport der Speicherinhalte in die Register. (Alle Zahlen werden hexadezimal angegeben.)

„Bringe den Inhalt der Register DE nach Adresse 5413 und 5414."

Sprungbefehle

Unbedingte Sprünge:

Erklärungen 1) JP = Jump = Sprungbefehl
JP, nn = Springe nach Adresse nn
JP, (HL) = Springe nach der Adresse, die in HL steht

2) CALL, nn = Rufe ein Unterprogramm auf, welches bei Adresse nn beginnt.

Anschließend werden alle Adressen, die auf nn folgen, abgearbeitet, bis ein Rückkehr-Befehl ins Hauptprogramm kommt.

RET = Return; Rückkehr ins Hauptprogramm.

Die Rückkehr erfolgt zu der Adresse, die nach dem Befehl CALL, nn folgt.

Bedingte Sprünge:

Beispiel: JPNZ, nn = Assembler
CA XXXX = Maschinencode hexadezimal

Bedeutung: JP: Jump = Spring
NZ: Not Zero = Nicht Null

„Springe nach XXXX, wenn das Zero-Flag nicht gesetzt ist."

Ein-Ausgabebefehle

IN A, n = Assembler
DB XX = Maschinencode hexadezimal

Erklärung: Lade den Akku mit den Daten des Eingabeports mit der Portadresse n.

OUT n, A = Assembler
D3 XX = Maschinencode hexadezimal

Erklärung: Lade den Ausgabeport mit der Adresse n mit dem Inhalt des Akkumulators.

Die Adressen der Ein- und Ausgabeports sind nur 8 Bit lang, während die Speicheradressen 16 Bit lang sind.

8-Bit arithmetische und logische Befehle

Erklärungen:

ADD . = Addiere A zu . .

ADC . = Addiere A zu . ., plus Carrybit

SUB . = Subtrahiere von A . .
Die Subtraktion erfolgt durch die Addition des Zweierkomplements.

SBC . = Subtrahiere von A (X + Carry); anschließend invertiere das Carrybit.
Beispiel: A = 4; X = 2; Carry = 1
A − (X + C) = 4 − (2 + 1) = 4 − 3
Mit diesem Befehl können Zahlenfolgen subtrahiert werden, die sich über mehrere Bytes erstrecken.
Im Carry steht dabei der geborgte Übertrag, der immer dann 1-Signal ist, wenn die Zahl, die abgezogen wurde, größer war als der Akkuinhalt.

AND . = Logische UND-Verknüpfung, A mit . .

OR . = Logische ODER-Verknüpfung, A mit . .

XOR . = Logische Exklusiv-ODER-Verknüpfung, A mit . .
Die logische Verknüpfung erfolgt für jedes Bit der Operanden
Beispiel: AND n
A = 10011100
n = 01110101
8 1 Gatter pro Bit
AND n = 00010100
Die Ergebnisse werden im Akku A gespeichert.

CP . = Vergleiche (Compare) A mit . .
Das Ergebnis des Vergleichs, bei dem . . von A abgezogen wird, wird in den Flags abgespeichert.
A = . . Zero Flag = 1, Carry Flag = 0
A > . . Zero Flag = 0, Carry Flag = 0
A < . . Zero Flag = 0, Carry Flag = 1

INC . = Inkrementiere . ., bzw. zähle zu . . die 1 dazu

DEC . = Dekrementiere . ., bzw. ziehe von . . die 1 ab

Übung 12.5

1. Was macht folgendes Programm in Assemblersprache?
   Wozu könnte man es benutzen?
   Schreiben Sie die Erklärungen neben die Programmschritte.

Speicheradresse	Programm	Hex-Code	Erklärung
1800 ÷ 1802	LD A, (1900)		
1803 ÷ 1805	LD H, (1901)		
1806	ADD H		
1807 ÷ 1809	LD (1902), A		

   Übersetzen Sie die Befehle an Hand der Liste in den Maschinencode (hexadezimal).

2. Zwei 24-Bit-Zahlen sollen voneinander abgezogen werden.
   Zahl 1 steht in 1900, 1901, 1902
   Zahl 2 steht in 1910, 1911, 1912
   Das Ergebnis soll nach
   1920, 1921, 1922
   Verwenden Sie dazu den Befehl SBC A, . .

	1900	1901	1902
Zahl 1:	01101100	10110001	11101110
	1910	1911	1912
Zahl 2:	00110110	01110111	01100001

   Schreiben Sie das Programm in Assembler.

Übersicht über die Rotations- und Schiebebefehle

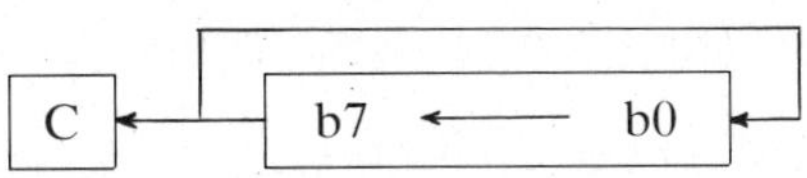

RLC (Rotieren nach links ohne Carry)

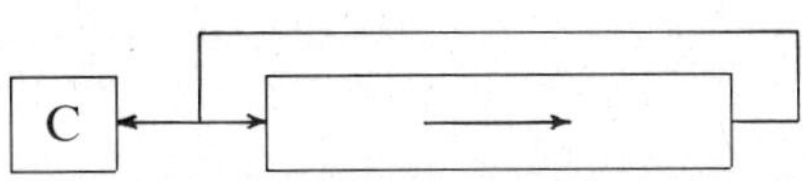

RRC (Rotieren nach rechts ohne Carry)

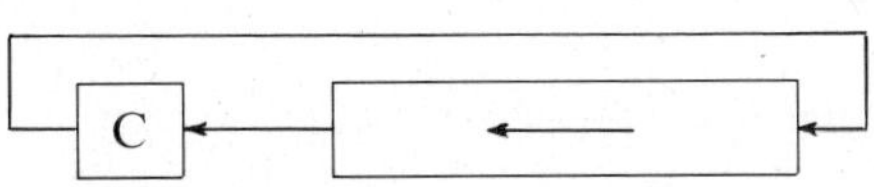

RL (Rotieren nach links mit Carry)

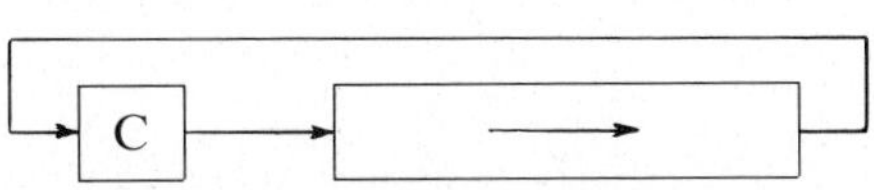

RR (Rotieren nach rechts mit Carry)

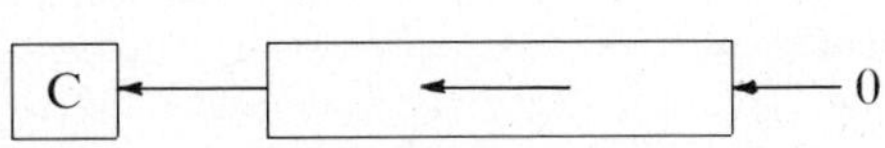

SLA (Linksschieben arithmetisch)

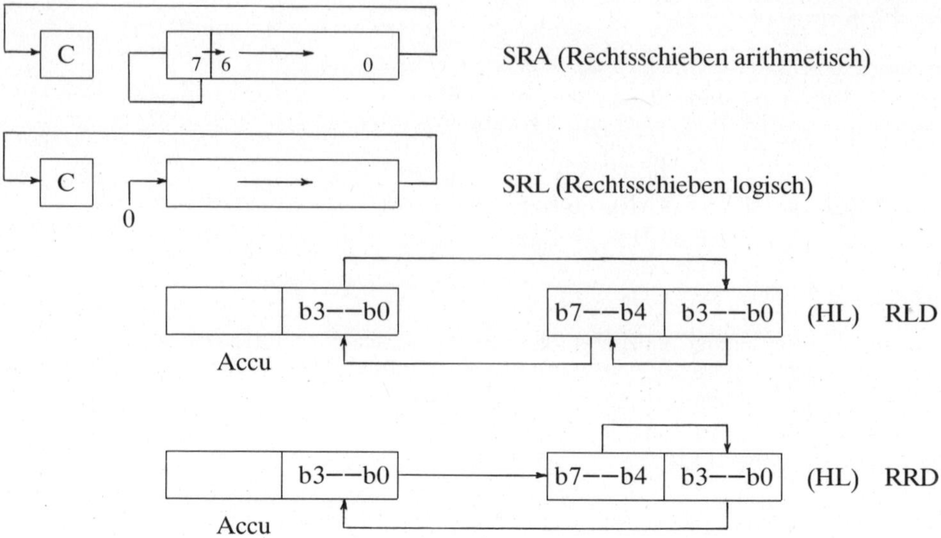

Übung 12.6

Die Daten im Akku enthalten mindestens ein 1-Signal. Verschieben Sie die Daten so lange, bis das 1-Signal linksbündig im Akku steht. Schreiben Sie das entsprechende Programm in Assembler.

12.4.3.3. Befehle des SAB 8080/8085

Der SAB 8085 der Fa. Intel ist eine Weiterentwicklung des 8080. Der Befehlssatz wurde dabei beibehalten.

Der SAB 8085 enthält lediglich zusätzliche Befehle zur seriellen Ein- und Ausgabe von Daten, direkt aus dem Prozessor.

In den in diesem Buch entwickelten Programmen werden diese Befehle nicht benötigt.

Alle Befehle in Maschinensprache, die der SAB 8080 und SAB 8085 versteht, kann auch der Z 80 verarbeiten.

Die Abkürzung für einen Befehl, also die Assemblersprache, unterscheidet sich jedoch wesentlich von der des Z 80.

Da die Maschinensprache übereinstimmt, gelten auch die beim Z 80 gegebenen Erklärungen für die einzelnen Befehle.

Die folgende Befehlsliste des SAB 8080/8085 enthält die Befehle in Assemblersprache, den zugehörigen Maschinencode, sowie die für die Bearbeitung benötigten Takte des Taktgenerators. Aus den Taktzahlen läßt sich mit Hilfe der Taktfrequenz die Bearbeitzungszeit errechnen. Das interessiert besonders bei programmierten Zeitschleifen.

Jeder Befehl ist kurz erklärt.

Transportinstruktionen

Assembler/Maschinen		Bytes	Funktion	Takte
MVI A	0011 1110	2	Bringe das folgende Byte in den Akkumulator.	7
MVI M	0011 0110	2	Bringe das folgende Byte auf die im Registerpaar HL angegebene Adresse (memory).	10
MVI d	00dd d110	2	Bringe das folgende Byte in das Register d.[1)]	7
MOV M,s	0110 0sss	1	Bringe den Inhalt des Registers s auf die im Registerpaar HL angegebene Adresse.[1)]	7
MOV d,M	01dd d110	1	Bringe den Inhalt der im Registerpaar HL angegebenen Adresse ins Register d.[1)]	7
MOV d,s	01dd dsss	1	Bringe Inhalt Register s ins Register d.[1)]	5
LXI B	0000 0001	3	Bringe die 2 folgenden Bytes ins Registerpaar BC, und zwar zweites Byte nach C, drittes Byte nach B.	10
LXI D	0001 0001	3	Bringe die 2 folgenden Bytes ins Registerpaar DE, und zwar zweites Byte nach E, drittes Byte nach D.	10
LXI H	0010 0001	3	Bringe die 2 folgenden Bytes ins Registerpaar HL, und zwar zweites Byte nach L, drittes Byte nach H.	10
LXI SP	0011 0001	3	Bringe die 2 folgenden Bytes in den Stapelzeiger, das zweite Byte enthält die unteren 8 Bit und das dritte Byte die oberen 8 Bit der Adresse.	10
STA	0011 0010	3	Speichere den Akkumulatorinhalt auf die in folgenden zwei Bytes angegebene Adresse.	13
SHLD	0010 0010	3	Speichere den Inhalt von Register L auf die in folgenden zwei Bytes angegebene Adresse und den Inhalt von H auf die um 1 erhöhte Adresse.	16
STAX D	0001 0010	1	Speichere den Inhalt des Akkumulators auf die im Registerpaar DE angegebene Adresse.	7
STAX B	0000 0010	1	Speichere den Inhalt des Akkumulators auf die im Registerpaar BC angegebene Adresse.	7
LDA	0011 1010	3	Lade den Akkumulator aus der in folgenden zwei Bytes angegebenen Adresse.	13
LHLD	0010 1010	3	Lade das Register L aus der in folgenden zwei Bytes angegebenen Adresse und das Register H aus der um 1 erhöhten Adresse.	16
LDAX D	0001 1010	1	Lade den Akkumulator aus der im Registerpaar DE angegebenen Adresse.	7
LDAX B	0000 1010	1	Lade den Akkumulator aus der im Registerpaar BC angegebenen Adresse.	7
OUT	1101 0011	2	Bringe den Inhalt des Akkumulators auf den im folgenden Byte angegebenen Ausgabekanal.	10
IN	1101 1011	2	Bringe die Information des im folgenden Byte angegebenen Eingabekanals in den Akkumulator.	10

1) Anstelle von s oder d kann hier stehen: A, B, C, D, E, H, L.
Anstelle von sss oder ddd kann hier stehen: 000 für Register B, 001 für Register C, 010 für Register D, 011 für Register E, 100 für Register H, 101 für Register L, 111 für Akkumulator.

Assembler/Maschinen		Bytes	Funktion	Takte
PCHL	1110 1001	1	Bringe den Inhalt von HL in den Befehlszähler.	5
SPHL	1111 1001	1	Bringe den Inhalt von HL in den Stapelzeiger.	5
XTHL	1110 0011	1	Tausche Inhalte von Register L und der im Stapelzeiger angegebenen Adresse, und tausche Inhalte von Register H und der um 1 erhöhten Adresse.	18
XCHG	1110 1011	1	Tausche die Inhalte der Registerpaare DE und HL.	4
PUSH B	1100 0101	1	Erniedrige Stapelzeigerinhalt um 1, bringe Inhalt von B auf die im Stapelzeiger angegebene Adresse, erniedrige Stapelzeigerinhalt um 1, bringe Inhalt von C auf die im Stapelzeiger angegebene Adresse.	11
PUSH D	1101 0101	1	Erniedrige Stapelzeigerinhalt um 1, bringe Inhalt von D auf die im Stapelzeiger angegebene Adresse, erniedrige Stapelzeigerinhalt um 1, bringe Inhalt von E auf die im Stapelzeiger angegebene Adresse.	11
PUSH H	1110 0101	1	Erniedrige Stapelzeigerinhalt um 1, bringe Inhalt von H auf die im Stapelzeiger angegebene Adresse, erniedrige Stapelzeigerinhalt um 1, bringe Inhalt von L auf die im Stapelzeiger angegebene Adresse.	11
PUSH PSW	1111 0101	1	Erniedrige Stapelzeigerinhalt um 1, bringe Inhalt des Akkumulators auf die im Stapelzeiger angegebene Adresse, erniedrige Stapelzeigerinhalt um 1, bringe Inhalt des Flagregisters auf die im Stapelzeiger angegebene Adresse.	11
POP B	1100 0001	1	Bringe Inhalt der im Stapelzeiger stehenden Adresse ins Register C, erhöhe Stapelzeigerinhalt um 1, bringe Inhalt der im Stapelzeiger stehenden Adresse ins Register B, erhöhe Stapelzeigerinhalt um 1.	10
POP D	1101 0001	1	Bringe Inhalt der im Stapelzeiger stehenden Adresse ins Register E, erhöhe Stapelzeigerinhalt um 1, bringe Inhalt der im Stapelzeiger stehenden Adresse ins Register D, erhöhe Stapelzeigerinhalt um 1.	10
POP H	1110 0001	1	Bringe Inhalt der im Stapelzeiger stehenden Adresse ins Register L, erhöhe Stapelzeigerinhalt um 1, bringe Inhalt der im Stapelzeiger stehenden Adresse ins Register H, erhöhe Stapelzeigerinhalt um 1.	10
POP PSW	1111 0001	1	Bringe Inhalt der im Stapelzeiger stehenden Adresse ins Flagregister, erhöhe Stapelzeigerinhalt um 1, bringe Inhalt der im Stapelzeiger angegebenen Adresse in den Akkumulator, erhöhe Stapelzeigerinhalt wieder um 1.	10

Arithmetische Instruktionen

Assembler/Maschinen		Bytes	Funktion	Takte
ADI	1100 0110	2	Addiere das folgende Byte auf den Akkumulator.	7
ADD M	1000 0110	1	Addiere den Inhalt der in HL angegebenen Adresse.	7
ADD s	1000 0sss	1	Addiere den Inhalt des Registers s auf Akku.[1)] Flags: neu gesetzt.	4
ACI	1100 1110	2	Addiere alten Übertrag aus dem Flagregister und das folgende Byte auf den Akkumulator.	7
ADC M	1000 1110	1	Addiere alten Übertrag und den Inhalt der in HL angegebenen Adresse auf den Akkumulator.	7
ADC s	1000 1sss	1	Addiere alten Übertrag und Inhalt Registers s.[1)] Flags: neu gesetzt.	4
SUI	1101 0110	2	Subtrahiere das folgende Byte vom Akkumulator.	7
SUB M	1001 0110	1	Subtrahiere den Inhalt der im Registerpaar HL angegebenen Adresse vom Akkumulator.	7
SUB s	1001 0sss	1	Subtrahiere den Inhalt des Register s.[1)] Flags: neu gesetzt.	4
SBI	1101 1110	2	Subtrahiere alten Übertrag (Borrough) aus Flagregister und das folgende Byte vom Akkumulator.	7
SBB M	1001 1110	1	Subtrahiere alten Übertrag (Borrough) und den Inhalt der in HL angegebenen Adresse vom Akku.	7
SBB s	1001 1sss	1	Subtrahiere alten Übertrag (Borrough) und den Inhalt des Registers s vom Akkumulator.[1)] Flags: neu gesetzt.	4
CMA	0010 1111	1	Komplementiere Akkumulator. Flags unverändert.	4
STC	0011 0111	1	Setze Übertrag im Flagregister auf 1.	4
CMC	0011 1111	1	Komplementiere Übertrag im Flagregister.	4
DAD B	0000 1001	1	Addiere Inhalt des Registerpaares BC auf HL.	10
DAD D	0001 1001	1	Addiere Inhalt des Registerpaares DE auf HL.	10
DAD H	0010 1001	1	Addiere Inhalt des Registerpaares HL auf HL.	10
DAD SP	0011 1001	1	Addiere Inhalt des Stapelzeigers auf HL. Flags: nur Übertrag neu gesetzt.	10
DAA	0010 0111	1	Forme die mit einer vorangegangenen Instruktion ADI, ADD, ACI oder ADC gebildete Summe zweier BCD-Zahlen wieder in eine BCD-Zahl um. Flags: neu gesetzt.	4

1) Anstelle von s oder d kann hier stehen: A, B, C, D, E, H, L.
Anstelle von sss oder ddd kann hier stehen: 000 für Register B, 001 für Register C, 010 für Register D, 011 für Register E, 100 für Register H, 101 für Register L, 111 für Akkumulator.

Assembler/Maschinen		Bytes	Funktion	Takte
INR A	0011 1100	1	Erhöhe den Inhalt des Akkumulators um 1.	5
INR M	0011 0100	1	Erhöhe den Inhalt der in HL angegebenen Adresse.	10
INR d	00dd d100	1	Erhöhe den Inhalt des Registers d um 1.[1)] Flags: neu gesetzt, jedoch Übertrag unverändert.	5
DCR A	0011 1101	1	Erniedrige den Inhalt des Akkumulators um 1.	5
DCR M	0011 0101	1	Erniedrige den Inhalt der im Registerpaar HL angegebenen Adresse.	10
DCR d	00dd d101	1	Erniedrige den Inhalt des Registers d um 1.[1)] Flags: neu gesetzt, jedoch Übertrag unverändert.	5
INX B	0000 0011	1	Erhöhe den Inhalt des Registerpaares BC um 1.	5
INX D	0001 0011	1	Erhöhe den Inhalt des Registerpaares DE um 1.	5
INX H	0010 0011	1	Erhöhe den Inhalt des Registerpaares HL um 1.	5
INX SP	0011 0011	1	Erhöhe den Inhalt des Stapelzeigers um 1. Flags: unverändert.	5
DCX B	0000 1011	1	Erniedrige den Inhalt des Registerpaares BC um 1.	5
DCX D	0001 1011	1	Erniedrige den Inhalt des Registerpaares DE um 1.	5
DCX H	0010 1011	1	Erniedrige den Inhalt des Registerpaares HL um 1.	5
DCX SP	0011 1011	1	Erniedrige den Inhalt des Stapelzeigers um 1. Flags: unverändert.	5
RLC	0000 0111	1	Schiebe Akkumulatorinhalt im Ring eine Stelle nach links und dabei das linke Bit in den Übertrag.	4
RRC	0000 1111	1	Schiebe Akkumulatorinhalt im Ring eine Stelle nach rechts und dabei das rechte Bit in den Übertrag.	4
RAL	0001 0111	1	Schiebe Übertrag und Akkumulatorinhalt (9 Bit) im Ring eine Stelle nach links.	4
RAR	0001 1111	1	Schiebe Übertrag und Akkumulatorinhalt (9 Bit) im Ring eine Stelle nach rechts.	4

Logische Instruktionen

Assembler/Maschinen		Bytes	Funktion	Takte
ANI	1110 0110	2	UND-verknüpfe das folgende Byte mit Akkumulator.	7
ANA M	1010 0110	1	UND-verknüpfe den Inhalt der im Registerpaar HL angegebenen Adresse mit dem Akkumulator.	7
ANA s	1010 0sss	1	UND-verknüpfe Inhalt von Register sss mit Akku.[1)] Flags: neu gesetzt.	4

1) Anstelle von s oder d kann hier stehen: A, B, C, D, E, H, L.
Anstelle von sss oder ddd kann hier stehen: 000 für Register B, 001 für Register C, 010 für Register D, 011 für Register E, 100 für Register H, 101 für Register L, 111 für Akkumulator.

Assembler/Maschinen		Bytes	Funktion	Takte
ORI	1111 0110	2	ODER-verknüpfe das folgende Byte mit Akkumulator.	7
ORA M	1011 0110	1	ODER-verknüpfe den Inhalt der im Registerpaar HL angegebenen Adresse mit dem Akkumulatorinhalt.	7
ORA s	1011 0sss	1	ODER-verknüpfe Inhalt von Register s mit Akku.[1)] Flags: neu gesetzt.	4
XRI	1110 1110	2	XOR-verknüpfe das folgende Byte mit Akkumulator.	7
XRA M	1010 1110	1	XOR-verknüpfe (durch Exklusiv-ODER) den Inhalt der in HL angegebenen Adresse mit dem Akkumulator.	7
XRA s	1010 1sss	1	XOR-verknüpfe Inhalt von Register s mit Akku.[1)] Flags: neu gesetzt.	4
CPI	1111 1110	2	Vergleiche das folgende Byte mit dem Akkumulator.	7
CMP M	1011 1110	1	Vergleiche den Inhalt der im Registerpaar HL angegebene Adresse mit dem Akkumulatorinhalt.	7
CMP s	1011 1sss	1	Vergleiche Inhalt von Register s mit Akku.[1)] Flags: neu gesetzt.	4

Sprunginstruktionen

Assembler/Maschinen		Bytes	Funktion	Takte
JMP	1100 0011	3	Springe (setze den Befehlszähler) auf die in folgenden zwei Bytes angegebene Adresse.	10
JNZ	1100 0010	3	Springe auf die angegebene Adresse, falls Zero-Flag gleich 0 (jump on not zero)	10
JZ	1100 1010	3	falls Zero-Flag gleich 1 (jump on zero)	10
JNC	1101 0010	3	falls Carry-Flag gleich 0 (jump on no carry)	10
JC	1101 1010	3	falls Carry-Flag gleich 1 (jump on carry)	10
JPO	1110 0010	3	falls Parity-Flag gleich 0 (jump on parity odd)	10
JPE	1110 1010	3	falls Parity-Flag gleich 1 (jump on parity even)	10
JP	1111 0010	3	falls Sign-Flag gleich 0 (jump on positiv)	10
JM	1111 1010	3	falls Sign-Flag gleich 1 (jump on minus)	10

1) Anstelle von s oder d kann hier stehen: A, B, C, D, E, H, L.
Anstelle von sss oder ddd kann hier stehen: 000 für Register B, 001 für Register C, 010 für Register D, 011 für Register E, 100 für Register H, 101 für Register L, 111 für Akkumulator.

Assembler/Maschinen		Bytes	Funktion	Takte
CALL	1100 1101	3	Rufe Unterprogramm, d.h. rette Befehlszählerinhalt in den Stapelspeicher, erniedrige dabei den Stapelzeiger um 2 und springe (setze den Befehlszähler) auf die in folgenden zwei Bytes gegebene Adresse.	17
CNZ	1100 0100	3	Rufe Unterprogramm auf angegebener Adresse, falls Zero-Flag gleich 0 (call on not zero)	17/11
CZ	1100 1100	3	falls Zero-Flag gleich 1 (call on zero)	17/11
CNC	1101 0100	3	falls Carry-Flag gleich 0 (call on no carry)	17/11
CC	1101 1100	3	falls Carry-Flag gleich 1 (call on carry)	17/11
CPO	1110 0100	3	falls Parity-Flag gleich 0 (call on parity odd)	17/11
CPE	1110 1100	3	falls Parity-Flag gleich 1 (call on parity even)	17/11
CP	1111 0100	3	falls Sign-Flag gleich 0 (call on positiv)	17/11
CM	1111 1100	3	falls Sign-Flag gleich 1 (call on minus)	17/11
RET	1100 1001	1	Gehe zurück ins Hauptprogramm, d.h. hole den alten Inhalt aus dem Stapelspeicher in den Befehlszähler zurück und erhöhe dabei den Stapelzeiger um 2.	10
RNZ	1100 0000	1	Gehe zurück ins Hauptprogramm, falls Zero-Flag gleich 0 (return on not zero)	11/5
RZ	1100 1000	1	falls Zero-Flag gleich 1 (return on zero)	11/5
RNC	1101 0000	1	falls Carry-Flag gleich 0 (return on no carry)	11/5
RC	1101 1000	1	falls Carry-Flag gleich 1 (return on carry)	11/5
RPO	1110 0000	1	falls Parity-Flag gleich 0 (return on parity odd)	11/5
RPE	1110 1000	1	falls Parity-Flag gleich 1 (return on parity even)	11/5
RP	1111 0000	1	falls Sign-Flag gleich 0 (return on positiv)	11/5
RM	1111 1000	1	falls Sign-Flag gleich 1 (return on minus)	11/5
RST .	11. . . 111	1	Starte erneut, d.h. rette Befehlszählerinhalt in Stapelspeicher, erniedrige dabei Stapelzeiger um 2 und lade Befehlszähler mit: 0000 0000 00 ... 000.	11

Sonstige Instruktionen

Assembler/Maschinen		Bytes	Funktion	Takte
NOP	0000 0000	1	Leerbefehl; keine Operation.	4
HLT	0111 0110	1	Halte den Prozessor an.	7
EI	1111 1011	1	Erlaube dem Prozessor, einen Interrupt anzunehmen.	4
DI	1111 0011	1	Verbiete dem Prozessor, einen Interrupt anzunehmen.	4

Die Befehlslisten und nachfolgenden Übungen sollen an dieser Stelle des Buches nur die Möglichkeiten und die Leistungsfähigkeit des Mikroprozessors beschreiben.

Im Kapitel „Assembler-Programmierung“ werden Programme für Regel- und Steuerungsaufgaben erarbeitet.

Übung 12.7

1. Wodurch unterscheiden sich die Befehle „Jump“ und „Jump not Zero“?
   a) Ordnen Sie die Befehle ein und beschreiben Sie ihre Funktion.
   b) Wie lautet der Assemblerbefehl beim Z 80 und beim 8085?
   c) Welchen Hex-Code haben die Befehle?
   d) Welches Bitmuster hat der wirkliche Maschinencode?
2. In den Akku soll die Dualzahl 5 gebracht werden. Schreiben Sie den Befehl in Assembler.
   a) für den Z 80
   b) für den SAB 8085
   c) Wie lautet der Hex-Code für beide?
3. Der Inhalt des Akkus soll in der Speicherstelle mit der Adresse E000H (H = Hexadezimal) abgespeichert werden. Schreiben Sie den Befehl in Assembler
   a) für den Z 80
   b) für den SAB 8085
   c) Wie lautet der Hex-Code für beide?
   d) Um welche Art der Adressierung handelt es sich?
   e) Wieviel Byte beinhaltet die Instruktion?
   f) Wieviel Speicherzugriffe sind für das Lesen und Ausführen der Instruktion erforderlich?

Beispiel

Die Information von Eingabe-Port 00 soll in die Speicherstelle E010H gebracht werden.

Das Programm soll bei Adresse 0000H beginnen.

Programm:

Adresse	Assembler Z 80	Maschinen Hex-Code	Kommentar
0000	IN A, 00	DB 00	Port 00 nach A
0002	LD E010, A	32 10E0	A nach Adresse E010
0005			

Assembler 8085
IN 00
STA E010

Übung 12.8

1. Der Inhalt der Speicherstelle E100H soll zum Ausgabe-Port 00 gebracht werden.

   Das Programm soll bei Adresse 0000H beginnen.
   Schreiben Sie das Programm in einer der Assembler-Sprachen.

Adresse	Assembler	Maschinen Hex-Code	Kommentar

2. Das folgende Programm dient dazu, eine bestimmte Zeichenmenge von einem Speicherbereich zu einem anderen zu übertragen.

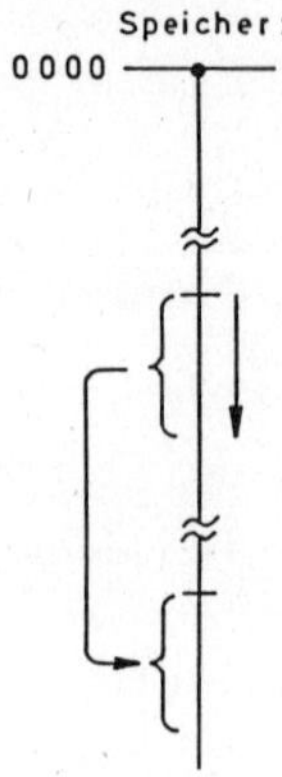

Übertragungsprogramm, beginnt bei Adresse 0000H

Anfangsadresse Speicherbereich 1; z.B. E000H

Anzahl der zu übertragenden Zeichen; z.B. 9

Anfangsadresse Speicherbereich 2; z.B. F000H

9 Zeichen sollen von Anfangsadresse E000H nach Anfangsadresse F000H gebracht werden. Kommentieren Sie folgendes Assembler-Programm Zeile für Zeile.

Adresse (Hex)	Assembler	Kommentar
0000	MVI B, 09	
0002	LXI H, E000	
0005	LXI D, F000	
0008	MOV A, M	
0009	STAX D	
000A	INX H	
000B	INX D	
000C	DCR B	
000D	JNZ 0008	
	ENDE	

Übung 12.9

In Adresse 3, 4 und 5 des Arbeitsspeichers soll der Befehl LD (3000), A gespeichert sein.

Dieser Befehl bedeutet:

„Lade die Speicheradresse mit dem Inhalt des Akkumulators."

Der Inhalt des Akkumulators wird mit 32H angenommen.

Adresse

Hex	Binär		Inhalt	
3	00000000	00000011	00110010	= LD (...), A = Operation
4	00000000	00000100		= Adresse
5	00000000	00000101		
3000				= Date

a) Ergänze den Speicherinhalt.
Was steht in Adresse 4 und 5?

b) Welches Bitmuster liest der Prozessor als erstes?
Wie heißt dieser Teil des Befehls?

c) Wie nennt man den ersten Zyklus bei der Bearbeitung eines Befehls?

d) Ist es möglich, daß zur Bearbeitung des ersten Teils eines Befehls etwas in den Speicher eingeschrieben wird (Steuersignal Memory Write)?

e) Beschreiben Sie die Vorgänge beim ersten Zyklus.

f) Kann der Prozessor am Speicherinhalt erkennen, ob es sich um eine Operation, um eine Adresse oder um Daten handelt?

g) Läßt sich am Prozessor erkennen, ob er das gerade Gelesene für eine Operation hält?

h) Wieviel Zyklen macht der Prozessor bei der angegebenen Operation?

i) Welche Zyklen sind Lesezyklen, welche Schreibzyklen?

j) Durch welche Signale muß sich ein Schreibzyklus vom Operationslesezyklus unterscheiden?

k) Was steht nach Ausführung des Befehls in Adresse 3000H?

Lernzielorientierter Test

1. Tragen Sie in ein Schema wie im Beispiel auf Seite 231 die Signale auf Adreß- und Datenbus ein, sowie das jeweilige Steuersignal, wenn folgende Instruktion bearbeitet wird: „Speichere den Akkuinhalt auf die in den folgenden zwei Bytes angegebene Adresse."

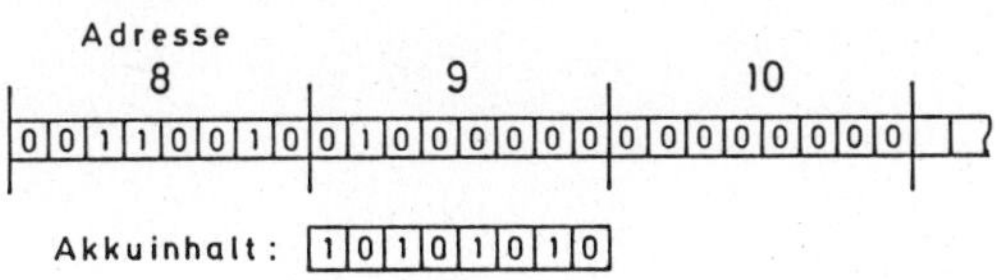

Mögliche Steuersignale: Memory Read; Memory Write.

2. Von einem variablen Wert, der in Speicherstelle 1910H steht, soll ein konstanter Wert 10 abgezogen werden.
Das Ergebnis ist in 1911H abzuspeichern.
Das Programm beginnt bei 1800H.

Speicheradresse	Programm Assembler	Maschinen (Hex-Code)	Erklärung
1800			

3. Von einer Zahl A soll eine Zahl B solange abgezogen werden, wie der Rest größer 0 ist. Der positive Rest soll abgespeichert werden.
Bedingung: A > B
Über ein Eingabeprogramm wurde A nach Adresse 1900H und B nach 1901H gebracht.

Der positive Rest soll in 1902H stehen.

Das Programm soll bei Adresse 1800H beginnen.

a) Skizzieren Sie ein Programmablaufdiagramm.
b) Schreiben Sie das Programm in Assemblersprache mit Erklärungen.

4. Im Programm steht der Befehl

LDA, (HL) für Z 80
oder MOV A, M für SAB 8085

a) Was bewirkt dieser Befehl?
b) Um welche Art der Adressierung handelt es sich?
c) Aus wieviel Byte besteht die Instruktion?
d) Wie lange dauert das Lesen der Instruktion? (Taktfrequenz = 2 MHz)
e) Wie viele Speicherzugriffe benötigt die Befehlsholphase (Lesephase)?
f) Wie viele Speicherzugriffe benötigt die Befehls-Ausführungsphase?
g) Welches Steuersignal wird bei der Befehls-Ausführungsphase ausgegeben?
h) Mit welchem Assembler-Befehl läßt sich die Adresse F000H in das HL-Register bringen?

5. Schreiben Sie das Programm in Assembler 8080 für folgende Aufgabenstellung:

A + B = C

Der Wert für A wird über Eingabe-Port 00 eingegeben.
Der Wert für B wird über Eingabe-Port 01 eingegeben.
Der Wert C wird über Ausgabe-Port 00 ausgegeben.
Das Programm soll bei Adresse 0000H beginnen.

13. Der Mikroprozessor

Lernziele:

Nach Durcharbeiten dieses Kapitels können Sie ...

1. die Standard-Anschlüsse eines Mikroprozessors aufzählen und ihre Bedeutung erklären;
2. die Maschinenzyklen unterscheiden in Operations-Abrufzyklus, Lesezyklus und Schreibzyklus;
3. das Signaldiagramm unter Bezugnahme auf das Taktsignal Φ für einen Lesevorgang des Prozessors lesen und interpretieren;
4. das Signaldiagramm für einen Operations-Abrufzyklus erklären;
5. erläutern, was Wartezyklen sind und wodurch sie veranlaßt werden, sowie die dafür benötigten Schaltungen konstruieren;
6. zwischen Polling und Interrupt unterscheiden und das Prinzip der Interrupt-Steuerung beschreiben;
7. mit Hilfe von Datenblättern angeben, welche Anschlußbelegung der Prozessor Z80 hat;
8. Die Signaldiagramme des Z80 lesen und interpretieren;
9. mit Hilfe von Datenblättern angeben, welche Anschlußbelegung der Prozessor SAB 8085 hat;
10. die Signaldiagramme des 8085 lesen und interpretieren.

13.1. Interner Aufbau

Der interne Aufbau läßt sich gut am Blockschaltbild des Prozessors SAB 8080 erkennen. Das Blockschaltbild kann als exemplarisch für alle 8-Bit-Prozessoren angesehen werden.

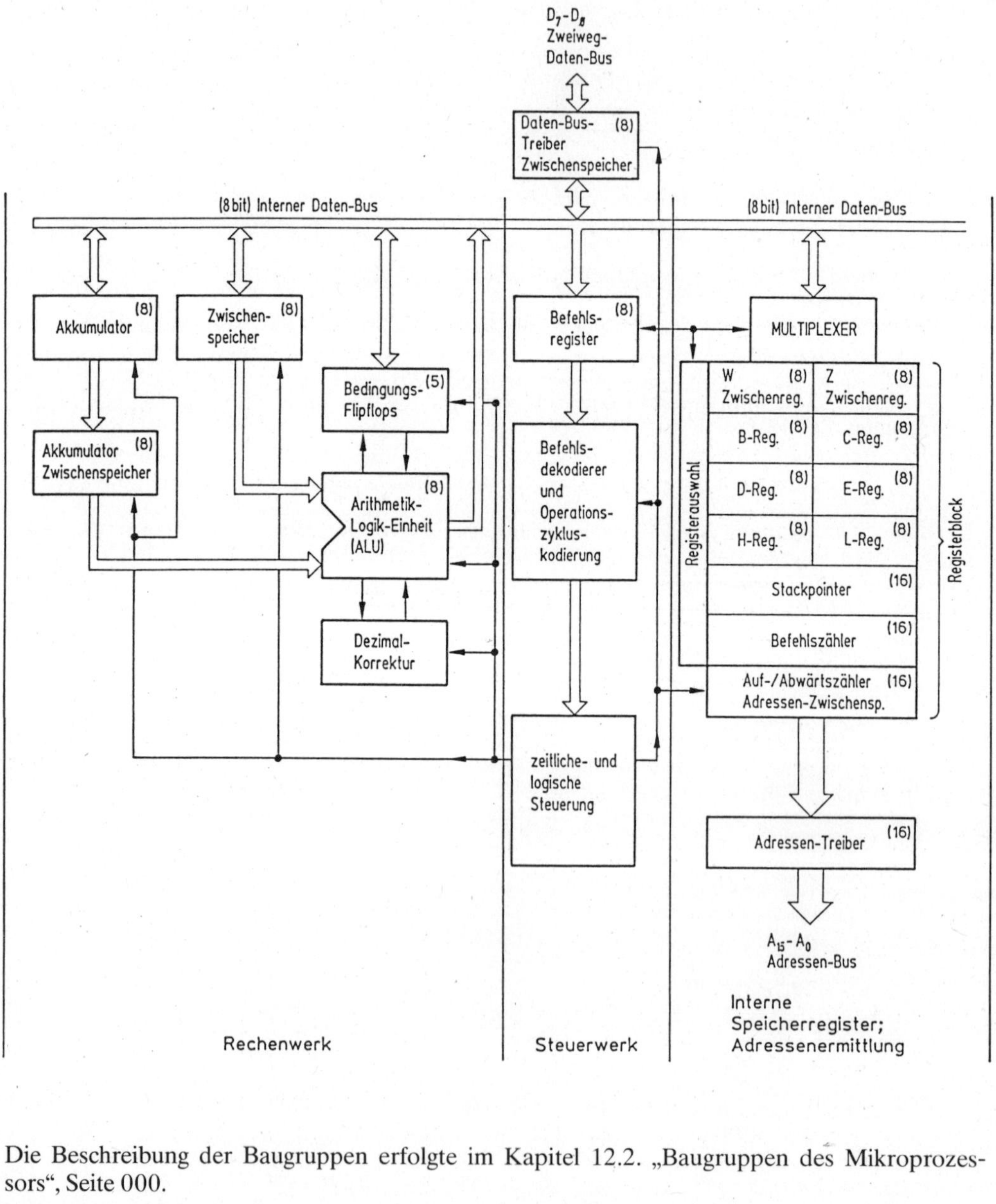

Die Beschreibung der Baugruppen erfolgte im Kapitel 12.2. „Baugruppen des Mikroprozessors“, Seite 000.

13.2. Der Mikroprozessor im Gesamtsystem

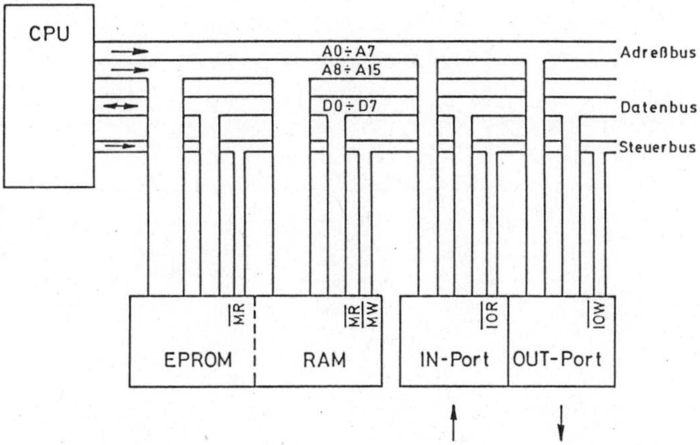

Das Gesamtsystem des Mikrocomputers mit dem Mikroprozessor als Kern wird in Kapitel 12.1. „Aufbau eines Mikrocomputers“, Seite 209, beschrieben.

Aus dem Zusammenwirken des Prozessors mit den übrigen Baugruppen, sowie den Anforderungen, die der Programmierer bezüglich der zu verarbeitenden Befehle stellt, ergeben sich die Anschlußsignale des Prozessors.

13.3. Die Anschlüsse des Mikroprozessors

13.3.1. Standard-Signale

Die im folgenden beschriebenen Signale lassen sich für Adreß-Daten- und Steuerbus eines jeden Mikrocomputers verwenden.

Sie sind unabhängig von einem bestimmten Prozessortyp.

Sollte der zur Anwendung kommende Mikroprozessor diese Signale an seinen Anschlüssen nicht direkt liefern, so lassen sie sich durch Dekoder-Schaltungen einfach aus den vorhandenen Signalen erzeugen.

13.3.1.1. Adreß-Anschlüsse

Die Adreßanschlüsse gehen auf den Adreßbus.

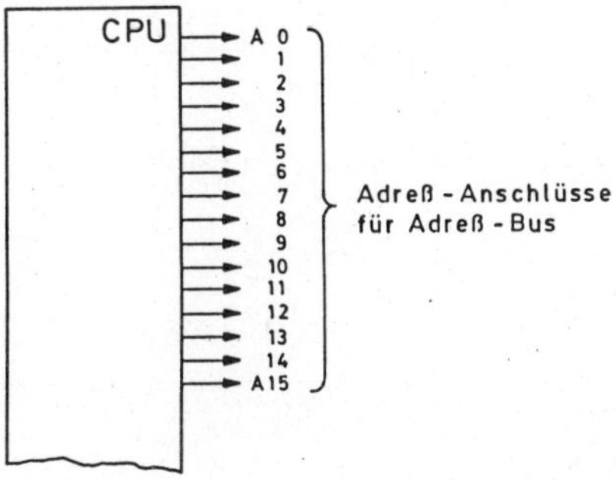

Es sind Tri-State-Ausgänge. Über die Adreß-Anschlüsse wählt der Prozessor die Adressen im Speicher und in den Ein-Ausgabe-Einheiten an.

Der Adreßbus ist ein Einrichtungs- oder unidirektionaler Bus.

Die Signale an den Adreß-Anschlüssen sind damit immer Ausgangssignale, die vom Prozessor kommen.

13.3.1.2. Daten-Anschlüsse

Die Datenanschlüsse gehen auf den Datenbus.

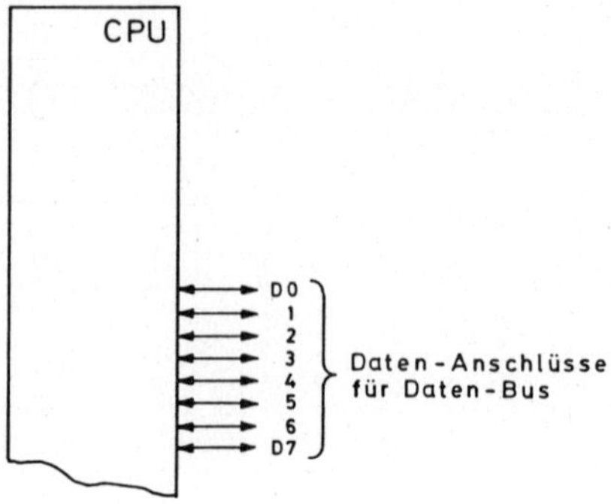

Es sind Tri-State-Anschlüsse. Über die Daten-Anschlüsse sendet oder empfängt der Prozessor die Daten vom Speicher oder den Ein-Ausgabe-Einheiten.

senden = schreiben = write
empfangen = lesen = read

Der Datenbus ist ein Zweirichtungs- oder bidirektionaler Bus.

Schreibt der Prozessor, dann sind die Anschlüsse als Ausgänge geschaltet und der Prozessor sendet die Daten auf den Datenbus. Liest der Prozessor, dann sind die Anschlüsse als Eingänge geschaltet und der Prozessor empfängt Daten, die vom Speicher oder der Eingabe-Baugruppe auf den Datenbus gelegt werden.

13.3.1.3. Anschlüsse für Steuersignale

1. Taktsignal Φ

Alle Schaltvorgänge im Mikroprozessor werden mit einem Taktsignal synchronisiert.

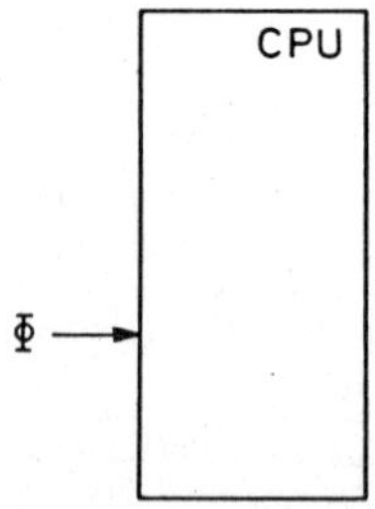

Deshalb stehen alle Signalwechsel an den Anschlüssen des Prozessors in einem bestimmten zeitlichen Zusammenhang zum Taktsignal.

Jeder Zugriff der CPU zum Speicher oder einer Ein-Ausgabe-Einheit wird Zyklus genannt.

Jeder Zyklus benötigt eine bestimmte Anzahl Taktsignale.

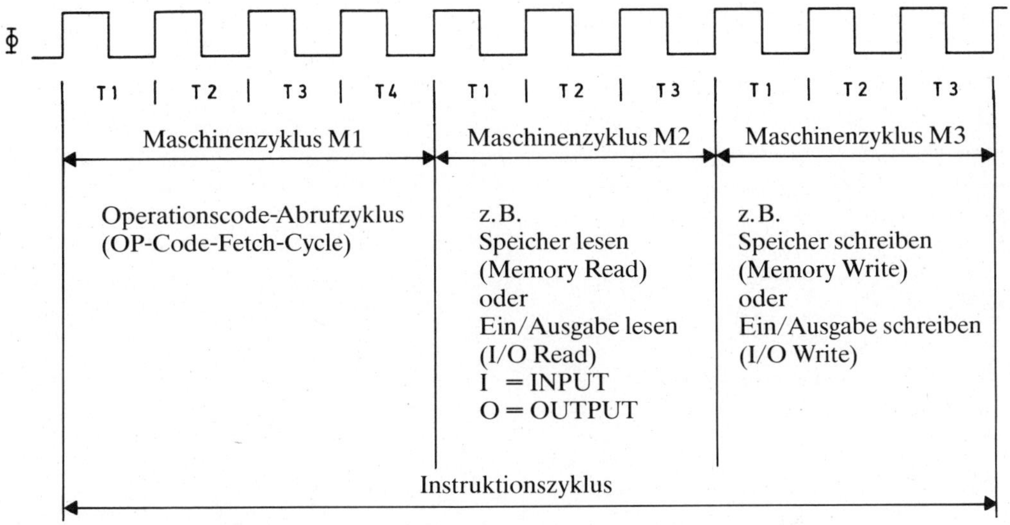

Das Taktsignal wird in der Regel von einer quarzgesteuerten Schwingschaltung erzeugt.

Die Taktfrequenz liegt, je nach Prozessortyp, zwischen 2 und 10 MHz.

2. Reset-Signal

Ein Low-Signal an diesem Eingang setzt den Programmzähler auf 0.

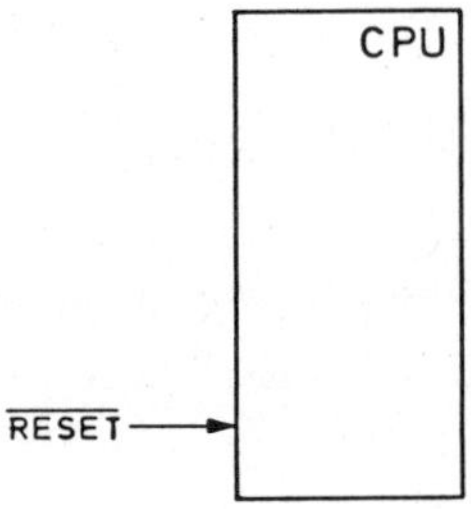

Außerdem werden bestimmte Flipflops und Register in der CPU in einen definierten Anfangszustand versetzt.

Während des Rücksetzvorganges befinden sich der Adreß- und Datenbus im hochohmigen und alle Ausgangs-Steuersignale im inaktiven Zustand.

Das Reset-Signal wird zum einen kurzzeitig nach dem Einschalten der Stromversorgung angelegt und zum anderen von Hand über eine Drucktaste gegeben, wenn der Prozessor in den Ausgangszustand gebracht werden soll.

Das ist immer dann notwendig, wenn er sich in einer Bearbeitungsschleife befindet, aus der er nicht mehr herauskommt.

3. Schreibe/Lese-Signale für Speicher und Ein/Ausgabe

Diese Steuersignale wurden bereits in Kapitel 12.1.3. „Steuersignale“, Seite 225, beschrieben, sowie in Kapitel 12.1.5. „Bus-Signale“, Seite 227.

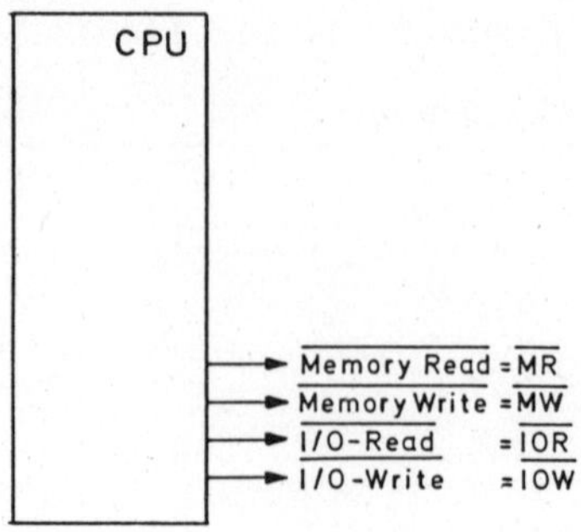

Steuersignale:

$\overline{\text{Memory Read}}$ = $\overline{\text{Speicher lesen}}$
$\overline{\text{Memory Write}}$ = $\overline{\text{Speicher schreiben}}$
$\overline{\text{I/O Read}}$ = $\overline{\text{Ein/Ausgabe Lesen}}$
$\overline{\text{I/O Write}}$ = $\overline{\text{Ein/Ausgabe Schreiben}}$

Die Steuersignale sind Low aktiv.

Sie werden erst dann von der CPU ausgegeben, wenn sich die Signale auf Adreß- und Datenbus eingeschwungen haben und stabil sind.

Außerdem bleibt dem Speicher genügend Zeit, die über die Adreßleitungen angewählten Daten zum Ausgang zu bringen.

Signaldiagramm für Schreiben:

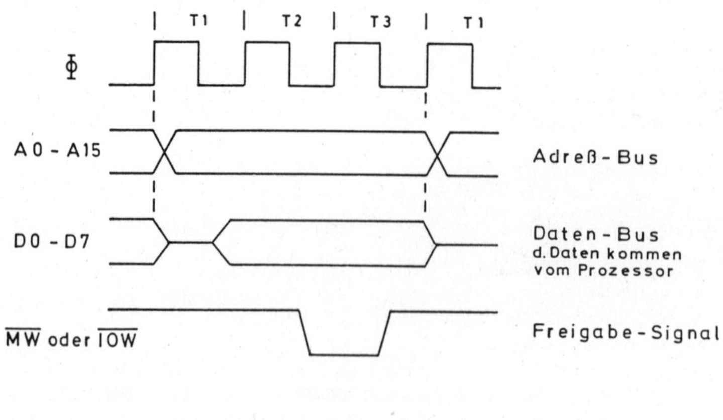

$\overline{\text{MW}}$ bei Schreiben in den Speicher
$\overline{\text{IOW}}$ bei Schreiben in den OUT-Port

Signaldiagramm für Lesen:

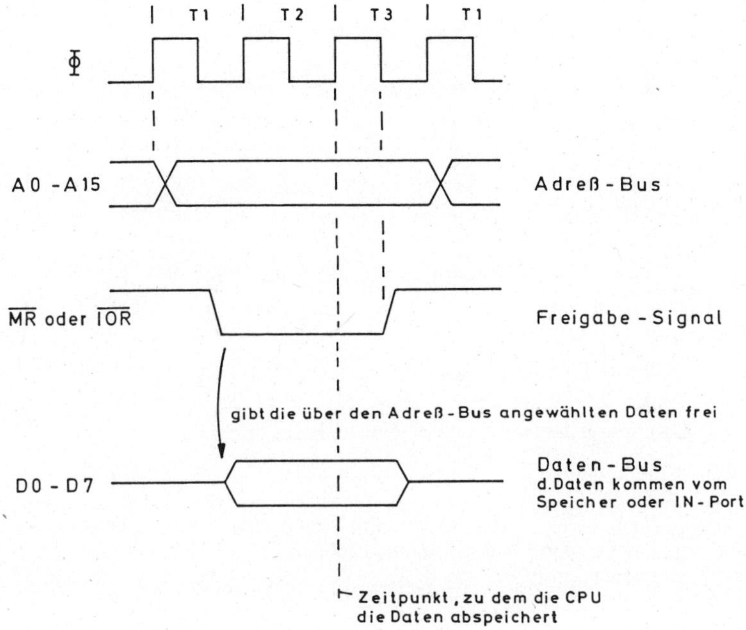

$\overline{MR}$ bei Lesen aus dem Speicher
$\overline{IOR}$ bei Lesen aus dem IN-Port

Beim Operationscode-Abrufzyklus wird ebenfalls aus dem Speicher gelesen.

Dieser Maschinenzyklus dauert jedoch mindestens einen Takt länger als der normale Lesezyklus.

Diese Zeit benötigt die CPU, um den gelesenen Operationscode zu dekodieren und richtig auszuwerten.

Signaldiagramm für den Operationscode-Abruf:

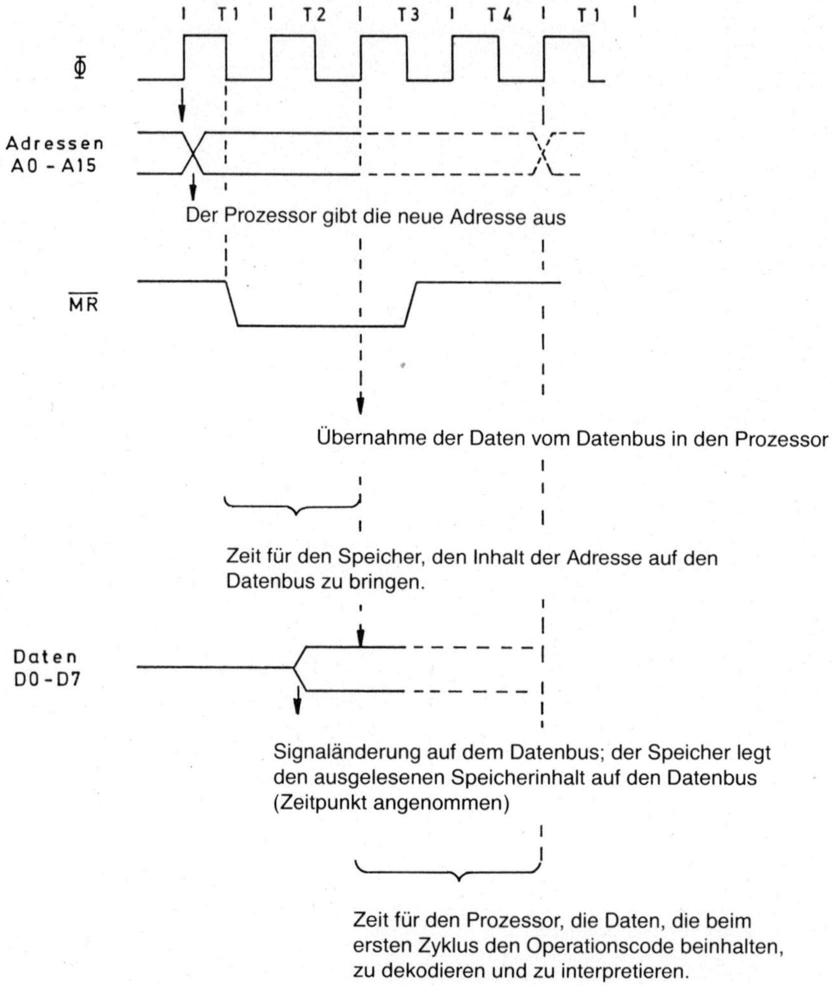

Die bisher beschriebenen Anschlüsse werden bei jedem Mikrocomputer benötigt.

Sie sind für einfache Systeme ausreichend.

Die im folgenden beschriebenen Steueranschlüsse werden nur bei ganz bestimmten Anforderungen benötigt.

4. Wait oder Ready-Signal

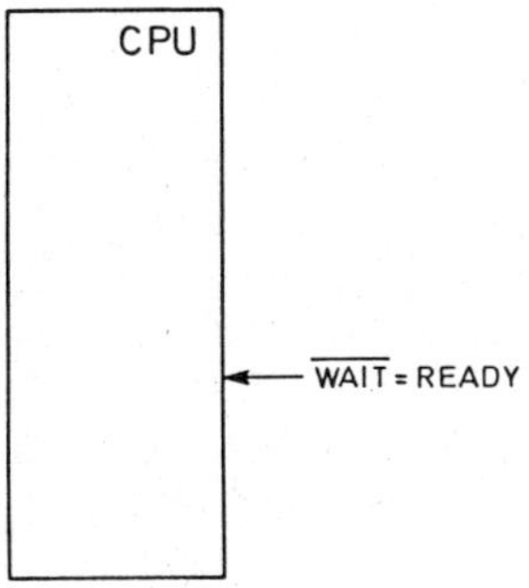

Hat dieser Anschluß bei der abfallenden oder ansteigenden Flanke (je nach Prozessortyp) des zweiten Taktimpulses Low-Signal, dann hält der Prozessor an; d.h. seine Ausgangssignale verändern sich nicht mehr. Er bekommt jedoch weiter Taktimpulse, die im Signaldiagramm mit T WAIT bezeichnet werden.

Hat der Anschluß bei der nächsten gültigen Flanke wieder High-Signal, macht der Prozessor normal weiter.

Über den $\overline{\text{WAIT}}$-Eingang kann der Prozessor also beliebig lange angehalten werden.

Diese Möglichkeit wird benötigt, wenn der Prozessor mit langsamen Speichern oder Ein/Ausgabe-Einheiten zusammenarbeitet.

Lese- oder Schreibzyklen für Speicher oder Ein/Ausgabe-Einheiten können damit generell um ein oder zwei Taktperioden verlängert werden.

Das läßt sich schaltungstechnisch mit Hilfe von JK- oder D-Flipflops erreichen (siehe Seite 297).

Das $\overline{\text{WAIT}}$-Signal wird in der Regel nicht von den angeschlossenen Baugruppen erzeugt, sondern durch Verschalten von Ausgangssteuersignalen des Prozessors selbst.

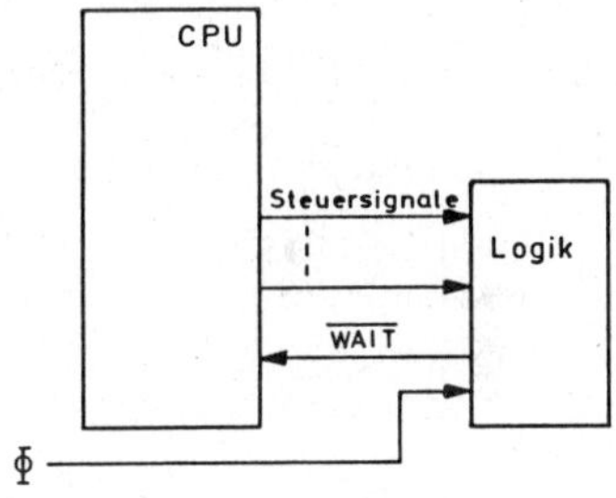

Zum weiteren bietet der Wait-Eingang die Möglichkeit, den Prozessor zu Kontrollzwekken im Einzelschritt-Betrieb zu fahren.

Er wird bei jedem Maschinenzyklus über das $\overline{\text{WAIT}}$-Signal angehalten. Alle Ausgangssignale können angezeigt werden.

Dann läßt er sich über eine Taste, die von Hand gedrückt wird und das $\overline{\text{WAIT}}$-Signal kurzzeitig aufhebt, bis zum nächsten Maschinenzyklus weiterfahren.

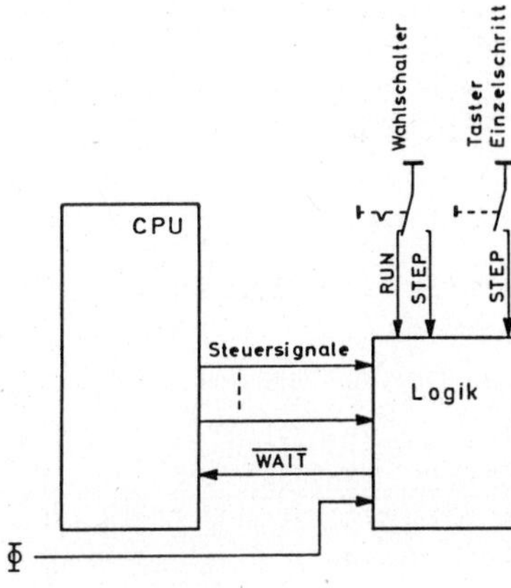

5. DMA-Signale

Bei dem bisher vorgestellten Mikrocomputer-Konzept wird der Adreßbus nur vom Prozessor gesteuert.

Der Datenbus dient dem Datenaustausch zwischen Prozessor und Speicher bzw. Ein-Ausgabeeinheiten.

Der gesamte Datenaustausch läuft über den Prozessor. Soll z.B. ein Eingabesignal in den Speicher gelangen, dann muß es erst im Prozessor zwischengespeichert und von dort aus in den Speicher gebracht werden.

Ein Datenaustausch zwischen Speicher und Ein-Ausgabeeinheiten oder den Ein-Ausgabeeinheiten untereinander ist nicht möglich.

Sollen z.B. größere Datenmengen von Band eingelesen und gespeichert werden, dann wäre der Prozessor damit lange Zeit beschäftigt. Es wäre viel ökonomischer, von der Eingabeeinheit direkt in den Speicher einzulesen. Um das zu ermöglichen, muß der Prozessor „abgetrennt" werden können. Er darf bei laufenden Taktimpulsen keine Signale mehr ausgeben oder verarbeiten.

Dieses Abtrennen des Prozessors bewirkt das Signal $\overline{\text{BUSRQ}}$ bzw. HOLD.

Ein Low-Signal an $\overline{\text{BUSRQ}}$ bzw. High-Signal an HOLD bringt nach Beendigung des laufenden Maschinenzyklus alle Ausgänge in den hochohmigen Zustand.

Die CPU quittiert dieses Signal mit $\overline{\text{BUSAK}}$ bzw. HLDA.

Dann können Adreß-, Daten- und Steuerbus von einem anderen Baustein benutzt und gesteuert werden.

Diese Betriebsart nennt man DMA-Betrieb.

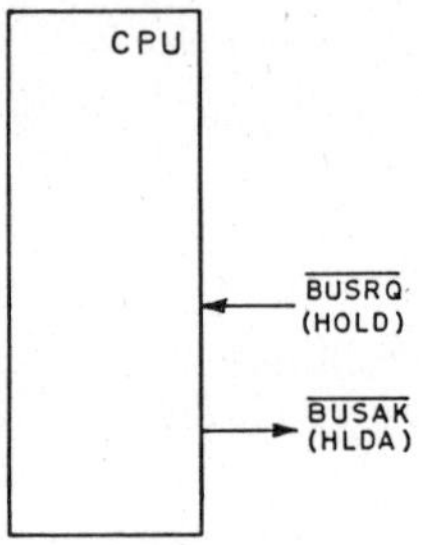

DMA = Direct Memory Access
= Direkt-Speicher-Zugriff

Standard-Anschlüsse des Mikroprozessors:

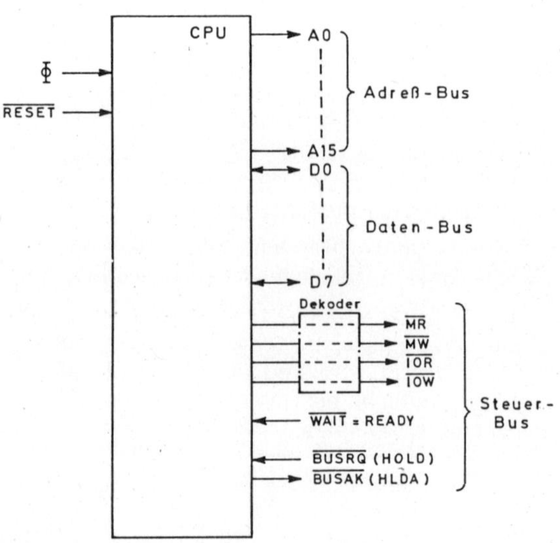

Liefert die CPU die Signale $\overline{MR}$, $\overline{MW}$, $\overline{IOR}$, $\overline{IOW}$ nicht direkt, sind sie über einen Dekoder aus den entsprechenden Signalen der verwendeten CPU abzuleiten.

Die Funktion der weiteren Steuersignale der verschiedenen Prozessortypen, insbesondere der Signale zur Interrupt-Steuerung, sind den jeweiligen Firmenunterlagen und Datenblättern zu entnehmen.

Interrupt = Prozessorunterbrechung

13.3.1.4. Grundlegendes zur Interruptsteuerung

Der Prozessor arbeitet in der Regel wie beschrieben das Programm ab.

Soll er Eingangssignale registrieren und verarbeiten, so muß das programmiert werden.

Immer wenn er an die entsprechende Programmstelle kommt, fragt er das gewünschte Eingangssignal ab und verarbeitet es anschließend.

Änderungen des Eingangssignales werden erst registriert, wenn der Prozessor wieder zur Eingangssignal-Abfrage im Programm kommt.

Diese Methode nennt man Abfrage- oder Auswahlmethode, englisch Polling.

Polling = Abfrage- oder Auswahlmethode:

Das Programm bestimmt, wann ein Eingangssignal abgefragt wird.

Da der Prozessor mit Megahertz-Frequenzen getaktet wird, beträgt die Zeit zwischen zwei Eingangssignal-Abfragen selbst bei längeren Programmen mit zyklischer Abfrage nur Millisekunden.

Bei der Interrupt-Methode bestimmt das Eingangssignal selbst, wann es abgefragt wird.

Über einen besonderen Interrupt-Eingang am Prozessor kann sich ein Eingangssignal, welches vorrangig bedient werden will, mit einem High-Signal melden.

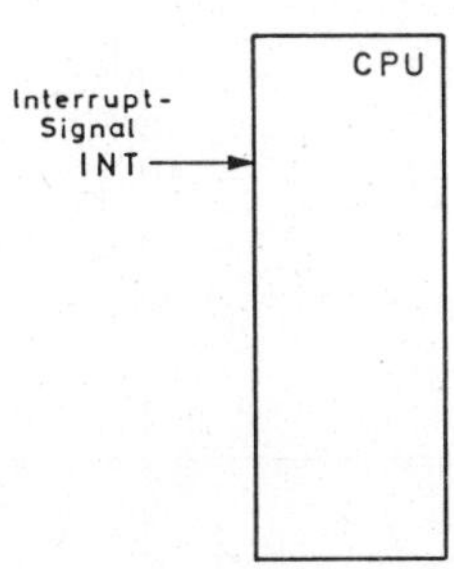

Im einfachsten Fall springt dann der Prozessor, nachdem der laufende Instruktionszyklus beendet wurde, zu einer bestimmten Adresse. Bei dieser Adresse beginnt ein Unterprogramm zur Bearbeitung des Interrupt-Signales.

Anschließend setzt der Prozessor die unterbrochene Arbeit im Hauptprogramm wieder fort.

Auf solch einen Interrupt-Eingang werden z.B. wichtige Störmeldungen gelegt.

Interrupt: Programmunterbrechungs-Methode

Das Eingangssignal bestimmt selbst, wann es abgefragt und bearbeitet wird.

13.3.2. Die Anschlüsse des Z80

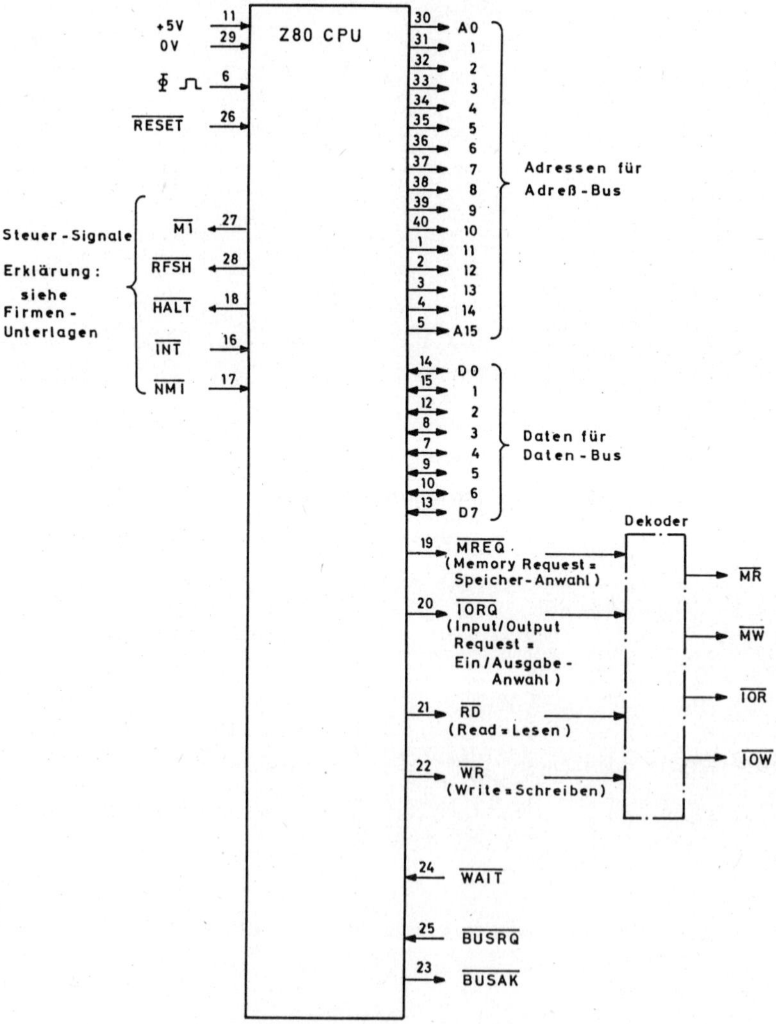

13.3.3. Signaldiagramme des Z80

Die Signaldiagramme sind idealisiert dargestellt. Messungen mit dem Oszilloscope werden Ihnen zeigen, daß die Signalübergänge von Schwingungen überlagert sind und erst eine gewisse Einstellzeit benötigen.

Echte Zeiten müssen den Datenblättern des Herstellers entnommen werden.

D.C. CHARACTERISTICS
T_A = 0°C to 70°C, V_{CC} = 5V ± 5% unless otherwise specified

SYMBOL	PARAMETER	MIN.	TYP.	MAX.	UNIT	TEST CONDITION
V_{ILC}	Clock Input Low Voltage	–0.3		0.8	V	
V_{IHC}	Clock Input High Voltage	Vcc-.6		Vcc+.3	V	
V_{IL}	Input Low Voltage	–0.3		0.8	V	
V_{IH}	Input High Voltage	2.0		V_{CC}	V	
V_{OL}	Output Low Voltage			0.4	V	I_{OL} = 1.8mA
V_{OH}	Output High Voltage	2.4			V	I_{OH} = –250 μA
I_{CC}	Power Supply Current			150*	mA	
I_{LI}	Input Leakage Current			10	μA	V_{IN} = 0 to V_{CC}
I_{LOH}	Tri-State Output Leakage Current in Float			10	μA	V_{OUT} = 2.4 to V_{CC}
I_{LOL}	Tri-State Output Leakage Current in Float			–10	μA	V_{OUT} = 0.4V
I_{LD}	Data Bus Leakage Current in Input Mode			±10	μA	$0 \leq V_{IN} \leq V_{CC}$

*200mA for -4, -10 or -20 devices

Darstellung der Signale:

Da auf Daten- und Adreßbus die unterschiedlichsten Signalkombinationen liegen, faßt man alle Bussignale zu einem Signalbündel zusammen. Da einige Leitungen High-Signal und einige Low-Signal haben, hat man nebenstehende Darstellung gewählt.

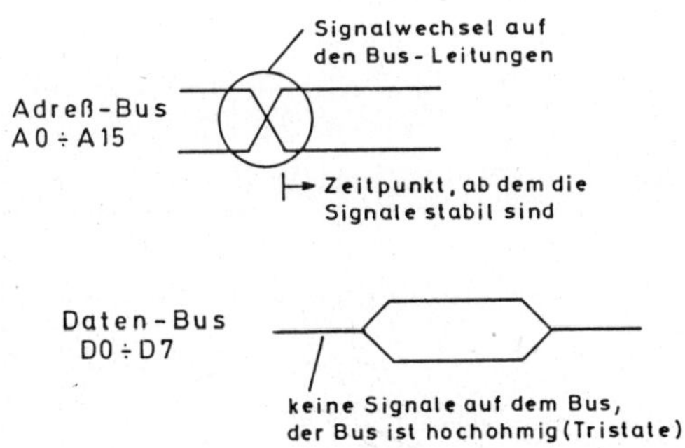

Operationscode-Abrufzyklus:
INSTRUCTION OP CODE FETCH

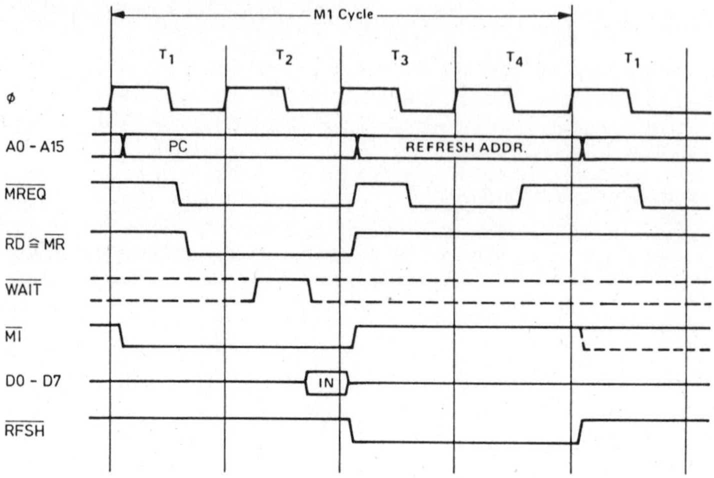

Operationscode-Abrufzyklus mit Warte-Zuständen Tw:
INSTRUCTION OP CODE FETCH WITH WAIT STATES

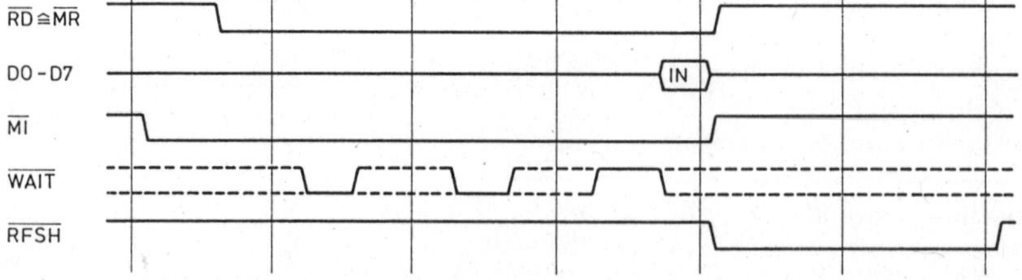

Die Warte-Anforderung wird erzeugt, wenn der Speicher zu langsam ist, während einer Taktperiode die Daten auf den Datenbus zu geben.

Steht das Wartesignal während der negativen Flanke von T2 an, dann ändert der Prozessor während der nächsten Taktperioden seinen Zustand nicht. Diese Taktperioden werden Warteperioden T_W genannt.

Erst, wenn bei einer negativen Flanke des Taktes das Wartesignal nicht mehr ansteht, arbeitet der Prozessor weiter. Damit kann der Prozessor einem beliebig langsamen Speicher angepaßt werden.

Beispiel

Es soll eine Schaltung entworfen werden, die jeweils eine Warteperiode veranlaßt.

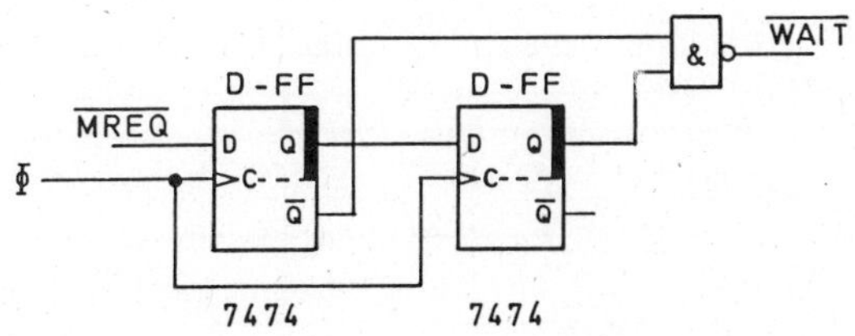

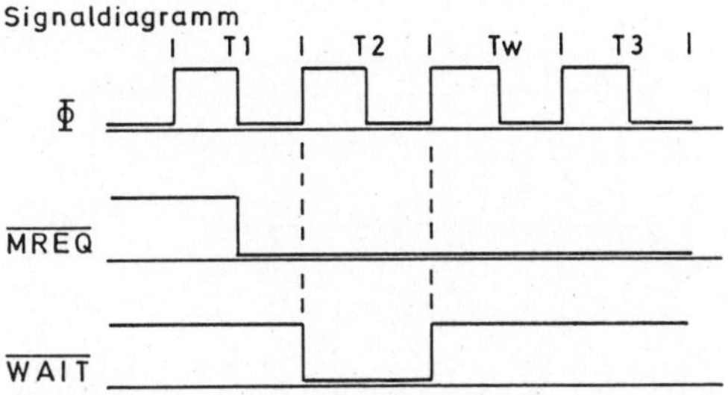

Übung 13.1

Entwerfen Sie eine Schaltung, die zwei Warteperioden veranlaßt.

Zyklus Speicher Lesen und Speicher Schreiben:
MEMORY READ OR WRITE CYCLES

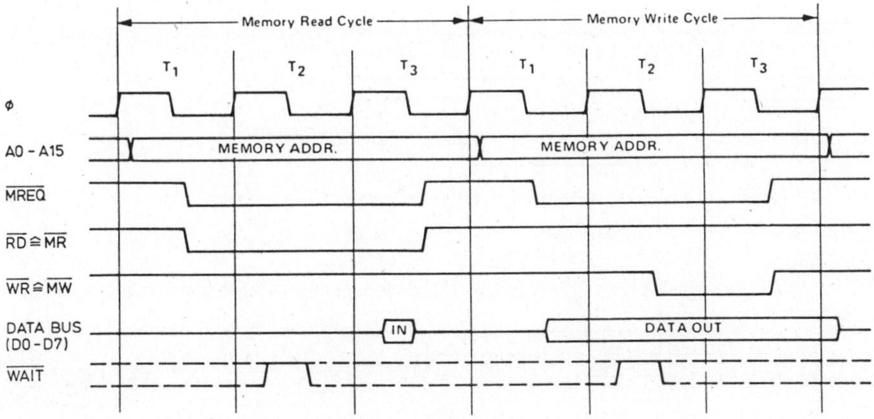

MEMORY READ OR WRITE CYCLES WITH WAIT STATES

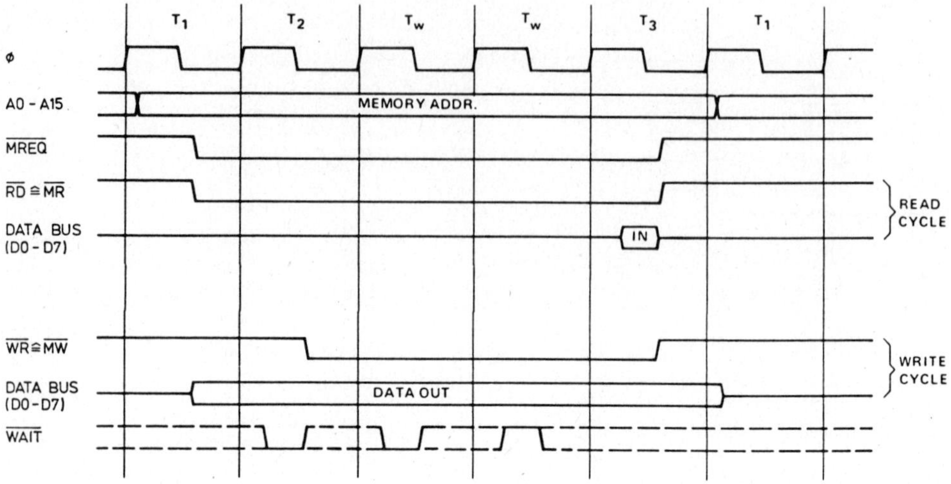

Der Lese-Zyklus ist fast genauso aufgebaut wie der Operationslesezyklus. Er ist jedoch nur 3 Takte lang. Der Prozessor speichert die Daten nur in einem Register ab. Dazu benötigt er nicht so viel Zeit wie zur Bearbeitung der Operation, die 4 Takte dauert. Die Daten werden möglichst spät, erst bei der abfallenden Flanke von T 3 übernommen, um dem Speicher Zeit zu lassen.

Ein/Ausgabe-Zyklus:

INPUT OR OUTPUT CYCLES

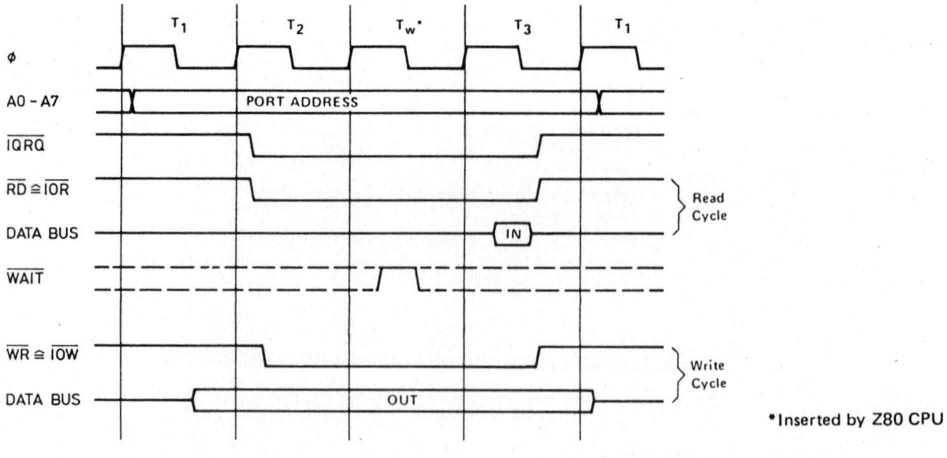

INPUT OR OUTPUT CYCLES WITH WAIT STATES

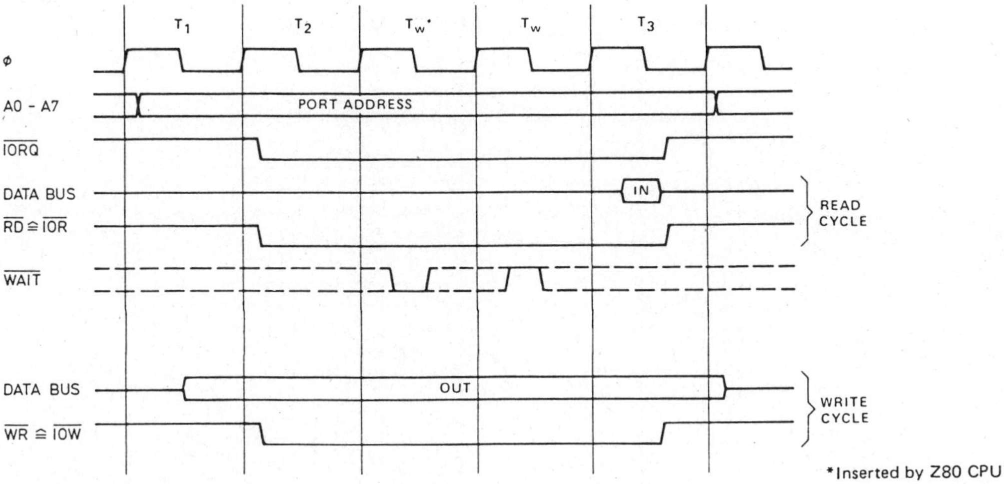

Der Eingabe-Zyklus ist im Prinzip ein Lesezyklus; der Ausgabe-Zyklus ein Schreibzyklus.

Beim Ein/Ausgabe-Zyklus wählt der Prozessor über $\overline{IORQ}$ die Ein-Ausgabeeinheit an. Zuvor wird die Adresse, die angewählt werden soll, ausgegeben.

Die Signale $\overline{IORQ}$, $\overline{RD}$ und $\overline{WR}$ erscheinen erst bei der positiven Flanke von T2. Soll die Ein-Ausgabeeinheit eine Warteanforderung stellen, dann muß dieses $\overline{WAIT}$-Signal schon bei der negativen Flanke von T2 anstehen.

Da die Zeit zu kurz ist, macht der Prozessor bei allen Ein-Ausgabezyklen automatisch intern eine Warteperiode.

Während dieser Zeit kann dann die angewählte Ein-Ausgabeadresse, falls erforderlich, ein eigenes Warte-Signal erzeugen.

Beim Eingabe-Zyklus liest die CPU bei der negativen Flanke von T3 die Daten ein, die die Eingabeeinheit auf den Datenbus gelegt hat.

13.3.4. Die Anschlüsse des SAB 8085

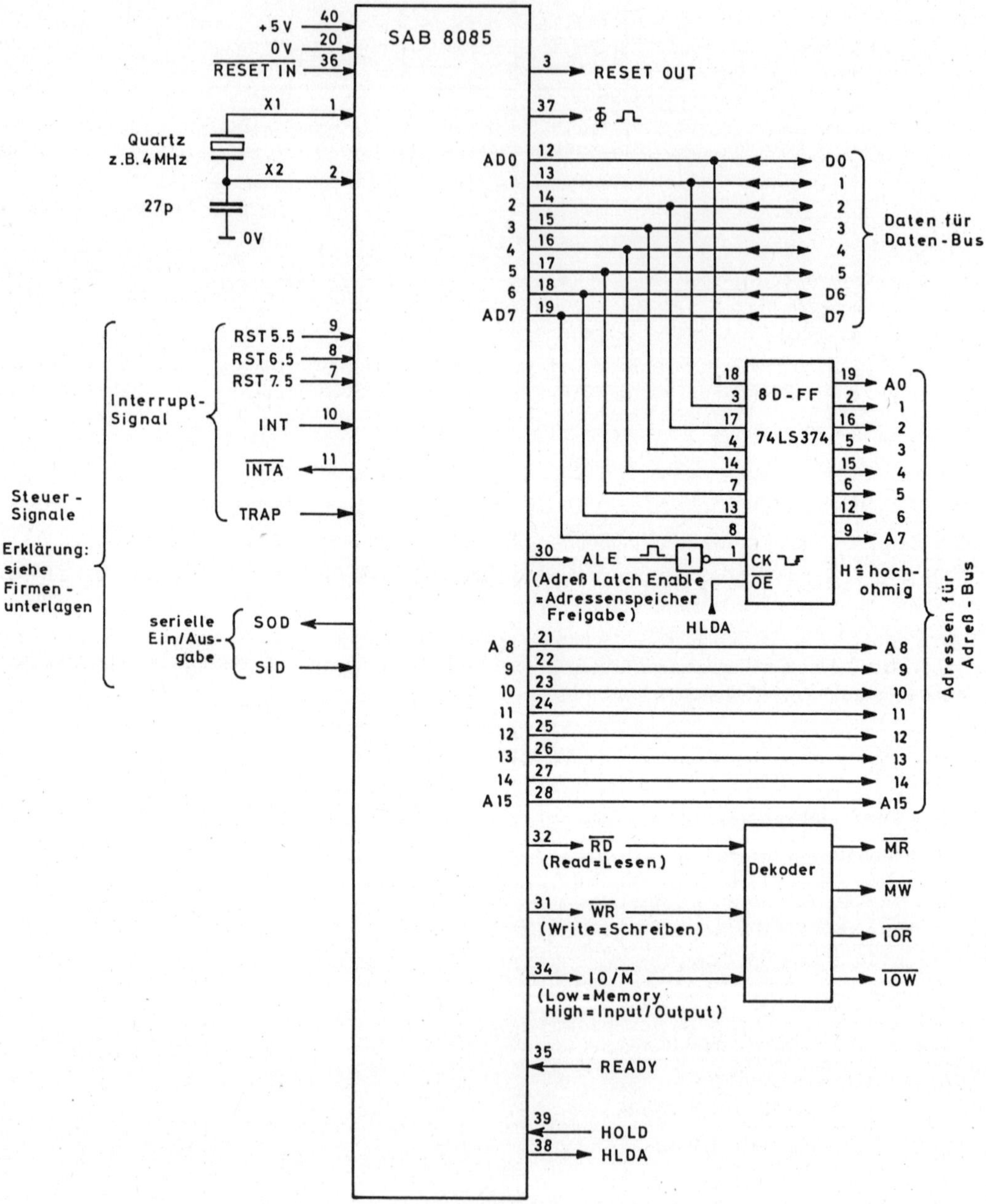

Am Anschlußbild des SAB 8085 lassen sich zwei Besonderheiten erkennen:

1. Der Prozessor benötigt keinen externen Taktgenerator. Dieser ist im Baustein integriert. Lediglich der Schwing-Quarz ist anzuschließen.

   Der Prozessor gibt die im Verhältnis zur Quarzfrequenz einmal untersetzte Frequenz am Ausgang Φ aus (fΦ = f Quarz/2).

2. Wegen der begrenzten Anzahl Anschlüsse werden die Daten und die unteren acht Adressen nacheinander über die gleichen Leitungen AD0 bis AD7 ausgegeben (Zeitmultiplexverfahren).

   Die unteren Adressensignale stehen nur während des ersten Taktes an. Gleichzeitig gibt der Prozessor das Signal ALE = Adressenspeicher-Freigabe aus.

   Gesteuert über dieses Signal können die Adressen A0 bis A7 in einem externen Speicher (z.B. 8-D-Flipflop) festgehalten werden und stehen dann über den gesamten Maschinenzyklus an, genau wie die oberen Adressensignale.

   Nach dem ersten Takt gibt der Prozessor über die Anschlüsse AD0 bis AD7 die Daten aus oder er empfängt Daten, genau wie ein normaler Datenbusanschluß.

13.3.5. Signaldiagramme des SAB 8085

Die Signaldiagramme sind idealisiert dargestellt. Echte Zeitangaben müssen den Datenblättern des Herstellers entnommen werden.

Statische Kenndaten und Betriebsbedingungen

T_U = 0 bis 70°C; V_{CC} = 5 V ± 5%; V_{SS} = 0 V; (wenn nicht anders angegeben)

Symb.	Bezeichnung	Grenzwerte		Einheit	Prüfbedingung
		min.	max.		
V_{IL}	L-Eingangs-Spannung	−0,5	+0,8		
V_{IH}	H-Eingangs-Spannung	2,0	V_{CC}+0,5	V	–
V_{OL}	L-Ausgangs-Spannung	–	0,45		I_{OL} = 2 mA
V_{OH}	H-Ausgangs-Spannung	2,4	–		I_{OH} = −400 µA
I_{CC}	Stromaufnahme (Versorgungsspannung)		170	mA	–
I_{IL}	Eingangs-Reststrom	–	±10	µA	V_{IN} = V_{CC}
I_{LO}	Ausgangs-Reststrom				0,45 V ≤ V_{OUT} ≤ V_{CC}
V_{ILR}	L-Eingangs-Pegel für RESET	−0,5	+0,8		
V_{IHR}	H-Eingangs-Pegel für RESET	2,4	V_{CC} + 0,5	V	–
V_{HY}	Hysterese bei RESET	0,25	–		

Zeitablauf bei dem Befehl „STA" (Akkumulator direkt speichern)

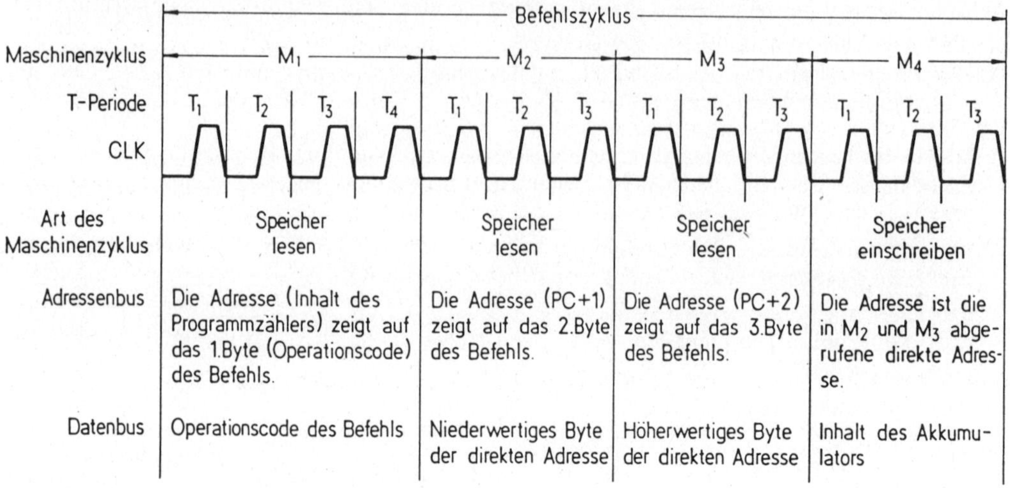

Operationscode-Abruf (OF):

Der Maschinenzyklus „Operationscode-Abruf" (OPCODE FETCH, OF) stellt insofern eine Besonderheit dar, da er mehr als drei Taktzyklen umfaßt. Dies ist deshalb erforderlich, weil die Zentraleinheit zuerst den in T_1, T_2 und T_3 eingeholten Operationscode interpretieren muß, bevor sie den weiteren Ablauf entscheiden kann.

Operationscode-Abrufzyklus (Maschinenzyklus des Befehls „DCX")

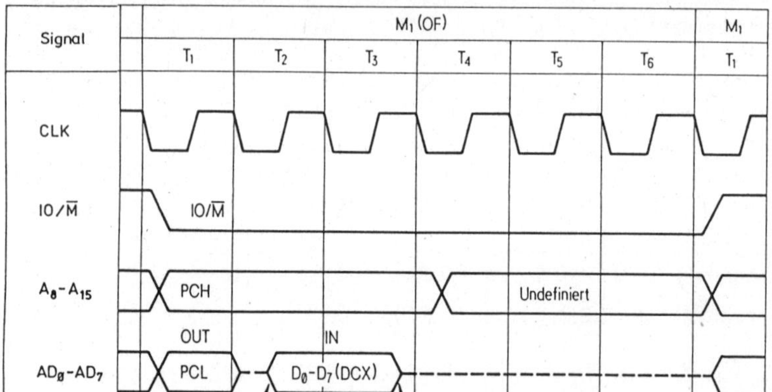

Der dargestellte Befehl ist DCX, bei welchem sich der OF-Zyklus insofern von anderen Befehlen unterscheidet, als er sechs T-states hat, während bei manchen Befehlen nur vier T-states für OF benötigt werden.

Das Signal IO/$\overline{M}$ kennzeichnet den Maschinenzyklus, entweder als das Ansprechen eines Speichers oder als eine Ein-/Ausgabe-Operation.

Der SAB 8085A gibt zu Beginn jedes Maschinenzyklus eine 16-Bit-Adresse aus, um den Speicherplatz oder E/A-Kanal zu kennzeichnen, auf welchen sich der Maschinenzyklus bezieht. Im Falle eines OF-Zyklus (Operationscode-Abruf) wird der Inhalt des Programmzählers auf den Adreß-Bus gebracht. Das höherwertige Byte (PCH) wird an die Leitungen A_8—A_{15} gelegt, wo es mindestens bis T_4 verbleibt. Das niederwertige Byte (PCL) wird auf die Leitungen AD_0—AD_7 gelegt, deren Tri-State-Treiber freigegeben werden, sofern sie nicht bereits freigegeben sind. Im Gegensatz zu den oberen Adressenleitungen verbleibt jedoch die Information auf den unteren Adressenleitungen nur für die Dauer eines Taktzyklus, wonach die Treiber in ihren hochohmigen Zustand übergehen. Dies ist erforderlich, da die Leitungen AD_0—AD_7 im Zeitmultiplexbetrieb als Adreßbus und Datenbus arbeiten. Während der Zeit T_1 in jedem Maschinenzyklus geben AD_0—AD_7 die unteren 8 Bits der Adresse aus, worauf AD_0—AD_7 entweder die erforderlichen Daten für die Write-Operation ausgeben oder die Treiber hochohmig werden (wie im Falle des OF-Zyklus), damit die externen Bausteine die Leitungen für einen READ-Vorgang treiben können.

Da die Adresseninformation nur kurzzeitig auf AD_0—AD_7 liegt, muß sie über einen externen Datenspeicher festgehalten werden. Der SAB 8085A liefert ein besonderes Taktsignal ADDRESS LATCH ENABLE „ALE" (Freigabe des Adressenspeichers), um das Speichern von A_0—A_7 zu ermöglichen; ALE steht während der Zeit T_1 in jedem Maschinenzyklus an.

Nachdem die Zustandssignale und Adressen ausgegeben und die Treiber AD_0—AD_7 gesperrt worden sind, gibt der SAB 8085A in $\overline{RD}$ einen L-Pegel aus, um den angesprochenen Speicher-Baustein freizugeben. Darauf beginnt der Baustein die Leitungen AD_0—AD_7 zu treiben; dies ist im Diagramm dadurch angedeutet, daß die gestrichelte Linie in eine ausgezogene Linie übergeht. Nach einer bestimmten Zeit (die Zugriffszeit des Speichers) stehen an AD_0—AD_7 gültige Daten an. Der SAB 8085A lädt während der Zeit T_3 die an AD_0—AD_7 anstehenden Daten in sein Befehlsregister und bringt dann $\overline{RD}$ auf H-Pegel, wodurch die Freigabe des angesprochenen Speicher-Bausteins zurückgenommen wird. An diesem Punkt ist der Abruf des Operationscodes für den betreffenden Befehl durch den SAB 8085A beendet. Da es sich um den ersten Maschinenzyklus (M_1) des Befehls handelt, geht die Zentraleinheit automatisch auf T_4 über.

Während der Zeit T_4 decodiert die Zentraleinheit den Operationscode im Befehlsregister und entscheidet, ob bei dem nächsten Takt auf T_5 übergegangen oder ein neuer Maschinenzyklus mit T_1 begonnen werden soll. Im Falle des im Diagramm gezeigten Befehls DCX geht die Zentraleinheit zunächst noch auf T_5 und T_6 über, bevor T_1 des nächsten Maschinenzyklus beginnt.

Operationscode-Abruf-Maschinenzyklus mit einem WAIT-Zustand

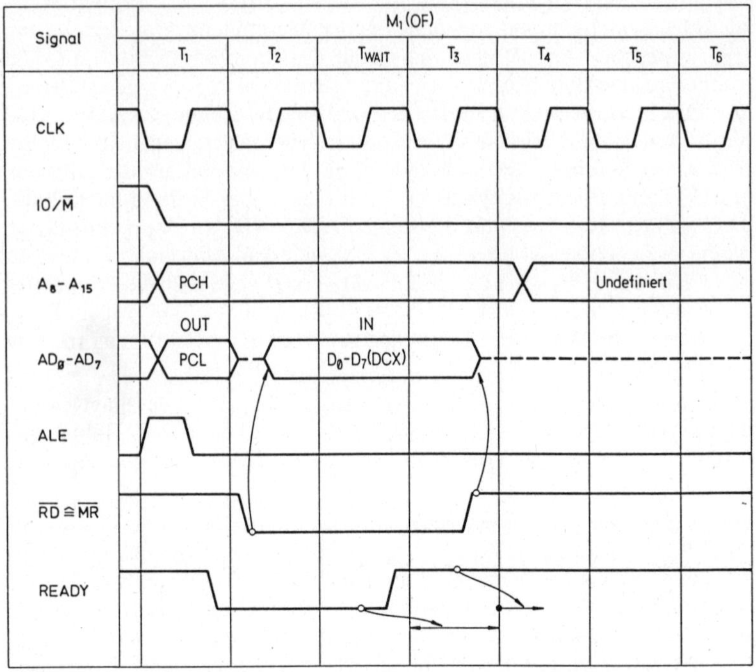

Der Warte-Zustand wird durch das Ready-Signal veranlaßt.

In der Periode T_2 wird von der CPU der Zustand der Leitung READY abgefragt. Wenn die Leitung READY H-Pegel führt, geht die Zentraleinheit auf T_3 über und beendet die Ausführung des Befehls. Wenn die Leitung READY jedoch L-Pegel führt, geht die Zentraleinheit in den Zustand T_{WAIT} über und verbleibt so lange in diesem Zustand, bis READY wieder auf H-Pegel übergeht. Bei dem Übergang der Leitung READY auf H-Pegel verläßt die Zentraleinheit den Zustand T_{WAIT} und geht auf T_3 über, um den Maschinenzyklus zu beenden. Wie im Diagramm gezeigt, besteht die externe Wirkung bei Verwendung der Leitung READY darin, den Zustand der Prozessorsignale am Ende von T_2 über eine Anzahl von Taktperioden zu erhalten, bevor der Maschinenzyklus beendet wird. Dieses „Dehnen" des System-Zeitablaufes hat den zusätzlichen Effekt, daß die zulässige Zugriffszeit für Speicher- oder E/A-Bausteine verlängert wird. Durch das Einfügen von T_{WAIT}-Zuständen kann der SAB 8085A selbst mit den langsamsten Speichern zurechtkommen. Eine weitere, übliche Verwendung der Leitung READY ist der Einzelschritt-Betrieb des Prozessors über einen Handschalter.

Maschinenzyklus „Speicher lesen" (oder Eingabe), mit und ohne WAIT-Zustände

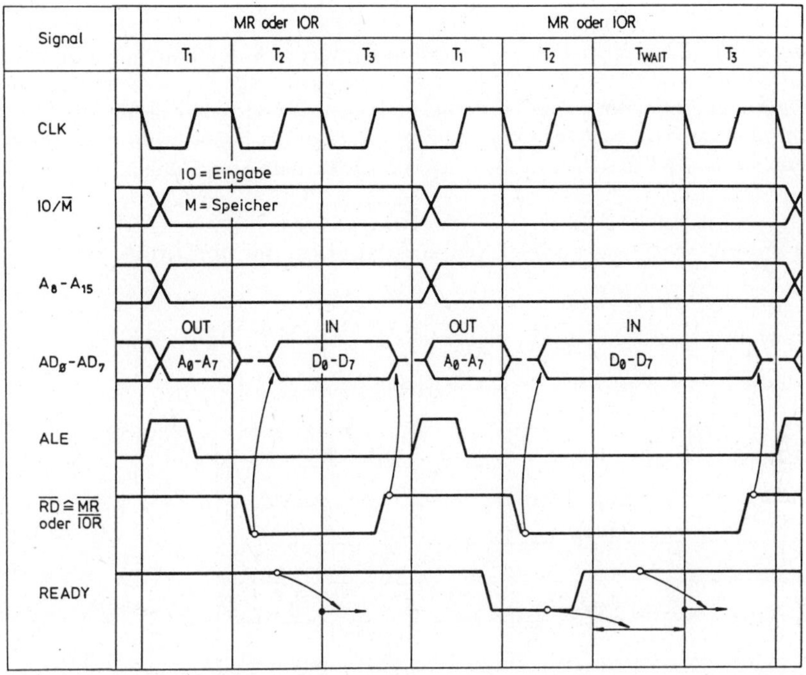

Speicher lesen (MEMORY READ, MR)

Das Diagramm zeigt den Zeitablauf von zwei aufeinanderfolgenden Maschinenzyklen MEMORY READ (MR); im ersten Zyklus kommt kein T_{WAIT}-Zustand vor, im zweiten Zyklus ist ein solcher Zustand enthalten. Der Zeitablauf während T_1—T_3 ist vollkommen gleich wie bei dem Maschinenzyklus „Operationscode-Abruf" (OPCODE FETCH). Ein Unterschied tritt am Schluß von T_3 auf.

Die Zentraleinheit geht innerhalb M1, der stets ein 0F-Zyklus ist, immer von T_3 auf T_4 über. In allen anderen Maschinenzyklen geht die Zentraleinheit immer von T_3 auf T_1 des nächsten Maschinenzyklus über.

Die im OF-Zyklus verwendete Speicheradresse ist immer der Inhalt des Programmzählers, der auf den derzeitigen Befehl zeigt; die in einem MR-Zyklus verwendete Adresse kann dagegen aus verschiedenen Quellen stammen. Außerdem werden auch die in einem MR-Zyklus eingelesenen Daten in dem entsprechenden Register und nicht im Befehlsregister abgelegt.

Lesen eines Eingabekanals (IOR):

Der Zeitablauf eines IOR-Zyklus ist gleich demjenigen eines MR-Zyklus, mit der Ausnahme, daß $IO/\overline{M}$ bei MR = 0 und bei IOR = 1 ist; es sei noch einmal erwähnt, daß das Zustandssignal $IO/\overline{M}$ die Adresse, die beim derzeitigen Maschinenzyklus ausgegeben wird, als Anwahl entweder eines Speicherplatzes oder eines E/A-Kanals definiert. Die in einem IOR-Zyklus verwendete Adresse stammt aus dem zweiten Byte (Kanal-Nummer) eines Befehls INPUT. Es ist zu beachten, daß die Adresse des E/A-Kanals doppelt ausgegeben wird, auf AD_0—AD_7 und auf A_8—A_{15}. Der Zyklus IOR kann nur als der dritte Maschinenzyklus eines INPUT-Befehls vorkommen.

Es ist weiter zu beachten, daß das Signal READY sowohl zur Erzeugung von T_{WAIT}-Zuständen für E/A-Bausteine als auch für Speicher-Bausteine verwendet werden kann. Durch Verknüpfen des READY-Signals mit den entsprechenden Zustandsleitungen kann man T_{WAIT}-Zustände nur für Speicher-Bausteine oder nur für E/A-Bausteine erzeugen. Durch Verknüpfen mit den Adreßleitungen kann man ferner die Erzeugung von T_{WAIT}-Zuständen bei Anwahl bestimmter Adreßbereiche und damit diesen Bereichen zugeordnete Bausteine näher bestimmen.

Maschinenzyklen „Speicher einschreiben" (oder Ausgabe), mit und ohne WAIT-Zustände

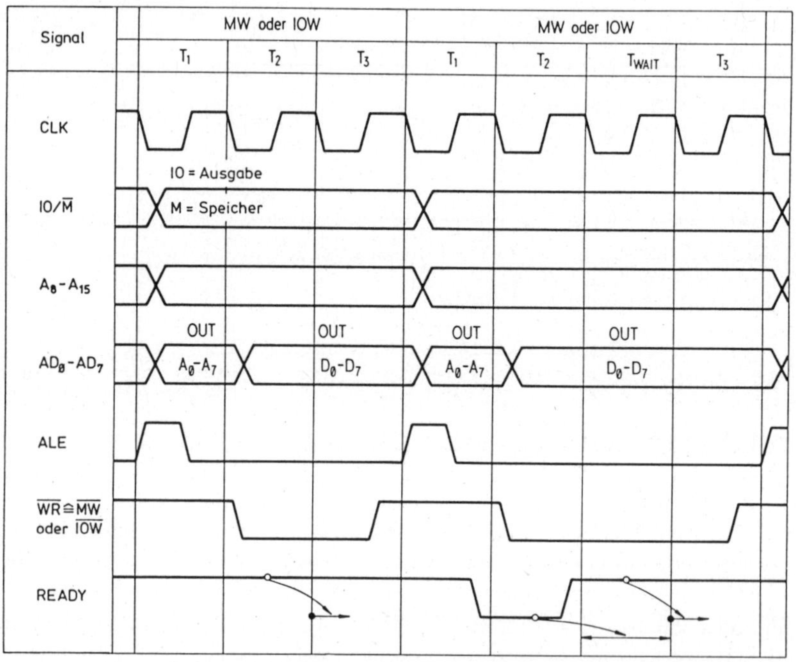

Speicher einschreiben (MEMORY WRITE, MW):

Das Diagramm zeigt den Zeitablauf zwei aufeinanderfolgender Maschinenzyklen MW (Speicher einschreiben), von welchen der erste keinen T_{WAIT}-Zustand, der zweite jedoch einen solchen Zustand enthält.

Die Adresse wird während T_1 in gleicher Weise ausgegeben, wie bei MR. Am Ende von T_1 liegt jedoch ein Unterschied vor: Während die Treiber für AD_0—AD_7 bei der MR-Operation während T_2—T_3 gesperrt waren, da der angesprochene Speicher-Baustein die Leitungen AD_0—AD_7 treiben wird, ist dieses bei der MW-Operation nicht der Fall. Der Grund ist, daß die Zentraleinheit die in den angesprochenen Speicherplatz einzuschreibenden Daten zur Verfügung stellen muß. Die Daten werden zu Beginn von T_2 an AD_0—AD_7 gelegt. Zu diesem Zeitpunkt wird auch das Signal $\overline{WR}$ auf L-Pegel gebracht, um das Einschreiben in den angesprochenen Speicher-Baustein zu ermöglichen. Während der Zeit T_2 wird die Leitung READY abgefragt, um festzustellen, ob ein T_{WAIT}-Zustand erforderlich ist. Wenn READY auf L-Pegel ist, werden so lange T_{WAIT}-Zustände eingefügt, bis READY wieder H-Pegel annimmt. Während T_3 wird die Leitung $\overline{WR}$ auf H-Pegel gebracht, wodurch der angesprochene Speicher-Baustein gesperrt und der Schreibvorgang somit beendet wird. Bis zur nächsten Periode T_1, die unmittelbar folgt, werden die Zustände der Adressen- und Datenleitungen nicht geändert.

Es ist zu beachten, daß vor der abfallenden Flanke von $\overline{WR}$ die Stabilität der Daten auf AD_0—AD_7 nicht gewährleistet ist. Es wird jedoch garantiert, daß die Leitungen AD_0—AD_7 sowohl vor als auch nach der ansteigenden Flanke von $\overline{WR}$ stabil sind.

Ausgabe auf einen E/A-Kanal (I/O-WRITE, IOW):

Wie aus dem Diagramm ersichtlich, ist der Zeitablauf für einen Maschinenzyklus IOW gleich wie bei einem Maschinenzyklus MW.

Wie bei dem zuvor behandelten IOR-Zyklus ist die in einem OPW-Zyklus verwendete Adresse die Nummer des E/A-Kanals, welche als höherwertiges und niederwertiges Byte des Adressen-Busses doppelt auftritt. Im Falle von IOW stammt die Kanal-Nummer aus dem zweiten Byte eines OUTPUT-Befehls bei dessen Ausführung.

Beispiel

Bei jedem Maschinenzyklus soll ein WAIT-Takt erzeugt werden, um den Prozessor an langsame Speicher oder Ein/Ausgabeeinheiten anzupassen (wie im Diagramm dargestellt).

Die dazu benötigte Schaltung ist zu entwerfen.

Lösung:

Da das ALE-Signal am Anfang eines jeden Maschinenzyklus erscheint, kann es dazu verwandt werden, einen Speicher zu setzen.

Bei der ansteigenden Flanke von T_2 muß READY auf Low liegen. Ist das der Fall, wird nach T_2 eine Warteperiode eingefügt. Dieses Low-Signal muß durch ALE und den Takt T_1 erzeugt werden.

Bei der nächsten ansteigenden Flanke des Taktsignales muß READY wieder High-Signal haben. Dann folgt auf die Warteperiode wieder eine normale Bearbeitungsperiode. Deshalb muß die abfallende Flanke von T_2 den Speicher für das Low-Signal auf READY wieder zurücksetzen.

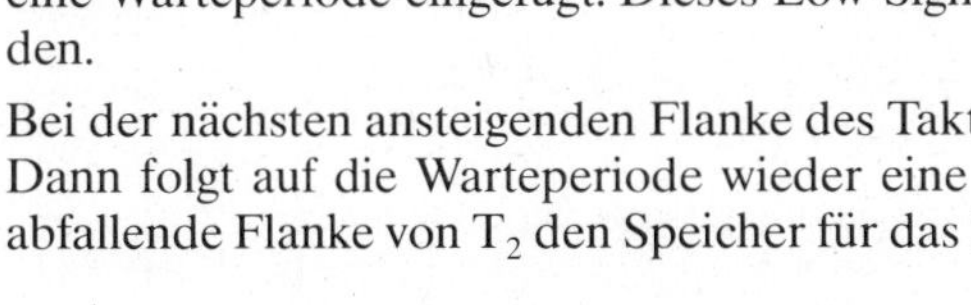

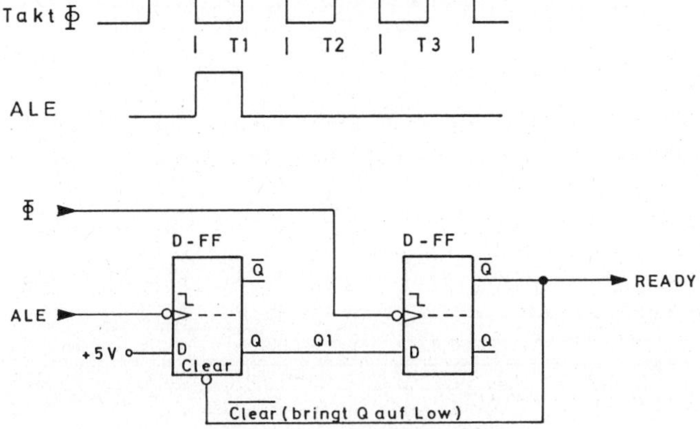

Übung 13.2

Überprüfen Sie die Funktion der Schaltung im vorhergehenden Beispiel.

Ergänzen Sie dazu das folgende Signaldiagramm. Prüfen Sie, ob das READY-Signal mit dem Diagramm in Bild 2-14 übereinstimmt. Kennzeichnen Sie eine Periode mit T_{WAIT}.

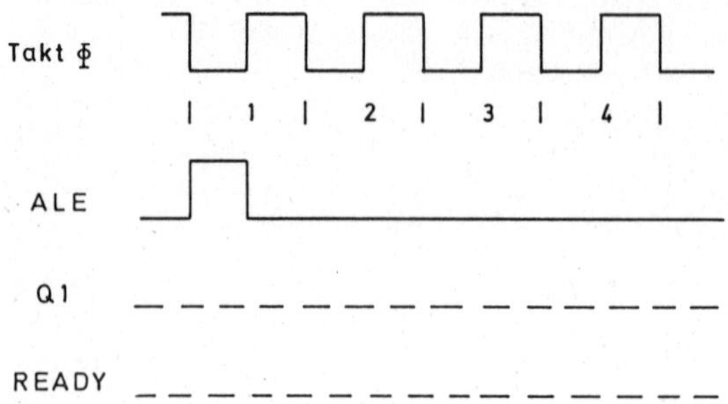

Lernzielorientierter Test

1. Skizzieren Sie einen Mikrocomputer mit allen benötigten Baugruppen. Tragen Sie Bus-Signale und Steuersignale ein. Kennzeichnen Sie die Signalflußrichtung auf den Busleitungen.

2. Skizzieren Sie einen Mikroprozessor mit seinen „Standard-Anschlüssen“.

3. MEMORY READ OR WRITE CYCLES WITH WAIT STATES

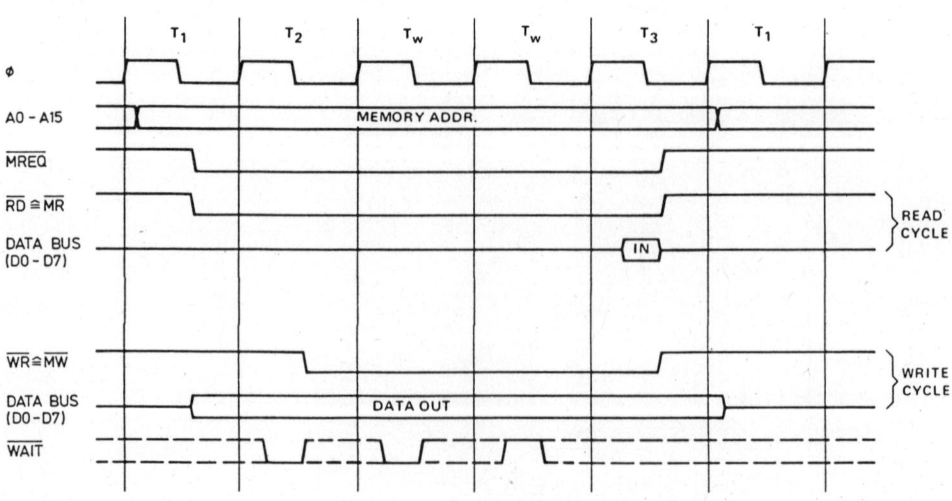

Fragen zum Schreib-Zyklus:

1. Welche Signale unterscheiden sich von denen des Lese-Zyklus?
2. Wann gibt der Prozessor die Speicheradresse aus?
3. Warum kommen die Adressensignale früher als die Daten?
4. Wann legt der Prozessor die Daten auf den Datenbus?
5. Wann gibt er das Signal $\overline{WR}$ aus?
6. Warum kommt das Signal $\overline{WR}$ soviel später als die Daten?
7. Wie wirkt sich ein $\overline{WAIT}$-Signal aus und wann müßte es anstehen?

4. Zeichnen Sie ein Signaldiagramm der Signale CLK; IO/M; A_8—A_{15}; AD_0—AD_7; ALE und RD des Prozessors 8085 für einen Maschinenzyklus „Speicher lesen".

14. Konstruktion der zentralen Einheit von Mikrocomputern

Lernziele:

Nach Durcharbeiten dieses Kapitels können Sie …

1. Einsatzgebiete von Mikrocomputern nennen und die Besonderheiten der dafür benötigten Hardware beschreiben;
2. ein Hardware-Konzept für Mikrocomputer zur Prozeßsteuerung skizzieren;
3. eine Prozessor-Einheit mit Bustreibern, Steuersignal-Dekoder, Takterzeugung, Reset-Einrichtung und Einzelschritt-Steuerung konstruieren;
4. die Schaltung eines Gesamtspeichers, unter Verwendung handelsüblicher RAM- und EPROM-Bausteine, zeichnen;
5. nicht programmierbare parallele Ein- und Ausgabeports entwickeln;
6. komplexe, programmierbare Schnittstellen-Bausteine an das Bus-System eines Mikrocomputers anschließen;
7. Aussagen über den mechanischen und elektronischen Aufbau von Bus-Systemen machen.

In diesem Teil sollen die in den verschiedenen Kapiteln entwickelten Komponenten des Mikrocomputers zu einem Gesamtsystem zusammengestellt und ergänzt werden.

14.1. Einsatzgebiete von Mikrocomputern

1. Mikrocomputer für den allgemeinen Einsatz in der Datenverarbeitung:

   Personalcomputer werden in allen kommerziellen und technischen Bereichen eingesetzt.

   Sie sind modular aufgebaut und vom Betriebssystem und der Programmiersprache her möglichst bedienerfreundlich.

Homecomputer
Personalcomputer

Personalcomputer:
modularer Aufbau,
bedienerfreundliches Betriebssystem,
Programmierung mit höherer Programmiersprache

2. Mikrocomputer für die Automatisierung von Prozessoren:

   Der Einsatz von Mikrocomputern in der digitalen Steuer- und Regeltechnik läßt sich in zwei Bereiche unterteilen.

a) Bereich der freiprogrammierbaren Steuerungen:

Freiprogrammierbare Steuerungen oder
Speicherprogrammierbare Steuerungen

Bei den frei- oder speicherprogrammierbaren Steuerungen hat man die eigentliche Steuerung an der Maschine und zusätzlich das Entwicklungssystem zur Eingabe und zum Testen des Steuerungsprogramms.

eigentliche Steuerung

Entwicklungssystem

Diese Entwicklungssysteme reichen von einer einfachen Eingabetastatur mit Kleinanzeige bis zu aufwendigen Computern mit Anzeige des Stromlaufplanes oder Logikplanes auf dem Bildschirm.

Entwicklungssystem:
Tastatur,
Bildschirm,
Drucker,
Prozeßsimulation

Diese Pläne einschließlich aller Listen können ausgedruckt werden. Der Prozeß läßt sich simulieren und die Steuerung damit im Konstruktionsbüro testen.

Das Besondere an freiprogrammierbaren Steuerungen ist das Betriebsprogramm, welches es dem Benutzer ermöglicht, den vorhandenen Kontakt- oder Logikplan direkt in gleichen Symbolen in die Steuerung einzugeben.

Programmieren mit Symbolen des
Kontaktplanes
oder
Logikplanes
eventuell Anweisungsliste

b) Bereich der Mikrocomputer-Steuerungen:

Mikrocomputer-Steuerungen
eigentliche Steuerung
Entwicklungssystem

Diese Mikrocomputer haben kein Betriebs- und Übersetzerprogramm.

Sie enthalten nur das eigentliche Steuerprogramm, welches bei Adresse Null beginnt und nach dem Reset des Prozessors anfängt zu arbeiten.

eigentliche Steuerung:
kein Betriebs- und Übersetzerprogramm
nur Steuerprogramm im Speicher

Dieses Steuerungsprogramm wird in der Regel in der Assemblersprache des verwendeten Prozessors geschrieben.

In der Assemblersprache, welche ja alle Operationsbefehle des Prozessors enthält, kann dem Prozessor in der präzisesten und möglichst kürzesten Form gesagt werden, wie er auf die Eingangssignale des Prozesses wie Taster, Endschalter oder Impulsgeber reagieren soll.

Auch für die Erstellung dieser Steuerungsprogramme gibt es Entwicklungssysteme, die dem Steuerungstechniker die Programmerstellung erleichtern sollen.

Diese Entwicklungssysteme erlauben eine Programmerstellung mit Hilfe von Tastatur und Bildschirm.

Entwicklungssystem:
Tastatur,
Bildschirm,
Drucker,
Diskette

Sie enthalten Programme zur Übersetzung der Assemblerbefehle in Maschinensprache und umgekehrt.

Die Betriebsprogramme der Entwicklungssysteme ermöglichen Korrekturen, Programmverschiebungen, Einfügen von Programmteilen und Zusammenfügen verschiedener Programmstücke.

Betriebsprogramm:
Assembler,
Disassembler,
Editor,
Linker

Der Prozeß kann durch Betätigen von Endschaltern und Anzeige der Ausgangssignale simuliert werden.

Prozeßsimulation:
Eingangssignale,
Ausgangssignale

Auftretende Logikfehler können mit Hilfe von Einzelschrittsteuerung oder Fehlersuchprogrammen gefunden und korrigiert werden.

Fehlersuche:
Einzelschrittsteuerung,
Tracerprogramm

14.2. Hardware-Konzeption

Das Hardware-Konzept des Mikrocomputers ist im Kern für alle Einsatzgebiete gleich.

Es besteht aus der
Mikroprozessor-Einheit,
Speicher-Einheit
und den
Ein-Ausgabe-Einheiten.

Mikroprozessor-Einheit:
Prozessor,
Generator,
Reset-Schaltung,
Bustreiber,
Steuersignal-Dekoder,
Einzelschritt-Steuerung

Speicher-Einheit:
Treiber,
ROM-Speicher,
RAM-Speicher,
Dekoder

Ein-Ausgabe-Einheiten:
parallele Schnittstellen,
serielle Schnittstellen

Blockschaltbild eines Mikrocomputers:

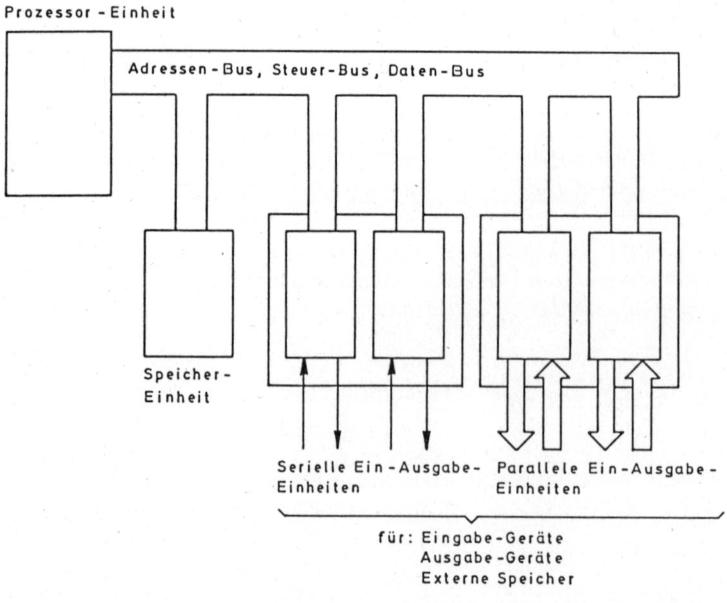

Diese zentrale Einheit des Mikrocomputers ist in der Grundkonzeption für alle Einsatzgebiete gleich.

In der Hardware unterscheiden sich die verschiedenen Anwendungsgebiete nur in der Anzahl der seriellen oder parallelen Ein-Ausgabe-Einheiten, an die die verschiedenen Ein-Ausgabegeräte angeschlossen werden.

Angeschlossene Geräte:

Eingabegeräte:	Tastatur, Endschalter, Tasten, inkrementale Geber
Ausgabegeräte:	Bildschirm, Drucker, Plotter, Stellglieder für Prozesse
Externe Speicher:	Magnetband, Diskette, Hartplatte

Der hauptsächliche Unterschied bei den verschiedenen Anwendungsgebieten des Mikrocomputers liegt in der Software.

Das Betriebsprogramm enthält die Programmteile für den Betrieb der seriellen und parallelen Schnittstellen mit den daran angeschlossenen Geräten.

Die bei Personalcomputern oft sehr aufwendigen Benutzer- und Übersetzerprogramme sind auf externen Speichern untergebracht.

14.2.1. Mikrocomputer zur Prozeßautomatisierung

Der einfachste und preiswerteste Mikrocomputer ist der für Steuer- und Regelaufgaben zur Prozeßautomatisierung.

Die gesamte Schaltung wird häufig auf einer Platine untergebracht.

Das mit einem Entwicklungssystem erstellte Steuer- oder Regelprogramm wird in einen EPROM-Speicher geladen. Es beginnt bei Speicheradresse 0 und ist das „Betriebsprogramm" für den Computer.

Es ersetzt eine konventionelle, durch Verdrahtung „programmierte" Steuerung oder eine speicherprogrammierbare Steuerung.

Die Hardware dieser Mikrocomputer eignet sich allgemein für alle Steuer- und Regelaufgaben.

Durch Einstecken des EPROMs mit dem entwickelten, speziellen Steuerprogramm wird die gewünschte Funktion realisiert.

Reichen die Register in der CPU aus, um veränderliche Daten wie z.B. Endschalter- oder Taster-Signale sowie die Ausgangssignale für Stellglieder oder Zwischenergebnisse zu speichern, dann wird außer dem EPROM mit dem Steuer-Programm kein weiterer Speicher benötigt.

Sind mehr Speicherstellen für veränderliche Daten erforderlich, muß ein RAM-Speicher dazukommen.

Solch ein zusätzlicher RAM-Speicher, der auch einen Stack-Bereich ermöglicht, vereinfacht die Erstellung des Steuerprogramms erheblich.

Für Prozeßsteuerungen werden in der Regel parallele Schnittstellen benötigt, die sich einfach aufbauen und programmieren lassen.

Außer den in diesem Buch beschriebenen Grundbausteinen für Mikrocomputer gibt es auf dem Markt eine ganze Reihe hochintegrierter Bausteine wie Einchip-Mikrocomputer mit Schnittstellen und Speichern oder Schnittstellenbausteine mit RAM- und EPROM-Speichern.

Sie sind im Prinzip eine Zusammenfassung der Grundbausteine durch höhere Integration auf einem Chip.

14.3. Baugruppen des Mikrocomputers

Die zentrale Einheit des Mikrocomputers wird, entsprechend den vorangegangenen Kapiteln des Buches, in einzelne Baugruppen aufgeteilt.

Diese Baugruppen können dann zu einer Gesamtschaltung zusammengefaßt werden.

Damit besteht die Möglichkeit

a) die Schaltung eines Einplatinencomputers zu zeichnen und herzustellen

oder

b) einen Mikrocomputer aus einzelnen Baugruppen als Steckkarten-System aufzubauen und diese über eine Bus-Platine miteinander zu verbinden.

14.3.1. Prozessor-Einheit

14.3.1.1. Prozessor mit Bustreibern

Prozessor Z80:

Siehe 13.3.2. Die Anschlüsse des Z80 sowie
3.2.7. Bidirektionaler Bus und
3.3. Allgemeine Funktionsprinzipien digitaler Systeme.

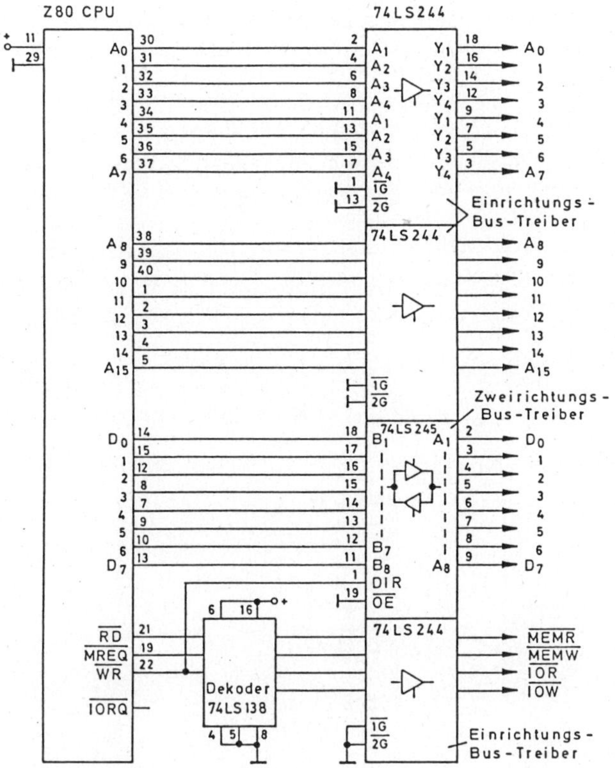

Übung 14.1

Fragen zur Schaltung „Prozessor mit Bustreibern, Z80“:

1. Warum wird der Eingang $\overline{OE}$ bzw. $\overline{G}$ der Bustreiber auf OV gelegt (siehe Datenblatt Bustreiber)?
2. In welcher Richtung wird der Zweirichtungs-Bustreiber über den Eingang DIR freigegeben,
   a) wenn der Prozessor das Signal $\overline{WR}$ ausgibt?
   b) wenn der Prozessor das Signal $\overline{RD}$ ausgibt?
3. Der Dekoder 74LS138 hat folgende Wahrheitstabelle

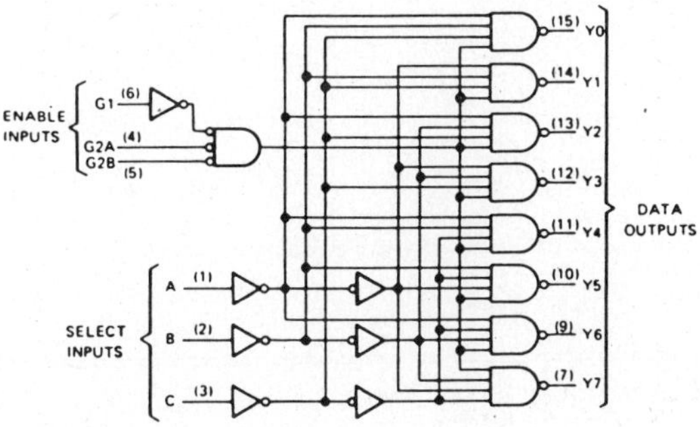

FUNCTION TABLE

INPUTS					OUTPUTS							
ENABLE		SELECT										
G1	G2*	C	B	A	Y0	Y1	Y2	Y3	Y4	Y5	Y6	Y7
X	H	X	X	X	H	H	H	H	H	H	H	H
L	X	X	X	X	H	H	H	H	H	H	H	H
H	L	L	L	L	L	H	H	H	H	H	H	H
H	L	L	L	H	H	L	H	H	H	H	H	H
H	L	L	H	L	H	H	L	H	H	H	H	H
H	L	L	H	H	H	H	H	L	H	H	H	H
H	L	H	L	L	H	H	H	H	L	H	H	H
H	L	H	L	H	H	H	H	H	H	L	H	H
H	L	H	H	L	H	H	H	H	H	H	L	H
H	L	H	H	H	H	H	H	H	H	H	H	L

*G2 = G2A + G2B

a) Ordnen Sie den drei Eingangssignalen die in der Schaltung vorgegebene Bedeutung zu.
b) Rahmen Sie die möglichen Signalkombinationen, die der Prozessor ausgeben kann, ein. Welche Ausgangskombinationen treten dabei auf?
c) An welchen Bausteinanschlüssen lassen sich die Signale $\overline{MEMR}$, $\overline{MEMW}$, $\overline{IOR}$ und $\overline{IOW}$ abgreifen?
d) Das Ausgangssignal IORQ des Prozessors wird in der Schaltung nicht verwendet. Ist das zulässig?

4. Wozu werden die Bustreiber benötigt?

Prozessor SAB 8085:

Siehe 13.3.4. Die Anschlüsse des SAB 8085

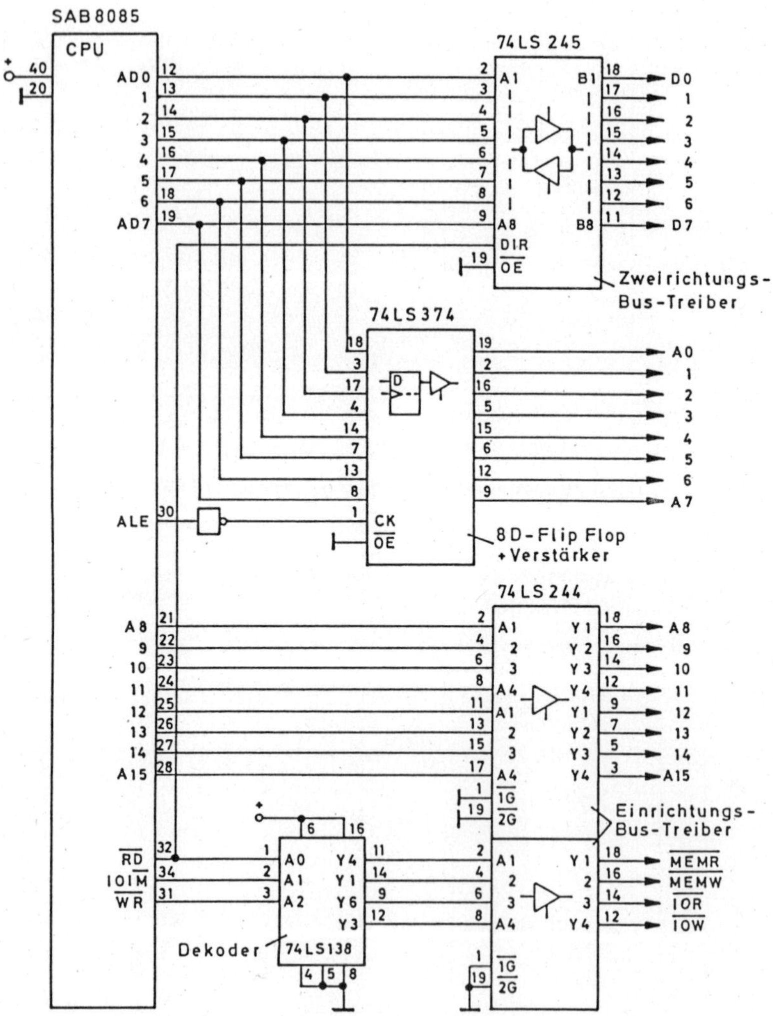

14.3.1.2. Takterzeugung

Der Prozessor 8085 hat einen integrierten Taktgenerator.

Er muß außen mit einem Quarz beschaltet werden.

Stellen sich Oberwellen ein, empfiehlt Siemens eine Zusatzbeschaltung mit Kondensatoren, welche die Oberwellen kurzschließen.

Der Prozessor Z 80 benötigt einen externen Generator (siehe Kapitel 5.2. „Taktgenerator").

SAB 8085:

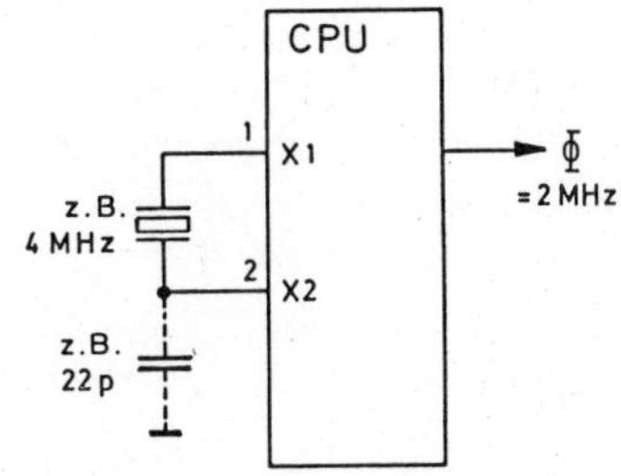

Möglicher Generator:

Z 80:

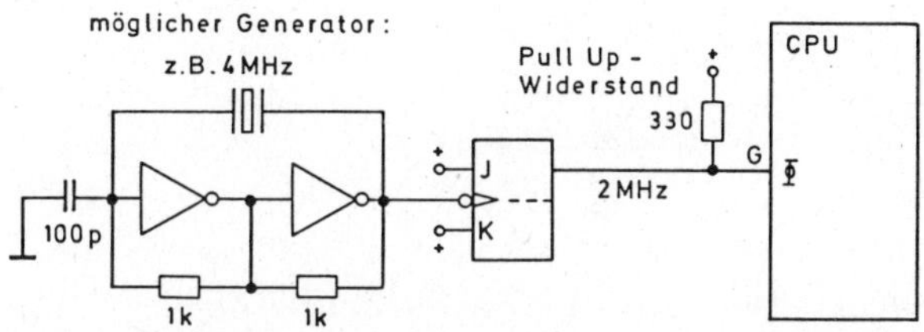

Pull Up-Widerstände werden benötigt, wenn der Prozessor ein H-Signal verlangt (z.B. 3 V), welches höher ist als das niedrigste H-Signal der ansteuernden TTL-Bausteine (z.B. 2,4 V).

14.3.1.3. Reset-Einrichtung

Ein L-Signal am Eingang $\overline{\text{RESET}}$ bzw. $\overline{\text{RESET IN}}$ bringt den Prozessor in die Ausgangsstellung und den Adreßzähler auf die Adresse 0.

Bei Adresse 0 beginnt er anschließend mit der Bearbeitung des Programms im Speicher.

Der Prozessor muß immer bei Adresse 0 beginnen, wenn das Netz ausgeschaltet war.

Deshalb benötigt er beim Einschalten der Stromversorgung einen Low-Impuls am Reset-Eingang.

Das läßt sich mit einem Kondensator erreichen, der über die Ladezeit ein L-Signal erzeugt.

Ist der Kondensator aufgeladen, hat der Reset-Eingang H-Signal.

Die Diode schließt bei Ausschalten des Netzes den Widerstand für den Entladestrom des Kondensators kurz.

Reset beim Einschalten der Stromversorgung:

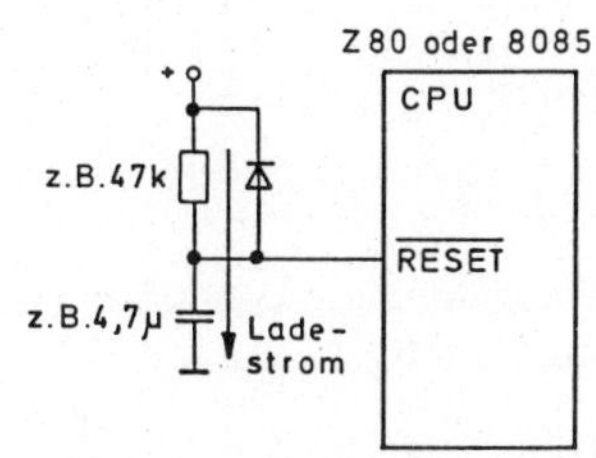

Das verringert die Zeitkonstante für die Entladung des Kondensators, damit bei kurzzeitigem Ausschalten schnell wieder ein neuer Reset-Impuls erzeugt werden kann.

Soll der Prozessor außerdem über eine zusätzliche Reset-Taste auf 0 gestellt werden, ist diese direkt am Reset-Eingang des Prozessors anzuschließen.

Reset-Taste:

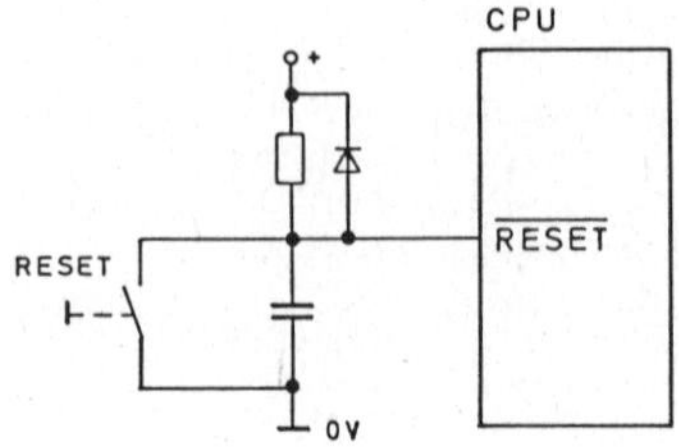

14.3.1.4. Einzelschrittsteuerung

Die Einzelschrittsteuerung dient dazu, den Prozessor auf Tastendruck hin jeweils einen Maschinenzyklus weiterarbeiten zu lassen.

In der Mitte eines jeden Maschinenzyklus hält er an und wartet auf den nächsten Tastendruck.

Damit besteht die Möglichkeit, die Arbeitsweise des Prozessors zu kontrollieren. Seine Ausgangssignale stehen beliebig lange an und können statisch nachgemessen oder angezeigt werden.

Der Prozessor läßt sich über den Eingang READY bzw. $\overline{\text{WAIT}}$ anhalten.

Wie aus den Impulsdiagrammen ersichtlich, fragt der Prozessor bei jedem Takt 2 eines Maschinenzyklus, ob das Freigabe-Signal am Eingang READY anliegt.

Hat der Ready-Eingang L-Signal, ändert der Prozessor seine Ausgangszustände nicht mehr; er macht Warte-Zyklen, bis der Ready-Eingang mit H-Signal den Prozessor wieder freigibt.

Erst dann arbeitet der Prozessor normal weiter.

Einzelschritt-Steuerung für SAB 8085

Aus den Impulsdiagrammen des Prozessors erkennt man, daß zu Beginn jedes Maschinenzyklus der Impuls ALE kommt.

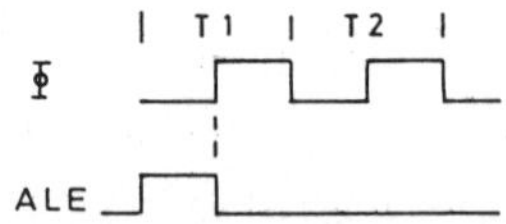

Mit diesem Impuls kann ein D-Flipflop über einen statischen Eingang gesetzt werden. (Der Impuls hat eine definierte Länge.)

Dieses Flipflop bringt den READY-Eingang auf Low und hält den Prozessor an.

Mit der Taste STEP wird das Flipflop wieder zurückgesetzt.

Das Rücksetzen geschieht über den Impulseingang, da die Taste beliebig lange gedrückt werden kann.

Der Prozessor muß jedoch nach dem nächsten ALE-Signal wieder anhalten.

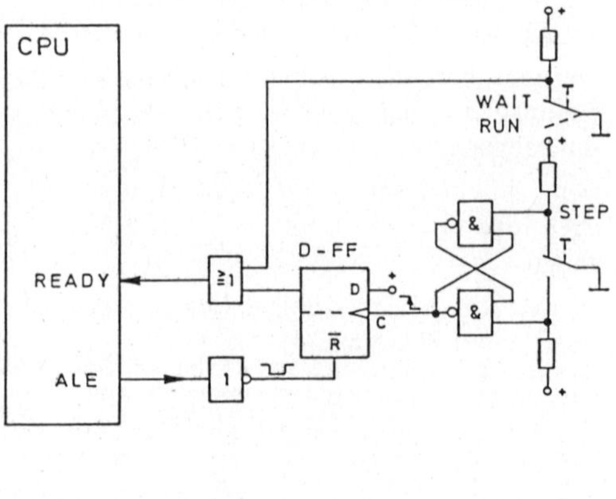

Einzelschritt-Steuerung für Z 80

Die Wait-Anforderung muß bei der abfallenden Flanke von T2 anstehen.

Dann muß der WAIT-Eingang L-Signal bekommen.

Welches Signal kommt vor der negativen Flanke von T2 und läßt sich damit zur Erzeugung des Wait-Signals heranziehen?

Möglichkeit 1: $\overline{\text{RD}}$ bzw. $\overline{\text{WR}}$

Wie man aus den Signaldiagrammen sehen kann, kommt das Signal $\overline{\text{RD}}$ beim Lesen aus dem Speicher zum richtigen Zeitpunkt.

Beim Lesen einer Eingabeeinheit erscheint die negative Flanke jedoch relativ spät.

Das $\overline{\text{WR}}$-Signal kommt bei einem Memory-Write-Zyklus aber in jedem Fall zu spät.

Damit sind diese beiden Signale zum Setzen eines Wait-Signales nicht zu gebrauchen.

Möglichkeit 2: $\overline{\text{MREQ}}$ bzw. $\overline{\text{IORQ}}$

Beim Lesen der Signaldiagramme erkennt man, daß diese Signale bei allen Zyklen vor der negativen Flanke von T2 auf Low gehen.

Dieser Signalübergang läßt sich für das Setzen eines Wait-Speichers verwenden.

Da die Signale $\overline{\text{MREQ}}$ und $\overline{\text{IORQ}}$ nach der negativen Flanke ihren Zustand behalten, können sie den Wait-Speicher nicht statisch ansteuern.

Er könnte dann nicht mehr zurückgesetzt werden. Der Wait-Speicher muß dynamisch von der Signalflanke angesteuert werden.

Das Gleiche gilt für das Rücksetzen des Speichers über die STEP-Taste.

Da sie beliebig lange gedrückt werden kann, muß das Wait-Flipflop flankengesteuert rückgesetzt werden.

Es wird also eine Speicherschaltung benötigt, die dynamisch gesetzt und rückgesetzt werden kann.

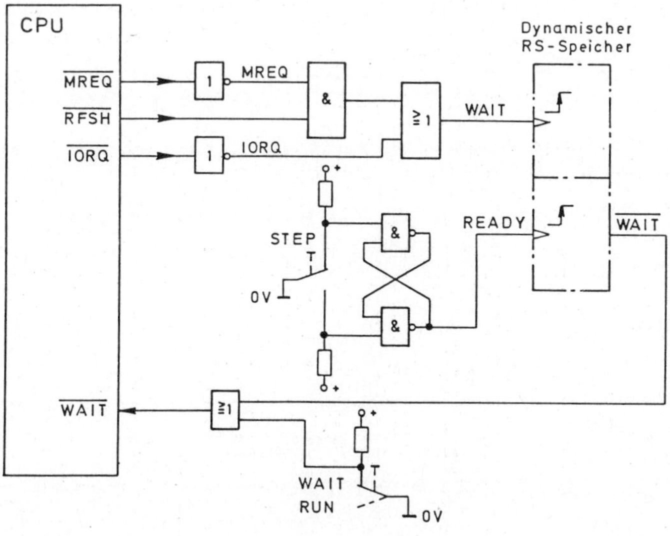

Solch ein „Dynamischer RS-Speicher“ läßt sich mit zwei D-Flipflops aufbauen.

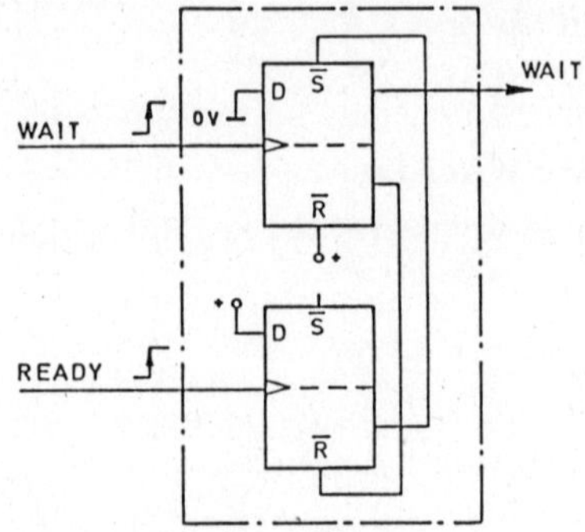

14.3.2. Speichereinheit

Ein 64-K-Byte-Speicher wurde bereits im Kapitel 11.4.3. entwickelt.
Der Speicher kann in dieser Form für den Mikrocomputer verwendet werden.

64-K-Byte-Speicher:

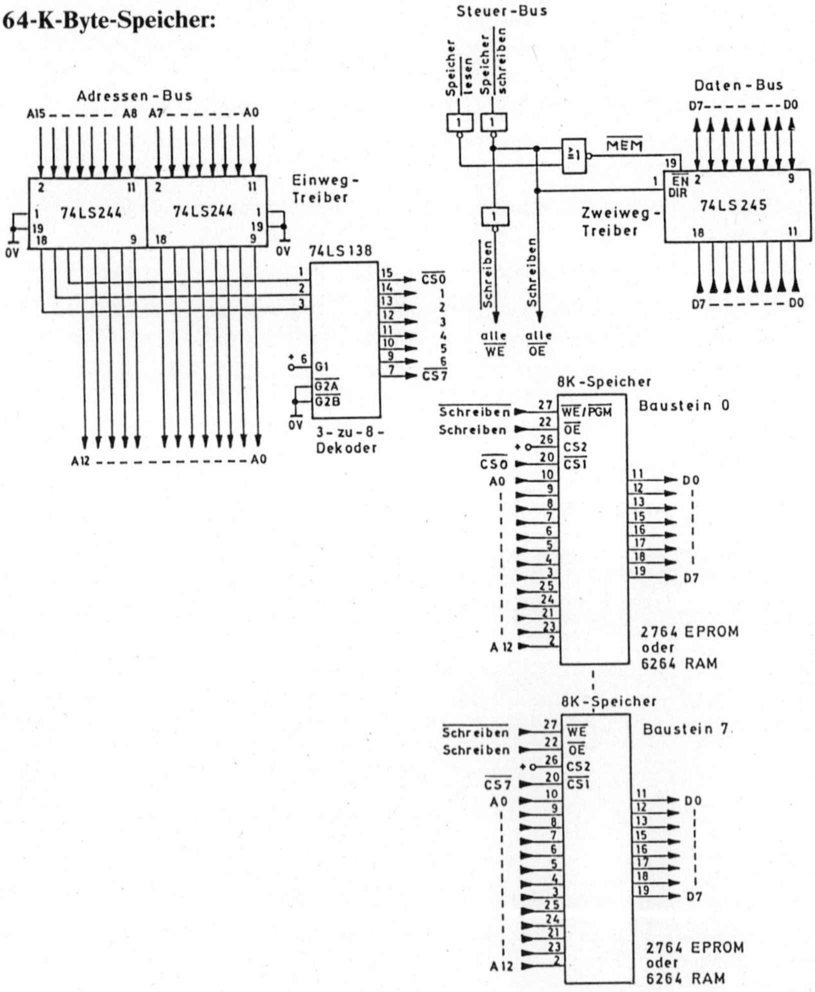

Übung 14.2

Vervollständigen Sie die Schaltung zur Anwahl der Adressen eines 64-K-Speichers.

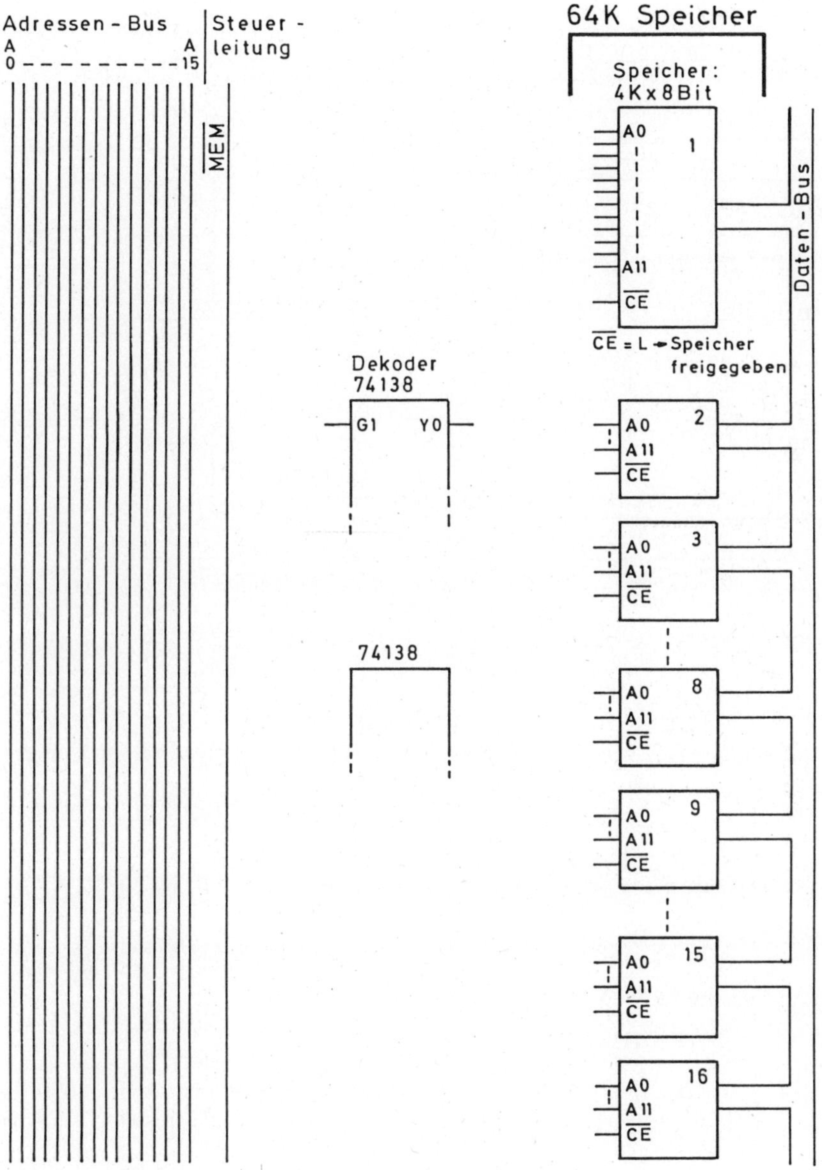

Werden nicht alle 64-K-Speicherbereiche benötigt, dann können die Speicherbereiche oft auf einfache Weise unvollständig dekodiert werden.

Beispiel

Als Speicherbereich genügen drei 8-K-Byte-Speicherbausteine. Die Speicherbausteine können wie folgt an die Adreßleitungen angeschlossen werden:

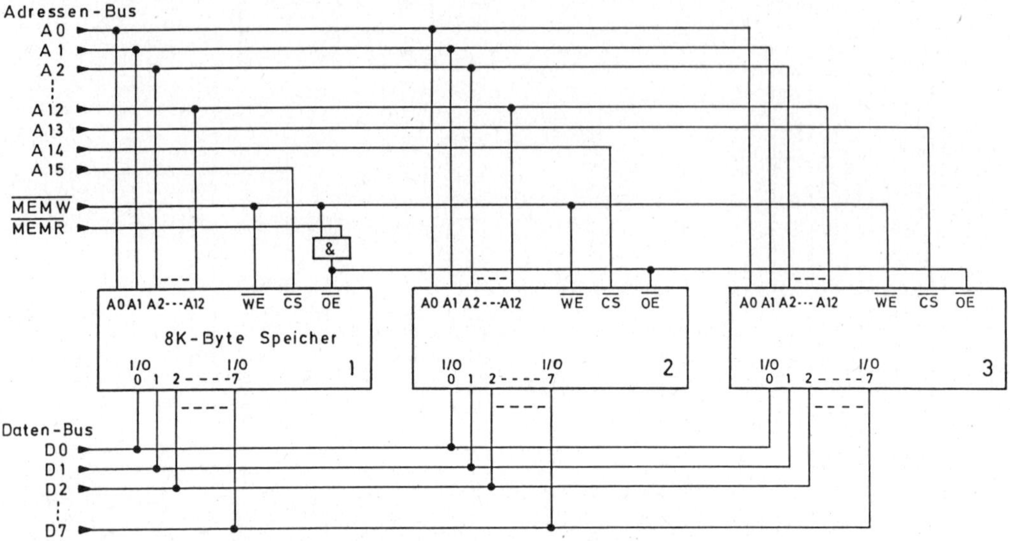

Baustein 1 wird angewählt, wenn A 15 L-Signal hat.
Baustein 2 wird angewählt, wenn A 14 L-Signal hat.
Baustein 3 wird angewählt, wenn A 13 L-Signal hat.

Es sind natürlich auch Adressen möglich, bei denen A 13, A 14 und A 15 gleichzeitig L-Signal haben. Dann würden alle Speicherbausteine gleichzeitig angewählt werden, was natürlich Fehler zur Folge hätte.

Solche Fehler sind bei unvollständiger Dekodierung der Speicherbereiche immer möglich.

Wählt der Programmierer jedoch die richtigen Adressen, treten diese Fehler nicht auf.

Richtige Adressen für Speicherbereich 1:

Adresse	15	14	13	12	11	10	9	8	7	6	5	4	3	2	1	0	
Signal	0	1	1	0	0	0	0	0	0	0	0	0	0	0	0	0	= Anfangsadresse 6000H
	0	1	1	1	1	1	1	1	1	1	1	1	1	1	1	1	= Endadresse 7FFFH

Übung 14.3

Ermitteln Sie die Hex-Adressen für Speicherbereich 2 und 3.

14.3.3. Ein-Ausgabe-Einheiten

14.3.3.1. Parallele Ausgabeports

Da die Ausgabedaten nur kurzzeitig während der Ausführung eines OUT-Befehles anstehen, müssen sie im Ausgabeport abgespeichert werden.

Sie bleiben dann so lange anstehen, bis sie durch neue Daten überschrieben werden.

Für diese Ausgabespeicher bieten sich D-Flipflops an.

Der Einsatz von D-Flipflops für Ein- und Ausgabeports ist bereits im Kapitel 6 „Speicher-Bausteine"; 6.4.1. „Konstruktion von Ein- und Ausgabeports" beschrieben.

Die Portadresse gibt der Prozessor auf den Adreßleitungen A0 bis A7 aus. Damit sind 256 Ein- und Ausgabeports anzuschließen.

Ein- und Ausgabeports können die gleiche Adresse haben.

Mit Hilfe der Steuersignale $\overline{IOW}$ und $\overline{IOR}$, die die CPU ausgibt, kann zwischen Aus- und Eingabeport unterschieden werden.

$\overline{IOW}$ = Anwahl der Ausgabeports
$\overline{IOR}$ = Anwahl der Eingabeports

Die Adreßleitungen A8 bis A15 bleiben bei der Anwahl der Schnittstellen unberücksichtigt.

Paralleler Ausgabeport mit Baustein 74374:

8 D-Flipflop:

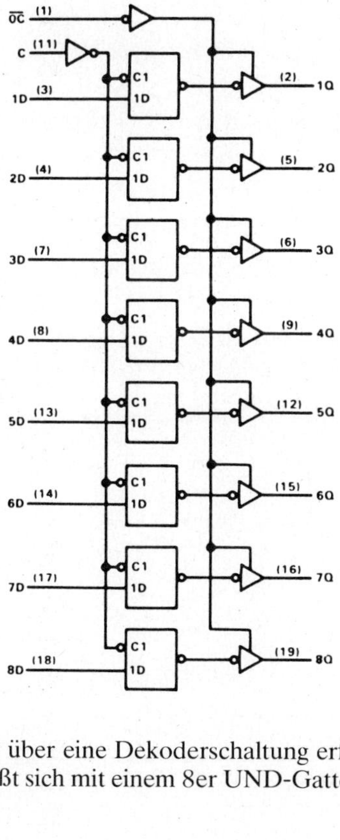

Die Portadresse muß über eine Dekoderschaltung erfaßt werden. Eine einfache Adresse ist die Hexadresse FF. Sie läßt sich mit einem 8er UND-Gatter dekodieren.

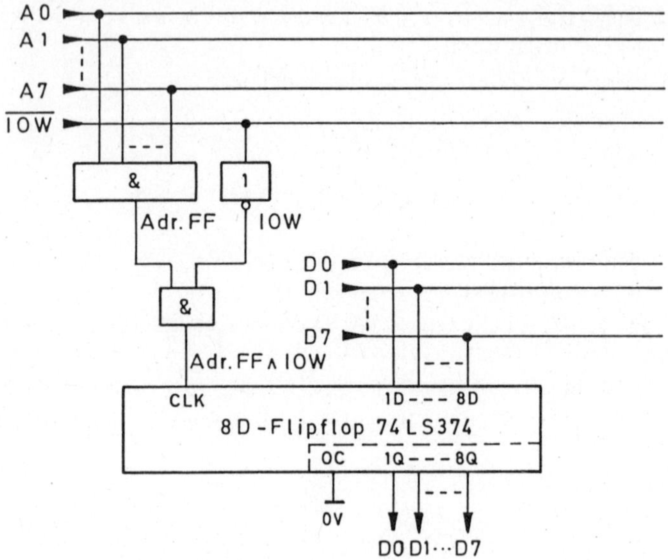

Aufgrund des Befehls OUT FF legt der Prozessor laut Signaldiagramm erst die Adresse FF auf A0 bis A7 des Adreßbusses.

Dann gibt er den Inhalt des Akkus auf den Datenbus.

Das UND-Gatter des Adreßdekoders hat also zuerst H-Signal. Dann stehen die Daten an.

Sind Adresse und Daten stabil, gibt der Prozessor das Steuersignal $\overline{\text{IOW}}$ aus.

Dieses Steuersignal erzeugt mit der richtigen Adresse den Clock-Impuls. Der bewirkt, daß die anstehenden Daten abgespeichert werden und am Ausgang erscheinen.

14.3.3.2. Parallele Eingabeports

Aufgrund eines IN-Befehls liest der Prozessor die Daten des Eingabeports, den er über den Adreßbus angewählt hat.

Dieses Lesen dauert nur Mikrosekunden. Während dieser Zeit müssen die Eingabedaten stabil anstehen.

Für das Aufschalten der Daten auf den Datenbus reichen Verstärker mit Tristate-Ausgang.

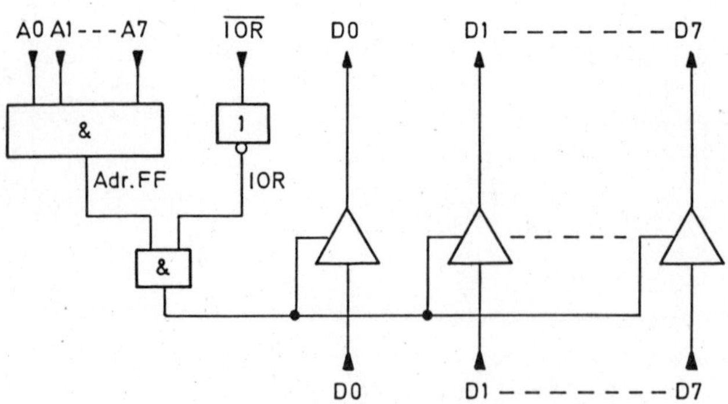

Falls die Eingabedaten während der Lesezeit nicht stabil sind, müssen sie ebenfalls mit D-Flipflops am Anfang des Lesevorgangs gespeichert werden.

Nach dem Lesen sind die Leitungen, die auf den Datenbus gehen, hochohmig zu schalten.

14.3.3.3. Serielle Ports

Als Grundlage für die seriellen Ports sollen die in Kapitel 8.3.3. entwickelten Schaltungen verwandt werden.

Siehe 8.3.3.2. „Schaltung für seriellen Eingabeport"
Siehe 8.3.3.3. „Schaltung für seriellen Ausgabeport"

Diese mit Schieberegistern entwickelten Schaltungen sind der Kern der seriellen Ports, sie werden bei den folgenden Schaltungen als Blockschaltbild verwandt.

Die nachfolgenden generellen Überlegungen gelten jedoch nicht nur für diese seriellen Port-Schaltungen, sondern für alle komplexen Schaltungen, mit denen der Prozessor zusammenarbeiten muß.

Solche komplexen Schaltungen sind in allen programmierbaren, hochintegrierten Schnittstellenbausteinen enthalten.

Programmierbare Schnittstellenbausteine:
- Paralleler Schnittstellen-Baustein
- Serien-Schnittstellen-Baustein
- Zeitgeber-Baustein
- Interrupt-Steuerbaustein
- Steuerbaustein für direkten Speicherzugriff (DMA)

14.3.3.3.1. Ansteuerung von Schnittstellenbausteinen

Bei allen Schnittstellenbausteinen mit komplexen Schaltungen ergibt sich das Problem, daß der Prozessor sowohl Daten als auch Steuersignale mit der Schnittstellen-Schaltung austauschen muß.

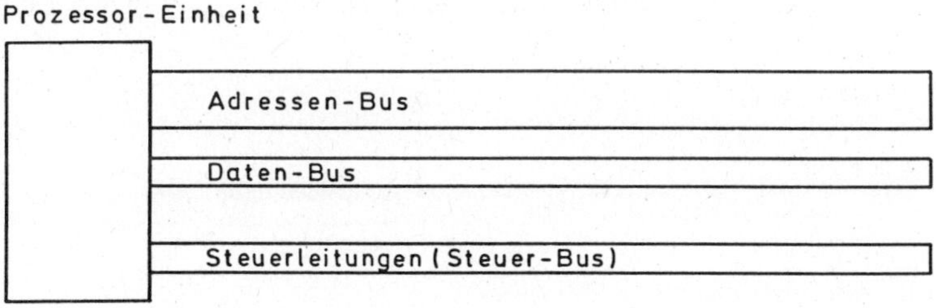

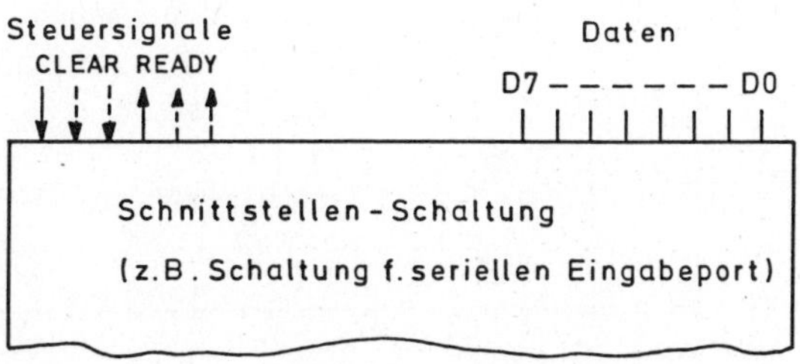

Die Steuersignale müssen über das Programm an den Schnittstellenbaustein gebracht werden.

Entweder werden über das Programm Steuersignale für die Schnittstellen-Schaltung ausgegeben, oder es werden Rückmeldungen der Schnittstellen-Schaltung vom Programm abgefragt.

Die Steuersignale für die Schnittstellen-Schaltung kommen vom Programm. Sie sind nicht aus den Steuersignalen des Prozessors zu gewinnen!

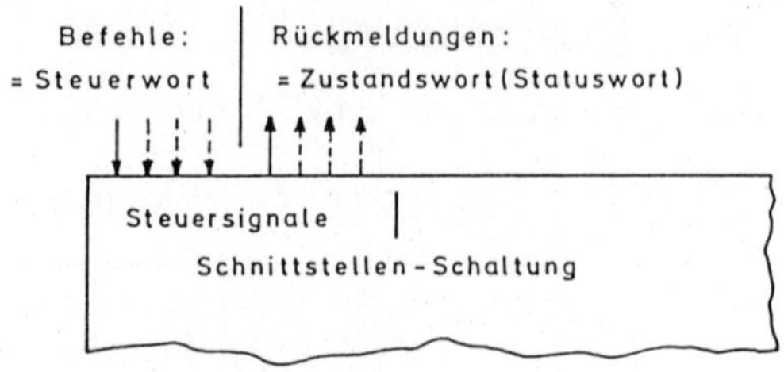

Aus den Steuersignalen des Prozessors ergibt sich lediglich

1. die Datenflußrichtung
2. die Baugruppen-Adressierung (Memory oder Input/Output)
3. der Freigabe-Zeitpunkt (Adreß- und Datensignale stabil)

Steuerleitungen des Prozessors:
Memory Read
Memory Write
Input/Output Read
Input/Output Write

Die einzige Möglichkeit, die der Prozessor hat, programmierte Signale auszugeben oder Rückmeldungen zu empfangen, ist der Weg über seine Datenleitungen.

Es müssen also sowohl die Steuersignale als auch die Datenanschlüsse der Schnittstellen-Schaltung an den Datenbus des Prozessors gehen.

Woher weiß die Schnittstellen-Schaltung, ob die anstehenden Signale Daten oder Steuersignale sind?

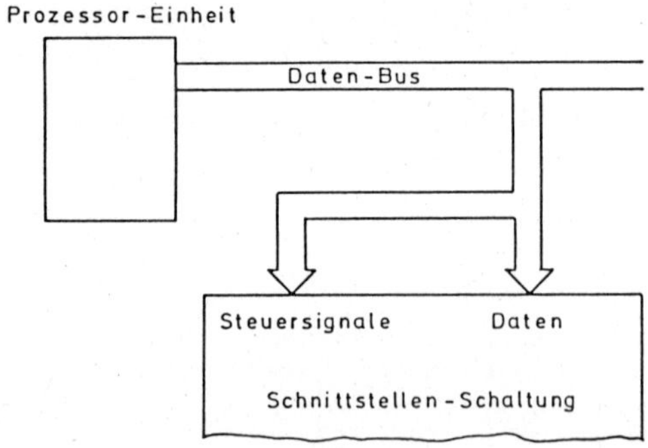

Das kann ihr nur über die Adreßleitungen des Adreßbusses gesagt werden.

Beispiel:
A0 = 0: „Signale auf dem Datenbus sind Steuersignale"
A0 = 1: „Signale auf dem Datenbus sind Daten"

Die Flußrichtung der Steuersignale ergibt sich aus den Steuersignalen des Prozessors.

Beispiel:
A0 = 0 und I/O-Read: „Statuswort lesen" (Rückmeldungen)
A0 = 0 und I/O-Write: „Steuerwort schreiben" (Befehle)

14.3.3.3.1.1. Schaltung für serielle Schnittstelle

Aufgrund dieser Überlegungen soll die „Schaltung für seriellen Eingabeport" aus Kapitel 8.3.3.2. zu einer seriellen Schnittstelle ausgebaut und damit an das Bus-System der Prozessor-Einheit angeschlossen werden.

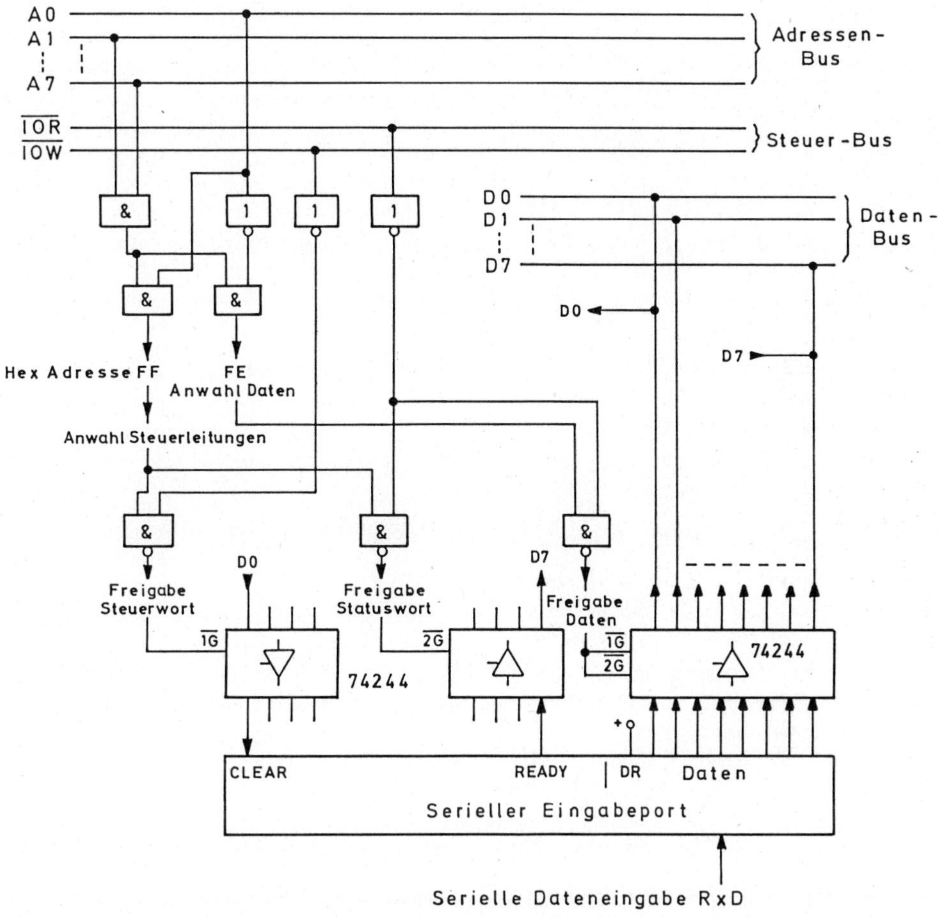

Die Adresse für Steuer- und Datensignale des Ports wurde frei gewählt.

A0 dient zur Umschaltung auf Steuer- bzw. Datensignale.

Adresse FF = Anwahl Steuerleitungen
Adresse FE = Anwahl Datenleitungen

FF $\wedge$ IOW = Freigabe Steuerwort (Auf die Leitung Clear kann über die Datenleitung D0 ein H-Signal gegeben werden)

FF $\wedge$ IOR = Freigabe Statuswort (Über die Datenleitung D7 kann der Prozessor das Signal READY lesen)

FE $\wedge$ IOR = Freigabe Daten (Über die Datenleitungen D0 bis D7 kann der Prozessor die von einem externen Gerät in den seriellen Eingabeport geschriebenen Daten lesen)

Die serielle Schnittstelle soll wie folgt angesprochen werden:

1. Abfrage, ob READY-Signal vorliegt.
2. Daten lesen.
3. Port in den aufnahmebereiten Zustand versetzen durch ein H-Signal auf CLEAR.

14.3.3.3.1.2. Programm für serielle Schnittstelle

Programm in Assembler 8085 zum Ansprechen der Schnittstelle:

IN FF	;Abfrage Statuswort, Statuswort in Akku.
ANI 80	;Maske bilden  8 I 0 D7 = Signal READY ausblenden, alle anderen Bits auf 0 stellen.
JZ „Programm"	;falls D7 = 0, gibt der Port kein READY-Signal; der Prozessor kann ein anderes Programmteil bearbeiten. Falls READY vorliegt, macht der Prozessor im Schnittstellenprogramm weiter.
IN FE	;Daten in Akku lesen.
STA „Speicher"	;gelesene Daten in eine Speicheradresse bringen.
MVI A, 01	;Akku mit der Konstanten 01 laden. |0|0|0|0|0|0|0|1| = H-Signal für Steuerleitung CLEAR 0 I 1
OUT FF	;Ausgabe Steuerwort, H-Signal auf die Leitung CLEAR geben.

Übung 14.4

a) Entwerfen Sie die Schaltung für eine serielle Ausgabe-Schnittstelle unter Verwendung der Schaltung „serieller Ausgabeport" aus Kapitel 8.3.3.3. (als Blockschaltbild unter Verwendung der gegebenen Anschlüsse).
Steueranschlüsse: Adresse 7 F; Datenanschlüsse: Adresse FF

b) Schreiben Sie das Schnittstellenprogramm in Assembler 8085.

14.3.3.4. Programmierbare Schnittstellenbausteine

Die in 14.3.3.3. konstruierten Schnittstellenbausteine wird der Praktiker sicherlich nicht aus Einzelbausteinen zusammenstellen.

Während sich der Bau einfacher, paralleler Schnittstellen aus 8 D-Flipflops noch „lohnt", werden für serielle Schnittstellen fertige, hochintegrierte Bausteine eingesetzt.

Aber auch für parallele Schnittstellen gibt es hochintegrierte programmierbare Schnittstellenbausteine.

Es würde den Rahmen dieses Buches sprengen, die gebräuchlichen, programmierbaren Schnittstellenbausteine zu beschreiben.

Sie sind in Aufbau und Handhabung ähnlich komplex wie der Mikroprozessor selbst.

Wir möchten den Leser auf die Firmenunterlagen zu den verschiedenen Bausteinfamilien verweisen.

Dieses Buch will nur ein grundlegendes Verständnis für programmierbare Schnittstellenbausteine legen, das es dem Leser ermöglicht, sich mit Hilfe spezieller Unterlagen in die Handhabung der Bausteine einzuarbeiten.

Dazu sollen die Erkenntnisse aus Abschnitt 14.3.3.3. zusammengefaßt werden.

1. Programmierbare Schnittstellen benötigen Steuersignale und Datensignale.
   Beide Signalarten kommen über den Datenbus des Prozessors. Die Steuersignale gehen auf den Steuerteil des Schnittstellenbausteins, die Datensignale auf die Datenspeicher. Steuersignale und Daten werden per Programm gegeben (Software-Steuersignale).
2. Steuerteil und Datenteil haben unterschiedliche Adressen. Aufgrund der angewählten Adresse weiß der Schnittstellenbaustein, ob die auf den Datenleitungen ankommenden Signale für das Steuerteil oder das Datenteil bestimmt sind.
3. Der Steuerbus des Prozessors geht auf Steueranschlüsse des Schnittstellenbausteins. Diese Steuersignale gibt der Prozessor immer auf seinem Steuerbus aus (Hardware-Steuersignale). Sie steuern die Signalrichtung und den Übergabezeitpunkt.

Beispiel eines einfachen programmierbaren Schnittstellenbausteins

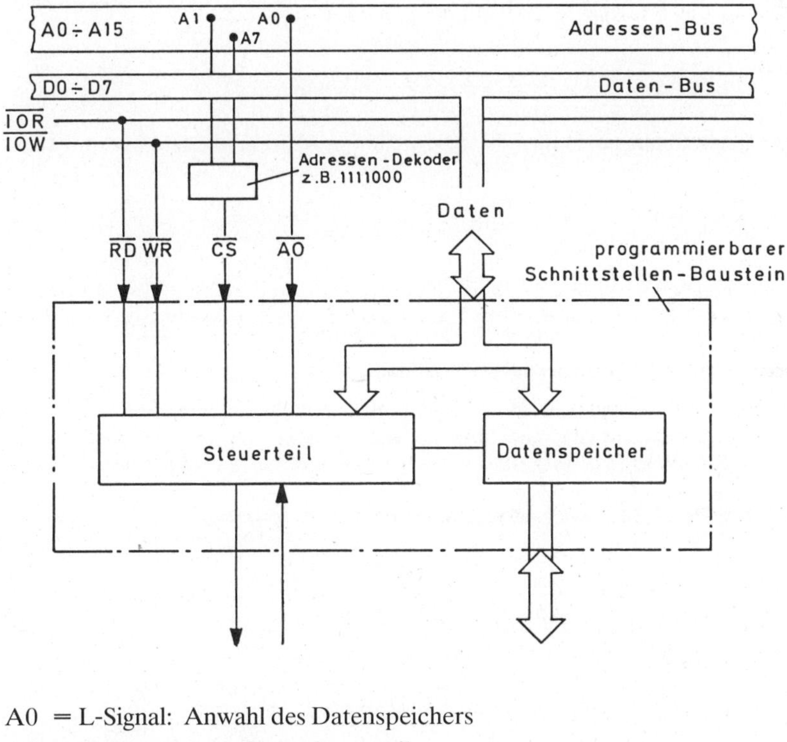

A0 = L-Signal: Anwahl des Datenspeichers

A0 = H-Signal: Anwahl des Steuerteiles

$\overline{CS}$ = L-Signal: Freigabe des Bausteins, falls nicht freigegeben, sind alle Datenleitungen hochohmig

$\overline{WR}$ = L-Signal: Daten oder Steuerwort in den Schnittstellenbaustein schreiben

$\overline{RD}$ = L-Signal: Daten oder Statuswort aus dem Schnittstellenbaustein lesen.

Beispiele zur Programmierung des Schnittstellenbausteins:

Aufgabe:

Es soll das Steuerwort 10011101 in das Steuerteil geschrieben werden.

Die einzelnen Bits des Steuerwortes haben für das Steuerteil eine bestimmte Bedeutung. Das Steuerteil interpretiert sie wie der Prozessor den Operationscode. Durch sie wird das Steuerteil zu bestimmten Betriebsarten, Einstellungen und Abläufen veranlaßt.

Das Steuerwort wird in der Regel gespeichert. Es bleibt so lange aktuell, bis es durch ein anderes Steuerwort überschrieben wird.

Lösung: $10011101_B = 9D_H$ = Steuerwort
$11110001_B = F1_H$ = Adresse Steuerteil

```
MVI A, 9D ; Steuerwort in Akku laden
OUT F1    ; Steuerwort in Steuerteil laden
```

Aufgabe:

Der Prozessor soll die Daten, die der Schnittstellenbaustein von einem externen Gerät übernommen hat, lesen.

Lösung: $11110000_B = F0_H$ = Adresse Datenspeicher

```
IN F0            ; Daten aus Schnittstellen-Baustein in Akku
STA „Adresse“    ; Daten abspeichern
```

Übung 14.5

Das Statuswort des Schnittstellenbausteins soll in den Akku geholt werden.

Anschließend muß geprüft werden, ob Bit 5 ein H-Signal hat.

Hat Bit 5 des Statuswortes ein H-Signal, sind die Daten der Speicherstelle $E000_H$ über den Schnittstellenbaustein auszugeben. Hat Bit 5 des Statuswortes L-Signal, soll der Prozessor durch Aufruf des Unterprogrammes „WAIT“ eine Zeitlang warten und dann erneut das Statuswort lesen und prüfen, bis Bit 5 ein H-Signal aufweist.

Schreiben Sie das Programm

a) in Assembler 8085
b) in Assembler Z80

14.3.3.4.1. Programmierbarer peripherer Schnittstellen-Baustein

Als Anwendungsbeispiel soll der programmierbare Schnittstellenbaustein SAB 8255 der Prozessorfamilie SAB 8085 als paralleler Ein-Ausgabeport eingesetzt werden.

Er gleicht dem PIO-Baustein der Z80-Familie.

Als paralleler Ein-Ausgabeport wird nur die Betriebsart 0 des Bausteines benötigt.

Nachfolgend Ausschnitte der Funktionsbeschreibung.

Programmierbarer peripherer Schnittstellen-Baustein — SAB 8255A

SAB 8255A-5 kompatibel mit dem System SAB 8085

24 programmierbare E/A-Anschlüsse

Vollständig TTL-kompatibel

Völlig kompatibel mit allen Siemens Mikroprozessoren

Direkte Bit-Setz- und Rücksetz-Möglichkeiten zur Vereinfachung der Schnittstellen bei Steuerungsanwendungen

Verbesserte Ausgangstreiberleistung

Verbessertes Zeitverhalten

Nur eine Versorgungsspannung (5 V)

Der SAB 8255A ist ein programmierbarer Mehrzweck-E/A-Baustein für Siemens-Mikroprozessoren. Er hat 24 E/A-Anschlüsse, die in zwei Gruppen von je zwölf Anschlüssen getrennt programmiert und im wesentlichen in drei Betriebsarten benutzt werden können. In der ersten Betriebsart (Betriebsart Ø) kann jede Gruppe von 12 E/A-Anschlüssen in Abschnitten von 4 Anschlüssen als Eingang oder Ausgang programmiert werden. In der zweiten Betriebsart (Betriebsart 1) können acht Leitungen jeder Gruppe als Eingang oder Ausgang programmiert werden. Von den verbleibenden vier Anschlüssen werden drei für den Austausch von Quittungen und für Unterbrechungs-Steuersignale verwendet. Die dritte Betriebsart (Betriebsart 2) kann als Zweiweg-Bus-Betriebsart bezeichnet werden, bei der acht Anschlüsse für einen Zweiweg-Bus eingesetzt werden. Fünf weitere Anschlüsse, von denen einer zur anderen Gruppe gehört, werden in diesem Fall für den Quittungsaustausch benutzt.

Anschlußbelegung

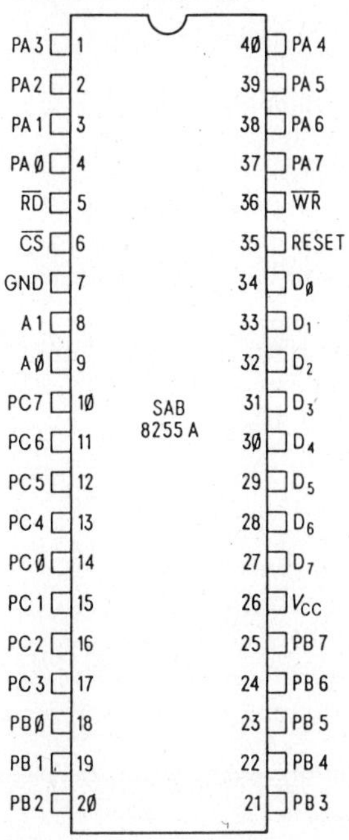

Anschlußbezeichnungen

$D_Ø - D_7$	Daten-Bus (Zweiweg)
RESET	Rücksetz-Eingang
$\overline{CS}$	Baustein-Auswahl
$\overline{RD}$	Lese-Eingang
$\overline{WR}$	Schreib-Eingang
AØ, A1	Kanal-Adresse
$PA_Ø - PA_7$	Kanal A (Bit Ø bis 7)
$PB_Ø - PB_7$	Kanal B (Bit Ø bis 7)
$PC_Ø - PC_7$	Kanal C (Bit Ø bis 7)
V_{cc}	Versorgungsspannung (+5 V)
GND	Masse (0 V)

Blockschaltbild

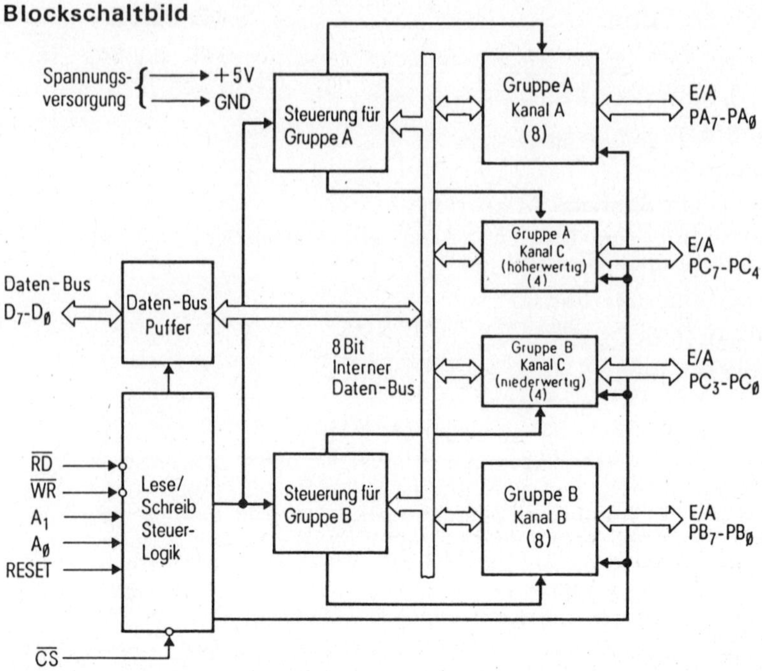

Funktionsbeschreibung

Allgemeines

Der SAB 8255A ist ein programmierbarer peripherer Schnittstellen-Baustein (PPS) für Siemens-Mikrocomputer-Systeme. Er verbindet als Mehrzweck-E/A-Baustein periphere Geräte mit dem System-Daten-Bus. Die funktionellen Eigenschaften des SAB 8255A werden durch Software bestimmt, so daß normalerweise keine zusätzlichen Logik-Bausteine erforderlich sind, um periphere Geräte oder Schaltungen anzuschließen.

Daten-Bus-Puffer

Ein 8 Bit breiter Zweigweg-Puffer mit drei Ausgangszuständen (tri-state) verbindet den SAB 8255A mit dem System-Daten-Bus. Daten werden bei der Ausführung der Befehle Eingabe (IN) und Ausgabe (OUT) vom Puffer ausgegeben oder empfangen. Steuerwerte und Zustandsinformationen werden ebenfalls durch den Daten-Bus-Puffer übertragen.

Schreib-/Lese- und Steuerlogik

Mit diesem Schaltungsteil werden alle internen und externen Übertragungen von Daten- und Steuer- oder Zustandsworte vorgenommen. Er übernimmt Informationen vom Adreß- und Steuer-Bus des Prozessors und gibt entsprechende Befehle an die Steuerlogik der beiden Gruppen.

($\overline{CS}$)

Baustein-Auswahl (Chip Select): Ein L-Pegel an diesem Eingang ermöglicht den Informationsaustausch zwischen dem SAB 8255A und dem Prozessor.

($\overline{RD}$)

Lesen (Read): Bei einem L-Pegel an diesem Eingang kann der SAB 8255A Daten oder Zustandsinformationen über den Daten-Bus an den Prozessor senden.

($\overline{WR}$)

Schreiben (Write): Ein L-Pegel an diesem Eingang ermöglicht dem Prozessor Daten oder Steuerworte in den SAB 8255A einzuschreiben.

(RESET)

Rücksetzen (Reset): Ein H-Pegel an diesem Eingang setzt alle internen Register einschließlich des Steuerregisters zurück und bringt alle Kanäle (A, B, C) in die Betriebsart Ø Eingabe.

($A_Ø$ und A_1)

Kanalauswahl Ø und Kanalauswahl 1: In Zusammenarbeit mit den $\overline{RD}$ und $\overline{WR}$ Eingängen steuern diese Eingangssignale die Auswahl eines der drei Kanäle oder des Steuerwort-Registers. Normalerweise sind sie mit den niederwertigen Bits ($A_Ø$ und A_1) des Adressen-Bus verbunden.

Prinzipielle Betriebsarten

A1	AØ	$\overline{RD}$	$\overline{WR}$	$\overline{CS}$	Eingabe (Lesen)
Ø	Ø	Ø	1	Ø	Kanal A → Daten-Bus
Ø	1	Ø	1	Ø	Kanal B → Daten-Bus
1	Ø	Ø	1	Ø	Kanal C → Daten-Bus
					Ausgabe (Schreiben)
Ø	Ø	1	Ø	Ø	Daten-Bus → Kanal A
Ø	1	1	Ø	Ø	Daten-Bus → Kanal B
1	Ø	1	Ø	Ø	Daten-Bus → Kanal C
1	1	1	Ø	Ø	Daten-Bus → Steuerlogik
					Funktionen nicht ausgewählt
x	x	x	x	1	Daten-Bus → hochohmiger Zustand
1	1	Ø	1	Ø	ungültige Bedingung
x	x	1	1	Ø	Daten-Bus → hochohmiger Zustand

Steuerlogik der Gruppen A und B

Die Funktion jedes einzelnen Kanals ist durch Software zu programmieren. Dies geschieht durch Senden eines Steuerwortes an den SAB 8255A, das Informationen, wie „Betriebsart", „Bit setzen", „Bit rücksetzen" und andere Informationen enthält, die die funktionellen Eigenschaften des SAB 8255A bestimmen.

Jeder der Steuerblöcke (Gruppe A und Gruppe B) übernimmt „Befehle" von der Schreib-/Lese- und Steuerlogik, empfängt „Steuerworte" vom internen Daten-Bus und gibt die entsprechenden Befehle an die dazugehörigen Kanäle aus.

Steuerlogik Gruppe A – Kanal A und Kanal C, höherwertige Bits (C7–C4)
Steuerlogik Gruppe B – Kanal B und Kanal C, niederwertige Bits (C3–CØ)

In das Steuerwortregister kann **nur** geschrieben werden. Das Lesen des Steuerwortregisters ist nicht möglich.

Kanäle A, B und C (Ports A, B und C)

Der SAB 8255A enthält drei 8-Bit-Kanäle (A, B und C). Sie können durch entsprechende Software-Programmierung, verschiedene Funktionen erfüllen. Darüber hinaus besitzt jeder spezielle Merkmale, die den Anwendungsbereich und die Flexibilität des SAB 8255A weiter vergrößern.

Kanal A: Ein 8-Bit-Zwischenspeicher für Dateneingabe und ein 8-Bit-Zwischenspeicher für Datenausgabe.

Kanal B: Ein 8-Bit-Zwischenspeicher für Dateneingabe oder Datenausgabe.

Kanal C: Ein 8-Bit-Datenausgabe-/Zwischenspeicher-Puffer (keine Zwischenspeicherung für die Eingabe). Dieser Kanal kann durch Steuerung der Betriebsart in zwei 4-Bit-Kanäle aufgeteilt werden. Jeder 4-Bit-Kanal besteht aus einem 4-Bit-Zwischenspeicher und kann für die Steuersignal-Ausgänge in Verbindung mit den Kanälen A und B verwendet werden.

Ausführliche Betriebsbeschreibung

Wahl der Betriebsart

Drei wesentliche Betriebsarten können durch die System-Software festgelegt werden:

Betriebsart Ø: Einfache Ein-/Ausgabe
Betriebsart 1: Getastete Ein-/Ausgabe
Betriebsart 2: Zweiweg-Bus

Liegt der Rücksetz-Eingang (Reset) auf H-Pegel, werden alle Kanäle in den Eingabezustand gebracht (d.h. die 24 Leitungen haben einen hohen Eingangswiderstand). Nach Ende des Rücksetzsignals bleibt der SAB 8255A im Eingabezustand, ohne daß zusätzliche Einstellungen notwendig sind. Jede der anderen Betriebsarten kann während der Ausführung eines Systemprogramms mit einem einfachen Ausgabe-Befehl ausgewählt werden. Damit kann ein einzelner SAB 8255A verschiedene periphere Geräte mit einem einfachen Software-Verwaltungs-Programm bedienen.

Die Betriebsarten der Kanäle A und B können unabhängig voneinander definiert werden, während Kanal C entsprechend den Erfordernissen der Kanäle A und B in zwei Teile aufgeteilt wird. Wird die Betriebsart gewechselt, werden alle Ausgaberegister einschließlich des Zustands-Flipflops zurückgesetzt. Betriebsarten können kombiniert werden, so daß ihre funktionelle Definition praktisch auf jede E/A-Struktur hin „maßgeschneidert" werden kann. Zum Beispiel kann die Gruppe B für die Betriebsart Ø programmiert sein, um das Schließen von Schaltern zu überwachen oder Rechenergebnisse anzuzeigen, während die Gruppe A für die Betriebsart 1 programmiert sein könnte, um eine Tastatur oder einen Lochstreifenleser durch eine Unterbrechungssteuerung zu überwachen.

Die möglichen Kombinationen von Betriebsarten, erscheinen auf den ersten Blick verwirrend. Aber schon nach einem kurzen Überblick über die gesamte Arbeitsweise des Bausteins wird die einfache und einleuchtende E/A-Struktur erkennbar.

Definition der Betriebsarten und der Bus-Schnittstelle

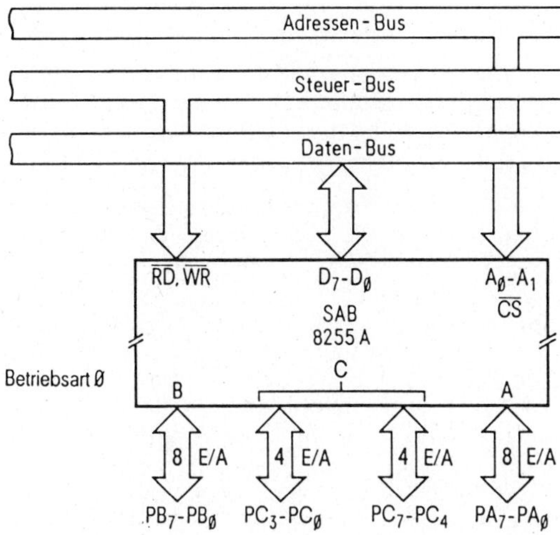

Format-Definition für die Betriebsart-Wahl

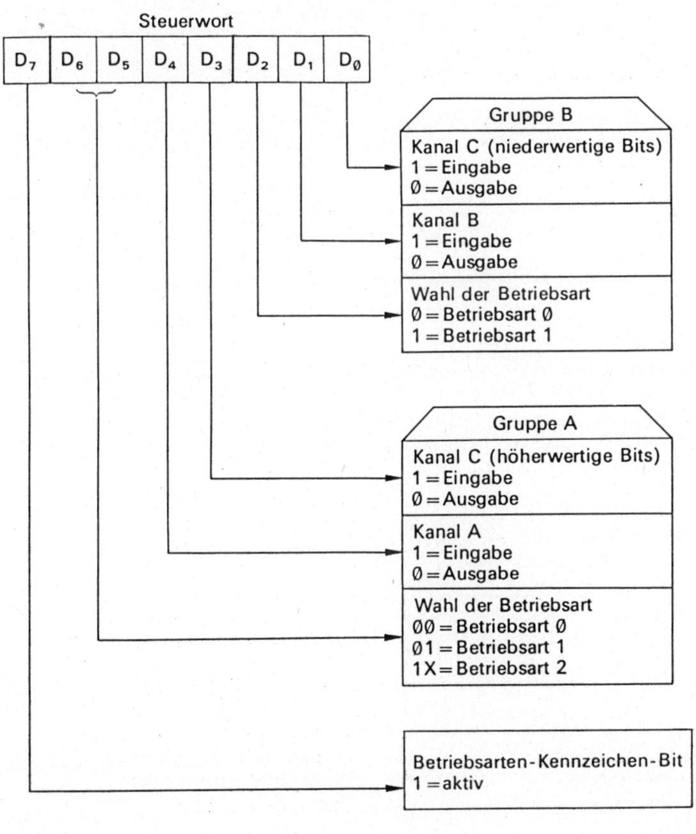

Betriebsarten

Betriebsart Ø (einfache Ein-/Ausgabe)

Diese Funktions-Anordnung ermöglicht eine einfache Eingabe und Ausgabe für jeden der drei Kanäle. Es ist kein Quittungsaustausch erforderlich, denn Daten werden einfach in den ausgewählten Kanal geschrieben oder aus ihm gelesen.

Prinzipielle Funktionsdefinitionen der Betriebsart Ø:

- Zwei 8-Bit-Kanäle und zwei 4-Bit-Kanäle
- Jeder Kanal kann Eingang oder Ausgang sein
- Ausgänge haben Zwischenspeicher
- Eingänge arbeiten ohne Zwischenspeicher
- 16 verschiedene Ein-/Ausgabe Kombinationen sind bei dieser Betriebsart möglich.

Prinzipieller Zeitverlauf der Eingabe (D_7–$D_Ø$ folgen dem Eingang, keine Zwischenspeicherung)

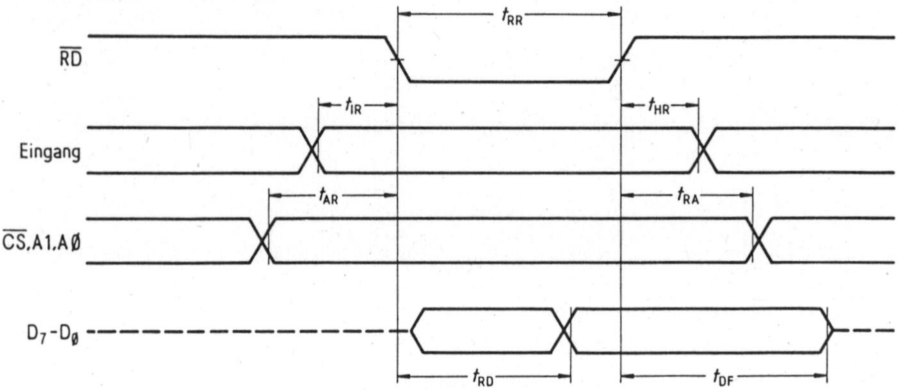

Prinzipieller Zeitverlauf der Ausgabe (Ausgänge mit Zwischenspeicherung)

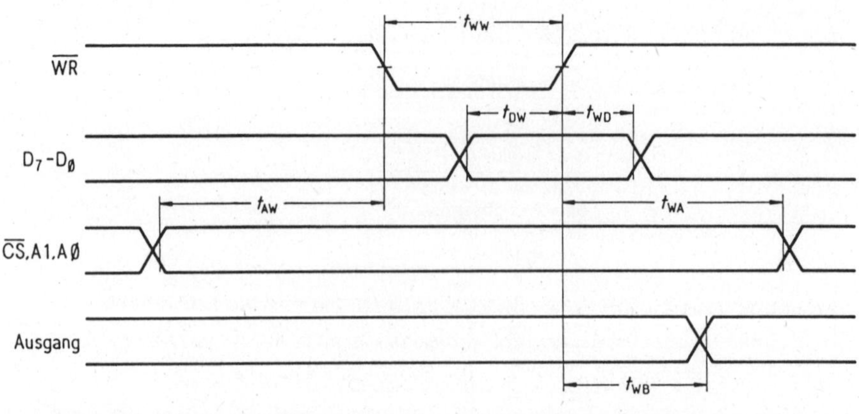

Beispiel

1. Der Schnittstellenbaustein ist an das Bus-System des Mikrocomputers anzuschließen.

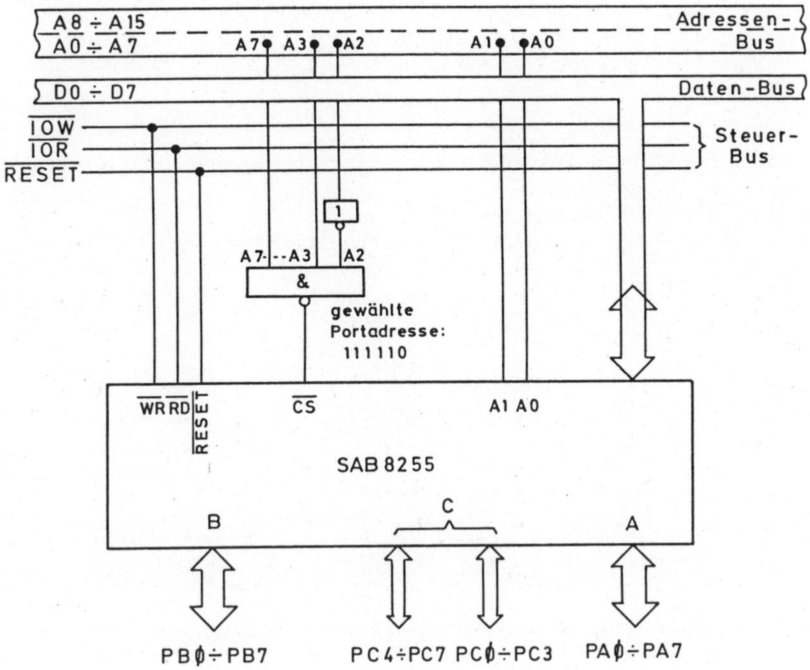

2. Welche Baugruppen lassen sich mit den Adreßeingängen A0 und A1 ansprechen?

A1	A0	
0	0	Kanal A
0	1	Kanal B
1	0	Kanal C
1	1	Steuerlogik

3. Wie lautet die gesamte Adresse zur Anwahl von Kanal A?

11111000_B oder $F8_H$

Übung 14.6

1. Wie lautet die gesamte Adresse zur Anwahl von Kanal C (binär und hexadezimal)?
2. Wie lautet die gesamte Adresse zur Anwahl der Steuerlogik (binär und hexadezimal)?
3. Stellen Sie das Steuerwort zusammen, welches alle Kanäle auf Ausgabe schaltet.

Beispiel

4. Mit welchen Assemblerbefehlen läßt sich etwas über Kanal B ausgeben?

MVI A, 80 ; Steuerwort: Alle Kanäle auf Ausgabe
OUT FB ; Steuerwort in Steuerregister
Akku laden
OUT F 9 ; Adresse Kanal B:
11111001 = F 9
Der Akkuinhalt wird in den Speicher Kanal B geschrieben und steht an PB0 bis PB7 an.

Übung 14.7

4. Kanal C arbeitet als Eingabekanal.
Schreiben Sie das Programmteil, um den Inhalt von Kanal C zur Speicheradresse $F000_H$ zu bringen.
5. Sie sollen das Steuerwort 10110011 in die Steuerlogik laden.
Schreiben Sie das Programm in Assembler (8085 und Z80).

Beispiel

5. Der Baustein soll wie folgt betrieben werden.

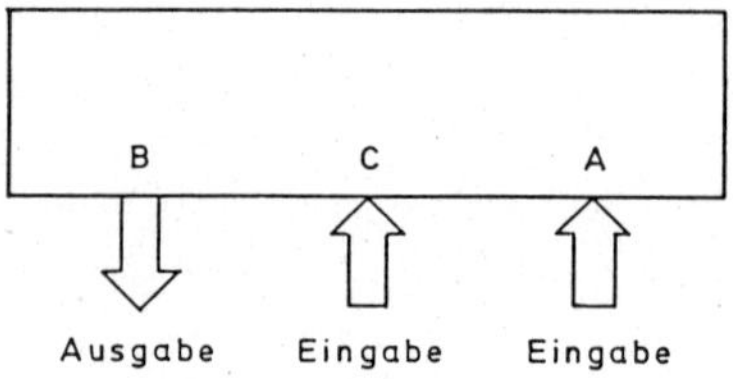

Das entsprechende Steuerwort ist in die Steuerlogik des Ports zu bringen.

Steuerwort:

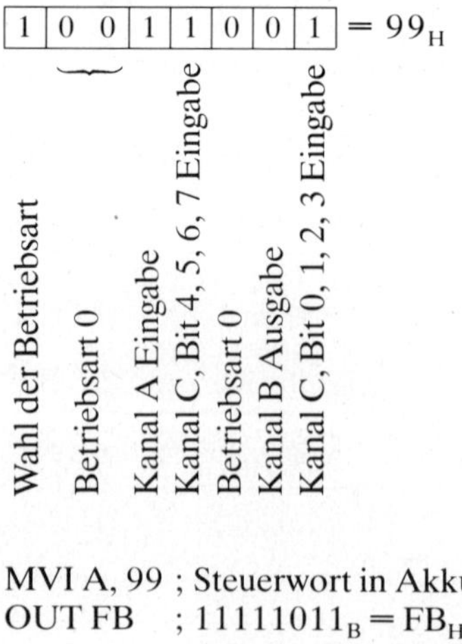

MVI A, 99 ; Steuerwort in Akku
OUT FB ; $11111011_B = FB_H$ = Adresse Steuerlogik

Die Betriebsart muß nur einmal über das Steuerwort initialisiert werden, sie bleibt dann so lange erhalten, bis ein anderes Steuerwort in die Steuerlogik geschrieben wird.

14.3.4. Bus-System

Der Mikrocomputer kann als Einplatinen-computer aufgebaut werden.

Die Anschlüsse für Stromversorgung, Eingangssignale und Ausgangssignale sind dann auf der Platine.

Die Busleitungen auf der Platine sind nur kurz. In der Regel sind keine besonderen Maßnahmen für diese Busleitungen erforderlich.

Die Stromversorgung der Bausteine sollte in der Nähe der Bausteine gepuffert werden.

Pufferung der Stromversorgung am Baustein:

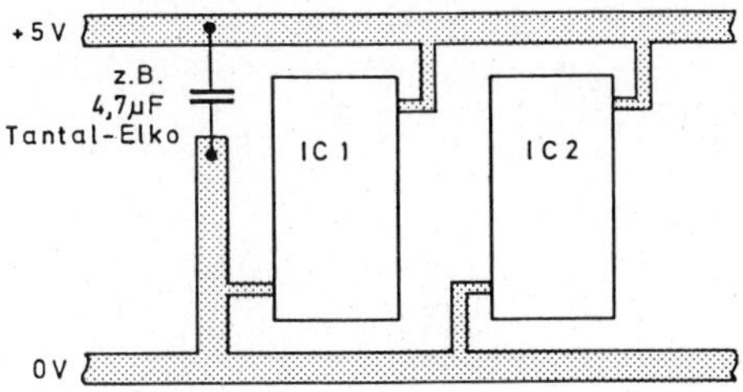

Wird der Mikrocomputer als Steckkarten-System aufgebaut, wird die Verbindung der Steckkarten über eine Bus-Platine hergestellt.

Busplatine:

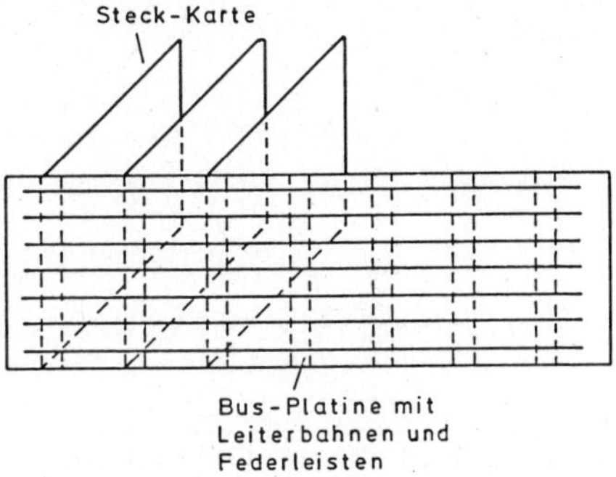

Die Bedeutung der einzelnen Leiterbahnen muß festgelegt werden.

Danach richtet sich die Anschlußbelegung der Steckerleiste auf allen Steckkarten.

Leiterbahnen der Busplatine (Beispiel):

2 Leiter	+ 5 V	
2 Leiter	0V	
16 Leiter	Adreßbus	
8 Leiter	Datenbus	
10 Leiter	Steuerbus:	$\overline{\text{MEMR}}$
		$\overline{\text{MEMW}}$
		$\overline{\text{IOR}}$
		$\overline{\text{IOW}}$
		Reset
		INTR
		INTA
		⋮

Der Anschluß der Steckkarten mit den einzelnen Funktionseinheiten an die Busleitungen erfolgt über Bausteine mit Tristate-Ausgang oder Open-Collector-Ausgang.

Diese Bausteine sind immer dann erforderlich, wenn mehrere Quellen auf eine Busleitung senden.

Senden Bausteine mit Open-Collector-Ausgang auf den Bus, muß er mit einem externen Collector-Widerstand abgeschlossen werden.

Dieser Abschlußwiderstand empfiehlt sich auch bei Bausteinen mit Tristate-Ausgang. Durch den Abschlußwiderstand sind auch bei hochohmigem Zustand der Bausteine immer definierte Signale zu messen.

Busabschluß:

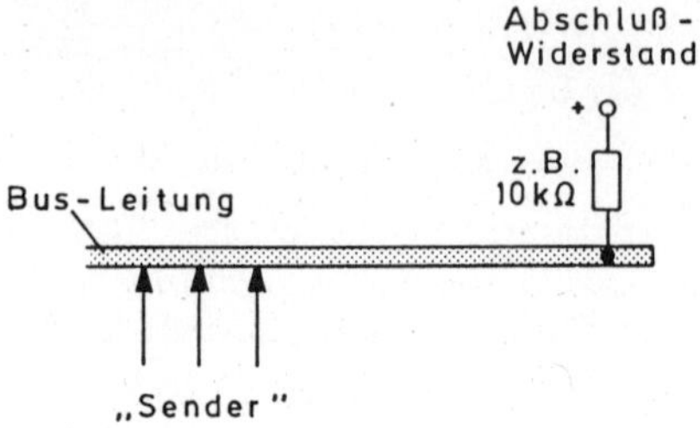

Wenn Sie die Signale auf den Busleitungen oszilloskopieren, dann sehen Sie, daß es keine Rechtecksignale sind.

Bussignale:

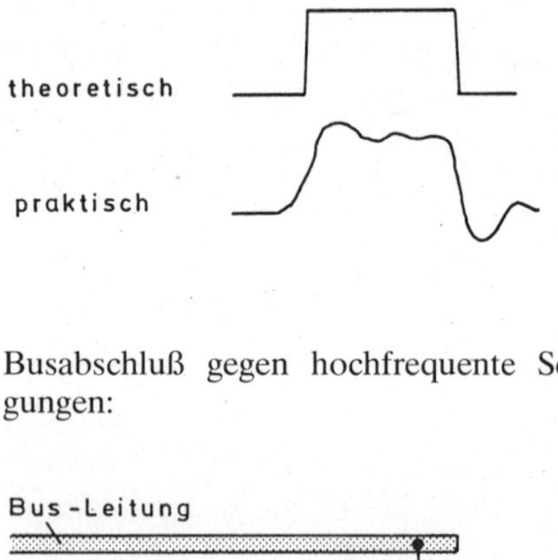

Die Signale sind von Schwingungen überlagert, die Flanken verschliffen.

Dies bewirken die Leitungs- und Bauelementekapazitäten.

Um hochfrequente Schwingungen kurzzuschließen, soll der Bus über ein RC-Glied abgeschlossen werden.

Busabschluß gegen hochfrequente Schwingungen:

Lernzielorientierter Test

1. Fassen Sie die komplette Mikroprozessor-Einheit für den SAB 8085 in einem Schaltplan zusammen.

   Die Schaltung soll enthalten: Prozessor;
   D-Flipflop für die gemultiplexte Adresse;
   Bustreiber;
   Dekoder für Steuersignale;
   Quarz für den Takt Φ;
   Reseteinrichtung bei Netzeinschaltung und über Taste;
   Schaltung für Einzelschrittbetrieb mit Umschalter und Taste.

   Bezeichnen Sie bei allen Bausteinen die Anschlüsse mit Anschlußnummern und Anschlußbezeichnung.

   Schreiben Sie den Bausteintyp dazu.

   Kennzeichnen Sie die Anschlußstellen für die anderen Baugruppen mit Pfeil und Kurzbezeichnung.

2. Entwerfen Sie die Schaltung für den Eingabeport. Die Eingabedaten sind mit D-Flipflops (Baustein 74LS374) zu Beginn des Leseimpulses zu speichern.

   Die Portadresse soll FE sein.

3. Zu „Programmierbarer peripherer Schnittstellenbaustein SAB 8255A“:

   Sie benötigen 12 Eingänge und 12 Ausgänge für ein Steuerungsprogramm.

   Legen Sie dafür das Steuerwort fest. Laden Sie das Steuerwort in die Steuerlogik. Lesen Sie die Eingangssignale und bringen Sie diese zu den symbolischen Adressen EIN B und EIN C. Blenden Sie dabei durch eine Maske die vier gültigen Bits von C aus.

15. Assemblerprogrammierung

Lernziele:

Nach Durcharbeiten dieses Kapitels können Sie ...

1. Programme zur Multiplikation und Division von Dualzahlen schreiben;
2. Tabellen anlegen und mit Hilfe von „Tabellenzeigern" lesen und ausgeben;
3. mit Hilfe der Tabellentechnik Bitmuster ausgeben z.B. für Schrittmotoren oder Ampelsteuerungen;
4. Codewandler programmieren;
5. Zeitglieder in Mikrocomputersystemen realisieren;
6. Zeitschleifen programmieren z.B. für Zeitverzögerungen, Taktgeneratoren, Blinklichter;
7. Geberkontakte per Programm entprellen und zählen;
8. eine inkrementale Istwerterfassung mit Vor/Rück-Erkennung und Impulsvervierfachung programmieren;
9. ein Programm für den Soll-Ist-Vergleich einer digitalen Regelung entwerfen;
10. eine Steuerung für den Programmablauf von Maschinen programmieren;
11. eine Schrittmotorsteuerung für den industriellen Einsatz programmieren;
12. beliebige Kontaktpläne in Assemblerprogramme umformen.

15.0. Assemblerprogrammierung

Die nachfolgenden Programme sind mit einem Assembler für den Prozessor 8080/8085 geschrieben.

Sie beinhalten die Mnemonics dieser Prozessoren.

Die Assemblersprache wurde gewählt, damit die Programme leichter lesbar werden.

Um den Leser nicht zu verwirren, wurde auf eine Zweisprachigkeit Z80-8080 verzichtet, da die Mnemonics dieser Prozessoren unterschiedlich sind.

Die Programme lassen sich jedoch problemlos in die Sprache des Z80 übersetzen. Da die Maschinensprache beider Prozessoren gleich ist, kann der Maschinencode der aufgelisteten Programme direkt in einen Mikrocomputer mit dem Prozessor Z80 eingegeben werden.

In den Programmen werden in der Regel keine echten Adressen, sondern symbolische Adressen verwandt. Sie werden dadurch leichter lesbar und können in jeden Speicherbereich geschrieben werden.

Bei der Eingabe der Programme müssen diesen symbolischen Adressen echte Adressen zugeordnet werden.

Falls in den Programmen bestimmte Adressen verwendet werden, z. B. bei Tabellenzeigern, sind Anmerkungen gemacht, an welchen Stellen die Adressen zu ändern sind, wenn die Tabellen an anderen Speicherstellen stehen sollen.

Es wird mit bestimmten Portadressen gearbeitet. Diese sind ebenfalls den Gegebenheiten anzupassen.

15.1. Rechenprogramme

Da die Prozessoren der 80er Familien keine Multiplikation und Division durchführen können, müssen diese beiden Grundrechenarten per Programm über Addition bzw. Subtraktion und Stellenverschiebung realisiert werden.

15.1.1. Multiplikation von Dualzahlen

Aufgabe: Es ist ein Programm zu erstellen, welches zwei 8-Bit-Operanden multipliziert.

Operand 1 wird ins Register E gebracht.
Operand 2 wird in den Akku gebracht.
Das Ergebnis der Multiplikation steht in Register HL.

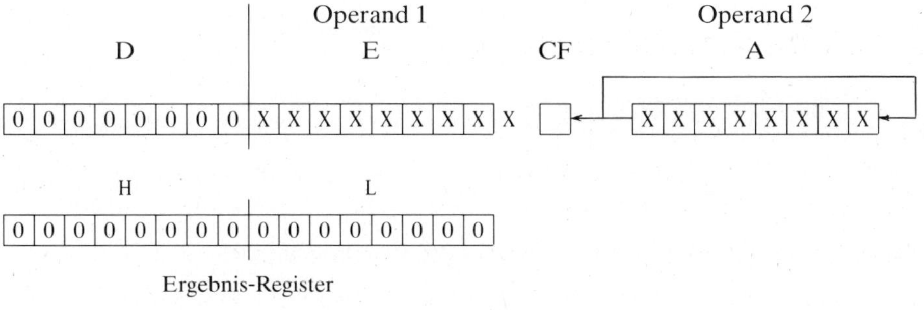

Lösungsprinzip:

Verschieben des Operanden 2 nach Links.
Kontrolle, ob eine 1 im Carry-Flag steht.
Ist CF gleich 1, muß Operand 1 stellenverschoben addiert werden.
Ist CF gleich 0, wird keine Addition vorgenommen.
Der Zyklus muß achtmal wiederholt werden.

Programmablaufdiagramm:

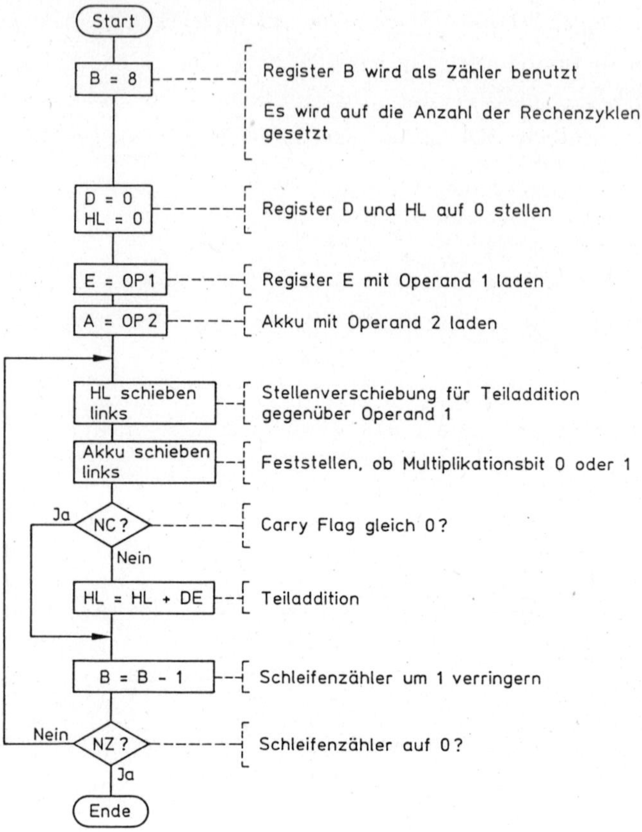

Programm:

```
    MVI B, 08   ; Register B = Schleifenzähler
    RA A        ; Register D und HL auf 0 stellen
    MOV D, A
    MOV H, A
    MOV L, A
    LDA OP1     ; OP1 = symbolische Adresse, in der Operand 1 steht
    MOV E, A    ; Operand 1 nach E
    LDA OP2     ; OP2 = symbolische Adresse, in der Operand 2 steht,
                ; Operand 2 nach A
L1: DAD H       ; HL + HL = HL · 2 = Stellenverschiebung um 1 Stelle nach links
    RLC         ; Akku nach links, höchstes Bit in CF
    JNC L2      ; Springe nach L2, wenn CF = 0
    DAD D       ; CF = 0 : HL = HL + DE
L2: DCR B       ; B = B − 1
    JNZ L1      ; Springe nach L1, wenn Ergebnis ≠ 0
    RST ——      ; = 0 : Rücksprung ins Betriebsprogramm
```

15.1.2. Soll-Ist-Vergleich

Aufgabe: Bei einer digitalen Regelung sollen Soll- und Istwert miteinander verglichen werden.

Der Sollwert wird als Dualzahl über den Eingabe-Port 01 eingegeben.
Der Istwert wurde inkremental nachgebildet und steht in der symbolischen Adresse IST.
Die Ausgangssignale Vor, Rück oder Stop sollen über den Ausgabeport 02 ausgegeben werden.

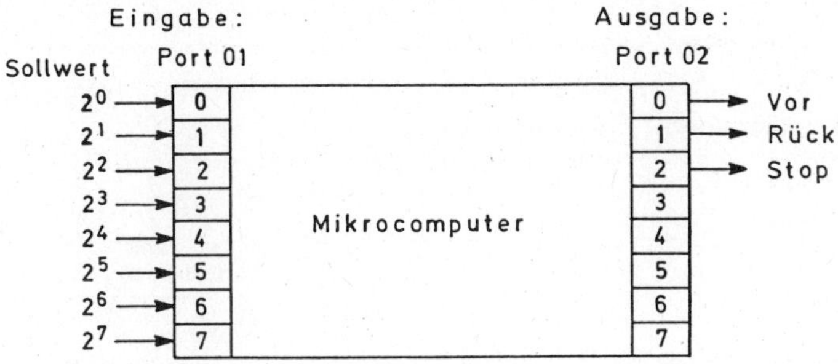

Programmablaufdiagramm:

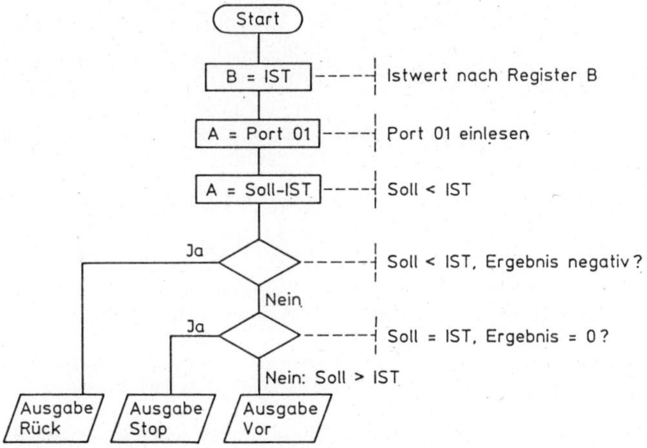

Programm:

```
ANFG: LDA IST     ; Istwert nach B
      MOV B, A
      IN 01       ; Sollwert nach A
      SUB B       ; A = A − B = Soll − Ist
      JC R        ; Borrough? Ja: Soll < Ist
      JZ S        ; = 0?      Ja: Soll = Ist
      MVI A, 01   ; weder Soll < Ist, noch Soll = Ist: Soll > Ist
      OUT 02      ; Ausgabe Vor
      JMP ENDE
```

```
   R: MVI A, 02   ; Ausgabe Rück
      OUT 02
      JMP ENDE
   S: MVI A, 04   ; Ausgabe Stop
      OUT 02
ENDE: RST ...     ; Rücksprung ins Betriebsprogramm
 oder JMP ANFG
```

15.2. Zeitglieder

Zeitglieder lassen sich bei Mikrocomputern auf verschiedene Weise realisieren.

1. Hardware Zeitglieder
2. Programmierbare Zählerzeitgeber
3. Zeitschleifen per Programm

15.2.1.1. Hardware Zeitglieder

Das Zeitglied wird vom Prozessor eingeschaltet. Anschließend fragt der Prozessor das Zeitglied zyklisch ab und kontrolliert, ob es abgelaufen ist.

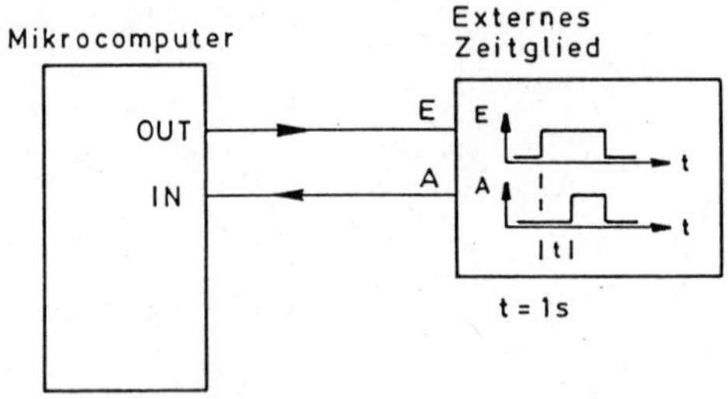

Das abgelaufene Zeitglied kann auch einen Interrupt auslösen. Das Ein- und Ausschalten sowie die Abfrage wird durch das Programm gesteuert.

Hardware Zeitglied:
Die Zeit läßt sich am Zeitglied einstellen. Der Prozessor hat keinen Einfluß darauf.

Übung 15.1

Schreiben Sie für das gezeichnete Zeitglied das Programm zur Ansteuerung und zur Abfrage.

OUT = Port 00, Datenleitung D0
IN = Port 01, Datenleitung D0

15.2.1.2. Programmierbarer Zähler-Zeitgeber

Ähnlich wie beim Hardware Zeitglied wird ein Rückwärts-Zähler vom Prozessor auf eine Zahl gesetzt.

Wird die Zahl vom Prozessor vorgegeben, dann läßt sich die Zeit durch das Programm einstellen.

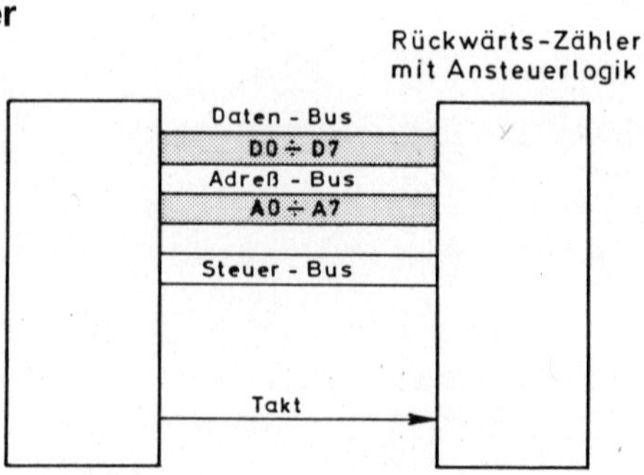

Ist der Rückwärts-Zähler mehrere Bytes lang, dann muß der Prozessor über seine Datenleitung nacheinander die einzelnen Bytes setzen und anschließend das Start-Signal geben.

Das Eingangssignal „Zähler = 0“ kann der Prozessor entweder zyklisch abfragen, oder es geht auf eine Interrupt-Leitung des Prozessors.

Der Zähler kann mit dem Takt-Signal des Computers heruntergezählt werden.

Hat er den Wert Null erreicht, hält er an.

Programmierbarer Zähler-Zeitgeber am Bus-System des Prozessors.

Beispiel

Der programmierbare Zähler-Zeitgeber soll 3 Bytes lang sein.
Adresse der Setzeingänge des Zählers: FF

Die 3 Bytes werden nacheinander über die Datenleitung gesetzt, angefangen mit dem niederwertigsten Byte.
Adresse der Steuerlogik: FE

Das Start-Signal für den Zähler wird über die Datenleitung D0 gegeben.
Das Signal „Zähler = 0“ gibt der Zähler auf die Datenleitung D1.

Programm zum Setzen des Zählers auf die Zahl 50AB08 Hex:

```
        MVI A, 08
        OUT FF
        MVI A, AB
        OUT FF
        MVI A, 50
        OUT FF
        Starten des Zählers:
        MVI A, 01
        OUT FE
        Abfrage, ob der Zähler auf 0 ist:
ABFRA:  IN FE
        ANI 02
        JZ ABFRA
        JMP PROGRAMM; Zähler = 0
```

Nach dem gleichen Prinzip arbeiten handelsübliche, programmierbare Zähler-Zeitgeber-Bausteine.

Übung 15.2

Der Prozessor arbeitet mit einem Systemtakt von 2 MHz. Nach welcher Zeit meldet der Zähler aus Beispiel 15.1, daß er gleich 0 ist.

Übung 15.3

Der Zähler-Zeitgeber Baustein aus Beispiel 15.1 hat einen Hardware-Ausgang, an dem das Signal „Zähler = 0“ ausgegeben wird.

Der Baustein soll als Generator arbeiten, der ca. jede Millisekunde eine positive Flanke ausgibt.

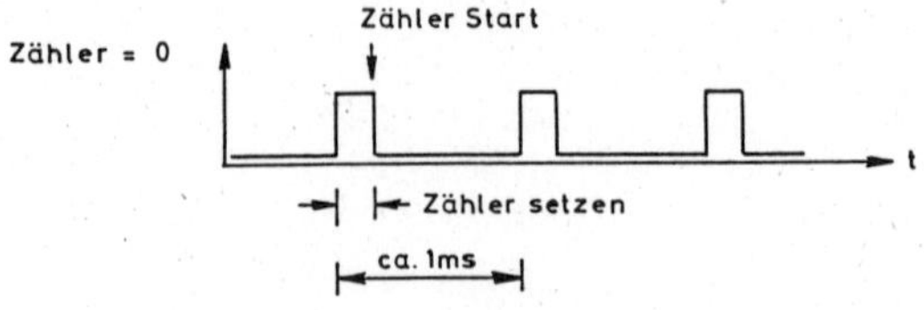

Die Zeit zum Setzen des Zählers wird vernachlässigt.

15.2.1.3. Zeitschleife als Unterprogramm

Ein Rückwärtszähler, der auf Null gezählt wird und während dieser Zeit eine Zeitverzögerung liefert, läßt sich auch durch ein Programm realisieren.

Register B = Zähler

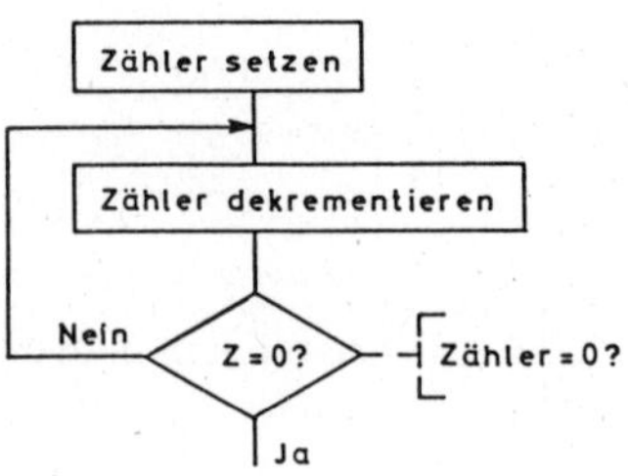

Programm:

```
      MVI B, FF    ; Zähler auf FF setzen: Zeit FF
DEKR: DCR B        ; Zähler dekrementieren: B = B − 1
      JNZ DEKR     ; Zähler = 0? : Nein = Rücksprung
```

Die Zeitverzögerung läßt sich annähernd aus der Anzahl Takte errechnen, die zur Programmbearbeitung erforderlich ist, multipliziert mit der Periodendauer der Taktfrequenz.

Die genaue Zeit muß gemessen werden.

Beispiel

Zeitschleife mit Doppelregister BC

```
      LXI B, FFFF  ; Zähler auf FFFF setzen, Zeit FFFF
DEKR: DCX B        ; BC = BC − 1
      MOV A, B     ; Überprüfen, ob Zähler = 0
      ORA C
      JNZ DEKR
```

Beispiel

Zeitschleife als Unterprogramm, um eine konstante Zeitverzögerung zu erreichen.

```
ZEIT 1: PUSH B       ; Register BC retten in Stack
        PUSH PSW     ; Register AF retten in Stack
        LXI B, 0FFF  ; Zeit 0FFF in Register BC
DEKR:   DCX B
        MOV A, B
        ORA C
        JNZ DEKR
        POP PSW      ; Register rückholen aus Stack
        POP B
        RET          ; Rücksprung ins Hauptprogramm
```

15.2.1.3.1. Blinklicht

Beispiel

Programm für ein Blinklicht mit Hilfe der Zeitschleife ZEIT 1.
(Das Unterprogramm ZEIT 1 wird im Hauptprogramm aufgerufen.)
Die Blinklampe wird am OUT-Port 00 Ausgang D0 angeschlossen.

```
ANFG: MVI A, 01     ; Lampe einschalten
      OUT 00
      CALL ZEIT 1
      MVI A, 00     ; Lampe ausschalten
      OUT 00
      CALL ZEIT 1
      JMP ANFG
```

Übung 15.4

Schreiben Sie ein Programm für ein Lauflicht für die Lampen 0 bis 7.

Lampe 0: Out-Port 01, Anschluß D0
⋮
Lampe 7: Out-Port 01, Anschluß D7

Benutzen Sie das Unterprogramm Zeit 1 sowie den Schiebebefehl RLC.

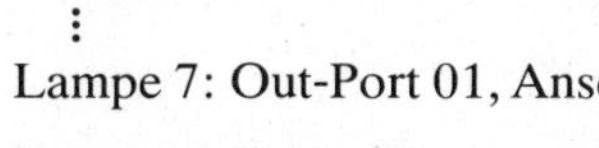

15.2.1.3.2. Impulszähler

Aufgabe:

Bei einer Verpackungsmaschine soll die Anzahl der Päckchen gezählt werden.

Die Zählimpulse werden von einer Lichtschranke gegeben, an der die Päckchen vorbeilaufen.

Das Problem sind Mehrfachimpulse an der Päckchenkante.

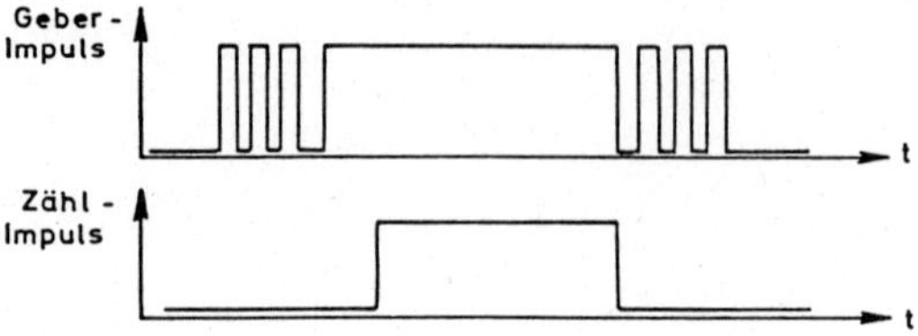

Lösung:

Ist der Geberimpuls auf Low, wird ein programmierter Zähler auf die Entprellzeit gestellt.

Ist der Geberimpuls auf High, läuft der Entprellzähler rückwärts.

Erreicht der Rückwärtszähler Null, ist die Prellzeit abgelaufen, und der Impuls kann gezählt werden.

Der Geberimpuls wird am In-Port FF, Anschluß D0 angeschlossen.

Er wird zyklisch abgefragt.

Register B wird als Entprellzähler verwandt; Register C als Impulszähler.

Programm:

```
GEBER: IN FF        ; Geberimpuls lesen
       ANI 01       ; Geberimpuls abfragen
       JZ SETZ      ; Entprellzähler setzen
       MOV A, B     ; Abfrage, ob Entprellzähler = 0
       ORA A        ; (Flags setzen)
       JZ GEBER
       DCR B        ; Entprellzähler dekrementieren
       JZ IMP       ; Paketzähler inkrementieren
       JMP GEBER
SETZ : MVI B, FF    ; Entprellzähler auf Zeit FF setzen
       JMP GEBER
IMP  : INR C        ; Paketzähler inkrementieren
       JMP GEBER
```

Übung 15.5

Erweitern Sie das vorhergehende Programm so, daß der Mikrocomputer das Signal „Verpacken“ ausgibt, sobald eine eingestellte Zahl erreicht ist.

Portbelegung:

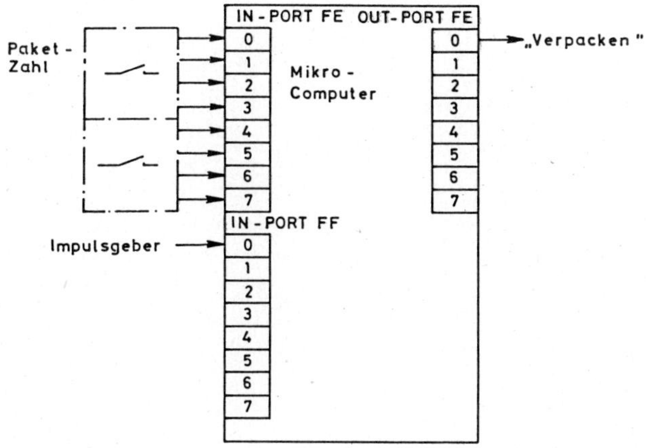

15.3. Tabellenbearbeitung

Tabellen sind Speicherbereiche, in denen bestimmte Bitmuster abgelegt werden.

Diese Bitmuster werden mit Hilfe indirekter Adressierung in die Speicherstellen eingeschrieben oder ausgelesen.

Die indirekte Adressierung wird über einen „Tabellenzeiger" vorgenommen.

Als Tabellenzeiger wird in der Regel das HL-Register verwandt. Im HL-Register steht die Adresse der jeweils angewählten Speicherstelle.

Laden der Tabelle mit bestimten Werten:
MVI M, – –

„Bringe das folgende Byte auf die im Registerpaar HL angegebene Adresse."

Laden der Tabelle mit variablen Werten, die z.B. im Akku stehen:
MOV M, A

Lesen eines Tabellenwertes:
MOV A, M

„Bringe den Inhalt der im Registerpaar HL angegebenen Adresse in das Register d."

Im Beispiel ist das Register d der Akkumulator.

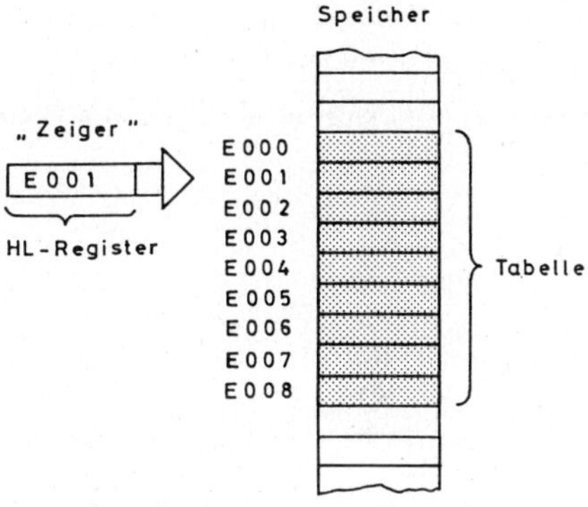

Assemblerbefehle:

MVI M, AA

Der Wert AA wird in die Speicherstelle gebracht, deren Adresse in HL steht.

MOV M, A

Der Inhalt des Akkus wird in die Speicherstelle gebracht, deren Adresse in HL steht.

MOV A, M

Der Inhalt der Speicherstelle, deren Adresse im HL-Register steht, wird in den Akku gebracht.

Das HL-Register, welches als Tabellenzeiger dient, kann entweder vor jedem Zugriff in die Tabelle mit der anzusprechenden Adresse geladen werden, oder es wird vor jedem Zugriff inkrementiert.

15.3.1. Codewandler

Anwendungsbeispiel zur Tabellenbearbeitung:

Es wird ein Codewandler benötigt, welcher die im 8, 4, 2, 1-Code (BCD-Code) eingegebenen Zahlen in den ASCII-Code umformt und ausgibt.

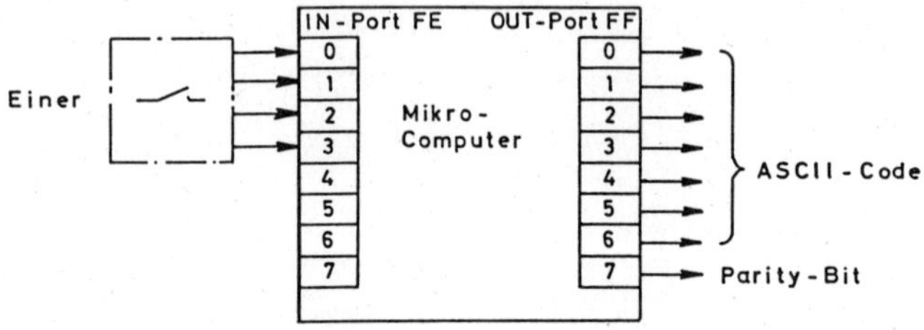

Der Tabellenzeiger wird vor jedem Zugriff auf die Tabellenadresse gesetzt. Die Tabelle mit dem ASCII-Code soll bei Speicherstelle E000 beginnen.

Dekoder-Programm:

```
ANFANG: MVI H, E0     ; Setzen des H-Registers auf den konstanten Wert E0. Dieser Wert
                        bleibt für die ganze Tabelle gleich.
        IN FE         ; die eingestellte BCD-Zahl wird in den Akku gebracht.
                        Diese BCD-Zahl ist sofort die Tabellen-Adresse, unter der der
                        zugehörige ASCII-Code abgelegt ist.
        ANI OF        ; Bit 4 bis 7 ausblenden.
        MOV L, A      ; Zusammenstellen des Tabellenzeigers HL

                         H     L
                        | E 0 | 0 X |
                                  |
                          eingestellte BCD-Zahl

        MOV A, M      ; ASCII-Zeichen aus der Tabelle, welches zur BCD-Zahl gehört, in
        OUT FF          den Akku bringen und ausgeben.
        JMP ANFANG
```

Die Tabelle mit den ASCII-Bitmustern muß ab Adresse E000 eingegeben werden. Dies kann mit direktem Einlesen in den Speicher erfolgen oder über ein Programm.

Programm zum Erstellen der Tabelle:

```
LXI H, E000    ; Tabellenzeiger auf E000 stellen
MVI A, ASCII0  ; Bitmuster für ASCII-Zeichen 0
MOV M, A       ; ASCII-Zeichen nach der Adresse bringen, die im Tabellenzeiger
                 steht
INR M          ; Tabellenzeiger inkrementieren
MVI A, ASCII1  ; Bitmuster für ASCII-Zeichen 1
MOV M, A
INR M
  ⋮
usw.
```

Übung 15.6

Es wird ein Dekoder benötigt, der eine eingegebene zweistellige BCD-Zahl in eine Dualzahl umformt.

Die BCD-Zahl wird über den IN-Port FE eingegeben.
Einer = D0 bis D3
Zehner = D4 bis D7

Die Dualzahl soll über OUT-Port FF ausgegeben werden.

Schreiben Sie das Dekoder-Programm.

Entwerfen Sie die Tabelle für die ersten 15 BCD-Zahlen.

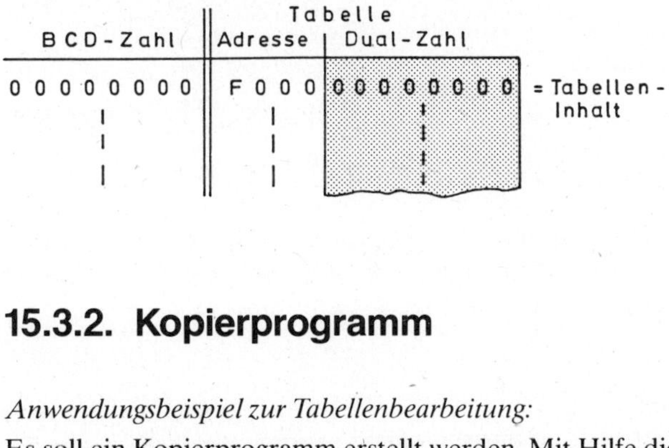

15.3.2. Kopierprogramm

Anwendungsbeispiel zur Tabellenbearbeitung:

Es soll ein Kopierprogramm erstellt werden. Mit Hilfe dieses Programms sollen bestimmte Speicherbereiche in einen anderen Teil des Speichers kopiert werden.

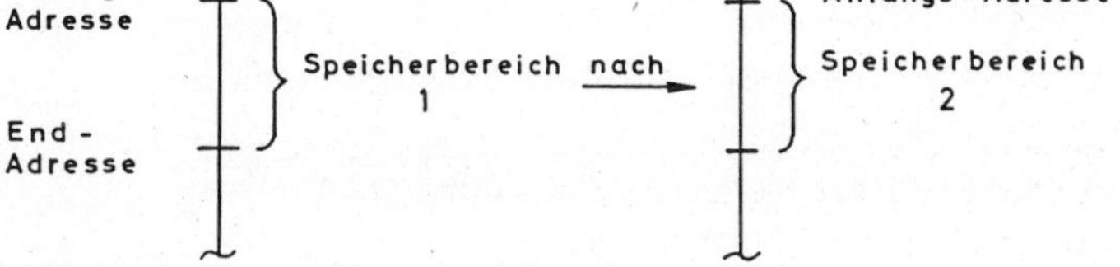

Gegeben: Die Anfangsadresse des Speicherbereiches 1 wurde in das Registerpaar HL gebracht und die Anfangsadresse des Speicherbereiches 2 in das Registerpaar DE. Die Endadresse des Speicherbereiches 1 steht in Registerpaar BC.

Lösungsprinzip:

Es werden zwei Tabellenzeiger benutzt:
Tabellenzeiger HL für den Speicherbereich 1 und Tabellenzeiger DE für den Speicherbereich 2.

Kopierprogramm:

```
ANFG: MOV A, C  ; Endadresse erreicht? (HL = BC?)
      CMP L
      JNZ COPY
      MOV A, B
      CMP H
      JNZ COPY
      RST X     ; Ende, Rücksprung ins Monitorprogramm
COPY: MOV A, M  ; Wert aus Speicherbereich 1 in Akku
      STAX D    ; Wert nach Speicherbereich 2
      INX H     ; Zeiger Bereich 1 inkrementieren
      INX D     ; Zeiger Bereich 2 inkrementieren
      JMP ANFG
```

15.4. Schrittmotorsteuerung

Ein Koordinatentisch soll mit Hilfe eines Schrittmotors in einer Achse positioniert werden.

Aufgabe:

Ein Koordinatentisch unter einem Bohrkopf soll positioniert werden.

Die Einrichtung dient zum Bohren von Leiterplatten. Als Antrieb wird ein Schrittmotor ausgewählt.

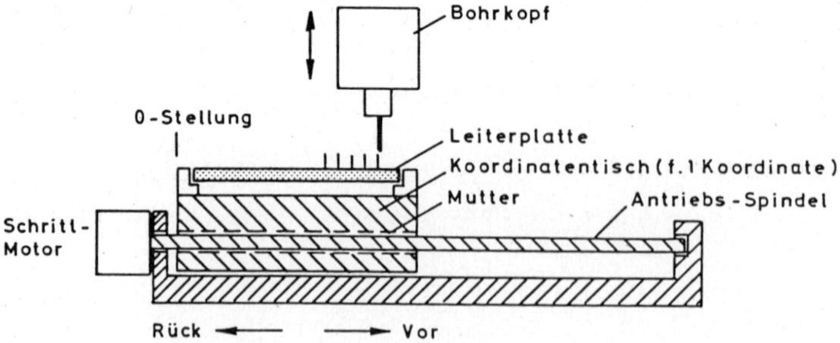

Der Motor ist so übersetzt, daß jeder Schritt den Koordinatentisch um 1 Rastermaß auf der Leiterplatte verschiebt.

Die zu projektierende Steuerung dient nur zur Positionierung des Koordinatentisches.

Die Steuerung des Bohrkopfes wäre eine weitere Aufgabenstellung.

15.4.1. Bedienung

Bedienungstableau:

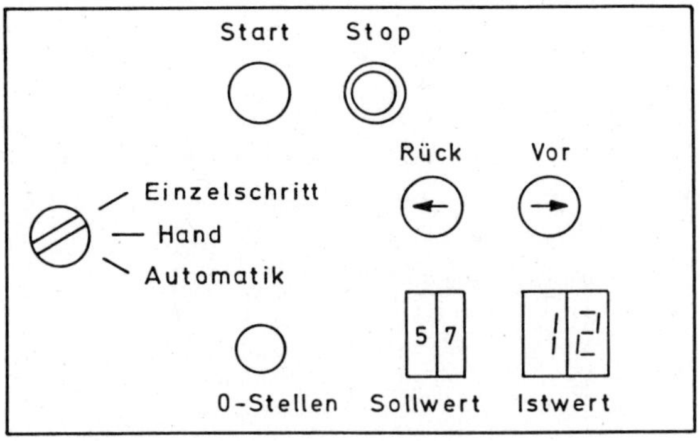

Bedienung:

1. *Wählen der Betriebsart*

Betriebsart Einzelschritt: Bei jedem Drücken der Taste Vor oder Rück macht der Motor einen Schritt in die gewünschte Richtung.

Betriebsart Hand: Solange die Taste Vor bzw. Rück gedrückt wird, läuft der Motor in die gewünschte Richtung.

Betriebsart Automatik: Die Betriebsart Automatik funktioniert nur, wenn im Hand- oder Einzelschritt-Betrieb ein Referenzpunkt (0-Stellung) angefahren wurde. Diese 0-Stellung muß nach Einschalten der Anlage (Starten des Programms) einmal angefahren werden.
Nachdem die 0-Stellung angefahren wurde, muß auf Automatik umgeschaltet werden. Danach ist der Istwertzähler mit der Taste 0-Stellen oder über einen Endschalter zu nullen.

2. *Automatikbetrieb*

Im Automatikbetrieb kann der Sollwert über Dekadenschalter eingestellt werden.

Der Istwert des Tisches wird über Sieben-Segment-Anzeigen angezeigt.

Der Sollwert wird im BCD-Code in den Mikrocomputer eingegeben, der Istwert im BCD-Code ausgegeben und dezimal angezeigt.

Der Istwert läuft beim Verfahren des Motors immer mit, auch bei Hand- und Einzelschrittbetrieb.

Der Standort des Tisches kann also immer an der Istwertanzeige abgelesen werden.

Nach dem Drücken der Start-Taste dreht sich der Motor so lange, bis Soll- und Istwert übereinstimmen.

Die Bewegung kann mit Stop unterbrochen werden.

15.4.2. Funktion des Schrittmotors

Ein Schrittmotor dreht sich nicht kontinuierlich, sondern in einzelnen kleinen Winkelschritten.

Dies wird durch die Ansteuerung der Wicklungen in einer ganz bestimmten Reihenfolge erreicht.

Die Ansteuerung der Wicklungen muß in der Weise erfolgen, daß sich der Läufer mit jedem neuen Ansteuerungsmuster durch das aufgebaute Magnetfeld einen Schritt weiter dreht.

Funktionsprinzip:

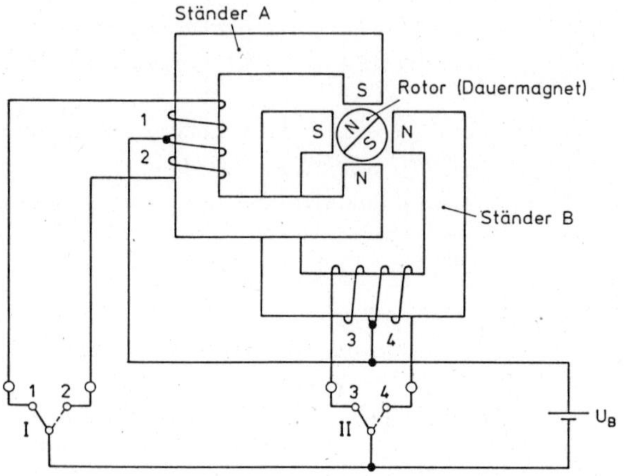

Bei der gezeichneten Schalterstellung werden Strang 1 und 3 vom Strom durchflossen. Das vom Strom erzeugte Magnetfeld bringt den Läufer in die gezeichnete Stellung.

Durch Umschalten des Schalters I ändert sich die Stromflußrichtung und damit die Polarität des Stranges A.

Der Läufer dreht sich um einen Schritt nach links.

Ein weiterer Schritt wird ausgeführt, wenn anschließend Schalter II umschaltet und dadurch die Polarität in Ständer B wechselt.

Den nächsten Schritt macht der Motor, wenn Schalter I wieder wechselt und den vierten Schritt, wenn anschließend Schalter II wieder in die Ausgangslage schaltet.

Nach vier Schritten wiederholt sich die Reihenfolge der Ansteuerung.

Damit ergibt sich folgendes Ansteuerungsmuster für die Stränge bzw. Anschlüsse 1 bis 4.

Erregter Strang = 1
Nicht erregter Strang = 0

		Anschlüsse				Drehrichtung
		1	2	3	4	
Schritt	1	1	0	1	0	
	2	0	1	1	0	
	3	0	1	0	1	
	4	1	0	0	1	
	1	1	0	1	0	Links ↓ Rechts ↑
	¦		¦			

Der gezeichnete Motor hat einen räumlichen Schrittwinkel von 90°.

Je mehr Polpaare Läufer und Ständer haben, desto kleiner wird der Schrittwinkel.

Typische Schrittwinkel:

1,8 Grad = 200 Schritte pro Umdrehung
3,6 Grad = 100 Schritte pro Umdrehung
7,5 Grad = 48 Schritte pro Umdrehung
9 Grad = 40 Schritte pro Umdrehung

Die Muster zur Ansteuerung des Schrittmotors können mit einer Hardware-Schaltung oder durch das Programm eines Mikrocomputers erzeugt werden.

Aus der Umschaltfrequenz der Ansteuerungsmuster ergibt sich die Schrittfrequenz und damit die Drehgeschwindigkeit des Motors.

Die Schrittfrequenz der Motoren hängt ab von der Bauform und dem abverlangten Drehmoment.

Schrittmotoren werden für alle Positioniersteuerungen eingesetzt.

Anwendungsbeispiele:

Papierantrieb in Meßgeräten,
Antrieb von Druckköpfen in Druckern,
Positionierung von Plotter-Schreibstiften,
Positionierung von Koordinatentischen: z.B. zur Bohrung von Leiterplatten,
Positionierung von Werkzeugmaschinen: z.B. Sägeblätter oder Schleifscheiben.

15.4.3. Ansteuerung des Schrittmotors durch den Mikrocomputer

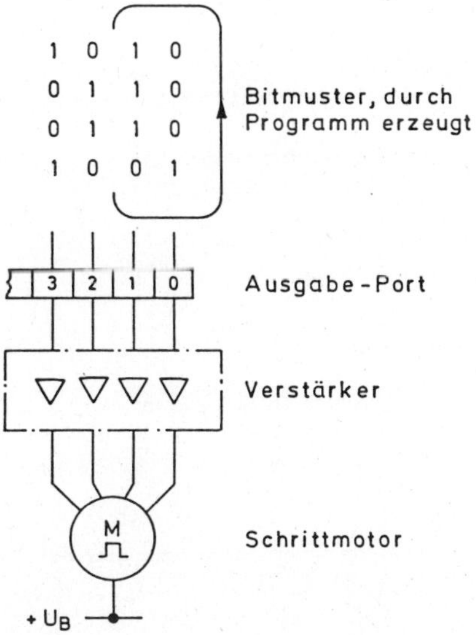

15.4.4. Programm zur Erzeugung der Bitmuster

Eine Lösungsmöglichkeit besteht darin, die Bitmuster in einer Tabelle abzulegen.

Die Tabelle wird zyklisch durchlaufen und die Muster auf den Ausgabeport gelegt.

Die Richtung des Tabellendurchlaufes richtet sich nach der gewünschten Drehrichtung.

	Adresse	Speicher	
Tabellenzeiger → z.B.	E000	0000 1010	= 0A Hex
HL	E001	0000 0110	= 06
	E002	0000 0101	= 05
	E003	0000 1001	= 09
	H L		

L wird inkrementiert bei der Drehrichtung zur Bewegung Vor und dekrementiert bei gewünschter Bewegung Rück.

Tabellenzeiger:

H = Konstante, z.B. E0

L = 00
01
02
03

Da L zyklisch immer nur von 0 bis 3 zählen soll, werden nur die letzten 2 Bit ausgeblendet.

Register L:

	0 0	= 00 Hex
	0 1	= 01
	1 0	= 02
	1 1	= 03

Teilprogramm Vor:

```
                ; Zeiger HL zusammensetzen:
V1: MVI H, E0   ; Konstante E0 nach H
    MOV A, L
    INR A       ; A = A + 1
    ANI 03      ; letzte 2 Bits ausblenden
    MOV L, A    ; Tabellenmuster ausgeben:
    MOV A, M    ; Tabellenwert nach A
    OUT 01      ; Muster ausgeben
    JMP V1
```

Teilprogramm Rück:

```
R1: MVI H, E0
    MOV A, L
    DCR A
    ANI 03
    MOV L, A
    MOV A, M
    OUT 01
    JMP R1
```

15.4.5. BCD zu Dual-Dekoder für Sollwerteingabe

Die Sollwerte, d.h. die Punkte, die der Koordinatentisch anfahren soll, liegen als Dezimalzahl vor.

Sie müssen auch als Dezimalzahl eingestellt und in den Mikrocomputer eingegeben werden.

Die Umsetzung von der eingestellten Dezimalzahl in den BCD-Code (8, 4, 2, 1-Code) geschieht im Dekadenschalter. Der Dekadenschalter liefert an seinem Ausgang die Ziffer im BCD-Code.

Der Sollwert umfaßt bei dieser Steuerung zwei Dekaden.

Da der Mikrocomputer die Daten intern im Dualcode verarbeitet, soll die eingegebene BCD-Zahl direkt nach dem Einlesen in den Dualcode umgeformt werden.

Entwickeln des Dekoderprogramms:

BCD-Zahl

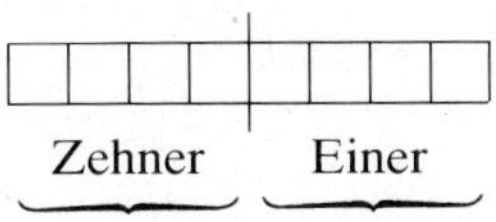

bleiben erhalten

werden umgeformt in eine Dualzahl. Dann werden die Einer der BCD-Zahl, die schon gleich den entsprechenden Dualzahlen sind, addiert.

Lösungsprinzip:

1. Einer ausblenden und in Register geben
2. Zehner nach rechts schieben
3. Die nach rechts verschobenen Zehner werden als Adressenzeiger verwandt, der auf die zugehörende Dualzahl zeigt.
   Um die Tabelle mit den Dualzahlen an einer beliebigen Stelle im Speicher ablegen zu können, wird zum Adressenzeiger ein Wert X addiert.

Tabellenzeiger HL

	H	L	Zehner BCD
z.B.	E0	1 +	0
	E0	1	1
	E0	1	2
	E0	1	3
	E0	1	4
	E0	1	5
	E0	1	6
	E0	1	7
	E0	1	8
	E0	1	9

H = Konstant; L = 1 + BCD = X + BCD

Tabelle: Dual (als Hexzahl dargestellt)

0	0	= 00000000 = 0
0	A	= 00001010 = 10
1	4	= 00010100 = 20
1	E	= 00011110 = 30
2	8	= 00101000 = 40
3	2	= 00110010 = 50
3	C	= 00111100 = 60
4	6	= 01000110 = 70
5	0	= 01010000 = 80
5	A	= 01011010 = 90

Dekoderprogramm Dezimal in Dual (DEDU):

Die BCD-Zahl steht im Akku.
Die Dualzahl steht nach der Dekodierung ebenfalls im Akku (BCD-Zahl überschrieben).

```
DEDU: PUSH B      ; Retten der Registerinhalte (DEDU = Unterprogramm)
      PUSH H

      MOV B, A    ; BCD-Zahl nach B
      ANI OF      ; Einer ausblenden
      MOV C, A    ; Einer nach C
      MOV A, B    ; BCD-Zahl in Akku
```

```
RRC            ; Zehner 4 Stellen nach rechts schieben
RRC
RRC
RRC
ANI OF         ; die linken 4 Bit ausblenden
LXI H, E010    ; Tabellenzeiger HL auf E010
ADD L          ; A = A + L = verschobene Zehner + Konstante
MOV L, A       ; HL zusammengesetzt als Tabellenzeiger
MOV A, M       ; Tabellenwert (= Dualzahl) nach A
ADD C          ; Zehnerwert + Einerwert = Dualzahl

POP H          ; Rückholen der alten Registerinhalte
POP B
RET
```

15.4.6. Dual zu BCD-Dekoder für Istwertanzeige

Der Istwert, also der momentane Standort des Koordinatentisches, wird im Mikrocomputer dual nachgebildet.

Er muß jedoch für den Menschen lesbar als Dezimalzahl angezeigt werden. Deshalb gibt der Computer den Istwert als BCD-Zahl im 8, 4, 2, 1-Code aus.

Die Umsetzung in die Dezimalzahl erfolgt in der Anzeige.

Mit Hilfe eines Dual zu BCD-Dekoderprogramms soll der Computer den dualen Istwert vor jeder Ausgabe in den BCD-Code umformen.

Lösungsprinzip:

Prüfen, welche höchste Dekadenzahl in der Dualzahl enthalten ist.

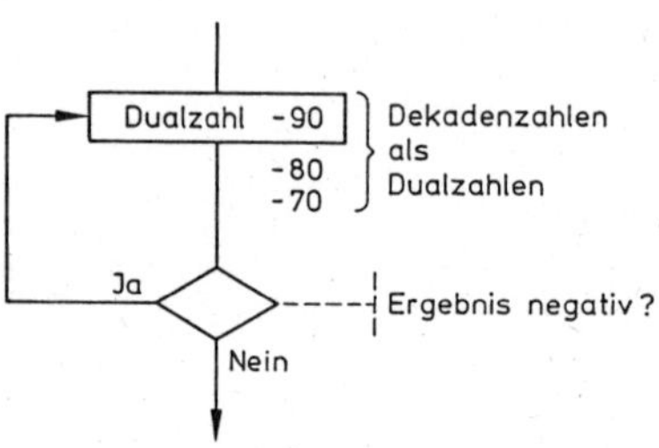

Der verbleibende Rest der Dualzahl ist gleich den Einern der BCD-Zahl.

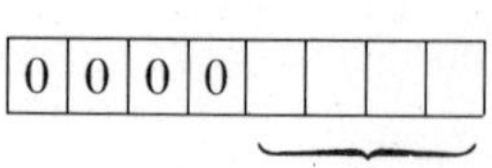

Rest Dualzahl = Einer BCD-Zahl

Die Dekadenzahlen 90, 80, ———10, 0, welche von der Dualzahl abgezogen werden, lassen sich durch Subtraktion bilden (−10 pro Schleife) oder aus einer Tabelle holen.

Dem jeweiligen dualen Dekadenwert wird über eine Tabelle der BCD-Dekadenwert zugeordnet.

duale Dekadenwerte (als Hex-Zahl)

Adresse		
z.B. E010 →	0	0
	0	A
	1	4
	1	E
	2	8
	3	2
	3	C
	4	6
	5	0
HL E019 →	5	A

BCD-Dekadenwerte

Adresse		
z.B. E01A →	0	0
E01B	1	0
E01C	2	0
E01D	3	0
E01E	4	0
E01F	5	0
E020	6	0
E021	7	0
E022	8	0
DE E023 →	9	0

Dekoderprogramm Dual in Dezimal (DUDE):

Die Dualzahl steht vor der Dekodierung im Akku.
Nach der Dekodierung steht die BCD-Zahl im Akku.

```
DUDE: PUSH H
      PUSH D
      PUSH B
      LXI H, E019  ; Tabellenzeiger HL auf E019
      LXI D, E023  ; Tabellenzeiger DE auf E023
      MOV B, A     ; Dualzahl nach B
  D2: MOV A, B     ; Dualzahl nach A
      SUB M        ; Dualzahl — Tabellenwert Dual
      JNC D1       ; Borrough? Nein, Ergebnis ≧ 0
      DCX H        ; Ja, Ergebnis negativ:
      DCX D        ; Tabellenzeiger erniedrigen
      JMP D2       ; erneute Überprüfung

  D1: MOV B, A     ; Rest = BCD Einer nach B
      LDAX D       ; Tabellenwert BCD in Akku
      ADD B        ; BCD Zehner + Einer

      POP B
      POP D
      POP H
      RET
```

15.4.7. Zeitschleife für Schrittmotorfrequenz

Da die Schrittmotoren nur mit einer bestimmten Maximalfrequenz arbeiten können, die von der Bauform, der Ansteuerung und dem abverlangten Drehmoment abhängt, muß die Taktfrequenz des Mikrocomputers entsprechend herabgesetzt werden.

Dies geschieht mit Hilfe einer Zeitschleife, die nach jedem Takt aufgerufen wird.

Programm für Zeitschleife:

```
ZEIT: PUSH B
      PUSH PSW
      LXI B, 1000  ; Zahl in Doppelregister BC, bestimmt SM-Frequenz
  Z1: DCX B        ; BC = BC − 1
      MOV A, B
      ORA C        ; B OR C = 0? (Doppelregister BC = 0?)
      JNZ Z1
      POP PSW
      POP B
      RET
```

15.4.8. Portbelegung für Schrittmotorsteuerung

Ein- und Ausgangssignale der Positioniersteuerung sollen wie folgt an den Ports des Mikrocomputers angeschlossen werden:

Eingangssignale:

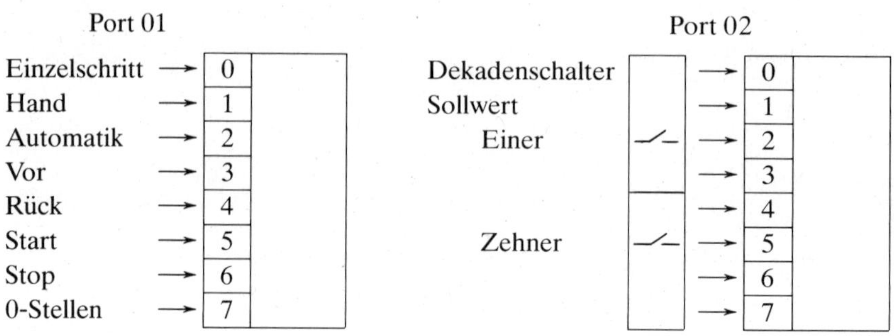

Beschaltung der Ports für alle Eingangssignale:

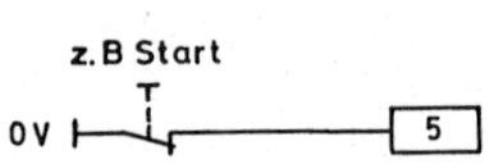

Taste nicht betätigt: 0-Signal
Taste betätigt: H-Signal
(Ein offener Eingang erzeugt H-Signal)

Ausgangssignale:

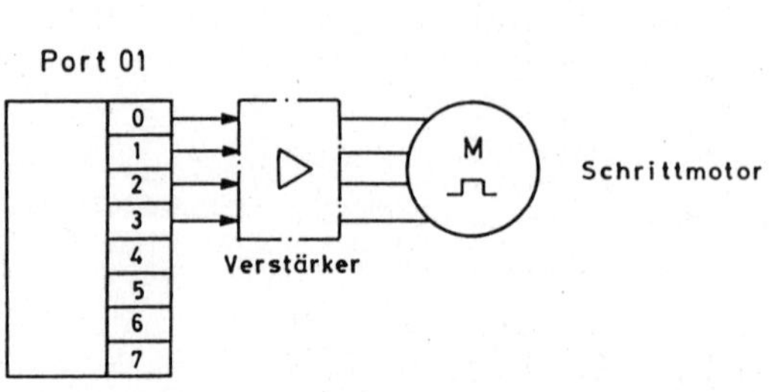

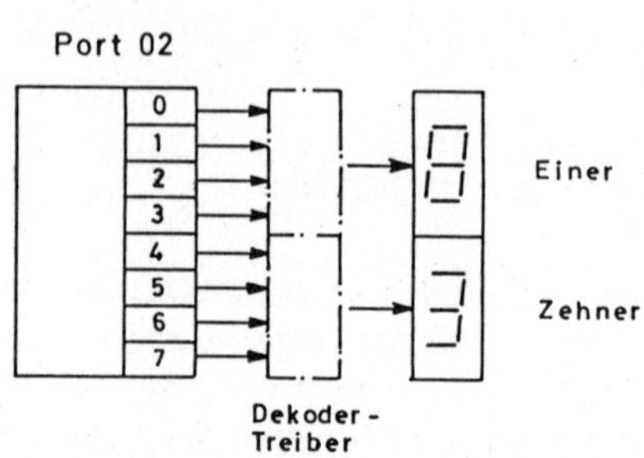

15.4.9. Zuweisungen und Tabellen für Schrittmotorprogramm

Zuweisung der symbolischen Adressen zu echten Adressen:

Symbolische Adresse	Echte Adresse
EIN 1	F000 = Bedienungselemente; I-Port 01
EIN 2	F001 = Sollwert; I-Port 02
IST	F002 = Istwert; O-Port 02
AUSTA	F003 = Automatik-Start-Speicher
TZ	F004 = Tabellenzeiger für Muster Schrittmotor
EZ	F005 = Entprellzähler für die Entprellung der Tasten bei Einzelschrittbetrieb
SP0	F006 = 0-Stell-Speicher; Speicher wird gesetzt, wenn 0-Stellung (Referenzpunkt) angefahren wurde.

Falls kein Assembler vorhanden ist, der eine symbolische Adressierung zuläßt, müssen im Programm an Stelle der symbolischen Adressen die echten Adressen eingetragen werden.

Tabelle für die Bitmuster des Schrittmotors: MOTAB

	Adresse	Inhalt (Hex-Zahl)
MOTAB:	E000	0A
	E001	06
	E002	05
	E003	09

Die Adressenzeiger werden gebildet bei den Teilprogrammen VOR und RUECK.

Nur das vordere Byte (E0) ist frei wählbar, falls die Bitmuster auf anderen Adressen abgelegt werden sollen.

Werden die Bitmuster auf anderen Adressen abgelegt, ist im Programmteil VOR und RUECK die Bildung des Tabellenzeigers (MVI H, E0) entsprechend zu ändern.

Tabellen für die Dekoder: DUTAB

Tabelle mit den dualen Dekadenwerten

	Adresse	Inhalt
DUTAB:	E010	00
	E011	0A
	E012	14
	E013	1E
	E014	28
	E015	32
	E016	3C
	E017	46
	E018	50
DUTABL:	E019	5A

Tabelle mit den BCD-Dekadenwerten: DETAB

	Adresse	Inhalt
DETAB:	E01A	00
	E01B	10
	E01C	20
	E01D	30
	E01E	40
	E01F	50
	E020	60
	E021	70
	E022	80
DETABL:	E023	90

Sollen die Tabellen unter anderen Adressen abgelegt werden, sind die Befehle, mit denen die Adressenzeiger gebildet werden, entsprechend zu ändern.

Unterprogramm DEDU: LXI H, E010 ändern
Unterprogramm DUDE: LXI H, E019 ändern
LXI H, E023 ändern

Die Tabellen können von Hand eingegeben werden oder per Programm.

Die Eingabe durch ein Initialisierungsprogramm wird dann erfolgen, wenn das gesamte Schrittmotor-Programm z. B. auf Band oder Diskette abgespeichert wurde.

Dann werden mit dem Einlesen des Schrittmotor-Programms auch alle Tabellen erstellt.

Bei Eingabe des Schrittmotor-Programms von Hand lassen sich die Tabellen durch direktes Einschreiben der Werte in die Adressen schneller erstellen als durch Eingabe des Initialisierungsprogramms.

Es empfiehlt sich dann, das gesamte Programm, einschließlich Tabellen, in ein E-PROM zu übernehmen (ab E000 bis E180).

Für die veränderlichen Daten wird ein RAM-Speicher benötigt (F000 bis F006).

Erstellen der Tabellen per Programm

Schrittmotortabelle:

```
LXI H, E000
MVI A, 0A
MOV M, A
INX H
MVI A, 06
MOV M, A
INX H
MVI A, 05
MOV M, A
INX H
MVI A, 09
MOV M, A
```

Tabelle mit dualen Dekadenwerten:

```
LXI H, E010
MVI A, 00
MOV M, A
INX H
MVI A, 0A
MOV M, A
INX H
MVI A, 14
MOV M, A
INX H
MVI A, 1E
MOV M, A
INX H
MVI A, 28
MOV M, A
INX H
MVI A, 32
MOV M, A
INX H
MVI A, 3C
MOV M, A
INX H
MVI A, 46
MOV M, A
INX H
MVI A, 50
MOV M, A
INX H
MVI A, 5A
MOV M, A
```

Tabelle mit BCD-Dekadenwerten:

```
LXI H, E01A
MVI A, 00
MOV M, A
INX H
MVI A, 10
MOV M, A
INX H
MVI A, 20
MOV M, A
INX H
MVI A, 20
MOV M, A
INX H
MVI A, 30
MOV M, A
INX H
MVI A, 40
MOV M, A
INX H
MVI A, 50
MOV M, A
INX H
MVI A, 60
MOV M, A
INX H
MVI A, 60
MOV M, A
INX H
MVI A, 70
MOV M, A
INX H
MVI A, 80
MOV M, A
INX H
MVI A, 90
MOV M, A
```

15.4.10. Hauptprogramm für Schrittmotorsteuerung

Das Hauptprogramm ist in Teilprobleme aufgeteilt.

Es ruft folgende Unterprogramme auf:

DEDU = Dekoder 2 Stellen BCD in Dual.
Holt BCD-Zahl aus dem Akku und schreibt die Dualzahl in den Akku.

DUDE = Dekoder 2 Stellen Dual (99) in BCD.
Holt Dualzahl aus dem Akku und schreibt die BCD-Zahl in den Akku.

ZEIT = Zeitschleife zur Festlegung der Schrittmotorfrequenz.

15.4.10.1. Abfrage der Betriebsbedingungen

Port 01, abgespeichert unter EIN 1

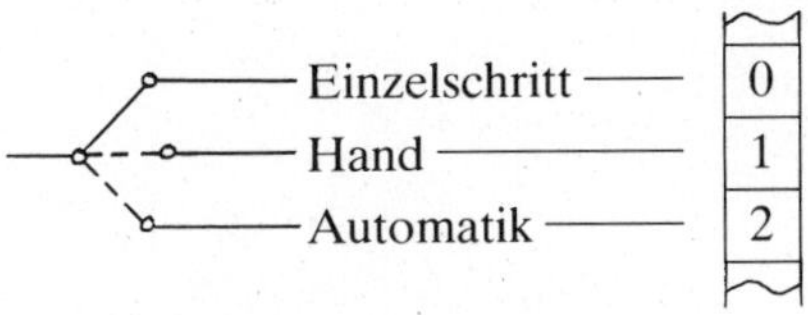

Einer der 3 Betriebsarten muß angewählt sein

```
ANFG: IN 01
      STA EIN1
      ANI 01
      JNZ EINZEL
      LDA EIN1
      ANI 02
      JNZ HAND
      LDA EIN1
      ANI 04
      JNZ AUTO
      JMP ANFG
```

15.4.10.2. Handbetrieb

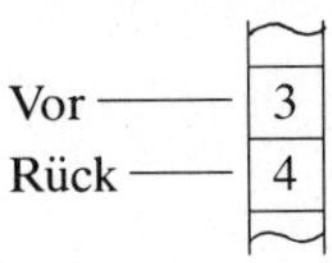

Port 01

```
HAND: XRA A       ; Speicher Automatik-Start löschen
      STA AUSTA
      LDA EIN1
      ANI 08      ; Taste Vor abfragen
      JNZ VOR     ; 1 Schritt Vor machen
      LDA EIN1
      ANI 10      ; Taste Rück abfragen
      JNZ RUECK   ; 1 Schritt Rück machen
      JMP ANFG
```

15.4.10.3. Schrittmotor Vor

Der Schrittmotor macht einen Schritt Vor und der Istwertzähler wird um eins erhöht; die Werte werden ausgegeben.

Schrittmotor 1 Schritt Vor:

```
VOR:  MVI H, E0    ; Zusammensetzen des Tabellenzeigers HL:
      LDA TZ       ; unter TZ wird der Inhalt von L gespeichert
      INR A        ; TZ = TZ + 1
      ANI 03       ; die letzten 2 Bit von L ausblenden
      STA TZ       ; unter TZ abspeichern
      MOV L, A     ; HL = H + letzte 2 Bit von L
      MOV A, M     ; Bitmuster SM, auf das HL zeigt, in Akku
      OUT 01       ; Bitmuster ausgeben Port 01
```

Istwertzähler um 1 erhöhen:

```
      LDA IST
      INR A
      CALL DUDE    ; Dekoder: Dual in Dezimal
      OUT 02       ; Ausgabe Istwert Port 02
      CALL ZEIT    ; bestimmt die Frequenz des SM
      JMP ANFG
```

15.4.10.4. Schrittmotor Rück

Der Schrittmotor macht einen Schritt Rück und der Istwertzähler wird um eins erniedrigt; die Werte werden ausgegeben.

Schrittmotor 1 Schritt Rück:

```
RUECK: MVI H, E0   ; Zusammensetzen des Tabellenzeigers HL
       LDA TZ      ; unter TZ wird der Inhalt von L gespeichert
       DCR A       ; TZ = TZ - 1
       ANI 03      ; die letzten 2 Bit von L ausblenden
       STA TZ      ; unter TZ abspeichern
       MOV L, A    ; HL = HL + letzte 2 Bit von L
       MOV A, M    ; Bitmuster SM, auf das HL zeigt, in Akku
       OUT 01      ; Bitmuster ausgeben Port 01
```

Istwertzähler um 1 erniedrigen:

```
       LDA IST
       DCR A
       STA IST
       CALL DUDE   ; Dekoder: Dual in Dezimal
       OUT 02      ; Ausgabe Istwert Port 02
       CALL ZEIT   ; bestimmt die Frequenz des SM
       JMP ANFG
```

15.4.10.5. Einzelschrittbetrieb

Die Tasten Vor bzw. Rück müssen entprellt werden.

```
EINZEL: XRA A        ; Speicher Automatik-Start löschen
        STA AUSTA
        LDA EIN1
        ANI 18       ; Abfrage Vor- oder Rück-Taste gedrückt?
        JNZ E1
        MVI A, FF    ; Taste nicht gedrückt, Entprellzähler setzen (auf FF)
        STA EZ
        JMP ANFG
    E1: LDA EZ       ; Taste gedrückt:
        ORA A        ; Flags setzen
        JZ ANFG      ; Entprellzähler = 0
        DCR A        ; Entprellzähler ≠ 0: Dekrementieren
        STA EZ
        JNZ ANFG
        LDA EIN1     ; Entprellzähler = 0: 1 Schritt machen
        ANI 08       ; Vor?
        JNZ VOR      ; 1 Schritt Vor machen
        LDA EIN1
        ANI 10       ; Rück?
        JNZ RUECK    ; 1 Schritt Rück machen
        JMP ANFG
```

15.4.10.6. Automatikbetrieb

Automatikbetrieb: 0-Stellen und Stop

```
AUTO: LDA EIN1
      ANI 80       ; Abfrage Taste 0-Stellen?
      JZ A1        ; Taste nicht gedrückt
      MVI A, AA    ; Taste gedrückt: 0-Stell-Speicher setzen
      STA SP0
      XRA A        ; Istwertzähler 0-stellen
      STA IST
      OUT 02
      STA AUSTA    ; Speicher Automatik-Start löschen
      JMP ANFG

  A1: LDA SP0      ; 0-Stell-Speicher gesetzt?
      CPI AA
      JNZ ANFG     ; 0-Stell-Speicher nicht gesetzt
      LDA EIN1     ; 0-Stell-Speicher gesetzt:
      ANI 40       ; Stop-Taste gedrückt?
      JZ AUTO1     ; Nein
      XRA A        ; Ja: Speicher Automatik-Start löschen
      STA AUSTA
      JMP ANFG
```

Automatikbetrieb: Start

```
AUTO 1: LDA AUSTA  ; Speicher Automatik-Start gesetzt?
        CPI AA
        JZ SOLIST  ; Ja
        LDA EIN1   ; Nein
        ANI 20     ; Start-Taste gedrückt?
        JZ ANFG    ; Nein
        MVI A, AA  ; Ja: Speicher Automatik-Start setzen
        STA AUSTA
        JMP SOLIST ; Soll-Ist-Vergleich durchführen
```

15.4.10.7. Soll-Ist-Vergleich

Eingabe des Sollwertes im BCD-Code.

Port 02, abgespeichert unter EIN2

Einer	1	0
	2	1
	4	2
	8	3
Zehner	1	4
	2	5
	4	6
	8	7

Der Istwert ist unter der symbolischen Adresse IST abgespeichert.

```
SOLIST: IN 02      ; Sollwert einlesen
        CALL DEDU  ; Dekoder: Dezimal in Dual
        MOV B, A
        LDA IST    ; Istwert in Akku
        CMP B      ; A − B = Ist-Soll
        JZ IGS     ; Ist gleich Soll
        JC VOR     ; Ist > Soll
        JMP RUECK  ; Ist < Soll
```

Ist gleich Soll: Der Motor muß anhalten

```
IGS:    XRA A      ; Automatik-Start-
        STA AUSTA  ; Speicher löschen
        JMP ANFG
```

15.4.10.8. Programmlisting

```
MC-Steuerung 23.06.86   MACRO-80 3.44   09-Dec-81        PAGE    1

                                         TITLE   MC-Steuerung 23.06.86
                                                 .8080
 0000'                                           ASEG

 F000                                    EIN1    EQU      0F000H
 F001                                    EIN2    EQU      0F001H
 F002                                    IST     EQU      0F002H
 F003                                    AUSTA   EQU      0F003H
 F004                                    TZ      EQU      0F004H
 F005                                    EZ      EQU      0F005H
 F006                                    SPO     EQU      0F006H
                                                 .LIST
 E000     0A 06 05 09                    MOTAB:  DEFB     0AH,06H,05H,09H
                                                 .LIST
 E010     00 0A 14 1E                    DUTAB:  DEFB     00H,0AH,14H,1EH,28H
 E014     28
 E015     32 3C 46 50                            DEFB     32H,3CH,46H,50H
 E019     5A                             DUTABL: DEFB     5AH
 E01A     00 10 20 30                    DETAB:  DEFB     00H,10H,20H,30H,40H
 E01E     40
 E01F     50 60 70 80                            DEFB     50H,60H,70H,80H
 E023     90                             DETABL: DEFB     90H
                                                 .LIST
                                         ;
 E030     C5                             DEDU:   PUSH     B
 E031     E5                                     PUSH     H
 E032     47                                     MOV      B,A
 E033     E6 0F                                  ANI      0FH
 E035     4F                                     MOV      C,A
 E036     78                                     MOV      A,B
 E037     0F                                     RRC
 E038     0F                                     RRC
 E039     0F                                     RRC
 E03A     0F                                     RRC
 E03B     E6 0F                                  ANI      0FH
 E03D     21 E010                                LXI      H,DUTAB
 E040     85                                     ADD      L
 E041     6F                                     MOV      L,A
 E042     7E                                     MOV      A,M
 E043     81                                     ADD      C
 E044     E1                                     POP      H
 E045     C1                                     POP      B
 E046     C9                                     RET
                                         ;
 E047     E5                             DUDE:   PUSH     H
 E048     D5                                     PUSH     D
 E049     C5                                     PUSH     B
 E04A     21 E019                                LXI      H,DUTABL
 E04D     11 E023                                LXI      D,DETABL
 E050     47                                     MOV      B,A
 E051     78                             D2:     MOV      A,B
 E052     96                                     SUB      M
 E053     D2 E05B                                JNC      D1
 E056     2B                                     DCX      H
 E057     1B                                     DCX      D
 E058     C3 E051                                JMP      D2

MC-Steuerung 23.06.86   MACRO-80 3.44   09-Dec-81        PAGE    1-1

                                         ;
 E05B     47                             D1:     MOV      B,A
 E05C     1A                                     LDAX     D
 E05D     80                                     ADD      B
 E05E     C1                                     POP      B
 E05F     D1                                     POP      D
 E060     E1                                     POP      H
 E061     C9                                     RET
```

```
                                ;
E062    C5                      ZEIT:   PUSH    B
E063    F5                              PUSH    PSW
E064    01 1000                         LXI     B,1000H
E067    0B                      Z1:     DCX     B
E068    78                              MOV     A,B
E069    B1                              ORA     C
E06A    C2 E067                         JNZ     Z1
E06D    F1                              POP     PSW
E06E    C1                              POP     B
E06F    C9                              RET
                                ;
E070    DB 01                   ANFG:   IN      01H
E072    32 F000                         STA     EIN1
E075    E6 01                           ANI     01
E077    C2 E0E6                         JNZ     EINZEL
E07A    3A F000                         LDA     EIN1
E07D    E6 02                           ANI     02H
E07F    C2 E08D                         JNZ     HAND
E082    3A F000                         LDA     EIN1
E085    E6 04                           ANI     04H
E087    C2 E11B                         JNZ     AUTO
E08A    C3 E070                         JMP     ANFG
                                ;
E08D    AF                      HAND:   XRA     A
E08E    32 F003                         STA     AUSTA
E091    3A F000                         LDA     EIN1
E094    E6 08                           ANI     08H
E096    C2 E0A4                         JNZ     VOR
E099    3A F000                         LDA     EIN1
E09C    E6 10                           ANI     10H
E09E    C2 E0C5                         JNZ     RUECK
E0A1    C3 E070                         JMP     ANFG
                                ;
E0A4    26 E0                   VOR:    MVI     H,0E0H
E0A6    3A F004                         LDA     TZ
E0A9    3C                              INR     A
E0AA    E6 03                           ANI     03H
E0AC    32 F004                         STA     TZ
E0AF    6F                              MOV     L,A
E0B0    7E                              MOV     A,M
E0B1    D3 01                           OUT     01H
                                ;
E0B3    3A F002                         LDA     IST
E0B6    3C                              INR     A
E0B7    32 F002                         STA     IST
E0BA    CD E047                         CALL    DUDE
E0BD    D3 02                           OUT     02H


1C-Steuerung 23.06.86   MACRO-80 3.44   09-Dec-81       PAGE    1-2

E0BF    CD E062                         CALL    ZEIT
E0C2    C3 E070                         JMP     ANFG
                                ;
E0C5    26 E0                   RUECK:  MVI     H,0E0H
E0C7    3A F004                         LDA     TZ
E0CA    3D                              DCR     A
E0CB    E6 03                           ANI     03H
E0CD    32 F004                         STA     TZ
E0D0    6F                              MOV     L,A
E0D1    7E                              MOV     A,M
E0D2    D3 01                           OUT     01H
                                ;
E0D4    3A F002                         LDA     IST
E0D7    3D                              DCR     A
E0D8    32 F002                         STA     IST
E0DB    CD E047                         CALL    DUDE
E0DE    D3 02                           OUT     02H
E0E0    CD E062                         CALL    ZEIT
E0E3    C3 E070                         JMP     ANFG
```

```
                                  ;
E0E6    AF                        EINZEL: XRA    A
E0E7    32 F003                           STA    AUSTA
E0EA    3A F000                           LDA    EIN1
E0ED    E6 18                             ANI    18H
E0EF    C2 E0FA                           JNZ    E1
E0F2    3E FF                             MVI    A,0FFH
E0F4    32 F005                           STA    EZ
E0F7    C3 E070                           JMP    ANFG
E0FA    3A F005                   E1:     LDA    EZ
E0FD    B7                                ORA    A
E0FE    CA E070                           JZ     ANFG
E101    3D                                DCR    A
E102    32 F005                           STA    EZ
E105    C2 E070                           JNZ    ANFG
E108    3A F000                           LDA    EIN1
E10B    E6 08                             ANI    08H
E10D    C2 E0A4                           JNZ    VOR
E110    3A F000                           LDA    EIN1
E113    E6 10                             ANI    10H
E115    C2 E0C5                           JNZ    RUECK
E118    C3 E070                           JMP    ANFG
                                          $EJECT
```

MC-Steuerung 23.06.86   MACRO-80 3.44   09-Dec-81   PAGE   1-3

```
E11B    3A F000                   AUTO:   LDA    EIN1
E11E    E6 80                             ANI    80H
E120    CA E134                           JZ     A1
E123    3E AA                             MVI    A,0AAH
E125    32 F006                           STA    SP0
E128    AF                                XRA    A
E129    32 F002                           STA    IST
E12C    D3 02                             OUT    02H
E12E    32 F003                           STA    AUSTA
E131    C3 E070                           JMP    ANFG
E134    3A F006                   A1:     LDA    SP0
E137    FE AA                             CPI    0AAH
E139    C2 E070                           JNZ    ANFG
E13C    3A F000                           LDA    EIN1
E13F    E6 40                             ANI    40H
E141    CA E14B                           JZ     AUTO1
E144    AF                                XRA    A
E145    32 F003                           STA    AUSTA
E148    C3 E070                           JMP    ANFG
                                  ;
E14B    3A F003                   AUTO1:  LDA    AUSTA
E14E    FE AA                             CPI    0AAH
E150    CA E163                           JZ     SOLIST
E153    3A F000                           LDA    EIN1
E156    E6 20                             ANI    20H
E158    CA E070                           JZ     ANFG
E15B    3E AA                             MVI    A,0AAH
E15D    32 F003                           STA    AUSTA
E160    C3 E163                           JMP    SOLIST
                                  ;
E163    DB 02                     SOLIST: IN     02H
E165    CD E030                           CALL   DEDU
E168    47                                MOV    B,A
E169    3A F002                           LDA    IST
E16C    B8                                CMP    B
E16D    CA E176                           JZ     IGS
E170    DA E0A4                           JC     VOR
E173    C3 E0C5                           JMP    RUECK
                                  ;
E176    AF                        IGS:    XRA    A
E177    32 F003                           STA    AUSTA
E17A    C3 E070                           JMP    ANFG
                                  ;
                                          .LIST
                                          $EJECT
```

Übung 15.7

Stellen Sie folgende Programmteile als Programmablauf-Diagramm dar:

1. Schrittmotor Vor
2. Soll-Ist-Vergleich

15.5. Inkrementale Istwertbildung für digitale Regelung

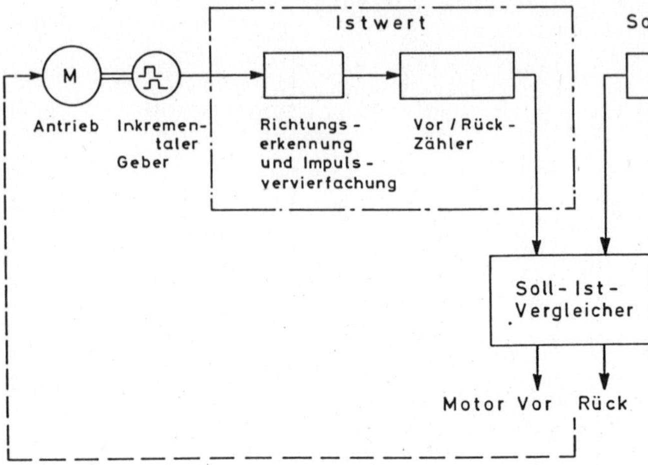

Der inkrementale Geber liefert um 90° versetzte Impulse, aus denen man die Drehrichtung des Motors bzw. die Zählrichtung für den angeschlossenen Zähler ableiten kann. Der Zählerstand ist dann die digitale Nachbildung des Istwertes.

Verarbeitet man jede Flanke der Geberimpulse, dann lassen sich während einer Periode vier Zählimpulse erzeugen.

Die mechanische Auflösung des Gebers wird dadurch elektronisch vervierfacht.

Geberimpulse:

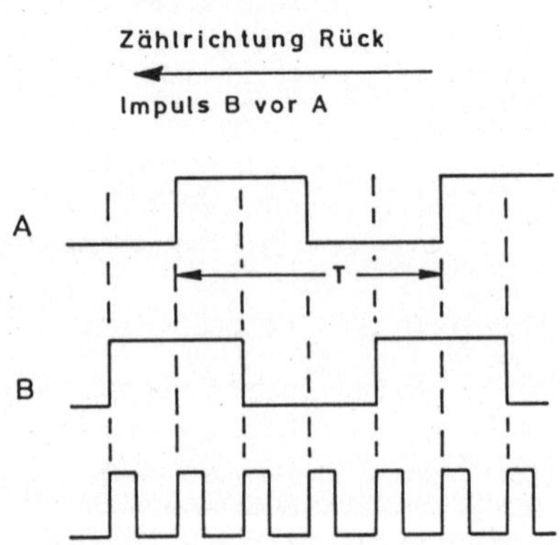

Zählimpulse, vervierfacht

Das folgende Programm beinhaltet die inkrementale Istwertbildung.

Sie besteht aus Richtungserkennung (Richtungsdiskriminator)
Impulsvervierfachung
Vor/Rück-Zähler

Der Zählerstand ist der digital nachgebildete Istwert. Er wird unter der symbolischen Adresse IWERT abgelegt. Unter dieser Adresse kann er für eine Istwertanzeige und für das Regelprogramm, welches Sollwert und Istwert miteinander vergleicht, aufgerufen werden.

Anschluß des Gebers: Eingabeport 03

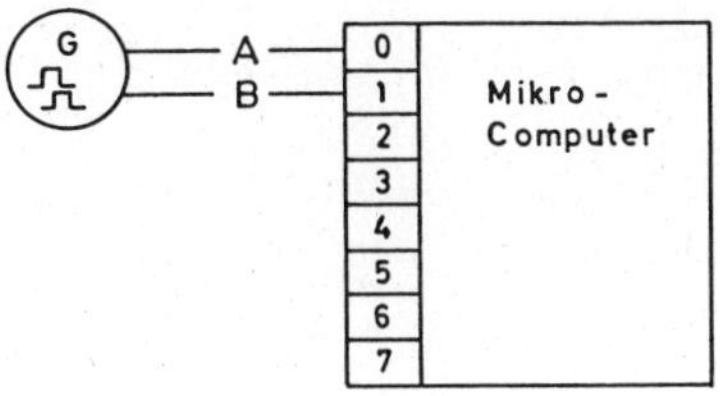

Lösungsprinzip:

Die alten abgespeicherten Gebersignale werden mit den neuen Gebersignalen verglichen. Aus dem Vergleich wird die Zählrichtung des Istwertzählers abgeleitet.

Programm zur inkrementalen Istwertbildung:

```
ANFG: IN 03      ; neue Gebersignale einlesen
      ANI 03
      MOV E, A   ; neue Gebersignale nach E
      STA NGEB   ; neue Gebersignale nach NGEB
      LDA AGEB   ; alte Gebersignale AGEB nach A
      CMP E      ; AGEB = NGEB?
      JZ ANFG    ; Ja, keine Veränderung des Istwertes
      CPI 00     ; AGEB = A0, B0?
      JZ A0B0    ; Ja, mit NGEB vergleichen
      CPI 01     ; AGEB = A1, B0?
      JZ A1B0    ; Ja, mit NGEB vergleichen
      CPI 02     ; AGEB = A0, B1?
      JZ A0B1    ; Ja, mit NGEB vergleichen
      CPI 03     ; AGEB = A1, B1?
      JZ A1B1    ; Ja, mit NGEB vergleichen
      JMP GDEF   ; Geber defekt, Sprung in Fehlermelde-Routine mit Fehleranzeige
                 ; (in diesem Programm nicht enthalten)
```

Alte Gebersignale: A = 0 und B = 0; Vergleich mit neun Gebersignalen:

```
A0B0: MOV A, E    ; neue Gebersignale nach A
      CPI 02      ; NGEB = A0, B1?
      JZ IVOR     ; Ja, Istzähler Vor
      CPI 01      ; NGEB = A1, B0?
      JZ IRUECK   ; Ja, Istzähler Rück
      JMP GDEF    ; Geber defekt
```

Alte Gebersignale: A = 1 und B = 0:

```
A1B0:  MOV A, E
       CPI 00       ; NGEB = A0, B0?
       JZ IVOR
       CPI 03       ; NGEB = A1, B1?
       JZ IRUECK
       JMP GDEF
```

Alte Gebersignale: A = 0 und B = 1:

```
A0B1:  MOV A, E
       CPI 03       ; NGEB = A1, B1?
       JZ IVOR
       CPI 00       ; NGEB = A0, B0?
       JZ IRUECK
       JMP GDEF
```

Alte Gebersignale: A = 1 und B = 1:

```
A1B1:  MOV A, E
       CPI 01       ; NGEB = A1, B0
       JZ IVOR
       CPI 02       ; NGEB = A1, B1
       JZ IRUECK
       JMP GDEF
```

Istzähler Vor (inkrementieren):

```
IVOR:    STA AGEB   ; NGEB wird AGEB
         LDA IWERT  ; Istwert nach A
         INR A      ; Istwert + 1
         STA IWERT
         JMP ANFG
```

Istzähler Rück (dekrementieren):

```
IRUECK:  STA AGEB   ; NGEB wird AGEB
         LDA IWERT  ; Istwert nach A
         DCR A      ; Istwert − 1
         STA IWERT
         JMP ANFG
```

Das Programm zur inkrementalen Istwertbildung läßt sich in ein Regelprogramm einbauen, welches ähnlich aufgebaut ist, wie das Programm zur Schrittmotorsteuerung.

Prinzipielles Programmablaufdiagramm für eine digitale Regelung:

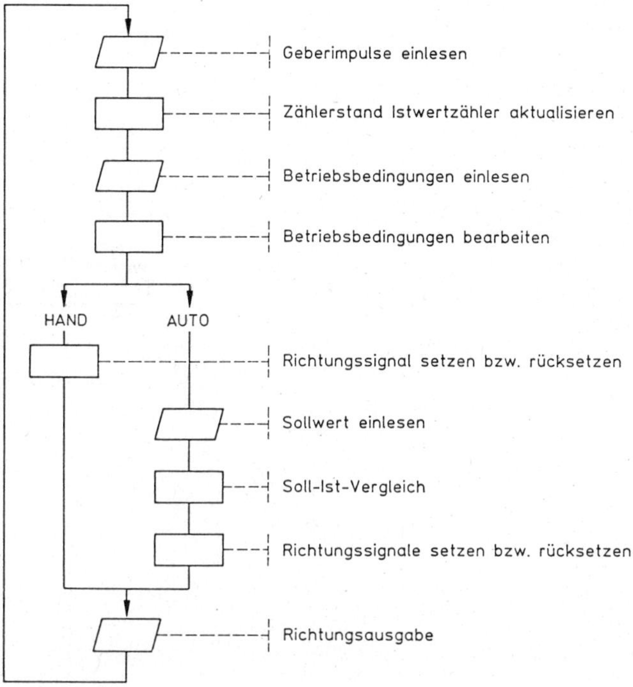

Das Programm muß ohne Warteschleifen zyklisch bearbeitet werden, damit keine Geberimpulse verlorengehen.

Übung 15.8

Ändern Sie das Programm zur inkrementalen Istwertbildung so ab, daß es als Unterprogramm IWERTB aufgerufen werden kann.

Dabei ist darauf zu achten, daß es keine Warteschleifen beinhaltet und mit dem Hauptprogramm zyklisch bearbeitet werden kann.

15.6. Programmieren von Kontaktplänen

Die Programmerstellung erfolgt in der gleichen Weise, wie man sie von speicherprogrammierbaren Steuerungen (SPS) her kennt.

Die Programmbearbeitung erfolgt zyklisch.

Alle Eingangssignale werden eingelesen und abgespeichert. Anschließend erfolgt die logische Verknüpfung der Eingangssignale entsprechend dem Programm.

Bei widersprüchlichen Ergebnissen (z.B. Eingangssignal Vor und Rück stehen gleichzeitig an), hat das zuletzt bearbeitete Eingangssignal Vorrang.

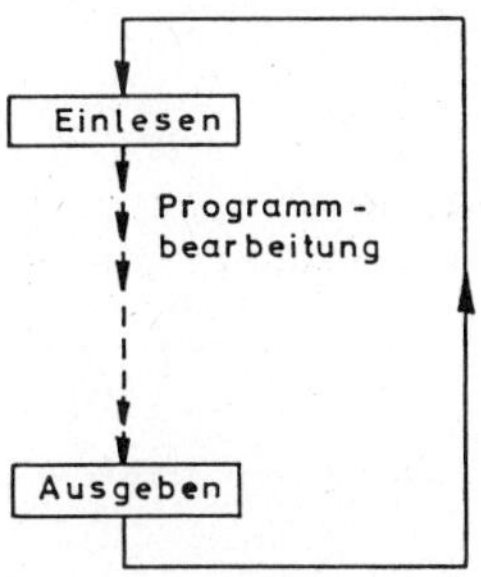

Am Ende des Programms werden alle Ausgangssignale, die während der Programmbearbeitung abgespeichert wurden, ausgegeben.

Danach erfolgt der Rücksprung, und die Eingangssignale werden erneut eingelesen.

15.6.1. Ein- und Ausgangssignale

Die Ein- und Ausgangssignale werden am sinnvollsten nach den Port-Anschlüssen benannt.

Eingangssignale:

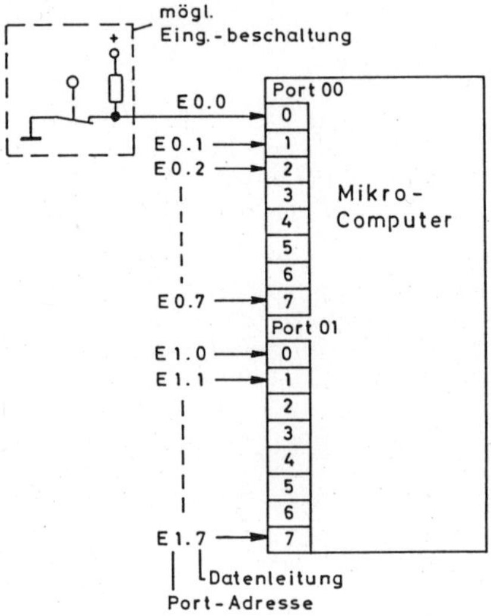

Alle Eingangssignale sind so anzuschließen, daß sie bei Betätigung ein H-Signal am Porteingang liefern.

Das erleichtert die Überlegungen beim Programmieren wesentlich.

Die Eingangssignale werden unter symbolischen Adressen abgespeichert.

Abspeichern der Eingangssignale:

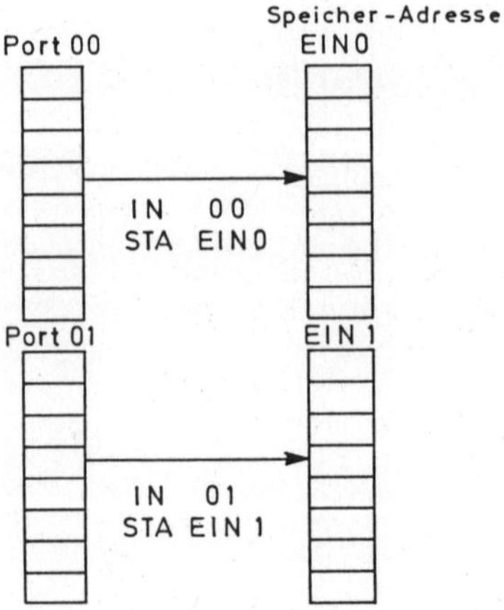

Ausgangssignale:

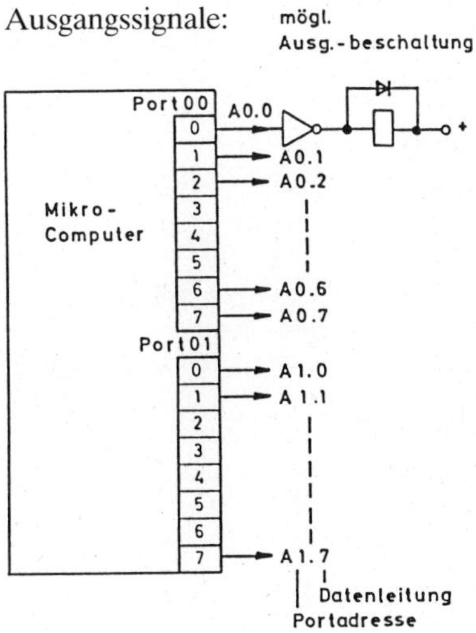

Die Ausgangsbytes werden unter symbolischen Adressen abgespeichert.

Das Ausgangsbyte muß vor der Ausgabe aus den einzelnen Ausgangssignalen, die als Einzelbits unter symbolischen Adressen gespeichert sind, zusammengesetzt werden.

Abspeichern der Ausgangssignale:

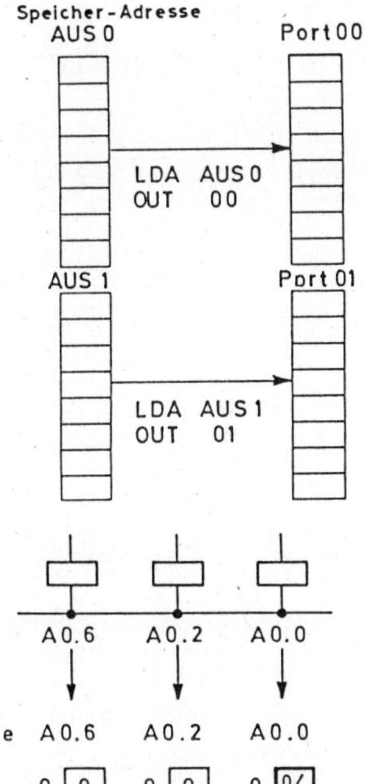

Zusammenstellen des Ausgangsbytes:

Die Ausgangssignale werden unter gleichlautenden symbolischen Adressen abgelegt.

Jede Adresse beinhaltet 8 Bit. Davon wird jedoch nur 1 Bit zur Speicherung des Ausgangssignales verwandt.

Es empfiehlt sich, das Ausgangssignal in das zugehörige Datenbit zu schreiben. Alle anderen Datenbits werden auf 0 gestellt.

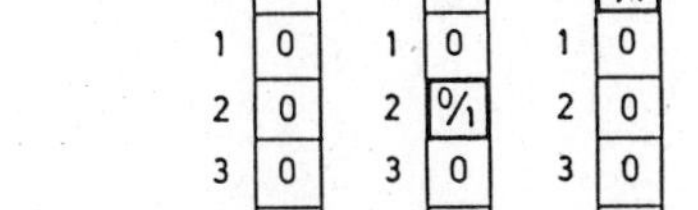

Bit	A0.6	Bit	A0.2	Bit	A0.0
0	0	0	0	0	0/1
1	0	1	0	1	0
2	0	2	0/1	2	0
3	0	3	0	3	0
4	0	4	0	4	0
5	0	5	0	5	0
6	0/1	6	0	6	0
7	0	7	0	7	0

A0.6 setzen (Relais A0.6 zieht an):
MVI A, 04
STA A0.6

A0.6 rücksetzen (Relais A0.6 fällt ab):
MVI A, 00
STA A0.6

Vor der Ausgabe des Ausgangsbytes werden die einzelnen Ausgangssignale zu einem Ausgangsbyte „übereinander“ geschrieben.

Zusammensetzen des Ausgangsbytes AUS 0 und Ausgabe:

```
LDA A0.6
MOV B, A
LDA A0.2
ORA B
MOV B, A
LDA A0.0
ORA B
MOV A, B
STA AUS 0
OUT 00
```

15.6.2. Erstellen des Kontaktplanes KOP

Der Kontaktplan KOP ist ähnlich aufgebaut wie der normale Stromlaufplan. Er berücksichtigt jedoch die Besonderheiten der speicherprogrammierbaren Steuerung. Seine Darstellung ist „maschinenorientiert“, damit er sofort in ein Programm umgesetzt werden kann.

Das Besondere an unseren programmierten Steuerungen ist, daß jedes Hilfs- oder Hauptschütz einen zugehörigen Speicherplatz belegt.

Zieht das Schütz an, wird der Speicherplatz auf 1 gesetzt; fällt das Schütz ab, wird der Speicherplatz auf 0 gesetzt.

Das Schütz hat also immer eine „Selbstschaltung“. Das läßt sich im Kontaktplan am besten durch ein Remanenzschütz darstellen, welches sich in jeder Stellung selbst hält.

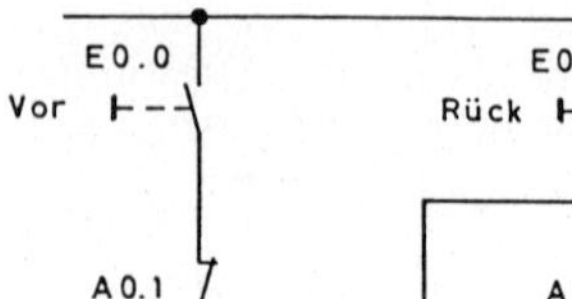

Beispiel

Kontaktplan für Wendeschützschaltung

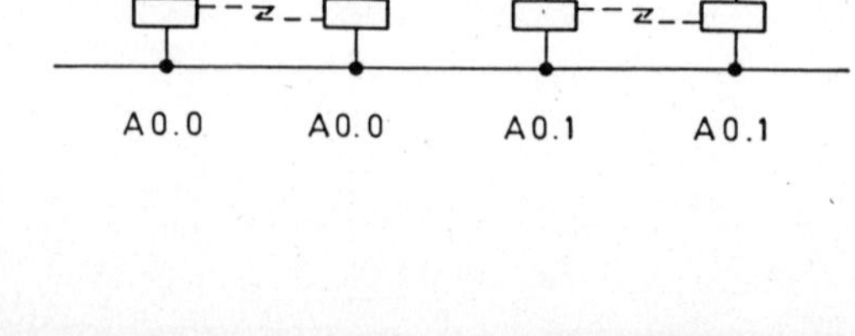

Da die Schütze A0.0 und A0.1 gegeneinander verriegelt sind, muß vor der Richtungsumschaltung die Stop-Taste gedrückt werden.

Die Stromweg-Bezeichnungen S1 bis S3 sind Marken für die Programme der einzelnen Stromwege.

Die Stromwege werden in steigender Reihenfolge zyklisch bearbeitet. Die Stop-Taste wird also zuletzt bearbeitet und hat Vorrang gegenüber den Richtungstasten.

15.6.3. Programmieren von Kontakten

Schließer:

a)

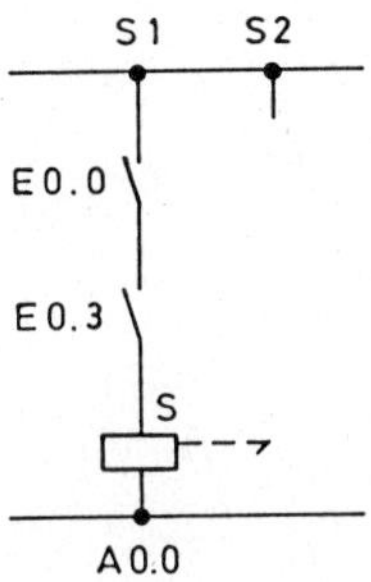

b)

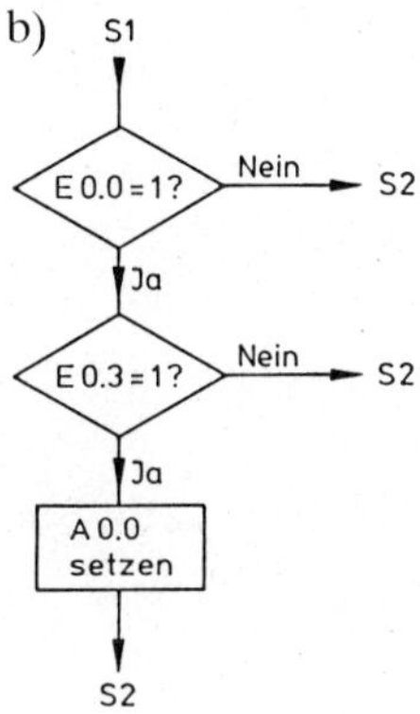


```
S1: LDA EIN0
    ANI 01      ; E0.0 ausblenden
    JZ S2
    LDA EIN0
    ANI 08      ; E0.3 ausblenden
    JZ S2
    MVI A, 01   ; A0.0 setzen
    STA A0.0
    JMP S2
```

Schließer parallel:

a)

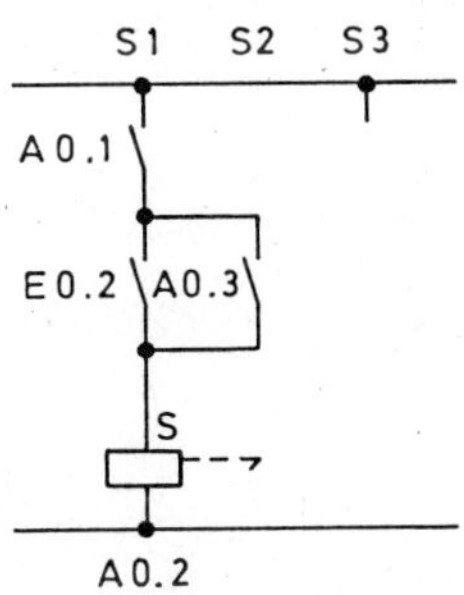

b)

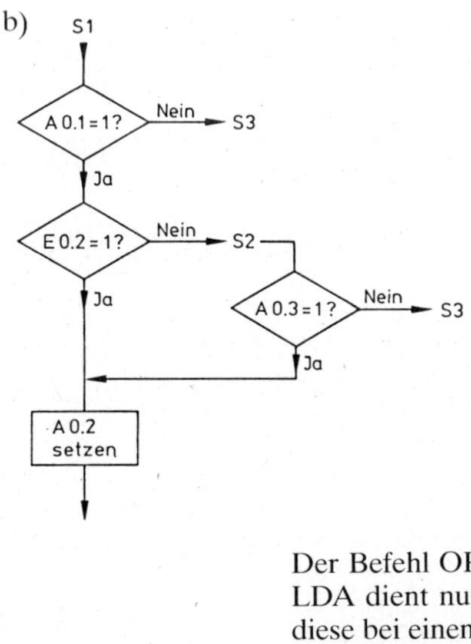


```
S1: LDA A0.1
    JZ S3
    LDA EIN0
    ANI 04      ; E0.2
    JZ S2
    MVI A, 04
    STA A0.2
    JMP S3
S2: LDA A0.3
    ORA A
    JZ S3
    MVI A, 04
    STA A0.2
    JMP S3
```

Der Befehl ORA A hinter einem Ladebefehl LDA dient nur dazu, die Flags zu setzen, da diese bei einem Ladebefehl nicht gesetzt werden. Er hat keine logische Funktion.

Öffner:

a)

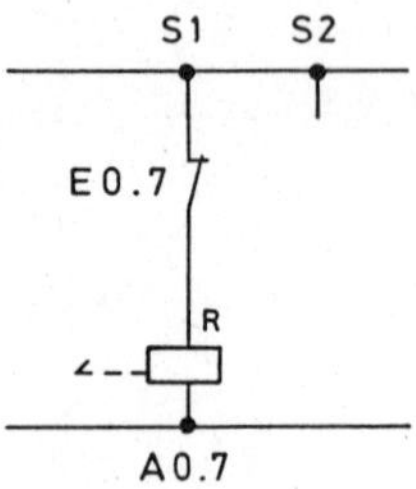

b)

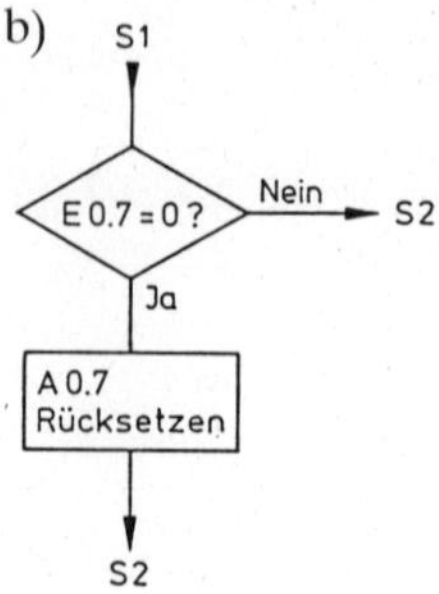


```
S1: LDA EIN0
    ANI 80
    JNZ S2
    MVI A, 00
    STA A0.7
    JMP S2
```

15.6.4. Beispiele

Genau wie Ausgangssignale lassen sich auch Hilfsschütze oder Merker M programmieren.

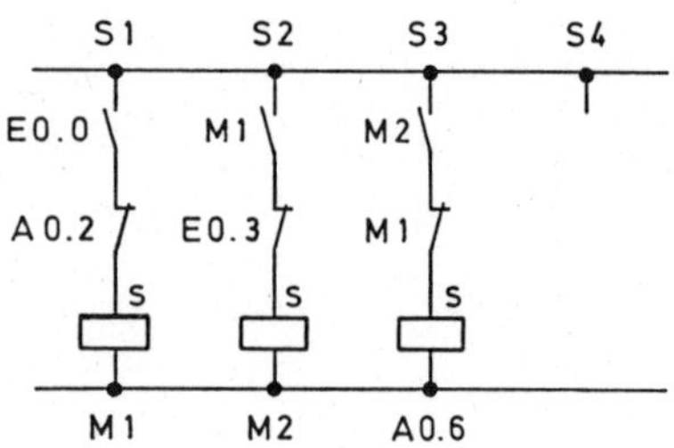


```
S1: LDA EIN0     S2: LDA M1      S3: LDA M2
    ANI 01           ORA A           ORA A
    JZ S2            JZ S3           JZ S4
    LDA A0.2         LDA EIN0        LDA M1
    ORA A            ANI 08          ORA A
    JNZ S2           JNZ S3          JNZ S4
    MVI A, 01        MVI A, 01       MVI A, 06
    STA M1           STA M2          STA A0.6
    JMP S2           JMP S3          JMP S4
```

15.6.4.1. Wendeschützschaltung für eine Geschwindigkeit

Kontaktplan:

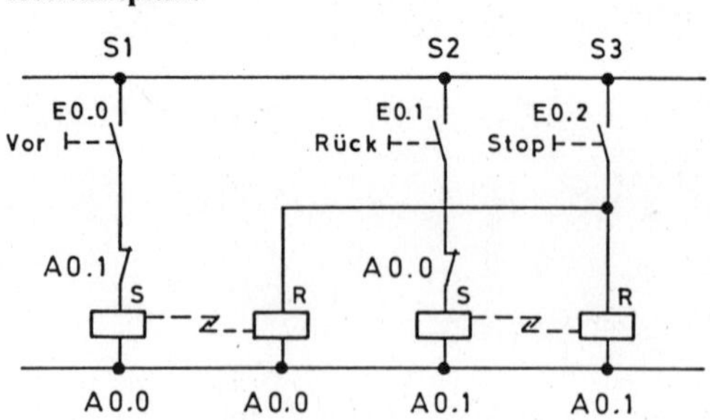

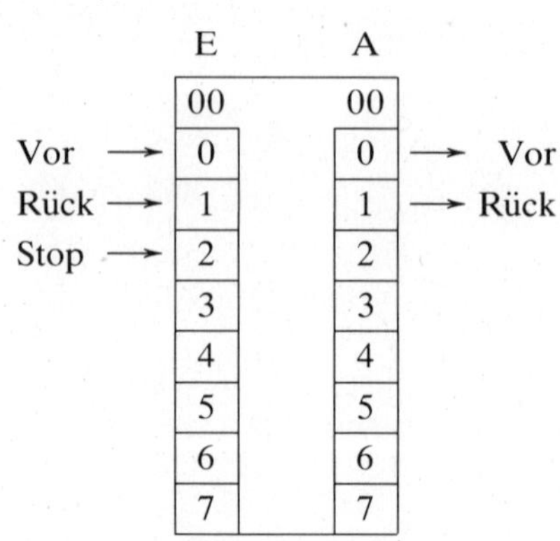

Programm:

```
EINL: IN 00
      STA EIN0

  S1: LDA EIN0
      ANI 01
      JZ S2
      LDA A0.1
      ORA A
      JNZ S2
      MVI A, 01
      STA A0.0
      JMP S2

  S2: LDA EIN0
      ANI 02
      JZ S3
      LDA A0.0
      ORA A
      JNZ S3
      MVI A, 02
      STA A0.1
      JMP S3

  S3: LDA EIN0
      ANI 04
      JZ AUSG
      MVI A, 00
      STA A0.0
      STA A0.1
      JMP AUSG

AUSG: LDA A0.0
      MOV B, A
      LDA A0.1
      ORA B
      OUT 00
      JMP EINL
```

Übung 15.9

a) Schreiben Sie das Programm für eine Wendeschützschaltung nach folgendem Kontaktplan:

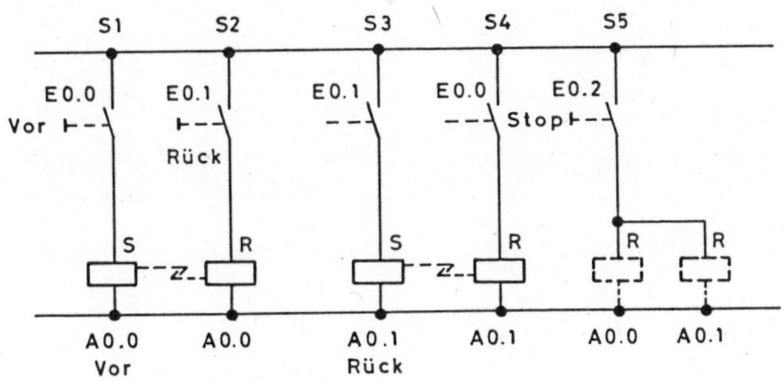

b) Wie funktioniert die Schaltung?

c) Was passiert, wenn Vor, Rück und Stop gleichzeitig gedrückt werden?

d) Was passiert, wenn Vor und Rück gleichzeitig gedrückt werden?

15.6.4.2. Wendeschützschaltung für zwei Geschwindigkeiten

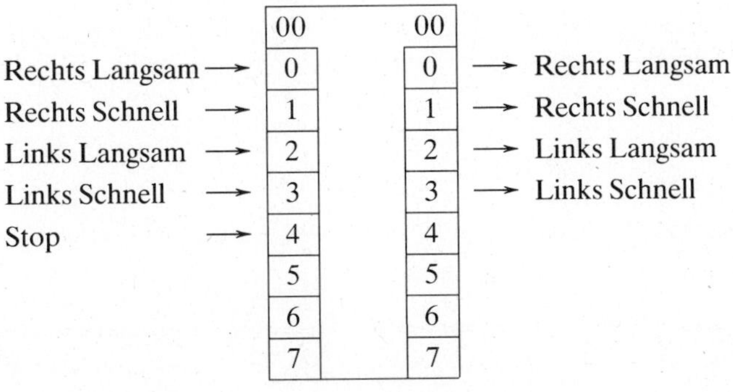

Forderung:

Die Geschwindigkeit kann bei gleicher Drehrichtung gewechselt werden.
Ein Umschalten auf die andere Drehrichtung soll nur über Stop möglich sein.

Kontaktplan:

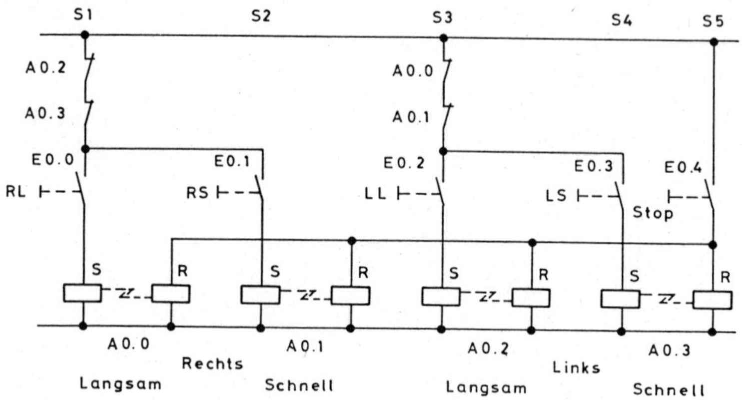

Da Langsam und Schnell nicht gleichzeitig kommen können, werden A0.0 und A0.1 unter der gleichen Adresse A0.01, sowie A0.2 und A0.3 unter der gleichen Adresse A0.23, abgelegt.
Das vereinfacht den Kontaktplan und verkürzt das Programm.

Programm:

```
EINL: IN 00
      STA EIN0

  S1: LDA A0.23
      ORA A      ; Flags setzen
      JNZ S3     ; Es werden beide Ausgangssignale gleichzeitig geprüft. Nur wenn beide
      LDA EIN0   ; 0 haben, wird der Stromweg fortgesetzt
      ANI 01     ; RL?
      JZ S2
      MVI A,01
      STA A0.01
      JMP S2

  S2: LDA EIN0   ; RS?
      ANI 02
      JZ S3
      MVI A,02
      STA A0.01
      JMP S3
```

```
S3: LDA A0.12
    ORA A
    JNZ S5
    LDA EIN0
    ANI 04
    JZ S4
    MVI A, 04
    STA A0.23
    JMP S4

S4: LDA EIN0
    ANI 08
    MVI A, 08
    STA A0.23
    JMP S5

S5: LDA EIN0
    ANI 10
    JZ AUSG
    MVI A, 00 oder XRA A
    STA A0.01
    STA A0.23
    JMP AUSG

AUSG: LDA A0.01
      MOV B, A
      LDA A0.23
      ORA B
      OUT 00
      JMP EINL
```

15.7. Ablaufsteuerungen

Ablaufsteuerungen oder Programmsteuerungen dienen dazu, einen Prozeß, der sich in bestimmten Schritten immer wiederholt, automatisch zu steuern.

Beispiele für Ablaufsteuerungen:
- Tauchbadanlage
- Fertigungsstraße
- Verpackungsmaschine
- Werkzeugmaschinen

Beispiel

Stanze für Blechscheiben:

Endschalter: „Stanzstempel Oben"
Motor: „Stanzstempel Senken" Ein
Endschalter: „Stanzstempel Unten"
Motor: „Stanzstempel Senken" Aus
Motor: Stanzstempel Heben" Ein

In der Regel beginnt der Programmablauf bei einer festgelegten Ausgangsstellung.

Zu jedem Programmschritt gehören bestimmte Ausgangssignale. Der Programmschritt wird bei definierten Eingangssignalen beendet (quittiert).

Die Quittung eines Programmschrittes schaltet die anstehenden Ausgangssignale ab und die neuen Ausgangssignale des nächsten Programmschrittes ein.

Ein Programmschritt kann von Endschaltern oder von einem Zeitwerk quittiert werden.

Lage- oder wegabhängige Quittung.
Zeitabhängige Quittung

Die Quittung eines Programmschrittes ist in der Regel das Start-Signal für den nächsten Programmschritt.

Zwischen zwei Programmschritten können jedoch auch Wartezeiten liegen, oder der nächste Programmschritt wird erst bei bestimmten Hand-Signalen begonnen.

15.7.1. Ablaufsteuerungen mittels Kontaktplan

Der Kern solcher Ablaufsteuerungen ist die Schaltung für die Ablaufkette.

Kontaktplan für eine Ablaufkette:

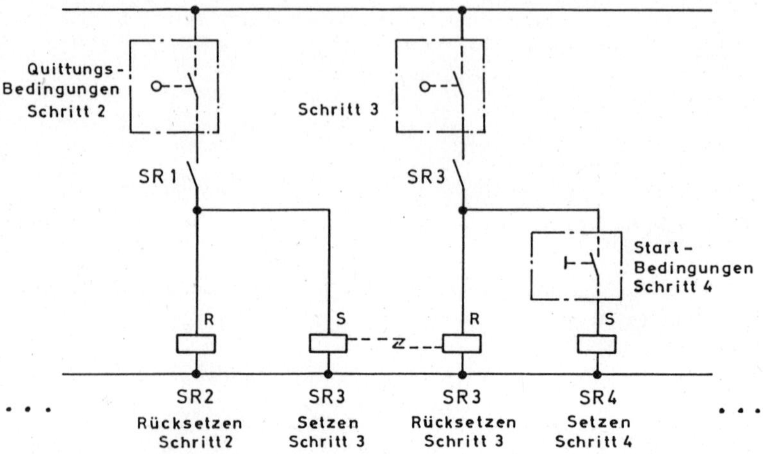

Die Verknüpfung der Programmschritte der Ablaufkette mit den Betriebsbedingungen zu den endgültigen Ausgangssignalen erfolgt im Anschluß an die Programmkette.

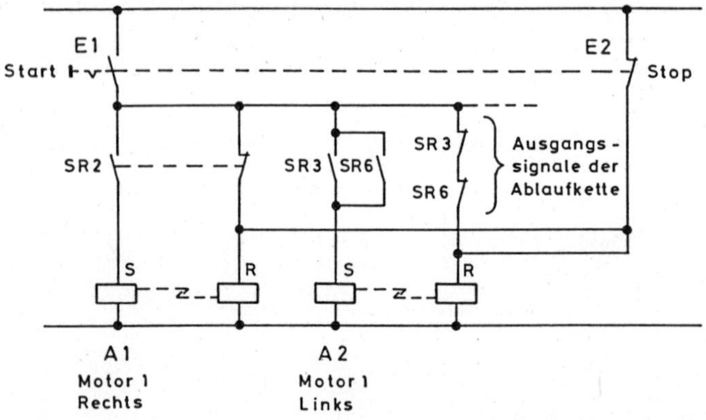

Die Programmierung dieser Ablaufsteuerungen mittels Kontaktplan erfolgt wie im vorhergehenden Kapitel 15.6. „Programmierung von Kontaktplänen" beschrieben.

15.7.2. Ablaufsteuerungen mittels Tabellenverarbeitung

Wie eingangs beschrieben, ist jeder Programmschritt nach dem gleichen Grundmuster aufgebaut.

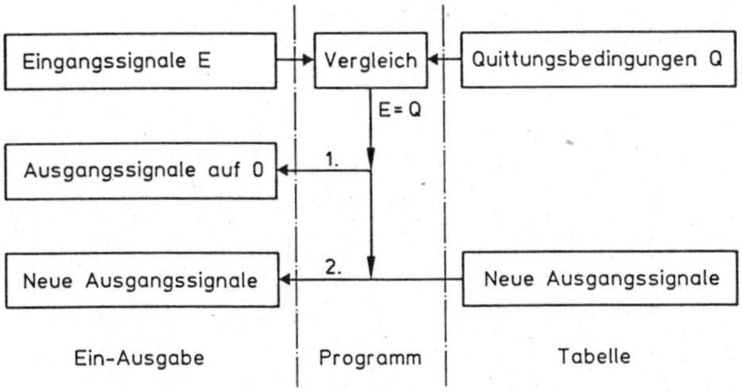

Wie die Skizze zeigt, werden die Quittungsbedingungen oder Ausschaltbedingungen für den jeweiligen Programmschritt, sowie die Ausgangssignale des nächsten Programmschrittes in einer Tabelle abgelegt.

Ein Programm holt sich diese Bitmuster mit Hilfe eines „Tabellenzeigers", der jeweils um eine Stelle weitergezählt wird.

Programmablaufdiagramm:

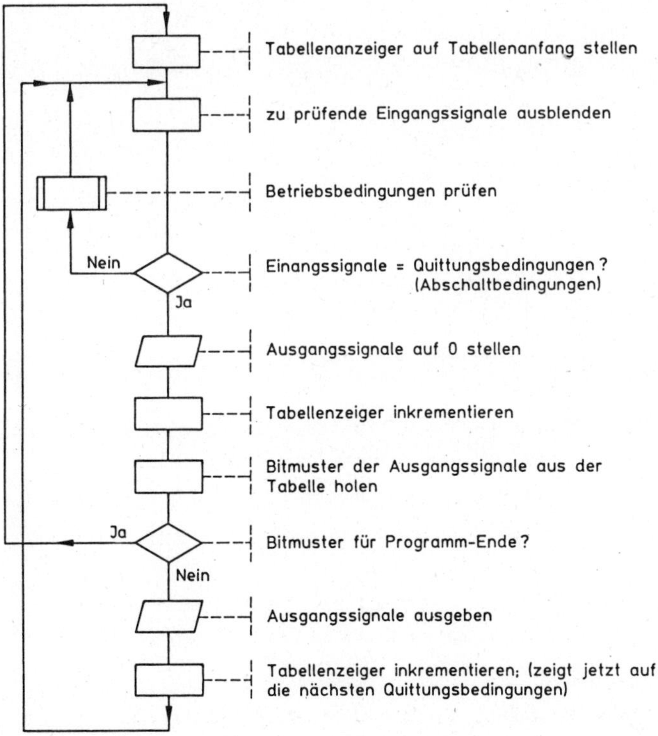

Die Tabelle muß zu dem gewählten Programm passen.

Tabelle zum Programmablaufdiagramm:

Tabellen-Speicher

Adresse Tabellenanfang	X	X	X	X	X	X	X	X	Anfangsbedingungen
									Ausgangssignale Schritt 1
									Abschaltbedingungen Schritt 1
									Ausgangssignale Schritt 2
									Abschaltbedingungen Schritt 2
									Ausgangssignale Schritt 3
									Abschaltbedingungen Schritt 3
	1	1	1	1	1	1	1	1	Bitmuster für Programm Ende

Der Vorteil der Ablaufsteuerung mittels Tabellenverarbeitung liegt darin, daß das Programm für alle beliebigen Ablaufsteuerungen zu verwenden ist.

Für jede Ablaufsteuerung muß lediglich die passende Tabelle geschrieben werden. Dabei kann die Steuerung beliebig viele Schritte enthalten.

15.7.2.1. Programm für Ablaufsteuerungen

Die Programmerstellung soll an einem Beispiel erläutert werden.

Aufgabe:

Es ist eine Ablaufsteuerung für eine Stanzmaschine zu konstruieren, welche Blechteile aus einem Blechstreifen stanzt.

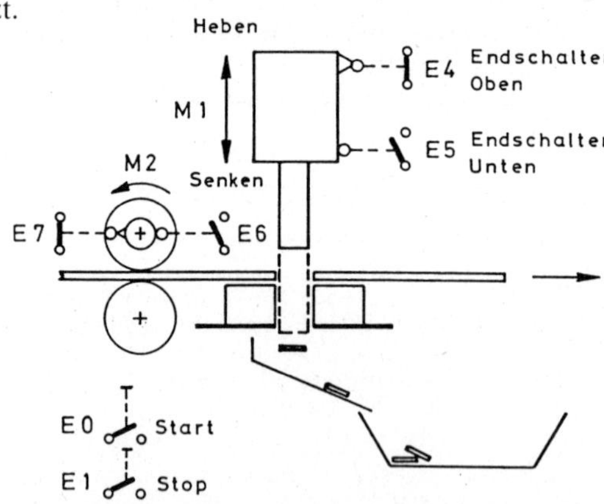

Steuerprogramm:

Nachdem die Start-Taste E0 gedrückt wurde, soll folgendes Programm ablaufen:

Schritt 1: M1 Senken, bis E5 betätigt
2: M1 Heben, bis E4 betätigt
3: M2 Drehen, bis E6 betätigt
4: M1 Senken, bis E5 betätigt
5: M1 Heben, bis E4 betätigt
6: M2 Drehen, bis E7 betätigt

Mit der Stop-Taste E1 wird die Stanze angehalten.

Portbelegung:

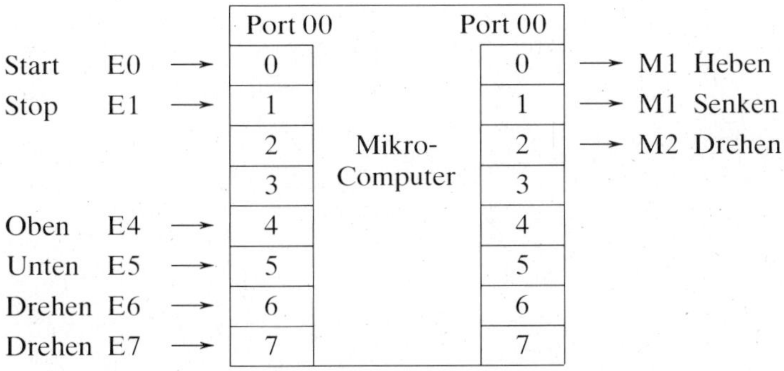

Betätigte Kontakte liefern 1-Signal, nicht betätigte Kontakte liefern 0-Signal.

Erstellen der Programmtabelle:

Das Programm läuft nur, wenn die Maschine beim ersten Starten des Programms in der Ausgangsstellung steht; E7 und E4 müssen betätigt sein.

	Bitmuster 76543210	Hex
Anfangsbedingung: E7 und E4 betätigt	10010000	90
Ausgangssignale Schritt 1	00000010	02
Abschaltbedingungen Schritt 1	10100000	A0
Ausgangssignale Schritt 1	00000001	01
Abschaltbedingungen Schritt 2	10010000	90
Ausgangssignale Schritt 3	00000100	04
Abschaltbedingungen Schritt 3	01010000	50
Ausgangssignale Schritt 4	00000010	02
Abschaltbedingungen Schritt 4	01100000	60
Ausgangssignale Schritt 5	00000001	01
Abschaltbedingungen Schritt 5	01010000	50
Ausgangssignale Schritt 6	00000100	04
Abschaltbedingungen Schritt 6	10010000	90
Bitmuster Programm Ende	11111111	FF

Tabelle im Hex-Code mit symbolischer Anfangsadresse

```
TABA: 90
      02    02
      A0    60
      01    01
      90    50
      04    04
      50    90
            FF
```

Programm:

Ausgangssignale 0-stellen, Start-Speicher löschen, Tabellenzeiger auf TABA stellen.

```
START:   MVI A, 00
         STA AUS       ; Speicher Ausgangssignal 0-stellen
         OUT PORT00
         STA STASP     ; Start-Speicher löschen
         LXI H, TABA   ; Tabellenzeiger auf TABA
```

Betriebsbedingungen prüfen:

```
BETR:    IN PORT00
         STA EIN       ; Eingangssignale abspeichern
         ANI 02        ; Stop-Taste gedrückt?
         JZ B1         ; Nein
         MVI A, 00     ; Ja:
         OUT PORT00    ; Ausgangssignale 0-stellen
         STA STASP     ; Start-Speicher löschen
         JMP BETR
B1:      LDA EIN
         ANI 01        ; Start-Taste gedrückt?
         JZ B2         ; Nein
         MVI A, AA     ; Ja:
         STA STASP     ; Start-Speicher setzen
         LDA AUS       ; alte Ausgangssignale ausgeben
         OUT PORT00
         JMP PROGR
B2:      LDA STASP     ; Start-Speicher gesetzt?
         CPI AA
         JNZ BETR      ; Nein
         JMP PROGR     ; Ja:
```

Programmsteuerung:

```
PROANF:  LXI H, TABA   ; Tabellenzeiger auf Tabellenanfang
PROGR:   IN PORT00
         ANA M         ; Endschalter ausblenden
         CMP M         ; vergleichen mit Anfangs- bzw. Abschaltbedingungen aus Tabelle
         JNZ BETR      ; Betriebsbedingungen prüfen
         MVI A, 00     ; Abschaltbedingungen erfüllt
         OUT PORT00    ; Ausgangssignale 0-stellen
         INX H         ; Tabellenzeiger inkrementieren
         MOV A, M      ; Bitmuster Ausgangssignale aus Tabelle holen
         CPI FF        ; Programm Ende?
         JZ PROANF     ; Ja
         STA AUS       ; Nein: Ausgangssignale speichern
         OUT PORT00    ; und ausgeben
         INX H         ; Tabellenzeiger inkrementieren
         JMP PROGR
```

Übung 15.10

1. Schreiben Sie eine Programmtabelle für folgende Ablaufsteuerung. Die Tabelle wird vom vorher beschriebenen Programm bearbeitet.

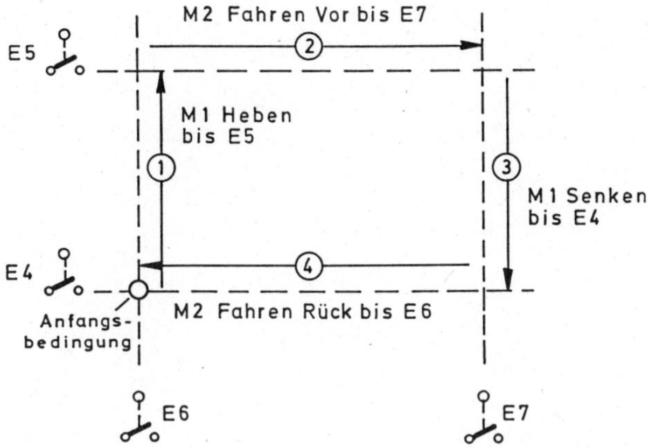

Portbelegung:

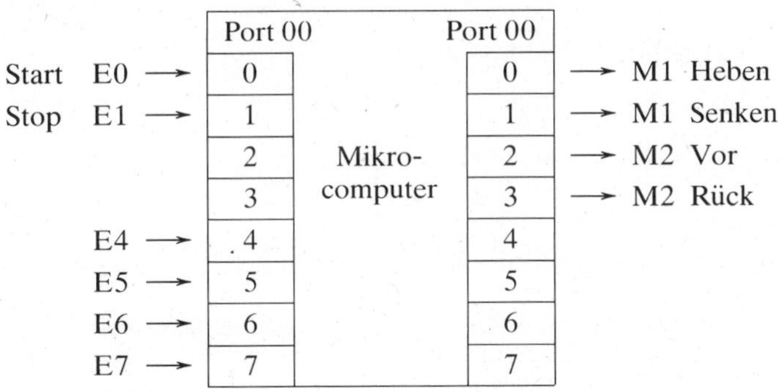

Tip:

Brennen Sie das Programm der Ablaufsteuerung in ein EPROM. Die Adressen der veränderlichen Daten legen Sie in einen RAM-Bereich.

Testen Sie verschiedene Ablaufsteuerungen an Modellen.

2. Die Maschine soll am Eckpunkt E4/E7 erst weiterfahren, wenn eine Taste E3 gedrückt wird. Was ist zu tun?

15.7.2.2. Ablaufsteuerungen mit erweiterten Betriebsbedingungen und Zeitwerken

Die folgende Ablaufsteuerung unterscheidet sich von der in Abschnitt 15.7.2.1. beschriebenen durch erweiterte Betriebsbedingungen und eine Zeitverzögerung, die nach jedem Schritt des Steuerprogramms programmiert werden kann.

Das Prinzip der Programmsteuerung mit Hilfe einer Programmtabelle wird beibehalten.

In der eigentlichen Programmsteuerung wird die Bearbeitung einer 3-Byte-Zeitschleife eingefügt.

Die gewünschte Zeit wird in die Programmtabelle geschrieben.

Als Besonderheit wird ein Ausgangssignal zur Steuerung eines Hubmagneten verwandt. Dieser muß beim Abschalten der Ausgangssignale immer im momentanen Zustand belassen werden. Ist der Magnet also erregt und es hängt eine Last daran, dann darf diese nicht bei jedem Abschalten der Ausgangssignale abgeworfen werden.

Programmablaufdiagramm:

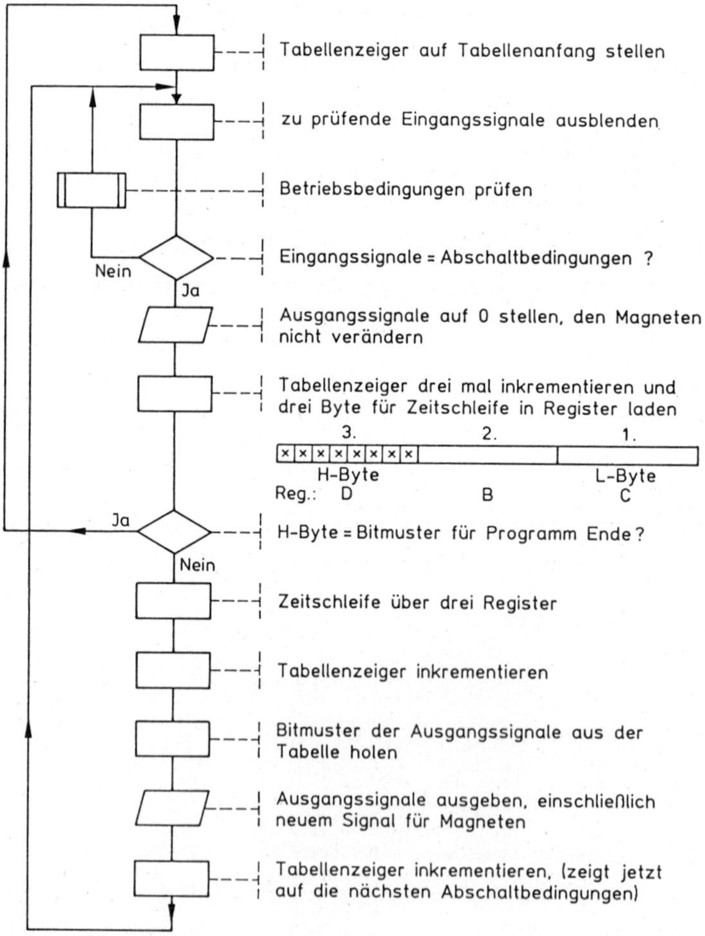

Tabelle zum Programmablaufdiagramm:

	Tabellen-Speicher	
Adresse Tabellenanfang	XXXXXXXX	Anfangsbedingungen
	11111111	Wartezeit L-Byte } Cd 0,5 s
	11111111	Wartezeit L-Byte } Cd 0,5 s
		Wartezeit H-Byte = Zeitfaktor
		Ausgangssignale Schritt 1
		Abschaltbedingungen Schritt 1
		Wartezeit L-Byte
		Wartezeit L-Byte
		Wartezeit H-Byte
		Ausgangssignale Schritt 2
		Abschaltbedingungen Schritt 2
		Wartezeit L-Byte
		Wartezeit L-Byte
		Wartezeit H-Byte
		Ausgangssignale Schritt 3
		Abschaltbedingungen Schritt 3
	11111111	
	11111111	
	11111111	Bitmuster für Programm Ende (Anstelle Wartezeit H-Byte)

Werden keine Wartezeiten gewünscht, ist die Zeit 000000H zu programmieren.

Die erweiterte Programmsteuerung soll am Beispiel einer automatischen Kransteuerung gezeigt werden.

Aufgabe:

Eine Kran-Katze mit einem Lasthub-Magneten soll Schrott aus einem Behälter holen und über dem Trichter eines Schmelzofens abwerfen.

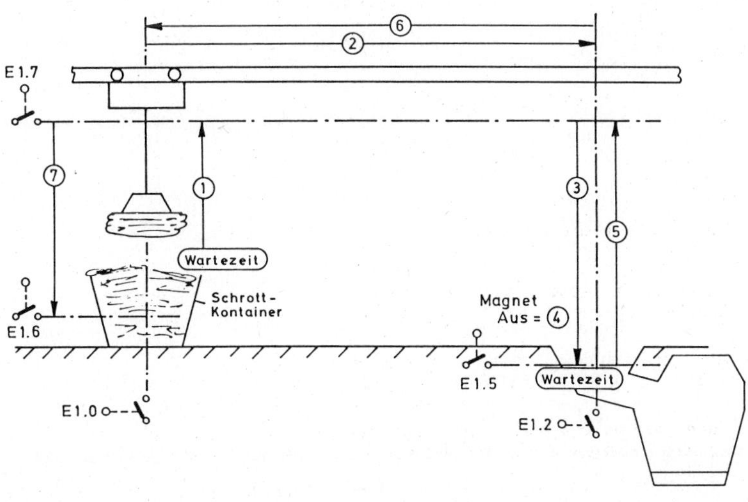

Steuerprogramm:

Anfangsbedingung: E1.6 und E1.0 betätigt, Wartezeit ca. 2,5 s

① Heben bis E1.7; Magnet Ein
② Fahren Rechts bis E1.2; Magnet Ein
③ Senken bis E1.5; Magnet Ein
④ Magnet Aus; Wartezeit ca. 2,5 s
⑤ Heben bis E1.7; Magnet Aus
⑥ Fahren Links bis E1.0; Magnet Aus
⑦ Senken bis E1.6; Magnet Ein

Betriebsablauf:

Es kann die Betriebsart Hand oder Automatik gewählt werden. Beim Starten des Programms muß die Betriebsart Hand eingestellt sein.

Handbetrieb:
In der Betriebsart Hand kann die Katze nach rechts oder links gefahren, oder der Magnet gehoben oder gesenkt werden.

Aus Sicherheitsgründen wird jeweils nur eine Bewegung freigegeben, solange die Taste gedrückt wird.

Im Handbetrieb kann Katze und Hubwerk in die Ausgangsposition für das erste Starten des Automatikbetriebes gefahren werden.

Automatikbetrieb:
Der Ausgangspunkt für das erste Starten nach der Umschaltung von Hand auf Automatik ist immer die Stellung E1.6/E1.0.

Nach dem Starten im Automatikbetrieb läuft das in die Lageskizze eingetragene Steuerprogramm ab. Der Programmablauf kann jederzeit abgestoppt und anschließend wieder gestartet werden.

Auf diese Weise ist ein Prüfdurchlauf in Einzelschritten möglich.

Lediglich nach Umschalten der Betriebsart auf Handbetrieb muß der automatische Programmablauf wieder in der Ausgangsposition begonnen werden.

ACHTUNG!
Bei Handbetrieb ist der Magnet immer eingeschaltet, damit die Last beim Umschalten von Automatik auf Hand nicht abfällt.

Bedienungstableau

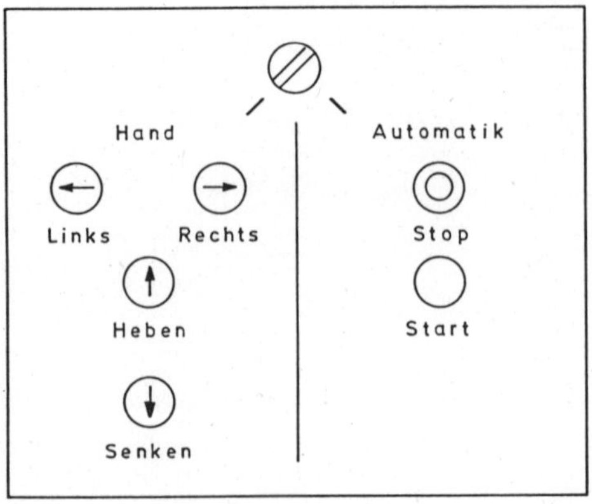

Die Not-Endschalter zur Begrenzung der Bewegungen schalten im Hauptstromkreis ab. Sie werden deshalb nicht im Steuerprogramm berücksichtigt.

Portbelegung:

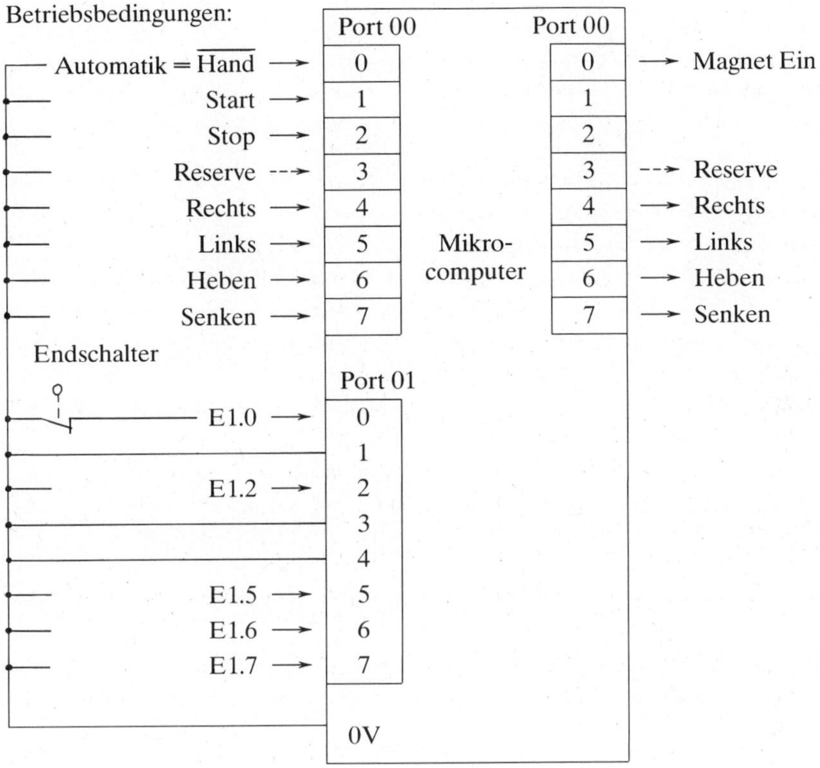

Kontakte betätigt: H-Signal (1)
Kontakte nicht betätigt: L-Signal (0)

Programmtabelle:

	Bitmuster 76543210	Hex
Anfangsbedingung: E1.0 und E1.6	01000001	41
Wartezeit: ca. 0,5 s × 5	11111111	FF
	11111111	FF
	00000101	05
Ausgangssignale Schritt 1	01000001	41
Abschaltbedingungen Schritt 1: E1.7	10000000	80
Wartezeit: keine	00000000	00
	00000000	00
	00000000	00
Ausgangssignale Schritt 2	00010001	11
Abschaltbedingungen Schritt 2: E1.2	00000100	04
Wartezeit: keine	00000000	00
	00000000	00
	00000000	00
Ausgangssignale Schritt 3	10000001	81
Abschaltbedingungen Schritt 3: E1.5	00100000	20
Wartezeit: keine	00000000	00
	00000000	00
	00000000	00
Ausgangssignale Schritt 4	00000000	00
Abschaltbedingungen Schritt 4: E1.5	00100000	20
Wartezeit: ca. 0,5 s × 5	11111111	FF
	11111111	FF
	00000101	05
Ausgangssignale Schritt 5	01000000	40
Abschaltbedingungen Schritt 5: E1.7	01000000	40
Wartezeit: keine	00000000	00
	00000000	00
	00000000	00
Ausgangssignale Schritt 6	00100000	20
Abschaltbedingungen Schritt 6: E1.0	00000001	01
Wartezeit: keine	00000000	00
	00000000	00
	00000000	00
Ausgangssignale Schritt 7	10000001	81
Abschaltbedingungen Schritt 7: E1.6	01000000	40
Wartezeit: Programm Ende	11111111	FF
	11111111	FF
	11111111	FF

Tabelle im Hex-Code mit symbolischer Anfangsadresse:

```
TABA:  41
       FF
       FF    05
       05    40
       41    40
       80    00
       00    00
       00    00
       00    20
       11    01
       04    00
       00    00
       00    00
       00    81
       81    40
       20    FF
       00    FF
       00    FF
       00
       00
       20
       FF
       FF
```

Programm:

Abfrage der Betriebsbedingungen:

```
START:  IN PORT00      ; Programm Start nur bei Handbetrieb
        ANI 01
        JNZ START
        MVI A, 01      ; AUS — Speicher 0-stellen, Magnet Ein
        STA AUS        ; unter AUS abspeichern
        OUT PORT00     ; ausgeben
 BETR:  IN PORT00      ; Eingangssignale Betriebsbedingungen in EIN0 speichern
        STA EIN0
        ANI 01         ; Auto oder Hand?
        JZ HAND        ; Hand
        LDA EIN0       ; Auto:
        ANI 04         ; Stop?
        JZ B1          ; Nein
        MVI A, 01      ; Ja:
        OUT PORT00     ; Bewegungen Aus, Magnet Ein
        MVI A, 00      ; Start-Speicher löschen
        STA STASP
        JMP BETR
   B1:  LDA EIN0
        ANI 02         ; Start-Taste gedrückt?
        JZ B2          ; Nein
```

```
        MVI A, AA       ; Ja:
        STA STASP       ; Start-Speicher setzen
        LDA AUS         ; alte Ausgangssignale
        OUT PORT00      ; ausgeben
        JMP PROGR
B2:     LDA STASP       ; Start-Speicher gesetzt?
        CPI AA
        JNZ BETR        ; Nein
        JMP PROGR       ; Ja
```

Handbetrieb:

```
HAND:   LXI H, TABA     ; Tabellenzeiger auf Anfang setzen
        MVI A, 00
        STA STASP       ; Start-Speicher löschen
        LDA EIN0
        ANI 08          ; Eingangssignal Eingang 3?
        JZ H0           ; Nein
        STA AUS         ; Ja
        JMP AUSGAB      ; Signal Ausgang 3 ausgeben
H0:     LDA AUS
        ANI F7          ; Signal Ausgang 3 rücksetzen
        STA AUS         ; 11110111 = F7
        LDA EIN0
        ANI 10          ; Rechts?
        JZ H1           ; Nein
        STA AUS         ; Ja
        JMP AUSGAB      ; Signal Rechts ausgeben
H1:     LDA AUS
        ANI EF          ; Signal Rechts rücksetzen
        STA AUS         ; 11101111 = EF
        LDA EIN1
        ANI 20          ; Links?
        JZ H2           ; Nein
        STA AUS         ; Ja
        JMP AUSGAB      ; Signal Links ausgeben
H2:     LDA AUS
        ANI DF          ; Signal Links rücksetzen
        STA AUS         ; 11011111 = DF
        LDA EIN0
        ANI 40          ; Heben?
        JZ H3           ; Nein
        STA AUS         ; Ja
        JMP AUSGAB      ; Signal Heben ausgeben
H3:     LDA AUS
        ANI BF          ; Signal Heben rücksetzen
        STA AUS         ; 10111111 = BF
        LDA EIN0
        ANI 80          ; Senken?
        JZ H4           ; Nein
        STA AUS         ; Ja
        JMP AUSGAB      ; Signal Senken ausgeben
```

```
H4:      LDA AUS
         ANI 7F          ; Signal Senken rücksetzen
         STA AUS         ; 01111111 = 7F
         JMP AUSGAB
AUSGAB:  LDA AUS
         ORI 01          ; Magnet einschalten; 00000001
         OUT PORT00
         JMP BETR
```

Programmsteuerung:

```
PROANF:  LXI H, TABA     ; Tabellenzeiger auf Anfang setzen
PROGR:   IN PORT01       ; Endschalter einlesen
         ANA M           ; Vergleichs-Endschalter ausblenden
         CMP M           ; Vergleichen mit Anfangs- bzw. Abschaltbedingung aus Tabelle
         JNZ BETR        ; Betriebsbedingungen prüfen
         LDA AUS         ; Abschaltbedingungen erfüllt
         ANI 01          ; Bewegungen anhalten, Magnet unverändert lassen
         OUT PORT00
         INX H           ; Wartezeit laden
         MOV C, M        ; Zeitfaktor X ca. 0,5 s
         INX H
         MOV B, M
         INX H
         MOV D, M
         MOV A, D        ; Programm-Ende Zeichen?
         CPI FF
         JZ PROANF       ; Ja
A2:      MOV A, B        ; Nein: Zeitschleife über 3 Register
         ORA C
         JZ A1
A4:      DCX B
         JMP A2
A1:      ORA D
         JZ A3           ; Zeitschleife beendet
         DCR D
         JMP A4
A3:      INX H           ; Ausgangssignale aus Tabelle holen und ausgeben
         MOV A, M
         STA AUS
         OUT PORT00
         INX H           ; Tabellenzeiger inkrementieren
         JMP PROGR       ; zeigt auf neue Abschaltbedingungen
```

Übung (ohne Lösung im Lösungsteil)

Ordnen Sie den symbolischen Adressen echte Adressen zu. Achten Sie darauf, daß alle Adressen für veränderliche Daten in einem RAM-Speicherbereich liegen und daß Sie das nicht zu verändernde Programm in einen Speicherbereich schreiben, in den Sie später ein EPROM stecken können.

Testen Sie das Programm. Läuft es, dann brennen Sie es in ein EPROM.

Sie haben jetzt ein Programm, mit dem Sie eine Vielzahl von Maschinen oder Modellen steuern können.

Übung 15.11

Konstruieren Sie eine Ausgabe-Baugruppe mit acht Ausgaberelais.

Portadresse 00

Die Ausgangssignale sollen über Leuchtdioden angezeigt werden.

Übung 15.12

Schreiben Sie an Hand des Assemblerprogramms das Programmablaufdiagramm für die Abfrage der Betriebsbedingungen.

Lernzielorientierter Test

1. Zwei Lampen sollen wechselseitig ein- bzw. ausschalten.

   Lampe 1: Out-Port 00, Anschluß D0
   Lampe 2: Out-Port 00, Anschluß D1

   Schreiben Sie das Hauptprogramm. Das Hauptprogramm soll das Unterprogramm ZEIT1 aufrufen.

2. Erstellen Sie ein Kopierprogramm, welches eine Tabelle oder ein Programm von einem Speicherbereich in einen anderen Speicherbereich kopiert.

   Das Kopierprogramm soll als Unterprogramm unter dem symbolischen Namen COPY aufgerufen werden können.

   Die Anfangsadresse des Quellenbereiches liegt in den Adressen QUELL 1 und QUELL 2, die Anfangsadresse des Zielbereiches in den Speicherstellen mit den symbolischen Adressen ZIEL 1 und ZIEL 2.

   Anfangsadresse Quellbereich:

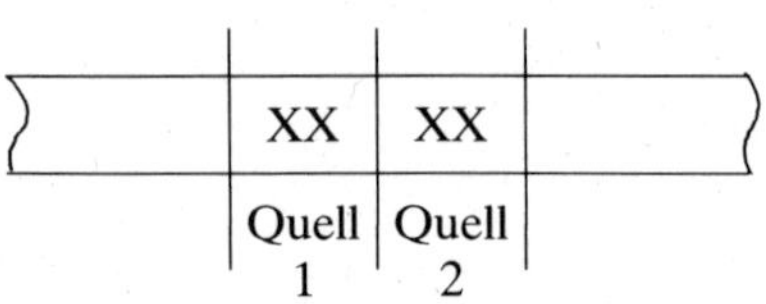

   XXXX = Anfangsadresse Quellbereich
   z.B. F000
   | 00 | F0 |

   Anfangsadresse Zielbereich:

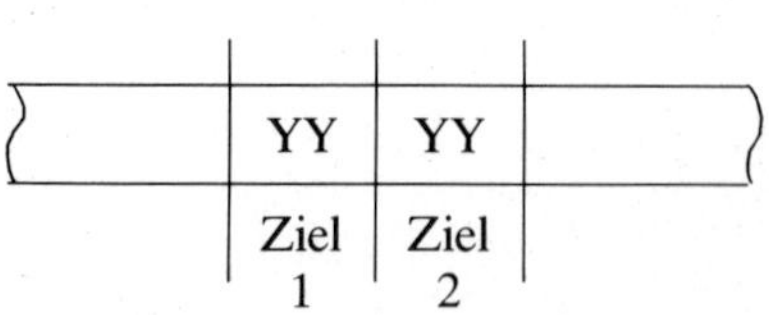

   YYYY = Anfangsadresse Zielbereich
   z.B. E000
   | 00 | E0 |

   Das Ende der zu kopierenden Tabelle wird durch ein bestimmtes „Textende-Zeichen" markiert:

   Textende, wenn z.B. das Zeichen 00 auftaucht.

3. Stellen Sie das Programmteil zu 15.4.10.5., „Einzelschrittbetrieb" der Schrittmotorsteuerung als Programmablaufdiagramm dar.

4. In einer Fertigungshalle sollen Werkstücke von A nach B transportiert werden.

   Das geschieht durch einen Transportbehälter, der an einer Kranbahn aufgehängt ist und durch einen Motor angetrieben wird.

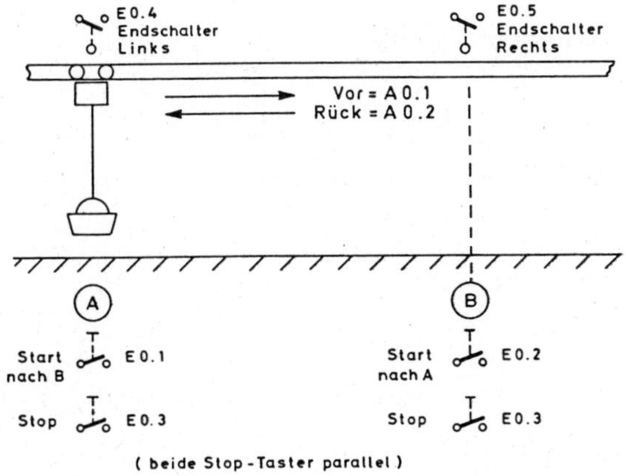

   An Station A wird der Behälter gefüllt und zur Station B geschickt.

   An Station B wird der Behälter geleert und zur Station A zurückgeschickt.

   Entwickeln Sie den Kontaktplan und das Programm.

5. Zu 15.7.2.2. „Ablaufsteuerungen mit erweiterten Betriebsbedingungen".

   Schreiben Sie eine Programmtabelle für folgende Tauchbadanlage:

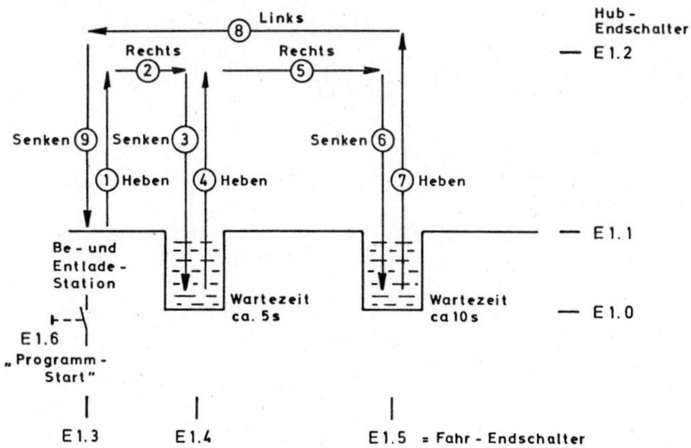

   Die Anlage hat das in Kapitel 15.7.2.2., Seite 382, beschriebene Bedienungstableau. An der Be- und Entlade-Station ist ein zusätzlicher Drucktaster E1.6 „Programm-Start" angebracht.

   Die Maschine soll dort zum Ent- und Beladen anhalten. Nach Drücken der Taste E1.6 wird dann das Programm wieder begonnen.

Lösungen

1. Grundschaltung der Digitalelektronik

Übung 1.1

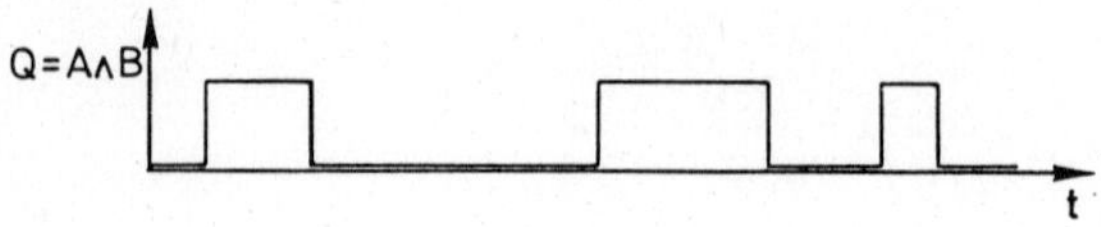

Übung 1.2

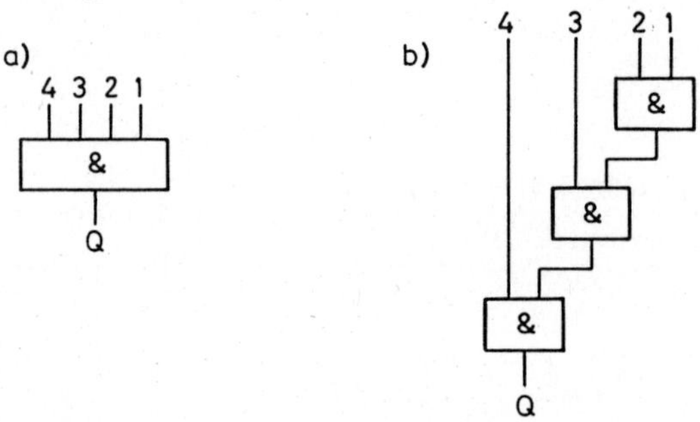

Übung 1.3

Zeile	Eingänge A	B	C	Ausgang $Q = A \vee B \vee C$
1	L	L	L	L
2	L	L	H	H
3	L	H	L	H
4	L	H	H	H
5	H	L	L	H
6	H	L	H	H
7	H	H	L	H
8	H	H	H	H

Übung 1.4

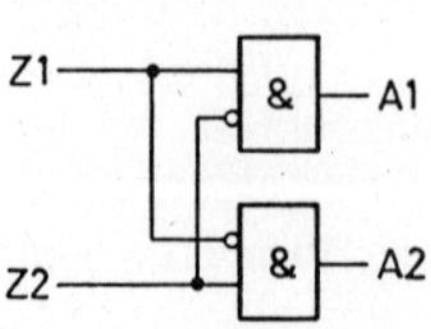

Übung 1.5

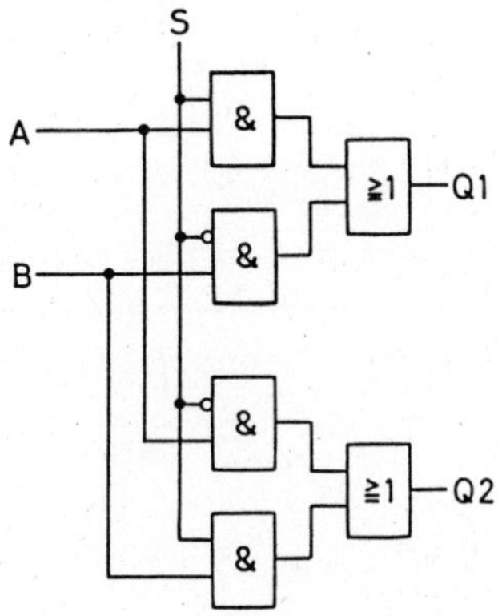

Lernzielorientierter Test

1. ODER(OR)-Schaltung
2. Diode B
3. ungefähr Null Volt (0 V)
4. Schaltung 1, Schaltung 4
5. UND(AND)-Schaltung
6.

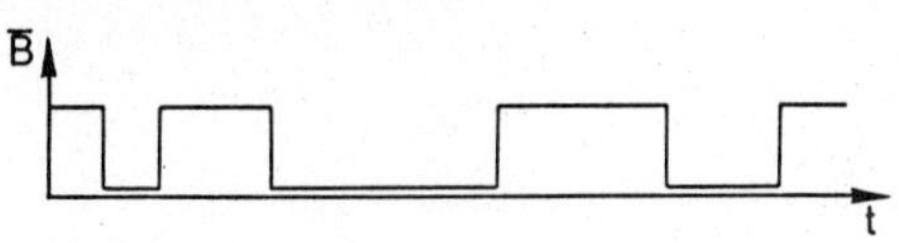

7.

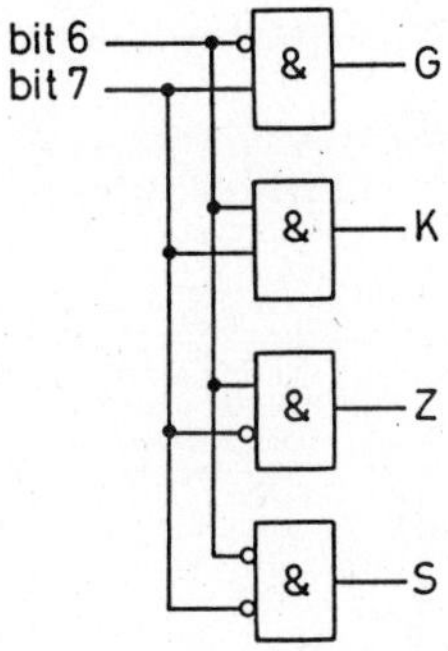

8.

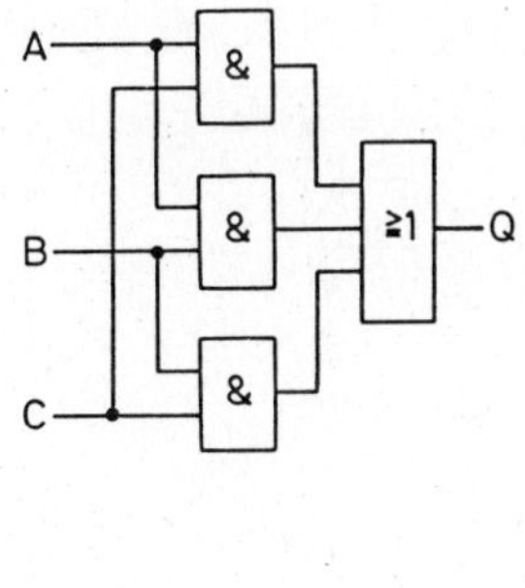

2. Kombinationen der Grundschaltungen

Übung 2.1

A	B	$\overline{A}$	$\overline{B}$	$\overline{\overline{A} \vee \overline{B}} = A \wedge B$
L	L	H	H	L
L	H	H	L	L
H	L	L	H	L
H	H	L	L	H

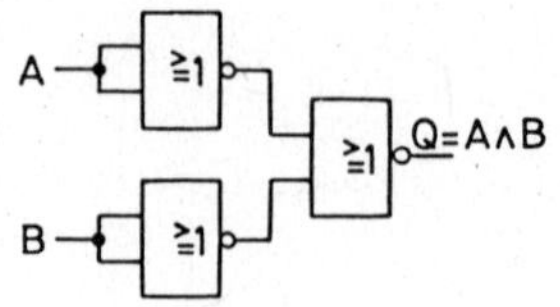

Übung 2.2

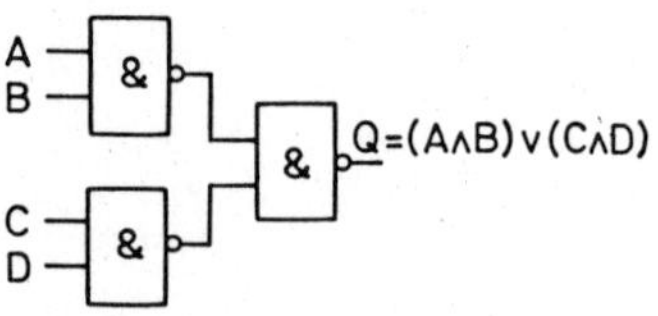

Übung 2.3

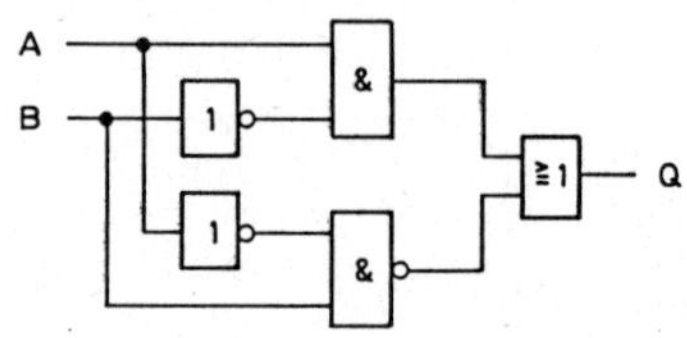

Übung 2.4

„A = B“ = $\overline{„A \not\equiv B“}$

Der Ausgang „A $\not\equiv$ B“ muß invertiert werden.

Übung 2.5

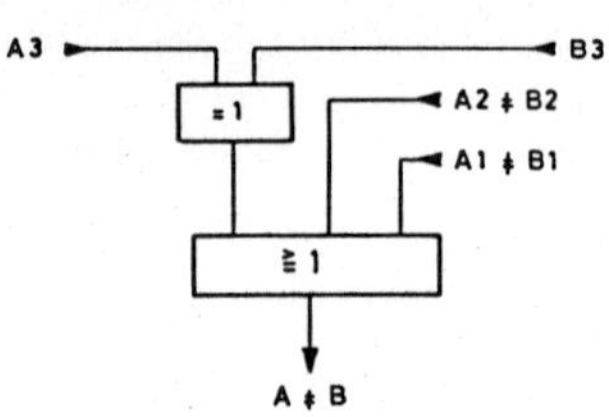

Übung 2.6

a)

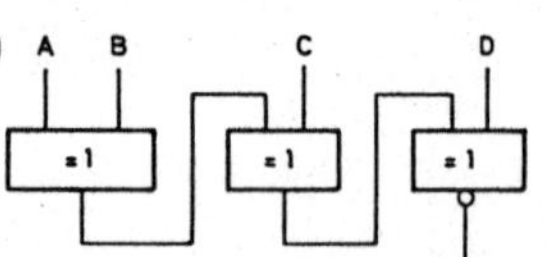

b)

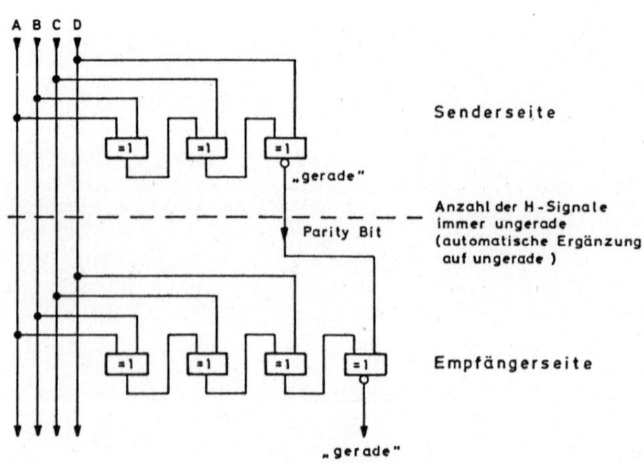

Die Schaltung erzeugt auf der Senderseite ein Prüfbit (Parity-Bit), welches mit der Information übertragen wird.

Auf der Empfängerseite kann mit Hilfe des Parity-Bits geprüft werden, ob die übertragene Information in Ordnung ist.

Lernzielorientierter Test

1. NAND
2. Schaltung 1, 3, 4
3. Q2, Q4
4. 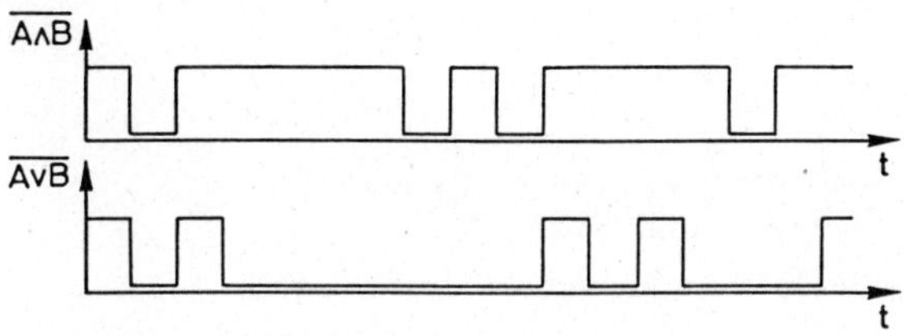

5. 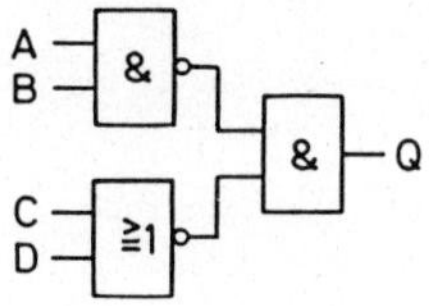

6. 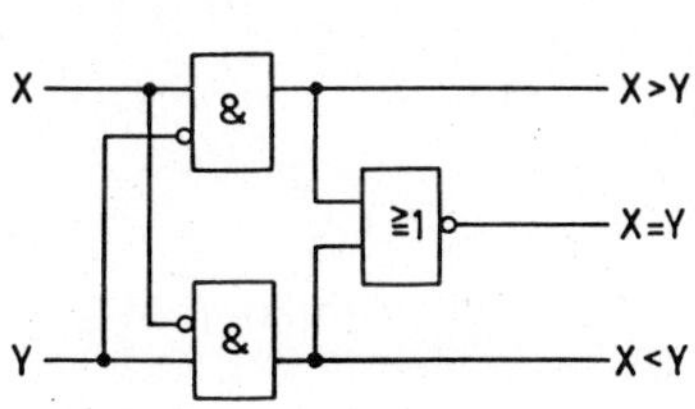

3. Logikfamilien, Grundbausteine, Anwendungen

Übung 3.1

$$n = \frac{F_Q}{F_L} = \frac{10}{1} = 10$$

$$n = \frac{I_{QL}}{I_{IL}} \quad I_{QL} = n \cdot I_{IL} = 10 \cdot 1{,}6\ \text{mA} = 16\ \text{mA}$$

Übung 3.2

n = 4 N = 6

Aus Tabelle: $R_{A\,max} = 2096\ \Omega$; $R_{A\,min} = 718\ \Omega$

Rechnung: $$R_{A\,max} = \frac{5 - 2{,}4}{4 \cdot 250 + 6 \cdot 40} = 0{,}002096\ M\Omega = 2096\ \Omega$$

$$R_{A\,min} = \frac{5 - 0{,}4}{16 - 6 \cdot 1{,}6} = 0{,}718\ k\Omega = 718\ \Omega$$

Der Widerstand kann zwischen $R_{A\,min}$ und $R_{A\,max}$ gewählt werden.

Übung 3.3

$\overline{DIEN}$ = H → Datenfluß von DB nach D/

$\overline{DIEN}$ = L → Datenfluß von DI nach DB

$\overline{CS1}$	$\overline{DIEN1}$	$\overline{CS2}$	$\overline{DIEN2}$	
L	L	L	H	1 sendet, 4 empfängt
H	H	H	L	alle Bausteine gesperrt (hochohmig)
L	L	H	H	1 sendet auf Datenbus, 2, 3, 4 gesperrt
H	H	L	H	4 empfängt, 1, 2, 3 gesperrt
L	H	L	L	3 sendet, 2 empfängt

Lernzielorientierter Test

1. MOS: N-MOS
   P-MOS
   C-MOS

   einfacher technologischer Aufbau
   geringe Leistungsaufnahme, daher großer Integrationsgrad

2. C-MOS: N-MOS und P-MOS komplementär geschaltet; 1 Transistor leitet
   1 Transistor sperrt

3. Z.B.: Std-TTL: 19 ns; 10 mW; 40
   LS-TTL: 9 ns; 2 mW; 20

4. 0,8 V

5. 1,6 mA

6. 16 mA

7. 20

8. 1. Ausgangsverstärker vür externe Lasten
   2. Anschluß an Busleitungen

9. Busleitungen sind parallele Leiterbahnen, die Baugruppen miteinander verbinden.
   Bedingung: Festlegen der Signale auf den Busleitungen;
   alle Baugruppen müssen die gleiche Signalbelegung haben.

10. L-Signal; H-Signal; hochohmig Z

11.

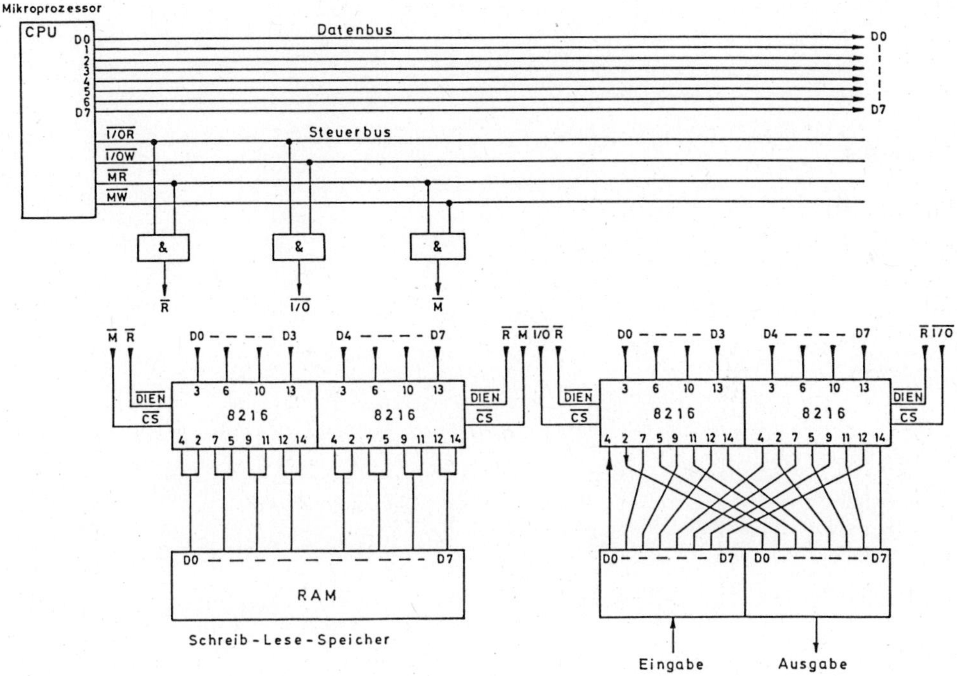

4. Schaltalgebra und Karnaugh-Diagramm

Übung 4.1

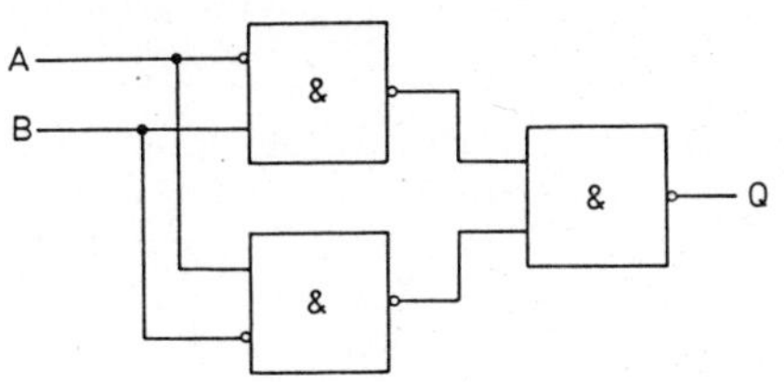

Übung 4.2

$Q = (A \vee B) \wedge (\overline{A} \vee B)$

$Q = B$

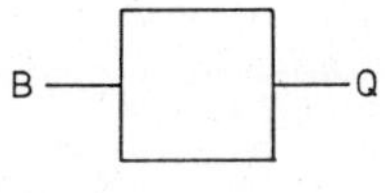

Übung 4.3

$Q = [A \wedge (A \vee B)] \vee [A \vee (\overline{A} \wedge B)]$

$Q = A \vee B$

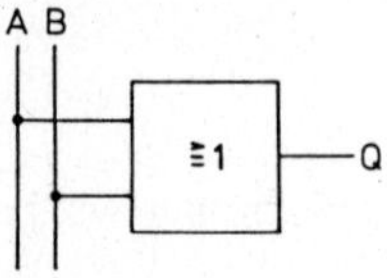

Übung 4.4

$Q = \overline{(A \wedge B) \wedge \{A \wedge \overline{[(B \wedge C \wedge \overline{D}) \vee (B \wedge C \wedge D)]}\}}$

$Q = \overline{A} \vee \overline{B} \vee C \vee \overline{D}$

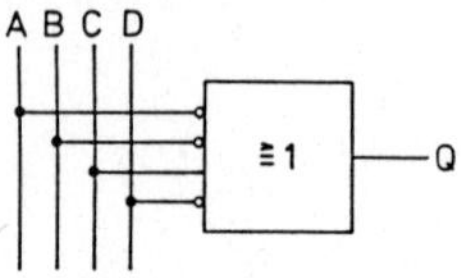

Übung 4.5

1. 1. Schalter = A
   2. Schalter = B
   3. Schalter = C
   Steuerschaltung = S

2.

A	B	C	S
0	0	0	1
0	1	1	1
1	1	1	1
1	0	0	1

3. $S = \overline{A}\,\overline{B}\,\overline{C} \vee \overline{A}BC \vee ABC \vee A\overline{B}\,\overline{C}$

4. $S = (B \wedge C) \vee (\overline{B} \wedge \overline{C})$

5. 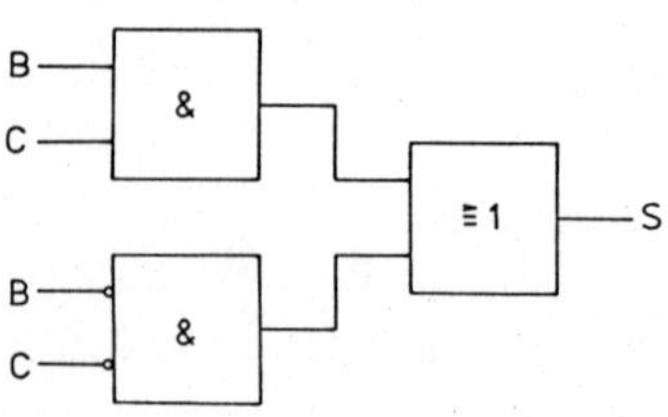

Lernzielorientierter Test

1. $A \wedge B \wedge C = A \wedge C \wedge B$

   $(A \wedge B) \wedge C = A \wedge (B \wedge C)$

   $A \vee (B \wedge C) = (A \vee B) \wedge (A \vee C)$

2. $(A \vee C) \wedge D$

3. $(A \vee B) \wedge (\overline{A} \vee C) = (A \wedge C) \vee (\overline{A} \wedge B)$

   $A \vee (A \wedge B) = A$

4. $Q = A \vee (B \wedge C)$

5. 1.) 1. Meßpunkt = M_1
   2. Meßpunkt = M_2
   3. Meßpunkt = M_3
   Regelstrecke = R

   2.) Wahrheitstabelle

M_1	M_2	M_3	R
0	0	0	1
0	0	1	1
0	1	0	1
0	1	1	1

   3.) ODER-Normalform:
   $R = \overline{M}_1\overline{M}_2\overline{M}_3 \vee \overline{M}_1\overline{M}_2M_3 \vee \overline{M}_1M_2\overline{M}_3 \vee \overline{M}_1M_2M_3$

   4.) Nach der Optimierung ergibt sich:
   $Q = \overline{M}_1$

   5.) Einfachste Schaltung:

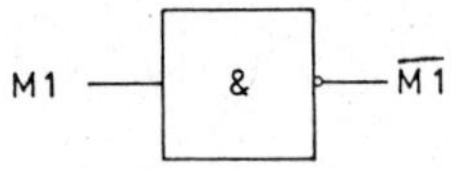

6. $P = BD \vee CD$
   $P = D \wedge (B \vee C)$

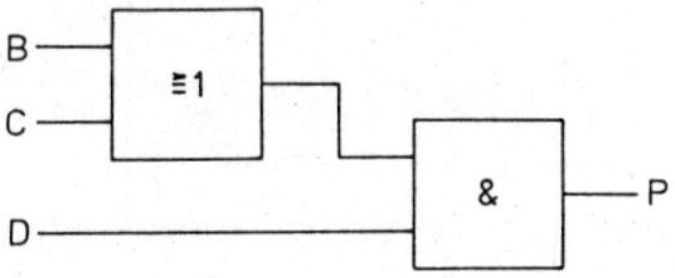

5. Impulserzeugung und Impulsformung

Übung 5.1

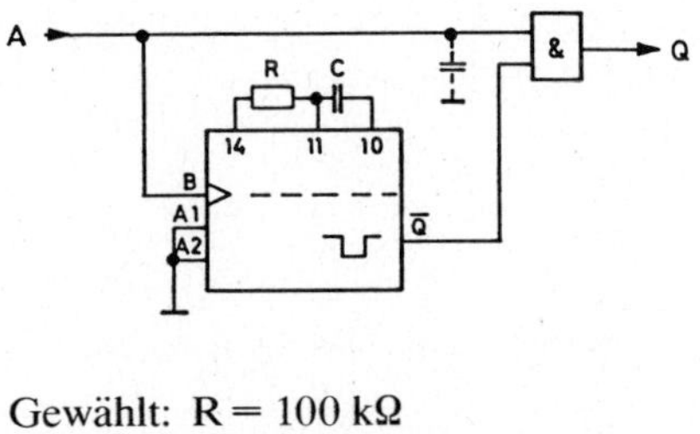

Gewählt: R = 100 kΩ

$$C = \frac{t_A}{0,7 \cdot R} = \frac{0,5\ \text{s}}{0,7 \cdot 100 \cdot 10^3\ \Omega} = 7,14\ \mu\text{F}$$

Übung 5.2

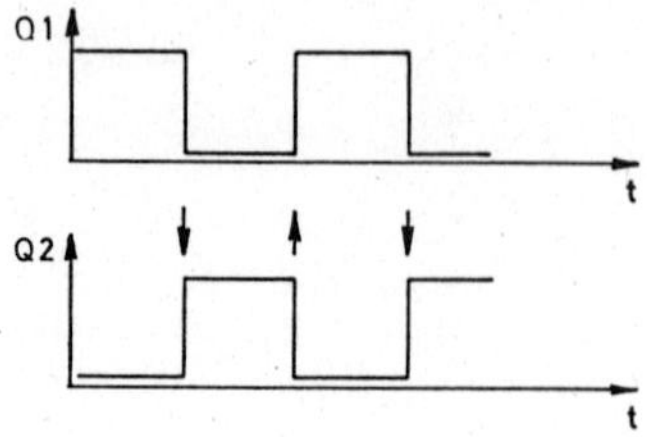

Übung 5.3

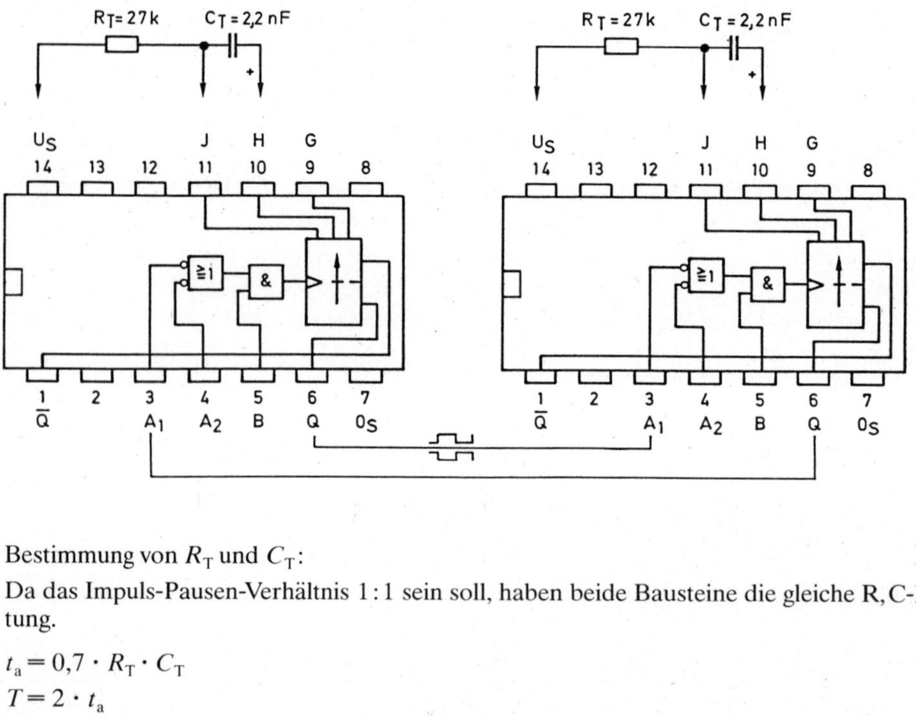

Bestimmung von R_T und C_T:

Da das Impuls-Pausen-Verhältnis 1 : 1 sein soll, haben beide Bausteine die gleiche R, C-Beschaltung.

$t_a = 0{,}7 \cdot R_T \cdot C_T$

$T = 2 \cdot t_a$

$$T = \frac{1}{f} = \frac{1}{10 \cdot 10^3} = 0{,}1 \text{ ms}$$

$t_a = 0{,}05$ ms

gewählt: $R_T = 27$ kΩ

$$C_T = \frac{t_a}{0{,}7 \cdot R_T} = \frac{0{,}05 \cdot 10^{-3}}{0{,}7 \cdot 27 \cdot 10^3} = 2{,}65 \cdot 10^{-9} \text{ F} = 2{,}65 \text{ nF}$$

gewählt: $C_T = 2{,}2$ nF (die Frequenz wird etwas größer).

Übung 5.4

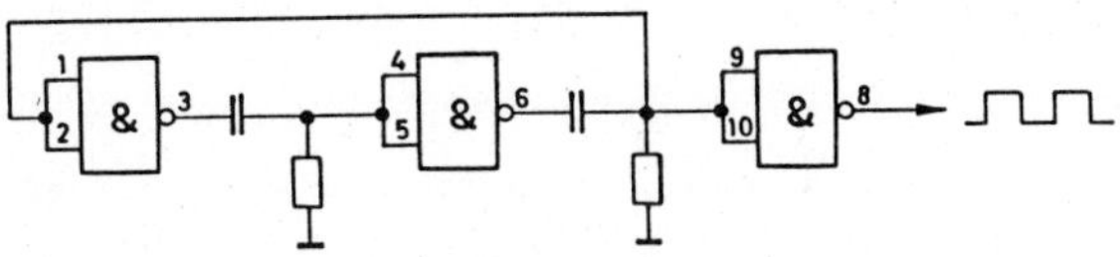

$$T = \frac{1}{f} = \frac{1}{100 \cdot 10^3 \text{ Hz}} = 10 \text{ µs}$$

Gewählt: R = 72 kΩ

$$C \approx \frac{1}{f \cdot 2R} = \frac{1 \text{ s}}{100 \cdot 10^3 \cdot 2 \cdot 72 \cdot 10^3 \, \Omega} = 69 \text{ pF}$$

Übung 5.5

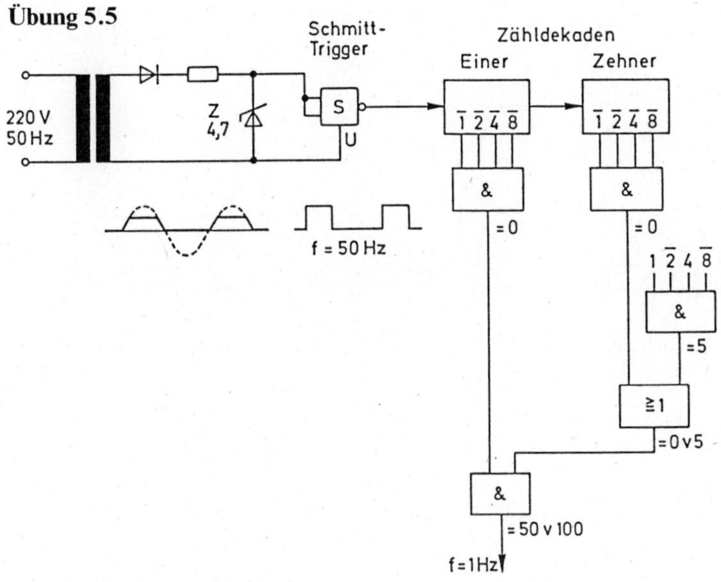

Lernzielorientierter Test

1. $T = t_{a1} + t_{a2}$

$t_{a1} = 0{,}7 \cdot R_1 \cdot C_1$
$= 0{,}7 \cdot 27 \cdot 10^3 \cdot 1 \cdot 10^{-6}$
$= 18{,}9 \text{ ms}$

$t_{a2} = 0{,}7 \cdot R_3 \cdot C_2$
$= 0{,}7 \cdot 27 \cdot 10^3 \cdot 2 \cdot 10^{-6}$
$= 37{,}8 \text{ ms}$

$T = 18{,}9 \text{ ms} + 37{,}8 \text{ ms}$
$= 56{,}7 \text{ ms}$

$$f = \frac{1}{T} = \frac{1}{56{,}7 \cdot 10^{-3}} = 17{,}64 \text{ Hz}$$

2. Die Schaltung ist eine monostabile Kippstufe.
3. Die Schaltung dient zur Ausschaltverzögerung.
4. Nach Einschalten an E schwingt die Schaltung ständig. Sie ist als Impulsgenerator einzusetzen.
5.

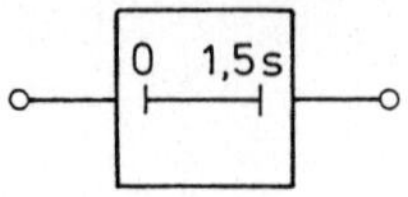

6.

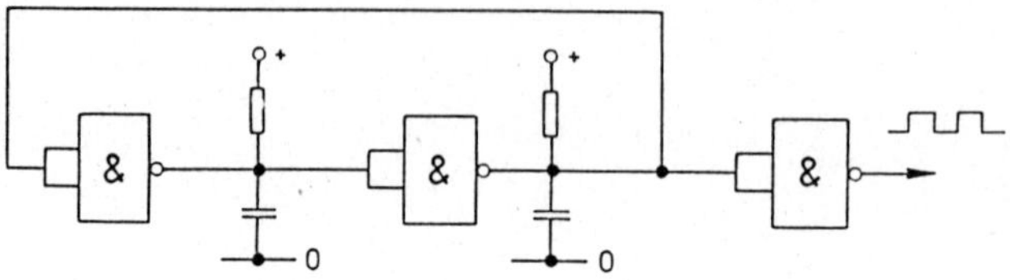

6. Speicher-Bausteine

Übung 6.1

t	$\bar{S}$	$\bar{R}$	Q_1	Q_2
↓	H	L	L	H
	H	H	L	H
	L	H	H	L
	H	H	H	L
	L	L	H	H
	H	H	unbestimmt	

Übung 6.2

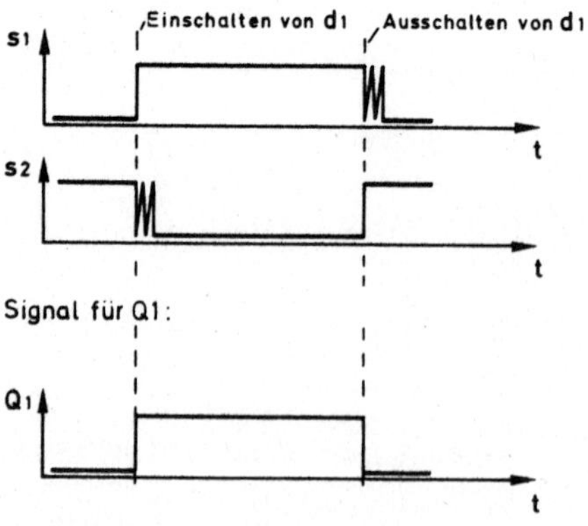

Das Flipflop läßt sich zum Entprellen von Kontakten verwenden.

Übung 6.3

Mögliche Lösung:

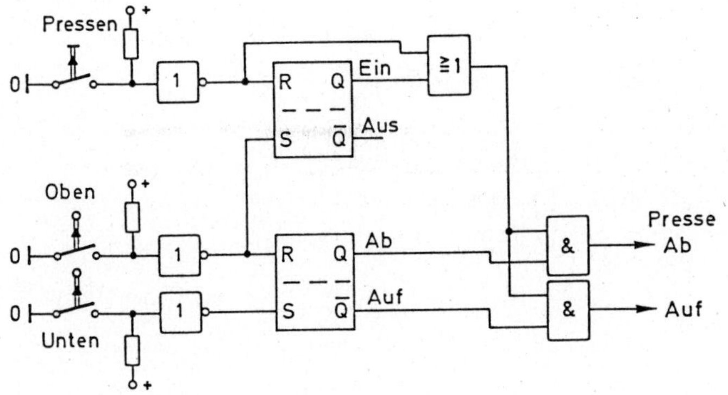

Übung 6.4

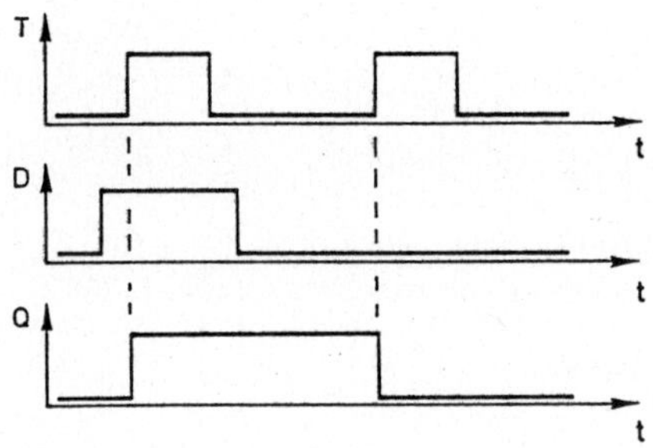

Übung 6.5

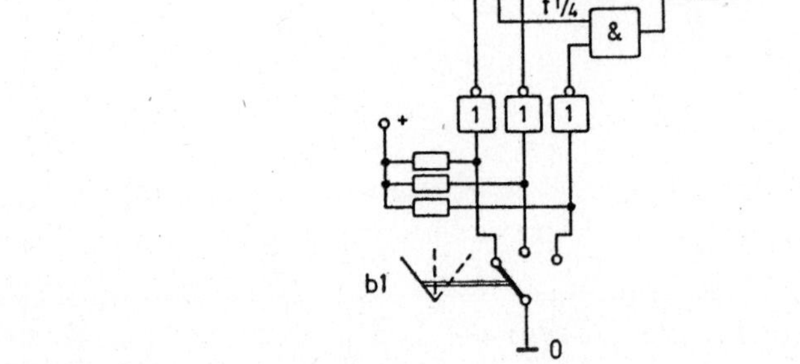

Übung 6.6

Mögliche Schaltung:

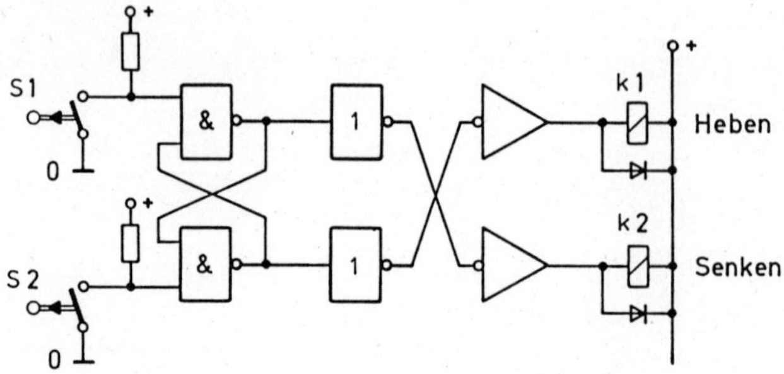

$\overline{S_1} \wedge S_2 \rightarrow$ Senken

$S_1 \wedge \overline{S_2} \rightarrow$ Heben

$S_1 \wedge S_2 \rightarrow \overline{\text{Heben}}, \overline{\text{Senken}} =$ Stop

$\overline{S_1} \wedge \overline{S_2} \rightarrow$ Heben oder Senken ist gespeichert

Lernzielorientierter Test

1. Die Wahrheitstabelle gehört zum JK-Master-Slave-Flipflop.
2. Das Signaldiagramm gehört zum JK-Master-Slave-Flipflop.
3.

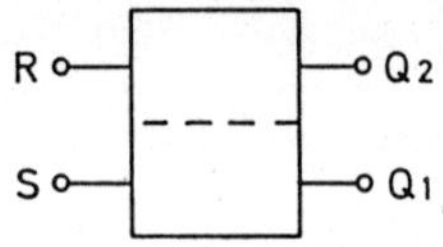

4.

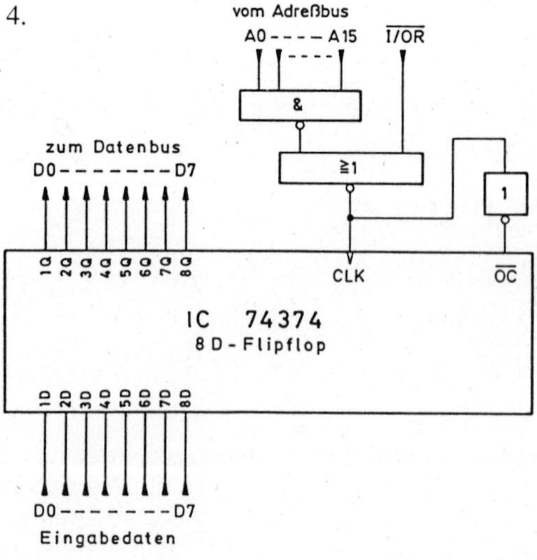

7. Zähler

Übung 7.1

Arbeitstabelle:

Takt	A	B	C	D	Ziffer
0	L	L	L	L	0
1	H	L	L	H	9
2	L	L	L	H	8
3	H	H	H	L	7
4	L	H	H	L	6
5	H	L	H	L	5
6	L	L	H	L	4
7	H	H	L	L	3
8	L	H	L	L	2
9	H	L	L	L	1

Die Schaltung ist ein Rückwärtszähler im 8, 4, 2, 1-Code.

Übung 7.2

Takt	2^0	2^1	
0	L	L	1 Zyklus
1	H	L	
2	L	H	
3	L	L	

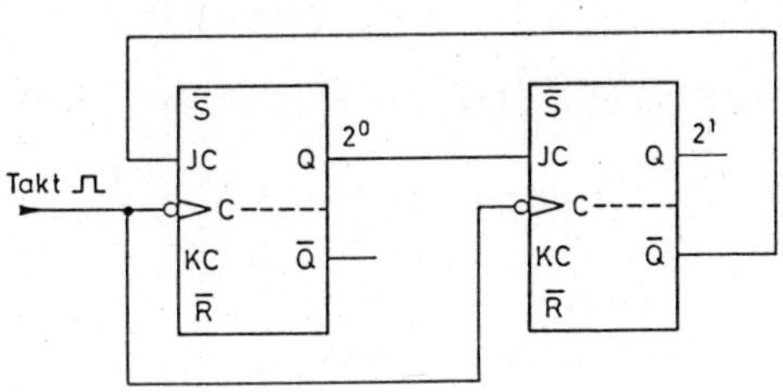

Übung 7.3

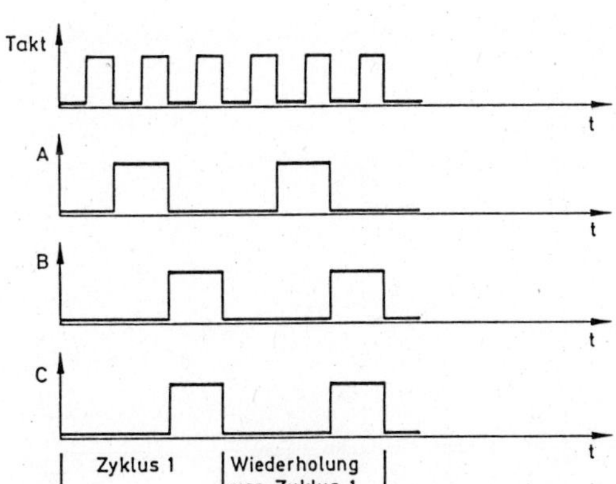

Übung 7.4

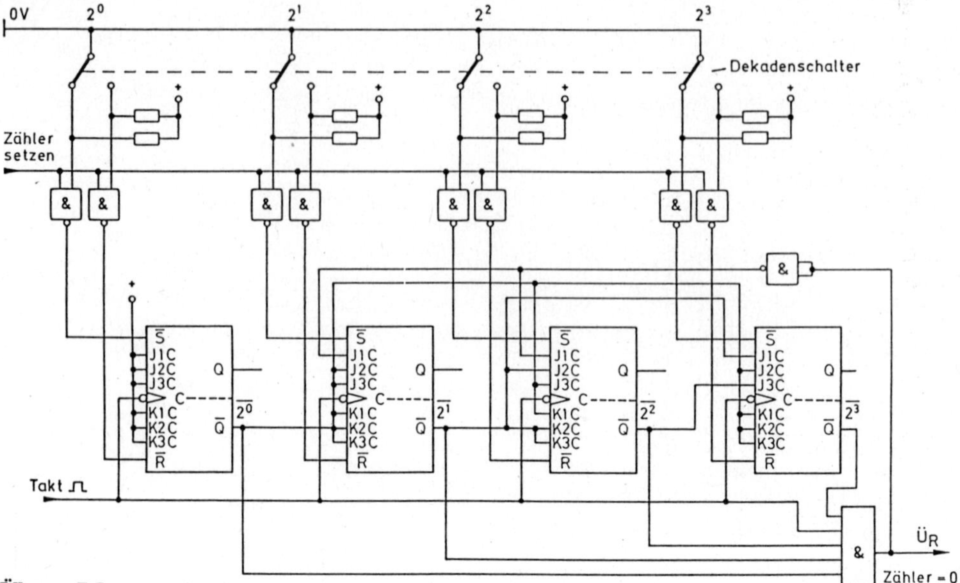

Übung 7.5

a)

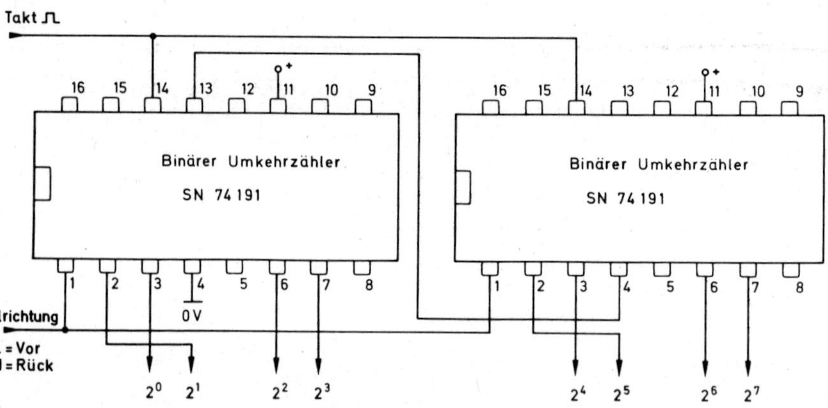

b) Der Zähler arbeitet im Dualcode (rein binär)

c) Übertragsbedingungen:

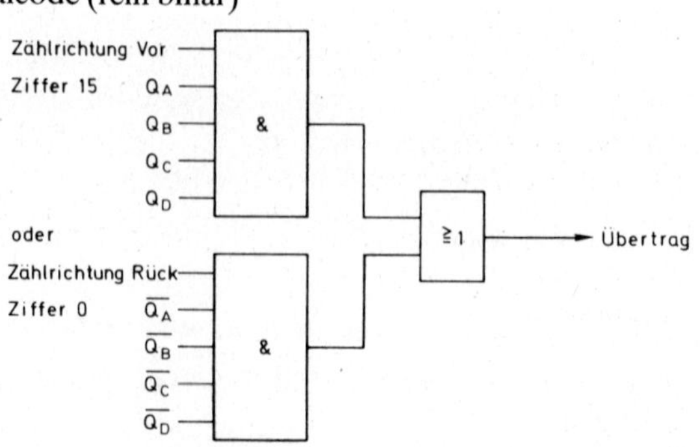

Lernzielorientierter Test

1. Bei Verwendung der Ausgänge $\overline{Q}$ zählt die Schaltung in keinem verwendbaren Code.
2. Die Schaltung arbeitet synchron.
   Der Zähler läßt sich bei Anschluß der Eingänge $\overline{R}$ an L-Signal auf 0 stellen.
3. Die Schaltung läßt sich verwenden als Modul-3-Zähler.
   Die Schaltung arbeitet synchron.
4.

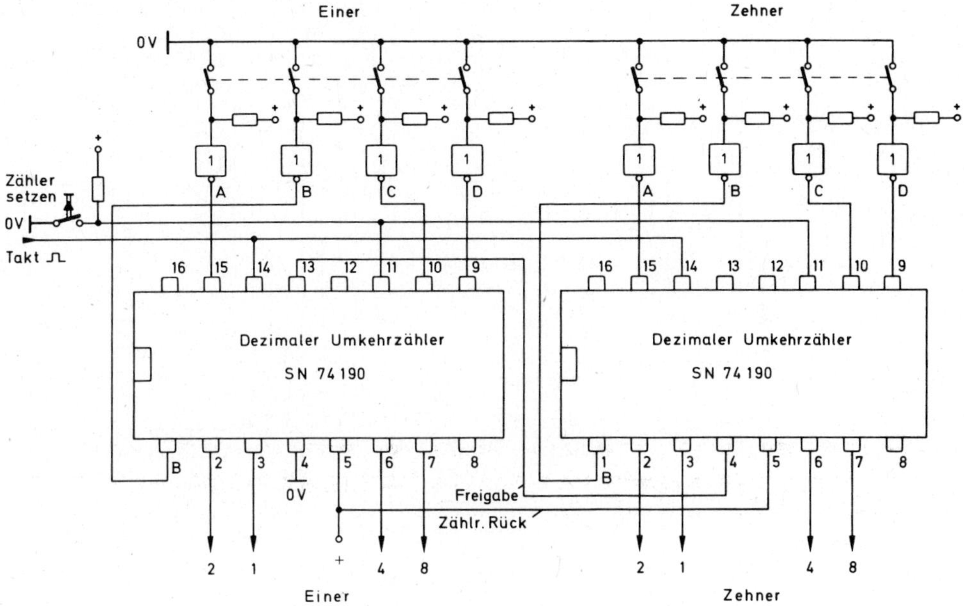

8. Schieberegister

Übung 8.1

1. Flipflop 1 schaltet bei einer negativen Flanke an CLEAR den Generator Ein.
2. Flipflop 2 blendet den ersten Generatorimpuls aus. Der erste Generatorimpuls kommt beim Startbit. Erst den nächsten Generatorimpulsen sind Datenbits zugeordnet. Diese Impulse müssen die Daten aus dem Schieberegister auf die serielle Ausgabeleitung schieben.
3. Flipflop 3 erweitert das Schieberegister um 1 Bit. Ohne Flipflop 3 würde das Datenbit D0 sofort nach dem Laden der Daten am Ausgang anstehen.
4. Der erste Generatorimpuls wird ausgeblendet. Nach der nächsten negativen Flanke des Generators erscheint D0 am Ausgang T × D.
   Der Zähler hat auf 1 gezählt.
   Bei Zählerstand 8 steht D7 am Ausgang T × D.
   Bei Zählerstand 9 wird FF3 gesetzt und an T × D ergibt sich ein H-Signal. Dieses H-Signal ist das benötigte Stopbit.

5. Das CLEAR-Signal setzt das FF3 zurück. Damit würde der Ausgang T × D sofort auf L gehen und das Startbit liefern.
Dies soll jedoch erst am Ende des CLEAR-Signals geschehen. Deshalb liefert das CLEAR-Signal über das Oder-Gatter 5 das benötigte H-Signal.

Übung 8.2

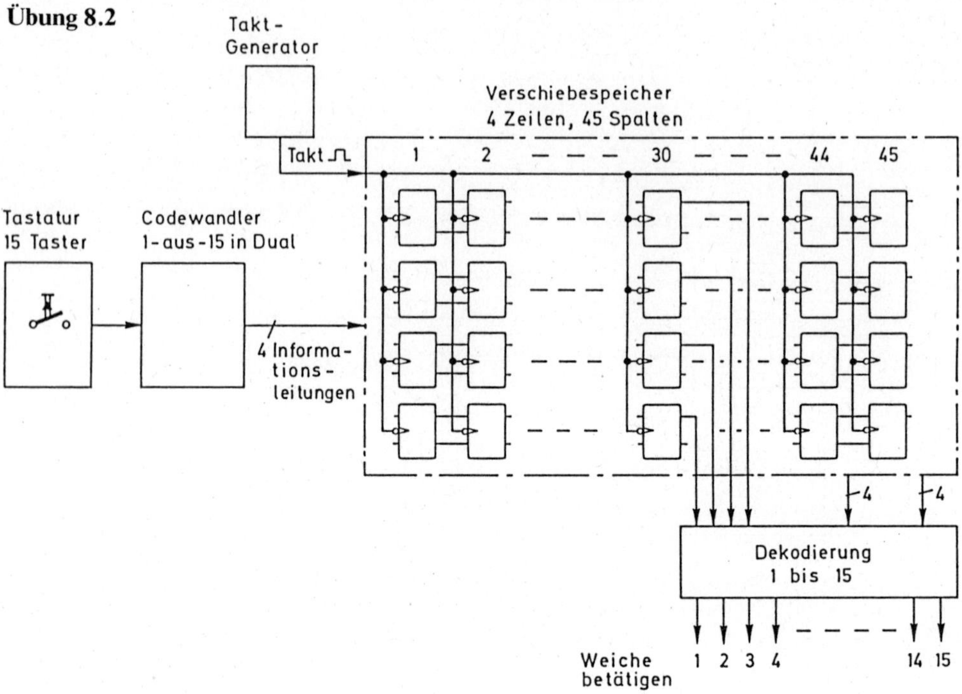

Lernzielorientierter Test

Lösungsprinzip:

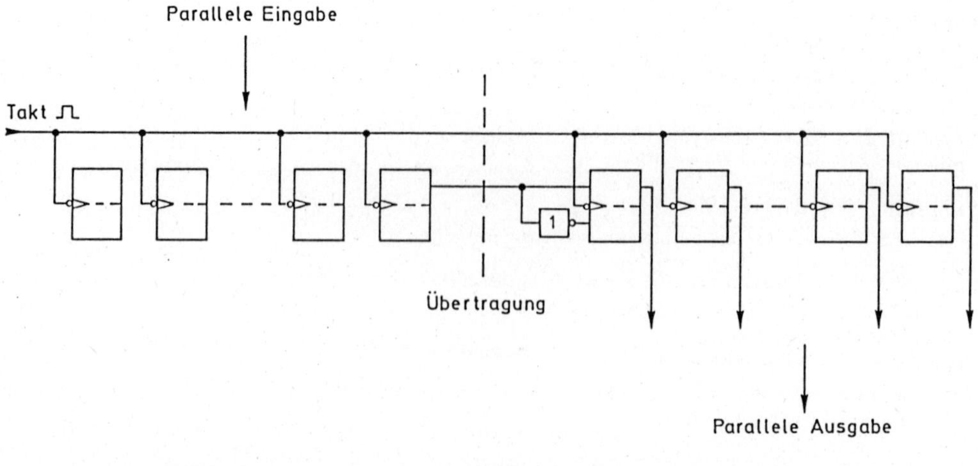

9. Codewandler

Übung 9.1

a) Ein Speicherbaustein hat 5 Adreßanschlüsse: A0 bis A4. Mit Hilfe der verbleibenden Adreßleitungen A5, A6 lassen sich vier Speicherbausteine auswählen.
Es können also vier Speicherbausteine angeschlossen werden mit je 32 Adressen.
Insgesamt können mit den 7 Adreßleitungen A0 bis A6 also 128 Adressen angewählt werden.

b)

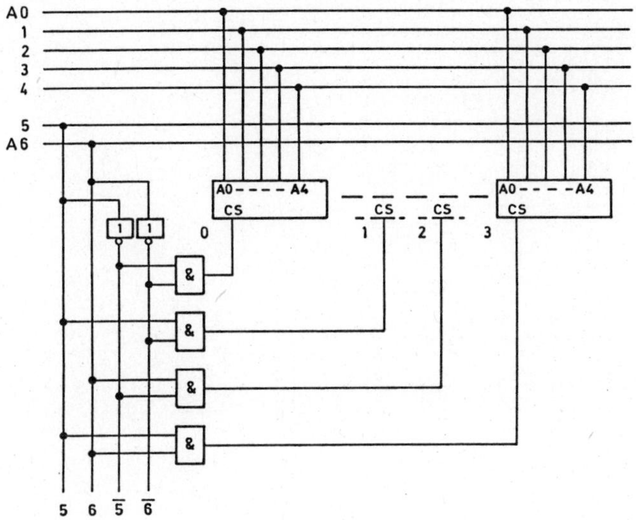

Übung 9.2

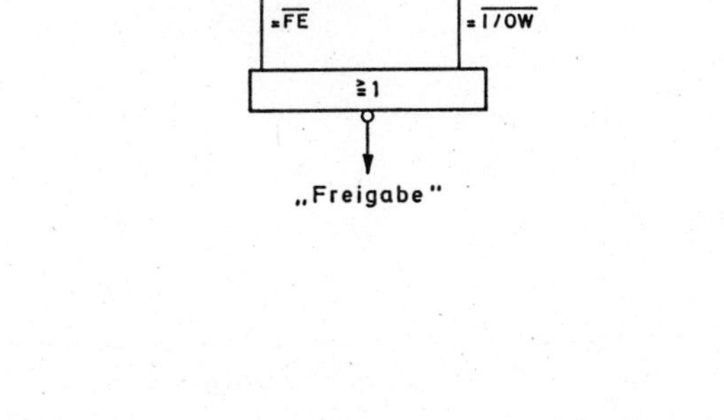

Übung 9.3

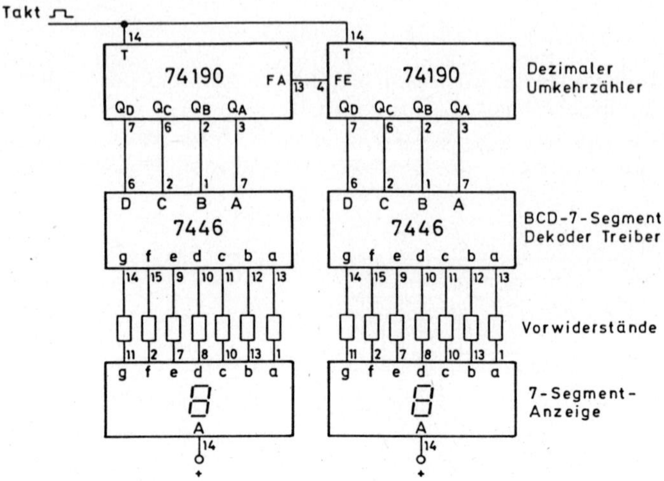

Übung 9.4

1. Das Bitmuster auf eine gerade Anzahl 1-Signale ergänzen.

2. B = 1000010

3. 0 = 0110001
   1 = 0110001
   ⋮
   9 = 0111001

4. Kanal b4, b3, b2, b1

5.

5	2	3
0110101	0110010	0110011
0101	0010	0011

6. Im 8, 4, 2, 1-Code.

7. Bedeutungen: HT; EM;); 9; I; Y; i; y

8. 1 ; 0110001 ; 31
   α ; 1100001 ; 61
   DEL ; 1111111 ; 7F
   * ; 0101010 ; 2A
   5 ; 0110101 ; 35

Übung 9.5

1. Taste	Hex	Bit	ASCII
	6C	1101100	l
E allein		1100101	e
6 allein	36	0110110	6
U + SHIFT	55	1010101	
0 allein	30	0110000	
	09	0001001	HT
	53	1010011	S

2. Die Bits b7, b6, b5 werden umgeschaltet.
   Die Bits b4, b3, b2, b1 bleiben unverändert.

Lernzielorientierter Test

1.

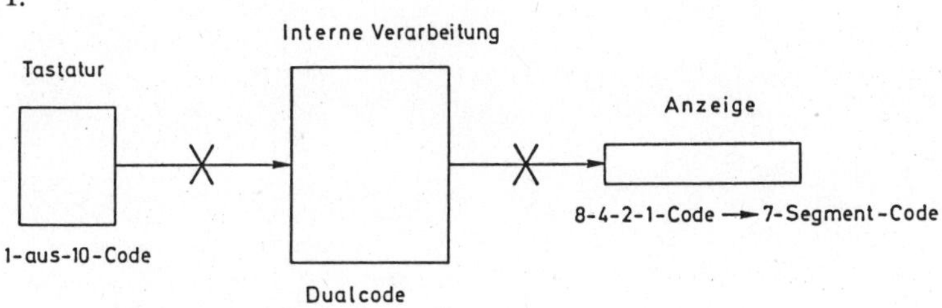

2. Codewandler BCD in 7-Segment für 1 Dekade:

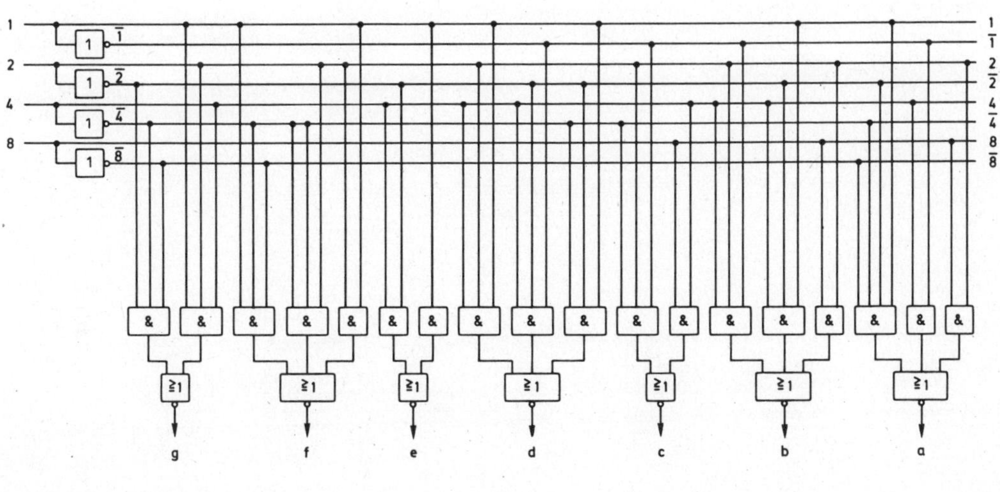

$$
\begin{array}{rlrl}
 & \;\;7654321 & & \\
3.\quad A & = 1000001 & A & = 7 \wedge \overline{6} \wedge \overline{5} \wedge \overline{4} \wedge \overline{3} \wedge \overline{2} \wedge 1 \\
a & = 1100001 & a & = 7 \wedge 6 \wedge \overline{5} \wedge \overline{4} \wedge \overline{3} \wedge \overline{2} \wedge 1 \\
1 & = 0110001 & 1 & = \overline{7} \wedge 6 \wedge 5 \wedge \overline{4} \wedge \overline{3} \wedge \overline{2} \wedge 1 \\
SP & = 0100000 & SP & = \overline{7} \wedge 6 \wedge \overline{5} \wedge \overline{4} \wedge \overline{3} \wedge \overline{2} \wedge \overline{1} \\
CR & = 0001101 & CR & = \overline{7} \wedge \overline{6} \wedge \overline{5} \wedge 4 \wedge 3 \wedge \overline{2} \wedge 1
\end{array}
$$

Die Schaltung beinhaltet je ein UND-Gatter mit 7 Eingängen pro Ausgangssignal.

4. „Ziffer“ $= (\overline{7} \wedge 6 \wedge 5) \wedge \overline{(4 \wedge 3) \vee (4 \wedge 2)}$

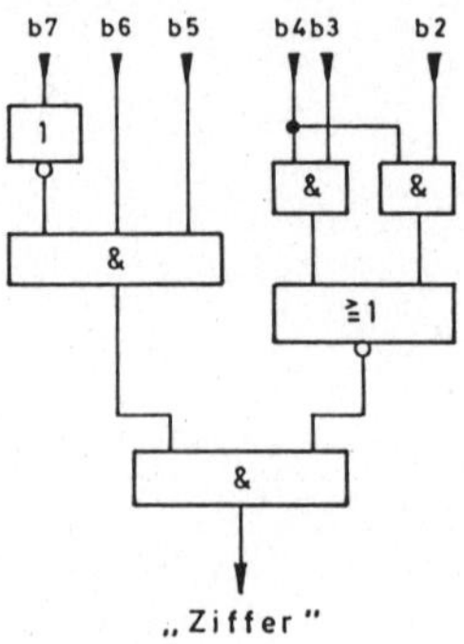

10. Vergleichs- und Rechenwerke

Übung 10.1

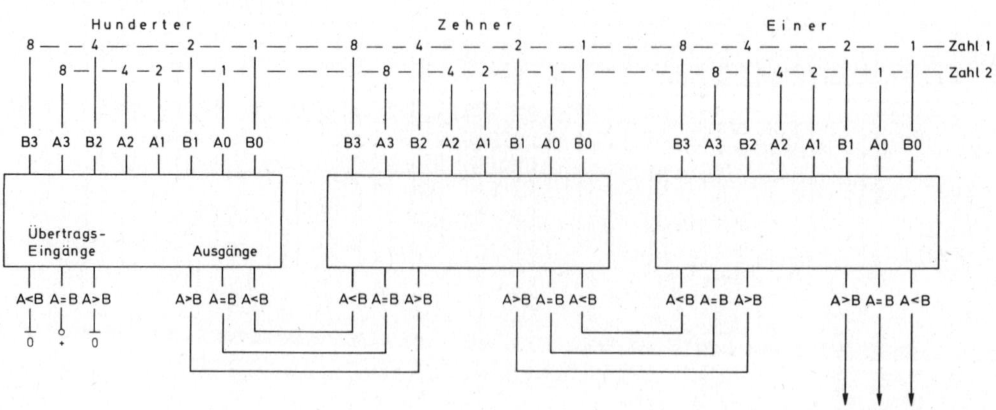

Übung 10.2

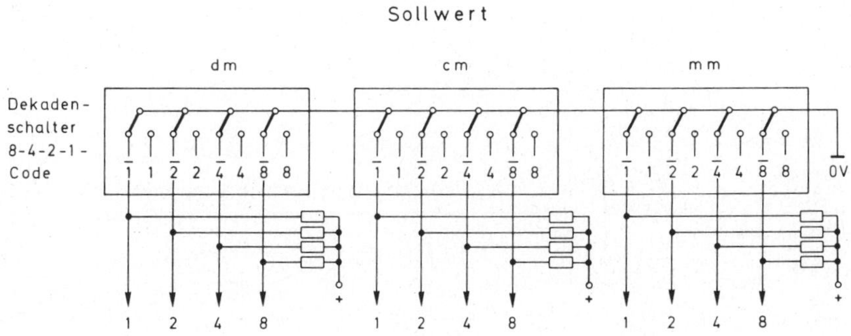
Sollwert
dm
cm
mm
Dekadenschalter 8-4-2-1-Code
0V
1 2 4 8
1 2 4 8
1 2 4 8

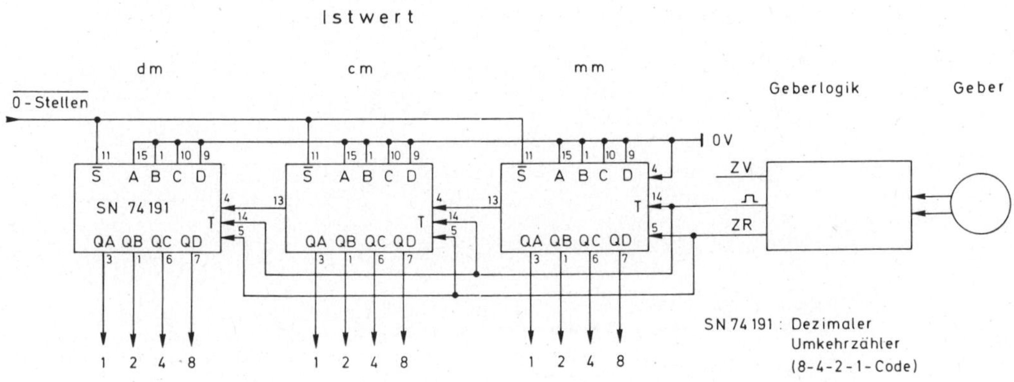
Istwert
dm
cm
mm
Geberlogik
Geber
0 - Stellen
0V
ZV
ZR
SN 74191
S A B C D
QA QB QC QD
T
1 2 4 8
1 2 4 8
1 2 4 8
SN 74191 : Dezimaler Umkehrzähler (8-4-2-1-Code)

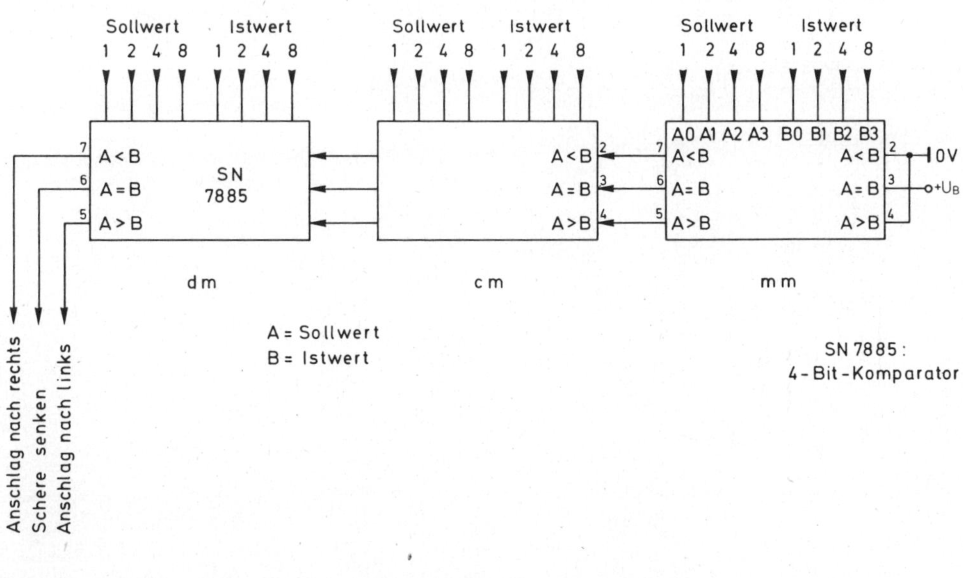
Sollwert
Istwert
1 2 4 8
1 2 4 8
A0 A1 A2 A3 B0 B1 B2 B3
A<B
A=B
A>B
SN 7885
0V
+UB
dm
cm
mm
Anschlag nach rechts
Schere senken
Anschlag nach links
A = Sollwert
B = Istwert
SN 7885 : 4-Bit-Komparator

Übung 10.3

1. 101001 2. 100000 3. 101010

Übung 10.4

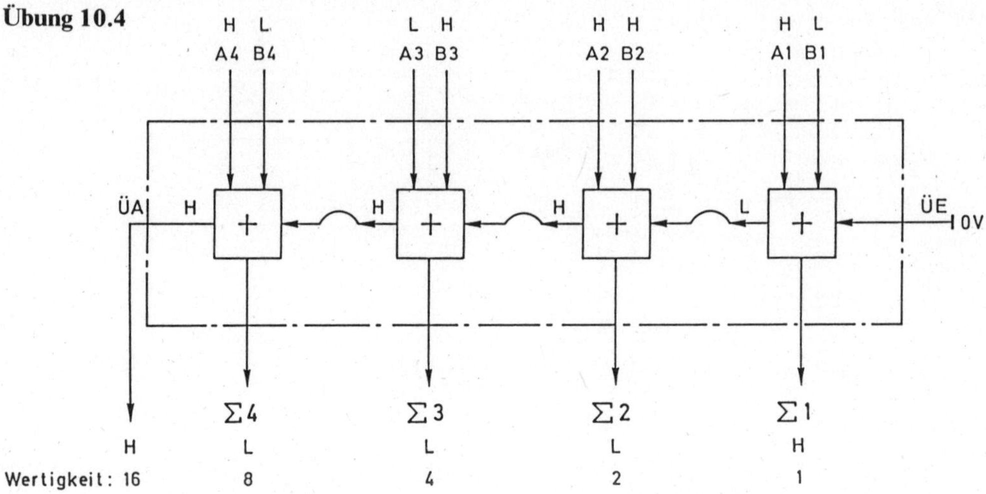

Übung 10.5

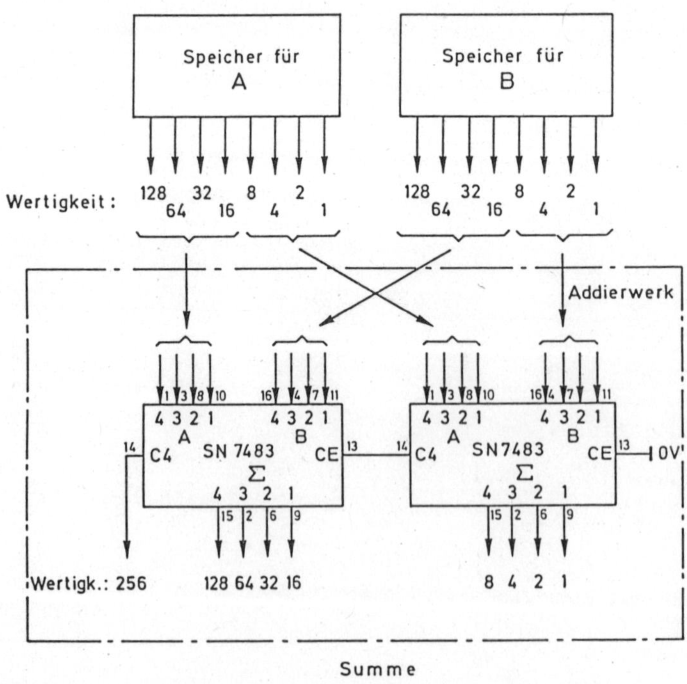

Übung 10.6

1.
$$\begin{array}{r}
1\;\;\;1\;\;\;\;\;\;\\
1\;\;11\;\;\;\;\;\;\\
1011001 = 89\\
-\;\;100111 = 39\\
\hline
110010 = 50
\end{array}$$

Ergebnis positiv

2.
$$\begin{array}{r}
11\;\;\;\;\;\;\;\;\\
11\;\;\;\;\;\;\;\;\\
10110 = 22\\
-11000 = 24\\
\hline
11110 = -2
\end{array}$$

Ergebnis negativ

3.
$$\begin{array}{r}
1\;\;\;\;\;\;\;\;\;\;\\
111\;\;\;\;\;\;\;\;\\
10101 = 21\\
-\;\;1111 = 15\\
\hline
110 = \;\;6
\end{array}$$

Ergebnis positiv

Übung 10.7

1.
$$\begin{array}{lr}
A & 10110 = 22\\
-B & 01011 = 11\\
\hline\hline
A & 10110\\
+\overline{B} & 10100\\
+1 & 1\\
\hline
 & 1 \leftarrow 01011 = 11
\end{array}$$

2.
$$\begin{array}{lr}
A & 111001 = 57\\
-B & 100110 = 38\\
\hline\hline
A & 111001\\
+\overline{B} & 011001\\
+1 & 1\\
\hline
 & 1 \leftarrow 010011 = 19
\end{array}$$

Übung 10.8

1.
$$\begin{array}{rr}
-B = & 01001100\\
+ & 1\\
\hline
= & 01001101
\end{array}$$

2.
$$\begin{array}{rr}
1 = & 00000001\\
 & \\
-1 = & 11111110\\
+ & 1\\
\hline
= & 11111111
\end{array}$$

Übung 10.9

Zur Lösung werden keine Hinweise benötigt.

Übung 10.10

1.
$$\begin{array}{r}
1011 \times 1001\\
\hline
1011\;\;\;\;\;\;\;\;\;\;\\
0000\;\;\;\;\;\;\;\;\;\;\;\;\\
0000\;\;\;\;\;\;\;\;\;\;\;\;\;\;\\
1011\;\;\;\;\;\;\;\;\;\;\;\;\;\;\;\;\\
\hline
1100011\;\;\;\;\;\;\;\;\;\;
\end{array}$$

2.
$$\begin{array}{r}
1110 \times 1110\\
\hline
0000\;\;\;\;\;\;\;\;\;\;\\
1110\;\;\;\;\;\;\;\;\;\;\;\;\\
1110\;\;\;\;\;\;\;\;\;\;\;\;\;\;\\
1110\;\;\;\;\;\;\;\;\;\;\;\;\;\;\;\;\\
\hline
11000100\;\;\;\;\;\;\;\;\;\;
\end{array}$$

Übung 10.11

Operand 1 Operand 2

00000110 × 1101 = 6 × 13 = 78

00000000	
00000000	1. Stellenverschiebung Teilsumme
	2. Stellenverschiebung Op. 2
00000110	3. Addition Op. 1
00001100	1.
	2.
00010010	3.
00100100	1.
	2.
00100100	3. Keine Addition Op. 1
01001000	1.
	2.
01001110 = 78	3.

Übung 10.12

1. 10101 : 110 = 011, 21 : 6 = 4,
−110
1010
− 110
1001
− 110

2. 1001 : 101 = 01,110 9 : 5 = 1,8
−101
1001
− 101
1000
− 101
110
− 101
10
− 101

Übung 10.13

$10 - 18 = 16 \vee (8 \wedge 2) \vee (8 \wedge 4)$

11. Datenspeicher

Übung 11.1

1. Art des Zugriffs
   Technologie
   Verwendungszweck
2. a) Der Inhalt jeder Speicheradresse kann unmittelbar geschrieben oder gelesen werden.
   b) Externe Speicher wie Magnetband oder Magnetplatte
3. ROM: Nur-Lese-Speicher; Inhalt bleibt bei Spannungsausfall erhalten
   RAM: Schreib-Lese-Speicher; Inhalt geht bei Spannungsausfall verloren
4. ROM: PROM
   EPROM
   EEPROM

5. ROM: z.B. Tabelle aller Sinuswerte
   EPROM: z.B. Betriebsprogramm

Lernzielorientierter Test

a) + b)

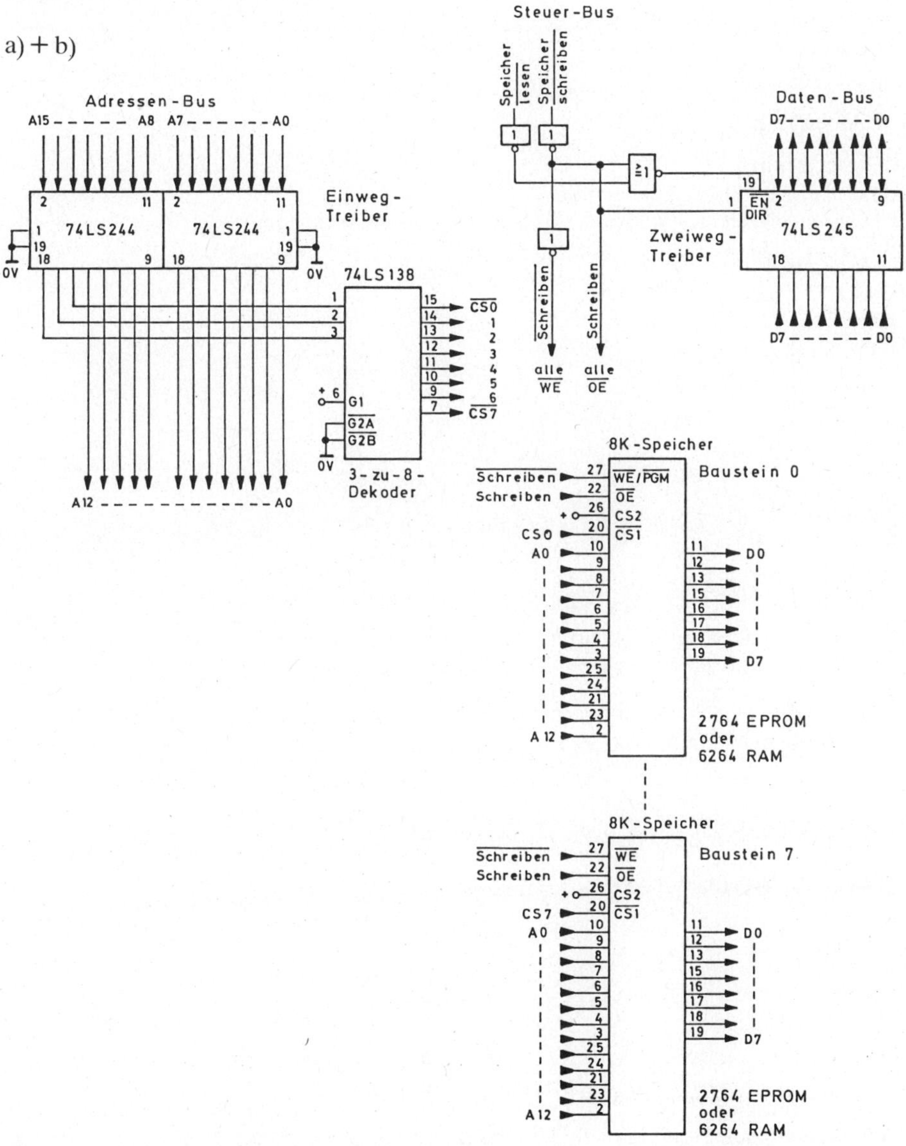

c) Baustein 0: 0000000000000000 = 0000 Hex
0001111111111111 = 1FFF

Baustein 7: 1110000000000000 = E000 Hex
1111111111111111 = FFFF

12. Der Mikrocomputer

Übung 12.1

1. Zum Rechenwerk gehören:
ALU; Bedingungsflipflops; Dezimal-Korrektur; Akkumulator; Akku-Zwischenspeicher; Zwischenspeicher

3. Operanden: Akkumulator-Zwischenspeicher; Zwischenspeicher
Ergebnis: Akkumulator

4. a) 2001 + Akkuinhalt
b) aus dem Speicher, über den Datenbus
c) über Datenbus-Treiber, Zwischenspeicher und Zwischenspeicher

5. Übertrag (Carry)
Null (Zero)
Parität (Parity)
Vorzeichen (Sign)

6. 8 Bit

Übung 12.2

1. a) Stackpointer: E003
b) Stackpointer: E005
c) Befehlszähler: 2013
d) Befehlszähler 0108

2. Beim CALL-Befehl wird die Rücksprungadresse automatisch im Stapelspeicher gespeichert; beim Sprungbefehl muß die Rücksprungadresse im Programm stehen.

3. Der Stackpointer verwaltet automatisch den Stapelspeicher (Stack). Er zeigt immer auf die momentane Adresse im Stack.

Übung 12.3

	Assembler	Hex-Code
1.	LDA, (2000)	; 33 00 20
2.	LD H, 95	; 26 95
3.	LDA, (HL)	; 7E

Übung 12.4

LD 5413, DE = Assembler
ED 53 13 54 = Hex-Code

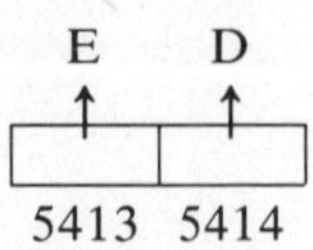

Übung 12.5

1.

LDA, (1900)	3A 00 19	Lade A mit Inhalt Adresse 1900
LDH, (1901)	26 01 19	Lade H mit Inhalt Adresse 1901
ADO H	84	Addiere A + H; A = A + H
LD (1901), A	32 02 19	Bringe Ergebnis von A nach Adresse 1902

Programm zur Addition von 2 Variablen

2.
```
XOR A          ; Akku + Carry-Flag 0-stellen
LD A, (1910)   ; niederwertigstes Byte laden
LD B, A
LD A, (1900)
SUB B          ; subtrahieren
LD (1920), A   ; Ergebnis abspeichern
LD A, (1911)   ; mittleres Byte laden
LD B, A
LD A, (1901)
SBC B          ; subtrahieren mit Berücksichtigung des Übertrages
LD (1921), A   ; Ergebnis abspeichern
LD A, (1912)   ; höchstwertigstes Byte laden
LD B, A
LD A, (1902)
SBC B          ; subtrahieren mit Berücksichtigung des Übertrages
LD (1922), A   ; Ergebnis abspeichern
```

Übung 12.6

```
XOR A          ; Akku und Carry-Flag 0-stellen
LD A, (nn)     ; Daten in Akku laden
RLCA ←─┐       ; Daten schieben Links
JNC ... ─┘     ; Springe, wenn Carry nicht auf 1
RRA            ; Schiebe die 1 aus dem Carry wieder zurück in den Akku
                 Jetzt steht die 1 linksbündig im Akku
```

Übung 12.7

1. a) Jump: unbedingter Sprung
   Jump Not Zero: bedingter Sprung; wird nur durchgeführt, wenn das Zero-Flag nicht gesetzt ist.

   b + c) Jump: Z 80: JP = C3 XX XX
   8085: JMP = C3 XX XX

   Jump Not Zero: Z 80: JNZ = C2 XX XX
   8085: JNZ = C2 XX XX

   d) JP = 11000011 . . . .
   JNZ = 11000010 . . . .
   (16 Bit-Adresse)

2. c)
   a) LD A, 05 = 3E XX
   b) MVI A, 05 = 3E XX

3. c)
   a) LD (E000), A = 32 00 E0
   b) STA E000 = 32 00 E0
   d) direkte Adressierung
   e) 3 Byte
   f) Lesen: 3 Speicherzugriffe
      Anführen: 1 Speicherzugriff

Übung 12.8

1.

Adresse	Assembler	Hex-Code	
0000	LDA E100	3A 00 E1	; Akku mit E100 laden
0003	OUT 00	D3 00	; ausgeben Port 00

2. Register B wird als Zähler für die zu übertragenden Zeichen verwandt.
   In Registerpaar HL wird die Anfangsadresse von Speicherbereich 1 gebracht; in Registerpaar DE die Anfangsadresse von Speicherbereich 2.

   Kommentar:
   ; 09 in Schleifenzähler B
   ; HL auf E000 setzen
   ; DE auf F000 setzen
   ; Inhalt der Adresse, auf die HL zeigt, in den Akku
   ; Akkuinhalt nach der Adresse, auf die DE zeigt
   ; HL = HL + 1, HL inkrementieren
   ; DE = DE + 1, DE inkrementieren
   ; B = B − 1, B dekrementieren
   ; falls B ungleich 0, springe nach Befehl Adresse 0008

Übung 12.9

a) Adresse 4: 00000000
   Adresse 5: 00110000
b) 00110010 = Operationscode (OP-Code)
c) Instruktions-Lesezyklus oder
   Befehlsabrufzyklus oder
   Operationslesezyklus
d) Nein!
   Der erste Teil einer Instruktion beinhaltet immer den Operationscode und der muß gelesen werden.
e) Operation lesen
   dekodieren
   interne und externe Steuersignale geben

f) Nein!

g) Ja, er gibt entsprechende Meldesignale aus.

h) 3 Zyklen zum Lesen der Instruktion
1 Zyklus beim Ausführen der Instruktion

i) 3 Lesezyklen
1 Schreibzyklus

j) Lesezyklus: Steuersignal MEMORY READ
Schreibzyklus: Steuersignal MEMORY WRITE

k) 32 H

Lernzielorientierter Test

1. Daten:

7.		
6.		
5.		
4.	10101010	Instruktion ausführen
3.	00000000	Instruktion lesen
2.	01000000	
1.	00110010	
	07......00	

Adressen:

7.				
6.				
5.				
4.	0000000001000000	=	10	Memory Write
3.	0000000000001010	=	10	Memory Read
2.	0000000000001001	=	9	Memory Read
1.	0000000000001000	=	8	Memory Read
	A15..............A0			

2.

1800	LD A, (1910)	3A 10 19	Lade A mit Inhalt Adresse 1910
1803	SUB 10	D6 10	A = A − 10
1805	LD (1911), A	32 11 19	Bringe A nach Adresse 1911

3. ohne Lösung

4. a) Der Akku wird mit dem Inhalt der Adresse geladen, die im Register HL steht.
   b) indirekte Adressierung
   c) 1 Byte
   d) 7 Takte $t = \frac{1}{f} \cdot 7 = \frac{1 \cdot 7}{2 \cdot 10^6\ s} = 3{,}5\ \mu s$
   e) 1 Speicherzugriff
   f) 1 Speicherzugriff
   g) Da die Ausführung in der CPU geschieht und dafür kein Lese- oder Schreibvorgang nötig ist, gibt die CPU auch keine Steuersignale aus.
   h) Z 80: LD HL, F000
   8080: LXI H, F000

5. 0000 IN 00
   0003 MOV B, A
   0004 IN 01
   0006 ADD B
   0007 OUT 00

13. Der Mikroprozessor

Übung 13.1

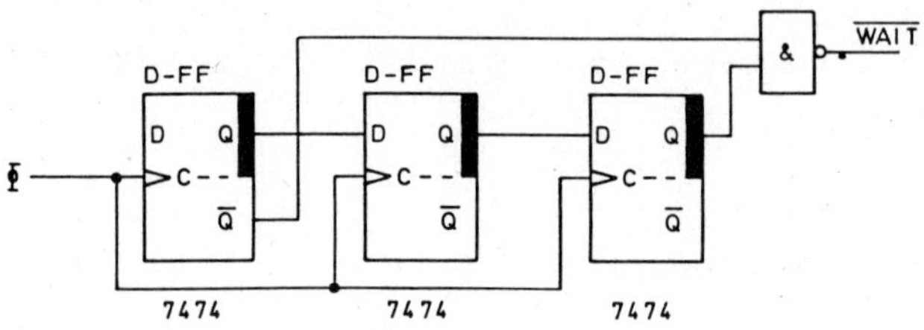

Übung 13.2

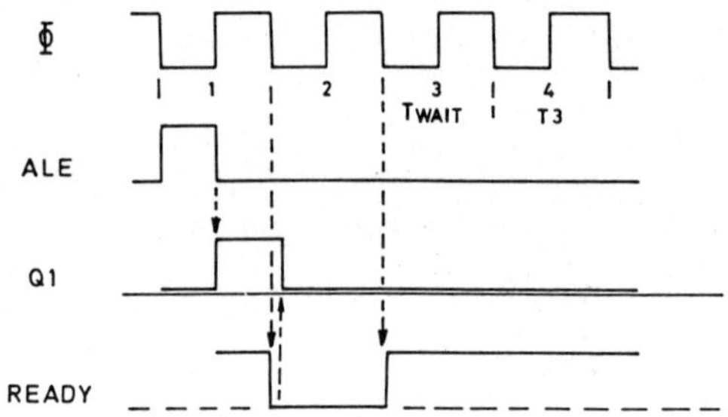

Lernzielorientierter Test

1. Lösung siehe Kapitel 13.2. „Der Mikroprozessor im Gesamtsystem"
2. Lösung siehe Seite 282 „Standardanschlüsse des Mikroprozessors"
3. 1. Beim Schreib-Zyklus wird das Signal $\overline{WR}$ angegeben, beim Lese-Zyklus das Signal $\overline{RD}$.
   2. Die Speicheradresse wird bei der positiven Flanke des ersten Taktimpulses T1 ausgegeben.
   3. Die Adressen sollen den Weg für die Daten freischalten.
   4. Die Daten werden sehr früh mit der negativen Flanke von T1 auf den Bus gelegt; gleichzeitig mit dem Steuersignal $\overline{MREQ}$.
   5. + 6. Das Signal $\overline{WR}$ wird nach T2 ausgegeben, wenn Adressen und Daten stabil sind. Es soll die endgültige Schreib-Freigabe bewirken.
   7. Das $\overline{WAIT}$-Signal muß bei der negativen Flanke von T2 anstehen. Steht es an, ändern sich Adreß-, Daten- und Steuersignale nicht mehr.
4. Lösung siehe Diagramm Seite 295.

14. Konstruktion der zentralen Einheit von Mikrocomputern

Übung 14.1

1. Ein L-Signal an diesen Eingängen gibt die Bus-Treiber frei.

2. DIR = L: Daten von B nach A
   DIR = H: Daten von A nach B
   a) $\overline{WR}$ = L: Daten von B nach A, vom Prozessor auf den Bus
   b) $\overline{RD}$ = L, dann ist $\overline{WR}$ = H: Daten von A nach B, vom Bus zum Prozessor

3. a) bis c)

C	B	A	Y 0	1	2	3	4	5	6	7
L	L	L	L							
L	L	H		L						
L	H	L			L					
L	H	H				L				
H	L	L					L			
H	L	H						L		
H	H	L							L	
H	H	H								L
$\overline{RD}$	$\overline{MREQ}$	$\overline{WR}$		$\overline{MEMR}$		IOR	$\overline{MEMW}$		IOW	

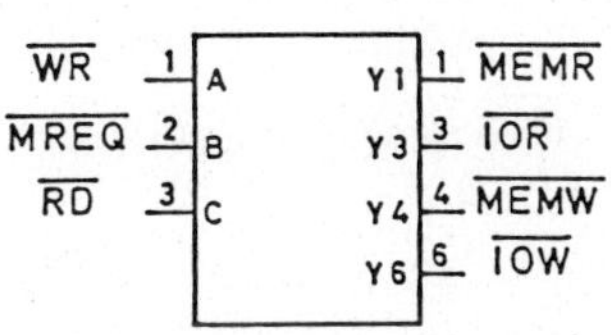

Es gibt auch andere Anschlußmöglichkeiten!

   d) Es kann davon ausgegangen werden, daß der Prozessor das Signal $\overline{IORQ}$ immer ausgibt, wenn er nicht $\overline{MREQ}$ ausgibt. $\overline{IORQ}$ = MREQ
   $\overline{MREQ}$ = L: Speicheranwahl
   $\overline{MREQ}$ = H: IO-Anwahl

4. Die Ausgänge der CPU können nur eine Lasteinheit treiben. Für mehr Belastung müssen sie verstärkt werden.

Übung 14.2

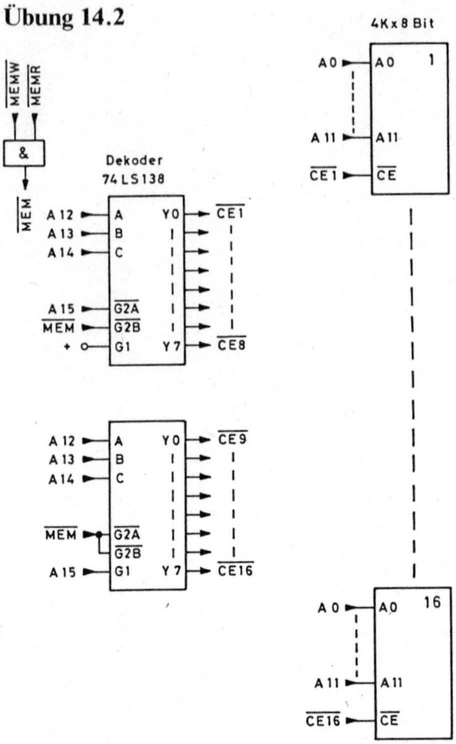

Übung 14.3

Adresse	15 14 13	12 11 10 9 8 7 6 5 4 3 2 1 0	Hex-Adressen
Signal	1 0 1	0 0 0 0 0 0 0 0 0 0 0 0 0	= A000
Baustein 2	1 0 1	1 1 1 1 1 1 1 1 1 1 1 1 1	= BFFF
Signal	1 1 0	0 0 0 0 0 0 0 0 0 0 0 0 0	= C000
Baustein 3	1 1 0	1 1 1 1 1 1 1 1 1 1 1 1 1	= DFFF

Übung 14.4

1. Abfrage: „Ist READY auf H?“ = Statuswort
2. Daten einschreiben; Freigabe über DW = Datenwort
3. Serielle Datenausgabe freigeben über CLEAR = Steuerwort

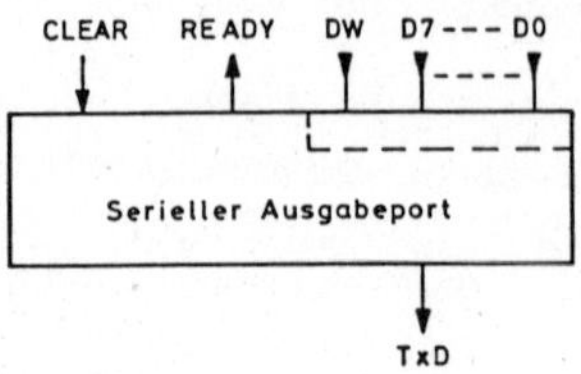

Schaltung:

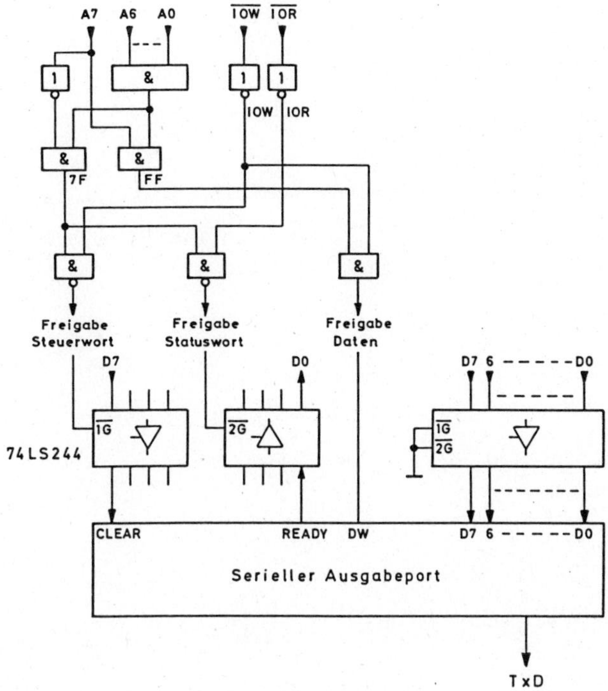

Unterprogramm SERAUS:

```
IN 7F           ; Statuswort abfragen
ANI 01          ; D0 = READY ausblenden
RZ              ; nicht READY, Rücksprung in Hauptprogramm
LDA AUSDATEN    ; Akku mit Ausgabedaten laden
OUT FF          ; Daten an Port ausgeben
MVI A, 80       ; Steuerwort D7 laden
OUT 7F          ; Steuerwort ausgeben
RET             ; Rücksprung von Ausgaberoutine in Hauptprogramm
```

Übung 14.5

a)
```
IN F1       ; Statuswort in Akku
ANI 20      ; Bit D5 ausblenden
JZ WAIT     ; Bit D5 = 0: Warten
LDA E000    ; Inhalt E000 in Akku
OUT F0      ; Daten ausgeben
```

b)
```
IN A, F1
AND 20
JPZ WAIT
LD A, E000
OUT F0, A
```

Übung 14.6 + 14.7

1. $11111010_B = FA_H$
2. $11111011_B = FB_H$

3. $10000000_B = 80_H$
4. IN FA ; FA = Adresse Kanal C
   STA F000
5. MVI A, B3 LD A, B3
   OUT FB OUT FB, A

Lernzielorientierter Test

1. Die Schaltung für die Prozessor-Einheit läßt sich aus den gegebenen Einzelschaltungen zusammenstellen. Vergleichen Sie Ihre Lösung mit den Einzelschaltungen.

2. 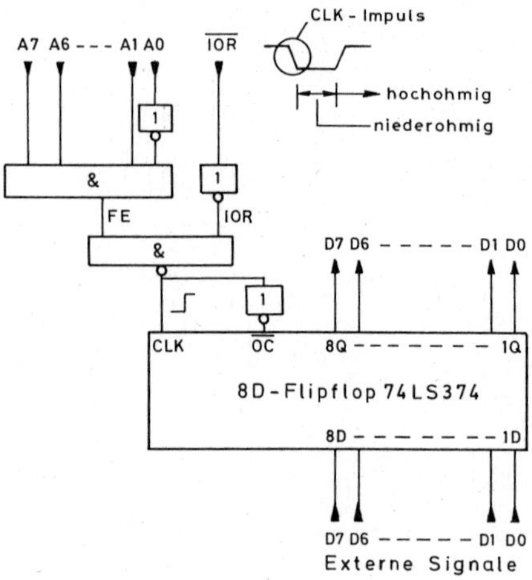

3. 1 0 0 0 0 0 1 1 $_B = 83_H$

   - 1: Wahl der Betriebsart
   - 0 0: Betriebsart 0
   - 0: Kanal A Ausgabe
   - 0: Kanal C, Bit 4, 5, 6, 7 Ausgabe
   - 0: Betriebsart 0
   - 1: Kanal B Eingabe
   - 1: Kanal C, Bit 0, 1, 2, 3 Eingabe

```
MVI A, 83   ; Steuerwort in Akku
OUT FB      ; Steuerwort in Steuerlogik
IN F9       ; Kanal B in Akku
STA EINB    ; nach Adresse EINB
IN FA       ; Kanal C in Akku
ANI 0F      ; Bit 4, 5, 6, 7 ausblenden
STA EINC    ; nach Adresse EINC
```

15. Assemblerprogrammierung

Übung 15.1

Zeitglied einschalten:

```
ZEIT1E: MVI A, 01  ; D0 setzen
        OUT 00
        RET
```

Zeitglied abfragen:

```
ZEIT1A: IN 01
        ANI 01     ; D0 abfragen
        STA T1     ; Ergebnis der Abfrage in Zeitspeicher T1 abspeichern
        RET
```

Übung 15.2

50AB08H = 5286664 D

$$T = \frac{1}{f} = \frac{1}{2 \cdot 10^6} = 0{,}5\ \mu s$$

$$t = 5286664 \cdot 0{,}5\ \mu s = 2643332\ \mu s = \underline{\underline{2{,}64\ s}}$$

Übung 15.3

$$t = n \cdot T;\ n = \frac{t}{T} = \frac{1 \cdot 10^{-3}\ s}{0{,}5 \cdot 10^{-6}\ s} = 2 \cdot 10^3$$

Der Zähler muß auf 2000 Dezimal gesetzt werden.

2000 D = 111,1101,0000B = 7D0H

Der Zähler muß auf die Zahl 0007D0H gesetzt werden.

Programm:

```
GENERA: MVI A, 00    ; Zähler setzen
        OUT FF
        MVI A, 07
        OUT FF
        MVI A, D0
        OUT FF
        MVI A, 01    ; Zähler setzen
        OUT FE
ABFRA:  IN FE
        ANI 02
        JZ ABFRA
        JMP GENERA
```

Übung 15.4

```
LAUFL: MVI A, 01      ; Lampe 0 ein
   L1: OUT 01
       CALL ZEIT1
       RLC            ; 1 Stelle nach links
       JMP L1
```

Übung 15.5

Alt:

```
I MP:  INR C          ; Paketzähler inkrementieren
```

Erweiterung:

```
       IN FE          ; Paketzahl lesen
       CMP C          ; Paketzahl mit Impulszähler vergleichen
       JZ AUSG
       MVI A, 00      ; Ausgangssignal „Verpacken" löschen
       OUT FE
       JMP GEBER

AUSG:  MVI A, 01      ; Ausgabe „Verpacken"
       OUT FE
       MVI C, 00      ; Paketzähler auf 0 stellen
       JMP GEBER
```

Übung 15.6

Tabelle:

BCD-Zahl		Tabelle Adresse	Dualzahl
0000	0000	F000	00000000
0000	0001	F001	00000001
⋮		⋮	
0000	1001	F009	00001001
0001	0000	F010	00001010
⋮		⋮	⋮
0001	1001	F019	00010011
0010	0000	F020	00010100
⋮		⋮	
1001	1001	F099	01100011

Programm:

Das Programm gleicht dem Dekoderprogramm des vorhergehenden Beispiels.

Es entfällt lediglich die Zeile ANI 0F ; Bit 4 bis 7 ausblenden

```
ANFANG: MVI H, F0
        IN FE
        MOV L, A
        MOV A, M
        OUT FF
        JMP ANFANG
```

Bei der Erstellung der Tabelle ist zu beachten, daß die Adressen, in denen die Pseudotetraden stehen würden, übersprungen werden.

Das sind z.B. die Adressen F00A
F00B
F00C
F00D
F00E
F00F

Übung 15.7

1. Programmablaufdiagramm Schrittmotor Vor

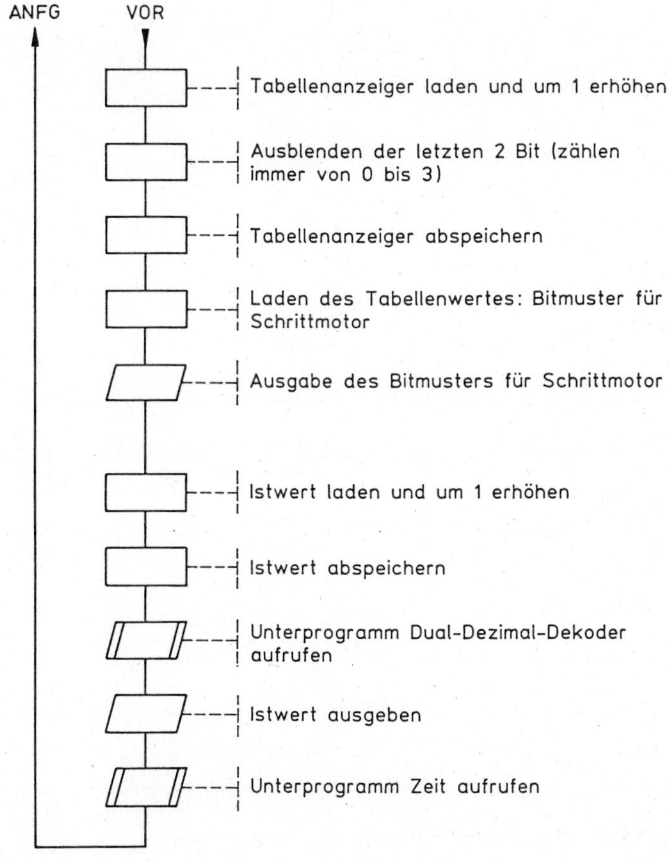

2. Programmablaufdiagramm für Soll-Ist-Vergleich

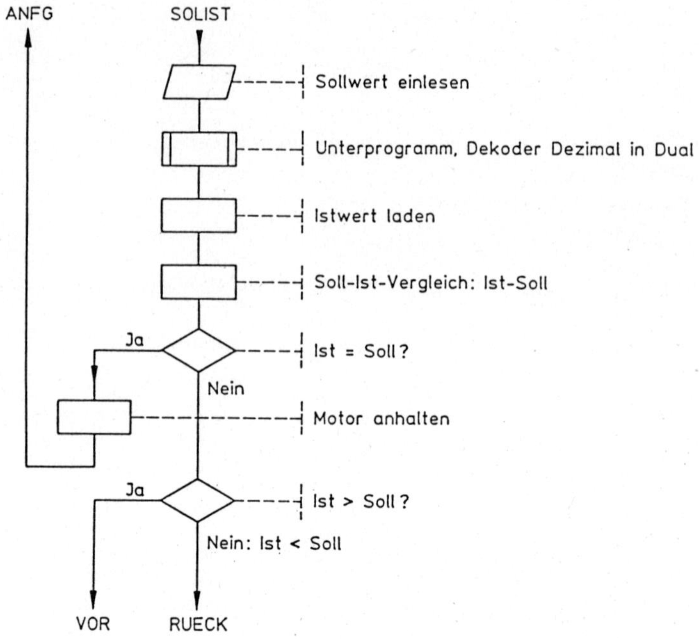

Übung 15.8

```
I WERT B: PUSH PSW
          PUSH D
          IN 03
          ANI 03
            ⋮
          CMP E
          JZ ENDE
          CPI 00
            ⋮
          JMP AGDEF
    A0B0: MOV A, E
            ⋮
          JMP AGDEF
    A1B0: MOV A, E
            ⋮
          JMP AGDEF
    A0B1: MOV A, E
            ⋮
          JMP AGDEF
    A1B1: MOV A, E
            ⋮
          JMP AGDEF
```

```
 I VOR: STA AGEB
          ⋮
        JMP ENDE
 RUECK: STA AGEB
          ⋮
        JMP ENDE
  ENDE: POP D
        POP PSW
        JMP „Betriebsprogramm“
 AGDEF: POP D
        POP PSW
        JMP GDEF
```

Übung 15.9

a)
```
EINL: IN 00
      STA EIN0

  S1: LDA EIN0          S5: LDA EIN0
      ANI 01                ANI 04
      JZ S2                 JZ AUSG
      MVI A, 01             MVI A, 00
      STA A0.0              STA A0.0
      JMP S2                STA A0.1
  S2: LDA EIN0              JMP AUSG
      ANI 02          AUSG: LDA A0.0
      JZ S3                 MOV B, A
      MVI A, 00             LDA A0.1
      STA A0.0              ORA B
      JMP S3                OUT 00
  S3: LDA EIN0              JMP EINL
      ANI 02
      JZ S4
      MVI A, 02
      STA A0.1
      JMP S4
  S4: LDA EIN0
      ANI 01
      JZ S5
      MVI A, 00
      STA A0.1
      JMP S4
```

b) Wendeschützschaltung:
Eine direkte Drehrichtungsumschaltung ist möglich (Kentern).
Ausschalten der Drehbewegung über die Stop-Taste.

c) Strompfad S5 wird als letztes bearbeitet; also hat die Stop-Taste Vorrang.

d) Da die Stromwege für das Rücksetzen später bearbeitet werden als die für das Setzen, werden beide Richtungsspeicher zurückgesetzt.
Der Motor bleibt stehen.

Übung 15.12

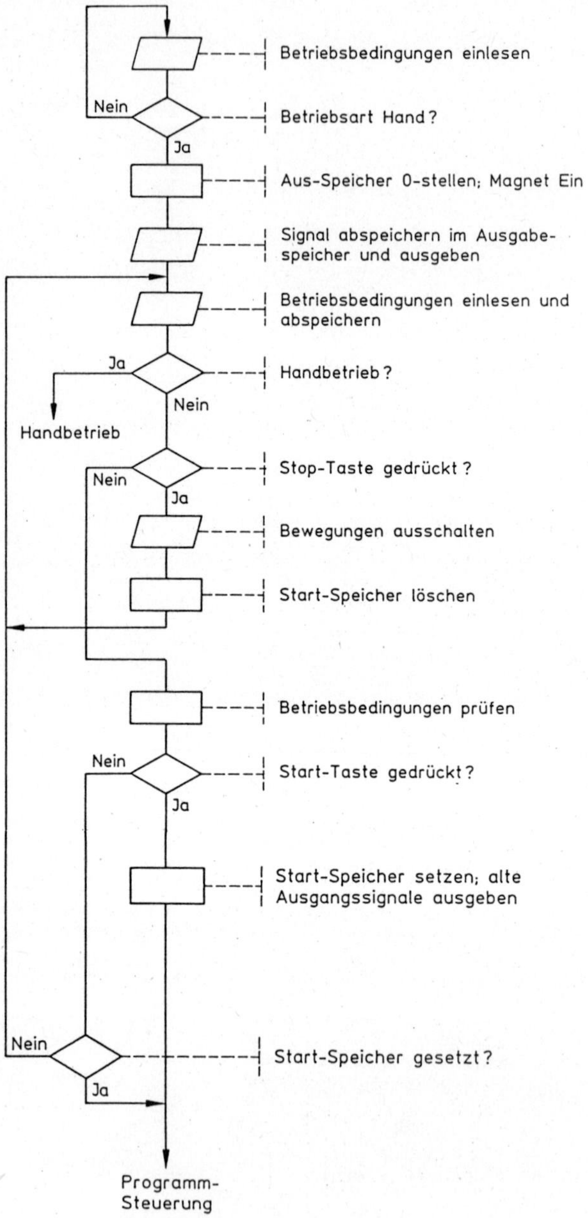
Betriebsbedingungen einlesen
Nein
Betriebsart Hand?
Ja
Aus-Speicher 0-stellen; Magnet Ein
Signal abspeichern im Ausgabe-speicher und ausgeben
Betriebsbedingungen einlesen und abspeichern
Ja
Handbetrieb?
Nein
Handbetrieb
Nein
Stop-Taste gedrückt?
Ja
Bewegungen ausschalten
Start-Speicher löschen
Betriebsbedingungen prüfen
Nein
Start-Taste gedrückt?
Ja
Start-Speicher setzen; alte Ausgangssignale ausgeben
Nein
Start-Speicher gesetzt?
Ja
Programm-Steuerung

Übung 15.10

1.

	Bitmuster 76543210	Hex
Anfangsbedingung: E4 und E6 betätigt	01010000	50
Ausgangssignale Schritt 1: Heben	00000001	01
Abschaltbedingungen Schritt 1: E5	00100000	20
Ausgangssignale Schritt 2: Vor	00000100	04
Abschaltbedingungen Schritt 2: E7	10000000	80
Ausgangssignale Schritt 3: Senken	00000010	02
Abschaltbedingungen Schritt 3: E4	00010000	10
Ausgangssignale Schritt 4: Rück	00001000	08
Abschaltbedingungen Schritt 4: E6	01000000	40
Programm Ende	11111111	FF

2. Es muß ein Programmschritt in die Tabelle eingefügt werden.

Abschaltbedingungen Schritt 3: E4	00010000	10
Ausgangssignale Schritt 4:	00000000	00
Abschaltbedingungen Schritt 4: E3	00001000	08
Ausgangssignale Schritt 5: Rück	00001000	08
Abschaltbedingung Schritt 5: E6	01000000	40
Programm Ende	11111111	FF

Übung 15.11

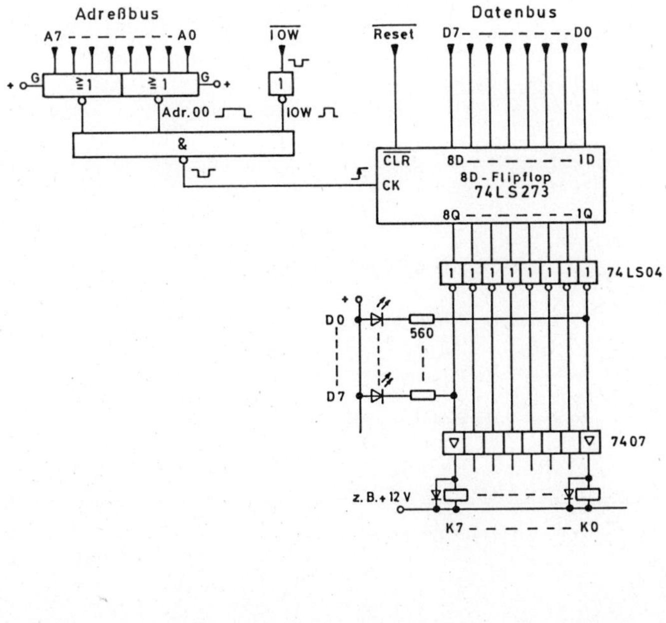

Lernzielorientierter Test

1.
```
ANFG:   MVI A, 01        ; Lampe 1 ein; Lampe 2 aus
        OUT 00
        CALL ZEIT1
        MVI A, 02        ; Lampe 2 ein; Lampe 1 aus
        OUT 00
        CALL ZEIT1
        JMP ANFG
```

2.
```
COPY:   LHLD QUELL1  ; Inhalt QUELL1 nach L, Inhalt quell2 nach H
        XCHG         ; HL und DE tauschen, Anfangsadresse Quellbereich nach DE
        LHLD ZIEL1   ; Anfangsadresse Zielbereich nach HL
START:  LDAX D       ; Wert aus Quellbereich in Akku
        ORA A        ; Flags setzen
        RZ           ; 00 = Textende, Rücksprung
        MOV M, A     ; Wert nach Zielbereich
        INX D        ; Zeiger Quellbereich + 1
        INX H        ; Zeiger Zielbereich + 1
        JMP START
```

3. Programmablaufdiagramm für Einzelschrittbetrieb

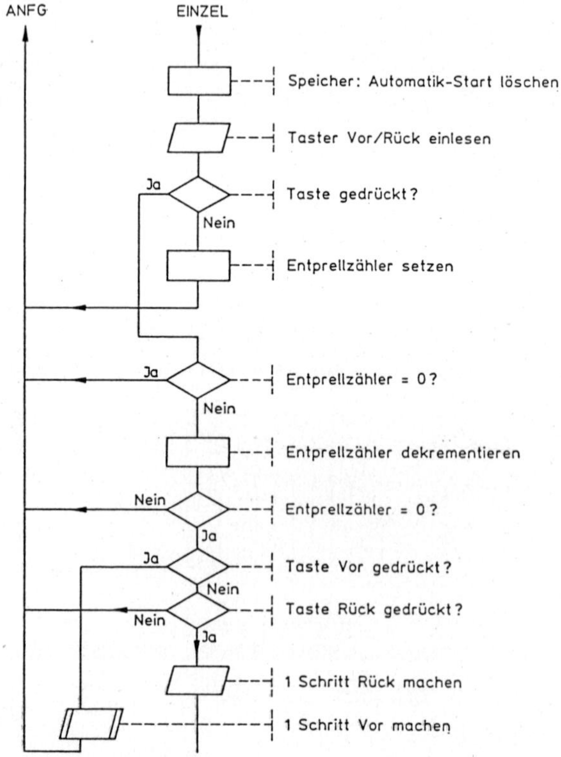

4.

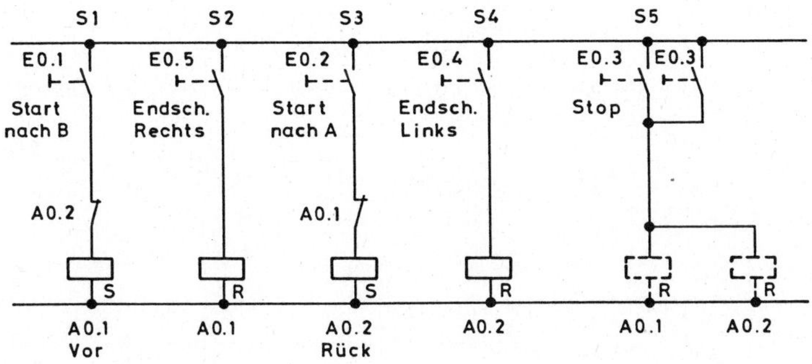


```
EINL: IN 00
      STA EIN0
  S1: LDA EIN0
      ANI 02
      JZ S2
      LDA A0.2
      ORA A
      JNZ S2
      MVI A, 02
      STA A.01
      JMP S2
  S2: LDA EIN0
      ANI 20
      JZ S3
      MVI A, 00
      STA A0.1
      JMP S3
  S3: LDA EIN0
      ANI 04
      JZ S4
      LDA A0.1
      ORA A
      JNZ S4
      MVI A, 04
      STA A.02
      JMP S4
```

```
  S4: LDA EIN0
      ANI 10
      JZ S5
      MVI A, 00
      STA A.02
      JMP S5
  S5: LDA EIN0
      ANI 08
      JZ AUSG
      MVI A, 00
      STA A0.1
      STA A0.2
      JMP AUSG
AUSG: LDA A0.1
      MOV B, A
      LDA A0.2
      ORA B
      OUT 00
      JMP EINL
```

5.

	Bitmuster 76543210	Hex
Anfangsbedingungen: E1.1, E1.3 und E1.6	01001010	4A
Wartezeit: keine	00000000	00
	00000000	00
	00000000	00
Ausgangssignale Schritt 1: Heben	01000000	40
Abschaltbedingung Schritt 1: E1.2	00000100	04
Wartezeit: keine	00000000	00
	00000000	00
	00000000	00
Ausgangssignale Schritt 2: Rechts	00010000	10
Abschaltbedingung Schritt 2: E1.4	00010000	10
Wartezeit: keine	00000000	00
	00000000	00
	00000000	00
Ausgangssignale Schritt 3: Senken	10000000	80
Abschaltbedingung Schritt 3: E1.0	00000010	01
Wartezeit: ca. 5 sec = 10 × 0,5 s	11111111	FF
	11111111	FF
	00001010	0A
Ausgangssignale Schritt 4: Heben	01000000	40
Abschaltbedingung Schritt 4: E1.2	00000100	04
Wartezeit: keine	00000000	00
	00000000	00
	00000000	00
Ausgangssignale Schritt 5: Rechts	00010000	10
Abschaltbedingung Schritt 5: E1.5	00100000	20
Wartezeit: keine	00000000	00
	00000000	00
	00000000	00
Ausgangssignale Schritt 6: Senken	10000000	80
Abschaltbedingung Schritt 6: E1.0	00000001	01
Wartezeit: ca. 10 s = 20 × 0,5 s	11111111	FF
	11111111	FF
	00010100	14
Ausgangssignale Schritt 7: Heben	01000000	40
Abschaltbedingung Schritt 7: E1.2	00000100	04
Wartezeit: keine	00000000	00
	00000000	00
	00000000	00
Ausgangssignale Schritt 8: Links	00100000	20
Abschaltbedingung Schritt 8: E1.3	00001000	08
Wartezeit: keine	00000000	00
	00000000	00
	00000000	00
Ausgangssignale Schritt 9: Senken	10000000	80
Abschaltbedingung Schritt 9: E1.1	00000010	02
Wartezeit: Programm Ende	11111111	FF
	11111111	FF
	11111111	FF

Quellen

Siemens: „Mikrocomputer-Bausteine“
Texas Instruments: „The TTL Data Book“
Mostek: „Z80 Microcomputer Devices“

Literatur

Adam Osborne: „Einführung in die Mikrocomputer-Technik“; te-wi-Verlag, München, o. J.
Josef Kammerer: „Mikrocomputer-Lehrbuch“; Pflaum Verlag, München 1983
Klein: „Mikrocomputer selbst gebaut und programmiert“; Franzis-Verlag, München 1983
Lothar Starke: „Mikroprozessorlehre“; Vogel-Verlag, Frankfurt 1983
L. Flohe: „Mikroprozessor, Mikrocomputer“; Leybold, Köln 1979
BFZ/MFA: „Mikrocomputer-Technik“; vgs, Köln 1984

Stichwortregister

Fachwissen der Technik

Bisher liegen vor:

Charchut/Tschätsch, Werkzeugmaschinen

Decker, Maschinenelemente

Decker/Kabus, Maschinenelemente – Aufgaben

Haage, Maschinenkunde

Kabus, Mechanik und Festigkeitslehre

Kabus, Mechanik und Festigkeitslehre – Aufgaben

Meyer/Schacht, Das große BASIC-Lernbuch *

Meyer/Schacht/Conrad, BASIC – tabellarisch *

Möschwitzer, Grundkurs Mikroelektronik

Müseler/Schneider, Elektronik

Ringhandt, Feinwerkelemente

Schleiffer, Vorrichtungsbau

Weinert, Schaltungszeichnen in der elektrischen Energietechnik

Weinert/Baumgart, Aufgaben zum Schaltungszeichnen in der elektrischen Energietechnik

* herausgegeben von Dipl.-Gewerbelehrer Manfred Mettke,
Oberstudiendirektor an der Schule für Elektrotechnik in Essen

Carl Hanser Verlag München Wien